개정판

# 국제물류론

김종득 / 김장호 / 이필성 공저

도서출판 두남

# 개정판 머리말

먼저 본서를 읽어 주신 모든 분께 감사드립니다.

본서는 2018년에 출판한 이후 최근 급변하고 있는 국제물류환경의 내용 및 2020년 1월 1일부터 적용되고 있는 INCOTERMS® 2020 내용을 반영한 개정판을 내게 되었습니다.

물류는 전 세계가 직면한 네 차례의 큰 변화와 함께한다.

사람의 손에 의한 생산방식에서 증기기관 동력 기술혁신에 따른 제1차 산업혁명, 증기기관 동력에서 모터, 전기, 석유 동력 기술혁신으로 발전한 제2차 산업혁명, 전자회로, 정밀제어 등 컴퓨터와 인터넷 기술 혁신이 추가된 제3차 산업혁명, 모든 산업의 데이터화, 연결, 맞춤 제품 생산이 가능한 인공지능, 사물인터넷, 데이터 집약 기술혁신에 따른 제4차 산업혁명이 그것이다.

네 차례의 산업혁명에서 물류는 신기술을 활용해 그 역할 및 범위의 확장뿐만 아니라 그 중요성은 더욱 증대되고 있다.

또한, 국제물류는 전 세계가 경제 호황을 누리는 시기뿐만 아니라, 전 세계적으로 예상치 못한 상황, 즉, 전염병, 재난 구호, 중요물자의 운송 등과 같은 긴급 상황에서도 본연의 역할을 수행하여 왔다.

특히, 2020년에 들어서면서 코로나19 확산과 같은 전염병은 항공기 운항의 대폭적인 축소로 여객 감소와 항공화물 취급량이 줄어드는 등 국제물류거래량을 다소 감소시켰지만 언택트(untact)기반 소비 형태의 도입과 활용은 물류의 스마트화를 촉진하고 있으며, 포스트 코로나19 시대에도 물류는 신기술 도입을 통한 그 역할과 중요성은 계속될 것이다.

따라서 본서의 개정판에서는,

첫째, 초판의 기술된 내용 중 나타난 오탈자를 비롯하여 오류 부문을 수정·보완하여 본서의 완성도를 높이고자 하였다.

둘째, 국제무역 패러다임의 변화에 따라 개정되어 2020년 1월 1일부터 적용되고 있는 INCOTERMS® 2020 내용을 반영하여 관련 내용을 보완하였다.

아무쪼록 본서가 대학(원)이나 국제물류에 관심이 있는 일반인들과 실무를 담당하고 있는 국제물류관련업체 종사자들의 교육 기본서로 활용되기를 희망하며, 이후에도 미진한 부분이나 독자 및 선·후학 연구자들의 지적이나 조언에 대해서는 계속적인 연구를 통하여 수정·보완할 것을 약속하면서 독자 여러분의 관심과 질책을 바라마지 않는다.

끝으로 본서를 집필하는데 자료 제공 등 많은 도움을 준 선진로지스틱스㈜ 중서부지역본부와 장금상선㈜ 광양항 지점의 관계자들, 그리고 본서를 출판해주신 도서출판 두남 전두표 사장님과 출판을 위해 많은 수고를 해 주신 이승구 상무님, 박소희 과장님 및 관계자 여러분들께 감사를 드립니다.

2020년 12월

저자 일동

차 례

# 제1장 국제물류의 기초


**제1절 물류의 이해 11**

1. 물류의 정의 ········ 11
2. 물류의 중요성과 역할 ········ 15
3. 물류의 기능과 영역 ········ 19
4. 물류의 종류 ········ 24

**제2절 국제물류의 개념 28**

1. 국제물류의 정의 ········ 28
2. 국제물류의 특성과 중요성 ········ 30

**제3절 국제물류의 기능과 흐름 32**

1. 국제물류의 기능 ········ 32
2. 국제물류의 흐름 ········ 39


# 제2장 국제물류관리와 전략


**제1절 국제물류환경의 변화 41**

1. 운송·보관수단의 발달과 대형화 ········ 41
2. 국제물류기업들의 변화 ········ 43
3. 정보통신 발달에 따른 다양한 물류정보기술의 적용 ········ 45

**제2절 국제물류의 발전과 합리화 47**

1. 국제물류의 발전 ········ 47
2. 국제물류의 합리화 ········ 55

**제3절 글로벌기업의 국제물류관리 57**

1. 국제물류관리체계의 전개 ········ 57
2. 국제물류관리시스템의 구축 ········ 59
3. 국제물류관리시스템의 형태와 선택요소 ········ 61
4. 글로벌 물류전문기업의 전략 ········ 65

## 제3장 국제물류와 수출입절차


### 제1절 국제물류와 수출절차 ◎ 69

1. 수출절차의 개요 …… 69
2. 수출단계별 절차 …… 70

### 제2절 국제물류와 수입절차 ◎ 78

1. 수입절차의 개요 …… 78
2. 수입단계별 절차 …… 78

### 제3절 국제물류와 수출입 서류 ◎ 83

1. 신용장 …… 83
2. 송장 …… 95
3. 환어음 …… 98


## 제4장 국제물류와 INCOTERMS® 2020


### 제1절 무역계약의 체결 ◎ 105

1. 무역계약의 기초 …… 105
2. 일반거래조건협정서(Agreement on General Terms and Conditions of Business) …… 125

### 제2절 INCOTERMS® 2020 ◎ 130

1. INCOTERMS의 개관 …… 130
2. INCOTERMS® 2020의 내용 …… 135


## 제5장 국제물류와 적하보험


### 제1절 해상적하보험의 개요 ◎ 157

1. 해상적하보험의 기초 …… 157
2. 해상적하보험의 당사자와 종류 …… 163

3. 해상적하보험(계약)증권 …… 167
4. 해상위험과 해상손해 …… 174
5. 해상적하보험의 담보조건; 협회적하약관(ICC) …… 180

**제2절 항공적하보험 ◎ 188**

1. 항공적하보험의 개요 …… 188
2. 운송인의 책임 …… 195

**제3절 국제복합운송 및 컨테이너운송화물보험 ◎ 197**

1. 국제복합운송화물보험 …… 197
2. 컨테이너운송화물보험 …… 199

## 제6장 해상운송

**제1절 해상운송의 기초 ◎ 203**

1. 해상운송의 의의 …… 203
2. 해상운송의 특성과 경제적 효용 …… 204
3. 선박 …… 208
4. 선급제도와 편의치적 …… 227

**제2절 해운시장과 해상운송의 형태 ◎ 231**

1. 해운시장 …… 231
2. 정기선운송(Liner) …… 232
3. 부정기선운송 …… 239

**제3절 해상운송 운임 ◎ 244**

1. 해상운임의 개요 …… 244
2. 국제해상운송의 물류비용 …… 248

**제4절 해상운송 서류 ◎ 255**

1. L/C상의 운송서류관련 문구 …… 255
2. 선하증권 …… 256
3. 해상화물운송장 …… 267
4. 전자식 선하증권(e-B/L) …… 271

제5절 해상운송의 수출입절차 ◎ 272

1. 해상운송의 수출절차 ········· 272
2. 해상운송의 수입절차 ········· 276

# 제7장 항공운송

제1절 항공운송의 개념 ◎ 279

1. 항공운송의 의의와 특성 ········· 279
2. 항공운송화물의 대상품목 및 장단점 ········· 281

제2절 항공운송사업의 형태와 항공화물 취급 ◎ 284

1. 항공운송사업의 형태 ········· 284
2. 항공화물의 취급 ········· 286

제3절 항공운송의 운임 ◎ 295

1. 항공운송 운임의 산정방식 ········· 295
2. 항공운송 운임요율의 종류 ········· 297

제4절 항공화물 운송업무 ◎ 303

1. 항공화물의 집하 ········· 303
2. 수출운송절차 ········· 306
3. 수입운송절차 ········· 309

제5절 항공화물운송장과 항공운송인의 책임 ◎ 312

1. 항공화물운송장 ········· 312
2. 항공운송인의 책임 ········· 325

제6절 국제항공소화물일관운송업 ◎ 329

1. 국제항공소화물일관운송의 개념 ········· 329
2. 국제항공소화물일관운송의 형태 ········· 332

제7절 항공운송 관련 국제기구 ◎ 333

1. 국제항공운송협회(International Air Transport Association, IATA) ········· 333

2. 국제민간항공기구(International Civil Aviation Organization, ICAO) ········· 334
3. 국제항공연맹(Federation Aeronautique Internationale, FAI) ·· 335
4. 국제복합운송인(주선인)협회(International Federation of Freight Forwarders Associations, FIATA) ········· 336

# 제8장 컨테이너운송

## 제1절 컨테이너운송의 개요 ◎ 337

1. 컨테이너운송의 의의 ········· 337
2. 컨테이너운송의 장단점 ········· 339
3. 컨테이너 및 컨테이너선의 분류 ········· 342

## 제2절 컨테이너화물의 운송형태와 국제협약 ◎ 366

1. 컨테이너화물의 운송형태 ········· 366
2. 컨테이너화물운송과 국제협약 ········· 371

## 제3절 컨테이너화물의 수출입운송절차 ◎ 372

1. 수출화물 운송절차 ········· 372
2. 수입화물 운송절차 ········· 378

# 제9장 국제복합운송

## 제1절 국제복합운송의 개요 ◎ 383

1. 국제복합운송의 정의 ········· 383
2. 국제복합운송의 요건 및 효과 ········· 384
3. 국제복합운송의 형태 ········· 388
4. 국제복합운송증권(Combined or multimodal transport document) ·· 393

## 제2절 국제복합운송인과 책임체계 ◎ 400

1. 국제복합운송인의 개념 ········· 400
2. 국제복합운송인의 책임체계 ········· 405

제3절 국제복합운송의 주요 경로 ◎ 409
1. 랜드브리지시스템을 이용한 경로 ··· 409
2. Sea & Air 국제복합운송의 경로 ··· 417
3. 북극항로의 활용 ··· 420

## 제10장 국제물류거점시설

제1절 항만 ◎ 425
1. 항만의 개요 ··· 425
2. 항만시설 ··· 435
3. 항만 컨테이너터미널 ··· 454
제2절 공항(항공화물터미널) ◎ 452
1. 공항의 개요 ··· 452
2. 항공화물터미널의 개요 ··· 454
제3절 기타 국제운송거점시설 ◎ 461
1. 내륙물류기지 ··· 461
2. 보세구역 ··· 473

참고문헌 ··· 479

# 제 1 장

# 국제물류의 기초

◆◇ 학습개요 및 목표 ◇◆

이 단원은 국제물류에 대한 기초지식 부문으로 물류에 대한 기초적인 이해와 함께 국제물류의 개념·특징·기능 및 기본적인 흐름을 제시하고 있다.

1. 물류의 기초적인 내용을 이해한다.
2. 국제물류의 개념을 이해한다.
3. 국제물류의 특징, 기능 및 흐름을 파악한다.

## 제 1 절 물류의 이해

### 1. 물류의 정의

물류는 기업의 유형의 재화나 무형의 서비스를 대상으로 생산자로부터 소비자에게 이르기까지의 실물적인 흐름으로써 포장, 수송, 보관, 하역 등 물류활동을 내용으로 하고, 각 활동을 종합적으로 계획·통제하여 시간적·장소적인 효용을 창조하는 유·무형의 경제활동이다.

물류의 개념은 1912년 미국의 마케팅 개척자 쇼(A.W. Shaw) 교수가 “시장유통상의 문제”라는 논문에서 ‘Physical Distribution’이란 용어를 처음 사용했다. 이후 1922년 미국의 마케팅 학자인 클라크(F.E. Clark) 교수가 경영활동을 생산, 유통, 조성활동으로 나누고 유통기능을 교환기능과 물적공급기능 및 보조기능으로 분류하면서 물류를 교환기능에 상대되는 유통의 기본적 기능이라고 설명하면서 본격적으로 사용되기 시작했다.

그 이후 마케팅분야에서 유통활동의 지원분야로 물류를 인식하고 있으며, 제2차 세계대전 당시 군수물자의 적재적소 조달을 위한 병참(兵站, Logistics)이 기업경영에 채택되어 본격화되었으며, 1960년대 초에 일본에 도입되면서 'Physical Distribution'이 물적유통(物的流通)으로 번역되었고, 이를 줄여서 '물류(物流)'라 하여 오늘에 이르고 있다.[1)]

## 1) 미국의 정의

미국에서의 물류는 개별기업의 입장에서 협의로는 생산단계에서 소비에 이르기까지 재화의 이동 및 취급을 관리하는 판매물류이며, 광의로는 원자재 공급자로부터 생산단계까지 원자재의 이동 및 취급하는 조달물류를 포함하는 것으로 정의되고 있다. 또한, 물류를 마케팅 영역의 한 기능으로 인식하여 결과적으로 고객서비스를 개선하고 기업의 이윤을 확대한다는 개념으로 파악하고 있다.

### (1) 미국 마케팅협회(AMA : American Marketing Association)

미국 마케팅협회는 물류의 개념을 개별기업의 관점에서 접근하여 생산단계에서부터 소비 및 이용에 이르기까지 상품의 이동 및 취급을 관리하는 것으로 정의[2)]하고 있으며, 특히, 물적유통의 여러 활동 가운데 생산물류(production logistics) 활동을 강조하고 있다.

### (2) 물류관리협의회(National Council of Logistics management)

물류관리협의회는 물류의 개념을 소비자의 욕구를 충족시키기 위하여 생산점(production point)으로부터 소비점(consumption point)까지 원자재, 중간재, 완제품은 물론 관련 정보를 이동시키는 것과 관련된 흐름과 저장을 효과적이면서 효율적으로 계획·수행·통제하는 과정으로 정의[3)]하고 있다. 다시 말해서, 물류의 범위를 생산물류와 판매물류는 물론 보관물류, 정보물류, 재고관리 등의 활동까지 확

1) 물류의 어원은 '추론, 계산'을 뜻하는 그리스어 Logos가 '계산, 합리화'를 뜻하는 Logititos, Logistes로, 이후 '병참 담당관'을 뜻하는 라틴어 Logitikas, Logista로 변화하였으며, 이후 나폴레옹이 군수품을 보급하는 부대의 이름을 병참술, 물자보급을 의미하는 Logistique로 명명한 것에서 비롯되어 현재 영어단어인 Logistics로 변화하였다.
2) James R, Stock and Douglas M. Lambert, Strategic Logistics Management, Irwin, Inc., 1987, p.4
3) James R, Stock and Douglas M. Lambert, op. cit., p.19.

대하여 정의하고 있는 것이다.

#### (3) 로지스틱스학회(Society of Logistics Engineers)

물류와 로지스틱스는 목표·계획·실행을 지원하기 위한 제 자원의 요구, 설계, 공급과 유지에 관한 관리, 공학 및 기술적 활동의 기법과 과학이라고 정의한다.

#### (4) 로지스틱스관리협의회(Council of Logistics Management : CLM)

CLM에서는 로지스틱란 고객의 요구 조건에 부합하기 위해 생산지점에서 소비지점에 이르기까지 원재료, 반제품, 완성품 및 관련 정보의 흐름과 보관을 효율적이면서 비용을 최소화하기 위한 계획 입안, 실시, 통제하는 과정이라고 정의한다.

#### (5) 스마이키와 론데(E.W. Smykey & B.J. La Londa) 교수의 정의

시카고 대학의 스미키 교수와 오하이오 주립대학의 라 론데 교수는 현재 미국의 물류 이론을 리드하고 있는 학자들로서 1970년 저서인 『물류(Physical Distribution)』에서 '물류란 제조 면에서의 노력이 판매의 최종목표에 합치되도록 필요한 측면적 원조를 행하는 활동으로서 제품을 적절한 가격에, 적절한 장소에 공급하는데 있다. 이를 위해서는 창고의 장소, 수송방법, 보관방법 및 통신 등의 적절한 조합이 필요하다'라고 설명하고 있다.

### 2) 일본의 정의

일본의 물류개념은 국가나 지방자치단체가 물류행정을 실시하고, 물류의 효율적인 관리를 위한 물류통계를 작성할 목적으로 물류의 개념을 정의하였기 때문에 접근 방법이 국민경제적 입장에서 이루어졌다.

#### (1) 산업구조 심의회

물류는 유·무형의 물리적인 재화를 공급자로부터 수요자에 이르게 하는 실물적인 흐름이다. 물류활동으로는 운송, 보관, 하역, 포장 및 통신으로 분류한다.

#### (2) 통산성 위탁조사 보고서

물류란 제품을 물리적으로 생산자에서 최종소비자에게 이전하는데 필요한 모든 활동이며 운송, 포장, 하역, 창고(보관), 통신 등을 포함한다고 정의한다.

#### (3) 통계심의회

물류는 물리적 및 사회적인 물품의 흐름에 관한 경제활동으로 물자유통과 정보유통이 포함된다고 정의한다.

**林周二 교수**

"유형·무형의 모든 재화의 폐기, 환원도 포함하여 공급 주체와 수요 주체를 연결하는 공간과 시간의 극복에 관한 물리적인 경제활동이며, 구체적으로는 수송, 보관, 포장, 하역의 물자유통활동과 물류에 관련한 정보활동을 가리킨다."

**阿保英司 교수**

"유·무형의 모든 재화의 폐기, 환원도 포함하여, 공급 주체와 수요 주체를 연결하는 공간과 시간의 극복, 더 나아가 형질효용 창출에 관한 물리적인 경제활동이며, 구체적으로는 수송, 보관, 포장, 하역, 유통가공 등의 물자유통활동과 물류에 관련한 정보활동을 가리킨다."

### 3) 한국의 정의

한국에서 물류의 개념은 원자재 조달자 → 생산자 → 국내유통업자 → 국내 소비자에 이르기까지 모든 부문을 연결하는 개념으로 인식되며, 현재는 공급사슬관리(SCM; Supply Chain Management)가 그 개념을 대신하고 있다.

국토교통부는 물류의 개념을 국내외적으로 생산과 소비를 연결하는 물리적 경제활동으로 구체적으로 운송·보관·하역 등과 이에 부가되어 가치를 창출하는 가공(포장, 조립 등)·정보활동 등을 의미하며, 최근 물리적 유통의 개념에서 원자재 조달에서 회수까지 포함하는 Logistics와 환경부하(環境負荷)의 저감을 고려하는 녹색물류(Green Logistics)를 포함하는 개념으로 정의하고 있으며, 물류정책기본법과 화물유통촉진법에서 물류를 다음과 같이 정의하고 있다.

#### (1) 물류정책기본법 제2조(정의)

'물류'란 재화가 공급자로부터 조달·생산되어 수요자에게 전달되거나 소비자로부터 회수되어 폐기될 때까지 이루어지는 운송·보관·하역(荷役) 등과 이에 부가되어 가치를 창출하는 가공·조립·분류·수리·포장·상표부착·판매·정보통신 등을 말한다.

#### (2) 화물유통촉진법 제2조(정의)(개정 1999.2.5, 2000.1.28.)

화물유통촉진법 제2조에서는 '물류'라 함은 재화가 공급자로부터 수요자에게 전달될 때까지 이루어지는 운송·보관·하역·포장과 이에 필요한 정보통신 등의 경제활동을 말한다.

## 2. 물류의 중요성과 역할

### 1) 물류의 중요성

기업활동에 있어서 제품, 가격, 판매촉진, 유통경로 등은 마케팅믹스(Marketing Mix)의 발전을 통해 진전해 왔으며, 여기에서 제품의 물적 흐름에 대해서는 단지 기업의 마케팅 활동의 보조수단 내지는 지원수단으로 인식되어 왔다. 그러나 최근 기업활동에서 제품의 운송·보관·재고통제 등의 물류분야는 관리의 혁신을 통하여 대폭적인 비용 절감이 가능한 분야로서 「경제의 암흑대륙」, 「비용 절감을 위한 최후의 미개척 분야」, 「제3의 이윤원」, 「비용 절감의 보고」 등의 표현으로 물류의 중요성을 표현하고 있으며, 이는 다음과 같은 경영환경의 변화에 기인하고 있다.

#### (1) 투자와 생산의 세계화

국가간 경제적 장벽이 낮아지고, 생산요소, 생산기술, 시장의 확보 등을 위한 투자와 생산의 세계화 현상(Globalization of production and investment)이 진전됨에 따라 기업의 생산시설이 범 세계화되고 있어 세계 각지에 분산되어 있는 생산물의 이동 거리와 이동 빈도가 확장되었다. 이에 따라 제품생산을 위한 원재료 및 부품의 공급, 완제품의 소비지까지의 이동과 관련된 물류활동의 중요성이 증대되고 있다.

#### (2) 마케팅믹스의 변화

기업활동에서 제품 판매를 위한 마케팅전략이 제품이나 가격 중심에서 유통중심으로 변화하고 있는 것도 물류활동이 중요하게 된 원인이라 할 수 있다. 예컨대, 기존의 마케팅전략에서는 보다 품질이 우수한 제품을 보다 저렴한 가격으로 생산하는 것이 경쟁력의 원천이었으나, 현재와 같은 상황에서는 생산된 제품을 얼마나 저렴하고 신속하게 소비자까지 이동시킬 수 있는가 하는 유통능력이 기업의 핵심역량(Core Competence)[4]으로 부각되고 있는 것이다.

---

4) 핵심역량은 다른 기업에 비해 절대우위, 비교우위 또는 경쟁우위를 보유하고 있는 생산기술, 마케팅 능력, 인적자원 등과 같은 기업의 경쟁 원천을 의미한다(Yoshino, Michael and U. Srinivasa Rangan, "Strategic Alliances", Harvard Business School Press: Boston, 1990).

#### (3) 교통 및 정보통신의 지속적 발전

물류활동이 중요하게 된 또 하나의 요인으로 20세기 후반 급속히 성장한 교통 및 통신기술의 발달을 들 수 있다. 교통수단의 대형화 및 고속화 현상은 생산시설 간 또는 생산지와 소비지의 지리적 거리를 극복할 수 있는 전기를 마련하였으며, 통신기술의 발달은 복잡한 유통활동을 유기적으로 통합하여 물류활동의 효율성을 획기적으로 증대시키는 토대가 되었다.

#### (4) 소비자 욕구의 고도화

기업활동에 있어서 동일한 제품의 대량생산(Mass Production)에 의한 대량판매 및 대량소비(Mass Consumption)의 시대에는 기업의 생산능력이 가장 중요한 경쟁 원천이었다. 그러나 소비자의 욕구가 차별화[5]됨에 따라 기업의 생산방식은 다품종·소량생산 체제로의 전환이 불가피하게 되었다. 소비자들은 재화나 서비스의 소비를 통해 최대의 가치를 추구하려고 하며, 요구 또한 다양화되고 있다. 이에 따라 생산자와 소비자를 연결하는 물류활동의 고도화 및 다각화를 통한 고객서비스 수준의 향상이 기업의 경쟁력에 상당한 영향을 미치는 상황이 전개되고 있다.

### 2) 역할

#### (1) 국민경제적 관점에서의 역할

국민경제적 관점에서의 물류의 역할은 다음과 같다.

첫째, 효율적인 물류활동은 물류비 절감에 따른 소비자 및 도매물가지수의 상승을 억제한다.

둘째, 품질 유지와 적기배송(Just-in-time delivery) 등을 통한 고객서비스 수준의 질적 향상을 도모할 수 있다.

셋째, 자원이 효율적 이용을 통해 자원의 낭비를 감소시킬 수 있다.

넷째, 물류인프라인 사회간접자본 및 설비투자(항만, 공항, 도로, 철도 등)의 구축을 통한 국민경제의 개발을 위한 투자기회의 부여와 국민생활수준 향상을 도모할 수 있다.

---

5) 마스로우는 인간의 욕구를 생리적 욕구, 안전욕구, 사회적 욕구, 존경 욕구, 자아실현 욕구 등과 같은 계층적으로 구분하고 인간의 욕구 수준이 다양한 요인들에 의해 변화할 수 있음을 규명하였다(A.H Maslow, A Theory of Human Motivation, Psychological Review, pp.370~396).

다섯째, 물류활동의 합리화는 상적 유통의 합리화를 촉진함으로써 유통활동의 균형적 발전(Win-Win Relationships)은 물론이고, 국가경쟁력(Competence of Nation)의 향상에도 기여하게 된다.

#### (2) 개별 경제적 관점에서의 역할

개별 경제적 물류관리의 입장에서 효율적인 물류활동은 고객서비스 수준을 향상시키고, 물류비 절감을 통한 기업의 경쟁력을 제고하는데 기여하게 된다. 하지만 기업이 고객서비스의 향상을 위해서는 추가적인 비용지출[6]이 불가피하기 때문에 면밀한 비용과 편익 분석을 통해 합리적인 물류관리를 추진해야 한다. 따라서 개별 기업의 입장에서 최소의 비용으로 고객서비스 수준을 극대화하는 것이 기업 물류 전략의 최우선 과제인 것이다.

#### (3) 사회경제적 관점에서의 역할

물류는 생산·소비·금융·노동 등의 활동과 같이 우리 인간이 주체가 되어 수행하는 물리적 흐름에 관한 경제활동의 일종으로서 그 범위는 운송·통신활동과 상업활동을 주체로 하며 이들을 지원하는 제 활동을 포함한다. 유·무형을 불문하고 일체의 경제재의 흐름인 물류는 산업구조상 커다란 비중을 차지하고 있다.[7]

일반적으로 고도 경제성장을 추구하는 후진국은 제조업의 국제경쟁력을 제고하기 위해 실물경제의 흐름을 뒷받침하는 사회 전체의 물류 시설과 제도를 정책적으로 조정하여 개별기업의 물류관리기법을 향상시키고 모든 물류 요소를 시스템화하고 있다. 그리고 이를 통해 개별적인 물류비 절감 이상으로 중요한 사회경제적 효용성을 얻고 있다.

### 3) 물류활동의 원칙

#### (1) 3S·1L의 원칙

3S·1L의 원칙은 고객에게 신속하고(Speedy), 안전하게(Safely), 그리고 확실하고(Surely), 저렴하게(Low) 물품을 제공해야 한다는 원칙이다.

---

6) 근본적으로 고객서비스와 물류비용은 상충관계(trade-off relationships)에 있다.
7) 한국능률협회, 『유통구조와 물적유통』, 1983. p.11.

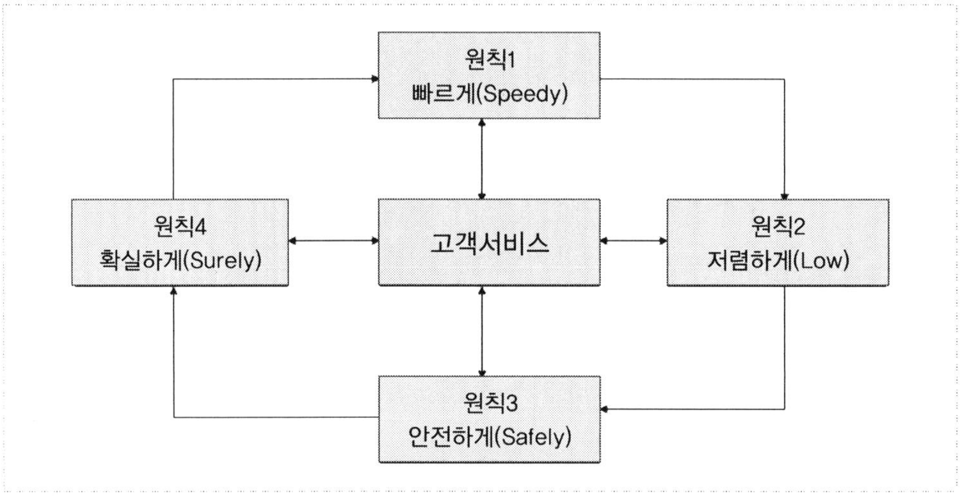


[그림 1-1] 물류활동의 원칙 : 3S·1L

### (2) 7R 원칙

7R 원칙은 좋은 제품(Right Commodity), 적당한 가격으로(Right Price), 좋은 품질로(Right Quality), 적절한 양을(Right Quantity), 좋은 인상으로(Right Impression), 적시에(Right Time), 적정한 장소로(Right Place) 서비스해야 한다는 원칙이다.

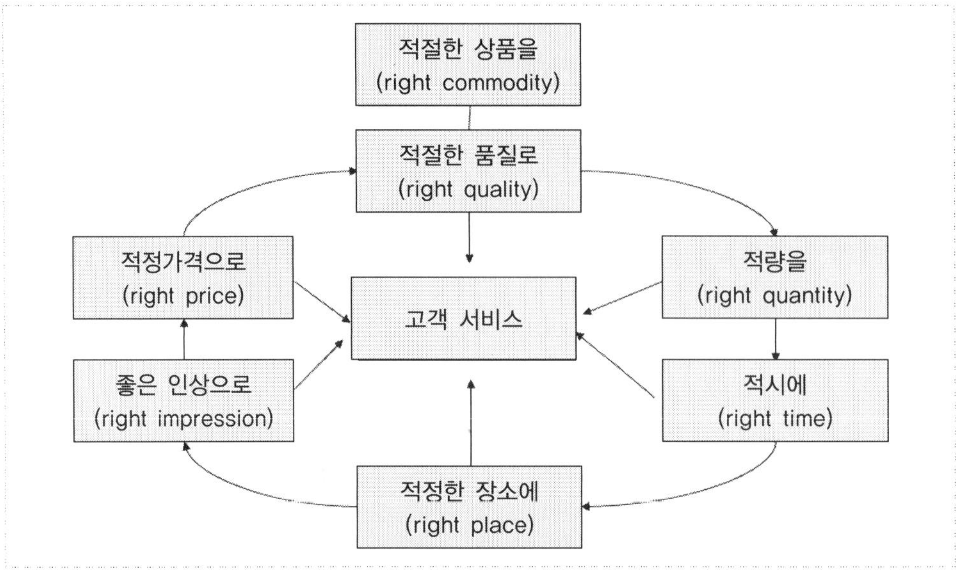


[그림 1-2] 물류활동의 원칙 : 7R

# 3. 물류의 기능과 영역

## 1) 물류의 기능

물류의 사회·경제적인 기능은 생산자에서 소비자에 이르는 과정에서 물류 요인인 운송, 보관, 하역, 포장, 정보활동의 결합에 의하여 다음과 같은 효과를 나타내고 있다.

### (1) 장소적 기능

생산 장소와 소비 장소와의 장소적 거리는 경제사회가 분화되고 발전됨에 따라 점차로 확대되는 경향이 있으며, 여기에서 물류활동은 생산지와 소비지의 장소적·거리적 격차를 단축시키는 기능을 수행한다. 특히, 운송물류 활동은 장소적 효용[8]을 창출하는데 크게 기여하고 있다. 따라서, 국제적인 화물의 이동이 증가하고 있는 상황을 고려해 볼 때, 장소적 효용의 창출(Creation of space utility)은 제품의 가치를 향상시켜 기업의 수익을 증대시키는 중요한 원천이 되고 있다.

### (2) 시간적 기능

일반적으로 재화는 생산과 소비 시점이 반드시 일치하지는 않는다. 여기에서 물류활동에 의한 시간적 효용의 창출(Creation of time utility)은 재화의 생산 시점과 소비 시점의 불일치를 조정하는 기능으로 주로 보관물류 활동이 시간적 효용을 창출하는 역할을 수행하고 있다. 이러한 보관물류 활동을 통해 판매 시기를 조절함으로써 보다 높은 부가가치를 창출할 수 있는 것이다. 예컨대, 계절적으로 수급량이 큰 편차를 보이는 농수산물의 경우 공급량이 많은 시점에 대량으로 화물을 구입하여 보관하다가 공급이 줄어들고 수요가 증가하는 시점에 보관한 제품을 판매함으로써 재화의 가치를 향상시키는 경우를 들 수 있다.

### (3) 수량적 기능

수급조정 기능은 생산자의 생산단위 수량과 소비자의 소비단위 수량의 불일치를 해소하는 기능으로 주로 집하, 중계, 배송활동 등을 통하여 이루어지게 된다. 이러한 수급조정 활동은 운송 및 배송활동, 보관활동, 포장활동과의 긴밀한 연계를 통

---

8) 일반적으로 효용(utility)이란 소비자가 소비행위를 수행함으로써 느끼는 주관적인 만족감을 의미한다.

하여 자원의 낭비를 줄이고, 중복작업에 따른 물류비의 과도한 지출을 막을 수 있다.

### (4) 품질적 기능

생산자가 제공하는 재화의 품질과 소비자가 소비하는 재화의 품질이 동일하게 유지되도록 하는 기능으로 가공, 조립, 포장 등의 활동을 통하여 이루어진다. 이러한 활동을 통해 생산자와 소비자간의 신뢰를 구축함으로써 지속적인 거래 관계를 형성하게 되는 것이다.

### (5) 가격적 기능

생산자와 소비자를 매개하는 물류부문은 운송에서 정보유통 활동에 이르기까지 가격조정 기능과 연계되어 있다. 다시 말해서, 모든 물류의 기능들이 결과적으로는 제품의 가격을 조정하는 역할을 수행하고 있는 것으로 볼 수 있다. 즉, 소비자의 욕구에 맞는 품질, 제품차별화, 시장세분화정책을 추구하여 생산자와 소비자간의 장소적 시간적 효용을 통한 제품원가 절감, 보관 및 배송비용의 절감 등 물류비용의 절감으로 시장에서의 제품가격이 효율적으로 조정된다.

### (6) 인격적 기능

생산자와 소비자는 인격적으로 다르고 산업사회에서는 계속 분업이 발전되고 있기 때문에 시장경제를 통하여 생산과 소비간에는 복잡한 유통경제조직을 형성하게 된다. 따라서 생산자와 소비자를 인격적으로 결합하여 생산·유통·소비를 유기적으로 결합하여 조직화함으로써 생산자와 소비자를 물류활동을 통해 더욱 가깝게 접속시키는 동시에 생산자의 고객, 즉 소비자에 대한 서비스 기능도 향상시킬 수 있다.

이상과 같은 물류의 기본적 기능은 수송, 보관, 하역, 포장 및 정보활동을 통해 그 경제적 효능을 발휘할 수 있다. 이상의 여섯 가지 기본적 기능이 모든 지역에 똑같이 적용되는 것은 아니다. 따라서 어떤 지역에서 물류기능을 최대한 발휘할 수 있게 하기 위해서는 그 지역의 경제실태 및 규모, 또는 교통 및 수송망의 분포상황과 관련해서 물류시설을 적절히 배치할 필요가 있다.

## 2) 물류의 영역

### (1) 물류의 영역

물류의 영역은 [그림 1-3]과 같이 조달물류, 생산물류, 판매물류, 회수물류 등으로 구분되며, 총비용 중에서 운송비가 전체물류비의 절반 이상을 차지하고 있기 때문에 기업은 운송비 절감에 노력을 기울이고 있으며, 한편으로는 판매물류에 많은 관심과 노력을 기울이고 있다.

#### 가) 조달물류

조달물류 활동은 공급요청을 받는 외주(Outsourcing) 공장에서 원자재 및 부품을 어떻게 포장(Packing)하고 단위화(Unitization)하여 모기업의 자재창고에 어떠한 방법으로 수·배송할 것인가 하는 물류활동의 시발점(Start-point)이다. 또한, 조달물류는 원·부자재의 조달에서부터 자재창고에서의 보관 및 자재관리의 효율성 제고에 중점을 두고 있기 때문에 조달물류 활동의 합리화는 제품의 생산과 판매에 결정적인 영향을 미치게 된다.

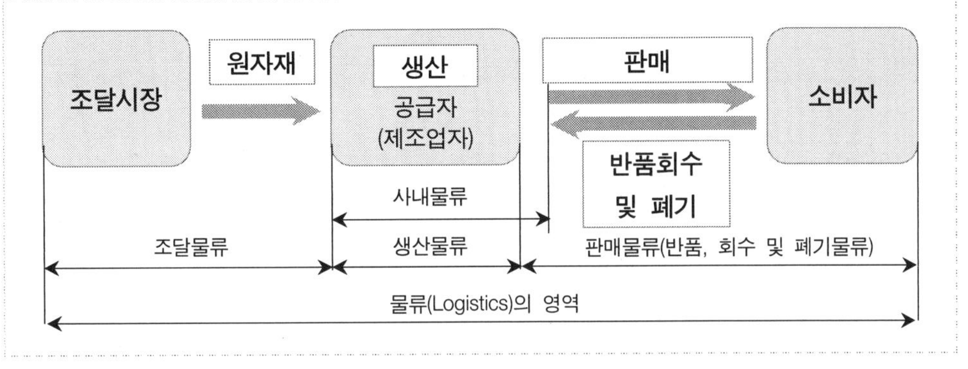


[그림 1-3] 물류의 영역

#### 나) 생산물류

생산물류 활동은 자재창고의 출고작업에서부터 생산공장으로의 운반, 하역, 창고 입고작업까지의 활동을 말한다. 생산물류에서는 이러한 과정을 어떻게 단축하느냐 하는 것이 주요한 과제이며, 운반, 하역, 창고 자동화 등이 가장 중요한 관건이라 할 수 있다.

#### 다) 판매물류

판매물류 활동은 물류의 최종 단계로서 물자의 조달과 생산물류 활동을 통해 생산된 제품을 소비자에게 전달하는 일체의 수·배송 활동을 말한다. 이와 같은 판매물류 활동에는 수주관리, 판매활동, 배송활동 등이 해당되며, 고객서비스의 접점(interface)으로서 매우 중요한 역할을 수행하고 있는 물류영역이다.

#### 라) 회수물류

소비자에게 배송된 상품이 소비자로부터 불만(고객으로부터 클레임 청구 또는 유통기간의 초과)으로 인해 일정기간 동안 교환이나 완전한 반품을 하는 활동과 제품 또는 상품의 판매물류에 부수적으로 발생하는 파렛트(Pallet) 및 컨테이너(Container) 등과 같은 빈 물류용기를 회수하는 활동을 수행하고 있는 물류영역이다.

#### 마) 기타 물류

위의 4가지 물류활동 영역과 함께 생산품을 물류센터나 다른 공장까지 입·출고하거나 보관하는 물류(사내물류), 제품을 구입한 소비자가 교환, 환불 또는 수리를 위하여 반품하는 물류(반품물류), 소비자가 사용하지 않고 공급자도 회수하지 않은 물품의 폐기처분시 물류(폐기물류) 등도 물류영역에 포함된다.

### (2) 물류와 유통, SCM, 물류정보시스템, 복합운송과의 관계

#### 가) 물류와 유통의 관계

경제활동은 생산활동, 유통활동, 소비활동으로 구분되며, 여기서 유통활동은 상적유통(상류)과 물적유통(물류)으로 구분된다.

먼저 상적유통(상류)는 소유권 이전 활동으로 상거래 계약 이후 서류, 대금지급과 동시에 소유권이 이전되는 것을 말하며, 물적유통(물류)는 상거래 이후 소비자 또는 고객에게 상품이 인도되기까지의 활동(수송, 하역, 보관, 포장, 물류정보 활동)을 말한다.

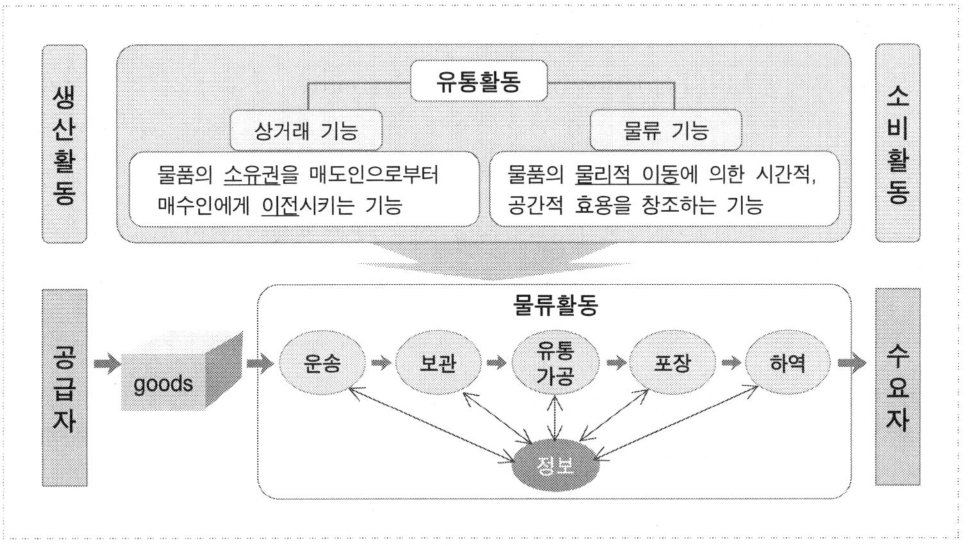


[그림 1-4] 물류와 유통

나) 물류와 공급사슬관리(SCM)과의 관계

공급사슬관리(SCM; Supply Chain Management)는 원재료의 조달이나 판매까지의 일련의 정보를 컴퓨터 네트워크를 이용하여 일괄 관리하고, 그 내용을 생산계획의 입안이나 마케팅에 활용함으로써 효율적인 기업활동을 지원하는 시스템을 말한다. 따라서 공급사슬 내의 주체 간에 물류기능의 외연적 통합을 통해 물류 효율성을 제고하기 위해 다음과 같은 협력체제를 구축하게 된다.

[표 1-1] SCM의 협력체제 형태

| 구분 | 내용 |
|---|---|
| 협력<br>(Partnership) | 당사자가 경쟁력 강화를 목적으로 합의한 일정기간 동안 지속적으로 정보, 위험, 보상 등의 이익과 부담을 공유하는 관계 |
| 전략적 제휴<br>(Strategic alliance) | 물류과정이 독립적이고 경쟁관계에 있는 두 주체가 특정 목적과 이익을 달성하기 위해 경영자원을 상호간에 공유, 교환, 통합하는 일시적인 관계 |
| 신속대응(QR)<br>(Quick Response) | 원자재공급업자, 제조업자, 도소매업자 등 생산과 유통에 관련된 거래당사자가 상호 협력하여 소비자의 요구에 즉시 대응하는 것 |
| 효율적 고객대응(ECR)<br>(Efficient Customer Response) | 제품의 제조·생산단계에서 유통이나 도소매를 통한 판매단계에 이르기까지 전 과정을 일관된 흐름으로 보고, 각 단계의 관련 기업들이 공동으로 참여해서 효율적으로 소비자의 만족을 달성하려는 것 |

### 다) 물류와 물류정보시스템과의 관계

물류정보시스템(LIS; Logistics Information System)은 물류시스템과 정보시스템을 결합한 것으로서 물류정보의 효율성을 높이기 위해 전산화로 시스템화하는 것이다. 즉, 원자재의 조달에서부터 완제품을 소비자에게 인도할 때까지의 물류활동을 기업의 전사적인 측면에서 각 물류망을 신속·정확하게 연결하고, 효율적이고 경쟁력있는 물류를 구축하기 위해 운송·보관·하역·포장·유통 등의 기능이 통합된 시스템을 구축한다.

### 라) 물류와 국제복합운송과의 관계

국제복합운송(Multimodal Transportation)은 선박, 항공기, 철도, 트럭 중에 2가지 이상의 이종운송수단을 결합하여 일관운송하는 것이다. 여기에 운송·보관·하역·저장·장비관리 등을 포함하고, 이들을 연결시켜 주는 정보기능이 결합되어 종합물류(Total Physical Distribution)로 발전하였다. 즉, 컴퓨터의 발달로 각종 자료를 용이하게 종합하고, 각종 운송수단 및 항만·창고·보관·집하·하역·통신 등의 부대시설의 기능 강화와 장비관리의 효율화, 항만운영의 효율화, 정보시스템의 개발 등 종합물류의 도입으로 대하주(對荷主) 서비스의 질이 향상되었다.

## 4. 물류의 종류

물류의 개념과 전략은 시대에 따라 그 의미가 변화해왔다. 19세기 군사적인 측면의 병참, 군수(Military Logistics)에서 1950년대에는 물자의 이동이 강조되는 물적유통(Physical Distribution), 1970년대는 대량생산 시대로 접어들면서 경영, 경제적 측면에서의 비용(Cost) 절감이 가장 중요한 목표인 Business Logistics로 의미가 확장되었다. 이후 1980년대에는 일본의 영향으로 물류전략은 품질(Quality)의 중요성이 부각되었으며, 1990년대에는 물자의 이동을 넘어서 원자재로부터 최종 소비자까지 제품의 이동이 이루어지는 공급사슬 전체를 관리한다는 의미로까지 확장되어 공급사슬관리(SCM)가 되면서 비즈니스재설계(BPR: Business Process Reengineering), 전사적품질관리(TQM; Total Quality Management) 등의 영향으로 속도(Speed)가 강조되었다. 특히, 21세기 디지털시대에는 유연성이 극대화된 민첩성(Agility)이 주요 목표가 되었고, 개별기업의 차원을 떠나 공급망 전체의 차별화 전략으로서의 물류기능이 강조되고 있다.

이상과 같은 물류의 개념과 물류전략의 변화에 따라 물류의 흐름을 정리하면 다음과 같다.

먼저 경쟁구조는 개별 기업간 경쟁에서 공급사슬(Supply Chain)간 경쟁으로, 물류체계는 기업내 통합물류에서 공급사슬관리(SCM)로 변화함에 따라 자사에 물류조직을 두고 직접 물류업무를 직접 수행하는 1자 물류(1PL; First Party Logistics)에서 1970년~1980년대에는 물류조직을 독립하여 물류자회사를 설립·운영하는 2자 물류(2PL; Second Party Logistics) 및 외부물류업에 아웃소싱(Outsourcing)하는 3자 물류(3PL; Thirty Party Logistics)를 거쳐 1990년대 이후 2000년대에 들어오면서 3자 물류에 IT와 컨설팅 분야를 제휴하여 신물류기술을 결합한 4자 물류(4PL; Forth Party Logistics)로 발전을 해왔다.

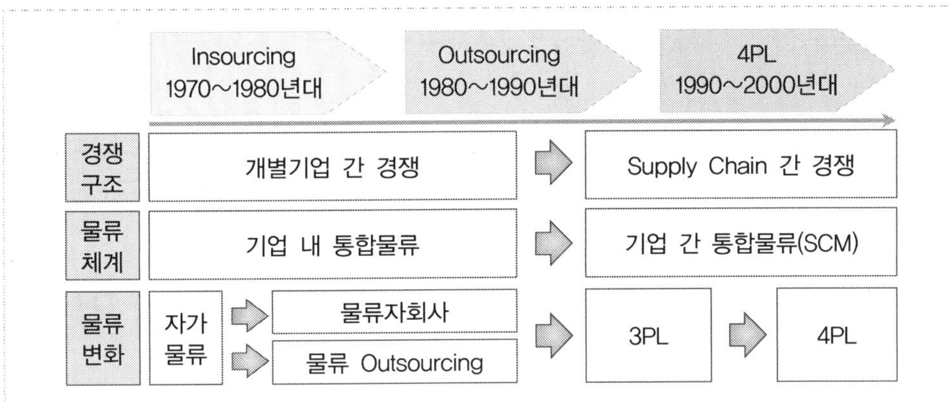


[그림 1-5] 물류의 흐름과 변화

## 1) 1자 물류(1PL; First Party Logistics)

1자 물류는 기업 내부의 물류 합리화 전략에 따라 사내에 물류조직을 두고 자체적으로 물류업무를 수행하는 형태를 말한다.[9]

### (1) 장점

1자 물류의 장점으로는 자사물류로 기업의 영업비밀 유지와 물류관리에 대하여

9) 한국기업의 예를 들면 2006년 화장품 업계 최초로 1자 물류를 시행한 아모레퍼시픽은 자사의 인력을 중심으로 한 협력업체 위탁이라는 복합구조를 취해 수배송을 담당하였다. 화장품 유통의 경우 고객의 니즈가 많고, 유행에 민감한 산업이기 때문에 신제품이 끊임없이 쏟아져 나온다는 것이 특징인데 아모레퍼시픽에서는 다품종 소량 다빈도라는 생산구조를 만들어 냄으로써 1990년대 후반 매출이 7,000억 원이 1조 6,000억 원으로 늘어난 기록을 세웠다.

직접적인 영향력을 행사할 수 있다는 것이다.

#### (2) 단점

첫째, 물류시설의 확충, 물류자동화, 정보화, 물류전문인력 확보 등의 고정투자비 부담이 크다.

둘째, 물류부분에 대한 과도한 투자비는 적정한 물량을 확보하지 못할 경우 투자비의 회수가 어렵다.

셋째, 경기변동과 계절성 수요에 의한 불안정 요소가 있다.

넷째, 기업구조조정 발생시 물류경로의 변화 등에 효율적으로 대처하지 못하여 물류부분의 비효율을 초래할 수 있다.

### 2) 2자 물류(2PL; Second Party Logistics)

2자 물류는 모기업의 물류 합리화 전략에 따라 물류 관련 업무의 일부 또는 일체를 수행, 처리하기 위하여 사내의 물류조직을 별도로 분리하여 출자를 통하여 자회사로 독립시키는 경우를 말한다. 그 업무 내용 및 영역에 따라 보통 '자회사'로 칭하지만, 실질적으로 보았을 때 모회사의 물류관리에 적합한 물류시스템을 구축하고 모회사의 조달, 생산, 판매, 수출 등과 관련된 물류업무를 우선적으로 수행하는 모기업의 물류관리 전반을 담당하는 기업이다.

#### (1) 장점

첫째, 물류관리의 책임 및 물류비용의 명확화로 물류비의 정확한 산정과 물류비의 절감 요소 파악이 용이하다.

둘째, 물류전문인력을 양성할 수 있다.

셋째, 물류정보를 신속, 정확하게 수집할 수 있다.

넷째, 물류노하우, 최신 물류장비 및 시설로 운영효율을 극대화할 수 있으며, 장차 3자 물류의 사업 주체로 성장할 수 있다.

#### (2) 단점

첫째, 모기업이 노무관리 차원에서 인력 퇴출처로 활용하여 인건비 부담이 가중될 수 있다.

둘째, 모기업의 지나친 간섭과 개입으로 자율경영이 어렵다.

셋째, 자회사의 수입은 모기업의 물류 자율화 추진만큼 감소하므로 모기업의 물류 효율화에 소극적인 자세를 취하게 된다.

### 3) 3자 물류(3PL; Thirty Party Logistics)

3자 물류는 하주 기업이 경쟁우위의 확보, 고객서비스 향상, 물류비 절감 등 물류활동의 전문성과 효율성을 향상시키기 위하여 SCM상의 물류기능의 전부 또는 일부를 외부의 물류전문업체에게 위탁(outsourcing)하는 것을 말한다. 즉, 하주가 아닌 제3자는 운송, 포장, 라벨링, 유통가공, 배송, 재고관리 등 조달에서 소매단계에 이르기까지의 물류활동을 위탁받는 것으로 하주 기업과 물류업체 간 전략적인 제휴를 통한 성공적인 상생관계를 만들어나가는 것이다.[10)]

#### (1) 장점

첫째, 전문성있는 물류업체를 이용함으로써 하주 기업은 물류활동에 따른 설비, 장비, 정보기술, 인력 등의 고정자산에 대한 투자를 줄일 수 있다.

둘째, 자체물류조직 운영시의 위험을 제거하고 환경변화에 유연하게 적응할 수 있으며 비용을 절감할 수 있다.

셋째, 투자 수익율 제고, 외부전문성 확보, 집하 서비스의 제공 등을 효율적으로 수행할 수 있다.

#### (2) 단점

첫째, 하주 기업이 물류 업무에 대한 통제력을 상실할 수 있다.

둘째, 어느 특정시점의 물류비가 절감되나 지속적이지 못한다.

셋째, 창고, 운송, 배송관리 등의 물류서비스는 제공하지만 현실적으로 모든 SCM에 대한 물류서비스는 제공되지 않는다.

### 4) 4자 물류(4PL; Forth Party Logistics)

4자 물류는 3자 물류에 IT와 컨설팅 분야를 제휴하여 신물류기술을 만들어내는

---

10) 대표적으로 우리나라 최초로 2자 물류를 탈피하고 3자 물류를 도입한 글로벌 물류운송기업인 CJ대한통운이다. CJ대한통운은 과거부터 운송업을 위주로 맡았던 기업으로 현재는 공격적인 M&A로 전 세계에서 물류 틈새시장을 노려 재빠른 혁신을 추구하고 있는 기업으로 발전하고 있다.

것을 말한다. 즉, SCM의 각 기능에 대해 최적의 서비스를 제공할 수 있는 다른 협력업체(정보통신업체, 컨설팅업체, 다른 전문물류업체 등)와 연계하여 원스톱으로 하주 기업에 최상의 통합물류서비스를 제공하는 것이다.[11)]

이상의 4자 물류의 특징으로는 다음과 같다.

첫째, 3PL보다 광범위하고 종합적인 전문물류서비스를 제공한다.

둘째, 물류업체와 관련 업체들과의 전략적인 제휴와 컨소시움 형성이 가능하다.

셋째, 하주 기업과 물류업체간 상호신뢰와 협조로 장기적 계약관계로 이루어진다.

넷째, 상호간 전략적 관계가 가장 중요하다.

다섯째, 상호 조직 내 업무활동에 능동적으로 관여하여 상호균형적인 관계를 유지한다.

여섯째, e-비즈니스 환경하에서 상호 정보의 교환이 개방적이다.

## 제 2 절 국제물류의 개념

### 1. 국제물류의 정의

국제물류(International Physical Distribution)는 생산과 소비가 2개국 이상에 걸쳐 이루어지는 경우에 그 생산과 소비의 시간적·공간적 차이를 극복하기 위한 유·무형의 재화에 대한 물리적인 국제경제활동이라 할 수 있다.

이러한 국제물류는 국내물류보다 확대된 영역으로 원료조달, 생산·가공, 제조·판매활동 등이 생산지와 소비지가 동일국내가 아닌 국경을 초월하여 이루어지고 물품의 이동과 관련하여 수출입수속 및 통관절차, 운송방법의 다양화로 인하여 물류관리가 국내물류보다 훨씬 복잡하며, 운송영역이 넓고 대량화물을 운송하여야 하기 때문에 환경적 제약을 많이 받게 된다.[12)]

---

11) 최초로 4PL의 개념을 도입한 앤더슨 컨설팅사(현, 액센츄어)에 의하면 제4자 물류란 "하주기업에게 포괄적인 공급체인 솔루션을 제공하기 위해, 물류서비스 제공기업이 자사의 부족한 부문을 보완할 수 있는 타사의 경영자원, 능력 및 기술과 연계하여 보다 완전한 공급체인 솔루션을 제공하는 공급체인 통합자"라고 정의하고 있다. 한편, 4PL은 LLP(Lead Logistics Provider), General Contractor 등으로도 사용된다.

12) 김종득 외, 『국제물류론』, 박문각, 2012, p.14.

국제물류에 대해서 미국의 물류관리협의회(NCPDM; National Council of Physical Distribution Management)에서는 '국제물류는 완성된 제품을 생산원료에서부터 시작하여 소비자에게 가장 효율적으로 이전시키기 위해 직·간접적으로 관련되는 모든 활동'으로 정의하고 있다.

한편 일본의 산업구조심의회의 유통부에서는 '국제물류는 재화가 공급자에게서 외국 소비자에게 이르는 물리적인 흐름으로 중요한 요소는 운송, 포장, 보관, 하역 그리고 유통가공 등의 물자유통활동에 관계되는 정보활동'으로 정의하고 있다.

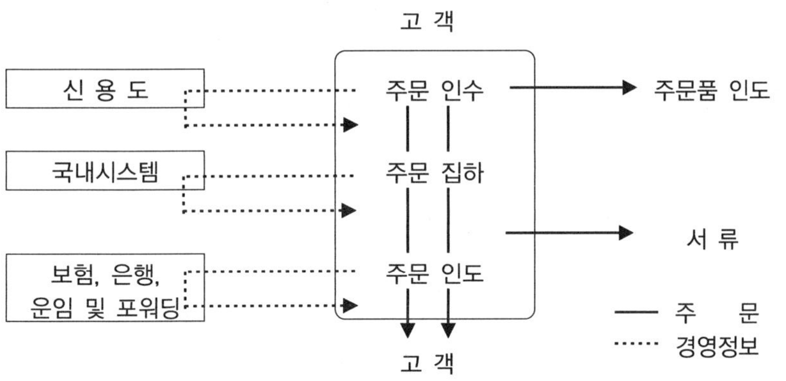


자료 : G. J. Davis, *"The International Logistics Concept"*, 「International Journal of Physical Distribution & Materials」, Vol.7, No.2, 1987, p.52.

[그림 1-6] 국제물류의 개념

특히, 국제물류는 물자의 시간적·공간적인 효용의 창조가 중요함으로 각 기능들 중에서 특히 운송부분이 차지하는 비중이 크다. 따라서 각종 운송수단의 효율적인 연결과 각 운송수단의 연결점인 항만, 공항, 내륙 터미널에서 시간과 비용을 줄일 수 있도록 운송효율의 제고가 도모되어야 한다.

이러한 점에서 현재 항구에서 항구까지(Port to Port)의 해상운송과 항공운송의 합리화에서 나아가 문전에서 문전(Door to Door)[13]까지의 복합일관운송이 국제물류의 주도적 역할을 수행하고 있다.[14]

13) House to House라고도 하며, 컨테이너선사가 제공하는 운임률 또는 서비스의 한 형태로서 송하인의 작업장이나 창고에서 화물이 컨테이너에 적입되어 수하인의 작업장이나 창고에서 적출작업이 이루어지는 일관복합운송방식을 말한다.

14) 한국하주협회, 『수출입화물과 물류관리』, 한국무역협회, 1990, p.13.

## 2. 국제물류의 특성과 중요성

### 1) 국제물류의 특성

국제물류활동은 국경을 초월하여 이루어지고 있어 각국의 정치, 경제, 언어, 국제상관습, 적용법규 등에 영향을 받는다. 즉, 원료 및 물품의 이동은 2개국 이상에 걸쳐 이루어지기 때문에 운송영역의 확대에 따른 운송거리가 길어지고 화물의 대량화로 인한 효율적인 운송방법의 선택, 수출입활동에 따른 각국의 수출입수속 및 통관절차 등에 대한 전반적인 이해를 전제로 하기 때문에 국내물류보다 물류관리문제가 한층 복잡하고 비용도 많이 들고 있다.

#### (1) 서류의 복잡성(Complexity of Documentation)

국제물류는 국내물류와는 달리 선하증권, 신용장, 내륙운송 및 통관서류 등 국내에서는 불필요한 서류와 절차에 대한 이해가 필요하며, 완전한 서류작성과 원활한 업무 진행을 위해서는 이 분야에 대한 전문적인 기술과 지식을 필요로 한다. 국제물류에서는 언어, 적용법규, 국제상관습 등에 대한 정확한 이해 부족에 기인하는 분쟁이 발생할 가능성이 국내물류보다 훨씬 높다. 이 밖에도 서류작성비용이 국내물류보다 높고, 보다 많은 당사자가 관계되며, 잘못 작성된 관련 서류는 재정적 피해가 크다. 따라서 서류양식의 표준화, 서류처리의 간소화가 유통물류과정의 효율화를 위해 필요하며, 이를 위해 물류시스템의 구축이 전제가 된다.

#### (2) 중개자의 존재(Presence of Intermediaries)

국제물류활동에서 서류의 복잡성은 하주를 대신하여 물품 및 운송서류의 취급, 운송인 선정 등의 업무를 수행하는 중개자, 즉 국제물류주선업자(Freight Forwarder)가 존재한다. 이들은 하주를 대신하여 운송수취, 대행기능과 서류취급, 운송업자 선정, 집배, 보관, 통관기능까지도 수행하고 있으며, 하주와 운송인 사이에 개입하여 하주에 대해서는 운송인으로, 운송인에 대해서는 하주의 역할을 한다.

#### (3) 주문 절차상의 복잡성(Complexity of Order Processing)

국제물류활동의 시작은 물품의 수출입주문으로부터 시작된다. 이러한 수출입활동은 보통 현지 판매나 마케팅을 수행하는 해외 자회사나 대리인에게 위임되고 있으며, 주문 규모 역시 국내보다는 대량으로 이루어지는 경우가 대부분이므로 본사에 대한 주문·생산 공정의 절차와 처리가 복잡하다. 또한, 국제물류는 국가간에 이루어지는 활동이므로 물류비용과 서비스를 감안한 효율적인 운송수단의 선정 및 운송절차의 복잡성, 국가간 물류장비 표준화의 차이, 수출입통관절차의 복잡성 등의 특징을 지니고 있다.

#### (4) 환경적 차이(Environmental Difference)

국제물류는 세계 여러 나라의 다양한 경제·정치·사회적 환경, 지형적 특성뿐만 아니라 언어, 상관습 등을 포함한 국가의 문화적 차이를 고려해야 한다. 이는 국가별로 마케팅 및 물류방식에 대한 국민들의 선호구조와 수용성이 다르기 때문이다. 따라서 성공적인 국제물류활동을 위해서는 각국의 국민들의 문화적 차이에 대해 파악하고 실시하는 것이 중요하다.

[표 1-2] 국제물류의 환경적 차이

| 통제 불가 요인 | 통제 가능 요인 |
|---|---|
| • 사회적·문화적 요인<br>• 정치적·법적 요인<br>• 경제적 요인<br>• 상품경쟁<br>• 기술<br>• 지리적 요인 | • 창고이용과 저장<br>• 소비자 서비스<br>• 수송<br>• 포장<br>• 재고관리 |

### 2) 국제물류의 중요성

경제사회는 생산과 소비가 기능적인 구성 요소로 되어 있어 끊임없는 유통활동에 따라 유지·발전된다. 국제간의 생산과 소비가 발생하는 경우에도 그 사이를 연계하는 무역활동 중에 국제물류는 경제사회에 매우 중요하다. 즉, 국가 간의 교역이 확대되면서 범세계적인 제품의 이동과 자재관리 등의 기능을 수행하는 국제물류의 중요성이 부각되고 있다.

따라서 국제물류관리는 근본적으로 국내물류관리와 유사하나, 국제적인 기능을 수행함에 따라 새로운 수송형태나 제도, 관습의 장벽, 재고 및 포장 등의 국제화에 따른 추가적인 문제를 고려하여야 하며, 국제물류는 다음과 같은 중요한 역할을 수행하고 있다.[15]

---

15) 진형인·정홍주, 『국제물류의 이해』, 박영사, 2003, p.56.

#### (1) 국제시장의 발전

국제물류는 국제간의 물품의 생산과 소비를 연결하는 역할을 수행하고, 생산력을 증대시켜 국제시장의 발전에 기여하는 효과가 있다. 또한, 운송시간의 단축 및 조기인도나 적기인도 등을 통하여 해외고객에 대한 서비스 활동을 향상시킴으로써 신뢰감을 높이고 판매기능을 촉진한다.

#### (2) 국제경쟁력의 향상

국제물류는 생산과 수출뿐 아니라 총비용이라는 경제적 측면에서 제3의 이윤원의 역할을 하게 된다. 국제물류는 국내물류와 달리 해외운송비의 비중이 크기 때문에 제품 단가의 인하를 통한 국제경쟁력에 기여하게 된다.

#### (3) 물류비 절감과 서비스 향상

국제물류는 수요자인 기업으로서는 물류비 절감과 서비스의 향상을 통한 판매증진으로 기업의 발전을 기대할 수 있으며, 공급자인 기업으로서는 양질의 서비스를 제공하게 되어 기업의 기반을 확립할 수 있다.

#### (4) 경제발전과 물가안정에 기여

국제물류는 국민경제적인 입장에서 수출입물품의 최적 유통과 물류비의 절감이 가능하여 국제화시대에 따른 경제발전과 물가안정을 가져오게 한다.

## 제 3 절 국제물류의 기능과 흐름

### 1. 국제물류의 기능

물류의 활동영역은 물류비 절감과 고객서비스 향상을 위하여 운송, 보관, 유통가공, 포장, 하역 및 정보 등의 기능에 의해서 이루어진다. 이전에는 정보를 뺀 운송, 보관, 하역, 포장, 유통가공이 물류의 5대 기능으로 분류하였지만, 오늘날에는 정보처리의 역할과 중요성이 크게 증가하여 정보를 5대 기능에 포함시키고 유통가공은 포장에 포함하여 분류하기도 한다.

국제물류는 두 나라 이상에 걸쳐 수행되기 때문에 본서(本書)에서는 물류활동 내용에 있어 운송을 주체로 하며 이것에 수반하여 운송 효율성을 극대화하기 위해 보관, 유통가공, 포장, 하역 및 정보 등으로 구분하였다.

### 1) 운송기능

운송은 수송과 배송을 포괄하고 있는 개념[16]으로써 물자의 공간적 차이를 극복하기 위해서 장소적 이동을 통하여 물자의 공간적(장소적) 효용이 창출된다. 운송은 물류의 핵심적인 요소로서 실질적으로 보관, 하역, 포장, 정보 등과 밀접한 관련을 맺고 있으며, 이러한 비운송요소는 운송과 배송을 원활히 해주는 보조적인 요소로 볼 수 있다.

국내물류의 경우에는 배송활동에 중점을 두기 때문에 화차를 이용하여 화물을 이전시키거나 자사의 유통센터나 타화물자동차업체의 운송 및 배송네트워크를 통하여 고객에게 화물을 이전시키는 경우가 많다. 그러나 국제물류의 경우에는 선박회사, 항공회사, 트럭운송회사, 국제물류주선업자 등을 통하여 이루어지기 때문에 선박이나 항공기의 개량과 발전이 중요한 역할을 하게 된다.

최근에는 '항구에서 항구까지(Port to Port)'의 해상운송과 항공운송의 합리화에서 더 나아가 '문전에서 문전까지(Door to Door)'의 육·해·공의 최적 조합을 통한 국제복합일관운송시스템이 핵심이 되고 있다.

### 2) 보관기능

보관기능은 물류거점(센터)에 제품을 보관하여 재고관리하는 일련의 활동을 말하는 것으로 물자의 생산시점과 소비시점의 시간적 차이를 극복함으로써 효용을 창출한다. 보관의 활동으로는 입·출고, 위치관리(Location 관리), 재고이동, 재고조사 등이 있으며, 최근 보관의 개념이 저장(Stock)에서 흐름(Flow)으로 변화하고 있다. 국내물류에서 창고기능은 화물을 시간적·장소적으로 이전시키기 위하여 일시적으로 보관하는 기능과 유통창고나 유통센터로서 수·배송을 위한 기지로서의 기능을 갖기도 한다.

---

16) 운송은 일반적으로 수송과 배송으로 나누어지며, 수송은 공장에서 물류센터를 포함한 물류거점 간 이동 등을 말하며, 이를 간선운송이라 한다. 한편, 배송은 물류센터에서 각 점포(소비자) 간 이동으로 이를 지선운송이라고 한다.

국내물류의 경우 보관활동은 주로 생산자로부터 조달물류, 생산물류, 판매물류를 통해 소비자에게 물품의 효율적 배송을 위한 유통센터 및 배송센터나 생산자의 창고에서의 파렛트 풀(Pallet pool)[17]을 통한 창고자동화시스템이 주요한 역할을 하게 된다.

그러나 국제물류에서 창고는 수출지에서 수입지까지 화물운송에 필요한 수출자의 창고 및 공장, 창고나 내륙물류기지, 그리고 항구나 공항 등지의 보관기능이 우선하게 된다. 즉 화물을 집하하여 이를 조립·포장·분류하여 배송하는 유통창고로서의 국내물류기능보다는 보세구역이나 보세구역 이외의 지역에서 화물을 일시 보관하여 운송하는 기능이 국제물류의 주된 기능이 되기 때문에 국제물류에서는 창고자동화시스템을 통한 컨테이너 적입뿐만 아니라 항만 또는 공항의 보세창고 운영시스템의 자동화 및 개선책이 하역작업과 병행하여 중요한 역할을 담당하게 된다.

### 3) 유통가공

유통가공은 상품의 생산자로부터 고객(소비자)에 이르기까지의 유통과정에서 상품에 가공을 가하여 부가가치를 높이는 활동뿐만 아니라 물류효율을 더욱 향상시키기 위해 가공하는 활동을 말한다.

최근에는 물류센터에서 단순한 가공, 조립, 라벨링, 재포장 등의 유통가공 업무를 유치하고 수행함으로써 새로운 수익을 창출함과 동시에 SCM관점에서 전체적인 효율화를 꾀하고 있다.

유통가공의 종류는 다음과 같다.

① 라벨링 작업 : 바코드라벨 및 가격표, 보안태그 등을 부착하는 작업
② 조립 작업 : 부품을 조립하여 완제품 또는 세트제품을 생산하는 작업
③ 해체작업 : 완제품 또는 세트제품에서 단위 부품으로 분해하는 작업
④ 세트포장 : 선물세트 및 판촉용 세트 포장 등의 업무
⑤ 재포장 : 대용량의 소량 단위로 바꾸거나 외관을 좋게 하는 작업(주로 농산물에서 자주 적용)
⑥ 재가공 : 제품의 성질 또는 형태를 가공하는 작업

---

17) 파렛트의 규격과 척도를 표준화하고 이를 상호 교환하여 사용할 수 있도록 함으로써 물류의 합리화를 가져오게 하는 것을 말한다.

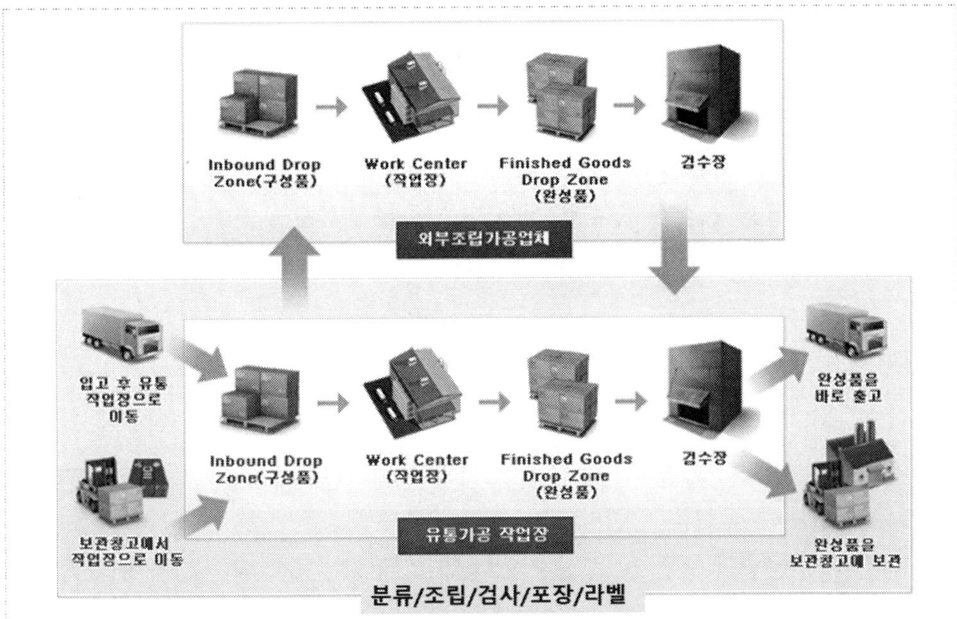


자료 : 코센코물류(주);http://www.kosenko.co.kr/sub2/sub2_3.php

[그림 1-7] 유통가공 서비스

### 4) 포장기능

포장은 화물(제품)의 안전과 보호를 주 목적으로 화물을 적당한 단위로 묶어서 운송과 보관 및 하역이 용이하도록 하는 등 물류활동과 많은 관련을 지니고 있다.

| 구분 | 내용 |
|---|---|
| 포장 (Packing) | 물품의 운송, 보관, 거래, 사용, 판매 등에 있어 적절한 재료 및 용기 등을 이용하여 그 가치와 상태를 유지, 보호하기 위한 상태 |
| Package | 물품이 포장된 상태 또는 그 대상 |
| Packaging | 물품이 포장된 상태가 되기까지의 시공행위 |
| 포장의 3대 기능: 보호성 (silent quadrat) | 외부의 충격이나 환경으로부터 내용물을 보호해주는 기능 |
| 포장의 3대 기능: 편리성 (silent helper) | 내용물의 운송, 보관, 사용 및 폐기에 이르기까지의 취급을 편리하게 하는 기능 |
| 포장의 3대 기능: 판매촉진성 (silent salesman) | 상품의 외형을 미화시켜 소비자로 하여금 구매의욕을 불러 일으키도록 하는 기능 |

자료 : 전순환, 『국제운송물류론』, 한올, 2015, p.17.

[그림 1-8] 포장의 개념과 기능

즉, 포장물류(Packing Logistics)는 화물의 가치를 유지, 보호하기 위하여 적합한 재료 또는 용기 등으로 시공한 기술 및 상태를 효율적으로 관리하는 활동으로서, 생산의 마지막 단계이자 물류의 시발점이 되는 물류활동이다.

포장물류 활동은 화물의 보호성, 취급의 편리성(공업포장), 판매촉진성(상업포장)을 증대시키며, 화물취급의 주의표시(Care Mark) 및 화물포장의 단위화를 통한 상품성을 제고시키는 기능을 수행하고 있다.

### 5) 하역기능

하역은 물류 활동 중에서 보관과 포장, 유통가공을 제외한 나머지 인력에 의해서 제품을 취급하는 모든 활동으로서[18], 육상과 해상에서 화물의 적재, 적부(Stowage), 양하 등의 일체의 작업을 말한다.

하역은 원래 운송과 보관 및 포장 사이에서 그 전후에 수행되는 화물취급 작업으로 운송과 보관의 종속적 존재로 위치해 있었다. 그러나 국제물류에 있어서는 그 중요성이 높아 하역의 합리화가 종합적인 물류 합리화를 좌우하고 있는 경우도 적지 않다.

국내물류의 경우에는 유통 및 배송센터의 자동창고로부터 지게차(Fork Lift)와 같은 기기를 동원하여 트럭에 상·하차 작업을 수행한다. 그러나 국제물류의 경우에는 물품을 컨테이너에 적입하는 작업과정에서부터 복합화물터미널의 범주 내에서 항만, 공항, 내륙거점(철도역 또는 트럭터미널) 등에서 기초하역시설 등 각종 하역차량 및 지게차(Fork Lift) 등이 동원되어 항만 및 공항의 창고시설과 연계되어 운영됨으로써 시간단축과 비용절감 목적으로 중요한 역할을 하고 있다.

**참고 | 하역의 종류와 하역비 부담조건**

1. 하역의 종류
   - 육상하역 : 철도, 트럭, 항공기 등의 운송에 수반되는 하역
     - 철도 : 철도역, 철도기지(Depot)중심으로 행해지는 하역
     - 트럭 : 내륙기지(ICD)나 Depot에서 행해지는 하역
     - 항공기 : 공항을 중심으로 행해지는 하역
   - 해상하역 : 선박의 해상운송에 수반되는 하역

18) 하역에는 화물의 피킹(picking)·분배·분류, 입·출하 화물의 확인 및 검사, 화물의 상·하차 등의 인력 활동에 의한 물류활동을 포함한다.

▸ 선내하역, 연안하역
▸ 접안하역(경안하역, 부선하역), 해상하역
▸ 적재(자가적재, 일괄적재)와 양륙(자가양륙, 일괄양륙)

2. 하역비 부담조건
① Berth terms(liner terms) : 선적과 양하시 하역비 선주 부담
② F.I.O(free in and out) : 선적과 양하시 하역비 하주 부담
③ F.I(free in) : 선적시 하주 부담
④ F.O(free out) : 양하시 하주 부담

### 6) 정보기능

정보기능은 거래처 간에 발생하는 수·발주는 물론 그 외에도 운송, 보관, 하역, 포장 등의 모든 활동을 진행하면서 발생하는 각종 데이터의 정보처리 활동을 포함하고 있다. 즉, 컴퓨터 및 정보통신기술을 물류시스템을 활용함으로써 수주, 재고관리, 주문품의 출하, 상품의 생산, 운송, 포장 등의 기능에 관련되는 업무과정의 일체를 일괄 관리하는 것을 말한다.

정보기능과 관련해서 작업서버 시스템에서는 운송, 하역, 보관, 유통가공, 포장을 처리하고, 정보서버시스템에서는 수·발주, 재고, 출하를 처리하게 된다. 그러므로 국제물류를 종합적으로 기능화하고 총체적인 활동을 원활히 추진하기 위해서 정보는 중요한 요소이다.

한편, 물류정보는 국내물류의 경우 대부분 국내유통에 중점을 두기 때문에 물품이 생산자로부터 중간상인 도·소매업자를 통하여 소비자로 이전되므로 수주정보시스템, 재고정보시스템, 생산지시정보시스템, 출하정보시스템 등의 물류관리정보시스템에 의하여 그 흐름이 통제된다.

그러나 국제물류의 경우에는 운송활동의 경제화 및 복합운송의 최적화, 하역작업의 기계화 및 자동화를 통한 신속화, 보관 그리고 배송작업의 신속화 및 효율화, 포장작업의 표준화 및 최적화를 통하여 총비용을 절감하고 고객서비스를 향상시켜야 한다. 이를 위하여 총괄적인 국제물류기능을 컴퓨터를 이용한 온라인시스템(On-Line System)[19], 지역물류를 연계시키는 근거리정보통신망(LAN; Local Area Network)[20] 또는 전국이나 전 세계를 연결할 수 있는 부가가치통신망

19) 컴퓨터의 입출력장치 또는 주변기기가 통신회선으로 직접 접속되어 있는 시스템으로 은행의 보통예금처리, 호텔예약시스템, 항공망시스템 등으로 실용화되고 있다.
20) 근거리정보통신망 또는 기업 내 정보통신망으로 불리는 것으로 공장단지 내부나 빌딩 안에

(VAN; Value Added Network)[21] 등이 이용되어 중앙통제방식으로 물류정보의 지시 및 통제가 이루어지고 있다.

특히, 최근 물류기업들은 물류시스템의 효율성을 높이기 위하여 정보처리 활용 및 고도화에 중점을 둔 업무의 개선이 이루어지고 있으며, 여기에는 창고관리시스템(WMS; Warehouse Management System)[22], 운송관리시스템(TMS; Transportation Movement Schedule)[23], 주문관리시스템(OMS; Order Management System)[24] 등과 같은 물류정보시스템을 도입하여 적극 활용하고 있다.

[표 1-3] 국내물류와 국제물류의 차이점

| 기 능 | 국내물류 | 국제물류 |
|---|---|---|
| 운 송 | 물류거점을 이용한 공로운송<br>(자동차운송, 철도운송, 내륙운송) | 항만이나 공항을 이용한 국제복합일관운송<br>(해상운송, 항공운송, 복합운송) |
| 보관·하역 | 물류센터나 배송센터 중심의<br>보관·하역작업 | 항만, 공항, 내륙거점 등의 복합화물터미널<br>등에서의 보관·하역작업 |
| 포 장 | 포장의 경제성, 편리성, 간이성에 중점 | 운송에 중점(파렛트, 컨테이너 단위) |
| 정 보 | 하주, 운송업체, 주선업체 등의 독자적<br>정보 확보 | · 특정 터미널을 축으로 국내 하주로부터 해외고객에 이르는 과정을 인터넷 등을 통해 실시간 추적 가능<br>· 해당 국가 간 국제운송네트워크 구축 필수 |

---

서 활용되는 컴퓨터를 비롯한 팩스나 워드 프로세서 등 각종 정보시스템을 유기적으로 연결하여 막대한 양의 정보를 신속하게 소통시키는 첨단 데이터 통신망을 말한다.

21) 제3자인 데이터 통신처리업자 또는 회사를 매개로 하여 기업 간 자료를 교환하는 통신망을 말한다.

22) 창고관리시스템(WMS; Warehouse Management System)은 물류창고(센터)를 관리함에 있어 입고, 적재, 피킹, 출고, 재고와 같은 업무를 자동화하여, 작업자가 좀 더 쉽고, 빠르고 정확한 업무처리가 가능하도록 지원하는 시스템을 말한다.

23) 운송관리시스템(TMS; Transportation Management System)은 고객 주문 정보를 바탕으로 운송계획을 수립(운송노선계획, 적재계획 등)하여 수·배송 업무에 대한 배차 지시, 정산관리, 차량 Tracking 등 운송과정을 실행하고 관리하는데 필요한 모든 활동을 지원하는 시스템을 말한다.

24) 주문관리시스템(OMS; Order Management System)은 정보기술을 활용하여 고객이 주문한 상품 현황을 실시간으로 볼 수 있으며, 결제 확인, 배송, 주문 취소, 반품 등을 처리할 수 있는 시스템을 말한다.

## 2. 국제물류의 흐름

국제물류에 있어서 유통화물은 국제적 무역수요의 다양화와 기술혁신의 진전 등에 의해 고부가가치 상품의 유동량이 증가하고, 다품종·소량화로 변화되어 가고 있어 이를 위해 국제물류 서비스의 질적 고도화나 다양화가 요구되고 있다. 국제물류는 이와 같은 무역구조나 유동화물의 변화에 대응해서 합리적으로 전개되고 있다.[25)]

### 1) 수입의 경우

우선 수입에 있어 국제물류는 원료나 에너지 등의 해외자원을 확실히 효율적으로 국내로 수입해서 어떻게 비축·공급하느냐가 중요한 일이 되었다. 즉, 자원개발이나 조달단계에서 국내에 보관·공급에 이르기까지 일관된 물류관리가 필요하게 되었다.

### 2) 수출의 경우

수출에 있어 국제물류는 무역형태의 변화에 따라 6가지의 형태로 구분할 수 있다.

① 제조업자로부터 수출업자, 수입업자를 경유하여 판매업자에게 유통되는 전통적인 간접무역형태

② 수출업자가 수입국에 지점, 기타 출장소를 설립하여 유통단계를 합리화한 형태

③ 반대로 수입업자가 수출국에 진출해서 유통단계를 합리화한 형태

④ 제조업자가 수입지의 수입업자와 직접 거래하는 직접무역형태

⑤ 제조업자가 수입국에 출장소나 대리점을 설립하여 제품이나 부품을 수출하고, 현지에서 조립(Knock-down) 등으로 유통가공을 하여 판매업자에게 유통하는 형태

⑥ 제조업자가 수입국에 공장을 설치해서 수입국에서 생산, 유통, 판매까지 일관해서 하는 형태

---

25) 방희석·이규훈, 『물류관리론』, 동성사, 2002, p.581.

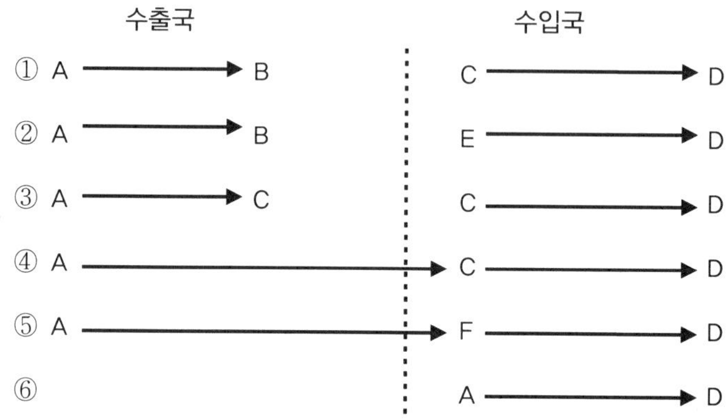


주) A=제조업자, B=수출업자, C=수입업자, D=판매업자, E=수출업자의 지점 또는 출장소, F=제조업자 출장소 또는 대리점

자료 : 방희석·이규훈, 「물류관리론」, 동성사, 2002, p.581.

[그림 1-9] 무역형태에 따른 국제물류형태

일반적으로 수입국에서의 마케팅이 불안한 경우나 상표 선호성이 낮은 상품에 대해서는 ①과 ②의 형태를 많이 취하고 있다. 그 반대의 경우에는 ④~⑥의 형태를 취하는 경우가 많다. 특히 가전제품, 전자기기, 카메라, 자동차 등 상표 선호성이 높은 내구소비재의 경우는 ⑤와 ⑥의 전략적 전개가 행해지는 경향이 강하다. 또한 ⑥의 해외공장 설치의 경우 국제물류의 변화는 해외공장을 중심으로 부품 수출, 제품수입 및 3국간 물류(제3국으로의 제품수출)가 새로운 흐름으로서 전개된다.

# 제2장

# 국제물류관리와 전략

◆◇ 학습개요 및 목표 ◇◆

글로벌기업의 국제물류관리에 대한 전반적인 내용을 다루고 있는 이 단원은 국제물류환경의 변화에 따른 국제물류의 발전과정을 비롯하여 글로벌기업의 국제물류관리의 단계별 변화와 관리시스템의 구축절차 및 국제물류시스템의 형태에 대한 소개와 각 시스템별 장·단점, 그리고 글로벌 물류전문기업들의 경영전략 등을 자세히 제시하고 있다.

1. 국제물류환경의 변화와 국제물류의 발전과정을 제시한다.
2. 글로벌기업의 국제물류관리의 단계별 변화를 정리한다.
3. 국제물류관리시스템의 형태와 경영전략을 제시한다.

## 제 1 절 국제물류환경의 변화

### 1. 운송·보관수단의 발달과 대형화

세계시장의 글로벌화 진전으로 자원의 세계화가 이루어짐에 따라 무역개방이 가속화되고, 이에 따른 운송·보관수단의 발달을 촉진하고 있다. 또한, 물류서비스는 화물 흐름과 관련하여 발생하는 파생적 수요로서 고객들의 경영활동의 내용과 범위가 변화됨에 따라 국제물류서비스의 제공자나 장비, 시설 등도 다음과 같이 크게 변모되고 있다.

### 1) 대규모의 물동량을 수·배송하기 위한 운송수단의 대형화

규모의 경제이론에 따라 소규모의 물량을 수·배송하기보다는 대규모의 물량을 한 번에 수·배송하기 위해서 컨테이너 선박[1]과 항공기[2]가 대형화되고 있으며, 이에 따른 하역장비 또한 현대화·대형화되는 추세를 보이고 있다.

### 2) 선박의 대형화에 따른 항만 수심의 증심(增深)

대량의 물량을 수·배송하기 위해서 수송수단이 대형화됨에 따라 공항과 항만도 대형화·거점화되고 있다. 특히, 선박이 대형화됨에 따라서 대형화된 선박의 입출항을 보다 안전하게 하기 위해서 세계 각국은 앞 다투어 주요 항만 수심의 증심(增深)을 하고 있다.[3]

### 3) 빠른 적·양하를 위한 Post Panamax Crane의 출현

선박이 점차 대형화되어 가면서 향후 Post Panamax Container Ship이 주력

---

1) 1950년대 중반 컨테이너서비스가 개시된 이래 컨테이너사업의 핵심 경쟁요소는 규모의 경제였다. 현재 전 세계 최대 적재량 선박은 홍콩 선사인 오리엔트 오버시즈 컨테이너 라인(OOCL; The Orient Overseas Container Line)이 보유 중인 2만 1,413TEU급 컨테이너선이며, 덴마크 해운선사인 머스크라인(Maersk Line)이 보유하고 있으며, 2018년 5월부터 구주항로를 취항하고 있는 최대 적재량 2만 568TEU급 컨테이너선인 제2세대 Triple E(EEE)형 초대형 컨테이너선 〈뭄바이 머스크〉가 2018년 9월에 말레이시아 탄중펠레파스항에서 1만 9,038TEU를 선적하여 전 세계에서 가장 많은 컨테이너를 적재한 단일 선박으로 기록되었다. 종전 세계기록은 2017년 2월 범아랍권 선사인 UASC(United Arab Shipping Company)의 선박이 달성한 1만 8,740TEU였으며, 그에 앞서 2015년 머스크라인의 〈머스크 맥키니 몰러〉호는 1만 8,612TEU를 선적한 바 있다. 이처럼 컨테이너선이 대형화되면서 '선박단위'의 규모의 경제는 포화상태에 이르렀다. 한편, 최근엔 국적선사인 현대상선이 2만 3,000TEU급 컨테이너선 12척을 국내 조선 빅3(현대중공업, 삼성중공업, 대우조선해양)에 분산 발주하며 초대형선박 보유기업 대열에 합류했다.

2) 실제로 UPS는 고객의 항공서비스에 대한 수요를 충족시키기 위한 일환으로 2016년 보잉 747-8 화물기와 보잉 B767 화물기를 포함해 2022년까지 총 32대를 도입하여 항공기 대형화를 통해 전세계 지역 노선의 수용력을 극대화 효과를 창출하고자 하고 있다. 한편, UPS가 주문한 747-8 화물기는 총 46개의 컨테이너를 실을 수 있다. 즉, 상부의 메인데크(Main Deck)에 34개, 하부의 로워데크(Lower Deck)에 12개를 적재할 수 있다. 이 항공기는 최대 13만 9,525㎏의 화물을 실을 수 있고 7,778.4㎞(4,200해리)를 운항 가능하다.

3) 주요 항만 수심의 증심과 관련해서 우리나라의 경우 2017년 6월 인천항은 항로 증심을 위한 준설공사를 완공하여 항로수심 16m를 확보하였으며, 부산항 신항의 경우 2017년 10월 증심(2단계) 준설공사를 완료하여 부산항 전역은 수심 17m를 확보하였다. 참고로 세계 주요 항만의 수심은 중국 상해항 17m, 닝보-저우산항 17.5m, 싱가포르항 15~18m, 네덜란드 로테르담항 20m 등이다. 한편, 광양항은 준설없는 천연 항로 수심이 20m 이상이고, 안벽 수심은 15m~17m이다.

Container Ship선종이 될 것으로 예상되기 때문에 신속한 화물처리를 위한 Post Panamax Crane이 등장하게 되었다.[4)]

## 2. 국제물류기업들의 변화

오늘날 세계화된 기업들은 세계 각 지역의 고객 수요가 고급화·다양화·개성화됨에 따라 이를 충족시키기 위하여 물류관리 측면에서 생산과 판매과정의 효율적 운영 및 물류비용의 절감 및 고객서비스 제고 여부가 기업의 경쟁력 제고에 중요한 요소임을 인식하고 이를 위해 합리적이고 효율적인 국제물류관리의 중요성이 부각되고 있다.

### 1) 지속적으로 재고를 줄이기 위한 노력

물류의 효율성을 가늠하는 지표는 매출액에 대한 재고의 배율로서 나타낸다. 즉, 재고를 줄임으로써 물류의 효율성을 향상시킬 수 있다.

### 2) 물적 유통이나 Logistics에서 SCM을 중시하는 방향으로 발전

인터넷 등을 통한 전자상거래의 발달과 활성화에 따른 생산과 소비에 참여하는 주체들 간의 연결이 서로 공급자이면서 소비자인 관계로 보다 긴밀하게 연결되었다.

### 3) 환경 보존을 위한 녹색물류의 생성

최근 국제적 이슈인 환경문제를 해결하기 위해 녹색물류(Green Logistics)가 생성되었다. 녹색물류란 물류과정상에서 자원을 절약하고, 환경친화적인 대체재를 사용하며, 물자의 재활용을 촉진하는 등의 환경친화적인 물류활동을 통하여 환경오염물질을 감소하고 자연의 순환과 에너지 효용을 제고하며 물류산업 전반에 활력을 불어넣는 물류활동을 총칭한다.

세계 각국은 환경문제를 해결하기 위한 녹색물류에 대한 공동인식과 공동실천이

---

4) 파나마 운하를 통과할 수 있는 최대 선폭(32.2m, 106ft)의 선박을 Panamax형이라고 하며, 최근에는 이보다 더 선폭이 넓은 16 row형(선폭 39.4m)의 선박이 취항하고 있으며, 이러한 선박을 Post Panamax형이라고 부른다. 한편, 2016년 6월 파나마운하의 확장개통으로 수로의 폭은 32m에서 49m로 확대되면서 통과 가능 선박의 규모가 종전 5,000TEU에서 1만 4,000TEU까지 확대되었다.

중요해 짐에 따라 각국의 정부와 물류기업들 역시 국제물류활동 과정에서 물자의 재활용을 통한 자원 절약, 온실가스인 이산화탄소의 배출을 줄이기 위해 전기차 등 친환경 수송수단으로의 전환 등 자연의 순환과 에너지 효용을 재고하는 한편, 화물자동차 운행 횟수 감소 및 적재효율을 향상시키기 위한 물류기업 간에 공동 수·배송 및 공동화시스템의 구축을 위해 노력하고 있다.

우리나라는 국토교통부 주관으로 녹색물류 정책 확산을 위해서 녹색물류인증제도, 녹색물류파트너십, 친환경 수송수단 전환지원, 저공해 물류장비 공급, 화물자동차 운행횟수 감소 및 적재효율 향상, 환경오염 저감기술개발, 재활용 물류체계 도입 등의 제도 등을 강화하고 있다.

### 4) 전략적 제휴 & 인수합병

오늘날 국제물류시장은 운송수단의 대형화, 고객들의 물류서비스 욕구의 고도화 등을 충족시키기 위해 국제물류업체 간 전략적 제휴(Strategic Alliance)나 인수합병(M&A; Merger and Acquisition)을 가속화시켰다. 이러한 전략적 제휴를 통한 협조와 경쟁, 그리고 인수합병을 통한 대형화는 대형화된 선박과 항공기의 공간을 채우기 위한 집하경쟁에서의 우위확보와 고객에게 보다 효율적인 물류서비스를 제공하고 물류의 국제화를 위한 국제물류업체의 필연적인 생존전략이 되었다.

이와 같은 국제물류업체 간 전략적 제휴와 인수합병의 결과로 주요 항로에서의 서비스빈도[5]는 제휴그룹 간 선박과 항공기의 공간을 공동으로 이용할 수 있어 대폭 증가하고, 다른 지역에 기반을 둔 국제물류업체와 제휴를 통하여 전 세계적으로 서비스 범위도 확대할 수 있으며, 직항서비스의 개설 등으로 신속한 서비스도 가능하게 되었다.

### 5) 허브 앤 스포크(Hub & Spoke) 시스템 구축

오늘날의 국제물류체계는 주요 거점 공·항만을 중심으로 허브 앤 스포크(Hub & Spoke) 시스템이 구축되고 있다. 컨테이너선과 항공기의 대형화는 국제물류업체에게 비용 절감과 수송시간 단축을 위하여 많은 기항지에 체류하는 것보다는 소수의 거점 공항과 항만에 기항하도록 요구하고 있다.[6] 이에 따라 국제물류업체는 고객

---

5) 예를 들면 태평양항로(서안)의 경우, 단일선사의 서비스 빈도는 많아야 주 2회의 서비스 빈도를 유지할 수 있었던 데 비하여 전략적 제휴그룹의 빈도는 주 5~9회로 증가하였고, 유럽항로의 경우 단일선사의 서비스 빈도는 주 1~2회에서 2~5회로 증가하였다.

에게 안정적이고 효율적인 물류서비스를 제공하기 위하여 주요 거점 공항과 항만에 자사의 전용터미널을 확보하거나 전략적 제휴를 통한 거점의 공동이용을 적극 추진하고 있다. 국제물류업체가 전용터미널이나 공항의 전용공간의 확보에 노력하는 이유는 안정적인 기항스케줄의 보장을 통하여 고객에게 정시성을 제시할 수 있기 때문이다. 국제물류업체가 전용공간을 확보하지 않고 공용공간을 활용하게 되면 체선이 발생하는 등 정시성을 확보할 수 없을 뿐만 아니라 고객에게 특화된 서비스를 제공하는 데 한계가 있게 되고, 이것은 집하 및 고객의 확보에 어려움을 가져와 경쟁력 약화의 원인이 되기 때문이다.[7)]

## 3. 정보통신 발달에 따른 다양한 물류정보기술의 적용

일반적으로 다국적기업들은 조달·생산·판매활동이 전 세계적으로 이루어지기 때문에 물류활동의 범위도 전 세계적으로 확대되고 복잡·다양화되는 반면에 물류경로의 전반에 대한 기업의 통제가능성은 감소되게 된다. 하지만 최근 기술적 환경의 변화에 따른 관리기법들의 발달로 다국적기업들은 직접적인 통제보다는 정보에 의한 통제가 가능하게 되었다.[8)]

즉, 적기생산시스템(JIT; Just In Time)[9)], 공급사슬관리(SCM; Supply Chain Management)[10)], 효율적 소비자반응(ECR; Efficient Consumer Response)[11)],

---

6) 이러한 이유는 막대한 자본투자가 요구되고 장기간에 걸쳐 투자비가 회수되는 컨테이너선과 항공기는 소수의 거점 공·항만에 기항하여 수송수단의 회전율을 높여야 하기 때문이다.

7) 한국해양수산개발원, 『21세기 글로벌 해운물류』, 두남, 2001, pp.191~193.

8) 김종득, 『국제물류론』, 대진, 2008, pp.34~35.

9) JIT는 조직이 필요로 하는 원재료, 부품, 상품을 정확한 시간, 정확한 위치, 정확한 수량을 인도하는 것으로서 과다한 재고를 최소화하고 불필요한 요소를 제거하는 데 목적을 둔 재고관리시스템이다. JIT는 무재고, 무결점, 짧은 리드타임, 빈번한 보충량, 높은 품질로 특정지울 수 있는 개념으로 생산, 재고, 일정관리 등 다양한 분야에서 채택되고 있다.

10) SCM은 '공급사슬'을 시장 상황에 맞도록 최적화해 경영효율성을 높이는 활동으로 흔히 공급망관리로 통한다. 불확실성이 큰 시장환경에 기민하게 대응하기 위해 등장한 새로운 경영기법으로서 시장 상황이 과거에는 예측가능한 대량생산시대에서 지금은 예측불가능한 다품종 소량생산 시대로 변화하면서 등장한 경영 신조류이다. 즉, SCM은 원자재를 공급받아 이를 완제품으로 만들고, 최종소비자에게 판매하는 일련의 사업단위를 관리하는 기법이다. 원자재의 공급자에서부터 최종소비자까지 연결하는 생산의 흐름을 최적으로 운영하고 조율하는 것이 SCM의 목적이다.

11) ECR은 소비재 산업의 원재료 구매에서 최종소비자까지 이르는 전 유통 파이프라인상에서 거래업체 간(Trading Partners) 물류적·정보적·전략적 제휴에 의해 최종소비자 반응에 신속히 대응한다는 경영혁신전략이다(http : //members.tripod.lycos.co.kr/jongdoo/ecr.html).

신속대응(QR; Quick Response)[12], 공급자 주도형 재고관리시스템(VMI; Vendor Management Inventory)[13] 등과 같은 통합적 운영·관리체제를 구축하여 국제물류체계의 고도화를 추진하고 있다.

특히, 물류상황의 가시성, 추적성 확보를 위해 무선전파인식(RFID; Radio Frequency Identification)[14], 실시간 위치추적시스템(RTLS; Real-Time Locating Systems)[15], 광학식 문자판독기(OCR; Optical Character Reader)[16], 위성항법시스템(GNSS; Global Navigation Satellite Systems)[17] 등을 이용한 실시간 위치추적기술의 적용범위 확대로 실시간 가시성을 제고하여 이상 상황 감지에 대한 기민한 대응능력을 확보할 수 있다. 또한 위성항법장치(GPS; Global Positioning

12) QR은 생산·유통의 모든 단계에서 물자와 시간 낭비를 배제하는 운동으로서 제조·판매 간에 파트너십(전략동맹)에 의해 정보 Technology와 경영 Technology를 구사하는 것이 QR실현의 열쇠이다(http : //www.iin.co.kr/main/). 따라서 QR은 정보의 Network화를 축으로 하여 유통업자와 제조업자가 Partnership을 확립하는 데 있으며, 이것에 의해 원료로부터 최종 제품에 이르는 Lead Time의 단축과 재고의 감소, 상품기획과 소재기획의 연계 등을 계산하여 가격의 인하와 수익의 향상, 국내생산거점의 유지를 도모하고자 하는 구조개혁시도라고 일컫는다(http : //www.iin.co.kr/main/fiber/qrmain1.html).

13) VMI(Vendor Management Inventory)는 공급사슬의 운영효율을 높이기 위한 Strategic Alliance의 방법이다. 의미는 공급자 관리창고이며, 재고관리의 주체에 대한 개념이다. VMI의 목적은 핵심고객을 공급망계획에 포함시켜서 고객의 요구를 보다 효과적으로 만족시키는 데 있다. 일반적으로 재고는 사용하는 고객에 의해서 담당·관리되는데, 공급자가 고객의 편의를 목적으로 담당·관리할 수 있다. Vender는 하위단계인 Retailer의 수요정보와 재고정보를 공유하여 Retailer의 재고수준을 관리하는 방법이다.

14) RFID는 제품 등에 붙인 무선 태그 칩을 내장시켜 자신의 신원을 식별하며, 무선으로 데이터를 송수신하여 상품 정보(생산, 유통, 보관, 소비 전과정) 및 주변환경 정보(압력, 온도, 습도 등)를 추적, 할용할 수 있는 무선주파수 식별확인 기술이다(http://www.ktword.co.kr, 2018.10.10. 참조).

15) RTLS는 IPS(Indoor Positioning Service, 실내 위치 추적 서비스)라고도 불린다. 이동통신망 기반의 위치 기반 서비스(LBS; Location-Based Service)와 동일하게 사람 혹은 사물의 위치를 확인하거나 추적하는 것이지만, 주로 근거리 및 실내와 같은 제한된 공간에서의 위치 확인 및 추적 서비스를 지칭하는 데 사용된다(자료 : 손에 잡히는 IT 시사용어, 2007.; http://terms.tta.or.kr/(2018.10.10. 참조)).

16) OCR은 빛을 이용하여 문자를 판독하는 장치를 말한다. 광학 문자 판독기 또는 광학 문자 리더라고 한다. 사람이 손으로 쓴 문자, 숫자, 기호 등에 빛을 비추어 그 반사광선을 전기신호로 바꾸어 컴퓨터로 입력하는 장치이다. 1976년 레이 커즈와일(Ray Kurzweil)은 시각장애인을 위한 OCR 스캔 및 리더기를 개발했다. 다만, OCR은 스캐너로 읽은 문자를 시스템에 미리 저장되어 있는 문자와 비교하여 판독하기 때문에 인식에 일부 오류가 존재할 수 있다(http://wiki.hash.kr, 2018.10.10. 참조).

17) GNSS는 글로벌 위성항법시스템, 범지구 위성항법시스템, 전세계 위성항법시스템 등으로 번역되며, 인공위성에서 발신한 전파를 이용하여 물체의 위치, 고도, 속도, 시간정보를 제공할 수 있도록 하는 시스템이다(http://spaceweather.rra.go.kr, 2018.10.10. 참조).

System)[18], 가상의 경계(Geo-fence)[19], 선박자동식별장치(AIS; Automatic Identification Systems)[20], 그리고 RFID/USN(Radio Frequency IDentification/ Ubiquitous Sensor Network)과 같은 IT 신기술을 적용하여 가시성, 추적성의 확대를 도모하고 있다.[21]

## 제 2 절 국제물류의 발전과 합리화

### 1. 국제물류의 발전[22]

#### 1) 국제물류 발전의 요인

오늘날 기업은 제2차 세계대전 이후 기술의 획기적인 발달과 새로운 경영방식, 개선된 수송과 빨라진 통신의 도움으로 급격하게 국제화·세계화가 이루어졌으며, 그 결과 국경을 넘는 다국적기업활동이 활발하게 이루어지고 있다. 이들 다국적기업들은 부가가치와 판매량을 극대화하고 비용을 극소화하기 위한 생산거점의 국제적 배치, 주문자 상표부착방식(OEM; Original Equipment Manufacturing)[23]에 의한 조달·판매망의 세계적 조직 그리고 연구개발기지의 해외설치를 통하여 제품 간 분업, 공정 간 분업, 시장 간 분업의 국제적 체제를 구축하고 있다.

---

18) GPS는 인공위성에서 보내는 신호를 수신해 사용자의 현재 위치를 계산하는 위성항법시스템으로 항공기, 선박, 자동차 등의 내비게이션 장치에 주로 쓰이고 있으며, 최근에는 스마트폰, 태블릿 PC 등에서도 많이 쓰인다(https://gnss.seoul.go.kr, 2018.10.10. 참조).

19) Geofence는 지리(Geography)와 울타리(Fence)를 결합한 단어로, 실제 위치에 기반해 가상의 경계나 구역을 만드는 기술이다. 지오펜스는 와이파이, 셀룰러 데이터 등의 네트워크나 비콘 등 다른 보조 기술과 결합해서 사용자의 실시간 위치와 출입 정보를 기록할 때 활용된다. 위치 정보를 담은 모바일 기기가 지정된 구역에 들어오면, 조건에 따라 텍스트 메시지, 이메일, 앱 알림 등 미리 정해진 특정 동작을 실행하게 된다(http://www.itworld.co.kr/, 2018.10.10. 참조).

20) AIS는 선박의 종류와 위치. 침로 등의 관련 정보들을 자동으로 인근의 항로표지관리소나 항로표지로 전달하여 주는 장비를 의미한다(https://librewiki.net, 2018.10.10. 참조).

21) 구교훈·조석연, 『국제물류론』, 신지원, 2016, p.17.

22) 홍석진, 『국제물류론』, 박문각, 2008, pp.88~93.

23) OEM이란 자기 상표가 아니라 주문자가 요구하는 상표명으로 부품이나 완제품을 생산하는 방식이다.

이에 따라 무역패턴에도 변화가 일어나 서로 다른 나라의 독립된 기업 사이에 일어나는 무역보다 최근에는 모기업과 자회사 사이의 「기업 내 무역」이 늘어나고 있다. 이러한 새로운 경향들을 살펴보면 국제분업이 「제품 분업」에서 「공정 간 분업」으로, 「산업 간 분업」에서 「산업 내 분업」으로, 그리고 「기업 간 분업」에서 「기업 내 분업」으로 세분화되어 가고 있음을 알 수 있다. 이하에서는 국제물류의 발전에 영향을 준 주요 요인에 대해 살펴보기로 한다.

### (1) 글로벌 기업의 증가

국제화는 일반적으로 2개 국가 간의 수출입 관계를 중심으로 하는 것이지만 글로벌화는 다국간의 국제적 분업관계를 뜻한다. 각 현지 공장과의 상품의 제조분담, 원재료 및 부품의 현지조달 증가, 공장관리의 현지화 등으로 글로벌화가 점차 진전됨에 따라 글로벌 기업에 있어 물류관리문제가 중요 관심사로 부각되었다. 이에 따라 글로벌 기업은 대량의 물동량과 장거리 운송에 따른 공급의 리드타임 단축과 적절한 재고규모 유지를 위한 효율적인 수송관리기능의 확장과 보관시설 및 물류기기의 기계화·자동화에 대한 필요성을 요구하였다.

### (2) 다품종 소량생산 체계

경제성장과 함께 소비자 욕구의 고도화, 다양화, 개성화에 따라 상품은 종류의 다양화, 단위 상품당 수요의 세분화, 상품 수명의 단축화, 패션화의 진행 등이 이루어지고 있다. 그 결과 물류에서도 다빈도 소량배송, 리드타임의 단축, JIT 배송요구 등 고객서비스의 고도화가 요구되고 있다. 이와 같은 소비자 욕구의 개성화, 다양화, 양(量)에서 질(質)로의 변화 등과 같은 소비자 욕구의 변화에 대응하기 위하여 기업은 다종다양한 신제품을 개발하고 이를 시장에 판매한 결과 상품 아이템 수의 급증과 상품 라이프사이클이 단축되는 불투명한 상태에서 재고유지비, 보관비, 하역비가 큰 폭으로 증가하였다. 이에 따라 하주들의 물류업자에 대한 요구가 화물의 수송, 보관에 그치지 않고 재고관리, 유통가공 등을 포함한 물류 업무 전반에서 수·발주, 정보처리 등 물류주변업무에까지 미치고 있다.

### (3) 제품수명주기의 단축

제품수명주기(PLC; Product Life Cycle)[24]의 단축은 물류관리에 많은 문제를

---

24) 제품수명주기(PLC)는 하나의 제품이 시장에 도입되어 폐기되기까지의 과정을 말하며, 도입

유발하고 있다. 특히 제품수명주기가 단축될수록 리드타임(Lead Time)[25]도 더 단축되어야 한다. 리드타임은 전통적으로 고객주문의 접수로부터 제품의 인도까지 소요되는 기간으로 정의되어 왔으나 오늘날은 제품의 설계로부터 원재료의 조달, 제품의 생산 및 조립 그리고 최종시장까지 소요되는 시간으로 정의된다. 이것이 전략적 리드타임의 개념이며, 성공적인 물류운영관리를 위해서는 전체 리드타임을 줄이기 위한 다각적인 노력이 필요하다.

#### (4) 수송분담률의 변화

일반적으로 화물수송수요는 파생수요이기 때문에 화물수송량은 경제 상황 및 산업구조, 산업입지 등에 영향을 받는다. 화물수송량은 각종 산업의 생산량 및 주요 생산물의 성질 그리고 생산지와 소비지의 지리적 관계 등에 따라 좌우되며, 경제활동이 활발하면 화물수송량도 증가하고, 경제활동이 침체되면 화물수송도 정체한다.

그러나 그 영향이 수송량에 미치는 정도는 수송수단에 따라 다르게 나타나는데 해운과 항공화물수송을 비교하면 항공화물수송 쪽이 해운보다도 영향을 받는 정도가 크다. 이는 경제가 성장하는 단계에서는 항공화물 수송량은 큰 폭으로 증가하나 경제가 정체하거나 후퇴하는 상황에서는 항공화물 수송량은 크게 감소할 가능성이 높기 때문이다. 이러한 이유는 항공으로 수송되는 화물은 일반적으로 경량으로 부가가치가 높은 제품 및 시간가치가 높은 것이 주종을 이루어 경기에 민감하게 반응하는 경향이 있기 때문이다.

### 2) 국제물류의 발전

국제물류는 시대적 환경변화에 따라 영향을 받아 발전해 왔다. 국제물류가 발전하게 된 것은 최근 세계경제의 글로벌화와 교통 및 인터넷을 포함한 정보통신기술의 발달과 확산에 큰 영향을 받았으며, 물류시설 및 장비의 개발과 확산에 의해 효율성이 높아지게 되었다.

#### (1) 분야별 전문서비스 발달

1980년대 이후 국제물류는 규제철폐에 의해 비약적으로 발전하게 되는 계기를 맞이하게 되었다. 특히 1970년대에 컨테이너운송이 본격화되면서 국제복합운송에

---

기·성장기·성숙기·쇠퇴기의 과정으로 나누어진다.

25) 리드타임(lead time)이란 상품이 주문된 이후 최종 소비자에게 인도되어지는 시간을 말한다.

대한 필요성의 증대와 1980년에 미국에서 제정된 스태거스법(Staggers Act)[26]과 미국내 주간(州間)운송을 규제하던 주간운송법(Interstate Transportation Act)이 철폐되어 미국 내 운송이 발전하게 되었다. 특히, 스태거스법으로 미국의 철도운영권이 연방정부로부터 분리되고, 요금이 시장원리에 의해 결정되어 화물운송수요가 크게 증가하였다. 이와 같은 영향이 전 세계적으로 퍼져 규제철폐에 의한 국제운송 발전이 가속화되었으며 물류의 각 분야별 전문서비스가 발달하게 되었다.

자료 : 홍석진, 『국제물류론』, 박문각, 2008, p.92에서 재인용

[그림 2-1] 국제물류의 시대적 변천요인

### (2) 전문물류업체의 물류서비스 혁신

1990년대는 기업의 글로벌화가 본격화되고 물류에 대한 기업의 니즈가 전체 통합서비스를 요구하게 됨으로써 물류기업도 통합서비스를 제공하는 체제를 갖추게 되었다. 복합운송업체, 통관업체, 육상운송업체 또는 IT(Information Technology)업체 등이 통합물류서비스를 제공하는 전문물류업체인 제3자 물류업체(3PL)로 발전하였다. 이후 최근에는 변화된 고객들의 수요를 충족시키기 위한 신규 물류융합

26) 철도화물 운송의 쇠퇴와 생산성 저하 문제를 해결하기 위해 철도화물 운임과 운영방식에 대한 규제를 대거 완화했고, 1990년대 말까지 상당한 혁신을 이뤘다.

서비스가 등장하면서 물류산업의 경쟁구도 변화를 촉진함에 따라 이에 대응하기 위해 주요 선진국과 UPS, 아마존 등 글로벌 기업들은 선도적인 R&D투자 확대 등 물류 기업들의 서비스 혁신이 맞물리면서 물류 산업 또한 4차 산업혁명의 흐름에 동참하고 있다.

### (3) 첨단기술과 첨단기기 개발에 따른 물류산업 핵심경쟁력의 변화

최근 물류산업의 트랜드는 물류 기업의 물류네트워크, 노동, 상품, 서비스 측면에서 핵심경쟁력 변화를 초래하고 있다. 이에 따라 물류서비스에서 각종 첨단기술 개발과 첨단기기에 대한 사용이 늘어나고 있다. 실례로 실시간 화물 추적을 통한 물품정보와 물류보안을 위해 무선전파인식(RFID; Radio Frequency IDentification) 기술을 통해 수출화물의 위치정보, 화물의 상황정보, 화물의 보안정보 등을 실시간으로 활용할 수 있게 되었다. 이와 같이 향후의 물류산업은 전 세계시장을 대상으로 첨단기술 및 장비의 활용에 의해 글로벌 기업의 물류를 통합하여 관리해 주는 첨단서비스산업으로 변모해 가고 있다.

특히. 혁신적인 물류전문기업들은 다음과 같이 공급자와 수요자와 연결시켜주는 플랫폼 방식의 새로운 방식의 물류 네트워크 구축을 시도하고 있다.

첫째, 노동 측면에서는 인구구조 변화 및 인건비 상승 등에 따른 물류 업계의 부담이 가중됨에 따라 로봇 자동화 기술을 적절히 활용하는 것이 기업의 경쟁력의 핵심이 되고 있다. 이에 선진국 및 선도 물류기업들은 물류로봇 등 첨단 ICT를 활용한 물류 자동화 효율화 및 비용 절감을 추진하기 위해 자율주행기기(자율주행트럭, 자율주행선박)와 인공지능 등이 투입되면서 인력 대체 현상이 가속화되고 있다.[27]

둘째, 상품 및 물류서비스 측면에서 정보통신기술(ICT)의 중요성이 더욱 강조됨에 따라 물류 산업의 복잡화 고도화에 대응하기 위해서는 체계화된 정보 관리 분석을 통한 효율화가 필수적이다. 최근의 개인화·맞춤화된 운송 수요 확대, 물류창고의 대형화 등은 물류서비스 업무의 복잡성을 증대시키고 있다. 이에 따라 물류서비스 제공에 있어 물류정보의 확보와 이를 활용한 융합서비스 개발이 더욱 중요시될 전망이며, 글로벌 물류전문기업들은 사물인터넷과 빅데이터 기술을 활용한 물류정보 제공, 물류서비스 및 자산관리시스템 등 개발이 활발하다. 이러한 변화는 물

27) 아마존은 2012년 물류창고로봇 '키바'를 도입하여 물류센터 운영비용 20% 절감 및 재고보관 공간 50% 증대 등의 성과를 얻은 것으로 알려져 있으며, MOL, NYK 등 일본 선사는 2025년까지 원격조정 (무인) 선박 도입 계획, 이와 함께 일본 정부는 2030년까지 정부 주도로 인공지능(AI)을 투입해 물류산업을 '완전 무인화'한다는 로드맵을 발표하였다.

류 정보를 활용한 고부가가치 물류서비스를 개발하는 기업에 새로운 성장 기회를 제공할 것으로 기대된다.

[표 2-1] ICT를 활용한 혁신 물류서비스 사례

| 구분 | 내용 |
|---|---|
| 물류 정보 제공 | · 프레이토스(Freightos), 트랜스포테카(Transporteca), 쉬포(Shippo), 제네타(Xeneta) 등은 운송비용 정보를 제공<br>· 플렉스포트(Flexport)는 해상, 항공, 철도, 육상 운송 등 서로 다른 물류 서비스 업체들이 제공하는 정보를 취합하여 국제 운송 화물의 위치 추적, 화물경로 비교 등 정보 제공 |
| 물류 서비스 및 자산 관리 | · 인프로는 실시간 재고정보 수집으로 회전율 손실 원인 등 정보를 제공하는 IoT기반 스마트저울 시스템을 제공<br>· 포에스텍은 RFID와 IoT를 이용하여 지게차의 위치, 운송하는 물건의 정보와 수량 등을 실시간으로 파악하는 지게차 관리 시스템을 제공 |
| 기타 | · 영국의 파슬투고닷컴(Parcel2Go.com)은 제품 손 망실 빅데이터를 분석해 보험조건을 최적화하고 물류비용을 절감해주는 서비스를 제공 |

자료 : 전해영, "4차 산업혁명 시대 물류산업의 미래", 「VIP 리포트」17-34(통권 707호, 2017.10.18., p.6.

**뉴스보기** **SM상선, 컨테이너 통합관제시스템(EMS)으로 물류최적화 : 국내 최초 일반·냉동화물 대상 IoT 솔루션 도입**

SM상선이 일반컨테이너를 대상으로 사물인터넷(IoT) 기반의 관리시스템 도입을 추진한다. 냉동화물뿐 아니라 일반화물에까지 관리솔루션을 적용하는 건 이번이 처음이다.

SM상선은 코리아오브컴의 일반컨테이너용 태양열 충전 IoT 시스템 '카고워치'를 250여 대의 신규 컨테이너에 장착해 실시간으로 관리한다고 2일 밝혔다.

솔루션은 전 세계 모든 지역에서 컨테이너 이동 경로를 실시간으로 확인해서 알려주는 한편 출발·도착 자동알림, 화물 적재상태 체크, 문 개폐 감지 등의 기능을 제공한다. 특히 전원이 공급되지 않는 일반컨테이너 특성에 맞춰 태양열을 이용하는 저전력모듈(GT1100, 사진)을 채택했다.

SM상선은 냉동컨테이너에도 IoT 기반 관리시스템인 '리퍼커넥트'를 도입해 육상과 해상에서 물류흐름을 효과적으로 제어하고 있다. 특히 온도·습도 변경, 소프트웨어 업·다운로드, 핑(Ping), 무인 PTI(Pictorial Testing of Intelligence, 배송 전 검사) 등의 다양한 기능을 시험 중이다.

선사 측은 화물관리시스템을 통해 고객에게 경쟁력 있는 서비스를 제공하는 한편 다량의 컨테이너에서 제공되는 데이터들을 활용해 원가 경쟁력을 높이고 고부가가치 특수화물 영업을 확대한다는 전략이다.

해운기업들은 최근 들어 서비스 차별화와 비용 절감을 목표로 컨테이너 장비의 효율적인 관리와 추적에 관심을 쏟고 있다. 특히 고가의 과일이나 생명과 직결되는 혈액과 의약품 배송에 쓰이는 냉동컨테이너의 가시성 확보는 해운경쟁력의 원천이다.

세계 1위 선사인 머스크라인은 2015년부터 관리시스템을 도입해 27만 대 이상의 냉동컨테이너를 실시간으로 모니터링하고 있다. 육상과 해상 모든 지역에서 컨테이너 위치, 온도와 습도 등을 실시간 관리한다. 나아가 화물관리 과정에서 생산되는 엄청난 물류데이터를 수집하고 분석해 블록체인과 연계하는 해상물류의 큰 그림을 그리고 있다.

이번에 SM상선과 손잡은 코리아오브컴은 위성통신 기반 통합솔루션 공급업체로, 국내 M2M(사물 간) 위성통신시장의 60% 이상을 점유하고 있다. 해양분야 데이터시장 성장에 대비해 선박자동식별시스템(AIS)과 물류 데이터의 축적과 분석을 수행하고 있다.

※ 저자 주 : EMS(Enterprise Management System, 통합관제시스템)은 서버, 네트워크, 데이터베이스 관리시스템(DBMS; Database management system), 부대설비와 같은 다양한 IT 인프라를 하나의 플랫폼에서 통합 관리하는 시스템을 말한다.

자료 : 코리아쉬핑가제트, 2018.10.02

### (4) 안전 및 보안 강화

2000년대 들어서는 2001년 9·11사태 이후 국제물류에서 안전·보안이 중요하게 되었다. 미국 정부는 세관 및 국경보호국(CBP; Customs and Border Protection)이 주축이 되어 미국으로 들어가는 수입화물과 수입경로의 보안을 기하기 위한 프로그램으로서 테러리즘에 대응한 민관협력 프로그램(C-TPAT; Customs-Trade Partnership Against Terrorism)[28]과 컨테이너안전구상(CSI; Container Security Initiative)[29] 및 Greenlane 해상화물보안법(The Greenlane Maritime Cargo

28) 미국은 9·11사태 이후 테러방지를 위해 무역과정의 전체 물류상에 있는 관련 민간기업들의 도움 없이 국토안보를 효과적으로 수행하는 것이 불가능하다는 인식하에 C-TPAT를 2002년 4월에 창설하였다. 특히, C-TPAT는 공급사슬의 최종소유자인 수입자, 선사, 중개인, 창고 운영자, 제조업자와의 긴밀한 협력을 통해서만 세관은 최고 수준의 안전을 제공할 수 있다고 하는 인식에 의거하고 있으며, 이러한 조치를 통하여 세관은 기업에 대하여 공급사슬 내에 연결되어 있는 개개의 업무 파트너에게 보안지침을 주지시켜서 안전 관행을 온전하게 확보할 수 있도록 요청하고 있다(김종득·김장호, "미국 내 물류보안동향과 C-TPAT운용에 관한 고찰", 「해운물류연구」 제55호, 한국해운물류학회, 2007.12, pp.127~144).

29) CSI는 미국 내 반입을 요하는 컨테이너 화물을 선박에 적재하기 이전에 위험성 여부를 외국의 수출 선적항에서 검사하는 것으로 2002년 1월에 시행하였으며, 미국은 전 세계 20대 항만이 속해 있는 국가와 쌍무협정을 체결하여 시행하고 있으며, 2003년에는 우리나라와 CSI

Security Act)[30]을 발효하였고 이어서 선적 24시간 전 적하목록제출규정(24-Hour Rule; 24-hour advance vessel manifest rule)[31]을 발표하였다. 또한, 항공뿐만 이 아니라 트럭, 철도 등 운송 관련 보안조직인 미교통보안청(TSA; Transportation Security Administration)을 신설하였다.

[그림 2-2] 국제물류보안제도의 적용범위

---

를 체결하고 부산항에 세관 직원을 파견, 자국으로 수출되는 화물을 검색하고 있다(김종득 외, “물류보안강화와 RFID에 관한 소고”, 「통상정보연구」 제9권 제4호, 한국통상정보학회, 2007.12, p.243).

30) • Greenlane 해상화물보안법은 CBP가 C-TPAT 가입 송하인들의 서류만을 검토하여 검사단계를 완화하는 것에 대한 비판을 제기하자 화물의 보안유지를 위한 보다 엄격한 기준을 요구하고 공급망 보안에 참가한 기업에 대한 인센티브 도입 등 기존의 화물보안 프로그램을 강화하기 위해 2005년 11월 15일 상원에서 제안한 법안이다. 이 법안의 목적은 어떤 컨테이너가 테러위험 화물을 적재하고 있는지 쉽게 파악하고 송하인 스스로 공급연쇄망의 모든 단계에 걸쳐 보안에 대한 책임을 질 수 있도록 절차 마련을 추진하는 데 있다.

• Greenlane 해상화물보안법의 주요 내용은 ① 합당한 신분증 소지자 외 화물과 컨테이너에 대한 접근 제한, ② 선적 전 선적화물에 관한 사전정보 제출, ③ 모든 컨테이너에 대한 추적시스템 구축, ④ 수출입계약 시 담보면제를 포함한 패키지 인센티브를 제공하는 ‘Trusted Account’ 도입 검토, ⑤ 운송 도중 컨테이너 침입을 감지할 수 있는 감지장치개발 등이다.

31) 해운부문에 대한 테러 위협이 높아지면서 테러 공격에 노출되어 있는 정기선 해운시장의 위협을 줄이기 위해 혐의가 있는 컨테이너를 검색하는 가장 효과적인 수단으로 선적 24시간 전 화물신고규칙(24-Hour Rule)은 미국이 테러를 차단할 목적으로 미국에 수출되는 컨테이너 화물은 외국항만에서 검사하기 위해 선박에 적재되는 화물의 정보를 적재 24시간 전에 미국 세관·국경보호국에 전자적인 방법으로 신고하도록 하는 제도로서 2003년 2월부터 시행하고 있다(김종득 외, “물류보안강화와 RFID에 관한 소고”, 「통상정보연구」 제9권 제4호, 한국통상정보학회, 2007.12, p.243).

우리나라는 AEO(Authorized Economic Operator; 수출입안전관리 우수공인업체)제도를 운영하고 있는데, 이는 수출입물품의 제조·운송·보관 또는 통관 등 무역과 관련된 자가 법규 준수 및 안전관리기준을 충족한 경우 관세청이 우수업체로 공인하고 통관절차상 우대하는 제도로써 2008년 도입하여 2009년 4월부터 본격 시행에 들어갔다.

## 2. 국제물류의 합리화

국제물류는 국내물류보다 확대된 영역으로 원료 조달, 생산·가공, 제조·판매활동 등이 생산지와 소비지가 동일 국가가 아닌 국경을 넘어 이루어지는 것이며, 물품의 이동과 관련하여 수출입 수속, 통관절차, 운송방식의 다양화로 인하여 물류관리가 국내물류보다 훨씬 복잡하다.

### 1) 국제물류의 합리화가 필요한 이유

#### (1) 큰 비용과 활동 규모

국제물류는 발생 비용의 규모나 물류활동이 국내활동의 경우보다 훨씬 크기 때문에 수출기업의 국제화, 다국적화가 진전될수록 그 전략적 가치가 크다고 할 수 있다. 또한, 해외직접투자에 의한 현지생산 증대 등에 의한 제품 수입형 및 국제분업형이 보다 구체화될수록 국제물류관리는 매우 중요한 역할을 할 것이다.

#### (2) 생산과 주문 패턴의 변화

최근 전자상거래의 발달은 무역상품의 생산 및 주문 패턴에 큰 변화를 일으키고 있다. 생산 측면에서는 상품의 다품종화·소량화가, 주문 측면에서는 다빈도화 경향이 두드러지게 나타나고 있다. 수출기업 입장에서는 새로운 경향에 따라 재고 감축과 판매 증진을 달성하기 위한 물류 합리화를 제고하고자 한다. 그러나 수출기업이 해외시장에서의 고객 요구에 맞춘 국제물류전략을 전개하기 위해서는 단순한 물류비용 절감의 차원을 넘어서서 고객서비스 제고까지 고려한 통합적 물류시스템을 구축할 필요성이 있다.

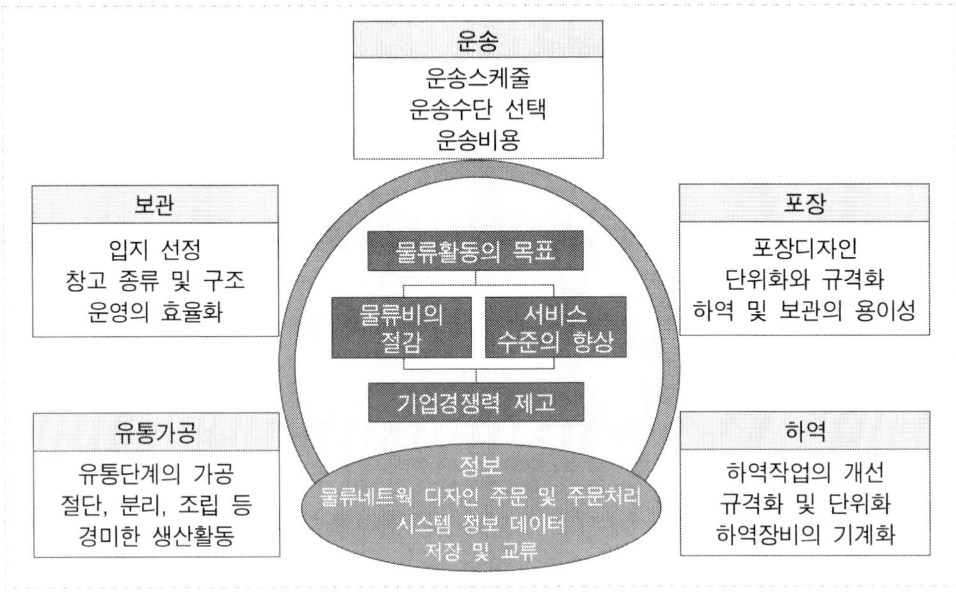


[그림 2-3] 국제물류활동의 목표

## 2) 국제물류 합리화를 위한 방안

### (1) 최적의 물류시스템 구축

국제물류의 합리화를 위해서는 수송, 보관, 포장, 하역, 유통가공, 정보 등 개별 물류기능들을 적절히 통합하여 각 기능들의 상호작용이 효율적으로 이루어질 수 있는 최적의 물류시스템 구축이 필요하며, 이를 기반으로 화물의 출발지에서 도착지에 이르기까지의 일관된 총체적인 합리화를 도모하는 것이 중요하다.

### (2) 체계적 분석

국제물류를 효율적으로 수행하기 위해서는 국제물류에 대한 체계적인 분석과 비용의 효용성을 증대시키는 것이 필요하다. 즉, 시스템적 분석 및 총비용 차원의 접근을 꾀하여 운송, 보관, 유통가공, 포장, 하역, 정보 등과 같은 물류기능의 효율적 매치와 투입하는 비용의 효용성을 증대시켜야 한다.

### (3) 수송수단 선정

물류비용에서 가장 많이 차지하는 것이 수송비이며, 다음이 보관 관련 비용, 즉 재고비용이다. 일반적으로 국내물류에 비해 수송 거리가 길고, 재고율을 높게 가져가야 하는 국제물류에서 수송과 재고문제는 국제물류 효율화의 관건이기도 하다. 따라서 수송문제를 단순히 제품을 수송하는 차원에서가 아니라 국제물류 효율화 차원에서 접근해야 한다. 즉, 국제간 수송에서 수송수단 선정이 단순히 수송을 위한 모드(Mode) 선정의 차원에서가 아니라 전체 물류시스템에서 어느 모드를 선정하는 것이 물류 합리화를 꾀하고 물류경쟁력을 높일 수 있는가의 차원에서 수송모드 선택 문제를 접근하여야 한다.

국제수송수단의 선정은 제품의 특성, 가치, 물량, 시장상황 등과 같은 절대적인 결정요인에 따라 좌우되기도 하지만 기업의 물류전략에 따라 달라지기도 하며, 수송 중의 재고나 안전재고를 고려한 총비용적인 접근에 따라 달라질 수 있다. 따라서 국제물류활동을 총비용적인 차원에서 접근하면, 눈에 보이는 비용 요소보다 눈에 보이지 않는 비용 요소, 즉 수송 중 재고비나 안전재고비와 같은 요소가 더 중요한 것으로 나타나고 있다.

## 제 3 절 글로벌기업의 국제물류관리

### 1. 국제물류관리체계의 전개

#### 1) 국제물류 관리체계의 변화

기업경영환경변화 및 기업경영의 세계화에 따라 세계화 기업의 물류시스템은 1970년대의 수출물류체계, 1980년대의 국별 현지물류체계, 1990년대의 거점물류체계를 거쳐 1990년대 후반 이후 글로벌 네트워크체계를 구축함으로써 기업경영의 효율화를 도모하고 있다.

세계화 기업은 원료·부품의 조달, 조립·가공, 생산, 판매·마케팅, 인사, 재무 및 R&D 등 기업활동의 전부 또는 일부를 특정 경제권의 투자가치가 높은 지역에 배치하고 해당 지역을 거점으로 삼아 지역 경영활동을 수행하는 거점물류체계를 구축하고 있다.

즉, 세계화 기업은 각 지역의 생산·물류거점을 연계하는 네트워크 형성을 통하여 경영환경변화에 신속히 대응하는 한편 경영전략에 따라 각 거점 간의 조달·생산·

판매를 효율적으로 연계하여 국제물류관리의 효율성 극대화를 도모하고 있다.[32)]

[표 2-2] 국제물류관리의 단계별 변화

| 구 분 | 연 대 | 특 징 | 생산거점 | 물류체계 |
|---|---|---|---|---|
| 1단계<br>수출입 중심<br>물류체계 | 1970~<br>1980년대 초 | 수출을 중심으로 이루어지는 일련의 물류활동을 관리하는 단계 | 자국 | 수출입체계 |
| 2단계<br>현지국 물류체계 | 1980년대 중반 | 국가별 현지자회사를 중심으로 물류, 생산 활동을 수행하는 단계 | 현지국 | 현지국 물류시스템 이용(자체 또는 현지 물류체계) |
| 3단계<br>Hub & Spoke<br>기반 거점물류체계 | 1980년대 후반~<br>1990년대 중반 | 지역물류, 생산거점을 중심으로 지역경제권 전체를 담당하는 물류체계 | 지역<br>거점 | 거점 중심<br>물류체계(물류전문업자 이용) |
| 4단계<br>SCM 기반 글로벌<br>네트워크체계 | 1990년대 말~ | SCM기반 글로벌 네트워크 구축: 조달, 생산, 물류, 판매 등 전 경영체계의 글로벌화 실현, 전문화된 물류관리체계 수요증대(3PL, 4PL) | 글로벌<br>네트워크 | 아시아 경제권,<br>미주 경제권 및<br>EU경제의 글로벌<br>네트워크 물류체계 |

자료 : 현병언 외, 『신물류관리』, 율곡출판사, 2004, p.751.

### 2) 국제물류관리의 방향

오늘날 기업의 활발한 국제경영활동을 지원하기 위해 많은 물류개념 및 기법이 활용되고 있다.

[표 2-3] 국제물류관리의 방향

| 기 법 | 내 용 |
|---|---|
| 생산과정 등 가치를 부가하는 활동을 가능한 한 지연 | ◘ 주문생산이 아니고 수요예측에 근거하여 생산하여야 하는 경우 생산과정 등 가치를 부가하는 활동을 가능한 한 최소화한다.<br>◘ 이를 위해서는 본사국 생산시설에서는 수요예측에 근거한 필요량을 부분적으로 완성된 상태로 선적하고, 각 시장국 혹은 지역시장에 있는 배송센터, 대리점 등에서 최종적인 수요 예측치 및 주문에 따라 조립 혹은 부분가공하게 하는 방식이 활용된다. |
| 재고를 등급화하고 재고를 전략화 | ◘ 제품 및 고객의 이익 기여도 및 전략적 중요도 등에 따라 재고를 등급화하고 재고를 전략화한다.<br>◘ 이익 기여도가 높고 회전율이 빠른 제품은 재고를 분산시켜 고객이 원할 때 신속히 공급할 수 있도록 하고, 회전율이 느린 제품은 지역본부의 창 |

32) 로지스틱스21, 『국제물류론』, 한국물류정보, 2007, pp.30~32.

| | |
|---|---|
| | 고나 지역거점 배송센터에서 통합관리하고 고객의 주문이 있으면 빠른 운송수단을 이용하여 공급하는 전략이 활용된다.<br>◘ 이를 통해 안전재고 확보 필요량을 낮추고 재고관리 비용을 절감할 수 있다. |
| 규모의 경제효과를 달성하기 위한 통합전략 활용 | ◘ 운송, 보관, 배달, 구매 등에 있어서 규모의 경제효과를 달성하기 위해 통합전략을 활용한다.<br>◘ 원자재 집하시설, 거점배송센터 등을 활용하고 물량이 많지 않거나 물량 변동폭이 큰 시장국의 경우 영업용 물류시설을 이용한다.<br>◘ 예를 들어 유럽경제 통합 진전에 따라 로테르담 등을 중심으로 유럽물류 통합시스템이 구축되어, 1998년 현재 유럽통합물류센터의 56%가 네덜란드에 입지해 있으며, 21개의 국내기업들도 네덜란드에 유럽통합물류센터를 입지시키고 있다. |
| 물류서비스에 대해 전략적 제휴 및 아웃소싱 전략 활용 | ◘ 국제경영에 필요한 자본투자의 필요성 감소, 시설가동률 증대 등을 통한 투자수익률의 제고를 위해, 국제화물 운송 및 주선, 보관, 정보처리 등의 물류서비스에 대해 전략적 제휴 및 아웃소싱 전략을 활용한다. |

자료 : 로지스틱스21, 『국제물류론』, 한국물류정보, 2007, pp.32~33.

## 2. 국제물류관리시스템의 구축

국제기업의 대상시장은 해외에 있으며, 해외에서 고객서비스가 이루어지고 있기 때문에 국제물류시스템은 제품이나 서비스가 해외시장에 적절히 제공되도록 수립되어야 한다. 국제물류시스템의 구성요소는 기본적으로 국내물류시스템과 동일하지만 해외 네트워크의 운영관리는 특수한 면이 많고 일반적으로 복잡하다.

국제기업은 국제환경 등을 정확히 분석해서 전략계획을 세워 그에 따라 물류계획의 성공 또는 실패를 감시하는 적정관리방법을 개발하는 것이 중요하다.

국제기업의 물류관리는 각 해외시장을 위한 최적물류시스템의 구축과 운영관리를 위해 국제환경분석, 전략계획, 물류조직구축, 물류운영계획, 물류실시 상황관리, 평가·개선의 절차에 따라 진행된다.[33)]

### 1) 국제환경분석

해외 각 시장의 특색이나 시장 간의 공통점을 조사·분석하고, 계획이나 물류 업무를 어떻게 추진하는가를 검토한다.

33) 방희석·이규훈, 『물류관리론』, 동성사, 2002, pp.584~585.

### 2) 전략계획

목표시장에서 판매상품, 고객서비스, 물류시스템, 경쟁관계 대책, 통화금융상황, 개선, 대안의 사정, 물류관리 책임자 등에 대해 검토하고, 기업목적에 따른 전략계획을 책정한다.

### 3) 물류조직 구축

기업의 자금, 기술을 투입해서 기업 목적에 최적의 물류조직을 구축한다.

### 4) 물류운영계획

주어진 물류조직, 목적 및 시장환경하에서 효율적으로 실시 가능한 물류운영계획을 수립한다. 특히 각 목표시장에 대해서 어떤 포장, 수송, 재고관리, 고객서비스를 제공할 것인가에 대해 계획한다.

### 5) 물류실시상황 관리

계획실시상황을 파악·관리한다.

### 6) 평가·개선

재고량, 고객서비스의 수준, 물류비용, 물류시설의 가동상황 등의 실적 파악에 의한 평가를 하고, 개선을 검토한다.

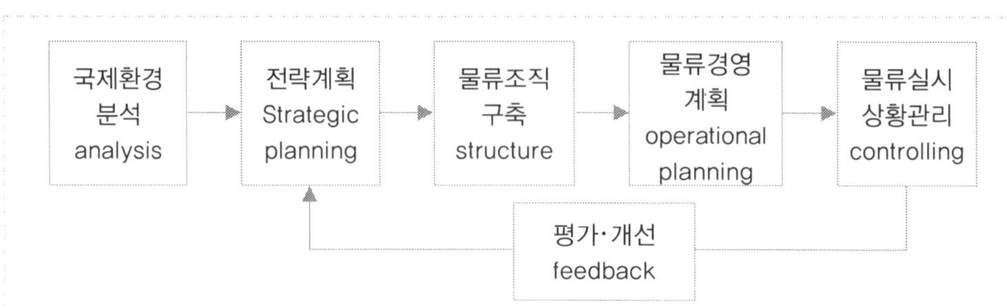


자료 : 市來淸也, 「國際物流要論」, 東洋經濟新聞社, 平成 1年.

[그림 2-4] 국제물류관리절차

상기와 같은 국제물류관리절차에 의해 국제기업은 해외시장의 각 특색을 조사하고, 기업 목적에 따라 전략·물류개선 대안을 개발하며, 또 이를 기초로 하여 적정한 물류조직 구축과 물류시스템을 실행하게 된다. 그리고 그 결과를 측정·평가하여 시스템의 개선·수정을 위한 전략계획단계로 피드백하게 된다.

## 3. 국제물류관리시스템의 형태와 선택요소

### 1) 국제물류시스템의 형태

국제물류시스템의 형태는 상품이 수출기업으로부터 출하되어 수입국 고객에 도착될 때까지의 경로 및 처리방법에 따라 고전적 시스템, 통과시스템, 직송시스템, 다국향 창고시스템의 4개의 기본유형으로 분류된다. 기업들은 시스템 중에서 두 개 이상을 복합 사용하거나 병용해서 사용하기도 한다.

#### (1) 고전적 시스템(Classical System)

가) 개념

고전적 시스템은 무역상품이 수출국 기업에서 해외의 자회사 창고로 출하된 후 발주요청이 있을 때 해당 창고에서 최종고객에게 배송되는 형태로 가장 보편화된 물류시스템이다. 이 시스템에서는 국제기업의 생산단위와 고객서비스 수준 유지를 위한 해외 판매단위에 따라 최저빈도로 대량 출하하게 된다.

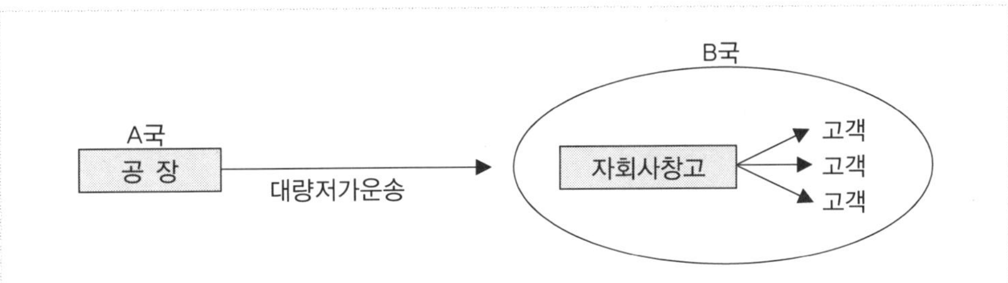


[그림 2-5] 고전적 시스템의 상품흐름

나) 장점

① 저렴한 선박수송을 이용한다.

② 혼재수송으로 운송비용이 낮다.

③ 서류의 포괄적인 작성으로 작업이 감소한다.
④ 사내 이전가격에 부과하여 관세액이 절감된다.
⑤ 안전재고로 판매기회가 향상된다.

#### 다) 단점

재고수준이 높아 보관비가 증가되어 결국 총물류비용이 다른 시스템보다 높아질 가능성이 크다.

### (2) 통과시스템(Transit System)

#### 가) 개념

통과시스템은 고전적 시스템과 유사하지만 자회사창고는 통과센터로만 가능하게 된다. 즉, 자회사창고는 운송된 상품을 단시간 내에 유통경로의 다음 단계에 따라 고객에게 배송하는 형태이므로 저장기능보다는 통과센터로서의 기능이 강하다.

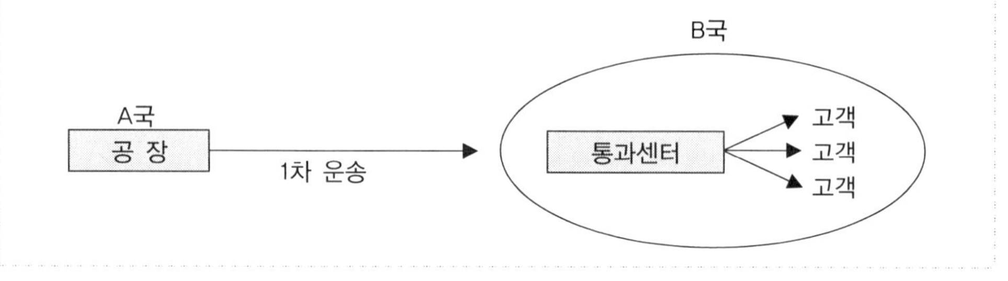


[그림 2-6] 통과시스템의 상품흐름

#### 나) 장점

통과시스템은 고전적 시스템보다 생산국으로부터 출하빈도가 높기 때문에 자회사단계의 보관비가 절감된다.

#### 다) 단점

① 출하국에서 보관비가 증가한다.
② 긴급주문에 대해서 자회사창고에서 공급되지 않으므로 결과적으로 신속한 수단을 많이 사용하게 되어 수송비가 증가된다.
③ 혼재출하의 가능성이 고전적 시스템보다 적어 저운임률 적용가능성이 낮아 수송비가 증가하게 된다.

④ 출하의 고빈도화에 따라 고전적 시스템에 비해 선복예약이나 하역 및 출하, 통관비용 등이 증가하고, 필요서류도 양적으로 증대한다.

⑤ 파업 등에 의해 자회사로의 수송이 중단될 경우에는 그 대응이 곤란하다.

### (3) 직송시스템(Direct System)

#### 가) 개념

직송시스템에서는 상품을 수출국의 공장 또는 배송센터로부터 해외 자회사의 고객 또는 최종소비자, 판매점에 직송하는 시스템이다. 자회사는 상거래유통에 밀접하게 관여하게 되지만 물류에는 직접 관계하지 않는다.

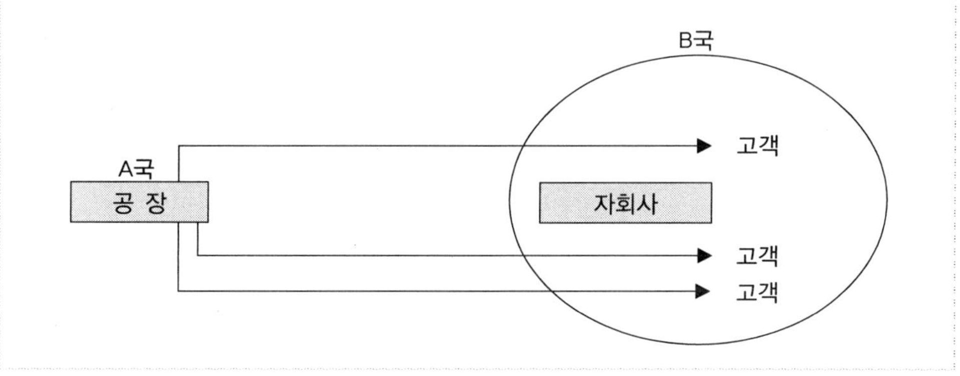


[그림 2-7] 직통시스템의 상품흐름

#### 나) 장점

① 전 재고를 출하국의 1개 장소에 집중하기 때문에 보관비가 다른 시스템보다 감소한다.

② 자회사단계에서 하역비, 창고비, 수송비는 발생하지 않는다.

#### 다) 단점

① 출하빈도가 매우 높아 서류작성시간과 하역, 출하비용이 매우 크다.

② 항공수송으로 수송비가 증가한다.

③ 수입고객이 수입통관수속 및 관세를 부담한다.

④ 상품의 품질관리 대응이 곤란하다.

⑤ 파업 등으로 출하국의 수송 및 공급라인이 중단되었을 때 고객이 타공급자로 변경할 가능성이 높다.

### (4) 다국향 창고시스템(Multi-country Warehouse System)

#### 가) 개념

다국향 창고시스템은 생산국 창고에서 상품이 출하되어 특정 경제권 내 중심국가에 설치한 중앙창고(Regional Center)로, 중앙창고에서 동일 경제권 내의 각국 자회사창고 혹은 고객 또는 유통경로의 다음 단계로 수송된다.

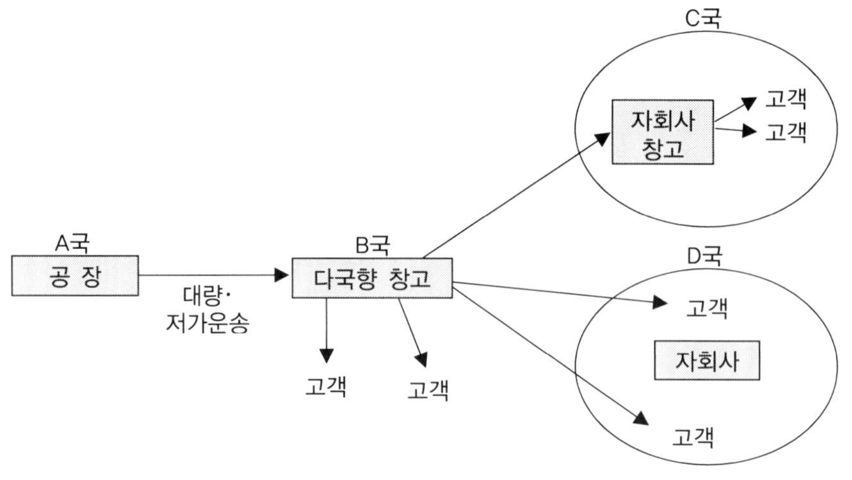


[그림 2-8] 다국향 창고시스템의 상품흐름

#### 나) 장점

① 다국향 창고시스템은 보관비 면에서는 고전적 시스템과 통과시스템의 중간에 위치한다.

② 재고가 한 지역의 중심국에 있는 중앙창고에 모아지기 때문에 재고가 각국에 있는 고전적 시스템의 경우보다 총 재고량의 감축이 가능하여 그만큼 보관비가 감소한다.

③ 수송경로나 범위면에서 고전적 시스템이나 통과시스템보다 출하량을 크게 모을 수 있어 수송비를 절감할 수 있다.

다) 단점

① 중앙창고가 각 지역별로 입지하고 재고가 설정되는 까닭에 통과시스템에서 단일입지의 재고의 경우보다도 보관비가 증대한다.

② 지리적 제약으로 인해 중앙창고의 배송서비스 범위 밖에 소재하는 자회사는 많은 재고를 보유하게 한다.

③ 중앙창고 운영 및 관리비를 부담해야 한다.

### 2) 선택요소

수출기업이 국제물류시스템의 4가지 형태 중 한 시스템을 선택하기에 앞서 경제적·환경적·관리적 조건 등을 살펴보는 것이 중요하다. 그러나 최종적 의사결정은 해당 수출기업의 종합적 경영전략에 따라 이루어져야 한다.

[표 2-4] 국제물류시스템 선택요소

| 선택요소 | 고려내용 |
|---|---|
| 경제적 조건 | 경제적 조건을 검토하기 위해서는 주로 상품의 특성, 제품의 종류 및 수량, 수요의 성격, 주문 규모 등을 고려한다. |
| 환경적 조건 | 환경적 조건에서는 고객서비스 수준, 운송경로, 수입국 법령 및 규칙 등이 고려대상이다. 고객서비스 수준은 국제물류시스템을 선택하는 데 특히 중요한 요인이다. |
| 관리적 조건 | 재고비용의 부담이 어느 정도인가 혹은 수입국에서 상품의 품질을 최종 검사할 필요가 있는가 등이다. |

자료 : 박명섭, 『국제물류의 이해와 사례』, 법문사, 2005, p.225.

## 4. 글로벌 물류전문기업의 전략

### 1) 글로벌 물류전문기업들의 경영전략

글로벌 물류전문기업들의 경우 주력하는 물류서비스의 성격에 따라 크게 다음 4가지 종류로 구분할 수 있다.[34] 또한, 향후 물류전문기업들은 더욱 더 개별화되고, 산업 집중적이고, 다각화되는 전략을 추구해 나갈 것으로 예상된다. 그러나 운영적 물류서비스에 대한 수요는 상당 기간 지속 후 쇠퇴할 것으로 예상되고 있다.

34) 진형인·전홍주, 『국제물류의 이해』, 박영사, 2003, pp.86~87.

### (1) 운영적(Operational) 전략

운영적 전략에 주력하는 물류전문기업은 기본적으로 한 종류의 서비스에 집중하여 저렴한 비용으로 양질의 서비스를 제공하는 것을 목표로 한다. 대표적인 예로는 세계 4대 소화물 특송업체인 UPS(United Parcel Service), DHL, FedEx, TNT Express[35)]이다.

### (2) 산업집중(Industry Focussed) 전략

산업집중전략은 특정 산업의 매우 특수한 요구에 부응하는 전략이다. 대표적으로 네덜란드의 Royal Pakhoed사는 화학산업의 필요성에 부응하는 물류서비스전략을 구사하고 있다.

### (3) 다각화(Diversified)전략

다각화 업체는 서비스 종류를 다양화한다. 대표적으로 Neddlloyd(현재 P&O Neddlloyd) 그룹은 정기선 해운을 중심으로 터미널 운영, 트럭킹, 창고, 내륙수운 등으로 서비스를 다양화하여 Mega Carrier로서의 성장을 도모하고 있다.

### (4) 개별서비스(Customized) 전략

개별서비스전략을 수행하는 물류전문기업은 특정 소비자들의 고도로 세련된 요구에 부응하며, 이들은 비용보다 서비스로 경쟁한다. 예로 Xerox사의 Frans Mass 사, EXEL사의 노키아사에 대한 국내·국외운송(배송), 창고, 정보서비스 등 물류서비스 제공이 있다.

## 2) 글로벌기업들의 국제물류전략

### (1) 관리전략(적합한 물류전문가를 선택해야 함)

① 글로벌물류전문기업이 전 세계적으로 판매와 유통활동을 지원하기 위해서는 국제물류체계의 구축과 관리가 매우 중요하다.

② 국제물류의 관리전략은 국제물류의 특성을 반영해야 한다.

③ 국제물류의 다양성이 있기 때문에 물류관리전문가의 관리를 요구한다. 각

35) 네덜란드의 항공 특송업체인 TNT Express는 2016년 6월에 FedEx에 인수되었으며, 2017년 11월 17일에 통합을 완료하였다.

국가에서 요구하는 복잡한 서류를 담당하여 처리하고, 각 지역과 그 지역의 시장의 특성에 맞는 물류체계를 운영하여야 하기 때문에 각 지역별 유통과정에 적합한 물류전문가를 선택해야 한다.

### (2) 수송전략(통합된 물류운영방식을 선택해야 함)

① 국제물류에서는 수송거리가 국내물류에 비해 크게 증가한다.

② 수송거리가 증가하는 것은 수송비용이 증가하는 것을 뜻하며, 이 때문에 국제물류의 관리에서 수송업자의 역할은 매우 중요하다. 국제수출입 수송량의 대부분을 담당하는 해운업자의 역할은 더욱 중요하고, 운영에서도 주도적인 역할을 한다.

③ 수송비용의 절감은 생산비용에 비추어 그리 높지 않고, 수송시간 단축이 더 중요한 목표가 되고 있다. 이를 위해서는 원료·부품 조달 및 공급, 보관 등 물류의 다른 구성요소와의 상호 연관성이 고려되어 요소 간의 연결이 통합적이고 유기적으로 처리되어야 한다.

④ 수송업자는 단순 수송서비스보다 더 나아가 전문물류서비스 제공업자로 발전해야 한다.

### (3) 재고품전략(연기전략)

① 국제물류에서는 국내물류보다 공급자와 소비자 사이에서 많은 재고품을 가지고 있기 때문에 재고품전략은 더욱 중요하다.

② 소비자 요구에 대해서 신속히 대응하여야 하기 때문에 소비자를 위한 서비스 향상을 위해서 재고품전략이 필요하다.

③ 재고의 양을 가능한 줄이고, 소비자의 요구에 신속히 대응하면서 운송비를 줄이기 위한 전략이 연기(Postponement)전략이라고 한다.

| | |
|---|---|
| 완성품 연기<br>(Form Postponement)전략 | ▫ 제품의 최종 가공단계를 생략하고, 소비지에서 소비자 요구에 신속하게 최종단계를 단순가공하여 공급함으로써 만들어질 최종생산품의 재고를 줄이는 전략이다. |
| 이동적 연기<br>(Temporal Postponement)전략 | ▫ 만들어진 최종생산품을 여러 최종소비지 근처의 재고보관창고에 보유하여 소비자 요구에 신속하게 공급하는 전략이다. |

### (4) 포장전략(화물을 취급시 용이하고 화물에 손상이 없도록 함)

① 국제물류에서는 발생하는 화물의 손상과 분실에 따른 비용이 국내물류에 비해서 많은 비용이 요구된다.

② 국제화물은 화물취급의 단계가 국내물류에 비해 많으므로 취급시의 손상에 대비하여야 한다. 이러한 이유 때문에 화물취급이 쉽고, 수송과 보관 중에 손상을 줄이기 위한 컨테이너가 국제물류과정에서 많이 이용되고 있다.

③ 컨테이너를 이용하기 위해서는 컨테이너를 신속하고 적절하게 취급할 수 있는 항만시설의 존재에 대해서 제한을 받는다.

### (5) 정보시스템 활용전략(각각의 부분들을 연계하여 통합물류가 가능하도록 함)

① 국제물류의 운영에서 정보시스템의 확립은 반드시 필요하다.

② 통합물류가 가능하기 위해서는 광범위한 영업내용과 지역을 체계적으로 연결할 수 있는 정보시스템의 구축이 있어야만 한다.

③ 국제물류는 서비스의 연결을 위해서 정보의 표준화(EDI)의 개념이 특히 중요하다.

# 제3장

# 국제물류와 수출입절차

◆◇ 학습개요 및 목표 ◇◆

이 단원은 무역과 수출입 물류 흐름에 대한 전반적인 내용을 다루고 있으며, 수출입절차에 대한 세부적인 내용을 비롯하여 수출입 과정에서 필요로 하는 기본적인 서류인 신용장과 송장 등을 제시하고 있다.

1. 무역과 수출입 물류의 흐름을 정리한다.
2. 수출입절차의 단계별 내용 및 관련 서류에 대한 내용을 정리한다.

## 제 1 절 국제물류와 수출절차

### 1. 수출절차의 개요

수출절차란 수출행위를 하고자 하는 자가 수출이 허용된 물품을 외국의 수입업자와 수출계약을 체결하고 물품의 수출에 관한 기본사항을 관리하는 대외무역법과 수출대금의 결제방법을 정한 외국환거래법에 따라 수출승인을 받은 후 통관절차 등을 규정한 관세법에 따른 세관통관절차를 거쳐 운송인에게 인도 또는 운송수단(선박, 항공기)에 적재하고 최종적으로는 수출환어음 매입 및 대금회수에 이르기까지의 일련의 행정적·법규적·상관습적 흐름을 의미한다. 이러한 수출절차는 대외무역법, 외국환거래법, 관세법 등의 국내무역 관련 법규와 국제상관습과 연관하여 이루어진다.

## 2. 수출단계별 절차

수출입대금 결제방식에는 송금방식, 추심방식, 신용장방식, 혼합방식 등이 있는데 이 중에서 어떠한 방식으로 결제하느냐에 따라서 수출절차도 달라진다. 이하에서는 무역실무적으로 가장 보편적인 거래형태인 화환신용장(Documentary Letter of Credit)방식에 의한 수출절차를 살펴보고자 한다.

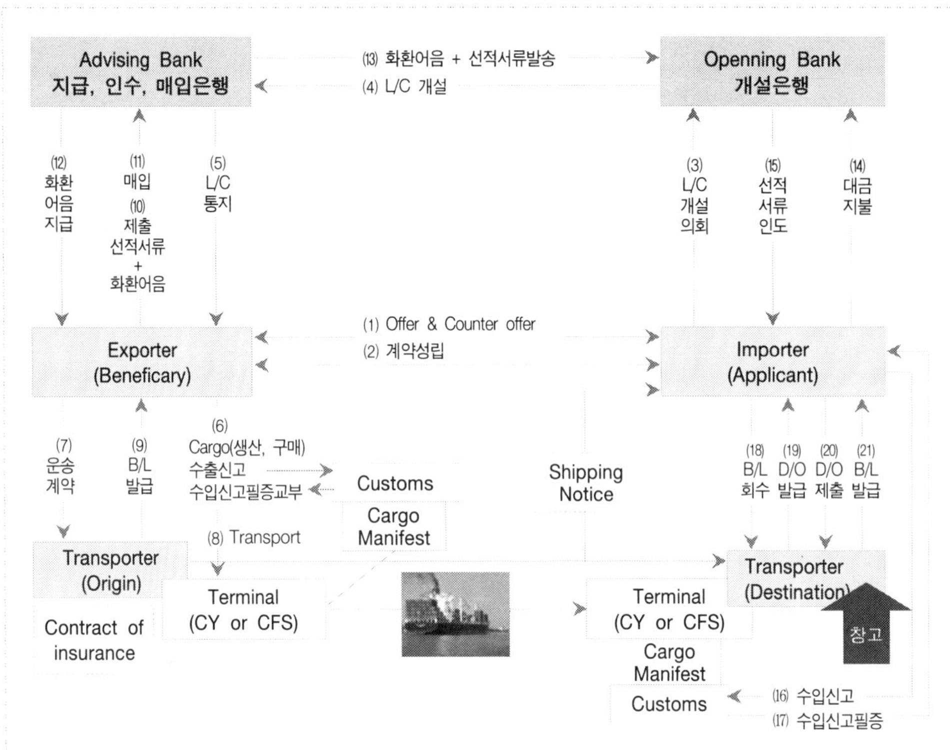


[그림 3-1] 무역과 수출입 물류의 흐름

### 1) 거래선 선정 및 수출계약

수출을 하고자 하는 자는 취급하고자 하는 물품에 대해 국내무역 관련 법규에 의해 수출이 허용되는 물품인지의 여부는 물론 수출대상국이 자국 산업과 소비자를 보호하기 위하여 일정한 상품을 수입 금지시키거나 규제하고 있어 수입이 허용되는 품목인지도 확인해야 한다. 이후 거래시장을 탐색하여 이를 결정하고 시장조사단계를 거쳐 그 시장에서 가장 적절한 거래선을 물색한 후[1], 그와의 거래를 제의하여 거래선의 동의를 얻게 되면 수출계약이 체결된다.

일반적으로 수출계약은 청약자의 청약(Offer)에 대한 피청약자의 승낙(Acceptance)에 의해서 계약이 성립되며, 제품가격, 수량, 선적시기 및 방법, 대금결제방법 등에 대한 조건을 결정한다. 특히, 향후 만약에 발생될 수도 있는 분쟁에 대비하여 계약서를 반드시 작성해 둘 필요가 있다.

### 2) 신용장 수취

수출계약이 체결되면 계약에 따라 수입업자는 주거래은행에 신용장 개설을 의뢰하며, 신용장 개설은행은 수출국 현지의 통지은행(Advising Bank)을 통해 신용장을 수출업자에게 통지한다.

신용장을 수취한 수출업자는 신용장의 진위성 여부, 개설은행의 신용상태 등의 검토는 물론 신용장의 조항이 수출입당사자 간에 합의한 계약서의 조건에 따라 계약 물품의 품명, 규격, 단가, 선적기일, 보험조건, 대금결제조건 등이 일치하는지 상세히 검토하여야 하며, 상이한 내용이 있는 경우 즉시 신용장 조건을 변경하도록 그 신용장개설의뢰인에게 요구하여야 한다.

수출업자는 신용장을 수취하면 다음을 확인하여야 한다.

① 계약 내용과의 일치 여부
② 취소불능신용장인지의 여부
③ 개설은행의 신용상태
④ 특수조건 및 지장을 초래할 수 있는 내용검토
⑤ 지급확약 문구
⑥ 오탈자의 존재 여부, 단가와 합계의 정확 여부 등

### 3) 수출승인 혹은 수출요건 확인

수출대상 물품이 산업통상자원부장관이 매년 공고하는 수출입공고상으로 수출금지품목이나 수출제한승인품목일 경우에는 해당 물품의 관계행정기관의 장이나 관계행정기관의 장의 위임(혹은 위탁)을 받은 단체로부터 수출승인(E/L; Export Licence)을 받아야 수출할 수 있으며, 통합공고 상으로 수출이 규제되고 있는 품목

1) 거래선을 선정하기 위한 절차로 신용조회(Credit Inquiry)가 있으며, 신용조회는 소위 3C's 라고 불리는 ① Character(성실성), ② Capital(재무상태), ③ Capacity(거래능력)를 중심으로 Reliability(신용도)를 측정해야 한다.

인 경우에는 해당 기관으로부터 수출요건 확인을 받는다.

한편, 해당 물품이 2개 이상의 법령에 관련되어 요건기관이 2개 이상이면 요건기관마다 확인을 다 받아야 수출할 수 있으며, 수출입공고나 통합공고에 의한 제한이나 규제대상 품목이 아닌 대부분의 품목들은 수출승인이나 수출요건 확인이 필요없다.

**[수출승인신청 시 구비서류]**

① 수출승인신청서 2부
② 수출신용장 또는 계약서 사본 1부
③ 기타 수출승인기관에서 요구하는 서류

### 4) 수출물품의 확보 및 검사

수출업자는 당해 수출물품에 대한 제조·생산(혹은 타사의 완제품을 구매하여 확보)[2]이 완료되면 수출통관절차를 밟기 전에 수출검사를 받게 된다. 수출검사라 함은 수출하고자 하는 물품을 수출신고하기 전에 수출품의 품질과 대외공신력의 유지 및 향상을 위하여 그 물품의 제조과정 또는 완제품에 대하여 그 물품과 재료의 품질 및 포장상태를 검사하는 일련의 절차를 말한다.[3]

수출검사는 제조·생산업체가 실시하는 제품의 품질관리와 대외적으로 품질보증을 하는 것과는 다르게 국가적인 차원에서 정해진 국가기준에 따라 지정된 검사물품을 일률적으로 검사하고 이에 합격하지 못한 때에는 수출을 금지시키는 것이 수출검사의 특징이다.

따라서 수출물품을 수출자가 스스로 검사하는(Exporter's inspection is final) 것이 가장 간편한 방법이다. 하지만 수입자가 계약서나 신용장에서 아래와 같이 규정하고 있는 경우에는 그에 따라야 한다.

① 수입자가 직접 검사하는 경우
② 수입자의 대리인(the representative of buyer)이 검사하는 경우
③ 수입자가 지정하는 검사기관이 검사하는 경우

---

2) 수출물품을 확보하기 위해 사용되는 것은 내국신용장(Local L/C) 혹은 구매확인서이며 이를 활용하는 이유는 관세환급, 부가가치세 영세율 적용, 수출실적 인정 등이다.
3) 수출 신고된 물품은 관세청 전자통관시스템(UNI-PASS)을 통하여 검사 대상으로 선별된 경우 검사를 받는다.

### 5) 운송·보험계약 체결

수출업자는 수출물품의 제조·생산이 완료되면 수출물품을 수입국의 목적지까지 운송하기 위하여 운송업자(Carrier) 또는 국제물류주선업자(Freight Forwarder)를 물색, 선정하여 구체적인 운송을 협의한 후 운송인과 운송계약을 체결하고 선적을 준비해야 한다.

해상운송계약에 있어서 하주(Shipper, 수출업자)는 물품을 보낼 때 수하인(Consignee, 수입업자), 선적항(Loading Port, 수출항), 양하항(Discharging Port, 목적항), 화물의 명세(Particular 또는 Description of Cargo) 등 소정의 운송정보를 기재하여 선박회사에 정식으로 선복요청서(S/R; Shipping Request)[4]를 제출하고 예약이 되면 체결된다. 컨테이너화물이나 그 밖의 잡화물은 정기선에 의한 개품운송계약을, 원자재와 같은 대량 산적화물(Bulk cargo)일 경우에는 부정기선에 의한 운송계약이 일반적이다.

한편, CIF나 CIP규칙에 의한 수출일 경우에는 수출업자는 보험회사와 보험계약을 체결하고, 이에 대한 보험료를 지급하여야 한다. 인코텀즈 2020에서는 보험계약을 체결할 때 통상적으로 송장 금액의 110%로 체결하되 CIF는 최소담보조건인 ICC(C) 조건으로, CIP는 최대담보조건인 ICC(A) 조건으로 부보하도록 하여 보험 부보범위를 이원화하였다.

### 6) 수출통관

물품을 외국으로 수출하기 위해서는 국내의 각종 법령이 정하는 바에 따라 소정의 절차를 거쳐야 하는데, 이 절차 중에서 최종적으로 거쳐야 할 단계가 수출통관으로 수출업자는 수출품에 대하여 세관에 수출신고를 하고(대부분의 경우 관세사 경유) 수출신고필증을 받는다.

현행 수출통관절차는 수출신고가 서류 없이 EDI로 신고내용을 세관에 전송하면 세관에서 컴퓨터상의 신고화면을 확인하고 신고수리를 신고자에게 전산 통보해 주는 EDI 수출통관제도를 실시하고 있다. 수출물품에 대하여는 검사생략을 원칙적으로 하고 있으나 전산에 의한 발췌검사 또는 필요한 경우 예외적으로 검사를 실시하

4) 선복요청서(S/R)란 하주가 선사에 제출하는 물품운송신청서를 말한다. 여기에는 선하증권(B/L)상에 명시되는 각종 화물과 관련된 명세가 기재되고, 이것을 근거로 선하증권(B/L)과 적하목록(Manifest) 등이 작성되므로 정확하게 작성하여야 하며 2통 이상을 작성하여 한 통은 선사의 확인서명을 받아 선복요청의 증거서류로 보관하게 된다.

는 현물검사를 받고 관세법상 적법한 물품인 경우 수출신고필증을 교부받게 된다.

**[수출신고 시 구비서류]**
① 수출신고서
② 수출승인서(해당되는 경우에만)
③ 상업송장 및 포장명세서
④ 기타 수출통관에 필요한 서류

### 7) 수출선적(Shipment)

세관의 수출면장을 얻은 수출화물은 선적되어 목적지로 운송되어야 한다. 선적이란 수출화물을 본선상에 적재하는 것을 말하며, 수출신고수리일로부터 30일 이내에 해상운송계약을 체결한 선박회사의 선박에 수출품을 선적하고 선박회사로부터 선하증권(B/L)을 발급받아야 한다.

본선적재는 선박회사가 화물의 포장상태, 적재수량, 화물의 파손 여부를 확인한 후, 화물이 본선에 반입되면 일등항해사는 선박회사에서 발행한 선적지시서(S/O; Shipping Order)[5]와 대조하면서 화물을 수취하여 화물수령에 대한 증거로서 본선수취증(M/R; Mate's Receipt)[6]을 발급한다. 이때 선적지시서에 기재된 사항과 실제로 적부된 화물의 내용이 일치하지 않을 때 유보사항으로 M/R에 해당 사항이 기재된다. 이상 유무사항이 비고(Remarks)란에 기재된 M/R을 고장수취증(Foul Receipt)이라고 하며, 이상 유무사항이 첨가되지 않은 것을 무고장수취증(Clean Receipt)이라고 한다. 이때 고장수취증의 경우의 선하증권은 고장부가 된다.

고장부(또는 사고부)선하증권(Foul or Dirty B/L)이 발행되고 이러한 불완전한 선하증권을 담보로 하여 화환어음을 발행하는 경우에는 매입은행에서 환어음 매입거절이나 지급은행에서 수출대금 지급 거절 등 각종의 불리한 조건을 제시한다. 그

5) 선적지시서란 하주의 선적신청에 따라 선사가 현품을 확인한 다음 본선의 선장 앞으로 기재된 화물을 선적하도록 지시한 문서를 말한다. 선적책임자가 인수한 화물은 선적지시서별로 리스트를 작성하여 본선 적부계획과 선적작업 준비용으로 쓰이며 이것에 의하여 화물을 본선에 적재하고 본선수취증(M/R)을 작성하여 하주에게 교부한다.

6) 본선수취증은 화물이 본선에 적재되면 일등항해사(chief mate)가 화물을 수취했다는 증거로 하주에게 발급하는 서류이다. M/R로 간략하게 약칭하며, 본선화물수령증이라고도 한다. 하주가 선하증권을 발급받기 위해서 이 M/R을 선박회사에 제출한다. 적재할 때 본선측 및 하주측 쌍방의 검수인(Tally-man)이 입회하는데 이때 수량이나 포장 등에 고장이 있으면 그 고장문언이 M/R의 적요란(Remarks)에 기재된다. 이와 같이 고장문언이 기재된 M/R이 고장본선수취증(Foul M/R)이고 양호한 상태로 적재되어 M/R의 Remarks에 고장문언이 기재되지 않은 M/R이 Clean M/R이다.

러므로 하주는 선박회사에 파손화물보상장(L/I; Letter of Indemnity)[7]을 제공하고 무사고선하증권(Clean B/L)을 발급받아야 한다.

하주는 선박회사 측에 화물을 인도하고 본선수취증을 입수하여 지체없이 선박회사나 그 대리점에 가면 선박회사는 선하증권을 작성하여 하주에게 교부한다.

### 8) 선적통지(Shipping Advice)

선적통지(Shipping Notice)는 수출업자가 매매계약에 따라 계약품의 선적 전 또는 선적 후에 선적의 중요사항, 즉 본선명, 선적일, 선적항, 도착예정일 등을 수입자에게 통지하는 것을 말한다. 통지의 방법은 E-mail, Telex, Cable로 통지하고 그 후 선적서류의 사본 등을 항공편으로 발송하는 방법이 많이 사용되고 있다. 인코텀즈 2020에서는 FOB, CIF규칙의 경우 '매도인은 계약품이 본선에 인도되었다는 취지를 지체없이 매수인에게 통지하여야 한다.'고 규정하고 있다.

### 9) 수출대금회수

물품을 수출한 자는 승인된 결제방법에 의하여 유효기간 내에 당해 물품의 수출대금전액을 회수하여야 한다. 따라서 수출통관과 선적이 완료되면 수출업자는 신용장에서 요구하는 기본 서류인 상업송장(C/I; Commercial Invoice), 선하증권(B/L; Bill of Lading), 보험증권(I/P; Insurance Policy) 등을 준비하고 환어음(Bill of Exchange or Draft)을 발행하여 수출신고필증과 수출환어음매입신청서를 첨부하여 수출자의 거래은행에 제시하면 은행은 서류가 신용장 조건과 일치하는지의 여부를 조사하고 이상이 없으면 이들 서류를 매입하고 수출대금을 수출자에게 지급한다. 이를 신용장의 매입(Nego; Negotiation)이라 한다.

만약 수출자가 무역금융을 받은 경우에는 이를 공제하고 지급한다. 이로써 수출자는 수출대금을 회수하게 되며 수출자의 서류를 매입한 수출자의 거래은행은 매입은행이 된다.

한편, 수출자는 신용장조건에 따라 요구되는 포장명세서(P/L; Packing List)[8],

---

7) 파손화물보상장(L/I)은 일종의 송하인의 책임각서이다. 즉, 선적되는 제품이 내륙운송 중 파손되거나 수량이 부족할 경우 선사는 사고부선하증권(Dirty B/L)을 발급하게 된다. 그러나 수출업자가 선박회사에 파손 또는 수량 부족으로 인하여 야기되는 모든 책임을 송하인이 지겠다는 각서를 제출하면, 선박회사는 무사고선하증권(Clean B/L)을 발급해 준다.

8) 계약물품의 선적을 증명하기 위한 운송서류 중에서 선하증권이나 상업송장과 같이 꼭 필요한 필수서류는 아니지만 원산지증명서 등과 함께 중요한 부속서류에 속하는 것이 포장명세

원산지 증명서(C/O; Certificate of Origin)[9], 검역증(Certificate of Quarantine)[10] 및 위생증명서(Certificate of Health or Sanitary Certificate)[11], 그리고 품질증명서(Certificate of Quality)[12] 및 성분분석증명서(Certificate of Analysis)[13], 검사증명서(C/I; Certificate of Inspection)[14], 용적중량증명서(Certificate

---

서(Packing List)이다. 포장명세서는 선적화물의 포장 및 포장단위별 명세와 단위별 순중량, 총중량 그리고 포장의 일련번호 등을 기재함으로써 포장과 운송, 통관상의 편의를 위하여 수출업자(매도인)가 수입업자(매수인) 앞으로 작성하는 거래·계약 관련 서류 중의 하나이다. 포장명세서의 발행목적은 ① 선적화물의 포장 및 포장단위별 순중량, 총중량 그리고 화인 및 포장의 일련번호 등을 기재함으로써 포장과 운송, 통관상의 편의를 위해서 사용된다. ② 각종의 포장물품이 혼합되어 있거나 또는 하나의 컨테이너에 각개 품목이 혼합되어 있어 상품의 외관포장(Outer Packing)과 내포장(Inner Packing)을 구체적으로 명기하고자 할 경우에 이를 명백히 구분하기 위하여 사용된다. 한편, 포장명세서의 용도와 활용은 다음과 같다. ① 수출입 통관절차에서의 심사 자료로서 활용되고 양륙지에서 화물의 처리(분류 및 판매)단계에서 이용한다. ② 검수 또는 검량업자가 실제 화물과 대조는 참조자료로 이용한다. ③ 개별화물의 사고발생분에 대한 확인 자료로서 사용한다. ④ 중량 외에 각각의 용량이 표시되어 있으므로 선박회사가 운송계약을 체결할 때 일차적인 기준자료로 사용한다.

9) 원산지증명서는 화환어음의 부대서류로서 수출물품의 원산지가 대한민국임을 증명하는 문서, 즉 제품의 원산지를 나타내는 국적증서의 성격을 가진 통관에 필요한 문서이다. 한편, 수입국과의 맺은 FTA가 있다면 FTA 원산지증명서를 발급받아 수입자에게 송부하여야 수입자가 관세감면이나 관세면제 혜택을 받을 수 있다

10) 검역증은 주로 동식물 등을 수출할 경우 구제역, 광우병 등 가축에 의한 전염성균이 유입되는 것을 방지하기 위하여 당해 동식물을 일정 기간, 일정 장소에 두고 검역을 한 후 발급해 주는 서류를 말한다.

11) 위생증명서란 식료품, 약품, 동물의 가축류(도살한 상태의 육류) 등을 수출하는 경우에 수입국 보건기준에 합치된 것을 수입할 수 있도록 관리하기 위하여 수입업자의 요구에 의해 수출국에서 위생검사당국이 발행하여 제공하는 서류를 말한다. 특히 식품류 등을 미국으로 수출하는 경우에는 FDA(Food and Drug Administration)의 기준에 합치되는 보건·안전기준에 관한 서류를 제공해야 수출이 가능하다. "Health Certificate" 또는 "Veterinary Certificate" 라고도 불린다.

12) 품질증명서란 제품의 품질과 수량, 포장 등의 사항에 대해 공인검사기관이 발행한 증명서를 말한다. 즉 품질증명서란 판매하는 물품이 매매계약의 내용에 일치하는 품질임을 증명하는 내용의 서류로 수출업자로 하여금 약정된 품질의 제품을 선적하도록 하기 위해 수입업자는 공인된 검정기관의 품질증명서를 요구하기도 하며, 경우에 따라서는 제조업체가 발행하는 품질증명서를 요구하기도 한다.

13) 성분분석증명서는 선적된 광산물의 품위가 어느 정도 순도냐 하는 함유성분의 분석증명이 필요하거나, 의약품일 경우에는 어떤 약의 구성 원소를 분석한 분석표가 요구되는 데 이때 발행되는 서류이다. 그 활용은 주로 광산물이나 의약품 등에 사용되며 수입업자가 납득이 가고 믿을 만한 권위자나 신빙성이 있는 전문기관이 발급해야 한다. 또한, 신용장에서 요구하는 경우 선적서류의 일종으로서 화환어음에 첨부해야 한다.

14) 검사증명서는 계약한 상품의 품질, 포장, 재료, 성분 등에 대하여 계약한 상품과의 동질성 또는 동일성 및 진정성을 확보하기 위해 주로 수입자가 수출상에게 요구하는 증명서이다. 검사기관에 대해서는 계약당사자가 합의하여 정하는 것이 원칙이나 수입국에서 특정 기관의 검사증 제출을 의무화하는 경우도 있으므로 주의해야 하며 다국적 검사기관, 수출국의 공인

of Measurement and/or Weight)[15] 등의 선적서류도 준비하여야 한다.

### 10) 관세환급

관세환급이란 수출용 원재료의 수입시에 납부한 관세 등을 동 재료가 사용된 완제품이 수출 등에 제공한 때에 수출자 또는 수출물품의 생산자에게 관세를 환급하여 주는 제도를 말한다.

즉, 수출자가 수출품 제조용 원자재를 해외에서 수입하여 그 수입신고수리일로부터 2년 이내에 수출한 경우에는 그 원자재 수입 시에 납부한 관세와 부가가치세 및 기타 내국소비세 등을 정액 또는 개별환급 방법으로 수출신고수리일로부터 2년 이내에 세관에 신청하여 환급받을 수 있다. 그리고 부가가치세는 이와는 별도로 관할 세무서로부터 부가가치세 예정신고 기한일로부터 10일 이내에 환급받는다.

수출업자는 관세환급을 받아야 비로소 실제 당해 수출 선적분에 대한 손익을 당초 예상 손익과 비교하여 볼 수 있으므로 환급기관인 세관장 앞으로 환급을 신청[16] 해야 한다.

### 11) 사후처리

#### (1) 수출물품에 대한 클레임 해결

수출물품과 관련하여 수입업자가 클레임(Claim)을 제기해오면 계약서상의 조항에 의거하여 원만하게 클레임을 해결해야 하는데 이를 해결하는 방법으로 당사자간의 화해, 알선, 조정, 중재 및 소송(재판) 등이 있다

#### (2) 수입업자에 대한 독점권 부여 여부 결정

수입업자가 자기 나라에서 독점적으로 수입하도록 요구해오는 경우 상대방에 대

---

기관 또는 제조자가 직접 증명하는 경우도 있다.

15) 용적중량증명서는 상업송장(C/I; Commercial Invoice)의 부속서류로서 적출지의 수출자 또는 적격한 검량기관에 의한 각 포장당 용적 및 총중량의 명세서로 상업송장 또는 포장명세서에 기재된 사항과 일치해야 한다. 본 증명서는 해상운임 산정의 기초가 되기 때문에 Gross Weight(총중량)나 Gross Measurement(총용적)에 대한 증명이 필요하며 수입자에게 상품의 실량을 증명해주기 위해서는 Net Weight(실중량) 또는 Net Measurement(실용적)에 대해서도 기재되어야 한다.

16) 관세환급요건은 관세 등을 납부하고 수입한 원재료가 수출용원재료에 해당되고(법제3조), 수출이행기간(2년) 이내(법 제9조)이며, 환급대상수출(법 제4조)에 제공하여야 하며, 수출신고수리일로부터 2년 이내에 환급신청해야 환급 가능하다.

한 철저한 신용조사와 영업능력 등의 조사를 통해 독점권의 부여 여부와 기간, 지역, 내용 등을 결정하여야 한다.

## 제 2 절 국제물류와 수입절차

### 1. 수입절차의 개요

수입절차란 수입업자가 수출업자와의 수입계약을 체결하고 수입계약서인 물품매도확약서(Offer Sheet)에 의하여 수입허가(승인)를 받고 외국환은행에 수입신용장을 개설한 후(신용장방식에 의한 수입의 경우) 수입화물과 선적서류가 도래하면 수입화물을 통관하는 일련의 법적·행정적 절차를 말한다.

### 2. 수입단계별 절차

#### 1) 수입계약체결

수입계약이란 국적을 달리하는 당사자들 간에 수출업자가 물품의 소유권을 양도하여 물품을 인도할 것을 약속하고, 수입업자는 이를 수령하여 그에 대한 반대급부로 물품대금의 지급을 약속함으로써 성립하는 국제매매계약을 의미한다. 특히, 국제매매계약은 국가 간에 이루어지는 원격지 간의 상거래 행위로서 물품과 대금의 이전이 이루어지기 때문에 당사자의 의무, 책임의 범위와 한계, 가격조건 등을 양 당사자가가 명확히 정하여 두는 것이 사후에 발행할 수도 있는 분쟁을 예방할 수 있다.17)

---

17) 특히, 수입자는 INCOTERMS® 2020의 EXW, FCA, FAS, FOB규칙의 경우 운송수단(선박)을 수배해서 수출자에게 알려줘야 하지만 실무적으로 이를 간과하는 경우가 많아 뜻하지 않게 더 많은 운송비 등을 부담되는 경우가 발생한다. 이에 따라 위의 규칙으로 매매계약을 체결했을 경우 수입자는 수출자에게 운송회사를 지정해 주어야 할 것이다. 이를 위해 신용장의 부가조건(additional condition)란에 "Shipment must be effected by Sunjin Logistics Gwangju branch, Korea(Los Angeles branch, USA)"와 같이 표기하는 것이 좋다.

### 2) 수입승인 및 수입요건 품목 확인

수입승인은 산업통상자원부장관이 수입행위 이전에 대외무역법상 수입승인요건인 수입자격, 수입품목, 수입지역, 거래형태 등 제반 사항의 적법성에 관해 심사하여 신청자에게 최종적으로 동의 또는 승낙하는 것이다. 현재 수입제한승인 해당 물품에 관한 승인 권한은 대부분 각각 해당 물품의 관계행정기관의 장에게 위탁 또는 위임되어 있다.

따라서 물품을 수입하고자 하는 자는 수입 전에 해당 물품이 대외무역법에 의한 수출입공고상으로 수입제한 품목이면 수출입공고상의 해당 수입요령에 규정되어 있는 기관, 단체의 장으로부터 수입승인(I/L; Import Licence)을 받아야 하며, 수입하고자 하는 물품이 특별법에 의한 통합공고상으로 수입요건확인품목으로 되어 있으면 통합공고상의 요건 확인 기관에 수입요건 확인신청을 하여 수입요건 확인서를 발급받아야 한다. 해당 물품이 2개 이상의 법령에 관련되어 요건기관이 2개 이상이면 요건기관마다 확인을 다 받아야 수입할 수 있다. 수입승인의 유효기간은 1년이다. 대부분의 품목은 이와 같은 수입승인이나 수입요건 확인의 대상으로 규정되어 있지 않아 수입승인이나 수입요건 확인 절차가 필요 없다.

**[수입승인 신청 시 구비서류]**

① 수입승인신청서
② 수입계약서 또는 물품매도확약서
③ 수입대행계약서(필요한 경우)
④ 기타 수출입공고 등에서 규정한 요건을 충족하는 서류

### 3) 수입신용장 개설 및 통지

수입업자는 수입승인을 받은 후 수입승인의 유효기간(통상 1년)과 수입계약서에 명시된 기간 내에 신용장을 개설하고 수출국에 소재하는 통지은행을 통해 수출업자에게 신용장개설 통지를 한다.

수입업자는 수입승인서 및 물품매도확약서 또는 구매계약서의 내용을 참조하여 화환신용장 개설신청서에 신용장의 제반 조건을 빠짐없이 기재하여 신용장개설은행에 신용장 개설을 의뢰한다.

이에 신용장 개설은행은 신용장을 발행하여 수출업자가 소재하고 있는 수출국의 통지은행(개설은행과 환거래계약을 체결한 외국환은행)에게 신용장을 전신 또는

우편을 이용하여 발송하며, 이를 받은 통지은행은 수출업자에게 신용장 도착을 통지하게 된다.

**[수입신용장 개설신청 시 구비서류]**

① 수입신용장 개설신청서
② 외국환거래 약정서
③ 수입승인서(필요시)
④ 물품매도확약서(offer) 또는 수입계약서
⑤ 기타 필요한 서류 : 담보제공증서 등

### 4) 신용장대금 결제 및 운송서류 인수

물품을 선적한 수출업자는 신용장에 명시된 조건에 근거하여 관련 운송서류(선하증권, 상업송장, 포장명세서, 원산지증명서, 보험증권 등)를 구비하여 환어음을 발행하여 거래은행에 매입의뢰하고 매입은행은 신용장 개설은행에 화환어음을 송부하여 대금을 회수한다. 이때 신용장 개설은행은 내도된 운송서류를 신용장조건과의 일치 여부를 확인한 후 수입업자에게 운송서류도착 통지를 한다.

운송서류도착 통지를 받은 수입업자는 수입대금을 결제한 후 운송서류를 인도받아 수입통관절차를 밟게 된다.

한편, 수입화물은 이미 도착하였으나 운송서류가 도착하지 않아 화물의 인수가 불가능한 경우에는 선하증권 대신에 은행으로부터 수입화물선취보증서(L/G; Letter of Guarantee)[18]를 받아 선박회사에 제시함으로써 화물을 인수할 수 있으며 나중에 원본서류를 은행에 제출한다.

### 5) 수입통관 및 수입신고

수입화물이 도착하면 수입업자는 본선으로부터 양륙된 수입화물을 보세구역에 반입한 다음 관세법 또는 기타 법령이 정한 바에 의하여 세관에 수입신고를 해야 하는 일련의 수입통관절차를 거치게 된다.

---

18) L/G는 수입화물이 수입지에 이미 도착하였음에도 불구하고 운송서류가 도착하지 않아 수입업자가 화물의 인수가 불가능할 때 동 화물의 인수가 가능하도록 운송서류 원본을 제시하지 않고서도 화물을 인수하는 것과 관련한 모든 책임을 은행이 진다는 내용의 보증서이다. L/G의 발급은 운송서류의 원본을 인도하는 것과 동일한 효과를 가져오며, 신용장조건과 일치하지 않는 서류가 내도하여도 화물이 수입업자에게 인도된 후이므로 수입업자는 매입은행에 대하여 수입어음의 인수 또는 지급을 거절할 수 없다.

수입통관신고는 하주, 관세사, 관세사법인, 통관취급법인의 명의로 하여야 하며, 화물의 보세구역 반입 후 30일 이내에 세관에 수입신고를 해야 하며, 수입신고를 받은 세관은 수입화물을 수입승인서에 명시된 물품과 일치하는지의 여부를 확인한 후(검사생략물품도 있음), 당해 물품에 대한 과세가격을 평가하여 관세 등을 부과·징수하고 수입신고필증을 수입신고인에게 교부한다.

**[수입신고 시 구비서류]**
① 수입신고서
② 수입승인서(필요시)
③ 가격신고서(송장포함)
④ 선하증권 사본
⑤ 기타 필요서류(C/O, 수입물품 명세확인서 등)

### 6) 물품의 인수와 반출

수입통관절차를 이행한 수입신고인은 선박회사에 선하증권 원본(사본)을 제시하고 운임 및 창고료 등을 정산한 후 선사로부터 화물인도지시서(D/O; Delivery Order)[19]를 교부 받아 제출한 후 물품을 인수하여 해당 수입화물을 보세구역으로부터 반출함으로써 수입절차가 종료된다.

만약 인수한 수입물품에 손상과 수량 부족 등의 문제가 발견되면 그 원인을 조사하여 그 결과와 보험 부보 여부에 따라서 선사·보험회사, 수출자 중 하나에게 클레임을 제기한다.

---

19) 화물인도지시서는 선사가 수하인으로부터 선하증권(B/L)이나 수입화물선취보증장(L/G)을 받고 본선 또는 터미널(CY또는 CFS)에 화물인도를 지시하는 서류를 말한다

| Shipper<br>FC WAREHOUSE & LOGISTICS RM806 8F N | | D/O No. KAN01145033<br>B/L No. POBUSHA181100434 | |
|---|---|---|---|
| Consignee<br>선진로지스틱스(주)광주지점 | | PAN OCEAN | |
| Notify Party<br>SAME AS CONSIGNEE | | D/O 발급확인서<br>본 인쇄물은 D/O에 대한 발급확인서 입니다. | |
| Pre-carriage by | Place of Receipt<br>CNSHA | | |
| Ocean Vessel<br>DONGJIN VENUS | Voyage No.<br>1846E | Flag<br>KR | Place of Delivery<br>KRKAN |
| Port of Loading<br>CNSHA | Port of Discharge<br>KRKAN | Final Destination<br>KRKAN | 운송사구분<br>운송사명 |

| Container No. / Seal No. / SZ/TP | Description of Goods | Gross Weight(KGS) | Measurment(CBM) |
|---|---|---|---|
| STXU2068100 PANP182709 / 22GP | 1 X 22GP | 8700 | 28 |

Demurrage & Detention Notice
반출기한
(Expiration of Free Time)

장수원

D/O (인)

Container No / Free_Time / 반납지 / 장치기한
STXU2068100 / 2018-12-03 / GICTC /

280 BL
NYLON MONOFILAMENT
NET AGENT
PANSCO CO LTD
ADDRESS 1F 390
KEONBUDURO( 7802
DOYIDONG)GWANGYANG

Total Number Of Containers or Packages(in words)

*DEMERAGE CHARGE 요율 (DAY당) / 부가세 별도
FREE TIME - 입항일 포함, DRY : 10일, O/T & F/R & R/F : 3일
DRY : 20 ~ 10,000 / 40 ~ 15,000 (OVER DAY : 1 ~ 10)
20 ~ 20,000 / 40 ~ 30,000 (OVER DAY : 11 ~ 20 )
20 ~ 30,000 / 40 ~ 40,000 (OVER DAY : 21 ~ 40 )
20 ~ 40,000 / 40 ~ 50,000 (OVER DAY : 41 ~ )
O/T,F/R : 20 ~ 45,000 / 40 ~ 65,000 (OVER DAY : 1 ~)
REEFER : 20 ~ 45,000 / 40 ~ 65,000 (OVER DAY : 1 ~)
*DETENTION CHARGE 요율 (DAY당) / 부가세 별도
FREE TIME - 반출일 포함, DRY : 6일, O/T & F/R & R/F : 3일
DRY : 20 ~ 7,500 / 40 ~ 12,000 (OVER DAY : 1 ~ 10)
20 ~ 15,000 / 40 ~ 24,000 (OVER DAY : 11 ~ 20)
20 ~ 20,000 / 40 ~ 30,000 (OVER DAY : 21 ~ )
O/T,F/R,R/F : 20 ~ 15,000 / 40 ~ 25,000 (OVER DAY : 1 ~ )
*D/O담당 및 연락처
서울(평택착):유미란 T)02-316-5586 F)02-316-5071
부산(부산착):하재연, 김미경 T)051-400-20502 F)051-400-2094
인천(인천착):박나리 T)032-770-1872 F)032-764-0868
광양(광양착):최경서 T)061-791-65403 F)061-791-6544

(For Local Use)
1. 선박 입항일
2018-11-24
2. 배정창고
광양국제터미널(KIT - KAN)
3. MRN / MSN
18DJSC092EI / 6002

D/O 발급확인서 발행일 2018-11-26

Authorized Signature

* 상단의 QR코드를 스마트폰으로 찍으시면 실시간 업무 흐름을 보실 수 있습니다.

[그림 3-2] 화물인도지시서(D/O)

# 제 3 절 국제물류와 수출입 서류

## 1. 신용장

### 1) 신용장의 개념과 특성

#### (1) 신용장의 정의

신용장(L/C; Letter of Credit)이란 무역대금의 결제 및 상품수입을 원활히 하기 위하여 수입자의 거래은행(개설은행)이 수입자(개설의뢰인)의 요청과 지시에 따라 수출자(수익자) 또는 그 지시인(매입은행 등의 선의의 환어음 소지인)에게 신용장에서 지시하는 조건과 엄밀하게 일치하는 선적서류를 제시하면 직접 지급, 환어음의 인수 및 지급 또는 타은행을 통한 환어음의 인수 및 지급, 매입이 이루어질 것을 확약하는 증서(Instrument)라고 할 수 있다. 즉 신용장 조건에 일치한 환어음과 서류는 비록 수입상이 대금결제를 하지 못하더라도 개설은행이 환어음의 지급인이 되든지 또는 지급에 대한 최종적인 책임을 지게 되므로 수출상과 수출상의 환어음을 매입하는 매입은행은 안심하고 거래할 수 있다.

#### (2) 신용장의 기능

신용장은 개설을 의뢰하는 수입업자(매수인, 개설의뢰인)의 신용과는 별도로 충분한 자산과 확실한 신용을 약속하는 은행이 대금의 지급을 약속하는 증서이기 때문에 국제간 무역거래에 있어서 무역당사자가 쌍방의 신용위험(credit risk)의 회피수단이 된다. 즉, 수출업자의 대금회수불능 위험이나 자금 부족 등에 의한 대금지급거절과 같은 위험을 배제함으로써 수출업자에게 안전하고 확실한 대금지급을 보장한다.

또한, 수출금융을 원활하게 이용할 수 있는 금융수단으로 이용되며 수출입거래의 확정 수단으로도 이용된다. 이상의 기능 외에도 환결제 위험의 회피를 용이하게 하고, 금융수혜기능 및 무역거래의 확정에 따른 국제무역의 촉진기능도 수행한다.

#### (3) 신용장 거래의 특성

##### 가) 독립성의 원칙(UCP 제4조)

신용장은 매매계약 등의 근거로 개설되지만 개설된 후에는 매매계약과는 독립된 별도의 거래로 간주한다. 은행은 신용장상의 조건만 충족하면 계약당사자 간의 매매계약이 취소되었다 하더라도 수출상에게 대금을 지급한다. 수입상은 신용장조건과 매매계약조건이 달라도 대금을 지급해야 한다. 수출상은 수입상과의 매매계약조건을 개설은행과 수입상과의 신용장 계약에 결부시켜 원용할 수 없다.

나) 추상성의 원칙(UCP 제5조)

신용장 거래는 서류거래이므로, 신용장상의 조건이 서류로 증명하면 대금의 지급 여부를 판단한다. 은행은 신용장의 내용과 서류상의 내용을 기준으로 일치성과 정당성 여부를 판단한다.

다) 완전·정확성의 원칙

신용장의 개설 또는 변경의 지시 그 자체는 완전하고 정확해야 하며 너무 지나친 상세한 명세를 삽입하거나 유사 신용장 내용에 의해 신용장을 개설, 통지, 확인에 대한 지시를 하는 시도는 자제해야 한다.

라) 엄밀일치성의 원칙

신용장 개설은행이 신용장의 조건과 엄밀하게 일치하는 경우에 한해서만 대금을 지급하도록 서류를 확인한다는 원칙으로, 서류의 일치 여부는 국제표준은행 관습에 따라 주의를 기울여 심사해야 한다. 그러나 엄밀일치성의 원칙 때문에 거래완료 후 경미한 불일치를 이유로 대금지급 거절 시에 선의의 매도인이 피해를 받을 우려가 있다.

마) 은행면책의 원칙

① 서류의 효력에 대한 면책(UCP 제34조)

은행은 신용장 자체, 서류의 기재사항, 서류 작성자의 행위에 대해서는 책임을 지지 않는다.

② 서류전달에 대한 면책(UCP 제35조)

은행은 통신이나 서신, 서류의 송달 중에 발생한 지연, 분실, 훼손, 오류, 전문용어의 번역 또는 해석상의 오류에 대해 책임을 지지 않는다.

③ 불가항력(UCP 제36조)

천재(Act of God), 폭동(Riots), 소요(Civil Commotions), 반란(Insurrections),

전쟁(Wars), 테러에 의한 행위(Acts of Terrorism), 동맹파업(Strikes), 직장폐쇄(Lockouts), 기타 은행이 통제할 수 없는 원인에 의해 업무가 중단되었다 할지라도 은행은 어떠한 의무나 책임을 지지 않고, 은행이 업무를 재개하더라도 업무중단 동안에 만기된 신용장은 어떠한 효력을 가지지 못한다.

④ 피지시자의 행위에 대한 면책(UCP 제37조)

신용장 거래의 모든 은행은 선택한 타 은행이 그 지시를 이행하지 않았더라도 어떠한 책임을 지지 않으며, 신용장 개설의뢰인의 지시를 이행하기 위해 발생한 비용은 개설의뢰인이 부담한다.

### (4) 신용장 이용의 장점

#### 가) 수출업자의 장점

물품의 대금회수가 확실하게 보장되기 때문에 안심하고 거래할 수 있다. 신용장으로 인해 거래내용이 확정되므로 수출이행이 용이하고, 매입대금이 즉시 회수되기 때문에 수출대금을 조기에 회수할 수 있다. 신용장을 담보로 이용하여 제조대금을 용이하게 융자받을 수 있다.

#### 나) 수입업자의 장점

신용장을 이용하면 수입업자의 신용과는 상관없이 은행의 신용을 이용함으로 수입업자의 신용을 높일 수 있기 때문에 보다 유리한 조건에서 계약을 체결할 수 있으며 발행은행으로부터는 수입화물대도(T/R; Trust Receipt)[20]에 의한 신용을 공여받음으로써 금융상의 혜택을 받을 수 있으며 물품이 도착한 후에 대금을 지급함으로써 시간상의 여유가 있기 때문에 유리하다. 수출업자가 신용장의 계약조건대

---

20) 신용장에 의거하여 발행된 화환어음은 수입자가 그 어음의 대금을 지급하지 않고는 그 어음의 담보로 첨부되어 있는 선적서류를 입수할 수 없다. 무신용장의 D/P 어음도 그 어음의 대금을 지급하지 않고서는 선적서류를 입수할 수 없다. 또한, 신용장의 유무와 관계없이 결제자금을 은행으로부터 차입하여 수입대금을 결제하는 경우에도 결제전까지는 선적서류는 은행의 담보물이다. 수입자는 선적서류가 없이는 수입통관신고를 할 수가 없고 또한 운송인으로부터 수입화물을 인도받을 수 없어 거래상 불편이 많다. 따라서 선적서류의 소유권은 담보물로서 그것을 보유하고 있는 은행에 있다는 것을 인정하고 그 선적서류를 대도(貸渡)받기 위하여 은행 소정의 수입화물대도(T/R)신청서에 필요사항을 기재하고 은행에 제출하면 은행은 수입화물대도와 상환으로 선적서류를 수입자에게 대도(貸渡)한다. 즉 수입화물대도는 은행은 담보권을 확보한 채로 수입자에게 담보화물을 대도하고 수입자는 화물매각대금으로 대금결제 또는 차입금을 상환하는 제도이다.

로 이행할 것이라고 확신할 수 있으며 신용장상에 명시된 최종 선적기일(Shipping date)[21]과 유효기일(Expiry date)[22]로 계약물품의 인도시기를 예상할 수 있다.

#### (5) 신용장 거래의 한계

신용장은 은행이 대금의 지급을 보장해준다는 점에서 다른 어떤 결제수단보다는 안전한 거래방식이지만 신용장에도 한계가 있다.

첫째, 신용장은 신용장 조건에 부합되는 제반 서류를 지정된 기일내에 은행에 제시하면, 신용장에 적힌 금액을 지급하겠다는 은행의 조건부지급확약이다. 즉, 신용장 그 자체가 어음과 같은 유통·유가증권으로서의 독립적인 지급수단은 아니다.

둘째, 신용장을 개설하였다고 할지라도 반드시 계약과 일치하는 물품을 입수한다는 보장이 없다. 즉, 물품에 품질 차이가 있다고 할지라도 물품의 선적 후 그 서류만 신용장의 조건과 일치하게 갖추어 제시하게 되면 개설은행과 수입상이 그 차이를 발견하거나 입증하지 못하면 수익자에게 발생한 어음을 결제하여야 한다.

### 2) 신용장 거래의 당사자

신용장 거래의 관계 당사자는 권리·의무가 되는 기본 당사자와 거래와 관련하여 대금결제과정에서 편의를 도모하고자 개설은행이 지정하는 은행당사자인 기타 당사자로 구분이 된다.

---

21) 선적기일이란 그 신용장에 의해 거래되는 화물의 최종 유효 선적기일을 말한다.

22) 신용장 유효기일은 선적을 완료한 수출업자가 신용장에서 요구하고 있는 서류를 은행에 제시해야 하는 마감일을 의미한다. 신용장상의 유효기일에 관한 표시 문언은 ① 'Expire date …,' ② 'This credit expires on …… for negotiation in Korea.' ③ 'Draft(s) must be negotiated not later than ……' ④ 'Your draft(s) must be presented for negotiation on or before …' 등이며 ⑤ 신용장통일규칙에서는 '모든 신용장에는 유효기일뿐만 아니라 기일이 마감되는 장소까지 기재되어야 한다'라고 규정하여 서류의 제시 장소까지 의무기재사항으로 명시된다. ⑥ 유효기일 마감 장소는 수출지에 있는 특정 도시명으로 기재되는 예가 대부분이나 경우에 따라서는 발행은행이 소재하는 도시명이 기재되는 수도 있다. ⑦ 유의점은 수출업자는 매입은행에서 발행은행까지의 우송 일자를 감안하여 그만큼 매입 일자를 더 앞당겨야 지급 거절을 면할 수 있게 된다. 기간의 기산일과 종료일의 해석은 ① 월의 기산일과 종료일로 신용장의 유효기일 난에 특정 일자가 표시되지 않고 월만 표시되어 있는 경우(예: for one month, for six months)에는 신용장 발행 일자를 기산일로 하여 그날부터 계산하여 말일 하루 전까지를 유효기간 만료일로 해석한다(UCP 제42조 c항). 예를 들어, 신용장 발행일이 7월 6일이고 유효기일 난에 'for one month'라고 기재되어 있다면 마감일은 8월 5일이 된다. ② 선적에 관련한 신용장상의 모든 기일 또는 기간에 적용되는 'to', 'until', 'till', 'from'이라는 문언 및 이와 유사한 의미의 문언은 당해 일을 포함하는 것으로 해석한다.

### (1) 기본 당사자

#### 가) 개설의뢰인(Applicant)

거래계약의 당사자인 매수인은 자신의 거래은행에게 신용장 개설을 의뢰한다. 개설의뢰인은 화물의 수하인인 동시에 환어음의 결제자가 되며, 원칙적으로 매수인에 해당하지만, 매수인 거래처의 제3자가 되는 경우도 있다.

#### 나) 수익자(Beneficiary)

수혜자라고도 부르며 수출업자가 신용장 거래 시에 수익자가 된다. 즉, 신용장의 수취인을 말한다. 양도성 신용장 거래 시에 원신용장의 수취인을 제 1수익자라 하고 양도받은 양수인을 제 2수익자라 한다.

#### 다) 개설은행(Issuing Bank, Opening Bank)

개설의뢰인의 요청과 지시에 따라서 신용장을 개설하는 은행으로서 지급, 인수 또는 매입은행이 있다 하더라도, 신용장의 개설은행이나 확인은행의 원칙적인 지급의무를 강조하고 있다.

#### 라) 확인은행(Confirming Bank)

확인은행은 개설은행과 동등한 책임을 부과하게 하며 개설은행이 대금을 지급할 수 없는 상황이 발생하더라도 확인은행이 대금을 지급해 준다. 수익자는 개설은행의 신용이나 자산 상태가 불확실하거나 수입국의 경제사정으로 대외결제에 제한을 줄 우려가 있는 경우에 개설은행의 지급약속만으로 안심할 수 없다. 이 경우에 신용장 개설은행 이외의 제 3은행이 그 신용장에 의해서 발행되는 어음을 지급, 인수 또는 매입하겠다는 약속을 추가하거나 개설은행이 그 어음을 지급, 인수, 매입할 것이라고 보증해주는 경우 소정의 확인수수료를 대가(Confirming Fee)로 개설은행과 동일한 확약을 하는 은행을 말한다.

### (2) 기타 당사자

#### 가) 매입은행(Negotiating Bank)

통상적으로 통지은행이 매입은행을 겸하는 경우가 많다. 수익자는 물품의 선적을 완료한 후에 개설은행 앞으로 환어음을 발행하고, 신용장에서 요구하는 운송(선적)서류를 첨부하여 자신의 거래은행에 환어음의 매입을 요청할 수 있다. 이 요청은 빠른 자본회전을 위하여 어음대금이 지급될 때까지 기다리지 않고 은행에 어음의 매입을 요구하는 것으로, 이때 환어음을 매입하는 은행을 매입은행이라고 한다.

나) 지급은행(Paying Bank)

수익자가 발행한 어음에 대해서 대금을 지급하는 은행을 지급은행이라고 말한다. 통상적으로 지급은행은 통지은행을 의미하며 개설은행의 본·지점 또는 예치환 거래은행이 되는 경우가 많으며, 어음상의 지급인은 개설은행이지만 개설은행이 별도로 지급은행을 지정할 수 있다.

다) 인수은행(Accepting Bank)

기한부 신용장에 의해서 발행된 기한부 어음을 인수하는 은행을 인수은행이라고 말하며 어음의 만기일에 비로소 지급은행이 된다. 통지은행이 인수은행의 역할로 개설은행 대신에 어음을 인수하는 경우도 있으며, 세계금융시장에서 어음을 쉽게 유통시키기 위해서 일류은행에서 어음을 인수하는 경우도 많다.

라) 결제은행(Settling Bank)

결제은행은 어음을 매입한 은행에 대금을 상환해 주는 역할을 수행하기에 상환은행(Reimbursing Bank)이라고도 하며, 신용장의 결제통화가 수출국 또는 수입국의 통화가 아닌 제3국의 통화일 경우에 개설은행의 자금을 예치하여 놓은 제3국에 있는 환거래은행이 대금을 결제해주는 은행을 결제은행이라고 한다.

마) 양도은행(Transferring Bank)

양도가능신용장이 발행된 경우에는 수익자는 선적을 완료한 후에 환어음과 선적서류의 제시에 의하여 대금 지급을 요청할 수 있는 권리를 제3자에게 양도할 수 있다. 이에 따른 양도사무를 보는 은행을 양도은행이라고 말한다.

바) 통지은행(Advising Bank, Notifying Bank)

신용장 거래은행은 신용장을 개설 후에 그 사실과 내용을 수익자의 소재지에 있는 개설은행의 환거래은행을 통해 수출업자에게 통지해야 한다. 통지은행은 개설은행의 요청에 따라 단순히 통지하는 역할을 하며 거래에 대해서는 어떠한 책임을 지거나 약정을 하지 않는다.

### 3) 신용장의 종류

#### (1) 취소가능신용장과 취소불능신용장

개설은행이 수익자에게 사전통지 없이 신용장의 내용을 변경하거나 취소할 수 있는 신용장을 취소가능신용장(Revocable Credit)이라 하며, 신용장의 개설 후 유효기간 이내에 수익자와 개설은행의 합의가 없이 내용 변경이나 취소가 불가능한 신용장을 취소불능신용장(Irrevocable Credit)이라고 한다. 신용장상에 취소가능 또는 취소불능의 표시가 없다면 취소불능신용장으로 간주하여 처리한다.

#### (2) 양도가능신용장과 양도불능신용장

신용장상에 'Transferable, Assignable, Divisible, Fractional, Transmissible' 라는 표시가 있어서 최초의 수익자가 신용장 금액의 전부나 그 일부를 제3자에게 양도할 수 있도록 허용하고 있는 신용장을 양도가능신용장(Transferable Credit) 이라고 한다. UCP500에서는 Transferable이라는 표현만 신용장의 양도가 가능하게 규정했으나 UCP600에서는 이러한 명시적 표현을 삭제하였다.

#### (3) 일람불신용장과 기한부신용장

신용장에 의하여 발행하는 어음이 지급인(Drawee)에게 제시되면 즉시 지급되어야 하는 일람불어음(Sight Draft)이나 요구불어음(Demand Draft)을 발행할 수 있는 신용장을 일람불신용장(Sight Credit)이라고 하며, 지급인에게 제시된 후 일정기간이 경과한 후에 지급받을 수 있도록 어음지급기일이 특정 기일로 된 기한부 어음을 발행할 수 있는 신용장을 기한부신용장(Usance Credit)이라고 한다.

#### (4) 화환신용장과 무화환신용장

개설은행이 수익자가 발행한 환어음에 선하증권 등의 운송서류를 첨부하는 것을 조건으로 하여 지급, 인수, 매입할 것을 확약하는 신용장을 화환신용장(Documentary Credit)이라고 하며, 신용장에 의해서 발행되는 환어음에 운송서류가 첨부되어 있지 않는 무담보어음인 경우에도 지급, 인수, 매입할 것을 확약하는 신용장을 무화환신용장(Clean Credit)이라고 한다.

### (5) 매입신용장과 지급신용장

신용장에 의해서 발행되는 어음이 유통 또는 현금화될 것을 예상하고 이를 허용하는 신용장을 매입신용장(Negotiation Credit)이라고 한다. 어음의 발행인(Drawer), 배서인(Enclose), 선의의 소지인(Bona fide holder)에게 모두 지급확약을 하는 매입신용장에 비해, 지급신용장(Straight Credit)에서는 배서인이나 선의의 소지인에 대한 약정은 없다. 다만, 단순히 신용장 개설은행이나 동 은행의 특정 환거래 취결 은행 앞으로 어음이 발행되어 제시되면 지급하겠다는 약정이 있다.

### (6) 상환청구가능신용장과 상환청구불능신용장

신용장 조건에 의하여 발행된 환어음을 매입한 은행이 발행은행이나 확인은행으로부터 대금을 상환받지 못하거나 신용장 조건과 불일치하게 환어음을 발행하여 지급거절을 당하였을 경우에 선의의 소지인인 매입은행이 환어음의 발행인인 수익자에게 상환청구를 할 수 있다. 이때, 상환청구가 가능한 즉, 구상권을 행사할 수 있는 신용장을 상환청구가능신용장(with Recourse Credit)이라고 하고, 구상권을 행사할 수 없는 신용장을 상환청구불능신용장(without Recourse Credit)이라고 한다. 신용장상에 구상권을 표시하는 'with recourse'의 표시가 있거나 또는 아무런 표시가 없는 경우에는 상환청구가능신용장으로 간주한다.

### (7) 전대신용장과 연장신용장

전대신용장과 연장신용장은 수출업자의 자금조달의 편의를 위한 신용장이다. 전대신용장은 수출업자의 원료 구입비나 물품수집 비용으로 신용장 개설의뢰인이 통지은행에 일정한 조건하에서 수익자에게 수출대금의 전불(Advance Payment)을 허용하는 신용장을 전대신용장(Red Clause or Packing Credit)이라고 한다. 이 수출대금의 전불을 허용하는 약관이 보통 붉은색으로 표시되기 때문에 Red Clause Credit이라고 한다. 연장신용장(Extended Credit)이란 신용장 개설의뢰인의 요청을 받아 상품의 선적 전에 수익자가 신용장 개설은행 앞으로 무담보어음(Clean Draft)을 발행하게 되면, 통지은행이 매입하고 무담보어음이 발행된 후 일정기간 내에 해당 상품 일체의 선적서류를 어음매입은행에 제공할 것을 조건으로 한 신용장을 말한다.

### (8) 내국신용장(Local L/C)

내국신용장(Local L/C)은 외국으로부터 수출신용장(Master L/C)을 받은 수출업자가 국내 생산업자나 원자재 공급업자로부터 물품을 공급받고자 할 때 국내공급업자 앞으로 발행해 주는 신용장을 말한다. 물품 대금을 신용장으로 발행함으로써 쌍방이 안전과 금융상의 편리를 도모하고 권리·의무를 부담하는 것으로 신용장의 형식이나 문언의 해석은 일반신용장에 준하며, 내국신용장(Local L/C)을 활용하는 이유는 관세환급, 부가가치세 영세율 적용, 수출실적 인정 등이다.

### (9) 회전신용장

회전신용장(Revolving Credit)은 처음 개설한 신용장이 이행되고 일정한 기간이 경과된 후에 자동적으로 동액의 신용장이 개설되는 방식의 신용장으로 동일한 거래선과 동일 품목을 지속적으로 거래할 때에 신용장을 매 거래 시마다 개설하는 불편을 피하고, 전액을 개설할 경우의 과중한 보증에 따른 자금의 부담을 완화하기 위해 사용하는 신용장이다.

### (10) 동시발행신용장

동시발행신용장(Back to Back Credit)은 구상무역에 사용되는 신용장으로 한 나라에서 일정액의 수입신용장을 발행한 경우 수출국에서도 같은 금액의 신용장을 발행한 경우에만 유효하다는 조건이 부가된 신용장이다.

### (11) 기탁신용장

기탁신용장(Escrow Credit)은 구상무역에서 사용되는 신용장으로 수입상인 개설의뢰인이 신용장의 개설 의뢰 시에 발행되는 어음의 매입대금을 수익자에게 지급하지 않고 상호 약정에 따라 매입은행, 개설은행 또는 제3국의 거래은행에 수익자의 명의로 기탁하여 두었다가 수익자가 원신용장 발행국으로부터 수입하는 물품의 대금결제에 사용하도록 하는 조건의 신용장이다.

### (12) 토마스신용장

토마스신용장(Tomas Credit)은 수출상과 수입상 양측이 상호 일정액의 신용장을 서로 발행하기로 약정하되, 일방이 먼저 신용장을 발행한 경우에 상대방이 대응하는 신용장을 일정기간 후에 발행하겠다는 보증서를 발행하여야만 상대방 측에 도착한 신용장이 유효하게 되는 신용장을 말한다. 동시개설신용장과 유사하지만 발행조건(Counter L/C)이 별도의 보증서에 나타내고 있다는 점에서 차이가 있다.

#### (13) 보증신용장

보증신용장(Stand-by Credit)은 금융이나 보증을 위해 발행되는 특수한 조건의 무담보신용장이다. 화환신용장은 개설은행의 지급확약인 데 비해서, 보증신용장은 주 채무자에 대한 채무보증이 개설은행의 역할이라는 점에서 수출입 상품의 대금 결제를 목적으로 하는 화환신용장과는 다르다.

### 4) 수입화물선취보증서와 수입화물대도

#### (1) 수입화물선취보증서(L/G; Letter of Guarantee)

수입물품은 이미 도착하였는데 선적서류가 도착하지 않았을 경우에 수입업자와 개설은행이 연대 보증하여 선적서류대도 이전에 선박회사에 제출하는 일종의 보증서로서, 수입업자는 수입화물선취보증서를 선하증권의 원본 대신 제출하고 수입화물을 인도받을 수 있다.

#### (2) 수입화물대도(T/R; Trust Receipt)

수입업자가 대금을 결제하기 전이라도 수입업자로부터 T/R을 발행은행 앞으로 제공하게 하여 운송서류를 인도한 후 화물을 수령·처분한 후 즉시 대금을 지불하도록 하는 제도로 수입화물의 담보권은 은행이 보유한 채 수입화물의 점유만 개설은행으로부터 수입업자에게 이전된다.

### 5) 하자 있는 서류의 처리

#### (1) 하자서류의 처리(서류 불일치)

개설은행의 서류심사 결과 하자가 발견되면 수입업자에게 서면으로 그 내용을 통보하고 처리 방법을 문의한 후 회신대로 처리한다.

#### (2) 하자서류의 처리방법

##### 가) 추심방법(Collection Basis)

신용장의 개설은행과 수익자의 신용도가 불확실하거나 부도가능성이 높은 경우에 주로 사용되며, 하자 있는 서류를 매입하지 않고 환어음을 추심한 뒤 입금확인 후에 지급하는 방법이다.

#### 나) 전신조회매입(Cable Negotiation)

신용장의 개설은행 앞으로 서류의 하자 내용을 통보하여 매입의 허용 여부를 전신으로 조회한 후 승낙을 받고 이를 매입하는 방법으로, 전신료는 수익자가 부담한다. 개설은행은 하자서류를 수령한 후 독자적으로 개설의뢰인에게 이에 대한 권리포기 여부를 교섭할 수 있다.

#### 다) 조건변경(Amendment)

신용장을 하자 있는 운송서류에 맞도록 조건변경을 요청하여 이를 매입하는 방법으로 안전한 방법이지만, 시간이 많이 걸리고 잘못하면 유효기일이 경과할 가능성이 있다. 개설은행은 하자서류에 대하여 수익자와 교섭하여 수령한 후 그 하자의 보완을 요구할 수 있다.

#### 라) 유보조건부(Under Reserve)

개설은행의 대금지급 거절 시 환불하겠다는 수익자의 파손화물보상장(L/I; Letter of Indemnity)이나 유보조건부(Under Reserve)로 운송서류를 매입하는 방법으로 수익자의 담보물을 확보한 후 부도 시에 상환청구권을 행사한다는 조건을 전제로 매입한다.

## 6) 신용장통일규칙

### (1) 화환신용장통일규칙(UCP)

화환신용장통일규칙(UCP; The Uniform Customs and Practice for Documentary Credits)은 각국 간의 언어, 풍습, 상관습 등의 차이로 인한 거래당사자 간의 분쟁을 해소하기 위한 노력의 일환으로 국제적으로 이용되고 있는 신용장의 해석, 취급, 관습 및 신용장의 형식 등에 대하여 이를 국제적으로 통일시키기 위하여 각국 은행협회의 대표로 구성된 「상업화환신용장은행위원회」(Banking Committee on Commercial Documentary Credit)의 협력을 얻어 1933년에 국제상업회의소(ICC; International Chamber of Commerce)가 제정한 민간단체의 규칙(Rules)이다.

화환신용장통일규칙은 통일관습에 불과할 뿐 국제적인 협약이나 통일법과 같은 사법상의 구속력이 없기 때문에 당사자가 실제 거래에서 이를 적용하기로 합의한 경우에만 구속력을 갖는다.

### (2) 전자신용장통일규칙(eUCP)

eUCP는 인터넷이 널리 보급됨에 따라 기존의 종이문서(UCP 규칙)와 이에 상응하는 전자문서 및 전자적 제시를 동시에 규정한 통일규칙체계를 말하며, 정식명칭은 '전자적 제시에 관한 UCP추록(UCP Supplement for Electronic Presentation)'이며, 약칭으로 e-UCP라고 한다. e-UCP는 총 12개 조항으로 구성되며, 여기에는 적용 범위, UCP와의 관계, 정의, 형식, 제시, 심사, 거절통지, 원본 및 사본, 발행일, 운송, 전자기록의 변조, eUCP 제시에 관한 의무의 부가적 부인 등에 관하여 규정하고 있다.

### (3) ISBP

#### 가) 의의

ISBP는 ICC 은행위원회에서 2002년 10월에 제정하여 1월부터 시행한 '화환신용장에 의한 서류심사에 관한 국제표준은행관행(ISBP; International Standard Banking Practice for the Examination of Documents under documentary Credits)'의 약칭으로서, 보편적으로 사용되고 있는 화환신용장에 관한 ICC의 규칙인 UCP 500에 대한 실무상의 보완서로 개정 UCP 600에서는 ISBP의 내용이 반영되었다.

#### 나) 범위

UCP 규칙이 어떻게 적용되어야 하는지를 명시적으로 상세히 설명하고 서류를 취급하는 은행의 실무자들에게 국제표준관행을 제공하여 불일치로 거절되는 서류의 수를 줄이기 위함이다.

#### 다) 적용범위

UCP 500을 변경하는 것이 아니라 UCP 500의 일상적인 운용을 원활하게 하기 위한 보충규정의 성격을 가지고 있으며, ISBP를 원용한다는 취지를 신용장의 관련 서류에 명시할 필요는 없다.

## 2. 송장

### 1) 송장(Invoice)의 의의

송장(Invoice)이란 매매계약의 조건을 정당하게 이행하였음을 매도인이 매수인에게 증명하는 서류로서 여기에는 물품의 명세 및 계산 내역 등이 상세하고 정확하게 기재된다. 특히 송장은 무역거래에서 계약의 존재 및 계약이행의 사실을 입증하는 유력한 자료가 되며, 또한 수입품의 정확성 및 진실성을 입증하기 위한 증명자료가 되기 때문에 무역서류 중 필수적인 서류이다.

신용장통일규칙에 의하면 상업송장은 신용장 개설의뢰인(applicant) 앞으로 작성되어야 하며, 신용장에 의하여 허용된 금액을 초과할 수 없으며, 상품명세는 반드시 신용장의 상품명세와 일치하여야 한다.

### 2) 송장(Invoice)의 기능

#### (1) 선적상품에 대한 명세서

송장은 수출업자가 무역계약을 정당하게 이행할 것을 해외의 수입업자 앞으로 증명하는 화물의 명세서를 말한다. 따라서 기재사항에서는 상품의 명칭, 종류, 품질, 화인, 수량, 중량, 용적, 단가, 총금액, 송하인, 수하인 기타 상품매매에 필요한 사항을 모두 기재해야 한다.

#### (2) 매매되는 상품의 계산서 및 대금청구서

송장상의 금액은 수출금액을 표시하므로 환어음(bill of exchange)[23]의 발행금액과 일치하여야 한다. 또한, 추심결제방식인 D/P 및 D/A조건에서는 송장 자체가 대금지급청구서의 역할을 하게 된다.

#### (3) 무역금융에서 담보물의 명세를 밝히는 서류

수출업자가 발행하는 환어음을 매입은행이 매입할 때나 수입지 거래은행이 수입

---

23) 환어음이란 채권자인 수출자가 발행인(Drawer)이 되고 채무자인 수입자 또는 은행을 어음의 지급인(Drawee 또는 Payer)으로 하여 발행되는 무역결제에 사용되는 어음을 말하고 Bill 또는 Draft라고도 부른다. 신용장방식의 경우에도 D/P 또는 D/A 방식과 마찬가지로 환어음에 선적서류(Shipping Documents)를 첨부한 화환어음(Documentary Bill)으로서 수출지의 은행에 제시하여 수출대금을 지급받는다. 이것을 화환어음의 매입(Negotiation)이라 한다.

업자에게 화물대도(T/R; Trust Receipt)를 통해 화물을 인도할 때에도 운송서류에는 송장이 반드시 포함되어야 한다.

#### (4) 수입업자에게 화물수취 안내서, 수입지 세관에서는 과세가격산정에 필수서류

종가세(Ad Valorem Duties)가 적용되는 화물일 때는 송장가격이 기준이 되고 종량세(Specific Duties)가 적용되는 경우에는 송장에 명시된 수량, 중량, 용적에 따라 관세가 정해지므로 송장에 기재되는 가격이나 수량 등은 정확하고 틀림없이 기재되어야 한다.

### 3) 송장(Invoice)의 종류

#### (1) 상업송장(Commercial Invoice)

##### 가) 선적송장(Shipping Invoice)

선적송장이란 실제로 선적한 물품의 명세가 기재된 송장을 말한다. 이는 매매계약 또는 위탁계약이 성립되어 그 약정품을 발송할 때 작성되는 선적품 선적 시의 명세서이므로 선적송장이라 불린다. 선적송장은 다시 그 목적에 따라 매매송장(Sales Invoice), 위탁판매송장(Consignment Invoice), 위탁매입송장(Indent Invoice) 그리고 견본송장(Sample Invoice) 등으로 구분된다.

① 수출송장(Export Invoice)

수출송장은 수출할 때 수출업자가 작성하는 송장으로 매매송장(Sales Invoice)라고도 한다(FOB Invoice, CIF Invoice).

② 위탁판매송장(Consignment Invoice)

위탁판매송장은 수출업자가 해외의 수입업자에게 위탁판매할 때 작성하는 송장으로 자기의 위험과 비용으로 송부함은 물론 판매수수료를 지급해야 한다. 따라서 CIF&C(운임, 보험료 및 수수료 포함 가격조건) 등으로 송장에 표시한다.

③ 매입위탁송장(Indent Invoice)

매입위탁송장은 수입업자가 수출업자에게 상품매입을 위탁하는 경우 수출업자가 수입업자의 매입대리인으로서 당해 물품을 선적할 때 작성하는 송장이다.

④ 견품송장(Sample Invoice)

견품송장은 수출업자가 수입업자에게 견품을 보낼 때 그 견품의 명세, 즉 품질, 규격, 가격 등을 명시해서 작성되는 송장을 말한다. 송장에는 우송되는 견품의 유상 또는 무상 여부를 'sample of commercial value'(유상견품) 또는 'sample of no value'(무상견품)와 같이 표시해 주는 것이 좋다.

나) 견적송장(Proforma Invoice)

견적송장은 매매계약 성립 이전에 매도인이 매수인에게 화물의 수입가격을 계산하는 자료를 제공하기 위하여 또는 수입자가 수입허가를 신청하는 데 필요한 첨부서류로서 수출자가 작성하여 보내는 송장을 말한다.

특히, 외화가 절대적으로 부족한 국가의 수입자와 거래할 경우, 수입상이 자국에서 수입허가를 받거나 또는 수입대금으로 지급하여야 할 외화 배정을 받을 목적으로 활용되어 진다.

하지만 견적송장의 성격은 일종의 Free Offer로, 송장에 표시된 물품가격 등에 대해 법적 구속력이 없다. 따라서 단지 수입업자의 신용장 개설을 위해 형식을 갖추어주는 것에 불과하여 선적물품에 대한 증거가 될 수 없다. 계약체결 후 실제 매매되는 상품에 발행하는 Shipping Invoice의 가격과는 차이가 날 수 있다.

(2) 공용송장(Official Invoice)

공용송장은 물품이 수입국의 세관을 통과하는 데 있어 상업송장의 진실성을 증명하기 위하여 상업송장의 내용에 관해 관계기관의 증명을 받는 특정 서식의 송장을 말하며, 발행의뢰인의 특별한 요청이 있을 경우에 제공되는 임의서류로서 세관송장(Customs Invoice)과 영사송장(Consular Invoice)을 가리킨다.

가) 세관송장(Customs Invoice)

세관송장은 수출업자가 수입국 세관에 직접 송장 내용의 진실성을 선서하는 공용송장으로 수입업자가 세관에 수입 신고를 할 때 국가의 사정에 따라 필요한 송장이다. 그 목적과 활용은 수입지 세관이 수입화물에 대한 과세가격의 기준결정, 덤핑 유무의 확인, 쿼터 품목의 통관 기준량 계산 또는 수입통계 등으로 사용하기 위한 것이다. 일반적인 유의점으로는 반드시 지정된 양식을 사용하여야 하지만 수출국 주재 영사의 사증을 받지 않고 수입국 정부의 특정 양식에 따라 작성하고 서명하여야 한다.[24] 우리나라의 경우 한국무역협회나 대한상공회의소 또는 당해 국가의 영사관에서 구할 수 있다.

나) 영사송장(Consular Invoice)

영사송장은 수입상품가격을 높게 조작해서 외화 도피를 하거나 낮게 조작해서 관세 포탈하는 것을 방지하기 위해 수출국에 주재하고 있는 수입국 영사의 확인을 받아야 하는 송장이다. 매매가격보다 높게 송장에 기재하여 차액을 외국에 남겨놓아 외화를 도피하는 경우는 'Over-Invoicing'의 경우이고, 계약금액보다 낮게 기재하는 'Under-Invoicing'의 경우는 수입업자가 관세포탈을 하는 경우이다. 현재 이 제도는 선진국에서는 폐지되었지만 몇몇 후진국에서는 사증료 징수를 통해 수입을 올리고 있다.

## 3. 환어음

환어음(Bill of Exchange)은 채권자가 채무자로 하여금 특정한 만기일에 특정한 장소에서 어음상에 표시된 채권 금액을 제3자에게 무조건 지급해주도록 위탁하는 요식증권으로 일정한 요건[25]을 구비해야만 법률적 효력이 인정되며, 금융시장에서 매매될 수 있는 유가증권이다.

채권자는 자신이 지정한 제3자나 또는 어음소지인(holder)에게 자신이 발행한 어음금액을 일정한 기일에 일정한 장소에서 무조건 지급해 주도록 채무자에게 요구하는 환어음을 복본(set bill)으로 발행하고, 지시인(채권자가 지정한 제3자) 또는 어음소지인은 지급조건에 따라 동 환어음을 채무자에게 제시하면서 어음대금의 지급을 요구한다. 그러한 요구를 받은 채무자는 무조건 어음대금을 지급하게 된다.

---

24) 예컨대 미국은 해외 수출업자들로 하여금 Special Customs Invoice Form 5515 양식에, 캐나다는 Canada Customs Invoice 양식에 기재하도록 요구하고 있다.

25) 어음법 제1조에서는 필수기재사항은 한가지라도 누락되면 법적효력이나 구속력을 갖지 못한다고 명시하고 있으며, 필수기재사항은 ① 환어음임을 표시하는 문자, ② 일정 금액을 지급할 뜻을 무조건 위탁, ③ 지급인의 명칭, ④ 만기의 표시(만기 표식이 없는 경우는 일람불어음으로 봄; 어음법 제2조 2항), ⑤ 지급지(지급지의 기재가 없는 때는 지급인의 명칭에 부기한 곳; 어음법 제2조 3항), ⑥ 지급받을 자 또는 지급받을 자를 지시할 자의 명칭, ⑦ 발행일과 발행지(발행지의 기재가 없는 때는 발행인의 명칭에 부기한 곳; 어음법 제2조 4항), ⑧ 발행인의 기명날인 또는 서명.

### 1) 환어음의 종류

#### (1) 내국환어음과 외국환어음

당사자가 동일국내에 있는 경우 환어음은 내국환어음(Domestic Bill of Exchange)이고, 2개국 이상에 걸쳐 있는 경우의 환어음은 외국환어음(Foreign Bill of Exchange)이며 무역대차의 지급수단으로 이용된다.

#### (2) 단본어음과 복본어음

내국환어음은 정본(Original) 1통만으로 발행되는 단본어음(sole or sola bill)이고, 외국환어음은 정본(Original)과 사본(Duplicate) 2통으로 발행되는 복본어음(set bill)이며 어느 한 통이 지급되면 나머지 한 통은 자동적으로 효력을 상실한다.

#### (3) 수출환어음과 수입환어음

환어음은 수출자가 발행을 하기 때문에 수출환어음(Export Bill of Exchange)라고 하며, 이를 수입자의 입장에서 보면 수입환어음(Import Bill of Exchange)이 되는 것이다. 또한 수출환어음은 당발환어음(Outward Bill), 수입환어음은 타발환어음(Inward Bill)으로 분류된다.

#### (4) 일람출금환어음과 기한부환어음

환어음이 제시되면 이를 일람한 즉시 지급해야 되는 조건의 환어음을 일람불 또는 일람출금환어음(Sight Bill)이라 하고, 환어음이 제시되면 일람후 일정기간이 지나고 나서 만기일에 지급되는 조건의 환어음을 기한부환어음(Time or Usance Bill)이라고 한다.

#### (5) 지급조건부환어음과 인수조건부환어음

환어음이 제시되면 어음지급인이 즉시 지급하는 조건의 환어음이 지급조건부환어음(Payment Bill)이며, 어음지급인이 즉시 지급하지 않고 일단 미리 인수(Acceptance)했다가 일정 기일 후에 지급하는 조건의 환어음이 인수조건부환어음(Acceptance Bill)이다.

#### (6) 담보환어음과 무화환어음

환어음에 운송서류가 첨부되는 조건의 환어음이 화환어음(Documentary Bill)으로 담보(조건부)환어음 또는 화물환어음이라 불리며 무역대금결제 수단으로 이용된다. 그리고 첨부되지 않는 조건의 환어음이 무화환어음(Non-documentary Bill)이며 무담보(조건부)환어음(Clean Bill)이라 불리며 클레임 대금이나 운임을 청구하는데 이용되는 등 무역외 결제수단으로 이용된다.

### 2) 환어음의 당사자

#### (1) 발행인(Drawer)

발행인은 환어음을 발행하고 거기에 서명(Signature)하는 자를 환어음 발행인이라 한다. 즉, 채권자인 수출업자가 환어음을 발행하고 거기에 서명하는 것이다.

#### (2) 지급인(Drawee)

지급인은 환어음의 지급을 위탁받은 자를 환어음 지급인이라 한다. 즉, 환어음이 제시되면 어음금액을 지급할 책임이 있는 채무자를 말하는 것으로 수입업자일 수도 아닐 수도 있다. 곧 무신용장조건부환어음의 경우에는 항상 수입업자가 지급인이 되지만 신용장부 환어음인 경우에는 항상 신용장 개설은행(Issuing Bank)이 지급인이 되는 것이다.

#### (3) 수취인(Payee)

수취인은 환어음 금액을 지급받게 될 일종의 채권자이며 원칙적으로 발행인과 수취인이 동일하게 된다. 그러나 실무상으로는 그렇지 않은 경우가 더 많다. 왜냐하면 환어음은 유가증권임과 동시에 유통증권이므로 배서(Endorsement)나 교부(Delivery)에 의하여 제3자에게 양도될 수 있기 때문이다. 즉, 환어음은 매입은행(Negotiation Bank)을 통하여 매입이라는 방법으로 양도되므로 환어음을 매입한 제3자가 매입한 당해 환어음의 금액을 청구할 수 있는 채권자가 되는 셈이다. 이때 매입한 은행이 수취인이 된다. 또한, 매입된 환어음이 제3자에게 재매입(Renegotiation)될 수도 있는데 재매입자를 소지인(holder)이라고 하며 선의의 소지인(bona-fide holder)은 약정된 지급 만기일에 지급인으로부터 환어음 금액을 지급받게 된다.

### 3) 환어음의 표준양식과 기재사항

수익자(수출업자)가 발행하는 환어음의 표준양식은 [그림 3-3]과 같으며, 은행에 제대로 수리되기 위해서는 엄밀일치의 원칙에 의거하여 신용장에 나타난 환어음 조항에 부합하여 발행되어야 한다. 따라서 이하에서는 환어음의 표준양식과 기재되는 내용을 살펴보고자 한다.

**BILL OF EXCHANGE**①

NO________②________ Date________③________

For________④________ Place________⑤________

At________⑥________ sight of this First Bill of Exchange(Second of the same tenor and date being unpaid) pay to ________⑦________

or order the sum of ________⑧________

Value received and charge the same to account of ________

________⑨________

Drawn under ________⑩________

L/C No ________⑪________ dated ________⑫________

To ________⑬________ ________⑭________

[그림 3-3] 환어음(Bill of Exchange)

① 환어음 문언 : 어음 문언 중에 환어음(BILL OF EXCHANGE) 표시가 있어야 한다.

② 환어음 번호 : 특별한 의미는 없고 업무상 편의와 관리용으로 발행인이 임의로 붙인다.

③ 환어음 발행일 : 어음 발행일은 어음과 함께 제시된 운송서류(선적서류)를 외국환은행이 매입한 날짜이며 반드시 신용장 유효기일(Expiry Date) 및 서류제시 유효기일 이내이어야 한다.

④ 환어음 숫자금액 : 원칙적으로 상업송장 금액과 일치해야 한다. 그러나 특별한 문구가 있다면 그에 따른다. 즉 '~ available by your draft at sight on us for 95% of invoice value'와 같은 문구가 있다면 송장 금액의 95%에 해당하는 금액으로 발행을 한다. 또한, 신용장상에 화물의 수량을 5%까지 초과해서 선적했을 경우에 송장 금액은 신용장 금액을 초과하지만 환어음은 신용장 금액까지만 발행해야 한다. 그러나 '5% More or less on quantity and amount to be acceptable' 조항이 있으면 신용장 금액의 5%를 초과해서 발행할 수 있다.

⑤ 환어음 발행지 : 환어음의 효력은 행위지의 법률이 적용되므로 발행지를 반드시 표기해야 한다. 'Gwangju Korea'와 같이 기재하며 존재하지 않는 도시명이 기재되었으면 무효다.

⑥ 환어음 지급조건(지급만기일의 표시) : 어음상의 문언중 'at ~ sight of'의 'at' 다음에 기재되는 것이 바로 어음만기일(Tenor)의 표시이다. 일람출금어음(Sight Bill)의 경우 'at xx sight of'와 같이 표기되고, 기한부어음(Usance or Time Bill)의 경우 'at 60days after sight', 'at 30days after B/L date', 'on a fixed date'로 기재한다. 추심방식의 경우 D/A or D/P를 이곳에 표기하며, 무표기시는 D/P로 간주된다.

⑦ 환어음 수취인 : 환어음의 금액을 지급받는 수취인(Payee)은 기명식(payable to a specified person), 지시식(payable to the order of a specified person or payable to order), 무기명식(payable to bearer) 등으로 표시한다. 신용장 거래에서 통상 환어음 수취인은 어음상의 문언 중 '~ pay to' 다음에 기재되는데 매입은행이 여기에 기재된다.

⑧ 환어음 문자금액 : 어음금액을 아라비아 숫자가 아닌 문자로 표시하는 곳이다. 송장 금액이 미화 12,345.67이라면 'SAY US DOLLARS TWELVE THOUSAND THREE HUNDRED FORTY FIVE AND SENTS SIXTY SEVEN ONLY'라고 기재한다.

SAY는 일금(一金), ONLY는 정(整)의 뜻이며 SAY는 생략할 수 있지만 ONLY는 생략할 수 없다. 그리고 환어음 숫자금액과 차이가 나면 문자로 표시된 금액을 어음금액으로 간주한다. 또한, 통화 종류의 표시는 정확하고도 완전하게 기재되어야 한다.

⑨ 금액청구지시 문언 : 발행인이 지급인에게 지시하는 것으로 그 지시내용은 당해 환어음이 지급인에 의하여 지급되면 그 자금은 'account of ~' 뒤에 기재되어 있는 자로부터 징구하라는 의미이다. 즉 신용장 발행의뢰인(Applicant)이 기재되는데 이를 채무자(Accountee)라고 한다. 한편 D/A와 D/P의 경우에는 어음지급인이 수입자가 되므로 이때에는 공란으로 비워둔다. 이는 법적 필수문구는 아니나 오랜 상관습상 계속 사용되고 있다.

⑩ 신용장 발행은행 : 'Drawn under ~' 뒤에는 신용장 발행은행(issuing

bank)을 기재한다. 그러나 D/A와 D/P의 경우 실제 환어음의 지급인인 수입자를 기재하거나 계약서상의 지정은행을 기재하거나 공란으로 비워둔다.

⑪ 신용장 번호 : 신용장 번호를 기재하며, D/A나 D/P의 경우 계약서 번호를 기재한다. 두 개의 신용장을 근거로 하나의 환어음을 발행해도 좋다는 문구(combined shipment with other credits are acceptable)가 있다면 'Drawn under L/C No. ~ for US$~ and Drawn under L/C No. ~ for US$ ~'와 같이 표기한다.

**참고 | 신용장 번호 표기 방법**

M D1 NY 2 04 N S 0001 8
❶ ❷ ❸ ❹ ❺ ❻ ❼ ❽ ❾

❶ 수입신용장의 표시번호 (M: Master L/C, L: Local L/C)
❷ 은행고유번호 (D1: 우리은행, 42: 신한은행 등)
❸ 개설은행 지점번호 (D1NY : 우리은행/트윈타워)
❹ 개설년도의 끝자리 수
❺ 개설월 표시
❻ 수입용도 구분번호 : N : Nomal 일반재 내수용 물자 E : Export 수출용 원자재
❼ 대금결제방법 기호 : S : Sight L/C U : Usance L/C A : D/A P : D/P
R : 단순송금방식
❽ 신용장 일련번호
❾ Check digit number : 은행별 확인번호

⑫ 신용장 개설일자 : 어음 발행의 근거가 되는 신용장상의 개설일자를 기재한다.

⑬ 지급인과 지급지 : 지급인과 지급지를 기재하는 곳으로 신용장상에 별도의 명시가 없는 한 도시명의 기재만으로도 충분하다. D/A와 D/P의 경우에는 어음지급인(Drawee)은 수입자이나 신용장방식에서 지급인은 개설은행이나 확인은행 또는 다른 제3의 지정은행이 될 수 있다. 통상적인 문구는 'Documentary credit which is available by negotiation of your draft at sight drawn on ~'인데 'on ~' 뒤에 기재되는 자가 바로 환어음의 지급인이 된다.

즉 'on us'이면 개설은행이, 'on buyer' 또는 'on accountee' 경우 개설의뢰인이 지급인이 된다. 그러나 'on ~' 뒤에 개설은행이 아니고 다른 은행일 경우 그 은행이 지급인이 된다.

⑭ 발행인의 기명날인 : 'To' 이하에는 환어음 발행인이 반드시 기명날인(記名捺印, sign and seal)해야 한다. 발행인은 신용장상의 수익자(beneficiary) 또는 양도된 신용장은 양수인(Transferee)이 되며 서명날인은 화환어음 약정시 은행에 등록된 서명(Authorized Signature)과 일치해야 한다.

⑮ 기타 사항 : 신용장이 어음상 일정한 이자문언(Interest Clause)을 표기하도록 요구하는 경우가 있다. 예를 들면 인도나 파키스탄지역에서 개설된 신용장상에 'Payable at the Collection Bank's selling rate for sight draft on New York with interest at ~ % per annum from hereon to arrival of proceeds in New York'

# 제 4 장

# 국제물류와 INCOTERMS® 2020

**◆◇ 학습개요 및 목표 ◇◆**

무역계약에 대한 전반적인 내용을 다루고 있는 이 단원은 무역계약의 의의, 법적 성격 및 무역계약의 8대 조건(품질, 수량, 가격, 선적, 결제, 보험, 포장, 클레임), 그리고 매매당사자들의 의무사항을 규정하고 있는 'INCOTERMS® 2020'의 내용을 자세히 제시하고 있다.

1. 무역계약에 대한 전반적인 내용을 제시한다.
2. INCOTERMS® 2020에 대한 내용을 정리한다.

## 제 1 절 무역계약의 체결

### 1. 무역계약의 기초

#### 1) 무역계약의 의의와 법적 성격

##### (1) 무역계약의 의의

무역계약이란 국제상거래계약으로서 물품 및 용역의 수출입을 위하여 계약당사자들 간에 물품의 소유권 양도와 대금지급과 같은 법률적 행위를 수반하는 약정을 말하며 국제물품매매계약이라고도 한다.

즉, 매도인은 매수인에게 약정된 물품을 약정된 일자에 인도할 것을 약정하고, 매수인은 이에 대한 반대급부로 대금 지급을 약정함으로써 성립하는 국제간 매매계약을 말한다.

본질적으로는 무역계약은 국내매매계약과 동일하나, 국제상관습이 적용되고, 멀리 떨어져 있는 상대방과의 거래계약이며, 국가별 무역관리에 수반되는 내용상·절차상의 제약이 가해지는 점에서 국내매매계약과 구별된다.

### (2) 무역계약의 법적 성격

#### 가) 낙성계약(합의계약, Consensual Contract)

낙성계약이란 계약이 유효하게 성립하기 위한 계약당사자의 의사표시의 합치, 즉 매매당사자의 합의만 있으면 그 자체로 계약이 성립하는 것을 말한다. 무역계약에 있어서 이러한 합의는 어느 일방의 청약(offer)을 상대방이 승낙(acceptance)함으로써 성립된다.

#### 나) 쌍무계약(Bilateral Obligation/Contract)

쌍무계약이란 물품매매계약 당사자들에게 계약 성립과 동시에 양당사자에게 계약 내용에 대해 충실한 이행 의무를 부과하는 것을 말한다. 즉, 매도인은 약정된 물품을 약정일자까지 인도해야 할 인도의무를 부과하고 있으며, 매수인은 그의 반대급부로서 대금지급의 의무를 부과하고 있다.

#### 다) 유상계약(Remunerative Contract)

유상계약이란 계약의 양당사자가 상호 대가적인 관계에서 급부를 목적으로 하는 계약을 말한다. 즉, 무역계약은 물품인도, 기타 일정한 무역거래행위에 대한 반대급부로서 경제적 대가의 지급을 수반하는 유상계약이다.

#### 라) 불요식계약(Informal Contract)

불요식계약이란 매매계약을 체결함에 있어서 요식(formal)에 의하지 않고 문서나 구두에 의한 명시계약(expressed contract)이나 묵시계약(implied contract)으로도 계약이 성립되는 것을 말한다. 이는 매매당사자의 의사표시가 서면이나 그 밖의 일정한 방식에 따를 것을 요하는 요식계약(formal contract)과 구별된다.

## 2) 무역계약의 기본조건

무역계약은 매도인이 대금이라는 금전적 대가를 받고 매수인에게 물품의 소유권을 이전하기로 약정하는 계약을 의미한다.

무역계약의 기본조건은 물품 자체에 관한 조건(품질조건, 가격조건, 수량조건, 포장조건), 계약이행에 관한 조건(선적조건, 결제조건, 보험조건), 그리고 계약 불이행에 관한 조건(클레임조건)으로 구분되며, 이를 무역계약의 8대 조건이라 하며, 이들 조건 중에서 매매계약 결정의 주요 조건으로는 품질조건과 가격조건을 들 수 있다. 이와 함께 계약 내용을 포괄적으로 보완하기 위해서는 일반거래조건협정서(Agreement on General Terms and Conditions of Business)를 맺는 것이 좋다.

### (1) 물품자체에 관한 조건

#### 가) 품질조건(Terms of Quality)

매매계약서에는 거래목적물이 가능한 한 구체적으로 제시되어야 한다. 즉, 거래물품의 규격이나 모양, 품질수준 등을 어떤 것으로 할 것인지를 약정하는 조건을 품질조건이라 하며, 품질약정의 방법과 결정시기는 다음과 같다.

① 품질약정의 방법

㉠ 견본에 의한 매매(Sales by Sample) : 상품 전체를 대표하는 상품의 일부 또는 한 개를 이용한 견본에 의해 당해 상품의 품질을 결정하는 매매약정 방법이다. 대부분의 일반 공산품이 여기에 해당하며 무역거래에서 가장 널리 이용되고 있는 방법이다.

| | |
|---|---|
| 부적절한 표현 | - Quality to be same as sample<br>- Quality to be as per sample<br>- Quality to be fully equal to sample |
| 적절한 표현 | - Quality to be about equal to the sample<br>- Quality to be considered as being about equal to the sample |

이는 품질 수준을 표시할 때 '견본과 완전히 일치하는 것'이라는 표현 대신에 대체로 견본과 비슷한 것'이라는 표현을 사용하는 것이 market claim을 미연에 방지하고 그 거래를 완만히 완결 지을 수 있다.

㉡ 상표에 의한 매매(sales by trade mark or brand)

▸ parker, rolex, coca-cola 등

㉢ 규격에 의한 매매(sales by type or grade)

▸ 국제표준화기구(ISO)[1], 한국의 KS, 일본의 JIS 등

㉣ 명세서(설명서)에 의한 매매(sales by description)

▶ 선박, 운반기계, 철도, 차량 등

㉤ 표준품에 의한 매매(sales by standard)

▶ 평균중등품질조건(FAQ; Fair Average Quality)[2] : 농산물

▶ 판매적격품질조건(GMQ; Good Merchantable Quality)[3] : 냉동어류, 목재

㉥ 점검에 의한 매매(sales by inspection)

▶ 보세창고인도조건(BWT; Bonded Warehouse Transaction)[4]

▶ 현물상환방식조건(COD; Cash on Delivery)[5]에서 제한적으로 사용

② 품질의 결정시기

㉠ 선적품질조건(Shipped Quality Terms) : 선적시의 품질이 약정한 계약사항과 일치하면 계약을 이행한 것으로 결정하는 방법으로 선적전검사(PSI; Pre-Shipment Inspection)[6]를 통해 이루어지고 있으며, 주로 공산품을

---

1) ISO(International Organization for Standardization)는 국가마다 다른 공업규격을 통일하고 물자 및 서비스의 국제적 교류를 원활히 하기 위한 국제기구이다. 1947년 2월에 발족된 비정부기구(NGO)로 스위스 제네바에 본부를 두고 있고, 148개국 국가표준화기관이 가입되어 있으며 한국은 1963년에 가입하였다.

2) 평균중등품질조건은 동종 상품 중 평균적이며 중등의 품질을 뜻하는 것으로 곡물매매에서 많이 쓰이는데, 선적지에서 해당 계절 출하 물품의 평균중등품을 표준으로 하고 선물거래일 때는 전년도 수확물의 평균중등품의 가격을 기준으로 정하고 인도물품의 품질수준은 새로 수확한 물품의 평균중등품으로 한다. 평균중등품 품질조건이 표준품매매의 일반적 기준이다. 주요 물품에 있어서 이 표준품은 법규에 의거하여 공공기관이 정하고 그 규격과 격차도 일정하게 되어있다.

3) 판매적격품질조건은 수입지에서 인수한 현물에서 내부의 하자가 발견되어 판매가 불가능한 부분에 대하여는 매수인이 매도인에게 배상을 요구할 수 있는 품질조건이다. 목재, 냉동수산물, 광석 등의 거래에 주로 적용되는 조건으로 내부의 부패나 기타의 잠재하자(潛在瑕疵)가 외관상으로는 확인하기가 곤란한 물품에 적용된다. 매도인이 인도한 물품은 판매적격성을 지닌 것임을 보증하는 조건을 말한다.

4) 수출상이 외국의 주요 항구에 수입국의 허가를 받은 보세창고를 빌려서 물품을 임시로 반입해두었다가 현지 수입상이 원할 때마다 직접 물품을 확인한 후 상품을 출고하는 거래를 가리킨다.

5) 현물상환방식조건은 수출자의 지사나 대리인이 수입자의 국가에 있을 경우, 수출자가 물품을 자신의 지사에 송부하면 수입자가 물품의 품질 등을 검사한 다음 현금과 물품을 상환해서 물품대금을 송금하는 방식의 거래를 말한다. 귀금속 등 고가품인 경우에는 직접 물품의 검사를 하기 전에는 품질 등을 정확히 파악하기 어렵기 때문에 이용되는 방법이다.

6) 선적전검사는 매수인 자신이 수출국 등에서 행한 검사나, 매수인의 요청에 의한 특정 기관이 미리 행한 검사를 말하며, 이러한 검사비용을 선적전검사 비용(costs of pre-shipment inspection)이라 하여 매수인이 부담하는 것을 원칙으로 한다.

대상으로 하고 있다. 여기에 해당하는 인코텀즈 2020 규칙은 FOB, CFR, CIF, CPT, CIP 등이며, 또한 곡물류의 TQ(Tale Quale; such as it is)[7], 표준품 매매의 평균중등품질조건(FAQ; Fair Average Quality) 등이 이에 해당한다.

㉡ 양륙품질조건(Landed Quality Terms) : 목적항의 양륙시의 품질이 약정한 계약사항과 일치하면 계약을 이행한 것으로 결정하는 방법으로, 주로 광물, 농산물 등 BULK 화물을 대상으로 하고 있다. 여기에 해당하는 인코텀즈 2020 규칙은 DAP, DPU, DDP 등이며, 또한 곡물류의 RT(Rye Terms)[8], 표준품 매매의 판매적격품질조건(GMQ; Good Merchantable Quality)[9] 등이 이에 해당한다.

㉢ 조건부 선적품질조건(SD; Sea Damaged Terms) : SD조건은 원칙적으로 선적품질조건이지만 해상운송 중 화물이 유손(濡損) 또는 응결 등[10]으로 인해 손해를 입은 경우에 대해서는 매도인이 부담한다는 조건으로 양륙품질조건과 절충한 조건부 선적품질조건이다.

#### 나) 가격조건(Terms of Price)

가격이란 시장에서 물품의 교환가치를 화폐가치로 표시한 것이다. 가격은 매수인은 구매를, 매도인은 판매를 결정하는 중요한 요인이다.

물품의 가격은 제조원가에 운임, 보험료, 하역비, 창고료, 통관비용 등 여러 가지 부대비용을 합산하여 결정된다. 따라서 이러한 부대비용의 부담 주체를 수출자와 수입자 중 누구로 할 것인가 그리고 운송 도중에 불의의 사고가 발생할 경우 이에 대한 책임을 누가 질 것인가를 분명히 해둘 필요가 있다.[11]

---

7) TQ는 곡물류 거래의 품질결정시기에 있어서 선적품질조건으로써 양호한 상태로 선적되었을 경우 매도인은 운송 중의 손실에 대하여 그 책임을 부담하지 않는 조건이다.

8) RT조건은 런던시장에 있어서 곡물류의 거래에 이용되는 양륙품질조건(Landed Quality Terms)의 매매를 말한다. 도착한 화물에 손해가 발생한 경우에는 매수인은 가격 인하를 요구할 수 있으나 인수를 거부할 수 없다. 다만 손상이 심하여 다른 용도가 없을 때 인수를 거부할 수 있다.

9) 판매적격품질조건(GMQ; Good Merchantable Quality)은 계약대상의 물품을 정확한 견본이나 표준품으로 정하기 어려운 경우에 목적지에서 물품을 양륙한 후 품질검사를 하여 해당 물품의 시장에서 판매 적격 여부를 파악하는 것이다. 이에 해당하는 물품은 주로 외관으로는 손상 여부를 구분하기 어려운 목재나 냉동어류·광물류 등이다.

10) 화물의 유손(damaged by wet)은 해상운송 중에 해수유(wet by sea water), 우유(wet by ram), 담수유(wet by fresh water), 증기유(wet by vapor) 등에 의해 야기된 품질의 손해를 말하며, 응결(Condensation)은 가루나 화학물질이 굳는 것을 말한다.

따라서 다음의 [표 4-1] 및 [그림 4-1]과 같이 INCOTERMS® 2020 규칙의 정확한 이해를 통해 원가 구성을 산출한 후 가격을 제시해야 한다.

[표 4-1] 매매계약에 대한 원가구성요소 ; FOB & CIF

| 가격조건 | 가격구성요소 | 비고 |
|---|---|---|
| FOB 제조원가 | 1. 제조원가(manufactring cost) | 생산원가 → 생산물류 |
| | 2. 수출포장비(export packing charge) | |
| | 3. 물품검사비(inspection fees) | |
| | 4. 수출허가 등 제세공과금 | |
| | 5. 통신비 및 잡비(communication charge) | |
| | 6. 국내운송비(inland transport charge) | 운송비 → 국내물류 |
| | 7. 국내운송보험료(inland transport insurance) | |
| | 8. 선적비용(THC & C/T) | |
| | 부두사용료(wharfage) | |
| | 창고료 외(storage, CFS, shoring charge) | |
| | 9. 수출통관비용(export clearance fees) | |
| | 10. 검수, 검량비(measuring and/or weighing charge) | |
| | 11. 금리(interest) | 금융비 |
| | 12. 은행수수료(banking charge and commission) | |
| | 13. 예상이익(expected profit) | 예상이익 |
| CFR 제조원가 | 14. 해상운임(ocean freight) | 해상운송비 → 국제물류 |
| CIF 제조원가 | 15. 해상보험료(mare insurance premium) | 해상보험료 |

### 다) 수량조건(Terms of Quantity)

수량조건의 불명확으로 클레임이 발생하는 경우가 종종 있다. 따라서 문제가 발생되지 않도록 계약서에 명시할 필요가 있다. 수량의 단위에는 개수(piece, dozen), 포장단위(case, bag, bale), 용적(measurement), 중량(weight), 길이(length) 등이 있는데 가장 문제가 되는 것은 중량이다.

11) 일반적으로 가격이 결정되면 매도인은 그 이후의 시장가격의 상승에 따른 위험을 부담하고 매수인은 그 이후의 시장가격 하락에 따른 위험을 부담한다.

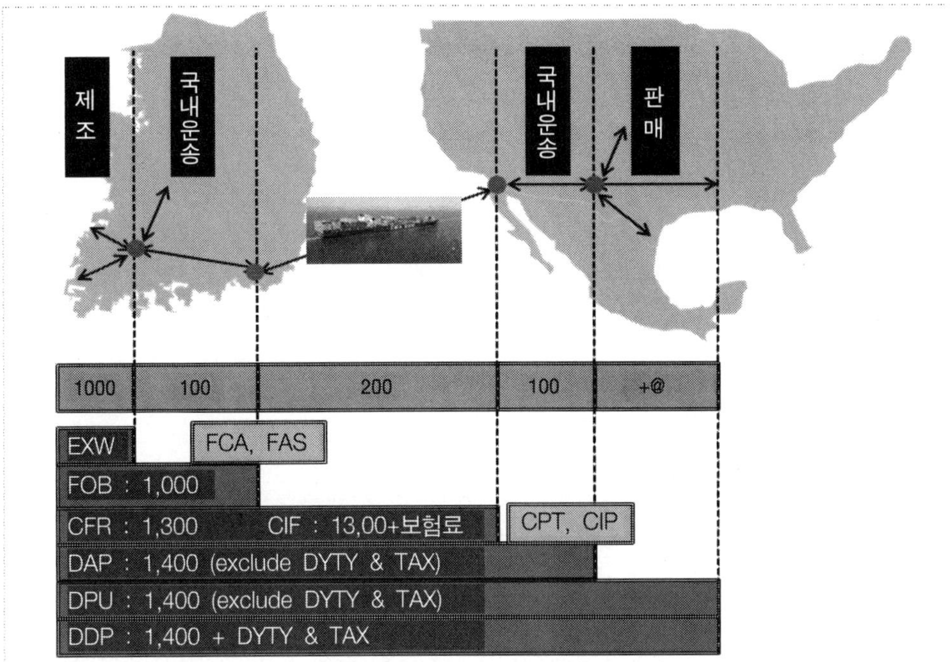


[그림 4-1] INCOTERMS® 2020 규칙 가격조건(Terms of Price)

[표 4-2] 수량의 단위

| | |
|---|---|
| 개수<br>(number) | ▶ Piece, EA(each), unit, set<br>▶ Dozen : 12개<br>▶ Gross : 12 Dozen(144개)<br>▶ Great Gross : 12 Gross(1,728개)<br>▶ Small Gross : 10 Dozen(120개) |
| 포장<br>(package) | ▶ B/G(Bag) : 물건을 담을 수 있는 종이 혹은 비닐 소재<br>▶ C/S(Case) : 밀봉되지 않은 상자모양의 포장<br>▶ BOX : 밀봉된 상자모양의 포장<br>* 나무포장 : Wooden Case(W/C, W/Case)<br>▶ C/T(Carton) : 골판지박스(Carton Box)<br>▶ BE(Bundle) : 끈으로 묶어서 만든 단위<br>▶ CA(Can), D/M(Drum = 200리터)<br>▶ TEU : Twenty-foot equivalent unit = 20피트 컨테이너 박스<br>▶ FEU : Forty-foot Equivalent Units = 40피트 컨테이너 박스 |
| 용적<br>(measurement) | ▶ cubic : 용적(부피)의 단위<br>▶ CBM : 가로×세로×높이가 각각 1 Meter인 경우의 부피<br>* 1cubic meter = 1㎥ = 1M/T(1,000kg(해상), 166kg(항공))<br>▶ CFT : cubic feet = $ft^3$<br>* 1CBM = 35.314667 Cu.ft(Cubic Feet) |

| | |
|---|---|
| | ▶ 계산공식의 예<br>* 40inch × 0.0254m = 1.016m<br>30inch × 0.0254m = 0.762m<br>25inch × 0.0254m = 0.635m<br>* 1.016m × 0.762m × 0.635m = 0.492CBM<br>* 0.492CMB × 35.3146 Cu.ft = 17.374 Cu.ft |
| 중량<br>(weight) | ▶ L/T : long ton(english ton, gross ton)=2,240 lbs=1,016kg<br>▶ S/T : short ton(american ton, net ton)=2,000 lbs=907kg<br>▶ M/T : metric ton(french ton, kilo ton)=2,204 lbs=1,000kg |
| 길이<br>(length) | ▶ Meter, Inch(1inch = 0.254m)<br>▶ Yard(1 = 0.9144m) |

한편, 무역계약의 대상 물품이 곡물류, 유류 등 액체화물인 경우에는 물품 고유의 성질상 정확하게 계약된 수량을 인도하기 어려운 경우에는 물품의 수량을 개략적으로 계산하여 약정하는 개산(槪算)수량조건이 있다. 동 조건은 인도수량에 ABT(about)나 Circa, Some, Approximately, Around 등의 용어가 표기되어 조건이 이행되어 과부족 비율을 명시하는 과부족용인조항(M/L Clause; more or less clause)과 비슷하지만 약간 열등한 거래조건이다.

이하 과부족용인조항(M/L Clause)의 내용을 살펴보면 다음과 같다.

① 개념

과부족용인조항(M/L Clause)은 일정한 수량의 과부족 한도를 정해두고 그 범위 내에서 상품이 인도되면 계약불이행으로 다루지 않고 수량 클레임을 제기하지 않는다는 수량조건에 관한 계약상의 명시조항을 말한다.

② 과부족 허용용인조항 예문

- 5% more or less at sellers option
- seller has the option of delivering(or shipping) 3% more or less on the contract quantity
- quantity, unless otherwise arranged, shall be subject to a variation of 5% plus or minus at seller's option

③ 신용장통일규칙에서의 의미

신용장상에 'about, circa, approximately' 등이 명시되어 있으면 10%, 명시되어 있지 않더라도 5%의 과부족이 허용된다.

### 라) 포장조건(Terms of Packing)

포장은 제품의 보호나 판매촉진의 의미를 갖는다. 포장은 내용물을 보호하는 견고성과 포장비용 자체의 절감 그리고 운임 절감을 고려한 경제성을 감안하여 포장조건을 결정한다. 통상 포장조건을 약정할 때에는 간단히 수출표준포장(export standard packing)이라고 명시하고 있으며, 포장조건의 내용을 살펴보면 다음과 같다.

#### ① 포장의 종류

포장은 물류의 하부시스템의 하나로서 상품의 이동성을 높이고 수송, 하역, 보관면에서 상품 내용의 보호와 생산과 마케팅을 연결하고 있어 생산에서 판매, 소비에 이르기까지의 일관시스템의 실현이 가능하도록 포장의 합리화, 즉 적절한 포장작업이 이루어져야 한다.

포장은 목적(용도)에 따라 상업포장과 운송포장(물류포장)으로 구분되며[12], 운송포장은 목적지에 따라 수출포장을 포함하고 있다. 또한, 기능에 따라 단위포장[13], 내부포장[14], 외부포장[15]으로 구분된다.

#### ② 수출포장

국제물류에 있어서 포장기능은 국내물류의 경우와 큰 차이는 없다. 다만 원거리 운송과 해외시장에서 판촉을 위해 상품 품질이나 가치를 손상하지 않고 보호하여야 한다는 관점에서 유통과정 중 내용물을 보호하고, 용기가 가벼워 비용을 절감하는 입장에서 포장 활동이 이루어져야 한다.

---

12) 상업포장은 화물의 소비 및 구매단위에 적합하도록 공장에서 시공한 포장의 형태를 말하는 것으로 소비자포장이라고도 한다. 이와 같은 소비자포장은 대체적으로 유통센터, 배송센터, 소매점 등에서 이루어지고 있으며, 상업포장의 포장비는 제품 원가에 반영되는 반면에 물류포장(운송포장)은 물류활동 과정에서 화물(제품)의 안전과 보호, 하역의 합리화를 위해 시공한 포장형태를 의미하는 것으로 재포장, 수출포장이라는 명칭으로 표현되며, 물류관리비 항목에 속한다.

13) 단위포장은 화물의 운송, 판매, 소비 등을 고려하여 그에 적합한 수량으로 Unitization(단위화)하여 포장하는 방식으로 운송단위, 보관단위, 판매 및 소비단위 등을 종합적으로 고려하여 얼마만큼의 수량으로 단위화 할 것인가를 결정하여 포장해야만 한다.

14) 내부포장은 외부포장과 같이 화물의 표시성, 운송의 적합성을 고려한 것이 아니라, 화물의 성질 및 품질 보존을 위해 시공한 포장을 의미한다. 예컨대, 식료품과 같이 변질되기 쉬운 화물이나 전자기기와 같은 첨단제품의 경우에는 습기나 수분이 침투하지 않는 포장재료로 시공하는 것이 일반적이다.

15) 외부포장은 화물의 품목표시, 가격표시, 취급상의 주의 표시 및 화물의 보호 및 운송의 적합성과 효율성을 고려하여 시공한 포장의 형태이다. 따라서 외부포장은 운송 및 하역작업에 충분히 견딜 수 있을 정도로 견고하게 시공되어야 하며, 화물의 취급과 보관에 적합한 내용을 외면에 명확하게 기재하여야 한다.

따라서 수출포장은 화물의 운송경로, 운송시간 및 거리는 물론이고 제품 특성 등을 종합적으로 고려하여 포장재료를 적절히 선택하고 생산성, 편리성, 경제성을 염두에 두고 판매상의 효율을 제고하는 동시에 판촉을 위하여 미장되어야 한다. 이를 위해 물류과정 중에서 생산물류는 제외하더라도 조달물류에서는 포장을 모듈화(Modularity)[16] 또는 간이화하여야 하며, 판매물류에서는 여기에 기계화도 추가되어야 한다. 일반적으로 수출입화물의 포장방법에는 수출품 표준포장(Standard Export Packing), 컨테이너포장(Container), 무포장(in bulk) 등의 형태가 있다.

최근의 포장 활동은 국내의 경우 파렛트(Pallte)를, 국제화물은 공산품의 경우 항공운송은 항공기용 파렛트와 컨테이너로, 해상운송은 해상용 컨테이너로 대부분 운송을 하고 있기 때문에 포장의 내장과 외장이 간편하고 비용도 절감되는 추세에 있다. 특히 컨테이너운송의 경우 외장비용을 획기적으로 절감하는 효과를 가지고 있다.[17]

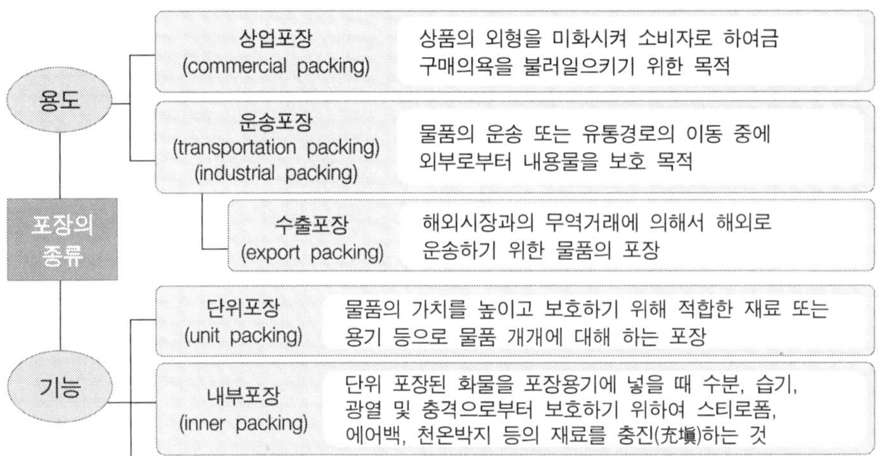


자료: 전순환, 『국제운송물류론』, 한올, 2015, p.17.

[그림 4-2] 포장의 종류

---

16) 하역, 보관, 수배송 등의 합리화를 도모하기 위해서는 포장의 표준화, 규격화 등 포장 자체의 근대화, 합리화가 이루어져야 한다. 이를 위해 포장의 길이를 물류시스템 가운데서 계열화하는 것을 말한다.

17) 제품제작과 상업포장에 있어서 제품을 생산하여 수출을 하고자 한다면 항공용 파렛트와 컨테이너 및 해상용 컨테이너에 최적으로 적입될 수 있도록 제품과 운송포장을 고려해야 물류비를 절감할 수 있다.

③ 화인과 구성요소

화인(貨印, Shipping Marks or Cargo Marks)은 화물의 특성에 맞는 적절한 포장을 한 후 운송인이나 수하인 등이 정확하고 편리하게 화물을 취급할 수 있도록 포장 외관에 기입하는 송하인, 수하인, 원산지명, 번호, 개수, 목적지, 취급상 주의 등과 같은 표시를 말한다.

㉠ 기본화인(Main Marks)

기본화인은 수입업자의 머릿 글자, 대조번호, 목적지, 포장번호, 총중량의 5가지 요소로 구성되며 제반 화인 관련 서류의 'Marks & No.' 란에 기재되어 화물과 화인 관련 서류의 대조점검(check)에 사용한다.

㉡ 정보화인(Information Marks)

정보화인은 원산지, 신용장 번호, 수입허가 번호 등으로서 화물운송에 꼭 필요한 것은 아니지만 필요에 따라 기본화인과 구분하여 표시되는 것으로 이는 구매자의 요구가 있을 경우 화물의 포장에만 표시되고 화인 관련 서류에는 표시되지 않는다.

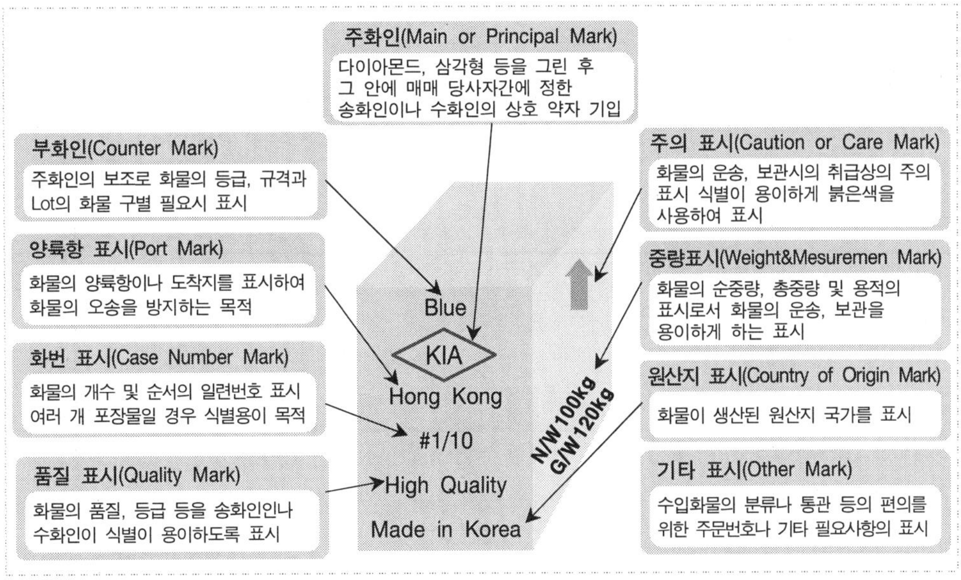


[그림 4-3] 화인과 구성요소

㉢ 화물취급표시(Cargo Handing Marks)

화물의 취급, 운송, 적재의 요령을 나타내는 일종의 주의표시(Cautionary Symbol)로서 일반화물 취급 표시와 위험화물 경고표시로 구분된다.

[표 4-3] 화물취급표시

| 표 시 | | 내 용 |
|---|---|---|
|  | Fragile(깨지기 쉬움, 충격주의)<br>Handle with care(취급주의)  | 깨지기 쉬운 화물이므로 떨어뜨리거나 외부의 충격을 주지 않도록 주의를 요하는 표시 |
|  | Keep upright(똑바로 세운 것) | 화물의 순송과 보관시 상하 방향을 요구하는 표시 |
|  | Keep dry(수분 주의) | 습기 또는 물에 젖지 않도록 요구하는 표시 |
| 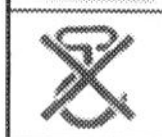 | Use no hook(갈고리 사용금지) | 구멍이 나는 것을 방지하기 위하여 갈고리를 사용하지 못하도록 요구하는 표시 |
|  | Sling here(밧줄, 와이어 거는 곳) | 화물의 하역시 밧줄이나 와이어를 거는 위치를 표시<br>*화물의 무게중심이 다를 경우 특히 주의가 요구된다. |
|  | Protect from heat(직사광선, 열 차폐) | 직사광선이나 열을 차단해야 한다는 표시 |
|  | Center of balance(무게중심 위치) | 화물의 무게가 평형을 이루는 위치를 알려주는 표시 |
|  | Do not drop(낙하 엄금) | 넘어지기 쉬운 화물이니 주의하라는 표시 |

이러한 내용의 화인은 수입자의 요구에 의하여 L/C상에 화인에 관한 언급이 있으면 이에 따라야 하며, 그렇지 않은 경우에는 포장명세서(Packing List) 작성자가 임의로 정할 수 있는데 이 경우에는 포장명세서를 비롯한 제반 화인 관련 서류들의 표시와 일치해야 한다.

④ 목재포장재와 통관

세계 각국의 식물검역 당국은 자국으로 수입되는 화물에 사용된 목재포장재에 대해 소독마크 표시 여부 확인 등 검사를 강화하는 추세에 있다.

즉, 목재로 포장된 경우 목재류에 기생하는 병해충(소나무재선충, 나무좀류, 참나무역병 등)의 유입 및 확산을 방지하기 위한 목적으로 2002년 국제식물보호협약(IPPC; International Plant Protection convention, 1952년 4월 3일 출범)의 ISPM(International Standards Phytosanitary Measures; 국제표준식물위생조치) 제15조는 국제교역에 사용되는 목재포장재의 소독처리에 대해 규정하고 있으며, 한국은 2005년 6월 1일부터 시행되었다.

이에 따라 목재포장재(파렛트, 나무상자, 짐깔개 등)의 소독처리방법은 다음과 같으며, 소독을 한 후 소독마크(IPPC 공인 스탬프)를 2개 면에 표시해야 하며, 소독마크가 표시되지 않은 목재포장재는 폐기하도록 해야 한다.

㉠ HT 소독방법 : 목재 중심부의 온도를 반드시 56℃ 이상에서 30분 이상 열처리한다.

㉡ MB소독방법 : 최소 10℃ 이상에서 24시간 이상 MB훈증(fumigation; 燻蒸)소독을 한다.

### 참고 | 목재포장재의 소독처리 관련 약어 설명

|  | KR-○○○<br>(ZZ-001)<br>YY 또는 YYDB | HT(Heat Treatment)<br>MB(Methyl Bromide) |
|---|---|---|

- Symbol은 IPPC에서 승인한 심볼
- KR : ISO 2자리 국가코드(KOREA = KR)
  - ▸ OOO : 적절한 목재 사용 및 표식에 대한 책임이 있는 소독처리업체에 국립식물검역소가 부여한 고유번호
  - ▸ (ZZ-001) : 업체의 고유부호 및 업체별 마크 일련번호
  - ▸ 표시방법 : "ZZ"에 업체 고유의 부호를 영문자 2자리로 표시하고, "001"에 업체별 마크의 일련번호를 3자리 숫자로 표시하되 괄호를 함께 표시
- YY 또는 YYDB : IPPC에서 승인된 조치에 대한 약어(HT, MB, HTDB, MBDB)

### 참고 | 목재포장재 식물검역증명서 발급절차

※ 소독제외 품목 : 합판, 베니어패널, 섬유판, 고밀도화 목재, 집성재, 펄프, 응집코르크, 목모, 목분, 코르크분

| | |
|---|---|
| 수입국의 목재포장재 수입검역요건 확인 | 농림축산검역본부(http://www.gia.go.kr)<br>• 호남지역본부(063-467-3456)<br>• 광주사무소(062-975-6063) |
| ↓ 소독처리 | 소독처리업체에서 포장재에 대한 적절한 소독(HT, MB) 후 소독작업결과서 발급 |
| ↓ 소독처리 마크 표지 | 소독처리마크를 포장 표면에 조치 후 작업일지 기록 관리 |
| ↓ 수출업체 공급 | 수출자는 소독처리업체로부터 소독처리한 포장재를 인수 후 수출운송 진행 |
| ↓ 수출식물검사 신청 | 수입국에서 위생증명서가 필요 없거나 요구하지 않으면 바로 수출운송 진행 |
| ↓ 위생증명서 발급 수입자에 송부 | 식물검역소는 소독처리업체의 소독작업결과서를 확인 후 증명서 발급 |
| ↓ 수출운송 | |

### (2) 계약이행에 관한 조건

#### 가) 선적조건(Terms of Shipment)

선적은 단지 선박, 즉 본선에의 적재(loading on board)만을 의미하지 않고, 인도를 위한 항공기나 철도 등을 포함한 모든 운송수단을 포함한다. 즉 본선적재(loading on board), 발송(dispatch), 인수(accepted for carriage), 우편수령일(date of receipt), 접수일(date of pick up) 또는 이와 유사한 표현 및 복합운송을 허용하는 경우 운송인의 수탁(taking in charge) 등을 포괄하는 개념이다.

따라서 해상화물을 선박에 적재하는 행위뿐만 아니라 계약물품의 도로·철도·항공·우편·속달·복합운송 등이 이루어지고 신용장에 운송서류를 요구하는 경우 물품을 운송인에게 인도(적재)하는 행위를 총칭하는 개념으로 확장한다.

① 선적시기

㉠ 구체적인 연월일을 명기하여 최종 선적시기를 정하여야 한다.[18]

㉡ 선적기일을 월이나 일로 약정하지 않고, 'shipment should be made as soon as possible(promptly, immediately)'과 같이 즉시선적조건으로 선적기간이 약정되었다면 신용장 거래에 대한 약정이 없는 것으로 간주한다.

㉢ L/C상에 그 유효기일은 정해져 있으나 최종선적기일은 정해져 있지 않은 경우에는 신용장의 유효기일을 최종선적기일로 간주한다. 한편, 신용장의 유효기일은 은행이 휴업하는 경우 다음 최초의 영업일까지 자동연장되지만, 최종선적기일은 연장되지 않는다.

㉣ 기간 계산과 관련된 표현을 정리하면 다음과 같다.

**▶ 일반적인 기간 계산 표현**

- 'to, until, till, from' : 당해 일자가 포함된다.
- 'after' : 당해 일자가 제외된다.
- 'first half / second half' : 지정된 달의 1일부터 15일까지 / 16일부터 말일까지
- 'beginning / middle / end' : 지정한 달의 1일부터 10일 / 11일부터 20일 / 21일부터 말일까지의 기간을 나타낸다.

**▶ UCP 600에서 기간 계산 표현(UCP 600 제3조)**

'from'이 선적 기간의 결정으로 사용될 경우에는 포함시키고, 환어음의 만기일 결정으로 사용될 경우는 해당일을 제외한다. 또한, 선적 기간에서 'between'이라는 단어는 당해 일자를 포함하고, 'before'라는 단어는 해당일을 포함시키지 않는다.

---

18) 적절한 선적시기의 약정의 예 : shipment shall be made during september, shipment should be made within three months after seller's receipt of L/C.

② 분할선적(Partial Shipment)

분할선적은 매매목적물 전량을 수회로 나누어 선적하거나 화물을 최소한 둘 이상의 단위로 나누어 서로 다른 항로를 이용하거나 또는 서로 다른 운송수단에 선적하는 것을 말하며, 신용장상에 분할선적을 금지하는 문언이 없을 경우에는 분할선적이 허용되는 것으로 간주한다.

③ 할부선적(Installment Shipment)

㉠ 할부선적이란 분할선적의 일종으로서 계약된 상품의 일정 수량을 일정 기간 동안 나누어 주기적으로 선적하도록 하는 것을 의미한다.

㉡ 신용장에서 일정한 기간 내의 할부에 의한 선적이 명시된 경우, 어느 할부부분이 당해 할부부분을 위하여 허용된 기간 내에 선적이 이루어지지 않으면 신용장에 별도의 명시가 없는 한, 그 신용장은 당해 할부부분 및 그 이후의 모든 할부부분에 대하여 효력을 상실한다.

④ 환적(Transshipment)

㉠ 선적항(적출항)에서 선적된 화물을 목적지로 가는 도중에 다른 선박(또는 운송기관)에 옮겨 싣는 것으로서 이적이라고도 한다.

> **transshipment means** unloading and reloading from one vessel to another vessel during the course of ocean carriage from the port of loading to the port of discharge as stipulated in the credit.

㉡ 신용장상에 환적을 금지하는 문언이 없을 경우에는 환적이 허용되는 것으로 간주한다.[19)]

⑤ 지연선적과 선적일의 증명

㉠ 약정된 선적기일 내에 선적을 이행하지 않은 것을 선적지체 또는 지연선적이라 하며, 이것이 매도인의 귀책 사유로 인한 것이라면 계약위반이 된다. 그러나 불가항력으로 인한 경우 매도인은 면책되며, 이때에는 3주 또는 1개월 정도 동안 선적기간이 자동연장되는 것이 관례이며, 이러한 경우에도 매도인은 지체없이 당해 불가항력의 존재(발생)를 상공회의소 기타 공인기관으로부터 문서로 확인받아 이를 매수인에게 통지하여야 한다.

---

19) 일반적으로 'direct shipment(or steamer) by customary route' 등으로 직항선적을 약정한 경우에는 환적금지를 전제로 하고 있다고 보아야 한다.

㉡ 선적일의 증명(신용장통일규칙)

| | |
|---|---|
| 선적선하증권 | 그 발행일, 즉 B/L Date를 선적일로 본다. |
| 수취선하증권 | 후에 선적되었음을 나타내는 부기(附記, notation)에 표시된 날짜를 선적일로 본다. |

나) 결제조건(Terms of Payment)

대금결제조건은 결제수단과 결제시기를 고려하여 당해 거래에 가장 적절하다고 판단되는 것을 선택해야 한다.

① 송금방식 : 송금방식이란 수출자가 물품을 선적하기 전 또는 선적 후에 물품대금을 송금에 의하여 영수하는 방식으로 결제수단으로는 전신, 우편, 송금수표, 은행수표 및 개인수표 등이 있으며, 물품의 선적을 기준으로 사전송금과 사후송금으로 구분한다.[20)]

② 추심결제방식 : 추심결제방식은 수출자가 먼저 계약물품을 선적한 후 수입자로부터 대금회수를 위해 수출 완료 이후 환어음을 작성하여 수출지에 있는 거래 외국환은행에 대금청구를 신청하여 수입지에 있는 추심은행을 통하여 수출대금을 회수하는 방식을 말한다.

| | | |
|---|---|---|
| 신용장방식 | | 송금결제이나 추심결제방식은 수출입업자 중 일방이 불이익을 받을 수 있으므로 이러한 단점을 보완하고 당사자 간의 신용 결여에 따른 무역거래상의 어려운 점을 해결하기 위해 등장한 것이 신용장(Letter of Credit)방식이다. 즉, 신용장의 개설은행이 수입자를 대신하여 대금지급을 확약함으로써 수출자의 대금회수 불능에 대한 위험을 방지하고 수입자는 신용장조건과 일치하는 서류를 인도받으면서 개설은행에 대금을 지급하므로 상품 불인도에 대한 위험을 방지할 수 있다. |
| 무신용장 방식 | D/P방식 | ▶ D/P ; Document against Payment<br>선적서류 인도 시 수입자가 선적서류 인도와 동시에 대금을 지급하는 거래를 말하며 지급인도조건거래라 한다. |
| | D/A방식 | ▶ D/A ; Document against Acceptance<br>수입자가 추심은행으로부터 선적서류를 인수하고 수입대금지급은 어음 만기일에 하게 하는 일종의 외상거래로서 인수인도조건거래라 한다. |

20) 물품의 선적 전에 수출대금을 영수하는 조건의 사전송금방식일 때에는 수출자는 안전하나 수입자는 대금만 미리 지급하고 물품을 받지 못하는 위험을 부담하게 되고, 반대로 물품의 선적 후에 수출대금을 영수하는 조건의 사후송금방식일 경우에는 물품을 받은 후 대금을 지급하는 수입자는 안전하나 수출자는 대금 미회수의 위험을 부담하게 된다.

### 다) 보험조건(Terms of Insurance)

무역에서 취급하는 보험은 통상적으로 해상보험 중 적하보험을 말한다. 해상적하보험에는 협회적하약관(ICC; Institute Cargo Clause)으로 ICC(A), (B), (C) 등 세 가지 기본약관이 있으며, 매매당사자들은 부보 범위와 보험료 등을 고려하여 계약화물에 가장 적합한 형태의 보험조건을 선정하여야 한다.

① 인코텀즈 2020의 CIF, CIP규칙은 수출자가 수출국에서 출항전에 매수인을 위하여 보험을 부보해야 하는 의무가 있으며, 일반적으로 수출자나 수입자는 자신을 위해 DAP, DPU, DDP규칙은 수출자가 보험을 부보하고, EXW, FCA, CFR, CPT, FAS, FOB규칙은 수입자가 보험을 부보한다.

② 보험부보의 조건은 일반적으로 송장(INVOICE) 금액의 110%를 CIF는 ICC(C), CIP는 ICC(A)조건으로 부보한다.

## (3) 계약 불이행에 관한 조건

계약 불이행에 관한 조건으로는 클레임조건이 있다. 클레임은 무역거래에서 매매계약당사자의 일방이 계약이행을 위반함으로써 다른 일방이 이로 인하여 입은 손해의 배상을 청구하는 것으로 '객관적인 손해배상청구'를 말한다.

### 가) 클레임조건(Terms of Dispute, 중재조항)

① 클레임의 종류

㉠ 운송화물에 관한 클레임(Claim on Damage or Lost Cargo) : 운송 중의 사고에 의하여 화물에 손해가 생겼을 때에 피해자가 선박회사 또는 보험회사에 대하여 손해배상을 청구하는 것

㉡ 무역거래상의 클레임((Business Claim) : 일반적인 (무역)클레임이다. 매매당사자(수출업자/수입업자)의 일방이 매매계약의 내용을 충실히 이행하지 않았을 경우 그로 인해 손해를 입은 당사자가 권리의 회복을 요구하거나 손해배상을 청구하는 것을 말한다(이것을 무역분쟁의 구상 'Claim for Trade Dispute'이라고도 함).

② 클레임의 제기기한

㉠ 클레임의 제기기한의 약정

- 클레임의 제기기한에 관한 약정은 클레임의 포기조항을 수반하고 있으므

로 일종의 면책조항이라고 할 수 있다.

- 클레임 제기기간의 설정은 그 물품의 성질상 합리적으로 요구되는 하자발견 및 통지 기간보다 너무 짧게 규정되어 있으면 그 효력을 부인당하는 경우도 있으므로 그 기간을 설정하는 데도 주의하여야 한다.

㉡ 클레임의 제기기한의 약정 예문

> Any claim by Buyer shall be notified by Buyer to seller within 30days after the arrival of the goods at the destination stipulated on the face hereof. Unless such notice, accompanied by proof certified by an authorized surveyor, is sent by Buyer during such above mentioned period, Buyer shall be deemed to have waived any such claim.

㉢ 한국 상법(제69조)에는 물품의 하자 발견 시 즉시 통지하거나 발견할 수 없는 하자의 경우 6개월 이내에 제기하면 된다.

③ 클레임의 해결방법

무역클레임이 발생하면 우선 양 당사자 모두는 합리적으로 클레임을 해결하려는 자세와 신속하고도 경제적으로 클레임을 해결하려는 노력이 필요하다.

클레임이 제기되면 가능한 한 당사자 간에 우호적인 협의를 통하여 해결하는 것이 바람직하나 그렇지 못할 경우에는 제3자를 통하여 해결할 수밖에 없다. 흔히 클레임의 해결에 관해 "중재는 재판보다 낫고, 조정이 중재보다 나으며, 조정보다는 우호적인 해결이 낫고, 가장 좋은 방법은 클레임의 예방이다."라는 말을 한다.

| 구분 | 해결방법 |
| --- | --- |
| 매매당사자 간의 해결 | • 청구권의 포기(Waiver of Claim)<br>• 당사자 간의 직접타협(Compromise, Accord, Concord and Amicable Settlement)<br>• 화해(Amicable Settlement) |
| 제3자 개입에 의한 해결방법 | • 알선(Intercession, Recommendation)<br>• 조정(Conciliation, Mediation)<br>• 중재(Arbitration)<br>• 소송(Litigation : Suit) |

나) 상사중재제도

① 중재(Arbitration)의 의의

중재는 분쟁당사자 간의 합의(仲裁契約)에 따라 사법(私法)상의 법률관계에 관한 현존 또는 장래에 발생할 분쟁의 전부 또는 일부를 법원의 판결에 의하지 아니하고 사인인 제3자를 중재인으로 선정하여 중재인의 판정에 맡기는 동시에 그 판정에 복종함으로써 분쟁을 해결하는 자주법정제도이다. 아울러 국가공권력을 발동하여 강제 집행할 수 있는 권리가 법적으로 보장된다(중재법 제1조, 제8조, 제9조 및 제37조).

② 중재의 적용대상 및 요건

㉠ 중재의 적용대상 : 중재는 당사자가 자유로이 처분할 수 있는 사법상의 분쟁으로서 현재 또는 장래에 발생할 분쟁 모두가 중재의 대상이다(중재법 제1조 및 제2조). 따라서 당사자가 자유로이 처분할 수 없는 법률관계(형사사건, 가사심판사건, 강제집행사건, 행정소송사건)는 중재의 대상이 아니다.

㉡ 중재의 요건

ⓐ 상사분쟁의 주체인 당사자가 있어야 한다.

ⓑ 중재당사자는 당사자적격에 결격사유가 없어야 한다.

ⓒ 분쟁이 반드시 현실적으로 존재하여야 하며, 중재대상을 특정하여야 한다.

ⓓ 분쟁은 서면에 의한 중재합의 범위 내에 속하여야 한다.

ⓔ 중재는 사법상의 법률관계에 관한 분쟁이어야 한다.

ⓕ 양당사자에 의해 신청된 분쟁의 해결을 위임할 중재기관인 판정자로서 제3자인 중재인이 있어야 한다.

ⓖ 법원에의 직소(直訴)가 금지되어야 한다.

ⓗ 중재인의 판정은 최종적이고 구속력이 있기 때문에 당사자는 이에 무조건 복종해야 한다.

③ 중재제도의 특징

무역거래에서 분쟁이 발생하는 경우 소송보다는 중재에 의하여 해결하는 경우가 많다. 중재란 중재합의에 의하여 사법상의 권리 기타 법률관계에 관한 분쟁을 법원의 소송절차에 의하지 않고 사인인 제3자를 중재인(Arbitrator)으로 선정하여 그 분쟁의 해결을 중재인의 결정에 맡기는 동시에 최종적으로 그 결정에 복종함으로써 분쟁을 해결하는 제도를 말한다. 중재는 소송제도와는 차이가 있는데, 소송제도와 비교한 장단점은 다음 표와 같다.

[표 4-4] 상사중재제도의 장단점

| 장 점 | 단 점 |
|---|---|
| • 단심제 ⇨ 저렴한 비용, 신속성 제고<br>• 절차의 비공개<br>• 충분한 변론의 기회 보장<br>• 법원의 확정판결과 동일한 효력(국내적 효력)<br>• 중재판정의 외국에서의 집행 보장(국제적 효력) | • 상소제도의 결여<br>• 법적인 안정성과 예측 가능성 결여<br>• 당사자의 대리인적 경향<br>• 양당사자 주장의 절충가능성<br>• 중재절차상의 문제 발생 가능성(법률문제) |

④ 상사중재제도에 관한 국제규칙

㉠ 제네바협약 : 1923년 체결된 제네바의정서 '중재조항에 관한 의정서(Protocol on Arbitration Clause)'의 단점을 보완하여 1927년 '외국 중재판정의 집행에 관한 협약(Convention on the Execution of Foreign Arbitral awards)'이 제정됨에 따라 외국 중재판정의 승인과 집행이 보장되었다.

㉡ 뉴욕협약 : UN협약이라고 불리며, 1958년 6월 '외국 중재판정의 승인 및 집행에 관한 UN협약(United Nations Convention on the Recognition and Enforcement of Foreign Arbitral Awards)'이 뉴욕의 UN 본부에서 체결되었으며 이를 일반적으로 뉴욕협약이라고 한다. 우리나라는 1973년 2월 42번째로 뉴욕협약에 가입하여 뉴욕협약의 체약국 간에는 승인 및 집행을 보장받는다.

㉢ 국제무역법위원회(UNCITRAL) 표준국제상사중재법 : 1985년 6월 UN 권고결의안으로부터 UNCITRAL 표준국제상사중재법 채택

**참고 | 표준중재조항의 실례**

각국의 상설중재기관에서는 중재의 효율성을 높이고 신속한 중재절차의 진행을 위하여 당사자들이 중재계약을 체결할 때 쉽게 이용할 수 있도록 표준중재조항을 마련해 놓고 있다. 대한상사중재원에서 권고하는 '표준중재조항'은 다음과 같다.

1. 국내중재조항의 예

이 계약으로부터 발생되는 모든 분쟁은 대한상사중재원에서 중재규칙에 따라 중재로 최종 해결한다.

2. 국제중재조항의 예

All disputes, controversies, or differences which may arise between the parties, out of or in relation to or in connection with this contract, or for the breach thereof, shall be finally settled by arbitration in Seoul, Korea in accordance with the Arbitration Rules of the Korean Commercial Arbitration Board and under the Laws of Korea. The award rendered by the arbitrator(s) shall be final and binding upon both parties concerned.

이 계약으로부터 또는 이 계약과 관련하여 또는 이 계약의 불이행으로 말미암아 당사자 간에 발생하는 모든 분쟁, 논쟁 또는 의견 차이는 대한민국 서울에 소재하는 대한상사중재원의 중재규칙 및 대한민국법에 따라 중재에 의하여 최종적으로 해결한다. 중재인(들)에 의하여 내려지는 판정은 최종적인 것으로 당사자 쌍방에 대하여 구속력을 가진다.

3. 국제중재조항의 예 – 피신청인주의

All disputes that may arise under or in relation to this contract shall be submitted to arbitration in the country of respondent (a) under the Arbitration Rules of the Korean Commercial Arbitration Board if the arbitration is to be held in the Republic of Korea or (b) under the Commercial Arbitration Rules of the Japan Commercial Arbitration Association if the arbitration is to be held in Japan. The award rendered by the arbitrator(s) shall be final and binding upon both partiesn concerned.

본 계약과 관련된 또는 계약하에 발생한 모든 분쟁은 (a) 중재의 개시가 대한민국에서 이루어진다면, 대한상사중재원의 중재규칙하에 또는 (b) 중재의 개시가 일본에서 이루어진다면, 일본상사중재원의 상사중재규칙하에 피고인의 국가에 있는 중재원에 제출되어야 한다. 중재원(들)의 판정은 관련 당사자들에게 최종적이며 구속력을 갖는다.

## 2. 일반거래조건협정서(Agreement on General Terms and Conditions of Business)

### 1) 일반거래조건협정서의 의의

무역계약이 성립되고 본격적인 거래가 이루어지게 되면 일회성이 아닌 장기적·반복적인 거래 관계가 지속되는 경우가 많다. 이러한 경우에 매번 개별 거래내용의 주요 부분은 변경될 수 있으나 일반적이고 기본적인 사항은 동일하게 이루어지는 경우가 많다. 이 경우 당사자 간의 합의에 의하여 계약의 일반적이고 기본적 사항을 정하여 문서화하여 서로 서명하고 교환한다면 업무의 간소화는 물론이고 장차 발생할 수 있는 분쟁의 가능성을 줄이게 되는데, 이를 위해 필요한 것이 일반거래조건협정서이다.

### 2) 일반거래조건협정서의 내용

#### (1) 거래형태에 관한 조건

거래형태는 당사자 간의 거래라 할 수 있는 본인 대 본인(Principal to Principal)의 거래인지, 본인과 대리인의 거래인지 아니면 대리인 간의 거래인지를 명시한다.

#### (2) 계약 성립에 관한 조건

계약은 일반적으로 청약에 대한 승낙으로 계약이 성립하게 된다. 이러한 경우 CISG의 규정을 준용하는 경우도 있고, 당사자 간의 합의에 의하여 청약과 승낙에 관한 사항을 별도로 명시할 수 있다.

#### (3) 계약물품에 관한 조건

약정 물품의 품질, 가격, 수량, 포장에 관한 일반적인 사항을 정하는 것으로 수입상은 주로 물품의 품질에 대한 관심이 상대적으로 높으므로 수입상의 의견이 까다롭게 제시되는 경우도 있다.

#### (4) 계약의 이행에 관한 조건

계약의 이행은 대상 물품을 선적하고 그에 대한 대가로 대금을 수령하는 일련의 과정을 말한다. 이러한 과정에서 선적, 대금지급, 보험 등에 관한 기본적 사항을 명시하게 되는데 이 부분은 일반거래 조건협정서의 가장 중요한 부분 중의 하나로 볼 수 있다.

#### (5) 보조적 내용

##### 가) 분쟁해결에 관한 조건

당사자 간에 무역분쟁(클레임)이 발생하였을 때 이를 해결하기 위한 내용, 방법, 형식, 절차 등에 관한 사항을 명시하게 된다. 어느 일방의 당사자에게 일방적으로 유리한 내용이 명시되면 거래의 진행이 원만하게 이루어지기 어렵기 때문에 보편적이며 일반적인 내용을 기준으로 균형 있게 작성하는 것이 바람직하다.

나) 기타 조건

기타의 조건은 보편적인 내용이 아니라 할지라도 수입상과 수출상의 거래방식이 한쪽에서는 일반적으로 보편화되어 있는 경우에 그 내용을 명시함으로써 장기적·반복적으로 동일한 효과를 발생하게 하는 것을 말한다.[21)]

### 3) 일반거래조건협정서의 실례

뉴욕에 소재한 Tomas사(이하 '매수인'이라 칭함)와 서울에 소재한 한국산업(이하 '매도인'이라 칭함) 간에 체결된 본 협정서는 다음과 같이 정한다.

> This memorandum made and entered into between Tomas & co., Now York (hereafter called Buyers) and Hankook Inc. co., Ltd., Seoul(hereafter called Sellers) witnesses as follows.

① 거래조건 : 양 당사자 간에 체결된 모든 거래는 본인 대 본인으로 한다.

> Business : All business transactions entered into between the parties shall be as Principals to principals.

② 품질조건 : 모든 적하품목은 설명서, 품질, 상태에 관해서는 견본과 일치하여야 한다.

> Quality : All shipments shall be conforming to samples in regard to description, quality and state at the place of destination.

③ 가격조건 : 전신 혹은 편지로 별도의 명시가 없는 한, 매도인 또는 매수인이 지시하는 모든 가격은 미화로 뉴욕도착 운임보험료 포함조건으로 한다.

> Price : Unless otherwise specified in cables or letters, all prices by sellers or Buyers shall be quoted in U.S. Dollars on the basis of C.I.F New York.

---

21) 예를 들어, 수입상의 경우 일정한 품질기준 이상의 물품만을 항상 수입해야 하는 경우 수출 시마다 공인 검사기관의 검사를 마치도록 하는 내용을 명시할 수 있고 수출상의 경우에는 대금결제의 중요성이 크기 때문에 D/A 또는 D/P 거래를 회피할 수도 있다. 이러한 경우 신용장 또는 T/T 거래를 선호하되 T/T 거래 시 결제 시기에 관한 기준을 미리 내용에 포함시켜 둘 수도 있다.

④ **수량조건** : 매수인의 1회의 주문은 수량이 500타를 초과하는 한 매도인은 이를 수락하여야 한다.

> Quantity : An order shall be accepted so long as the quantity exceeds 500 dozen.

⑤ Delivery : **운송조건**

㉠ **선적조건** : 매도된 모든 적하품은 매 계약서에 명시된 기간 내에 선적되어야 한다. 선하증권의 일자는 선적일의 결정적인 증거로서 간주된다. 특별히 협의하지 않는 한 선적항은 매도인의 임의이다. 매도인은 신용장내도의 지연에 의한 선적지연에 대해서는 책임을 지지 않는다.

> Shipment : All the goods sold shall be shipped within the time stipulated in each contract. The date of bills of lading shall be taken as a conclusive proof of the date of shipment. Unless specially arranged, the port of shipment shall be atusive p's option. sellers shall not be responsible for late shipment caused by the delay of arrival of a Letter of credit.

㉡ **불가항력** : 매도인은 직간접적 불가항력에 기인한 어떠한 선적지연에 대해서도 책임을 지지 않는다. 즉, 화재, 홍수, 지진, 파업, 공장폐쇄, 전쟁, 폭동, 소요, 적대행위, 봉쇄, 선박의 징발, 수출 금지 등 매도인이 통제할 수 없는 기타 사유 등이다. 명시된 기간 이내에 선적을 지연시키는 전기의 사유가 발생하는 경우 매도인은 매수인에게 그 발생 또는 존재를 통지해야 하며, 서울 상공회의소가 입증한 서류를 제출하여야 한다.

> Force majeure : Sellers shall not be responsible for any delay in shipment due directly or indirectly to force majeure, such as fires, floods, earthquakes, tempest, strikes, lockouts, wars, riots, civil commotions, hostilities, blockades, requisition of vessels, embargoes, and to any other causes beyond the control of sellers. In the event of any of these accidents or contingencies which prevent shipment within the stipulated time, Sellers shall inform Buyers of its occurrence or existence and furnish a certificate substantiated by the Korea Chamber of commerce and Industry.

⑥ **대금지급조건** : 환어음은 계약체결 후 20일 이내 개설될 취소불능화환신용장에 근거하여 송장 금액의 전액에 대해서 운송서류를 첨부하여, 일람불로 발행한다. 신용장이 아닌 D/P(어음인수지급도조건)에 대한 거래는 매 경우 매도인의 사전 동의를 요한다.

Payment : Draft(s) shall be drawn at sight, documents attached, for the full invoice amount under an Irrevocable Credit which shall be established within 20 days after the conclusion of the contract. Business against D/P Draft without L/C should be subject to Seller' previous consent in each case.

⑦ **보험조건** : 매도인은 모든 적하품에 대하여 송장 금액에 110% 금액으로 전쟁위험을 포함한 ICC(B)조건으로 보험에 부보한다. 도난, 발하, 불착손 위험 담보조건이나 부수적인 보험조건이 요할 경우에는 매도인은 매수인의 비용으로 이를 부보한다. 보험증권 및 보험증서는 미화로 작성하고 보험금 지급지는 뉴욕으로 한다.

Insurance : Sellers shall effect marine insurance of all shipments on I.C.C.(B) including War Risk for 110% of the invoice amount. Risk of theft, pilferage and non-delivery or any other additional insurance of required, shall be covered by Sellers for account of Buyers. Insurance Policies or Certificates shall be made out in U.S. currency, and claims payable in New York.

⑧ **확정오퍼** : 별도의 명시가 없는 한, 모든 확정오퍼는 일요일과 공휴일을 제외하고 발송 후 48시간 유효하다.

Firm Offer : Unless otherwise stipulated, all firm offers shall be valid for 48 hours from the time dispatched, excluding Sunday and national holiday.

⑨ **주문** : 확정오퍼를 수락한 경우를 제외하고는 여하한 주문도 매도인이 이를 수락한다고 타전할 때까지는 구속력이 없다. 모든 주문은 서면으로 확인해야 하며, 그렇게 확인된 주문은 상호 동의 없이는 취소할 수 없다.

Order : Except in cases where firm offers are accepted, no orders shall be binding until acceptance is cabled by Sellers. All orders shall be confirmed in writing, and orders thus confirmed shall not be cancelled unless by mutual consent.

⑩ **클레임** : 매수인은 클레임이 발생하면 목적지에 물품이 도착한 후 20일 이내에 전신이나 텔렉스로 통지하여야 한다. 그리고 매수인은 공인된 검정인의 증명서를 매도인에게 지체없이 항공우편으로 보내야 한다. 매도인과 매수인이 원만하게 해결이 되지 않을 경우에는 대한민국 서울에 소재하고 있는 대한상사중재원의 중재에 의해 해결하고, 중재판정은 최종적이며, 양당사자를 구속한다.

Claims : Buyer's claims, if any, shall be made by cable or telex within 20 days after arrival of the goods at destination. Certificates by recognized surveyors shall be sent by air mail without delay. All claims which can not be amicably settled between the seller and the buyer shall be settled by Arbitration in Seoul, in accordance with the rules of the Korean Commercial Arbitration Board, whose award shall be final and binding upon Sellers and Buyers.

⑪ 서명 : 서명하신 후 원본은 보관하시고 부본은 송부바랍니다.

Please acknowledge by signing and returning the separate sheet, retaining the original for you.

## 제 2 절 INCOTERMS® 2020

### 1. INCOTERMS의 개관

#### 1) INCOTERMS의 의의

무역거래는 쌍무계약에 의한 거래이므로 매도인과 매수인이 각각 부담해야 할 여러 가지 의무가 있다. 이러한 매매당사자의 의무는 다양하기 때문에 매번 계약할 때마다 일일이 열거한다는 것은 계약체결의 실무상 복잡하고 번거롭기 때문에 이를 FOB나 CIF와 같은 간단한 인코텀즈 규칙을 이용하여 거래하고 있는데, 이것이 '정형거래조건의 해석에 관한 국제규칙(INCOTERMS; International Rules for the Interpretation of Trade Terms, 이하 인코텀즈라 칭함)'이다.

| | |
|---|---|
| 위험부담의 분기점 | 물품이 멸실 혹은 손상(파손)되는 것(Loss of or Damage to the Goods)에 대한 책임이 어느 장소와 시점에서 매도인으로부터 매수인에게 이전되는가 하는 문제로서, **인도(Delivery)의 이행 및 손해배상**과 관련된다. |
| 비용부담의 분기점 | 물품의 수출입에서 생기는 갖가지 요소비용 가운데 어느 것까지는 수출상이 부담하고 그 외는 수입상의 부담으로 하는가의 문제로서 **가격조건**에 직접 관련된다. |

인코텀즈는 1936년 제정되어 당사자 간의 법률관계 중 의무의 내용을 중심으로 규정하였으며, 2010년 9월에 7차 개정하면서 부제로 국내 및 국제무역조건 사용에 관한 ICC 규칙(ICC Rules for the Use of Domestic and International Trade Terms)을 채택하여 국내거래 및 국제거래 겸용으로 사용할 수 있도록 하였다. 또한, ICC는 「INCOTERMS® 2010」(ICC Publication No.715E)을 상표 등록하여 2011년 1월 1일부터 발효함에 따라 무역계약의 당사자가 인코텀즈를 적용하기 위해서는 반드시 「INCOTERMS® 2020」이라고 명확히 지칭하여야 한다.[22)]

## 2) INCOTERMS의 목적과 범위

### (1) 목적

국제무역을 하는 당사자들은 서로 나라가 다르기 때문에, 이들 간에 체결된 매매계약이라는 사법상의 법률관계를 규제하는 법률이나 제도 및 상관습 등에는 많은 차이가 존재하며, 이로 인한 매매계약조건을 둘러싼 분쟁의 가능성을 내포하고 있다. 이에 따라 국제상업회의소(ICC)에서 국제무역의 거래조건과 상관습 등을 통일시켜 무역거래 당사자들에게 무역거래조건의 해석에 관한 '일련의 국제규칙(a set of international rules)'인 인코텀즈를 제정하여 계약당사자들에게 다 같이 공통적으로 적용될 수 있도록 중립적이고 합리적인 국제규칙을 제공하였다.

따라서 인코텀즈는 각국에 일반적으로 사용되고 있는 '정형거래규칙(Trade Rules)'에 대한 서로 다른 해석으로 인한 오해와 마찰 등의 분쟁이나 이에 따른 불의의 피해와 같은 불확실성을 제거하거나 최소화시켜 시간과 금전상의 낭비를 방지하고 더 나아가 무역 확대의 도모를 제공하는데 그 목적이 있다.

다만 이 규칙은 강제성이 없기 때문에 '계약 또는 신용장(L/C)에 인코텀즈 규정을 따른다'라는 명시가 없을 경우 그 효력을 얻지 못한다.

---

22) ICC의 'INCOTERMS® 2010'의 상표등록에 따라 'I'를 소문자로 표기하거나 'Incoterm'라는 단수형을 사용하는 것은 바람직하지 않기 때문에 현재의 인코텀즈를 적용하기 위해서는 반드시 'INCOTERMS® 2020'이라고 명확히 지칭해야 한다. 또한, INCOTERMS® 2010에서 각 정형거래규칙의 서두의 Guidance Note(사용지침)에서 종래의 term(조건 또는 정형거래조건)이라는 표현을 사용하지 않고 'INCOTERMS® 2010 rules' 혹은 'this rule' 등으로 표현하고 있다. 따라서 본서에는 종래의 INCOTERMS 2000까지의 내용을 다루는 경우를 제외하고는 'INCOTERMS® 2010' 및 'INCOTERMS® 2020'과 관련된 내용을 기술할 경우에는 '정형거래조건'이 아닌 '정형거래규칙'으로 칭하고자 하였다.

### (2) 적용범위

인코텀즈의 적용범위는 다음과 같다.

첫째, 인코텀즈는 매각된 물품의 인도에 관하여 매매계약당사자의 권리와 의무에 관련된 사항, 즉 매매계약상의 매도인과 매수인 간의 관계만을 취급하고 있다. 여기에서 물품이란 컴퓨터 소프트웨어와 같은 무형물이 아닌 유형물을 의미한다.

둘째, 인코텀즈는 운송계약에 적용되는 것이 아니라 매매계약에 적용되는 것이다. 즉, 수출입업자가 국제무역을 이행하기 위해서는 주 계약인 매매계약에 따라 종속계약인 운송, 보험 및 금융계약이 필요하게 되지만, 인코텀즈는 매매계약에만 관련되어 있다. 그럼에도 불구하고 특정 인코텀즈의 조건을 사용하기 위한 당사자의 합의는 필연적으로 운송, 보험 및 금융계약 등의 종속계약에 영향을 미친다.

셋째, 인코텀즈는 매수인의 임의처분상태로 물품을 놓아두거나 또는 운송을 위하여 물품을 인도하거나 또는 목적지에서 물품을 인도하여야 하는 매도인의 물품인도의무와 당사자 간의 위험의 분배를 규정하고 있다.

넷째, 인코텀즈는 당사자가 매매계약에 포함시키고자 하는 모든 의무를 규정하고 있는 것이 아니다. 즉, 인코텀즈는 매매당사자인 매도인과 매수인이 각각 무엇을 하여야 하는지, 상대방에 대해서 어떠한 의무를 부담[23]하는가를 상세하게 규정하고 있다. 그러나 청약과 승낙에 의한 계약의 성립, 소유권 이전의 시기, 당사자의 계약능력이나 착오에 의한 계약의 유효성, 당사자의 계약위반에 대한 구제 등의 문제에 대해서는 전혀 언급하지 않고 있다. 왜냐하면, 이것은 각국의 계약법이나 매매법의 대상이 되는 문제이므로 국제상관습을 집대성한 국제규칙인 인코텀즈에서 이러한 문제를 취급하는 것은 무리가 있기 때문이다.

다섯째, 인코텀즈는 국제법이나 국제조약이 아닌 임의법규이므로 각 국가에서 공식적으로 채택하거나 강제적으로 적용되지 않고 당사자들의 선택에 의하여 임의로 채용되는 것이다. 따라서 계약위반의 결과와 여러 가지 장애에 의한 책임의 면제에 대한 문제는 매매계약의 기타 규정 및 준거법에 의해서 해결되어야 한다.

## 3) INCOTERMS 1936 ~ INCOTERMS® 2020의 변천

인코텀즈는 1936년에 처음 제정된 후 오늘에 이르기까지 1953년, 1967년, 1976년, 1980년, 1990년, 2000년, 2010년 및 2020년에 8차례 개정되고 추가되어 국제

23) 수출입을 위한 물품의 통관의무, 물품의 포장, 물품인수 의무 및 각각의 의무가 정당하게 인도되었다는 증거를 제공할 의무 등.

무역환경의 변화를 반영해 왔으며, 현재는 [INCOTERMS® 2020]이 2020년 1월 1일부터 사용되고 있다. 이하 주요 개정 내용을 정리하면 다음과 같다.

첫째, 1936년 제정된 인코텀즈는 11개 조건을 규정하였으며, 이후 1953년 9개 조건, 1967년 11개 조건, 1976년 12개 조건, 1980년 14개 조건, 1990년과 2000년 각각 13개 조건, 2010년 이후 현행 인코텀즈 2020의 11개 규칙이 규정되어 있다.

둘째, 인코텀즈 1980에서는 1970년대부터 본격화된 컨테이너를 이용한 복합운송방식을 수용하기 위해 기존 내륙운송 간에서만 사용하던 <Freight or Carriage Paid to(⋯ named point of destination)>을 복합운송에 적용할 수 있도록 DCP(운임지급필 인도)조건으로 정형화하였다. 이와 함께 FRC(운송인 인도, 현재의 FCA)조건과 CIP(지정목적지점 운임 및 보험료 지급)조건을 신설하였다. 특히, 14개 조건의 '3자' 국제부호를 정하여 사용하도록 하였다.

셋째, 인코텀즈 1990은 상업송장, 선하증권, 보험증권 등과 같은 서류의 EDI방식을 수용하기 위해 개정하였으며, 매도인과 매수인의 의무를 각각 10개 조항으로 명확히 구분하였다. 개별 조건과 관련하여서는 FOA, FOR/FOT조건을 폐지하여 모든 운송방식 적용이 가능한 FRC조건을 FCA로 변경하여 흡수, 통합하였다. 그리고 DDU조건을 DDP조건에서 분리하여 세분화하였으며, 4개 조건의 약호를 <FRC → FCA, DCP → CPT, EXS → DES, EXQ → DEQ> 변경하였다.

넷째, 인코텀즈 2000은 FAS조건과 DEQ조건하에서의 통관과 관세지불의 의무에 관한 내용[24]과 FCA조건하에서의 적재와 양륙의 의무에 관한 내용[25]을 변경하였다. 또한, 13개 조건을 <E, F, C, D>로 4개로 그룹화하였다.

다섯째, 인코텀즈 2010은 13개 규칙을 11개 규칙으로 축소하였다. 즉, 기존의 DAF, DES, DEQ 및 DDU규칙을 통합하여 새로운 DAT, DAP규칙을 신설하였다. 한편, 인코텀즈 2010은 현대의 상거래 현실을 반영해 운송수단에 따라 모든 운송방식에 적용되는 규칙과 해상 및 내수로 운송에 적용되는 규칙으로 구분하고 있다.[26]

---

24) FAS조건에서는 통관 및 관세지불에 대한 매수인의 의무를 매도인의 의무로, DEQ조건에서는 통관 및 관세지불에 대한 매도인의 의무를 매수인의 의무로 각각 변경하였다.

25) FCA조건하에서의 적재와 양륙의 의무에 관한 내용을 변경하였다. 즉, 인코텀즈 2000의 FCA조건에서는 물품의 인도장소로서 계약에 지정되어 있는 장소가 매도인의 영업소인 경우에는 물품이 매수인의 수취용 차량에 적재된 때에 인도가 완료하고, 기타의 경우에는 물품이 매도인의 차량으로부터 양륙되지 않은 채 매수인의 임의처분상태로 놓여진 때에 인도가 완료된다.

26) 운송방식에 의해 모든 운송방식에 적용되는 규칙(EXW, FCA, CPT, CIP, DAP, DPU, DDP)

여섯째, 인코텀즈 2020은 실무자들의 요구에 의해 2010년에 신설된 DAT규칙을 삭제하고 DAP규칙에 매도인 양하의무를 부과한 DPU(도착지 양하인도)규칙을 신설하였다.

| INCOTERMS® 1936(11) | INCOTERMS® 1953(9) | INCOTERMS® 1967(11) | INCOTERMS® 1976(12) | INCOTERMS® 1980(14) | INCOTERMS® 1999(13) | 구분 | INCOTERMS® 2000(13) |
|---|---|---|---|---|---|---|---|
| EXW | EXW | EXW | EXW | EXW | EXW | E | EXW |
| Free...<br>FOR/FOT<br>FAS<br>FOB | FOR/FOT<br>FAS<br>FOB | FOR/FOT<br>FAS<br>FOB | FOR/FOT<br>FAS<br>FOB<br>FOB | FRC<br>FOR/FOT<br>FOA<br>FAS<br>FOB | FCA<br>FAS<br>FOB | F | FCA<br>FAS<br>FOB |
| C&F<br>CIF<br>DCP* | C&F<br>CIF<br>DCP* | C&F<br>CIF<br>DCP* | C&F<br>CIF<br>DCP* | C&F<br>CIF<br>DCP<br>CIP | CFR<br>CIF<br>CPT<br>CIP | C | CFR<br>CIF<br>DCP<br>CIP |
| Free<br>Delivered<br>Ex Ship<br>Ex Quay | Ex Ship<br>Ex Quay | DAF<br>Ex Ship<br>Ex Quay<br>DDP | DAF<br>Ex Ship<br>Ex Quay<br>DDP | DAF<br>EXS<br>EXQ<br>DDP | DAF<br>DES<br>DEQ<br>DDU<br>DDP | D | DAF<br>DES<br>DEQ<br>DDU<br>DDP |

1. DCP* : Freight or Carriage Paid to ... named point od destination(지정목적지 운임지급조건)이 1980년에 DCP로 명칭이 변경됨
2. 1953년 2개 조건 삭제 : Free... named port of shipment(지정선적항 반입인도조건), Free Delivered... named point of destination(지정목적지 반입인도조건)
3. 1967년 2개 조건 추가 : DAF(국경인도조건), DDP(통관인도조건)
4. 1976년 1개 조건 추가 : FOA(FOB Airport ; 공항인도조건)
5. 1980년 : 〈3자(字) 국제부호〉를 정하여 사용(Ex ship → EXS, Ex Quay → EXQ로 변경)
   〈FRC ; 운송인도조건〉과 〈CIP ; 운임보험료지급인도조건〉 등 2개 조건 추가
6. 1990년 : FOA & FOR/FOT조건 폐지하여 모든 운송수단방식이 가능한 FCA(운송인인도조건)으로 흡수
   DDU(관세미지급인도조건)을 DDP(관세지급필인도조건)에서 분리하여 세분화함
   약호변경(FRC → FCA, DCP → CPT, EXS → DES, EXQ → DEQ)
7. 2000년에 13개 조건을 〈E〉, 〈F〉, 〈C〉, 〈D〉 등 4개 그룹화

| 구분 | INCOTERMS® 2010 | INCOTERMS® 2020 |
|---|---|---|
| 모든 운송방식에 적용되는 규칙 | EXW<br>FCA<br>CPT<br>CIP<br>DAT<br>DAP<br>DDP | EXW<br>FCA<br>CPT<br>CIP<br>DAP<br>DPU<br>DDP |
| 해상운송 및 내수로 운송에 적용되는 규칙 | FAS<br>FOB<br>CFR<br>CIF | FAS<br>FOB<br>CFR<br>CIF |

6. 2010년
- INCOTERMS® 2010의 상표등록에 따라 〈INCOTERMS® 2010〉으로 표기
- 종래의 term(조건 또는 정형거래조건)이라는 표현을 사용하지 않고 'INCOTERMS® 2010 rules' 혹은 'this rule' 등으로 표현하고 있다.
- 종전 4개 group(E, F, C 및 D group)별로 구분하였던 거래규칙들을 운송방식(수단)에 따라 〈모든 운송방식에 적용되는 규칙〉과 〈해상 및 내수로 운송에서 사용하는 규칙〉으로 구분
- DDU, DAF, DES, DEQ 등 4개 규칙 삭제
- DAP(DEQ), DAP(DAF+DES+DDU) 등 2개 규칙 신설

2. 2020년
- DAT 규칙 삭제, DPU 규칙 신설
- DPU 규칙 : DAP + 매도인의 양하의무

[그림 4-4] 인코텀즈 개별 규칙의 개정(1936~2020)

---

과 해상 및 내수로 운송에 적용되는 규칙(FAS, FOB, CFR, CIF)으로 분류하였다.

# 2. INCOTERMS® 2020의 내용

## 1) INCOTERMS® 2020의 구성

인코텀즈 2020의 구성은 다음 <그림 4-5>와 같이 ① 서문, ② 11개 거래규칙의 구분, 사용자를 위한 설명문(Explanatory Notes for Users)[27] 및 당사자별 의무사항, ③ 조항별 규칙 조문 등 3가지 그룹으로 구성되어 있다.

<table>
<tr><td>1</td><td colspan="2">INTRODUTION OF INCOTERMS® 2020(인코텀즈 2020의 서문)</td></tr>
<tr><td rowspan="4">2</td><td>모든 운송방식에 적용되는 규칙</td><td>해상 및 내수로운송에 적용되는 규칙</td></tr>
<tr><td>EXW, FCA, CPT, DAP, DPU, DDP</td><td>FAS, FOB, CFR, CIF</td></tr>
<tr><td colspan="2">(개별규칙) 사용자를 위한 설명문(Explanatory Notes for Users)</td></tr>
<tr><td>개별규칙별 매도인의 의무(A1~A10)</td><td>개별규칙별 매수인의 의무(B1~B10)</td></tr>
<tr><td rowspan="2">3</td><td colspan="2">조항별 규칙 조문(Article-by-Article Text of rules)</td></tr>
<tr><td>A1 (EXW~DDP)<br>⋮<br>A10(EXW~DDP)</td><td>B1 (EXW~DDP)<br>⋮<br>B10(EXW~DDP)</td></tr>
</table>

[그림 4–5] INCOTERMS® 2020의 구성

첫째, 제 1그룹은 인코텀즈 2020의 소개문이다. 여기에는 인코텀즈 2020의 제정목적, 주요 내용, 인코텀즈 2010과의 차이점 등을 주로 설명하고 있다.

둘째, 제 2그룹은 운송방식에 따른 11개 규칙의 구분과 11개 규칙에 대한 설명 및 각 규칙 활용 시 유의할 점 등 유용한 정보를 제공하는 <사용자를 위한 설명문>을 하단에 배치하고 있다. 이어서 매도인과 매수인의 의무를 각각 10개씩 대칭적으로 규정하고 있다.

셋째, 제 3그룹은 인코텀즈 2010에는 구성되어 있지 않았던 내용으로 11개 규칙 내 당사자의 의무, 즉 A1/B1부터 A10/B10까지의 조항별로 11개 규칙을 나열하여 설명하고 있다.

27) 사용자를 위한 설명문은 인코텀즈 2020의 각 거래 규칙별로 사용자들이 이해하기 쉽게 해당 규칙에 대한 정의, 특징 및 사용상의 주의점 등을 요약하여 설명한 부분이다.

[표 4-5] INCOTERMS® 2020의 규칙

| 구분 | 약어 | 규칙 | |
|---|---|---|---|
| | | 영문명 | 국문명 |
| 모든 운송방식에 적용되는 규칙 | EXW | Ex Works : insert named place of delivery | 공장인도 |
| | FCA | Free Carrier : insert named place of delivery | 운송인인도 |
| | CPT | Carriage Paid To : insert named place of destination | 운송비지급인도 |
| | CIP | Carriage & Insurance Paid To : insert named place of destination | 운송비·보험료 지급인도 |
| | DAP | Delivered At Place : insert named place of destination | 목적지인도 |
| | DPU | Delivered At Place Unloaded : insert named place of destination | 도착지양하인도 |
| | DDP | Delivered Duty Paid : insert named place of destination | 관세지급인도 |
| 해상 및 내수로운송에 적용되는 규칙 | FAS | Free Alongside Ship : insert named port of shipment | 선측인도 |
| | FOB | Free on Board : insert named port of shipment | 본선인도 |
| | CFR | Cost and Freight : insert named port of destination | 운임포함인도 |
| | CIF | Cost, Insurance and Freight : insert named port of destination | 운임·보험료 포함인도 |

또한, 인코텀즈 2020에서는 개별 규칙 내 양 당사자의 의무조항순서를 변경하였다.

[표 4-6] INCOTERMS® 2020의 당사자 의무

| INCOTERMS® 2010 | INCOTERMS® 2020 | |
|---|---|---|
| | 매도인의 의무(A) | 매수인의 의무(B) |
| A1/B1. 일반적 의무 | 1. 매도인의 일반적 의무 | 1. 매수인의 일반적 의무 |
| A2/B2. 허가, 승인, 안전확인 및 기타 절차 | 2. 인도 | 2. 인도의 수령 |
| A3/B3. 운송 및 보험계약 | 3. 위험의 이전 | 3. 위험의 이전 |
| A4/B4. 인도/인도의 수령 | 4. 운송 | 4. 운송 |
| A5/B5. 위험의 이전 | 5. 보험 | 5. 보험 |
| A6/B6. 비용의 배분 | 6. 인도/운송서류 | 6. 인도/운송서류 |
| A7/B7. 통지 | 7. 수출입 통관 | 7. 수출입 통관 |
| A8/B8. 인도서류 | 8. 점검/포장/화인 | 8. 점검/포장/화인 |
| A9/B9. 점검/포장/화인 | 9. 비용분담 | 9. 비용분담 |
| A10/B10. 정보에 의한 협조와 관련 비용 | 10. 통지 | 10. 통지 |

## 2) INCOTERMS® 2020의 주요 특징

### (1) 개별규칙 내 조항순서 변경

인코텀즈 2010 규칙과는 달리 인코텀즈 2020 규칙에서는 당사자의 의무사항 중 인도/인도의 수령(A2/B2), 위험의 이전(A3/B3), 운송(A4/B4), 보험(A5/B5) 등 중요한 규정을 전반부에 배치하였다. 특히, 인코텀즈 2020에서는 인코텀즈 2010에서 A3/B3(운송 및 보험계약)을 운송(A4/B4)과 보험(A5/B5)으로 각각 분류 규정하였다. 한편, 비용조항은 중요도에도 불구하고 A9/B9(비용분담)에 비용일람표(one-stop list)를 제공하는 목적으로 후반부에 배치하는 등 개별 규칙 내 조항 순서를 변경하였다.

### (2) CIF 및 CIP규칙에서의 보험부보범위의 이원화

인코텀즈 2020의 11개 개별 규칙에서 매도인의 보험부보의 의무가 있는 규칙은 CIF와 CIP규칙이다. 이 두 규칙은 인코텀즈 2010까지는 일반적으로 송장 금액의 110%에 대해 최소담보조건인 ICC(C)로 부보하도록 되어 있었다. 하지만 인코텀즈 2020에서는 CIF는 최소담보조건인 ICC(C)로, CIP는 최대담보조건인 ICC(A)에 부보하도록 개정을 하여 보험부보범위를 이원화하였다.

물론 인코텀즈는 임의규범이기 때문에 필요한 경우 당사자 합의에 의해 CIF에서는 당사자 합의에 의해 매수인의 비용으로 더 높은 보험에 가입할 수 있으며, CIP에서는 당사자 합의에 의해 더 낮은 보험에 가입할 수 있다.

### (3) FCA(운송인도규칙)에서의 본선적재표기 선하증권 발행

인코텀즈 2020에서 새로 신설된 내용으로 FCA규칙에서도 매도인과 매수인의 합의 하에 매수인이 매도인에게 선적식선하증권의 제공을 요구할 수 있도록 규정하고 있다. 즉, FCA 매매에서 해상운송의 경우 매도인/매수인(특히, 신용장 개설 시)이 본선적재부기(on-board notation)가 있는 선하증권(선적선하증권 혹은 본선적재선하증권)이 필요할 수 있다. 하지만 FCA에서 물품 인도는 본선적재 전에 완료되나 운송인은 운송계약상 물품이 실제로 선적된 후에 비로소 선적선하증권을 발행할 의무와 권리가 있다. 이에 FCA A6/B6에서 본선적재 부기가 있는 선하증권에 관한 규정을 신설하여 매도인은 매수인의 위험과 비용으로 운송인에게 선적선하증권을 발행하도록 지시하여야 하며, 발행된 선하증권을 매수인에게 제공하여야 한다.

### (4) DAT규칙 삭제, DPU(도착지 양하인도)규칙 신설

DAT(터미널인도)규칙은 인코텀즈 2010에서 신설된 규칙으로 터미널이기만 하면 목적지 어떤 장소에서도 매도인이 양하한 상태에서 인도가 이루어지는 규칙이다. 하지만 DAT의 전제조건은 목적지 터미널인도규칙으로, 터미널을 벗어나 매수인이 지정한 창고까지 이동하고 싶은 경우에는 DAT가 아닌 DAP를 사용하여야 하고, DAP에는 매도인의 양하 의무가 포함되지 않았다.

이에 따라 인코텀즈 2020에서는 많은 실무자들의 의견을 반영해 DAT규칙을 삭제하고 DAP에서 매도인의 양하 의무를 추가한 DPU를 신설하였다. 단, DPU를 사용하고자 하는 경우에는 반드시 매도인 자신이 물품을 인도하고자 하는 장소에서 물품의 양하가 가능한지 여부를 확인하여야 한다.

### (5) FCA 및 'D' 규칙에서 매도인 또는 매수인 자신의 운송수단 허용

인코텀즈 2010에서 운송이 요구되는 규칙은 원칙적으로 독립된 3자운송인(third-party carrier)의 물품운송을 전제로 하였다. 하지만 실무적인 관점에서는 'D'규칙에서 매수인이 지정한 목적지까지 운송하기 위해 매도인이 반드시 독립된 운송계약을 체결할 필요는 없으며 매도인 자신이 스스로 운송을 하는 것도 가능하다. 또한, FCA에서도 매수인이 물품을 수출국 인도 장소에서 수취 후 목적지 자신의 국가까지 운송하는 데 있어 자신이 스스로 운송하는 것이 가능하다.

이에 따라 인코텀즈 2020에서는 A4/BA(운송)조항에서 FCA 규칙에서는 매수인이, 'D'규칙에서는 매도인이 자신의 운송수단에 의한 운송을 허용하였다.

### (6) 운송 및 비용조항에 보안 관련 의무 삽입

인코텀즈 2010이 시행된 후 테러 등에 대비한 보안 문제에 따른 새로운 선적관행이 상당히 정립되었다. 이러한 보안 통관은 운송 및 통관에 직결되기 때문에 각 인코텀즈 규칙의 A4(운송)와 A7(수출통관)에 보안 관련 의무를 명시하였다. 아울러 보안 관련 비용도 A9/B9(비용분담)에 규정하였다.

### (7) 사용자를 위한 설명문

사용자를 위한 설명문은 개별 규칙에 대한 소개와 설명으로 인코텀즈 2000에서는 <전문(Premble)>, 인코텀즈 2010에서는 <사용지침(Guidance Note)>의 표현을 사용해왔으나 인코텀즈 2020에서는 <사용자를 위한 설명문(Explanatory Notes for Users)>이란 명칭으로 변경하여 개별 인코텀즈 규칙의 기본적인 사항을 5~10개 항목으로 구성하여 설명하고 사용자들이 거래에 적합한 인코텀즈 규칙을 정확하고 효율적으로 찾을 수 있도록 하였다. 이는 개별 인코텀즈 규칙의 해석이 필요할 때 지침을 제공한다.

#### (8) 조달규정(Procure) 확대

조달은 연속매매, 특히 운송 중 전매에서 주로 사용되는 개념으로 해상으로 운송되는 1차 산품에서 사용되는 개념이기 때문에 인코텀즈 2010에서는 재래화물의 해상 및 내수로운송에 적용되는 규칙인 FAS, FOB, CFR, CIF에서만 조달이 인정되었다. 그럼에도 불구하고 다른 규칙에서도 연속매매를 하고자 하는 당사자의 요구가 증가한 결과, 인코텀즈 2020에서는 FCA, CPT, CIP, DAP, DPU, DDP에 대해서도 조달 의무가 인정되도록 확대되었다.

### 3) INCOTERMS® 2020의 실무적용 시 유의사항

#### (1) 인코텀즈는 강행규칙이 아닌 임의규칙 성격이다.

인코텀즈 2020은 임의규칙으로서 자동적으로 매매계약에 적용되지는 않는다. 이에 따라 당사자들은 매매계약서 등의 '준거법조항'에 <INCOTERMS® 2020>의 적용을 명확히 기재해야 한다.

- □ DPU INCHEON, INCOTERMS® 2020 / FOB QINGDAO, INCOTERMS® 2020
- □ 간단한 매매계약서의 경우 가격조건에 다음과 같이 표시
  - CIF New York, INCOTERMS® 2020, USD100,000.00

#### (2) 인코텀즈는 불완전한 규칙이다.

인코텀즈는 매매계약, 신용장 및 보험계약과는 관련이 없지만 이들 계약에는 영향을 미친다. 따라서 인코텀즈 2020은 일반당사자에 의한 계약위반의 효과나 물품의 소유권 이전 등에 관해서는 전혀 규정하고 있지 않다. 이러한 사항은 통상적으로 매매계약상의 명시조항이나 관련 조항을 반드시 두어야 한다.

### (3) 거래 상황에 적합한 규칙을 선택해야 한다.

매매계약 당사자들은 물품, 운송방식, 운송계약과 보험계약 체결의 당사자들을 잘 고려하여 당해 계약에 가장 적합한 규칙을 선택해야 한다.

### (4) 물품인도와 비용분담 등을 위한 정확한 장소를 명기해야 한다.

매매계약 체결 시 선적, 운송을 위한 선박 제공(예 : FOB규칙) 및 운송계약 체결 및 비용부담(예 : CPT규칙) 등의 명확화를 위해 인코텀즈 각 규칙별 항구, 장소, 지점 등을 지리적으로 상세하게 지정해야 한다. 이는 매매계약에서 어떤 항구(port)나 장소(place) 내에서 구체적인 지점을 확정해 두는 것이 후일의 논쟁을 방지하기 위하여 바람직하다.

□ E, F규칙(C규칙 제외) : 위험이전 인도장소 기재
예) 선적지가 부산인 경우(부산→상해) : FOB BUSAN, INCOTERMS® 2020

□ D규칙 : 위험이전 인도장소 기재
예 1) 목적지가 상해인 경우(부산→상해) : DPU SHANGHAI, INCOTERMS® 2020
예 2) DAP규칙 : DAP No 123, ABC street, (Importland), INCOTERMS® 2020

□ C규칙 : 매도인이 운송 수배(선박 수배) 및 비용을 부담하는 목적지 기재
즉, 인도장소를 기재하는 것이 아님(왜냐하면 위험 ≠ 비용)
예) 목적지가 상해인 경우(부산→상해) : CIF SHANGHAI, INCOTERMS® 2020

### (5) 인코텀즈 2020의 변형시 당사자의 명백한 합의가 중요하다.

인코텀즈 2020은 내용의 변경을 금지하고 있지는 않지만 당사자의 합의에 의해서 규칙을 변경할 수 있다. 하지만 이러한 변경에는 상당한 위험이 있음을 인식하여야 한다. 즉, 매매계약 당사자들은 바람직하지 않는 상황을 피하기 위하여 변경에 따른 의도된 효과를 그들의 매매계약에서 명확히 해 둘 필요가 있다. 예를 들어 인코텀즈 2020 상의 비용부담을 변경하고자 한다면 인도지점과 위험지점의 변경을 함께 의도하는 것인지 명확하게 합의해야 한다.

## 4) INCOTERMS® 2020 각 규칙별 내용

### (1) 모든 운송방식에 적용되는 규칙

#### 가) EXW : Ex Works(–insert named place of delivery) – 공장인도규칙

EXW규칙은 통상적으로 매도인의 영업소 또는 기타 지정된 장소(작업장, 공장,

창고 등)에서 매도인이 물품을 매수인의 임의처분상태로 놓아둘 때에 자신의 물품 인도의무를 이행한 것으로 하는 조건이다.[28)]

한편, 물품 대금은 별도의 약정이 없는 한, 물품의 인도 시에 지급하여야 하며, 이 규칙을 사용할 경우 다음 사항을 유의하여야 한다.

첫째, 매도인은 비록 실무상 물품을 적재하기 유리한 입장에 있다고 해도 물품을 적재할 의무가 없다. 만약 매도인이 물품을 적재하였다면 그것은 매수인의 위험 및 비용부담으로 한 것이다. 매도인이 물품을 적재하기 유리한 입장에 있는 경우에는 보통 FCA규칙이 적당하다.

둘째, 수출하기 위해 EXW규칙으로 매도인으로부터 물품을 구입하는 매수인은 다음과 같은 사실에 주의할 필요가 있다. 즉 매도인은 단지 매수인이 수출을 하기 위해 필요한 협조를 할 의무만 있고 수출통관을 해 줄 의무는 없다. 따라서 매수인은 직접 또는 간접적으로 수출통관절차를 밟을 수 없을 경우 EXW규칙을 사용하지 않는 것이 바람직하다.

셋째, 매수인은 매도인에게 물품의 수출에 관한 정보를 제공할 의무가 거의 없다. 그러나 매도인은 수출통관대상 물품에 대한 과세 또는 보고를 위해 이러한 정보가 필요할 수가 있다.

> Ex WORKS (EXW) means that the seller delivers the goods to the buyer when it places the goods at the disposal of the buyer at a named place (like a factory or warehouse), and that named place may or may not be the seller's premises. For delivery to occur, the seller does not need to load the goods on any collecting vehicle, nor does it need to clear the goods for export, where such clearance is applicable.
>
> EXW규칙은 매도인이 자신의 거소 또는 기타 지정된 장소(공장 또는 창고 등)에서 매수인의 임의처분 상태로 이전한 때를 인도로 하는 조건이다. 매도인은 수집차량에 적재하거나 수출물품에 대한 통관을 할 필요가 없다.
>
> ▸ Key 1. 수출자에게 가장 작은 부담을 주는 규칙
>   2. 무역거래에 익숙하지 않은 수출업자가 이용하기에 편리한 규칙
>
> ▸ Price : USD10/unit EXW Sunjin logistics' warehouse 1, Gwangju city, Korea

---

28) 이 경우 매도인의 최소한의 의무라고 하는 전통적인 원칙에 입각하여 볼 때, 매도인은 매수인이 제공한 수취용 차량에 물품을 적재할 의무를 부담하지 않는다. 그러나 만일 당사자가 출발시의 물품의 적재에 대한 책임과 그러한 적재의 모든 비용과 위험을 매도인에게 부담시키고자 하는 경우에는 매매계약에 이것을 명확하게 규정하여야 한다.

### 나) FCA : Free Carrier(insert named place of delivery) – 운송인인도규칙

**FCA**규칙은 수출국 내의 지정지점에서 물품을 인도하는 거래조건으로서, 매도인이 지정된 장소에서 매수인이 지정한 운송인에게 물품을 인도할 때까지의 모든 위험과 비용을 매도인이 부담하고 그 이후에는 매수인이 부담하는 조건이다. 현행 규칙에서는 운송인에 대한 인도의 완성 시점을 단순화하여 매도인의 영업장 구내에서 이루어질 경우와 기타 모든 지정 장소에서 이루어질 경우의 두 가지로만 구별하여 매도인과 매수인에 대한 위험과 비용의 분기점을 제시하고 있다.[29)]

FREE CARRIER (FCA) means that the seller delivers the goods to the buyer in one or other of two ways: First, when the named place is the seller's premises, the goods are delivered when they are loaded on the means of transport arranged by the buyer. Second, when the named place is another place, the goods are delivered when, having been loaded on the seller's means of transport, they reach the named other place and are ready for unloading from that seller's means of transport and at the disposal of the carrier or of another person nominated by the buyer. Whichever of the two is chosen as the place of delivery, that place identifies where risk transfers to the buyer and the time from which costs are for the buyer's account.

'FCA'는 매도인이 다음의 두 가지 방법 중 하나의 방법으로 매도인에게 물품을 인도하는 것을 말한다. 첫째, 지정된 장소가 판매자의 구역인 경우, 물품은 매수인이 정한 운송 수단에 적재될 때 인도된다. 둘째, 지정된 장소가 다른 장소인 경우, 매도인은 자신의 차량에 물품을 적재된 상태로 지정된 장소에서 운송인의 처분 또는 매수인이 지명한 사람의 처분상태하에 있을 때 인도된다.

- Key 1. EXW + 인도장소까지의 운송비용 + 수출통관비
  2. 매도인이 물품을 수출통관하고, 지정된 장소에서 매수인에 의하여 지정된 운송인에게 인도하는 규칙
- Price : USD10/unit FCA Sunjin logistics' warehouse 1, Gwangju city, Korea

### 다) CPT : Carriage Paid To(insert named place of destination) – 운송비지급인도규칙

**CPT**규칙은 **CFR**의 복합운송규칙으로 매도인이 그가 선택한 운송인에게 물품을 인도함으로써 매수인에 대한 물품인도의무를 완수하되, 수입국 내의 지정목적지까지의 운송비(Carriage)를 매도인이 지급한다. 만약 운송비(Carriage)[30)]가 운송계

29) 즉, FCA규칙에서 인도장소를 매도인의 영업장 구내로 선택한 경우에는 매수인의 수취용 차량에 물품이 적재된 때에, 기타의 경우에는 매수인의 임의처분상태로 놓여 졌을 때 매도인의 인도의무가 완료된다. 따라서 당사자들은 지정된 인도장소 내의 지점을 명확하게 표시해야 한다.

약에 포함된 경우에는 제3국의 통과비용도 매도인이 부담하도록 하고 있다.

이 규칙에서는 위험의 이전과 비용부담의 분기점이 다르므로 당사자들은 위험이 매수인에게 이전되는 인도 장소와 매도인이 운송비를 부담해야 하는 합의된 목적지에서의 지점을 명확히 해두어야 한다. 그리고 이때 매도인이 지정목적지에서의 양하에 관하여 운송계약하에서 비용을 부담한 경우에도 당사자 사이에 별도의 합의가 없으면, 매도인은 이러한 비용을 매수인으로부터 회수할 권리가 없다.

CARRIAGE PAID TO (CPT) means that the seller delivers the goods - and transfers the risk – to the buyer by handing them over to the carrier contracted by the seller or by procuring the goods so delivered. The seller may do so by giving the carrier physical possession of the goods in the manner and at the place appropriate to the means of transport used. Once the goods have been delivered to the buyer in this way, the seller does not guarantee that the goods will reach the place of destination in sound condition, in the stated quantity or indeed at all. This is because risk transfers from seller to buyer when the goods are delivered to the buyer by handing them over to the carrier; the seller must nonetheless contract for the carriage of the goods from delivery to the agreed destination.

CPT는 매도인이 계약한 운송업체에 물품을 인도하거나 물품을 조달하고, 매수인에게 위험을 이전하는 것을 의미한다. 매도인은 운송 수단에 적절한 방법과 장소에서 운송인에게 물품을 물리적으로 소유함으로써 그렇게 할 수 있다.

물품이 이러한 방식으로 매수인에게 인도되면 매도인은 상품이 양호한 상태, 명시된 수량 또는 실제로 도착지에 도달할 것이라고 보장하지 않는다. 이는 상품이 운송인에게 인계되어 물품이 매수인에게 인도될 때 매도인에서 매수인으로 위험이 이전되기 때문이다. 그럼에도 불구하고 매도인은 합의된 목적지로의 운송에서 물품운송에 대한 계약을 체결해야 한다.

▸ Key 1. 매도인은 지정목적지까지의 운송비(보험료 제외)를 부담한다.
2. 위험의 분기점은 선적지에서 지정된 운송인에게 물품을 인도하였을 때이다.

▸ Price : USD10/unit CPT Sunjin logistics' warehouse of Los angeles, USA

### 라) CIP : Carriage and Insurance Paid To(insert named place of destination) – 운송비·보험료지급인도규칙

CIP규칙은 CIF규칙의 복합운송규칙으로 복합운송을 포함하여 운송수단에 관계없이 사용될 수 있다. 이 규칙은 매도인이 자신이 지명한 운송인에게 물품을 인도하여야 하며[31], 또한, 매도인은 지정된 목적지까지 물품을 운송하는 데 필요한 운

30) 여기서 운송비(Carriage)라 함은 단순한 해상운임이나 내수로 운임일 수도 있지만, 육로운임이나 철도운임 또는 항공운임일 수도 있으므로 FOB규칙과 CFR규칙 및 CIF규칙에서의 Freight와는 다른 Carriage라는 용어를 사용하는 것이다.

송비를 지불해야 하는 것으로 이것은 물품이 인도된 후에 발생하는 모든 위험과 추가 비용을 매수인이 부담하는 것을 의미한다.

또한, CIP규칙에서는 매도인은 매수인이 부담하는 운송 중의 물품의 멸실 또는 손상의 위험에 대해서 보험계약을 체결하고 보험료를 지불하며, 관습적이거나 매수인이 요청하는 경우 매도인은 자기의 비용으로 매수인에게 통상의 운송서류와 보험증권 또는 기타의 부보증명서류를 제공하여야 한다.32)

CARRIAGE AND INSURANCE PAID TO (CIP) means that the seller delivers the goods −and transfers the risk− to the buyer by handing them over to the carrier contracted by the seller or by procuring the goods so delivered. The seller may do so by giving the carrier physical possession of the goods in the manner and at the place appropriate to the means of transport used. Once the goods have been delivered to the buyer in this way, the seller does not guarantee that the goods will reach the place of destination in sound condition, in the stated quantity or indeed at all. This is because risk transfers from seller to buyer when the goods are delivered to the buyer by handing them over to the carrier; the seller must nonetheless contract for the carriage of the goods from delivery to the agreed destination.

CIP는 매도인이 계약한 운송업체에 물품을 인도하거나 운송한 물품을 조달함으로써 매도인이 물품을 인도하고 위험을 양도하는 것을 의미한다.

매도인은 운송 수단에 적절한 방법과 장소에서 운송인에게 물품을 물리적으로 소유함으로써 그렇게 할 수 있다. 물품이 이러한 방식으로 매수인에게 인도되면 매도인은 상품이 양호한 상태, 명시된 수량 또는 실제로 도착지에 도달할 것이라고 보장하지 않는다. 이는 상품이 운송인에게 인계되어 물품이 매수인에게 인도될 때 매도인에서 매수인으로 위험이 이전되기 때문이다. 그럼에도 불구하고 매도인은 합의된 목적지로의 운송에서 물품운송에 대한 계약을 체결해야 한다.

▸ Key 1. 해상운송인 CIF규칙을 복합운송방식으로 바꿀 때 적용할 수 있다.

---

31) '운송인'이란 운송계약에서 철도, 도로, 항공, 해상, 내륙수로 또는 이러한 운송수단을 결합한 운송을 이행하거나 수배하는 것을 인수하는 자를 의미한다. 합의된 목적지까지 운송하는데 여러 운송인이 이용될 경우에는 물품이 최초의 운송인에게 인도될 때 위험이 이전한다.

32) 단, 매수인은 CIP규칙하에서 매도인은 최소담보의 보험만을 부보하도록 요구된다는 사실에 주의하여야 한다. 즉, 매도인이 매수인을 위해 체결하는 해상보험계약은 2009년 1월부터 사용하고 있는 로이즈시장협회(LMA; Lloyd's Market Association), 국제보험인수협회(IUA; International Underwriting Association of London)가 제정한 협회적하약관(ICC; Institute Cargo Clauses)의 A조건 또는 이와 유사한 약관상의 최저담보조건으로 부보하여야 하고, 보험기간은 물품의 출하지에서 운송인에게 인도한 때로부터 적어도 지정목적지까지여야 하며, 보험금액은 송장 금액의 110%가 되어야 한다. 하지만 매수인이 보다 광범위한 담보로 보호되기를 희망하는 경우에는 매수인은 매도인과 명시적으로 담보의 정도를 합의하거나, 혹은 자신의 부담으로 별도의 보험을 수배할 필요가 있을 것이다.

2. CIP는 최소담보조건이 ICC(A)이며, CIF는 그대로 ICC(C)이며, 당사자 간에 보험조건에 관한 아무런 약정이 없었다면 통상적으로 매도인은 ICC(A)조건의 송장(INVOICE)금액의 110%로 부보한다.
3. 매도인은 자신의 이름으로 보험계약을 체결하고 피보험자도 매도인으로 기재되지만 보험증권을 배서하여 매수인에게 양도함으로써 보험의 청구권리를 이전하게 된다.

▸ Price : USD10/unit CIP Sunjin logistics' warehouse of Los angeles, USA

### 마) DAP : Delivered At Place(insert named place of destination) – 목적지인도규칙

DAP규칙은 매도인이 지정된 목적지에서 수입통관을 필하지 않은 계약물품을 도착된 운송수단으로 부터 양하하지 않은 상태로 매수인의 임의처분상태로 인도하는 것으로,[33] 이 조건을 사용할 경우 DAP 뒤에 지정목적지를 표시한다. DAP규칙의 경우 매도인은 자기의 비용으로 지정목적지 또는 경우에 따라 지정목적지의 합의된 지점까지 물품을 운송하기 위한 운송계약을 체결하여야 하고, 지정지까지 물품을 운송하는 데 따른 모든 위험을 부담한다.[34]

DELIVERED AT PLACE (DAP) means that the seller delivers the goods - and transfers risk – to the buyer when the goods are placed at the disposal of the buyer on the arriving means of transport ready for unloading at the named place of destination or at the agreed point within that place if any such point is agreed. The seller bears all risks involved in bringing the goods to the named place of destination or to the agreed point within that place. In this Incoterms rule, therefore, delivery and arrival at destination are the same.

DAP는 물품이 도착지로 지정된 운송 장소에서 하역 준비가 된 도착 수단 또는 매수인이 그 지점에 합의된 경우 그 장소의 합의 된 지점에서 하역 준비가 되었을 때, 매수인은 인도의무를 완료하고 매수인에게 위험이 이전됨을 의미한다. 매도인은 물품을 지정된 목적지 또는 그 장소 내의 합의 된 지점으로 가져 오는데 관련된 모든 위험을 감수한다. 따라서 이 인코텀즈 규칙에서 배송지와 도착지는 동일하다.

---

33) DAP규칙에서 물품의 수입통관은 매수인이 하여야 하는데, 만약 당사자들이 수입통관절차를 매도인이 수행하기를 희망하는 경우에는 DDP규칙을 사용하여야 한다.

34) 만약 특정 지점이 합의되지 않았거나 관습에 의해 결정되고 있지 않은 경우, 매도인은 지정목적지에서 자기의 목적에 가장 적합한 지점을 선택할 수 있다. 이때 매도인이 목적지에서의 양하에 관하여 운송계약 하에서 비용을 부담한 경우에도 당사자 사이에 별도의 합의가 없으면, 매도인은 이러한 비용을 매수인으로부터 회수할 권리가 없다. 한편, 매수인은 지정목적지에서 자기가 임의로 처분할 수 있는 상태가 된 이후의 모든 위험과 비용을 부담한다.

▸ Key 1. 매도인은 계약 물품을 매수인의 지정 장소까지의 모든 비용(관세부담 제외)을 부담하여야 한다.
2. 매도인은 수입통관절차 의무를 부담하고자 한다면 DDP규칙으로 계약하여야 한다.
▸ Price : USD10/unit DAP Sunjin Logistics' warehouse, Gwangyang port, Korea

### 바) DPU : Delivered At Place Unloaded(insert named place of destination) – 도착지양하인도규칙

DPU규칙은 인코텀즈 2020에서 신설된 규칙으로 매도인의 양하 의무가 추가되었다. 목적지나 약속한 합의 지점에서 매도인이 양하를 한 후 인도가 이루어지는 조건이다. 매도인이 양하의 위험과 비용을 부담하고 인도와 목적지의 도착은 DAP와 같다. 만약 매도인이 양하의 위험과 비용을 부담하지 않으려면 DAP규칙을 사용해야 한다.

DELIVERED AT PLACE UNLOADED (DPU) means that the seller delivers the goods–and transfers risk–to the buyer when the goods, once unloaded from the arriving means of transport, are placed at the disposal of the buyer at a named place of destination or at the agreed point within that place, if any such point is agreed. The seller bears all risks involved in bringing the goods to and unloading them at the named place of destination. In this Incoterms rule, therefore, the delivery and arrival at destination are the same. DPU is the only Incoterms rule that requires the seller to unload goods at destination. The seller should, therefore, ensure that it is in a position to organize unloading at the named place. Should the parties intend the seller not to bear the risk and cost of unloading, the DPU rule should be avoided and DAP should be used instead.

DPU는 물품이 도착지로 지정된 장소에서 운송수단에서 하역되면 준비가 된 도착 수단 또는 매수인이 그 지점에 합의된 경우 그 장소의 합의 된 지점에서 하역 준비가 되었을 때, 매도인은 인도 의무를 완료하고 매수인에게 위험이 이전됨을 의미한다. 매도인은 지정된 목적지에서 상품을 반입 및 반출하는 데 관련된 모든 위험을 감수하며, 이 인코텀즈 규칙에서 배송지와 도착지는 동일하다. DPU는 매도인이 목적지에서 상품을 하역해야 하는 유일한 Incoterms 규칙이다. 따라서 매도인은 지정된 장소에서 하역을 할 수 있는 조직이 있어야 한다. 당사자가 매도인이 하역의 위험과 비용을 부담하지 않도록 의도하는 경우 DPU 규칙을 피하고 대신 DAP를 사용해야 한다.

▸ Key 1. 매도인은 계약물품을 매수인의 지정 장소까지의 모든 비용(관세부담 제외)을 부담하여야 한다.
2. 매도인은 수입통관절차 의무를 부담하고자 한다면 DDP규칙으로 계약하여야 한다.
▸ Price : USD10/unit DPU Sunjin Logistics' warehouse, Gwangyang port, Korea

### 사) DDP : Delivered Duty Paid(insert named place of destination) – 관세지급인도규칙

DDP규칙은 매도인이 수입통관을 필하고 수입국 내의 지정목적지까지 물품을 반입하여 인도하는 것으로서, 목적지에 도착하는 운송수단으로부터 양하하지 아니한 상태로 인도한다.

이 규칙을 사용할 경우 DDP 뒤에 지정목적지를 표시한다. 이 규칙의 경우 매도인은 지정목적지에 도착할 때까지 목적지 국가에서 수입을 위한 관세를 포함하여 계약물품을 인도할 때까지의 모든 비용과 위험을 부담하여야 한다. 그리고 수입에 따라 부과되는 부가가치세나 기타 세금도 계약상 별도 합의가 없는 한 매도인이 부담한다.[35] 따라서 매도인은 직·간접적으로 수입통관을 할 수 없을 경우나 매수인이 수입통관에 따른 모든 위험과 비용을 부담하기로 한다면 DDP규칙이 아닌 DAP규칙이나 DPU규칙을 사용하는 것이 바람직하다.

DELIVERED DUTY PAID (DDP) means that the seller delivers the goods to the buyer when the goods are placed at the disposal of the buyer, cleared for import, on the arriving means of transport, ready for unloading, at the named place of destination or at the agreed point within that place, if any such point is agreed. The seller bears all risks involved in bringing the goods to the named place of destination or to the agreed point within that place. In this Incoterms rule, therefore, delivery and arrival at destination are the same.

DDP는 물품이 도착지로 지정된 운송 장소에서 하역 준비가 된 도착 수단 또는 매수인이 그 지점에 합의된 경우 그 장소의 합의 된 지점에서 하역 준비가 되었을 때, 매수인은 인도의무를 완료하고 매수인에게 위험이 이전됨을 의미한다. 매도인은 물품을 지정된 목적지 또는 그 장소 내의 합의 된 지점으로 가져 오는데 관련된 모든 위험을 감수한다. 따라서 이 인코텀즈 규칙에서 배송지와 도착지는 동일하다.

▸ Key 1. 매도인의 부담이 가장 큰 규칙이다.
2. 매도인은 매수인이 지정한 수입국 내의 지정목적지까지 수입통관에 따른 관세납

35) DDP규칙의 사용에 있어서 실무적으로 부가가치세(VAT; value added tax)로 인해 분쟁이 발생하는 경우가 있다. 통상 VAT는 일반적으로는 수입업자(매수인)가 환급을 받기 때문에 수입업자(매수인)가 부담하는 경우가 많아 수출업자(매도인)은 부담하지 않는 것으로 알고 있으나 규칙상으로는 별도의 명기가 없다면 수출업자(매도인)의 의무이기 때문이다. 따라서 DDP규칙을 사용한 경우 수출업자(매도인)에게 VAT부분을 어떻게 처리할 것인지에 대해 명확히 하도록 하고 있다. 즉, 계약시 'VAT UNPAID' 같은 문구를 계약서상에 확실히 명시하는 것이 좋다. 왜냐하면, 만약 악의적인 경우에 VAT를 수출업자(매도인에게 추가로 부담할 것을 요구하는 경우도 발생하는데 이는 수입업자(매수인)가 이중의 부가수입을 챙기는 경우가 발생하기 때문이다.

부 등 모든 비용을 부담하여야 한다.
▸ Price : USD10/unit DDP Sunjin Logistics' warehouse of Los angeles, USA

### (2) 해상 및 내수로 운송에서만 사용되는 규칙 (Rules for sea and inland waterway transport)

#### 가) FAS : Free Alongside Ship(insert named port of shipment) – 선측인도규칙

FAS규칙은 선적항의 본선의 선측에서 물품을 인도하는 조건으로 매도인이 물품이 본선의 선측(부두상 또는 부선 내)에 적치된 때까지 모든 위험과 비용을 부담하고, 그 이후부터는 매수인이 부담한다. 또한, 수출통관을 포함한 수출행정수속은 매도인이 이행하도록 하는 조건으로 FAS 뒤에 지정선적항을 표시한다.

또한, 이 규칙은 단지 해상운송 또는 내수로운송에만 사용될 수 있으며 주로 곡물 및 원목 등 대량의 산적화물(bulk cargo) 거래 시 이용된다. 통상적으로 현대에 와서는 물품이 컨테이너에 적입된 경우 매도인은 물품을 본선의 선측이 아니라 터미널에서 운송인에게 인도하는 것이 보통이다. 이러한 경우에는 FAS규칙이 적합하지 않고 FCA규칙을 사용하여야 한다.

FREE ALONGSIDE SHIP (FAS) means that the seller delivers the goods to the buyer when the goods are placed alongside the ship (e.g. on a quay or a barge) nominated by the buyer at the named port of shipment or when the seller procures goods already so delivered. The risk of loss of or damage to the goods transfers when the goods are alongside the ship, and the buyer bears all costs from that moment onward.

FAS는 판매자가 상품을 지정된 선적항에서 구매자가 지정한 선박과 나란히 배치 할 때 (예 : 부두 또는 바지선) 판매자가 이미 상품을 조달 할 때 구매자에게 상품을 배송함을 의미한다. 물품이 선박과 나란히 있을 때 물품의 손실 또는 손상 위험은 매수인에게 이전되며, 그 시점부터 모든 비용을 매수인이 부담합니다.

▸ Key 1. EXW + 수출통관비 + 항구까지의 내륙운임, 선측까지의 부두운임을 말한다.
  2. 선측에서 본선에 적재되는 선적비용은 매수인의 부담이다.
▸ Price : USD10/unit FAS Gwangyang port terminal 1, Korea

#### 나) FOB : Free On Board(–named port of shipment) – 본선인도규칙

FOB규칙은 매도인이 물품을 지정된 선적항에서 본선상(on board the vessel)에서 인도하는 거래조건으로 FOB 뒤에 지정선적항(계약의 이행지)을 표시한다. 이

규칙의 경우 매도인은 수출통관을 필한 계약물품을 지정 선적항에서 매수인이 지정한 본선상에 인도하거나 또는 이미 그렇게 인도된 물품을 '조달'(procure)하면 되고, 물품에 대한 멸실·손상의 위험은 물품이 본선상에 인도된 때에 매수인에게 이전된다.[36)]

특히, 인코텀즈 2000까지는 물품의 위험분기점이 계약 물품이 선박의 선측 난간을 통과할(passed the ship's rail) 때로 규정하고 있었으나 인코텀즈 2010에서는 본선의 난간이 삭제되고 본선상으로 되어 있는 점을 유의하여야 한다.

FOB규칙이 FAS규칙과 다른 점은 FOB규칙이 물품의 인도장소를 본선상으로 하고 있는 데 반하여 FAS규칙은 본선의 선측으로 하고 있다는 점이다. 그리고 FOB규칙과 FCA규칙의 가장 큰 차이점은 FOB규칙의 경우는 필연적으로 선적선하증권(on board B/L)을 발행하게 되지만 FCA규칙의 경우는 수취선하증권(received B/L)이 발행되기 때문에 선적 후 본선적재표기(on board notation)를 받아 두어야 했다. 하지만 인코텀즈 2020에서는 FCA A6/B6에서 본선적재 부기가 있는 선하증권에 관한 규정을 신설하여 매도인은 매수인의 위험과 비용으로 운송인에게 선적선하증권을 발행하도록 지시하여야 하며, 발행된 선하증권을 매수인에게 제공하도록 하였다.

FOB규칙은 인코텀즈 2020의 11가지 거래 규칙 중에서 가장 많이 채택·사용되고 있는 조건이며, CIF규칙과 함께 선적항에서 물품 인도를 조건으로 하는 선적지 매매의 대표적인 규칙이다.

FREE ON BOARD (FOB) means that the seller delivers the goods to the buyer on board the vessel nominated by the buyer at the named port of shipment or procures the goods already so delivered. The risk of loss of or damage to the goods transfers when the goods are on board the vessel, and the buyer bears all costs from that moment onwards.

FOB는 매도인이 지정된 선적항이나 기선적된 물품을 조달하는 곳에서 매수인에 의해 지정된 선박에 인도하여 적재하는 것을 말한다. 물품이 선박에 적재될 때 물품에 대한 손상 또는 멸실의 모든 위험은 양도되고, 매수인은 물품에 대한 모든 비용을 부담한다.

---

36) 그러나 FOB규칙은 물품이 본선에 적재되기 전에 운송인에게 인도되는 경우, 예를 들면 컨테이너운송의 경우 본선에 적재되기 전 국내운송단계에서 국제물류주선업자에게 인도되거나 터미널에서 선사에 인도되므로 FCA규칙이 적합하나 FOB규칙을 습관적으로 잘못 사용하는 경우가 많은 것이 현실이다. 이 경우 사고가 발생했을 때 책임의 문제가 복잡해질 수 있기 때문에 이러한 경우에는 FOB규칙이 아니라 FCA규칙을 사용하여야 한다.

▸ Key 1. FAS + 본선적재비용
　　　2. 매수인이 목적항까지의 운임과 보험 등의 일체의 경비를 부담하여야 한다.
　　　3. 선박의 지정과 운송계약체결권은 매수인에게 있다.
▸ Price : USD10/unit FOB Gwangyang port, Korea

### 다) CFR : Cost and Freight(-named port of destination) - 운임포함인도규칙

**CFR**규칙은 **FOB**규칙의 경우와 마찬가지로 지정선적항의 본선상에서 물품을 인도하되[37] 매도인은 통상 사용되는 유형의 선박에, 통상의 항로 및 통상의 조건으로 지정목적항까지 운송하는 해상운송계약을 체결하고 운임을 부담함과 동시에 물품의 수출통관을 하여야 하고, 또 통상의 운송서류를 지체없이 매수인에게 제공하여야 하는 거래조건으로 **CFR** 뒤에 지정목적항을 표시한다. 또한, 운송계약에 포함된 경우에는 제3국의 통과 비용도 매도인이 부담하도록 되어 있는 바 이는 **CIF**규칙에서도 마찬가지이다.

COST AND FREIGHT (CFR) means that the seller delivers the goods to the buyer on board the vessel or procures the goods already so delivered. The risk of loss of or damage to the goods transfers when the goods are on board the vessel, such that the seller is taken to have performed its obligation to deliver the goods whether or not the goods actually arrive at their destination in sound condition, in the stated quantity or, indeed, at all. In CFR, the seller owes no obligation to the buyer to purchase insurance cover: the buyer would be well-advised therefore purchasing some cover for itself.

CFR은 매도인이 기선적된 물품을 조달하거나 선박에 물품을 인도하여 적재하는 것이다. 상품이 선박에 실렸을 때 상품이 손실되거나 손상될 위험이 있으므로 매도인은 상품이 실제로 목적지에 도착하여 좋은 상태, 명시된 수량, 또는 실제 여부에 관계 없이 상품을 배송 할 의무를 지게 된다. CFR에서 매도인은 매수인을 위한 보험 부모 의무가 없음: 매수인은 보험 부보를 스스로 해야 한다.

▸ Key 1. 매도인은 목적항까지의 운임(보험료 제외)을 부담하며 위험의 분기점은 지정선적항의 본선상으로서 가격은 FOB + 해상운임이다.
　　　2. C&F라고 불리기도 한다.
▸ Price : USD10/unit CFR HONGKONG port, China

---

37) CFR규칙은 물품이 본선에 적재되기 전에 운송인에게 인도되는 경우, 예를 들면 컨테이너 운송의 경우 본선에 적재되기 전 국내운송단계에서 국제물류주선업자에게 인도되거나 터미널에서 선사에 인도되므로 CPT규칙이 적합하나 CFR규칙을 잘못 사용하는 경우가 많은 것이 현실이다. 이 경우 사고가 발생했을 때 책임의 문제가 복잡해 질 수 있기 때문에 이러한 경우에는 CFR규칙이 아니라 CPT규칙을 사용하여야 한다.

### 라) CIF : Cost, Insurance and Freight(–named port of destination) – 운임·보험료포함인도규칙

CIF규칙은 매도인이 수출국에서의 수출통관은 물론 목적항까지 물품을 운반하는 데 필요한 운임 및 보험료까지 지급하는 거래조건으로 해상 또는 내륙수로운송에만 사용될 수 있다. 이 규칙하에서 위험의 분기점은 FOB규칙, CFR규칙과 마찬가지로 물품이 지정선적항의 본선상(on board the vessel)에서 인도하는 거래 규칙으로 CIF 뒤에 지정목적항을 표시한다.[38)]

또한, CIF규칙에서 매도인은 매수인이 부담하는 운송 중의 물품의 멸실 또는 손상의 위험에 대해서 매도인은 최소부담의 보험계약(ICC(C) 110%)을 체결하고 보험료를 지불한다는 사실에 주의하여야 한다. 만일 매수인이 보다 광범위한 담보로 보호받고자 하는 경우에는 매수인은 매도인과 명시적으로 담보의 정도를 합의하거나, 혹은 자신의 부담으로 별도의 보험을 수배할 필요가 있다.

COST INSURANCE AND FREIGHT (CIF) means that the seller delivers the goods to the buyer on board the vessel or procures the goods already so delivered. The risk of loss of or damage to the goods transfers when the goods are on board the vessel, such that the seller is taken to have performed its obligation to deliver the goods whether or not the goods actually arrive at their destination in sound condition, in the stated quantity or, indeed, at all. The seller has to conclude the insurance contract. The buyer has to note that the seller is obliged only to insurance with a minimum of coverage.

CIF는 매도인이 기선적된 물품을 조달하거나 선박에 물품을 인도하여 적재하는 것이다. 상품이 선박에 실렸을 때 상품이 손실되거나 손상될 위험이 있으므로 매도인은 상품이 실제로 목적지에 도착하여 좋은 상태, 명시된 수량, 또는 실제 여부에 관계없이 상품을 배송할 의무를 지게 된다. 매도인은 보험계약을 체결해야 하며, 매수인은 매도인이 최소한의 보험에 가입한다는 점에 유의해야 한다.

▸ Key 1. CFR + 해상보험료
2. CIF규칙에서 당사자 간에 보험조건에 관한 아무런 약정이 없었다면 통상적으로 매도인은 ICC(C)조건의 송장(INVOICE)금액의 110%로 부보한다.
3. 매도인은 자신의 이름으로 보험계약을 체결하고 피보험자도 매도인으로 기재되

38) 만일 물품이 본선에 적재되기 전에 운송인에게 인도되는 경우, 예를 들면 컨테이너 운송의 경우 본선에 적재되기 전 국내운송단계에서 국제물류주선업자에게 인도되거나 터미널에서 선사에 인도되므로 CIP규칙이 적합하나 CIF규칙을 잘못 사용하는 경우가 많은 것이 현실이다. 이 경우 사고가 발생했을 때 책임의 문제가 복잡해질 수 있기 때문에 이러한 경우에는 CIF규칙이 아니라 CIP규칙을 사용하여야 한다.

지만 보험증권을 배서하여 매수인에게 양도함으로써 보험의 청구권리를 이전하게 된다.

▸ Price : USD10/unit CIF HONGKONG port, China

## POINT 1. INCOTERMS® 2020 요약(수출자 입장)

| 구분 | 운송규칙 용어(INCOTERMS 2010 7차 개정) | 주요내용 | 수출 통관 | 수입 통관 | 비용 분기점 | 위험(책임) 분기점 |
|---|---|---|---|---|---|---|
| 단일 또는 복합운송 | EXW : Ex Works<br>공장인도규칙 | 수출자 지정 장소에서 운송차량에 비적재 상태로 인도 | × | × | 공장 | 공장 |
| | FCA : Free Carrier<br>운송인인도규칙 | 매수인이 지정한 운송인의 차량에 적재 후 인도, 이송시는 양하전 인도 | ○ | × | 운송인인도 장소 | 운송인인도 장소 |
| | CIP : Carriage Paid to<br>운송비지급인도규칙 | CFR의 복합운송화 | ○ | × | 목적지 | 운송인인도 장소 |
| | CIP : Carriage & Insurance Paid to<br>운송비·보험료지급인도규칙 | CIF의 복합운송화<br>CFR + 운송·해상보험료 | ○ | × | 목적지 | 운송인인도 장소 |
| | DAP : Delivered At Place<br>목적지인도규칙 | 운송수단에 실린채 **양하준비된 상태**로 매수인 처분 상태로 인도하는 조건<br>DES, DAF, DDU를 포함하고 있음. | ○ | × | 도착지 | 도착지 |
| | DPU : Delivered At Place Unloaded<br>도착지양하인도규칙 | DAP에 양하인도의무를 추가 | ○ | × | 도착지 | 도착지 |
| | DDP : Delivered Duty Paid<br>관세지급인도규칙 | 수입국내 지정장소에서 **양하준비된 상태**로 관세납부 후 인도 | ○ | ○ | 수입국 지정장소 | 수입국 지정장소 |
| 해상운송 및 내수로 | FAS : Free Alongside Ship<br>선축인도규칙 | 선적항에서 본선의 선측에서 매수인의 임의처분 상태 | ○ | × | 선적항 본선의 선축 | 본선의 선축 |
| | FOB : Free on Board<br>본선인도규칙 | 선적항에서 본선의 적재된 상태 | ○ | × | 선적항 본선의 적재 | 본선에 적재상태 |
| | CFR : Cost & Freight<br>운임포함인도규칙 | FOB + 해상운임료 | ○ | × | 목적항 | 본선에 적재상태 |
| | CIF : Cost, Insurance and Freight<br>운임·보험료포함인도규칙 | CFR + 해상보험료 | ○ | × | 목적헝 | 본선에 적재상태 |

## POINT 2. INCOTERMS® 2020 규칙별 구성가격 산출

▣ 광주상사는 미국의 Keystone Trading으로부터 미국산 쇠고기를 수입하기로 결정하고 다음과 같이 가격제시를 받았다.

1) Good's Description : USA Meat
2) INCOTERMS® 2020 : Ex-Work Dallas Sunjin Logistics' warehouse US$ 10/ Unit Price/Case
3) Description's Volume : 20,000 cases/ 40'RF container × 1
4) Export Customs Clearance Fee : US$ 100 under US$ 300,000
5) Marine Insurance : US$ 300
6) Inland Charge : US$ 1,000 /40'RF x1 from Sunjin Logistics' warehouse in Dallas to Long Beach Sea Port
7) Long Beach Sea Port Charge(THC etc.) : US$ 300 / 40'RF × 1
8) Ocean Freight : US$ 1,500/40'RF container / from Long Beach sea port to Gwangyang Sea Port(without THC)
9) Import Duty Rate : 25%

10) Import Customs Clearance : 0.02%
11) Bonded Warehousing Fee : US$ 0.01/Case/Day, 30 days in boneded storage(단순하게 종량으로 산출하였으나 실재는 종량, 종가를 합산한다.)
12) Inland Charge : US$ 350/ from Gwangyang to 광주상사의 warehouse in Gwang Ju city/40'RF × 1
* 기타 검역 및 검사비는 생략.

**Quiz 1. 40'RF 기준으로 CIF Gwangyang sea port 가격(US$)를 구하시오.**

인코텀스 규칙이 EXW 규칙으로 예시되어 있으나 CIF 규칙의 가격을 구하기 위해서는 EXW 규칙 가격에 한국의 도착항까지 발생되는 비용을 추가해야 한다.

- Meat price : US$ 10 × 20,000 cases = US$ 200,000 for EXW 규칙
- Export Customs Clearance Fee : US$ 100 under US$ 300,000
- Marine Insurance : US$ 300
- Inland charge : US$ 1,000 /40'RF × 1
- Long Beach Sea Port Charge(THC etc.) : US$ 300 / 40'RF × 1
- Ocean Freight(Long Beach Sea Port to Gwangynag Sea Port) : US$ 1,500
- SUB TOTAL : US$ 203,200.00

**Quiz 2. 한국에서 관세사에게 지불하는 수입통관 수수료(US$)를 구하시오.**

수입통관 수수료가 0.02%로 예시되어 있으며, 수입통관 수수료의 기준은 CIF 규칙 가격을 기준으로 산출한다.

- US$ 203,200.00 × 0.02% = US$ 40.64

**Quiz 3. 40'RF × 1의 기준으로 FOB Long Beach Sea Port(US$) 가격을 구하시오.**

FOB 규칙의 가격은 On board 되어지는 시점까지의 발생비용을 포함한다.

- Meat price : US$ 10 × 20,000 cases = US$ 200,000 (EXW 규칙 가격)
- Export Customs Clearance Fee : US$ 100
- Inland Charge : US$ 1,000 /40'RF x1 from Sunjin Logistics' warehouse in Dallas to Long Beach Sea Port
- Long Beach Sea Port Charge(THC etc.) : US$ 300 / 40'RF x1

위의 네 가지를 합한 금액 US$ 201,400이다.

- 또한 CIF가격 – (해상운임 + 보험료) 수식으로도 같은 값이 나온다.
  US$ 203,200 – (US$ 1,500 + US$ 300) = US$ 201,400

### Quiz 4. 40'RF × 1 기준으로 수입원가(US$)를 구하시오.

수입원가는 수출자의 제조원가 외에 공장 출고부터 수입자의 창고 도착까지의 모든 물류비용을 합산한다.

1) Meat price : US$ 10 × 20,000 cases = US$ 200,000 (EXW 규칙 가격)
2) Export Customs Clearance Fee : US$ 100 (under US$ 300,000)
3) Marine Insurance : US$ 300
4) Inland Charge : US$ 1,000 (40'RF × 1 from Sunjin Logistics' warehouse in Dallas to Long Beach Sea Port)
5) Long Beach Sea Port Charge(THC etc.) : US$ 300 (40'RF × 1)
6) Ocean Freight : US$ 1,500 (40'RF container x1 from Long Beach sea port to Gwangyang Sea Port without THC)
7) Import Duty Rate : US$ 50,800 (25% of CIF 광양항 가격)
8) Import Customs Clearance : US$ 40.64 (0.02% of CIF 광양항 가격)
9) Bonded Warehousing Fee : US$ 6,000 (US$ 0.01/Case/Day, 30 days in boneded storage)
10) Inland Charge : US$ 350 (40'RF × 1 from Gwangyang to 광주상사의 warehouse in Gwang Ju city)

TOTAL : US$ 260,390.64 (VAT 10%는 제외)

▣ 한국상사는 미국 시애틀에 소재한 **Star Bean's**사로부터 커피 원두를 수입하여 한국 내 **Star Club Coffee** 매장에 다음과 같은 조건으로 공급하기로 하였다. (제11회 물류관리사 기출문제)

Terms and Conditions
1. FOB Seattle : US$ 350,000
2. Insurance/ALL Risk : US$ 250
3. Import Volume : 40 feet Container×2
4. Ocean Freight Rate(Seattle ⇨ Pusan) : 40 feet Container as per US$ 600
5. Bonded Inland Trucking Charge(Busan Sea Port ⇨ Suwon Bonded Warehouse) : 40 feet Container as per US$ 350
6. Bonded Warehouse Storage Charge : US$ 5/CBM (Assumption : 36 CBM/ 40 feet Container
7. Customs Clearance Rate : 0.2%
8. Duty Rate : 10%

### Quiz 1. CIF Busan 금액을 구하시오.(US$ 기준)

조건이 FOB조건이므로 부과되어져야 하는 것은 한국의 부산항까지 발생되어지는 비용에 대해 산출해야 된다.

- FOB Seattle : USD 350,000
- Insurance : USD 250
- Import Volume : 40 feet Container×2
- Ocean Freight(Seattle to Pusan) : 40 feet Container as per USD 600
- TOTAL : 350,000+250+(600×2=1,200)=USD 351,450

**Quiz 2. 수입통관에 따른 관세액은 얼마인가?(US$ 기준)**

> 관세는 10%이다. 우리나라는 수입은 CIF가격을 기준으로 한다.
> ∴ USD 351,450×10%=USD35,145

**▣ 매매물품계약 조건은 아래와 같다. 계약물품의 CFR가격을 계산하면 얼마인가?(제13회 물류관리사 기출문제)**

| | |
|---|---|
| ㉠ 화물의 총중량 : 2,000lbs | ㉡ 화물의 용적 : 1,200cft |
| ㉢ FOB가격 : US$ 50,000 | ㉣ 해상운임 : US$ 20.00 per 500lbs or 50cft |
| ㉤ 해상보험요율 : 1% | ㉥ 희망이익 : CIF금액의 10% |

**Answer**

> CFR : 운임 포함 인도규칙으로 매도인은 목적항까지의 운임(보험료 제외)을 부담하여야 한다. 즉, FOB가격+목적항까지의 해상운임을 산정하면 된다.
>
> 여기서 해상운임은 화물의 총중량(Gross weight)과 총용적(Gross Measurement)을 비교하여 큰 쪽을 운임톤(R/T)으로 선정하여 계산하게 되므로, 화물의 용적을 기준으로 계산하여야 한다(1,200cft÷50cft=24).
>
> ∴ CFR가격=US$ 50,000+(24×20)=US$ 50,480

# 제 5 장

# 국제물류와 적하보험

◆◇ 학습개요 및 목표 ◇◆

해상적하보험에 대한 전반적인 내용을 다루고 있는 이 단원에서는 해상보험의 의의, 보험계약의 기본원칙, 보험계약의 당사자와 용어 등 해상보험 개념에 내용을 이해하고, 해상위험 과 해상손해 및 보험조건 등에 대한 내용을 자세히 제시하였다.

1. 해상적하보험에 대한 전반적인 내용을 제시한다.
2. 해상보험, 항공적하보험, 국제복합운송보험, 컨테이너보험 등 적하보험 계약에 관한 전반적인 내용을 정리한다.

## 제 1 절 해상적하보험의 개요

### 1. 해상적하보험의 기초

#### 1) 해상적하보험의 의의와 중요성

##### (1) 해상적하보험의 의의

해상적하보험(Marine Insurance)은 항해에 수반하여 발생하는 위험, 즉 해상위험이 원인이 되어 발생한 손해를 보험자(보험업자, Insurer or Underwriter)가 보상해주고, 피보험자(the Insured, the Assured)는 그 대가로써 보험료(Premium)를 지불할 것을 약속하는 손해보험이다.

**[영국 해상보험법(MIA) 제1조]**

A contract of marine insurance is a contract whereby the insurer undertakes to indemnify the assured in manner and to the extent thereby agreed, against marine losses, that is to say the losses incident to maine adventure

해상보험계약이란 보험자가 그 계약에 의하여 합의한 방법과 범위 내에서 해상손해, 즉 해상사업에 수반되는 손해에 대하여 피보험자에게 손해보상을 약속하는 계약이다.

즉, 해상적하보험은 해난 또는 항해에 관한 사고에 기인하여 발생하는 손해에 대해서 보험자(보험회사)가 물품의 해상수송 중에 발생하는 위험을 인수하고 이를 위험에 기인한 손해가 발생하였을 경우 피보험자(하주)에게 그 손해액을 보상할 것을 보험계약에 의하여 보험자가 위험을 인수하는 것을 '위험을 담보한다'라고 말하고, 이와 같이 인수한 위험에 기인하여 발생한 손해액을 보상하는 것을 '손해를 보상한다'라고 한다.

항해에 관한 위험으로는 좌초(Stranding)·폭풍(Storm)·침몰(Sinking)·충돌(Collision)[1]·교사(얹힘; Grounding) 등과 같은 해상 고유의 위험(Perils of the seas)과 투하(Jettison)[2], 해적·전쟁·선원의 악행(Barratry of the Master & Mariners)[3]과 같은 인위적 위험이 있으며, 보험자는 이러한 일체의 위험을 담보하는 것을 원칙으로 하고 있다.

### (2) 무역에 있어서 해상적하보험의 중요성

국제간의 거래가 필수적인 무역거래는 운송, 금융, 보험의 세 가지의 유기적인 관계를 떠나서 생각할 수가 없다. 무역거래에 수반되는 화물의 운송은 운송인이 책임을 지고, 화물의 대금결제는 선적서류를 담보로 하여 은행을 통하여 이루어지며, 운송 중에 일어날 수 있는 예기치 못한 사고는 보험회사에서 보상하여 주는 구조로

---

1) 충돌의 의미를 살펴볼 때, 협의의 충돌은 선박과 타 선박 간의 충돌만을 의미한다. 한편, 광의의 충돌은 선박과 타 선박 간의 충돌뿐 아니라 난파물, 암벽 등 일체의 다른 물체(물은 제외, 얼음은 포함)와 직접적으로 접촉하는 것이다.

2) 투하(Jettison)는 화물을 적재한 선박이 항해 중 악천후 등 불가피한 상황으로 배의 무게를 줄여 피해 확산을 방지하기 위해 선박에 적재된 화물의 일부를 바다에 던지는 행위를 말하며, 이 경우 목적항 또는 피난항에 도착하면 투하한 화물에 대한 손해를 하주와 공동으로 분담하고 있다.

3) 선장 및 선원의 악행(Barratry)은 배를 소유하거나 빌린 사람에게 손해를 입히는 선장이나 선원의 고의로 행해지는 부정행위를 의미한다. 즉, 선장이나 선원이 고의로 예정된 항로를 이탈하거나 반란을 일으키는 행위가 이에 해당한다.

되어 있다.

이 세 가지의 기능이 원활하게 결합하여 비로소 무역거래가 이루어지는 것이기 때문에 무역거래에 있어서 해상보험은 운송화물의 경제적 손실에 대한 불안을 해결하여 줌과 동시에 은행으로부터의 무역금융에 대한 보장을 받게 해줌으로써 무역거래를 보다 원활하게 하는 중요한 요소가 되고 있다.

따라서 무역은 서로 다른 국가에 거주하는 무역업자 간에 행하여지는 상품의 매매이므로, 수출입당사자는 화물을 운송하기 위해서 운송인과 운송계약을 체결하고, 상품이 안전하게 인도될 때까지 예기치 못한 위험에 대비하여 적하보험에 가입하여야 한다. 원래 운송인은 의뢰받은 운송화물에 대해 인수할 때와 동일한 상태로 수하인에게 인도하는 것이 기본 의무이다. 따라서 운송인이 운송 도중에 화물에 발생한 일체의 손해에 대하여, 하주에게 신속한 배상을 하여 준다면 하주가 별도로 적하보험에 가입할 필요가 없지만, 운송인의 책임이 여러 가지로 제한되어 있어 보상을 받기 위해서는 적하보험의 가입이 필수적이다.

### 2) 해상적하보험계약의 기본원칙

해상적하보험계약이란 해상사업에 관한 사고로 인하여 생기는 손해를 보상할 것을 목적으로 하는 손해보험(보상)계약이다.

#### (1) 손해보상의 원칙(Principle of Indemnity)

해상적하보험계약에서는 이득금지의 원칙에 의해 피보험자에게 지급되는 손해보상은 손해발생 시의 손해금액을 한도로 지급되어야 하는데, 이것을 손해보상의 원칙이라고 한다. 따라서 해상보험의 보상원칙은 실손해만 보상하는 '실손보상의 원칙'이 적용된다.

#### (2) 최대선의의 원칙(Principle of Utmost Good Faith)

해상적하보험계약은 보험자와 보험계약자(피보험자)가 계약의 내용을 거짓 없이 사실 그대로 성실하게 고지하여야 하는데 이를 고지의무(Duty of Disclosure)라고 한다. 즉, 보험자가 위험의 인수와 보험료 산정에 영향을 미칠 수 있는 중요사항을 계약을 성립시키기 전까지 보험자에게 고지하여야 하며, 이를 바탕으로 계약을 체결하여야 하는데 이를 최대선의의 원칙이라고 한다.

### (3) 근인주의(Proximate Cause)

해상적하보험은 담보위험에 근인[4]하여 발생하는 손해만을 보상하기 때문에 손해의 발생과 인과관계에 있어서 근인주의 입장을 취하고 있다. 즉, 해상손해는 보험증권상으로 담보되는 위험과 담보되지 않는 위험이 연속적으로 발생했을 때 시간적으로 손해발생 시에 가까운 원인이 보험증권상 담보되는 위험이라면 보험자가 보상해야 한다는 원리를 근인주의라고 한다.

### (4) 담보(Warranty)

담보는 피보험자가 지켜야 할 약속이며 위험에 대하여 중요한 것이든 아니든 중요성 불문의 원칙에 따라 반드시 충족되어야 한다. 담보는 문자 그대로 해석되어야 하며 피보험자가 담보를 위반할 경우 보험자는 보험계약을 취소할 권리를 가진다. 담보에는 명시담보와 묵시담보가 있다.

#### 가) 명시담보(Express Warranty)

보험증권에 결합된 형태의 특정 서류에 특정의 사실의 존재·부존재를 확약하는 진술 또는 약속으로 보험증권에 명시되어진 담보를 말한다. 즉, 피보험자가 손해를 담보하는 조항을 보험증권에 명시하는 것을 말한다.

#### 나) 묵시담보(Implied Warranty)

명시적인 형식을 취하지 않더라도 해상보험계약 체결의 행위 자체로부터 묵시적으로 보증된 담보를 말한다. 즉, 묵시담보는 계약당사자가 현실적으로 합의한 것도 아니며, 또한 그렇게 할 필요도 없으며 합의하였다고 추정할 필요가 없다. 다만 선박이 항해를 안전하게 할 수 있는 기본적인 조치들을 말하며 여기에는 이는 피보험자의 능력 바깥의 일이며 내항능력담보(Warranty of Seaworthiness; 감항능력담보)[5]와 적법담보(Warranty Legality)[6]가 있다.

---

4) 근인은 반드시 사건 발생과 시간적으로 가까운 것만을 의미하는 것은 아니며, 지배력과 효과면에서 비중이 가장 큰 원인을 말한다.

5) 내항능력담보는 선박보험이나 적하보험을 불문하고 일체의 항해보험에 대하여 선박이 위험개시 시에 항해 또는 항구 내의 위험에 견딜 수 있는 담보를 말한다.

6) 적법담보는 위험개시 시에 항해사업이 적법해야 하며 보험기간을 통해 적법상태가 지속되어야 하는 담보를 말한다. 예를 들면 피보험자는 선박이 적법하게 항해를 할 것이며, 밀무역이나 교전국에 대하여 교역하지 않고, 법률 및 조약에 위반되지 않고 운항할 것이라고 믿고 있기 때문에 구태여 명시적으로 담보를 취할 필요가 없는 것이다.

### 3) 해상적하보험계약과 피보험이익[7)]

#### (1) 해상적하보험의 성립요건

해상적하보험계약에 있어서 보험목적물은 크게 화물에 관한 위험을 담보하는 적하보험(화물보험 ; Cargo Insurance)과 선박의 위험을 담보하는 선박보험(Hull Insurance)으로 분류되어 지며, 본서에서는 적하보험을 위주로 다루기로 한다. 일반적으로 해상적하보험계약이 유효하게 성립하기 위해선 다음과 같은 조건이 충족되어야 한다.

##### 가) 적법성

피보험이익(Insurable Interest)이 적하보험계약상의 보호를 받기 위해서는 보험대상 물품이 적법하게 취득한 것이어야 하며 강행법규와 공서양속 및 사회질서에 어긋나지 않아야 한다. 만일 법규에 위반하면 법의 보호를 받지 못하므로 보험계약은 무효가 된다.

##### 나) 경제성

보험목적물은 객관적으로 재산상의 가치를 가지고 있어야 하고, 금전적으로 평가될 수 있어야 한다. 따라서 보험사고가 발생한 때에 보험자가 보상하는 급부는 경제적인 급부이므로 보험급부에 의하여 취득할 수 있는 이익도 경제적인 이익이어야 한다.

##### 다) 확정성

피보험이익은 보험사고가 발생할 때까지는 보험계약의 요소로서 보험계약의 체결시에 확정될 필요는 없으나, 늦어도 보험사고 발생시에는 보험목적물이 확정될 수 있어야 한다.

#### (2) 해상적하보험계약에서 피보험이익의 당사자

피보험이익의 당사자는 보험목적물을 기준으로 분류된다. 보험목적물의 소유자, 피보험목적물의 담보권자가 그 당사자가 되나 기타 피보험이익의 당사자가 존재한다.

---

7) 피보험이익(Insurable Interest)이란 보험대상 물품 혹은 보험목적물에 사고가 발생할 때 피보험자에게 경제적 손해를 입힐 우려가 있는 경우 보험목적물과 피보험자의 경제적 이해관계를 의미하며, 보험사고가 발생하지 아니함으로써 생기게 되는 이익을 말한다.

가) 피보험목적물의 소유자

① 선주(Ship Owner)[8] : 선박, 운임, 선박보험료, 선비 등과 같은 선박이익을 가지게 된다.

② 하주(Cargo Owner) : 자신이 화물을 소유하고 있는 화물에 대한 피보험이익을 갖게 된다.

③ 용선자(Charterer)[9] : 선박의 손상에 대해서 책임이 있는 경우에 한하여 선박에 대한 피보험이익을 갖게 된다.

나) 피보험목적물의 담보권자

① 저당권자(抵當權者, Mortgagee) : 채권자가 채권을 확보하기 위하여 보험목적물에 저당권 등의 담보권을 행사하게 되면 피보험이익을 갖는 것으로 인정된다.

② 선취특권자(先取特權者, Lien Holder) : 법률이 정하는 특수한 채권을 가지는 자로 채무자의 재산에 대해 일반채권자보다 우선하여 채권을 변제받을 수 있는 자를 의미한다.

다) 기타 피보험이익의 당사자

① 선장과 선원 : 자신들의 급료, 대리인은 위탁판매를 의뢰받고 일정 금액을 선불하였다면 그만큼의 피보험이익을 가질 수가 있다. 포획한 재산이나 압류재산도 피보험이익을 가질 수 있다.

② 보험자 : 다른 보험자와 재보험계약을 체결한 경우에는 보험자가 피보험이익을 갖는다.

---

8) 선주는 선박의 소유자로서 여기에는 스스로 운송인으로서 소유선을 운항하는 자(Operator)와 스스로 운항하지 않고 소유선을 운항의 위탁, 임대차, 용선을 해주는 자 두 종류가 있다. 정기항로선의 경우 선주는 동시에 운송인(Operator)이고, 항해용선(Trip Charter)의 경우도 선주는 동시에 항로를 운항하는 운송인이기도 하다. 그러나 기간용선(Time Charter)의 경우는 용선자가 운송인이 된다.

9) 용선자는 부정기선(Tramper)의 소유자(Owner)와 용선계약(Charter Party)을 맺은 자를 가르킨다.

## 2. 해상적하보험의 당사자와 종류

### 1) 보험계약의 당사자와 기본 용어

#### (1) 보험계약의 당사자

① 보험자(Insurer, Assurer, Underwriter) : 보험자는 보험료를 받아 해상위험을 부담하는 자이고, 보험계약을 인수한 자로서 보험계약자로부터 보험료를 대가로 하여 보험기간 중 발생하는 보험사고로 인한 손실을 보상하기 위하여 보험금을 지급할 의무를 지는 자, 즉 '보험회사'를 말한다.

② 보험계약자(Policy Holder) : 보험계약자는 자기 명의로 보험회사와 보험계약을 체결하고 보험료(Insurance Premium)를 지불할 의무가 있는 당사자이고, 보험계약의 청약자이며 보험료 지급의무, 주요 사항 고지의무 및 위험변경증가의 통지의무 등을 부담하는 자를 말한다.

물품운송에 대한 위험의 이전 분기점이 가격조건에 따라 달리하므로 위험을 감수하게 되어 보험을 부보해야 할 보험계약자도 이에 따라 달라진다. 즉, 주 운송에 대한 보험계약과 관련한 법적 의무는 인코텀즈 2020의 11개 규칙 중 CIF와 CIP규칙만이 해당되지만, 해상사고가 발생할 경우 매수인이 책임을 지고 있는 EXW, FAS, FOB(FCA), CFR(CPT)규칙일 경우 보험계약자는 매수인이 된다. 한편, 해상사고가 발생할 경우 매도인이 책임을 져야 하는 CIF(CIP), DAP, DPU규칙일 경우 보험계약자는 매도인이 된다. 물론 CIF와 CIP규칙일 경우에 비록 매도인이 매수인을 위하여 보험은 가입하나 수출국에서 선적된 이후부터는 위험이 매수인에게 이전되는 것이므로 선적 이후 추가적인 위험에 대해서는 필요시 매수인이 보험을 부보해야 한다.[10]

③ 피보험자(Insured, Assured) : 피보험자는 피보험이익(Insurable Interest)의 주체로서 보험사고의 발생으로 인하여 피보험목적물(Insurable Property)에 손해가 발생하면 보험자로부터 보상을 받을 권리를 갖는 자를 말하며, 여기서 보험계약자와 피보험자는 매매계약의 형태에 따라서 동일인이 될 수도 있다.[11]

---

10) 참고로 FOB규칙이나 CFR규칙으로 수입신용장 개설시 개설은행에서는 의무적으로 수입자가 보험가입을 하고 보험증권을 제출하도록 하고 있다.

11) 예를 들어 인코텀즈 2020의 D규칙에서는 매도인이 자신을 위해 보험계약을 체결하고 자신

④ 보험대리상(Insurance Agent) : 보험대리상은 보험자(보험회사)에 종속된 자가 아니라 그 자체로 독립하여 영업을 하는 독립된 상인으로 특정한 보험자(보험회사)를 대리하여 보험계약의 체결(보험증권 교부), 보험료 수령, 청약·해지 등 의사표시의 통지나 수령 등의 권한이 부여된 자를 말한다.

⑤ 보험중개인(Insurance Broker) : 보험중개인은 불특정 다수의 보험자를 위해 보험자와 보험계약자 사이에서 보험계약의 체결을 중개하는 것을 업으로 하는 독립된 상인이다. 보험대리상이 보험회사를 위하여 보험회사의 대리권을 행사하는 데 대하여 보험중개인은 보험계약자 측을 위하여 보험자에게서 유리한 보험 조건, 보험료율을 취득하기 위하여 활동한다. 우리나라에서는 해상보험의 보험중개인(Insurance Broker) 제도가 없으며, 해상보험회사의 영업담당 사원이 직접 계약모집 활동을 한다.

### (2) 보험계약의 기본 용어

#### 가) 보험료·보험금·보험목적물

① 보험료(Premium) : 보험료는 보험자의 위험부담에 대한 대가로서 보험계약자 또는 피보험자가 보험자에게 지급하는 금액이다.

② 보험금(Insurance Benefit) : 보험금은 보험자가 담보위험으로 피보험자가 입은 재산상의 손해에 대해 지급하는 보상금을 말한다.

③ 보험목적물(Subject-matter Insured) : 보험의 목적으로서 피보험목적물이라고 하며, 위험 발생의 객체로서 해상보험을 통하여 보호되는 객체인 적하(화물; Cargo)와 선박(Hull)과 함께 운임(Freight), 선임(임금, Wages) 등을 그 대상으로 하고 있다.

#### 나) 피보험이익(Insurable Interest)과 희망이익

① 피보험이익(Insurable Interest) : 피보험이익은 보험 보호의 대상이 되는 이익을 말한다. 엄격히 말하면 선박, 화물 등의 보험의 목적물이 멸실 또는 손상 등의 보험사고가 발생함으로써 피보험자에게 경제상의 손해를 입힐 우려가 있는 경우에 이러한 보험의 목적과 피보험자와의 이해관계를

---

이 피보험자가 되므로 보험계약자와 피보험자가 동일하다. 그러나 CIF규칙에서는 보험계약자는 매도인이지만 사고발생시 손해보상은 피보험자인 매수인이 되어 동일하지 않다. 일반적으로 신용장에 백지배서조건("endorsed in blank")을 삽입하면, 본선적재 이전에는 매도인이, 본선적재 이후에는 매수인이 피보험이익을 청구할 수 있다.

말한다.

② 희망이익(Imaginary Profit) : 매매계약 약정품이 무사히 목적지에 도착하면 수입자가 도착된 화물을 매각함에 의하여 취득할 수 있다고 기대되는 이윤을 말한다. 인코텀즈 2020의 11개 규칙 중 보험계약체결 의무를 규정하고 있는 규칙은 CIF와 CIP이며, 이 경우 매도인은 매수인의 특별한 요청이 없으면 통상 CIF는 ICC(C)조건, CIP는 ICC(A)조건으로 통상적으로 송장 금액의 110%로 부보한다. 여기에서의 10%는 희망이익 혹은 예상이익이다.

### (3) 보험가액과 보험금액

① 보험가액(Insurable Value) : 보험가액은 피보험이익의 평가액으로 일정한 피보험이익에 대하여 발생할 수 있는 경제적 손해액의 최고한도액을 말한다. 보험가액은 일반적으로 상업송장 금액의 110%가 국제상 관례로서, 적하보험요율서상에는 최고 150%까지 한도를 정하고 있으나 보험사에서는 보험계약자 혹은 피보험자에 의한 역선택(逆選擇, Adverse Selection)을 방지하기 위하여 대개 130%까지로 제한하고 있다.

② 보험금액(Sum Insured) : 보험금액은 보험계약자가 실제로 보험에 가입한 금액이다. 즉, 보험자가 보험계약상 부담하는 손해배상책임의 최고한도액을 말한다. 보험금액은 보험가액의 범위 내에서 자유로이 정할 수가 있지만 그것을 초과할 수는 없다.

통상 보험금액과 보험가액은 상호 일치하는데 이를 전부보험(Full Insurance)이라고 하며, 보험금액이 보험가액보다 작은 경우를 일부보험(Under Insurance or Part Insurance), 그리고 보험금액이 보험가액을 초과하는 경우를 초과보험(Over Insurance)이라고 한다.

**참고 | 보험가액과 보험금액의 관계**

① 전부보험(Full Insurance) : 보험가액 = 보험금액
보험금액이 보험가액과 동일한 경우의 보험을 말한다. 전부보험의 경우가 이상적이며 보험자로부터 실손해를 보상받는다. 따라서 보험자는 전손과 분손을 막론하고 보험사고가 발생하면 손해의 전부를 보상하여야 한다.

② 일부보험(Under Insurance) : 보험가액 > 보험금액
보험금액이 보험가액보다 적은 경우의 보험을 말한다. 일부보험의 경우에 피보험자는 보험

사고로 인한 보험 목적의 손해에 대하여 보험가액에 대한 비율에 따라 비례보상을 받게 된다. 보험료를 낮추기 위하여 낮은 보상요율의 담보를 할 경우 또는 계약체결 후 급격한 물가 폭등으로 보험금액이 보험가액에 미달하는 경우이다.

③ 초과보험(Over Insurance) : 보험가액 < 보험금액

일부보험과는 반대로 보험금액이 보험가액을 현저하게 초과하는 경우의 보험을 초과보험이라 하며, 이 경우 그 초과되는 부분의 보험계약은 무효가 된다. 초과보험을 그대로 인정한다면 보험사고의 발생에 의해 피보험자가 실손액 이상의 이득을 얻기 위해 고의로 손해를 일으키거나 손해보험계약이 불법적인 도박적 행위로 악용될 수 있기 때문에(이를 '역선택'이라고 함) 각국에서는 초과보험에 관하여 일정한 규제를 두고 있다.

④ 중복보험(Double Insurance) : 보험가액 < 보험금액의 합계

동일한 피보험에 대하여 보험기간을 공통으로 하는 2개 이상의 보험계약을 체결하고 그 보험금액의 합계액이 보험가액을 초과하는 경우를 말한다. 피보험자는 자기가 적당하다고 생각하는 순서에 따라 각 보험사에 보험금을 청구할 수 있으며 각 보험자는 보험계약상 자기가 부담하는 금액의 비율에 따라 비례적으로 손해를 보상할 의무를 진다. 이러한 경우에 여하한 경우에도 보험자가 부담하는 보험금액의 합계가 보험가액을 초과할 수 없다.

⑤ 공동보험(Co-insurance) : 보험가액 ≧ 보험금액

공동보험은 중복보험과 같이 동일한 피보험목적물에 대해 복수의 보험계약이 체결되지만 보험금액의 합계액이 보험가액의 범위내인 경우이다. 이 경우 보험자는 각각 일부의 위험에 대해 보상할 책임을 가지며, 각자가 책임지는 비율의 범위 내에서 보상을 해주면 된다.

### (4) 보험의 기간

① 보험계약기간(Duration of Policy) : 보험계약자가 담보를 받고자 하는 기간을 말한다. 보험계약기간은 보험계약 시에 당사자 간의 합의에 의해 정하게 된다.

② 보험기간(Duration of Insurance) : 피보험목적물에 대한 보험자의 책임이 존속되는 기간을 의미한다. 즉, 피보험자가 보험자로부터 부보받을 수 있는 시간적·공간적인 한계를 의미한다.

③ 보험료기간(Premium period) : 당사자가 계약에서 정한 보험료 급부에 대한 단위 기간으로 보험료산출을 위하여 표준으로 삼는 기간을 의미한다.

## 2) 해상보험의 종류

### (1) 적하보험(Cargo Insurance)

적하보험은 보험목적물을 화물로 하는 보험으로 해상보험계약의 대부분을 차지

한다. 적하보험은 화물의 멸실, 훼손으로부터 보전하기 위해서 경비를 지출함으로써 화물의 소유자가 입은 손해를 보험조건에 따라 보상하여 준다.

#### (2) 선박보험(Hull Insurance)

선박보험은 보험목적물을 선박으로 하는 보험으로 선박이란 선체를 의미하고, 이에 대한 위험을 담보하는 보험이다. 즉, 선박의 관리 및 운항 중 멸실, 훼손으로부터 보존하기 위하여 경비를 지출하거나 선박으로부터 발생한 책임 손해가 있는 경우에 손해를 보험조건에 따라 보상하여 준다.

#### (3) 운임보험(Freight Insurance)

운임보험은 운임을 그 대상으로 하는 보험이다. 선하증권이나 운송계약서상에 화물을 목적지에서 하주에게 인도하지 못한 경우 운송인 등이 운임을 청구할 수 없도록 약정하고 있는 경우에 그로 인하여 운송인 등이 입은 손해를 보상하여 주는 보험을 의미한다.

#### (4) P&I보험(Protection and Indemnity Insurance)

P&I보험은 선주책임상호보험이라고 하며, 선주가 선박을 소유·운항함으로써 발생하는 제3자에 대한 배상책임을 담보해주는 배상책임보험이다. 즉, 선박을 운항하여 발생하는 항만시설에 가한 손해나 선체제거 비용, 오염처리 비용 등과 같은 제3자에 대한 책임과 선원·여객의 사상에 따른 책임, 적하 화물의 손실·멸실에 따른 책임의 보상 등이 그 대표적인 예이다.

## 3. 해상적하보험(계약)증권

### 1) 개요

#### (1) 의의

해상적하보험증권(Policy of Marine Insurance)은 피보험자(Insured), 보험자(Underwriter; Insurer), 피보험목적물, 담보위험, 보험가액, 부보금액(보험금액), 위험의 시기와 종기, 피보험자에 대한 손해보상의 약속 등 보험계약의 내용을 상세하게 표시한 증서를 말한다. 즉, 보험계약의 성립과 그 내용을 기재한 증서로서 보험자가 작성하고 기명날인 또는 서명하여 보험계약자에게 교부하는 증거증권이며, i ) 보험계약성립의 증거, ii ) 선적서류의 구성요소, iii) 보험청구시 제출서류 등의 세 가지 기능을 지니고 있다.

**참고 | 보험승낙서(Cover Note)**

보험승낙서는 보험에 부보하고 보험료를 영수하였음을 보험중개업자가 교부하는 일종의 각서를 말한다. 일반적으로 보험중개업자가 발행한 보험승낙서는 L/C에 별도로 허용하지 않는 한 은행은 수리를 하지 않는다.

### (2) 해상적하보험계약의 부보 시기와 표시통화

#### 가) 해상적하보험계약의 부보 시기

해상적하보험계약의의 부보는 매매계약서 체결 이후 수입자에게 화물이 인도되기 전 언제든지 가능하지만 L/C거래의 경우는 선적 전에 체결하여야 한다.

#### 나) 표시통화

보험증권의 표시통화는 L/C에 별다른 규정이 없는 한 L/C와 동일의 통화로 표시되어야 한다.

### (3) 해상적하보험계약의 효력 종료 시점과 보험증권의 양도

#### 가) 해상적하보험계약의 효력 종료 시점

해상적하보험계약의 효력 종료 시점은 다음과 같다.

① 화물이 보험증권에 기재된 목적지의 하주 창고에 인도된 때
② 통상의 운송과정이 아닌 보관을 위한 장소에 인도된 때
③ 본선으로부터 하역을 종료한 후 60일이 경과된 때(수입은 30일)

#### 나) 해상적하보험증권의 양도

해상적하보험증권은 계약서나 유가증권도 아닌 단지 증거증권에 지나지 않지만, 양도를 금지하는 명시적인 조건이 없는 한 양도가능하며, 손해발생의 전후를 불문하고 보통 배서(endorse) 및 인도에 의해서 양도할 수 있다. 또한 해상보험증권이 그 증권상의 수익권을 양도할 목적으로 양도된 경우 보험증권의 양수인은 자신의 명의로 그 보험증권에 의하여 소송을 제기할 수 있다.

## 2) 해상적하보험증권의 해석과 기재사항

### (1) 해상적하보험증권의 해석

해상적하보험증권의 해석에 있어서는 당사자의 개별적 의사보다는 법률의 일반적 해석원칙에 따라 보험계약의 단체성, 기술성 등을 고려하여 각 규정의 의미를 합리적으로 해석하여야 하며, 다음과 같은 다섯 가지 해석원칙이 있다.

첫째, 계약당사자의 의사 및 판례의 존중원칙이다. 보험증권의 해석은 계약당사자의 의사를 존중하여 해석하도록 하는 것이 가장 기본적인 원칙이고 중요하다는 원칙이다. 하지만 실제적으로는 과거의 유사한 판례에 따라 해석되어지고 있다.

둘째, 수기문언의 우선원칙이다. 해상적하보험증권의 구성은 본문약관, 난외약관(Marginal Clauses)[12], 이탤릭서체약관, 협회특별약관, 스템프약관, 수기문언 등으로 구성되어 있다. 이 중에서 문구로 적혀진 수기문언이 가장 우선적으로 적용한다는 원칙이다. 일반적으로 해상적하보험증권 해석에 있어서 우선순위는 수기문언 - 타자문언 - 스탬프문언 - 특별약관 - 협회적하약관 - 난외약관 - 이탤릭서체약관 - 본문약관 순이다.

셋째, 문서 작성자 불이익의 원칙이다. 보험약관은 보험자가 일방적으로 작성하여 서명, 교부하기 때문에 보험약관의 내용이 불분명하거나 애매한 문언으로 인해 해석상의 난점이 있을 경우에는 증권 작성자인 보험자에게는 불리하게, 보험계약자에게는 유리하게 해석하여야 한다는 원칙이다.

넷째, POP의 원칙이다. 해상적하보험증권상의 각 약관이나 문언을 해석할 때 학문, 이론적이 아니라 평이하고(Plain), 통상적이며(Ordinary), 대중적인(Popular) 방법으로 해석되어야 한다는 원칙이다.

다섯째, 동종제한의 원칙(Principle of the like or some kind)이다. 동종제한의 원칙은 보험증권에 서로 비슷한 뜻을 가진 단어들의 나열된 경우 앞의 단어와 유사한 뜻을 지니고 있는 동일한 종류로의 해석과 특정한 문언에 접속되는 일반적인 문언은 그 특정한 의미와 동종인 것으로 간주된다는 원칙이다.

---

12) 해상보험증권 본문의 난외에 인쇄되어 있는 약관으로 본문약관(body clause)에 상대되는 개념으로 중요사항약관(important clause) 또는 여백약관이라고도 한다. 클레임이 발생하였을 때 피보험자가 취해야 할 각종 조치사항과 절차 등을 일괄적으로 규정하는 약관이다. 난외약관은 이탤릭서체로 인쇄된 포획나포부담보약관(FC&S clauses), 동맹파업폭동소요부담보약관(FSR&CC Clause) 및 타보험약관(other insurance clause) 등으로 구성되어 있다.

### (2) 해상적하보험증권의 기재사항

일반적인 해상적하보험증권 기재사항을 [그림 5-1]의 실례를 중심으로 살펴보고자 한다.

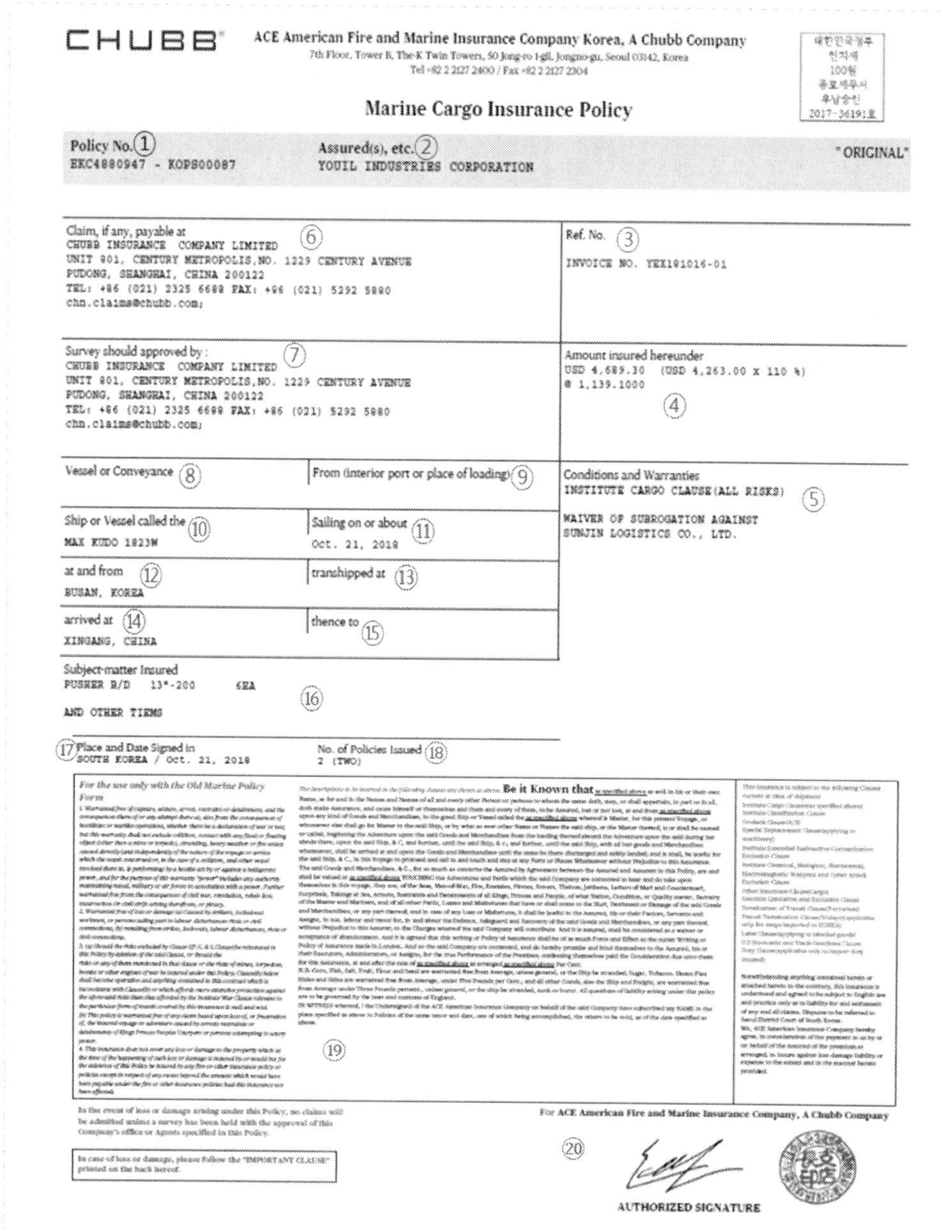

CHUBB® ACE American Fire and Marine Insurance Company Korea, A Chubb Company
7th Floor, Tower B, The-K Twin Towers, 50 Jong-ro 1-gil, Jongno-gu, Seoul 03142, Korea
Tel +82 2 2127 2400 / Fax +82 2 2127 2304

대한민국정부 인지세 100원 종로세무서 후납승인 2017-36191호

**Marine Cargo Insurance Policy**

Policy No.① EKC4880947 - KOPS00087
Assured(s), etc.② YOUIL INDUSTRIES CORPORATION
"ORIGINAL"

Claim, if any, payable at ⑥
CHUBB INSURANCE COMPANY LIMITED
UNIT 801, CENTURY METROPOLIS,NO. 1229 CENTURY AVENUE
PUDONG, SHANGHAI, CHINA 200122
TEL: +86 (021) 2325 6688 FAX: +86 (021) 5292 5880
chn.claims@chubb.com;

Ref. No. ③
INVOICE NO. YEX181016-01

Survey should approved by : ⑦
CHUBB INSURANCE COMPANY LIMITED
UNIT 801, CENTURY METROPOLIS,NO. 1229 CENTURY AVENUE
PUDONG, SHANGHAI, CHINA 200122
TEL: +86 (021) 2325 6688 FAX: +86 (021) 5292 5880
chn.claims@chubb.com;

Amount insured hereunder ④
USD 4,689.30 (USD 4,263.00 X 110 %)
@ 1,139.1000

Vessel or Conveyance ⑧
From (interior port or place of loading) ⑨

Conditions and Warranties ⑤
INSTITUTE CARGO CLAUSE(ALL RISKS)
WAIVER OF SUBROGATION AGAINST
SUNJIN LOGISTICS CO., LTD.

Ship or Vessel called the ⑩ MAX KUDO 1823W
Sailing on or about ⑪ Oct. 21, 2018
at and from ⑫ BUSAN, KOREA
transhipped at ⑬
arrived at ⑭ XINGANG, CHINA
thence to ⑮

Subject-matter Insured ⑯
PUSHER R/D 13"-200 6EA
AND OTHER TIEMS

⑰ Place and Date Signed in
SOUTH KOREA / Oct. 21, 2018
No. of Policies Issued ⑱
2 (TWO)

For the use only with the Old Marine Policy Form

Be it Known that ⑲

In the event of loss or damage arising under this Policy, no claims will be admitted unless a survey has been held with the approval of this Company's office or Agents specified in this Policy.

In case of loss or damage, please follow the "IMPORTANT CLAUSE" printed on the back hereof.

For ACE American Fire and Marine Insurance Company, A Chubb Company

⑳ AUTHORIZED SIGNATURE

[그림 5-1] 해상적하보험증권

① 보험증권 번호 : 보험자가 보험증권을 발행할 때 붙이는 일련번호로서 Policy No.는 보험증권 번호이고, Certificate No.는 보험증명서 번호를 의미한다. 보험증명서(Certificate of Insurance)는 포괄보험계약하에서 현재 선적한 물품에 대한 보험계약이 개시되었다는 증명으로 발행되는 서류로서 보험증권과 동일한 효력을 지니고 있다.

② 피보험자(Assured, Insured) : 피보험자는 보험사고가 발생되었을 때 보험금을 받는 자로서 보험계약을 체결할 때 피보험자를 지정한다. 일반적으로 FOB규칙일 경우 매수인(Buyer)은 자신을 피보험자로 하는 보험계약을 체결한다. 한편, CIF규칙에서는 매도인(Seller)은 자기 자신을 피보험자로 하는 보험계약을 체결하고, 환어음 매입시에 백지배서(Blank Endorsement)에 의해 양도하게 된다.

③ 참조번호(Ref. No.) : 보험자가 업무에 참조하기 위한 번호로서 송장번호 및 신용장 번호가 기재된다.

④ 보험(부보)금액(Amount Insured) : 보험금액은 사고발생시 받을 수 있는 최대금액으로 여기에는 송장 금액에 예상이익(희망이익)을 더한 금액이 기재된다(일반적으로 송장 금액의 110%이다).

⑤ 부보조건(Condition & Warranties) : 보험의 조건과 담보내용을 기재한다. 일반적으로 런던보험자협회가 제정한 협회적하약관(ICC; Institute Cargo Clause)의 조건을 기재하며, 보험금 지급과 관련한 통화를 명시한다. 특히, 보험증권에서 보험금 지급통화를 명시하는 것은 환율변동으로 인한 손해를 방지하기 위해 매매계약 통화와 보험계약 통화를 일치시켜야 한다.

⑥ 보험금의 지급장소(Claim, if any, payable at/in) : 보험금의 지급장소를 명기한다.

⑦ 승인검정인(Survey should be approved by) : 손해조사 승인은 이 란에 명기된 곳에 명기된 승인검정인(보험자의 대리인)에 의해 승인되어야 한다.

⑧ 내륙운송수단(Local Vessel of Conveyance) : 내륙운송이 이루어지는 경우 국내선박, 철도, 자동차 등의 운송수단을 기재한다.

⑨ 출발지(Form) : 이 란에는 내륙운송수단에 물품을 적재하는 장소를 기재한다. 내륙항구나 적재장소(From interior port or place loading)를 기재한다.

⑩ 선박명(Ship or Vessel called the) : 해당 물품을 운송하는 선박명을 기재한다.

⑪ 출항일(Sailing on or about) : 선박의 출항(예정)일을 기재한다.

⑫ 선적항(at and from) ; 선박의 출항지점, 즉 선적항을 기재한다. 주의해야 할 사항은 선박명, 출항(예정)일, 선적항 등은 신용장의 조건 및 선하증권의 기재사항과 일치하게 기재되어야 한다.

⑬ 환적항(환적지; Transshipped at) : 화물운송 중 환적할 경우 환적항 또는 환적지를 기재한다.

⑭ 양륙항(도착지; Arrival at) : 운송화물의 양륙항(도착지)를 기재한다.

⑮ 최종목적지(Thence to) : 최종목적지가 양륙항과 다른 경우 최종목적지와 양륙항에서 최종목적지까지의 운송요구를 기재한다. 예를 들어 양륙항이 New York이고 최종목적지가 Chicago인 경우 'thence to Chicago by rail'과 같이 기재한다. 한편, 운송수단이 명확하지 않은 경우에는 'by land conveyance' 또는 'any conveyance'라고 기재한다.

⑯ 물품의 명세(Goods and Merchandise) : 당해 물품의 명세를 기재한다. 단 신용장 조건 및 선하증권과 일치하여야 한다.

⑰ 보험증권 발행지·발행일(Place and date signed in) : 보험증권의 발행지와 발행일을 기재한다. 단, 보험증권의 발행일은 선하증권의 발행일보다 빨라야 한다.

⑱ 증권발행부수(Number of policies issued) : 보험증권 발행 부수를 표시하며, 보험증권 한 통에 대해 보험금이 지급되면, 나머지 보험증권은 효력이 사라진다.

⑲ 본문약관 : 보험증권의 약관이 기재된다.

⑳ 보험자(Assurer, Insurer) : 보험자의 상호명이 기재된다.

CHUBB®

**ACE American Fire and Marine Insurance Company Korea, A Chubb Company**
7th Floor, Tower B, The-K Twin Towers,
50 Jong-ro 1-gil, Jongno-gu, Seoul 03142, Korea
82 2 2127 2400 tel / 82 2 2127 2304 fax

## INVOICE

Date: Oct. 17, 2018
To: SUNJIN LOGISTICS CO., LTD.

Policy No. EKC4880947 - KOPS00087

**INTEREST COVERED** **FOR ASSURED**
PUSHER B/D 13"-200 6EA

AND OTHER TIEMS

**CONDITION**
INSTITUTE CARGO CLAUSE(ALL RISKS)

| | AMOUNT INSURED | RATES (%) | PREMIUM |
|---|---|---|---|
| Cargo | A x B x @ 1,139.10000<br>USD*******4,689.30<br>A USD*******4,263.00<br>B 110% | 0.0198 | 8.78<br>(₩ 10,000) |
| Duty | | | |
| V/P | | | |
| Total | USD 4,689.30(₩ 5,341,582) | 0.0198 | 8.78 |
| | | | (₩ 10,000) |

Ref. No.: INVOICE NO. YEX181016-01

From: BUSAN, KOREA
To: XINGANG, CHINA
Vessel: MAX KUDO 1823W
Sailing Date: Oct. 21, 2018
Agent: 700371P
INSPRO
LEE, JUNGWOOK
Contact No: 82-2-725-0882
Virtual Account:

Remarks:

Authorized Signature

[그림 5-2] 해상적하보험료 청구서

## 4. 해상위험과 해상손해

### 1) 해상위험

#### (1) 해상위험의 의의

해상보험의 대상이 되는 위험은 해상위험이다. 우리나라 상법 제693조는 해상보험계약은 '항해에 관한 사고'로 인하여 생길 손해의 보상을 목적으로 한다는 뜻을 규정하고 있고, MIA 제3조는 해상위험'(Maritime Perils)이란 '항해에 기인 또는 부수하는 위험(perils consequent on, or incidental to, the navigation of the sea)'이라고 정의하고 있다. 여기에서 알 수 있는 바와 같이 해상위험은 항해를 계기로 하여 생기는 위험이다.

즉, 해상위험은 항해의 위험에 한정되는 것이 아니라 항해에 부수하는 위험도 포함된다. 따라서 하천 또는 항만 등 내수로에서의 항행 또는 정박 중의 위험, 화물을 환적하기 위한 양륙 중의 위험도 그것이 주된 항해에 부수하는 것인 이상 해상위험이며, 당연히 보험자의 부담에 속한다.

그러나 항해에 접속된 육상 또는 항공운송 중의 위험, 예컨대 ICC 제8조(운송조항)에서 보는 바와 같이 최종 양륙항에서 양하 후 보험증권에 기재된 목적지의 최종창고에 화물이 인도될 때까지의 육상운송 중의 위험은 해상위험이 아니라 육상위험이다. 따라서 원칙적으로 이러한 위험에 대해서는 해상위험과는 별개로 보험계약을 체결하여야 하지만, 실제로는 특약에 의해 이러한 육상위험에 대해서도 해상보험에서 함께 부보하며, 하나의 해상보험계약으로 계약된다.

#### (2) 해상위험의 요건과 담보위험

##### 가) 해상위험의 요건

해상위험은 다음의 요건을 갖추어야 한다.

① 해상보험에 보험자는 담보위험에 의한 손해를 보상하기 때문에 해상위험이 해상손해의 원인이어야 한다.

② 위험은 그 발생이 우연한 것이어야 한다. 즉, 발생은 가능하지만 불확실한 것이어야 한다.

③ 위험은 장래의 사고뿐만 아니라 과거의 사고라 하더라도 보험계약 체결시 보험계약자가 발생한 사실을 모르고 있을 경우에는 소급보험에 있어서 위험이 될 수 있다.

④ 불가항력도 위험의 일종이기 때문에 위험이 반드시 불가항력(Force Majeure) 적인 사고이어야 할 필요는 없다.

### 나) 해상위험의 담보위험

담보위험이란 해상사업을 위해 항해할 때 예상되는 사고나 손실에 대비하여 이를 보상하는 보험을 구입하여 부보하는 것으로[13] 항해에 따르는 사고나 손실을 보상해줄 것을 약속하는 해상사업 및 해상위험을 말한다.

① 해상고유의 위험(Perils of the sea) : 해상고유의 위험은 바다의 자연적 위험으로 인해 발생하는 우연한 사고 또는 재난, 즉, 좌초(Stranding), 침몰(Sinking), 충돌(Collision), 악천후(Heavy Weather), 얹힘(교사, Grounding) 등의 자연적 위험을 말한다. 단, 바람 또는 파도 등의 통상적인 작용(Ordinary Action)은 포함되지 않는다.

② 해상위험(Perils on the seas) : 해상위험은 바다의 자연적 위험이 아니라 항해에 기인하거나 항해에 부수하여 발생하는 위험을 말한다. 여기에는 화재(fire, burning), 투하(jettison), 선원의 악행(barratry), 해적, 강도(pirates) 등의 인위적 위험이 속한다.

③ 전쟁위험(War Risks) : 전쟁위험은 군함(Men of War), 외적(Enemies), 습격 및 포획(Surprisal and Capture), 해상 탈취와 나포(Taking at sea & seizure) 등의 인위적 위험을 말한다.

## 2) 해상손해(Marine Loss)

해상손해란 항해사업과 관련된 화물이나 선박 등 피보험목적물이 해상위험의 발생으로 피보험이익의 전부 또는 일부가 소멸함으로써 발생하는 피보험자의 경제상의 부담 또는 재산상의 불이익을 말한다. 따라서 광의의 해상손해는 피보험목적물의 손해인 물적 손해와 비용 손해 등을 포함하는 의미이다.

이와 같은 해상손해는 그 손해가 직접 또는 간접으로 이루어지느냐에 따라 직접손해와 간접손해로 나누어지지만[14] 본서에서는 손해의 유형을 물적손해, 비용손해, 배상책임손해 등으로 구분하여 살펴보고자 한다.

---

13) 담보(cover)는 보험자가 손해를 보상한다는 약속이며, 부보(insure)는 물품을 보험에 붙인다는 의미로 보험계약을 체결한다는 의미이다.

14) 적하보험의 경우에 직접손해는 부보된 화물의 멸실·손상 등으로 인한 소유자이익의 손실을 의미하며, 간접손해는 희망이익(Estimated Profit)의 손해를 의미한다.

[그림 5-3] 해상손해의 유형

### (1) 물적손해

#### 가) 전손(Total Loss)

전손이란 선박, 화물 등과 같이 피보험목적물 전부가 담보위험에 의해서 전부 멸실되거나 손상 정도가 심해서 구조나 수리비용이 부보된 금액보다 많은 경우를 말한다.

① 현실전손(Actual Total Loss)

현실전손이란 피보험목적물이 멸실되거나, 혹은 동 피보험목적물이 부보할 당시의 성질을 그대로 갖지 못할 정도로 심한 손상을 입은 경우 또는 피보험자가 회복할 수 없도록 피보험목적물을 박탈당하였을 경우 현실전손이 성립한다. 한편, 선박이 목적항에 도착하지 않고 상당 기간이 경과하여도 행방불명인 경우에는 심해에 침몰한 것으로 추정하고 보험자는 해상고유의 위험으로 인한 손해로서 보상책임을 지게 된다. 이와 관련하여 영국 해상보험법에서는 '해상사업에 종사하는 선박이 행방불명되고 그 이후 상당 기간이 경과되어도 소식이 없을 때 현실전손으로 추정할 수 있다'라고 규정하고 있다. 따라서 상기와 같이 현실전손으로 간주되는 선박에 적재되어 있는 화물의 경우에도 선박과 동일하게 현실전손으로 추정할 수 있다.

② 추정전손(Constructive Total Loss)

추정전손은 해상보험에서만 인정되는 손해로서 위부(Abandonment)를 수반하여야 하는 전손이다. 현실전손은 위부를 필요로 하지 않지만, 추정전손의 경우는 위부행위를 함으로써 피보험자가 보험자에게 보험금 청구의사를 표시하게 된다. 즉, 위부의 통지 없이는 추정전손이 성립되지 않는다. 추정전손이 성립되는 구체적인 상태에 대하여 다음과 같이 규정하고 있다.

㉠ 피보험자가 선박 혹은 화물을 피보험위험으로 인하여 소유하지 못하게 되었을 경우와 그 선박이나 혹은 화물을 회복할 가망이 없거나 또는 회복하는 데 소요되는 비용이 회복한 후의 선박 혹은 화물의 가액을 초과할 경우이다.

㉡ 담보위험으로 인하여 심하게 손상이 되었을 때 그 손상을 수리하는 비용이 수리를 완료하였을 때의 선박의 가액을 초과할 경우이다. 수리비를 산정함에 있어서는 동 수리비에 대하여 하주의 분담이익에 의하여 지불된 공동해손분담금은 공제될 수 없다. 그러나 장래의 구조작업경비와 선박이 수리될 때 선박이 부담하게 될 장래의 공동해손 분담금은 고려되어야 하며, 혹은 화물이 손상되었을 경우에 있어서는 그 수리 또는 복구하는 데 발생하는 비용과 그 화물을 최종목적지까지 운반하는 데 소요되는 비용이 도착시 화물가액을 초과할 때이다.

**참고 | 일부 멸실과 일부 손상 및 위부와 대위권**

**1. 일부 멸실과 일부 손상**

(1) 일부 멸실

화물의 일부가 손실된 것으로 손해보상의 한도액은 멸실이 된 부분과 전체 수량과의 비율을 보험금액에 곱한 금액으로 정한다.

(2) 일부 손상

화물의 일부가 손상된 상태로 도착할 경우에는 감가율을 정하여 보험금액에 이 감가율을 곱하여 분손보상액을 결정한다.

$$감가율 = \frac{손해액(정상품시가 - 손상품시가)}{정상품시가}$$

**2. 위부와 대위권**

(1) 위부(Abandonment)

추정전손이 인정될 수 있는 사유가 발생하였을 때 피보험자는 그 피보험목적물에 대해서 갖는 일체의 권리를 보험자에게 이전하고 대신 전손에 해당되는 보험금을 청구할 수 있는데, 이것을 위부라고 한다.

(2) 대위권(Right of Subrogation)

보험자가 피보험자의 편의를 위해 보험금을 먼저 지불하고, 피보험자의 위부에 의해서 보험자는 피보험자를 대신해서 피보험이익에 관하여 제3자에 대하여 피보험자의 권리를 이양받아 취득하게 되며, 이렇게 취득한 권리를 대위권이라 하며, 피보험자가 발행한 대위권 양도서에 의하여 보험금을 지급함으로써 그 효력이 발생한다.

나) 분손(Particular Loss)

분손은 피보험목적물의 일부만이 손상을 입는 경우를 말하며, 전손이 아닌 손해는 모두 분손으로 간주한다.

① 단독해손(Particular Average)

영국 해상보험법(MIA) 제64조에 의하면 공동해손이 아닌 모든 분손이 단독해손으로 처리되며, 피보험목적물의 일부의 멸실이나 손상으로서 피보험목적물에 대하여 재산상의 이해관계를 갖는 자가 단독으로 부담하는 손해를 단독해손이라 한다.

② 공동해손(General Average)

여러 피보험목적물이 공동의 안정을 위하여 희생되었을 때 관련되는 이해관계자가 공동으로 그 손해액을 분담하는 손해로서, 공동해손이란 선박이나 화물이 해난에 직면하게 될 경우 선박 및 적하의 위험을 구조하기 위하여 선장의 책임으로 선박이나 적하의 일부를 희생하는 것을 말하며, 이런 경우 선박이나 적하에 발생한 손해와 비용은 선박 및 적하의 모든 이해관계인이 공동으로 분담하는 것이다. 예를 들어 선박과 화물을 구하고자 선적된 화물 중 일부를 바다에 투하하는 경우가 여기에 해당한다.

### (2) 비용손해(Expenses)

비용손해는 보험목적물의 손해와 관련하여 부수적으로 발생하는 구조비, 손해방지비용, 특별비용 등과 같이 해상위험 발생으로 지출되거나 또는 위험을 방지하기 위하여 지출된 비용에 관한 손해(Loss by way of expenditure)로 나눠진다.

#### 가) 구조비(Salvage Charge)

구조비란 위험에 처한 피보험목적물의 적재 선박을 제3자가 계약에 의하지 않고, 피보험목적물의 손해의 방지나 경감을 위해 필요한 비용, 선박을 구조하여 안전항구로 예인하는 데에 드는 비용 등 구조자에게 해상법상의 규정에 의해 지불하는 보수를 말한다.

영국 해상보험법상 구조비는 구조자가 구조계약과는 관계없이 해상법상으로 회수할 수 있는 비용을 의미한다. 이 구조비는 피보험자, 그 대리인 또는 보수를 받고 고용된 자가 담보위험을 피하기 위하여 행한 구조의 성질을 띤 노무의 비용을 포함하지 않는다. 그러나 비용은 적절하게 발생한 비용이라면, 비용이 발생한 사정이 어떠한가에 따라 특별비용(Particular Charge)이나 혹은 공동해손비용손해(General Average Loss)로서 보험자로부터 보상받을 수 있다.

#### 나) 손해방지비용(Sue and Labor Charge)

손해방지비용이라 함은 보험사고가 발생한 경우 피보험자가 그 손해를 방지 또는 경감하기 위하여 피보험자 또는 그의 사용인 및 대리인이 적절하고 합리적으로 사용한 비용을 말한다.

이 비용은 반드시 당해 피보험목적물의 이익만을 위하여 사용되어야 하며 합리적이고 정당하게 소요된 비용이어야 하며, 보험금과 합하여 보험금액을 초과하더라도 보상된다. 이러한 이유는 피보험자 및 그 대리인에게 손해방지를 위한 모든 조치를 취해야 할 의무가 부과된 것으로 이러한 피보험자의 손해방지의무를 위반했을 때는 보험계약의 효력이 상실되거나 혹은 피보험자에게 불리한 결과를 가져오게 할 수 있다.

#### 다) 특별비용(Particular Charge)

특별비용은 피보험목적물의 안전과 보존 때문에 피보험자에 의하여 지출된 비용을 말한다. 특별비용은 물적손해가 아니므로 공동해손이나 단독해손 어디에도 포함되지 않는다. 즉, 특별비용은 적하의 경우 창고보관료, 건조비용, 포장비용 등과 같이 화물의 손해를 확대되지 않도록 하는 데 소요되는 비용을 말하며, 통상적으로 피난항에서의 하역, 보관 또는 도착항까지의 제반 비용이 이에 해당한다.

**[특별비용과 손해방지비용 비교]**

손해방지비용은 특별비용의 한 형태이므로 특별비용이 더 포괄적이라고 볼 수 있으며, 일반적으로 말해 손해방지비용은 화물이 목적지에 도착하기 이전에 어떤 손해를 피하거나 경감하기 위해 지출되며 특별비용은 손해의 평가와 관련하여 중간항이나 목적지에서 발생된다.

특별비용은 다른 손해액과 합계하여 보험금액을 한도로 하여 보상하는 데 대하여 손해방지비용에 있어서는 보험금액을 초과한 경우에도 보상되는 점이 다르다고 볼 수 있다.

#### 라) 손해조사비용(Loss survey charge)

손해조사비용은 손해가 발생하였을 경우 손해사정인에 의해서 손해의 원인 및 정도를 조사하는데 소요되는 비용으로 당해 손해가 보험자에 의해 부담되어질 성질의 손해인 경우에 한하여 보험자가 보상한다.

### (3) 선박충돌손해 배상책임(Collision Liability)

선박충돌손해배상책임은 피보험선박이 그의 과실로 타선과 충돌하여 피보험선박 자체가 입게 된 물적 손해는 물론 그 충돌로 인한 상대 선박의 선주 및 그 화물의 하주에 대하여 피보험자가 책임져야 하는 손해배상금을 보험증권상의 특별약관에 따라 보험자가 담보해주는 손해를 말한다.

## 5. 해상적하보험의 담보조건; 협회적하약관(ICC)

해상손해의 담보란 보험자의 해상위험을 쉽게 측정하도록 하는 하나의 안전장치로써 피보험자에게 특정 사항의 충족이나 이행 의무를 보험증권상에 명시하는 것을 말한다.

국제무역거래에서 이용되고 있는 적하보험조건은 런던보험자협회(ILU; Institute of London Underwriters)가 제정한 협회적하약관(ICC; Institute Cargo Clause)에 규정되어 있는 조건으로, 크게 구약관과 신약관 두 가지 형식으로 분류되어 보험가입자가 선택할 수 있도록 되어있다.

구약관은 200여 년 전부터 사용되어온 영국의 Lloyd's S.G. Policy를 모체로 하는 S.G. Policy와 그의 특별약관 ICC(FPA, WA, A/R)조건을 말하며, 신약관은

1979년 UNCTAD의 해상보험에 관한 보고서를 기초로 1982년 제정된 ICC(A, B, C)약관을 말하며, 우리나라에서도 1983년 3월 1일부터 종래의 보험약관과 ICC의 개정에 따른 새로운 보험약관을 병행하여 사용하고 있다.[15)]

협회적하약관의 담보범위를 살펴보면 구협회적하약관은 해상손해의 형태를 담보약관의 기준을 삼고 있는데 반해, 신협회적하약관은 해상손해의 발생원인을 담보약관의 기준으로 삼고 있다. 일반적으로 ICC(A/R)와 ICC(A), ICC(WA)와 ICC(B), ICC(FPA)와 ICC(C)가 유사하며, ICC(A/R)와 ICC(A)가 가장 넓고 ICC(FPA)와 ICC(C)가 가장 좁은 범위이다.

### 1) 종래의 보험약관 : 구협회적하약관

#### (1) 분손부담보약관(分損不擔保, FPA; Free from Particular Average)

FPA약관은 분손 중 단독해손은 원칙적으로 담보하지 않는 조건으로 WA약관 및 A/R약관과 구별된다. FPA약관은 피보험목적물이 전손인 경우는 물론이고, 분손 중 공동해손의 경우와 손해방지비용, 구조비, 특별비용, 특정분손 등의 손해를 보상하는 약관으로서 단독해손 이외의 모든 손해를 보상하므로 '단독해손부담보약관'이라고도 하며, 신협회적하약관상의 ICC(C)에 해당된다.

#### (2) 분손담보약관(分損擔保, WA; With Average)

WA약관은 보험자가 보통의 항해에 있어서 입는 보통 해상손해의 전부를 담보하는 보험약관이며, 그 피보험목적물의 전손, 공동해손, 분손(단독해손)도 법률이나 보험약관에서 제외된 것 외에는 모두 보상받을 수 있으며, WA약관은 신협회적하약관상의 ICC(B)에 해당된다.

한편, WA약관에서는 증권 본문의 면책약관하의 면책비율이 적용되며 일정비율 미만의 소손해에 대해서는 보상되지 않는데 이를 '소손해면책'이라 한다. 이와 관련하여 손실액이 3% 미만인 경우 보상하지 않는다는 의미의 WA 3%와 손실액의 다과에 관계없이 보상하는 WA의 특약사항인 WAIOP(With Average Irrespective of Percentage)가 가장 일반적이다.

---

15) 현재 런던보험자협회(ILU; Institute of London Underwriters)는 국제보험인수협회(IUA; International Underwriting Association of London)로 개편되어 로이즈시장협회(LMA; Lloyd's Market Association)와 협의하여 2009년 1월 1일자로 협회적하약관(ICC; Institute Cargo Clauses)을 개정하여 사용하고 있다.

### (3) 전위험담보약관(全危險擔保, A/R; All Risks)

A/R약관은 항해에 관한 우연한 사고로 발생한 모든 손해를 보상하는 보험약관으로서, 이 경우 보험료가 가장 고율이며, 손해보상의 범위가 넓다. 그러나 피보험자의 고의적인 불법행위로 인한 일체의 손해, 화물 고유의 하자 또는 성질에 의한 손해와 선적지연으로 인한 멸실·손상 또는 비용과 포장의 불완전으로 인한 손해 및 위험의 요건을 구비하지 않은 사유에 의한 손해, 즉, 전쟁위험·파업·폭동위험 등은 포함하지 않는다. A/R약관은 신협회적하약관상의 ICC(A)에 해당된다.

### (4) 전손담보약관(全損擔保, TLO; Total Loss Only)

TLO약관은 피보험목적물이 전손되었을 경우에만 손해를 보상하는 보험약관, 즉 현실전손과 추정전손에 한하여 담보책임을 지는 조건을 말한다. TLO약관은 분손 즉 공동해손(共同海損)이나 단독해손(單獨海損)의 경우에는 보상되지 않으며, 오직 선박의 침몰, 화재 등에 의한 전손에 대해서만 담보해주기 때문에 실제로는 거의 사용되지 않는 보험약관이다.

## 2) 개정 보험약관 : 신협회적하약관

종래의 보험약관은 보험자의 담보범위에 대해 각종 면책위험의 불명확성 때문에 분쟁의 소지가 있었으며, 특히 분손부담보약관[ICC(FPA)]과 분손담보약관[ICC(WA)] 간의 담보범위에 있어서 그 차이가 불분명했기 때문에 피보험자들이 보험약관을 선택하는 데 어려운 점이 많아서 개정된 보험약관에서 담보범위를 명확히 하고 있다.

### (1) Institute Cargo Clauses(A) : A약관

ICC(A)는 종래의 보험약관 중 전위험담보약관[ICC(A/R)]과 유사한 약관으로 명칭만 바뀌고 내용은 별로 변한 것이 없다. ICC(A)는 포괄담보방식을 취하고 있고 피보험목적물에 발생한 멸실·손상 또는 비용의 일체를 담보한다. 다만, 다음의 면책위험[16]은 제외한다.

---

16) 면책위험(Excluded Perils)은 어떤 특정한 위험에 의하여 발생된 손해에 대하여 보험자가 보상책임을 면할 수 있는 위험을 말한다. 보험자는 원칙적으로 모든 해상위험을 담보하지만 위험측정이 곤란한 위험에 대하여는 보험료의 적절한 산정을 위하여 우선은 면책조항으로 정해 놓은 다음 보험계약자의 요청이 있으면 특약에 의하여 담보하고 있다.

가) 일반면책위험

① Loss or damage caused by wilful misconduct of the assured(피보험자의 고의적인 불법행위)

② Ordinary leakage or shortage/ ordinary tear or wear(피보험목적물의 통상적인 누손·중량 또는 용적의 부족 및 자연소모)

③ Inappropriate packing(포장의 불충분이나 부적절)

④ Inherent device(피보험목적물의 고유의 하자 또는 성질)

⑤ Delay(항해 지연에 의한 손해)

⑥ Default(선주·용선자의 파산·지급불능 또는 채무의 불이행)

⑦ Use of nuclear weapon(원자력·핵의 분열 및 융합 또는 이와 유사한 반응 또는 사용)

나) 불내항성 및 부적합면책위험

① Unseaworthiness(본선이나 부선의 불내항성)

② Unfitness(피보험목적물의 안전운송에 부적합한 본선, 부선, 컨테이너)

다) 전쟁면책위험(War exclusion)

① Men-of-War(군함)

② Enemies(외적) ; 전쟁, 내란, 혁명, 반란으로 인한 국내 전투 또는 교전국에 의한 적대행위

③ Surprisals(습격)

④ 포획, 나포, 억지 또는 억류와 이러한 행위의 결과

⑤ 유기된 지뢰, 어뢰, 폭탄, 기타 전쟁 무기에 의한 손해

단, 협회전쟁약관의 특약을 첨부하였다면 담보가 가능하다.

라) 동맹파업면책위험(Strike exclusion)

① 동맹파업, 직장폐쇄, 노동쟁의, 폭동 또는 소요에 가담한 자에 의한 발생

② 동맹파업, 직장폐쇄, 노동쟁의, 폭동 또는 소요의 결과

③ 테러 또는 정치적 동기에 의해 행동하는 자에 의한 발생

단, 협회동맹파업약관의 특약을 첨부하였다면 담보가 가능하다.

### (2) Institute Cargo Clauses(B) : B약관

ICC(B)는 종래의 보험약관 중 분손담보약관[ICC(WA)]과 유사하지만, 담보위험이 명확하지 않았던 점을 보완하여 보험자가 보상하여야 할 담보위험을 구체적으로 열거함으로써 피보험자가 담보위험의 범위를 쉽게 이해할 수 있도록 한 것이다. ICC(B)와 ICC(WA)의 차이점은 ICC(WA)에는 면책 비율이 있지만, ICC(B)에는 면책 비율의 적용을 받지 못한다는 점이다.

ICC(B)에서 담보가 되는 위험은 다음과 같다.

① 화재나 폭발로 인한 손해
② 본선이나 부선의 좌초·익사·침몰·전복으로 인한 손해
③ 육상운송용구의 전복 또는 탈선, 본선·부두 또는 운송용구와 물 이외의 다른 물체와의 충돌 또는 접촉으로 인한 손해
④ 피난항에서의 화물의 하역중 발생한 손해
⑤ 공동해손 희생손해, 투하
⑥ 지진, 화산의 분화, 낙뢰와 상당한 인과관계가 있는 보험 목적의 멸실·손상
⑦ 갑판 유실로 생긴 보험목적의 멸실·손상
⑧ 본선, 부선, 선창, 운송용구, 컨테이너, 지게자동차 또는 보관장소에 해수·호수·강물의 침입으로 생긴 보험 목적의 멸실·손상
⑨ 선적 또는 양하 작업 중 바다에 떨어지거나 갑판에 추락하여 발생한 포장 단위당 전손

### (3) Institute Cargo Clause(C) : C약관

ICC(C)는 보상범위가 가장 제한된 보험조건으로서 종래의 보험약관 중 분손부담보약관[ICC(FPA)]과 담보위험이 유사하다. ICC(FPA)와 ICC(C)의 차이점은 ICC(FPA)가 적재된 화물의 좌초, 침몰이나 대화재에 의한 경우를 제외하고는 단독해손을 담보하지 않는 데 반하여 ICC(C)는 열거한 위험에 대해서는 전손, 공동해손 또는 단독해손을 면책 없이 담보한다. ICC(C)도 열거담보방식을 취하고 있다.

본 약관에서 담보되는 위험은 다음과 같다.

① 화재나 폭발로 인한 손해
② 본선이나 부선의 좌초·익사·침몰·전복으로 인한 손해
③ 육상운송용구의 전복 또는 탈선, 본선·부두 또는 운송용구와 물 이외의 다른 물체와의 충돌 또는 접촉으로 인한 손해

④ 공동해손 희생손해, 투하

A조건 / B조건 / C조건

C조건
1. 화재, 폭발(fire or expiosion)
2. 좌초, 교사, 침몰, 전복(vessel or craft being starnded, grounded, sunk or capsized)
3. 육상운송용구의 전복, 탈선(overturning or derailment of land conveyance)
4. 충돌, 접촉(collision or contract of vessel craft or conveyance with any external object other than water)
5. 조난항 양하작업에 기인한 손해(discharge of cargo at a port of distress)
6. 공동해손 희생손해(general average sacrifice)
7. 투하(jettison)

B조건 (C조건 + 아래)
8. 지진, 분화, 낙뢰(earthquake volcanic eruption or lightening)
9. 갑판상 유실(washing overboard)
10. 선박, 부선, 선창, 운송용구 등에의 해수, 호수, 하천수의 유입(entry of sea lake or river water into vessel craft hold conveyance container liftvan or place of storage)
11. 선적, 하역작업 중의 해수면으로 낙하 또는 추락하여 발생된 포장단위당의 전손(total loss of any package lost overboard or dropped whilst loading on to, or unloading from, vessel or craft)

A조건 (B조건 + 아래)
12. 위의 면책사항 이외의 모든 손해

[그림 5-4] ICC(Institute Cargo Clause)의 담보약관

## 3) 부가위험담보약관과 확장담보약관

### (1) 부가위험담보약관(Additional Coverage)

구약관 전위험담보약관(A/R)이나 신약관 ICC(A)로 보험에 가입한 경우에는 보험요율서상에 특별히 제외하고 있는 위험 이외에는 부가조건을 보험에 가입할 필요가 없다. 그러나 화물의 종류, 포장 방법, 운송 방법 등을 고려하여 기본약관인 FPA, WA나 ICC(B), ICC(C)에 아래에 열거된 보험 조건을 추가하여 부보함으로써 보다 저렴한 보험료로써 전위험담보약관으로 부보한 것과 동일한 효과를 거둘 수도 있다. 주요 부가위험담보약관의 내용은 다음과 같다.

① TPND(Theft, Pilferage & Non-Delivery) : 도난, 발하, 불착손 등으로 인한 손해를 말하며[17], 모든 화물이 해당된다.

② RFWD(Rain and/or Fresh Water Damage) : 부적당한 화물적재, 불안전한 선창 폐쇄로 생긴 비나 민물에 의한 손해를 말한다.

---

17) ① 도난(Th eft): 포장채로 훔치는 것, ② 발하(Pilferage): 포장 내용물의 일부를 빼내는 것, ③ 불착손(Non-Delivery): 포장단위의 화물이 송두리째 목적지에 도착하지 않은 것

③ Breakage(Denting and/or Bending) : 화물의 파손으로 인한 손해로 기계류·금속류 및 유리제품 등 깨지기 쉬운 화물이 해당된다. 일반적으로 택배물품을 보낼 때처럼 깨지는 화물의 경우 반드시 담보여부를 밝혀야 한다. 기계류의 경우 운송중 충격으로 발생하는 곡손 및 요손(Bending, Denting) 담보가 있다.

④ S & H(Sweat and Heating Damage) : 선창의 천정, 내벽에 응결한 수분에 접촉함으로써 생기는 습기, 또한 열에 의한 손상으로 인해 발생한 손해를 말한다(곡물류).

⑤ Leakage/Shortage : 화물의 누손 및 수량 또는 중량부족으로 인한 손해를 말한다. 특히, 곡물 및 액체류의 경우에는 통상적 감량이 많이 발생하므로 실무적으로는 과부족조항을 적용한다(유류, 곡물류).

⑥ JWOB(Jettison and Washing Over Board) : 갑판상에 적재된 화물을 투하하거나 풍랑으로 갑판상의 화물이 휩쓸려 유실되는 손해를 말하며, ICC(A)와 ICC(B)에서 담보되는 손해이다.

⑦ Mould and Mildew : 곰팡이, 쥐, 벌레에 의해 발생하는 손해를 말한다(곡물류).

⑧ Spontaneous Combustion : 자연발화담보조건으로 화물 고유의 하자 또는 성질에 의한 것이지만 전혀 무연성이 없는 사고는 아니며, 또 화재원인의 확인이 어려울 경우 특약하는 손해이다.

⑨ Contamination : 오염담보조건으로 해수, 담수 등의 혼입으로 입게 되는 품질 저하에 따른 손해를 말한다(유류, 액체화학화물).

⑩ ROD(Rust, Oxidation, Discolouration) : 금속물의 녹(Rust), 공기와 접촉하여 산화작용으로 인한 변질(Oxidation), 외기(外氣)나 광선에 의한 변색(Discolouration) 등으로 인해 발생한 손해를 말한다(금속류).

⑪ Hook and Hole : 하역작업용 갈고리에 의한 손해를 말한다(직물류).

### (2) 확장담보약관(Extention)

확장담보약관은 해상보험에서 육상운송이 필요할 때 약관으로 추가하는 담보조건을 말한다. 이는 적하보험의 요율을 산정할 때 육상운송 위험요율을 제외하고 있으므로 육상운송이 필요할 때 추가하는 것이다.

① 내륙운송확장담보약관(ITE; Inland Transit Extension) : 송하주나 수하주의 창고가 내륙에 위치한 경우 송하주의 창고나 보관창고로부터 선적항 또는 양하항으로부터 내륙의 수하주의 창고까지 내륙운송 중의 위험을 원래의 적하보험증권에 추가하여 확장담보하는 약관이다.

② 내륙보관확장담보약관(ISE; Inland Storage Extension) : 본선으로부터 하역되어 중간창고에 입고, 장치 중인 화물에 대하여 보세구역에 장기간 보관시 보관 중의 위험을 명시된 기간 이상으로 연장할 경우 확장담보하는 약관이다.

### 참고 | 2009년 협회적하약관의 개정 주요 내용[18)]

영국에서는 협회약관을 공표하였던 런던보험자협회가 국제보험인수협회(IUA; International Underwriting Association of London) 개편되어 로이즈시장협회(LMA; Lloyd's Market Association)와 합동으로 3년 동안의 준비과정을 거쳐 2009년 1월 1일자 개정협회적하약관(ICC)을 공표하였으며, 주요 개정 내용은 다음과 같다.

① 면책조항들의 적용 범위가 축소되어 피보험자에게 유리하도록 개정되었다.

- 포장 불충분 면책조항에서는 지게차(liftvan)에의 적부가 삭제되고 보험개시 전 독립계약자에 의해 컨테이너의 적부가 이루어진 경우에도 면책이 적용되지 않는다.
- 선주 등의 파산면책에서도 ICC(1982)에서는 어느 경우이든 운송인의 파산 결과로 발생하는 손해는 면책되었으나, ICC(2009)에서는 보험의 목적의 적재 시에 그러한 파산이 정상적인 항해 수행을 중단시킬 수 있다는 사실을 피보험자가 알고 있는 경우에 한하여 면책이다.
- 파산면책은 부적합면책과 함께 1983년 협회상품 동업자약관(Institute Commodity Trades Clauses)의 면책을 채용하여 보험증권의 선의의 양수인에게는 적용하지 않는다.

② 운송조항의 개정으로 보험기간이 확장되었다.
보험자의 책임 개시 시점이 화물이 '창고를 떠날 때(leave the warehouse)'에서 창고에서 보험의 목적이 '맨 처음 이동할 때(first moved)'로 개정되고, '인도될 때(on delivery)'가 아닌 '양하 완료될 때(on completion of unloading)' 책임이 종료한다.

③ 테러리즘과 테러리스트의 정의를 규정하고 종교적 동기에서 행동하는 자를 추가하였다.

④ 항해변경조항에서 'held covered'라는 말을 삭제하고 '유령선(Phantom Ship)'상황에 처한, 즉 다른 목적지를 향하여 출항한 사실을 알지 못한 피보험자를 보장하도록 개정하였다.

⑤ 기타 'Underwriters'라는 말 대신에 'Insurers'로, 'Servants'라는 말 대신에 'Employees'로 표준화하였다.

---

18) 이재복, "2009년 협회적하약관(ICC) 도입과 ICC(1982)와의 비교 분석", 「보험학회지」 제83집, 한국보험학회, 2009.8., pp.69~92.

# 제 2 절 항공적하보험

## 1. 항공적하보험의 개요

### 1) 개요

항공적하보험은 항공운송에 의하여 운송되는 화물[19]의 위험을 담보하는 보험으로서 1965년에 제정된 협회항공적하약관(전위험담보)(Institute Air Cargo Clause (All Risk))을 사용하다가 신협회적하보험약관이 제정됨에 따라 1982년에 새로운 협회항공적하약관(Institute Cargo Clause(Air))이 제정되어 현재 구약관과 신약관이 함께 사용[20]되고 있다.

#### (1) 담보 범위

항공화물은 항공기의 성격상 보통 항공운송의 사고가 발생하면 기체와 함께 전손되므로 All Risk 약관으로 부보하며, 공동해손에 관한 조항도 없다. 항공화물약관도 해상적하보험의 All Risks 및 ICC(A)와 마찬가지로 전쟁위험 및 동맹파업위험을 담보하지 않으므로 이를 담보받기 위해 1982년의 Institute War Clause(Air Cargo)와 Institute Strikes Clause(Air Cargo)로 특약을 맺어야 한다.

#### (2) 담보 기간

일반적으로 보험회사가 담보하는 보험기간은 해상운송의 경우 목적항에서 양륙 후 60일까지이며, 비록 화물이 목적지의 최종창고에 도착하지 않았을 경우에도 60일이 경과되면 그 시점에서 보험은 자동 종료된다. 하지만 항공운송의 경우에는 도착공항에서 항공기로부터 하역된 후 30일이 지나면 담보되지 않는다.

#### (3) 담보책임

해상운송의 경우와 마찬가지로 화물이 항공기에 적재되어 있는 동안만 담보되며,

---

19) 협회항공화물약관에 부보할 수 있는 화물들은 항공우편을 제외한 항공으로 운송되는 모든 화물에 대해 사용할 수 있다.

20) 신약관인 Institute Cargo clause(Air)는 구약관의 Institute Air Cargo Clause(All Risks)에 해당한다.

항공기에 적재하기 전, 또는 항공기에서 양륙된 후인 화물이 육상에 있는 동안에는 담보되지 않으며, 현행의 일반 적하보험과 같이 전쟁, 동맹파업, 고의 지연, 화물 고유의 성질이나 하자에 기인하여 화물에 발생한 손해는 보상하지 않는다. 단, 전쟁 및 동맹파업 위험의 경우에는 해당 추가 보험료의 납입으로 보험 혜택을 받을 수 있다.

### 2) 항공적하보험의 계약체결 형태

항공적하보험의 계약체결형태는 해상보험회사를 통하여 협회적하약관(항공)으로 부보하는 방법과 항공운송인이 발행하는 항공화물운송장(AWB; Air Waybill)을 이용하는 항공화물하주보험을 이용하는 방법이 있다.

#### (1) 협회적하약관(항공)에 의한 부보

협회적하약관(항공)에 의한 부보는 하주가 직접 보험회사와 화물보험계약을 체결하는 경우를 말한다. 보통 항공운송의 경우 사고가 발생하면 기체와 함께 전손되므로 항공사고는 해상사고의 경우와는 달리 손해발생의 순간성, 손해의 대형성, 손해의 거액성, 전손성 등의 성격을 지니고 있다.

이와 같은 항공화물운송의 특수성으로 인해 항공화물의 부보조건은 전위험담보약관(A/R) 또는 ICC(A)이며, 이를 담보하기 위해 런던보험자협회(ILU; Institute of London Underwriters)는 협회항공화물약관(Institute Cargo Clause(Air))을 제정하였다.

#### (2) 항공화물하주보험

##### 가) 개념

항공화물하주보험은 하주이익보험(SII; Shipper's Interest Insurance), 국제항공운송보험(Air Waybill Cover)이라고도 한다.

항공화물하주보험은 특정 항공사의 항공기로 운송되는 화물이 운송 중에 발생한 사고로 손해를 입었을 경우, 그 손해를 보험회사가 관련 항공사에 또는 화물의 하주가 직접보상을 원하는 경우에는 하주에 직접 보상하기로 하는 보험계약을 보험회사와 특정 항공사 사이에 체결한 보험이다.

따라서 항공화물하주보험은 여타 보험 종목과는 달리 화물의 하주가 보험계약자가 되는 것이 아니라 해당 화물을 운송하는 항공회사가 발행한 항공화물운송장(Air

Waybill)의 사본으로 보험인수증을 대신하는 것으로 항공회사가 보험회사 대리점 자격으로 하주가 필요로 하는 경우 하주를 대신하여 항공화물을 부보시켜 주고 보험료를 납부받는 방식으로 항공회사 자신이 발행한 항공화물운송장 사본의 일부에 보험계약에 필요한 사항을 기재하고 보험회사의 인수 확인인을 대신 찍음으로써 그 사본으로 보험인수증을 대신하는 보험계약이다.

#### 나) 항공화물하주보험의 가입 대상

항공화물하주보험 가입 대상은 일반 승객의 수하물부터 일반 수출입 화물, 화폐, 유가증권 및 생동물류 등 항공운송장에서 의해 운송되는 화물이며, 보험조건이나 요율이 항공회사와 보험회사 간에 체결된 획일적인 포괄계약의 내용에 따르고 있으며, 항공회사의 창구에 화물을 수탁시킴과 동시에 부보하는 시스템이므로 소량화물에 적합한 보험이다.

#### 다) 항공화물하주보험의 계약

항공화물하주보험의 계약은 항공화물운송장상의 'Amount of Insurance'란에 보험금액을 기입한 후 항공회사에 접수함으로써 성립되며, 보험료는 항공운임의 정산 시 함께 납입하면 된다. 만약 운임이 도착지 공항에서 지불되는 착지불(Charge Collect)조건 운송의 경우에는 보험료도 착지불 조건이 가능하며, 다만 이 경우에는 운송 도중의 보험계약 취소가 인정되지 않는다.

또한, 하주가 은행 Nego용 등으로 별도로 보험증서 및 증명서(Certificate)를 필요로 할 경우에는 해당 보험회사를 통하여 동 증서를 발급받을 수 있다.

#### 라) 항공화물하주보험의 특징

첫째, 보험료가 저렴하다. 항공화물하주보험은 항공회사와 보험회사 간의 특별약정에 의한 보험으로 적하보험료에 비해 보험료가 매우 저렴하다.

둘째, 보험가입 절차가 편리하다. 항공화물하주보험은 항공운송계약과 별도로 매건 별로 보험회사에 통지하여 보험증권을 발급받아야 하는 적하보험과 달리 화물운송 시 항공화물운송장에 보험가입금액을 기재함으로써 간단히 보험계약이 성립되는 매우 편리한 보험이다.

셋째, 보험료 정산이 편리하다. 보험료는 항공화물운송료 지급 시 항공회사에 일괄하여 정산하면 되므로 하주의 입장에서는 업무중복을 피하게 될 뿐만 아니라 지급창구까지 단일화되는 장점이 있다.

넷째, 보상범위가 넓다. 항공화물하주보험에서 보험자가 부담하는 보상범위는 항공적하보험 전 위험(All Risk)조건과 동일하다. 그러나 적하보험의 경우 특정 품목의 사고발생 가능성이 높은 손해는 면책 또는 별도의 추가 보험료를 부담하여야 하나, 항공화물하주보험은 이러한 별도의 면책규정이 없이 동일한 요율로 전 위험을 담보하고 있다.

다섯째, 항공화물하주보험은 보험회사뿐만 아니라 항공운송회사가 동시에 보험금 지급을 보증하기 때문에 대형사고 시에도 안심하고 충분한 보상을 받을 수 있다.

#### 마) 항공화물하주보험의 요율(대한항공의 경우)

보험료는 항공화물운송장(Air Waybill)에 기재된 보험금액에 아래의 지역별 보험요율을 적용하여 책정되고 있으며, 운송장 당 최저보험료는 USD15.00 또는 그 상당액을 적용하고 있다. 이하 대한항공의 홈페이지에서 제공하고 있는 요율을 살펴보면 다음과 같다.

① 일반 및 귀중화물

| Zone | 1 | 2 | 3 | 4 | 5 | 6 |
|---|---|---|---|---|---|---|
| 1. Within Korea | 0.0070 | 0.0098 | 0.0098 | 0.0098 | 0.0129 | 0.0129 |
| 2. Asia, Oceania | 0.0098 | 0.0098 | 0.0098 | 0.0098 | 0.0129 | 0.0129 |
| 3. N. America | 0.0098 | 0.0098 | 0.0098 | 0.0098 | 0.0129 | 0.0129 |
| 4. Europe, Middle East | 0.0098 | 0.0098 | 0.0098 | 0.0098 | 0.0129 | 0.0129 |
| 5. Centr. S.America | 0.0129 | 0.0129 | 0.0129 | 0.0129 | 0.0129 | 0.0129 |
| 6. Africa | 0.0129 | 0.0129 | 0.0129 | 0.0129 | 0.0129 | 0.0129 |

주 1) 단위 : %
2) All rates are effective from 1st JAN 2018.
3) · Zone No. 2 : China(People's Re. of), Russia, Pakistan, Afghanistan, Fiji, Samoa 포함
· Zone No. 3 : Hawaii 포함
· Zone No. 4 : Turkey, Cyprus, Iran 포함
· Zone No. 5 : Mexico 포함
4) 최저 요금은 AWB당 USD15.00 상당액(생동물, Bank Note, 군수물자 경우도 동일)
자료 : https://cargo.koreanair.com/(2018.10.20.)

② 생동물

▸ 지역 구분 없이 전 구간 0.2275% 동일 요율을 적용

▸ Subject to Livestock Clause(A)

③ BANK NOTE

| 구간 | 요율(%) | 구간 | 요율(%) |
|---|---|---|---|
| 국내 | 0.003 | | |
| Korea / Japan | 0.003 | Korea / S.E. Asia | 0.003 |
| Korea / U.S.A | 0.0052 | Korea / Europe | 0.007 |
| Korea / M.E. Asia | 0.007 | Japan / S.E. Asia | 0.003 |
| Japan / U.S.A. | 0.0052 | Japan / Europe | 0.007 |

주 : Subject to Vault to Vault Clause.A
자료 : https://cargo.koreanair.com/(2018.10.20.)

④ 군수물자

| 구간 | 요율(%) | 구간 | 요율(%) |
|---|---|---|---|
| 일본지역 | 0.0046 | 동남아지역(대만, 홍콩 포함) | 0.0062 |
| 중동아지역 | 0.0070 | 호주지역 | 0.0070 |
| 구미지역 | 0.0083 | | |

주 : Subject to Site to Site Clause.
자료 : https://cargo.koreanair.com/(2018.10.20.)

⑤ 전쟁, 파업, 폭동 및 내란 위험에 대한 담보

전쟁(War), 파업(Strikes), 폭동(Riots) 및 내란(Civil Commotions)에 따른 위험 담보는 별도의 추가 보험료 납입으로 부보가 가능하다.

CHUBB ACE American Fire and Marine Insurance Company Korea, A Chubb Company

7th Floor, Tower B, The-K Twin Towers, 50 Jong-ro 1-gil, Jongno-gu, Seoul 03142, Korea

Tel +82 2 2127 2400 / Fax +82 2 2127 2304

대한민국정부 인지세 100원 종로세무서 후납승인 2017-36191호

## Marine Cargo Insurance Policy

| Policy No. | Assured(s), etc. | "ORIGINAL" |
|---|---|---|
| EKC4907853 - KOPS00087 | YOUIL INDUSTRIES CORPORATION | |

| Claim, if any, payable at | Ref. No. |
|---|---|
| CHUBB INSURANCE VIETNAM CO., LTD<br>Saigon Finance Centre, 9 Dinh Tien Hoang Street,<br>8/F District 1, Da Kao Ward, Ho Chi Minh City, Vietnam<br>TEL: +84 (28) 3910 7227/ FAX: +84 (28) 3910 7228<br>Claims Team - email: Claims.VN@Chubb.com | INVOICE NO. YEX181030-01 |
| **Survey should approved by :**<br>CHUBB INSURANCE VIETNAM CO., LTD<br>Saigon Finance Centre, 9 Dinh Tien Hoang Street,<br>8/F District 1, Da Kao Ward, Ho Chi Minh City, Vietnam<br>TEL: +84 (28) 3910 7227/ FAX: +84 (28) 3910 7228<br>Claims Team - email: Claims.VN@Chubb.com | **Amount insured hereunder**<br>USD 1,100.00 (USD 1,000.00 X 110 %)<br>@ 1,149.7000 |

| Vessel or Conveyance | From (interior port or place of loading) | Conditions and Warranties |
|---|---|---|
| | | INSTITUTE CARGO CLAUSE(ALL RISKS - AIR) |
| Ship or Vessel called the<br>OZ735 | Sailing on or about<br>Oct. 31, 2018 | WAIVER OF SUBROGATION AGAINST<br>SUNJIN LOGISTICS CO., LTD. |
| at and from<br>INCHEON, KOREA | transhipped at | |
| arrived at<br>HOCHIMINH, VIETNAM | thence to | |

Subject-matter Insured

TURN UP B/D 20"-350 10 EA

| Place and Date Signed in | No. of Policies Issued |
|---|---|
| SOUTH KOREA / Oct. 31, 2018 | 2 (TWO) |

In the event of loss or damage arising under this Policy, no claims will be admitted unless a survey has been held with the approval of this Company's office or Agents specified in this Policy.

In case of loss or damage, please follow the "IMPORTANT CLAUSE" printed on the back hereof.

For ACE American Fire and Marine Insurance Company, A Chubb Company

AUTHORIZED SIGNATURE

[그림 5-5] 항공적하보험증권

CHUBB®

ACE American Fire and Marine Insurance Company Korea, A Chubb Company
7th Floor, Tower B, The-K Twin Towers,
50 Jong-ro 1-gil, Jongno-gu, Seoul 03142, Korea
82 2 2127 2400 tel / 82 2 2127 2304 fax

## INVOICE

Date: Oct. 30, 2018
To: SUNJIN LOGISTICS CO., LTD.

Policy No. EKC4907853 - KOPS00087

**INTEREST COVERED** **FOR ASSURED**
TURN UP B/D 20"-350 10 EA

**CONDITION**
INSTITUTE CARGO CLAUSE(ALL RISKS - AIR)

| | AMOUNT INSURED | RATES (%) | PREMIUM |
|---|---|---|---|
| Cargo | A x B x ₩ 1,139.10000<br>USD*******4,689.30<br>A USD*******4,263.00<br>B 110% | 0.0198 | 8.78<br>(₩ 10,000) |
| Duty | | | |
| V/P | | | |
| Total | USD 4,689.30(₩ 5,341,582) | 0.0198 | 8.78 |
| | | | (₩ 10,000) |

Ref. No.: INVOICE NO. YEX181016-01

From: BUSAN, KOREA
To: XINGANG, CHINA
Vessel: MAX XUDO 1823W
Sailing Date: Oct. 21, 2018
Agent: 700371P
INSPRO
LEE, JUNGWOOK
Contact No: 82-2-725-0882
Virtual Account:

Remarks:

Authorized Signature

[그림 5-6] 항공적하보험료 청구서

## 2. 운송인의 책임

항공화물하주보험과 관련한 대한항공 국제화물 운송약관 제14조(항공사의 책임)의 내용을 살펴보면 다음과 같다.

### 1) 책임의 한도

① 송하인은 항공사에 화물의 운송을 의뢰할 때 화물의 운송가격이 ㎏당 19SDR을 초과할 경우 화물의 가격을 운송장에 신고할 수 있으며, 이 경우 종가요금을 지급하여야 하며, 송하인은 여하한 경우에도 화물의 가격 신고를 할 기회가 없었음을 주장할 수 없다.

② 송하인이 운송장에 운송 신고가격을 기재하고 종가요금을 지급한 경우, 화물에 대한 항공사의 배상책임은 신고된 가격을 한도로 실제로 입은 손해액을 배상하며 여하한 경우에도 운송장상의 운송 신고가격을 초과할 수 없다.

③ 운송장의 운송 신고가격이 '신고가격 없음(NVD; No Value Declared)'으로 기재된 화물의 손해에 대한 항공사의 배상책임 한도액을 배상하나 여하한 경우에도 ㎏당 250프랑스 금프랑 또는 19SDR/㎏을 초과할 수 없다.

④ 송하인 또는 수하인은 모든 손해배상청구에 있어서 실제 손해액을 증명하여야만 한다.

### 2) 책임의 제한

① 운송에 적용되는 협약에서 다르게 규정하고 있지 않는 이상, 항공사의 운송 또는 운송과 관련된 업무로 인하여 발생하는 손해가 항공사의 고의 또는 과실로 인하여 발생한 것이라고 입증되지 않는 한 송하인을 포함한 그 누구에게도 책임을 지지 아니한다.

② 항공사는 항공사의 적용법령 및 정부의 규제, 명령, 지시를 준수함에 따라, 또는 송하인, 수하인 및 그 이외의 자가 동일한 적용법령 및 정부의 규제, 명령 지시를 준수하지 않음으로써 또는 항공운송인이 관리 통제할 수 없는 사유로 직접 또는 간접적으로 발생한 손해에 대하여 책임을 지지 않는다.

③ 화물에 손해가 발생하였을 경우, 항공운송인의 배상책임한도액은 손해가 발생된 중량을 기준으로 산정된다. 단 화물의 일부 손해가 동일 운송장상의 전체화물의 가치에 영향을 미치는 경우, 당해 화물의 총중량이 항공의 배상책임

한도액을 산정하는데 있어서 고려된다. 위 규정과는 별개로, 미국내에서 출발·도착하는 화물의 전부(또는 일부)손해가 발생한 경우 당해 화물의 운임을 계산하기 위하여 사용된 중량(일부손해의 경우에는 그에 따른 비율)이 항공운송인의 배상책임한도액의 산정 기준이 된다.

④ 화물의 파손, 분실, 또는 손상이 당해 화물의 자체 결함이나 특성으로 인하여 발생된 경우 항공운송인은 그 손해에 대한 책임을 지지 아니한다. 송하인 또는 수하인의 화물로 인하여 대인 또는 대물(항공기 포함)손해를 입힌 경우, 그로 인하여 항공운송이 입은 모든 손실 및 비용을 항공에 배상하여야 한다. 항공운송인은 대인 또는 대물손해를 일으킬 위험이 있다고 판단되는 화물은 언제든지 예고 없이 공중투하하거나 파기할 수 있으며 이 경우 이러한 조치에 대한 책임을 지지 아니한다.

⑤ 파손, 분실 또는 손상된 화물과 관련하여, 그 손해의 전부 또는 일부가 손해배상을 청구하는 자의 과실 부당행위 또는 태만으로 인한 것이라면 항공은 그 손해에 대하여 손해배상청구자의 과실 비율에 따라 전부 또는 일부 면책된다.

⑥ 항공운송인은 운송에 사용되는 항공기의 감항성 및 적합성에 대하여 운송계약상 어떠한 담보도 하지 아니한다.

⑦ 항공운송인은 항공의 노선 이외에서 발생한 화물의 파손, 분실, 손상에 대하여는 책임을 지지 아니하며, 항공운송인이 타운송인의 노선에서 운송을 위하여 운송장을 발행하는 경우에도 타운송인의 대리인으로서만 행위를 한다. 하지만 항공운송인이 운송계약상 최초 운송인 또는 최종 운송인인 경우, 송하인 또는 수하인은 화물의 파손, 분실, 손상에 대하여 항공운송인에게 손해배상을 청구할 권리를 가진다.

⑧ 항공운송인은 운송중인 동물의 자연사, 동물 자신의 또는 다른 동물의 행동으로 인한 죽음 또는 상해, 또는 안전상의 이유로 인하여 발생한 동물의 죽음이나 상해에 대하여 책임을 지지 아니한다.

⑨ 항공운송인은 여하한 경우에도 동물의 상태, 행위, 성질, 습성 또는 타화물의 상태에 기인하는 화물 수행인의 사망 또는 상해에 대하여는 책임을 지지 아니한다.

⑩ 항공은 기상, 기온, 고도의 변화에 따라 죽음이나 일반적인 노출 또는 환적 시간으로 인하여 품질이 저하되거나 부패할 우려가 있는 화물에 대하여 해당 화물의 품질 저하 또는 부패로 인한 손해에 대한 책임을 지지 않는 조건으로 운송을 인수한다.

⑪ 항공운송인은 운송으로부터 발생하는 간접손해 또는 특별손해에 대하여 항공이 그 손해의 발생을 사전에 알고 있었는지의 여부에 관계없이 여하한 경우에도 책임을 지지 아니한다.

⑫ 본 약관에서 정하고 있는 항공운송인의 책임 제한 및 면책은 항공뿐 아니라 항공의 대표, 임직원 및 대리인과 항공이 사용하고 있는 항공기의 소유자(소유자의 대표 임직원 및 대리인)에게도 동일하게 적용된다. 또한, 항공사의 대표임직원 및 대리인과 항공운송인이 사용하고 있는 항공기의 소유자(소유자의 대표, 임직원 및 대리인)로부터 배상받을 수 있는 총액은 본 약관에서 정하고 있는 항공의 배상책임한도액을 초과하지 못한다.

**참고 | ICAO(국제민간항공기구)의 운송인 책임한도**

ICAO(국제민간항공기구)에서는 1999년 5월 ICAO 몬트리올 회의에서 채택한 몬트리올 조약(MC99, 2003.11.4 발효, 우리나라 2007.12.29 발효 / 조약 제876호)에 따라 현재 사용중인 IATA AWB(Air Waybill) 이면약관의 운송인의 책임한도(Limitation of Liability)가 현행 중량 1㎏당 17SDR(Special Drawing Rights)을 19SDR(약 USD29.85)로 상향 조정되어 오는 2010년 1월 1일부터 시행할 것을 공포하였다.

이번 항공운송인의 책임한도 조정은 몬트리올조약 제24조 제1항의 규정에 따른 것으로 ICAO에서는 매 5년 주기로 IMF(국제통화기금)의 세계경제전망(WEO) 데이터베이스에 의한 세계 인플레이션(물가)상승률을 근거로 하여 책임한도를 상향조정(17SDR → 19SDR/㎏)한 것이다.

## 제 3 절 국제복합운송 및 컨테이너운송화물보험

### 1. 국제복합운송화물보험

#### 1) 개요

국제복합운송화물의 보험에서는 국제복합운송에만 적용되는 특별약관이 존재하지 않으며, 국제복합운송화물의 경우에도 해상적하보험으로 인수되고 해상적하보험에 적용되는 협회적하약관이 그대로 적용된다.

국제복합운송화물의 멸실, 손상, 훼손 등에 대하여 국제복합운송인이 책임을 부담하는 것은 각 운송구간의 운송수단에 따른 이종책임원칙 적용과 전운송구간에 대한 단일책임원칙 적용이 있다.

즉, 국제상업회의소(ICC; International Chamber of Commerce)의 국제복합운송증권에 관한 통일규칙(URCTD; Uniform Rules for a Combined Transport Convention on Transport Document, 1973)은 이종책임원칙(異種責任原則, Network liability system)[21]을 적용하고 있고, 국제연합복합운송조약(M.T.조약; United Nations Convention on International Multimodal Transport of Goods, 1980)은 단일책임원칙(單一責任原則, Uniform liability system)[22]을 적용하고 있다. 하지만 M.T.조약은 비준 국가 수 미달로 미발효 상태이고, 현재 적용되는 국제복합운송증권에 관한 통일규칙은 이종책임원칙에 따르기 때문에 국제운송의 주요수단에 따라 해상적하보험이나 항공적하보험을 부보하여야 한다.

또한, 해상·항공을 결합한 Sea & Air 국제복합운송의 경우에는 각 구간의 운송수단에 따른 적하보험을 각각 부보해야 하며, 국제복합운송에는 필연적으로 내륙운송과 보관이 따르기 때문에 기본적하보험에 내륙운송확장담보(ITE; Inland Transit Extension)와 내륙보관확장담보(ISE; Inland Storage Extension) 특약을 부보하는게 필요하다.

### 2) 국제복합운송화물보험의 필요성

국제복합운송에서 적하보험에 부보해야 할 필요성은 다음과 같다.[23]

첫째, 손해배상청구 절차가 복잡하여 신속한 손해배상이 되지 않는다. 즉, 국제복합운송인의 책임 구간 안에서 손해가 발생한 경우 국제복합운송인은 운송계약에 따라 손해를 배상해야 하지만, 손해배상청구 절차가 복잡하여 현실적으로는 화물손해가 발생한 시점부터 배상금을 수령하는 시점까지 상당한 시간이 소요되기 때문에 신속한 손해배상이 이루어지지 않게 된다.

둘째, 국제복합운송인의 귀책 사유로 인한 손해 발생인 경우에도 국제복합운송인의 책임부담액이 일정한 한도로 제한되어 있다. 즉, 국제복합운송조약에는 국제복합운송인에게 개개 운송화물의 손해에 대해 일정액을 한도로 하여 배상하도록 하는 책임제한 조항을 두어 개별적 유한책임을 부담하도록 하는 원칙을 두고 있다.

---

21) 이종책임원칙은 하주와 운송계약을 체결한 국제복합운송인이 전 운송구간에 대해 책임을 지나, 그 책임은 운송구간 고유의 원칙에 따른 방식이다.

22) 단일책임원칙은 운송계약의 체결자인 운송인이 전 운송구간에 걸쳐 전적으로 동일 내용의 책임을 부담하는 형태이다.

23) 한상현, 『국제운송·해상보험』, 도서출판 두남, 2018.2, p.218.

셋째, 국제복합운송인의 면책 사유에 의한 손해의 발생 시 국제복합운송인에게는 손해배상의무가 없으므로 하주는 손해 발생에 대한 배상을 국제복합운송인측으로 부터는 받을 수 없게 된다.

넷째, 현행 신용장통일규칙상 무역금융제도의 담보기능을 위해서는 화물보험증권이 첨부된 선하증권을 사용할 수밖에 없다.

컨테이너화물은 재래식 포장화물과 비교하여 안정성, 신속성, 경제성 등의 여러 면에서 획기적으로 발전하였다. 그러나 컨테이너에 화물이 적입된 다음 최종목적지에 도착하여 확인할 때까지 컨테이너 내적화물의 손해를 확인할 수 없으며 손해발생 구간도 확인하기가 매우 어렵다.

이와 같은 이유로 재래식 운송과 마찬가지로 컨테이너에 의한 국제복합운송에서도 하주는 국제복합운송인에 의한 귀책 사유의 손해이든 면책 사유의 손해이든 상관없이 손해 발생시 보상받을 수 있도록 적하보험을 별도로 부보하여야 한다.

## 2. 컨테이너운송화물보험

### 1) 컨테이너 보험의 의의

국제복합운송은 컨테이너운송을 전제로 하고 있으며, 컨테이너와 관련하여 발생하는 손해, 즉 컨테이너화물 운송에서 운송인은 자기가 소유하거나 임차한 컨테이너 자체의 멸실이나 손상에 대비해서 보험에 부보할 필요성이 있을 뿐 아니라 컨테이너와 관련된 사고로 인한 제3자에 대한 배상책임이나 컨테이너 수용화물에 대한 운송인으로서의 책임도 부보할 필요가 있다. 컨테이너 보험은 컨테이너 자체의 보험, 컨테이너 소유자의 제3자에 대한 배상책임보험, 컨테이너 운영자의 화물손해배상책임보험 등으로 나뉜다. 이러한 3가지 보험을 일괄해 하나의 증권(Blanket Policy)으로 인수할 수 있을 뿐만 아니라 계약자의 요청이 있으면 잔해 제거, 소독, 검역비용담보특약도 담보된다.

### 2) 컨테이너화물 위험과 컨테이너 보험의 종류

#### (1) 컨테이너화물 위험의 종류

##### 가) 컨테이너 터미널에서 발생하는 위험

컨테이너 터미널은 컨테이너 및 컨테이너화물의 인수, 인도를 행하는 장소로 일반적으로 화물의 부두에 위치하고 있다. 오늘날에는 컨테이너 터미널의 손해는 거의 발생하지 않으나 간혹 거대한 태풍으로 인해 컨테이너야적장(CY; Container Yard)에 장치되어 있는 컨테이너화물의 손해가 발생하는 경우도 있다.

#### 나) 갑판적 컨테이너화물의 위험

이는 갑판적 컨테이너화물의 투하나 파도에 의한 유실 위험을 말한다. 특히 해상운송 중에 갑판적 화물은 위험 발생의 가능성이 높기 때문에 선주는 그 위험에서 면책되고 있으며, 통상적인 해상보험에서도 이것을 담보하지 않기 때문에 이 위험을 담보하려면 특약을 하고 할증보험료를 납부해야 한다.

#### 다) 컨테이너 내의 화물에 발생하는 발열과 발한 등의 위험

이는 해상운송 중에 온도 차이, 기타의 자연조건, 컨테이너내의 화물의 성질 및 그 개품 포장의 상태, 컨테이너 내에 적입되는 깔개나 충전물의 수분 함유율 등 여러 요인이 복합적으로 작용하게 되면 컨테이너화물에서 발생하는 발열, 발한, 결로현상 등으로 인한 손해도 발생할 수밖에 없다. 특히, 컨테이너에 미세한 틈이 생겨 침수하는 경우, 천공이 있어 빗방울이 침투하는 경우, 내부 마루가 많이 젖어있는 경우, 온도차에 의한 결로현상으로 인한 경우에는 이러한 위험이 발생할 가능성이 매우 높다.

### (2) 컨테이너 보험의 종류

#### 가) 컨테이너 자체보험

컨테이너 자체보험(Container itself Insurance, itself or Box or Van Insurance)은 피보험목적물인 컨테이너 자체의 멸실이나 추락, 또는 다른 물체와 충돌하여 발생한 손상에 따른 경제적 손실을 보험자가 보상하는 보험으로 담보조건에는 전위험담보조건과 전손담보조건이 있다. 전위험담보조건은 보험자가 담보하는 모든 손해에 대해 보상하지만 전손담보조건은 담보위험에서 생긴 손해가운데 전손공동해손 구조비 및 손해방지비용만을 보상한다.

#### 나) 컨테이너 소유자의 제3자에 대한 배상책임보험

컨테이너에 의한 운송작업 중 그 소유자(임차인을 포함)가 타인에게 끼친 신체적 상해나 재산상의 손해에 대해 보상하는 보험으로 제3자배상책임보험(TPL; Container Owner's Third Party Liability Insurance)이라고 부른다. 이 배상책임보험에서도 피보험자의 고의나 중과실에 의한 손해, 전쟁이나 폭동, 지진이나 화산에 의한 천재지변 등에 의한 손해는 보상되지 않는다.

#### 다) 컨테이너 운영자의 화물손해배상책임보험

컨테이너 운영자의 화물손해배상책임보험(Container Operator's Cargo Indemnity Insurance, Cargo Indemnity)은 국제물류주선업자와 같은 컨테이너 운영자가 운송 중의 화물손해에 대해 운송계약상 배상책임을 이행함으로써 입는 경제적 손실을 보상하는 보험이다.

### 3) 컨테이너 보험의 특징

컨테이너 보험은 일반 손해보험과 비교하여 다음과 같은 특징들을 지니고 있다.

첫째, 컨테이너 보험의 담보 기간은 원칙적으로 1년 단위로 되어 있으며, 보험기간 중 발생한 사고에 대해서는 운송 중이거나 보관 중은 물론, 수리나 검사 중에도 담보된다.

둘째, 컨테이너 보험의 대상이 되는 컨테이너는 국제표준화기구(ISO; International Organization for Standardization)규격 및 이에 준하는 국제해상운송용이다.

셋째, 컨테이너운송의 성격상 운송 단위의 인수보험계약 금액이 거액이기 때문에 계약 전 컨테이너 자체보험, 제3자 배상책임보험 및 화물손해배상 책임보험 등 각 보험 및 담보특약별로 보상한도액을 설정하고 있다.

넷째, 손해사정시 번잡함을 피하고 합리적인 구상 절차를 확보하기 위해 컨테이너보험의 소손해에 대해 소손해 면책률(Franchise) 또는 초과공제면책률(Excess Deductible) 등의 소손해 면책특약을 부보한다.

다섯째, 컨테이너 보험의 특수성을 고려해 보험증권의 유통성을 제한하고 있다.

# 제 6 장

# 해상운송

◆◇ 학습개요 및 목표 ◇◆

해상운송에 대한 전반적인 내용을 다루고 있는 이 단원에서는 해상운송의 개념, 해운시장과 해상운송의 형태(정기선과 부정기선), 해상운임(운임의 유형, 국제해상운송의 물류비용), 해상운송 관련 운송서류(B/L, SWB)의 내용, 해상운송의 수출입 통관절차, 국제해사 관련 기구 등에 대한 내용을 자세히 제시한다.

1. 해상운송에 대한 전반적인 내용을 제시한다.
2. 해상운송의 수출입통관절차에 대한 세부적인 내용을 제시한다.
3. 국제해사 관련 기구를 정리한다.

## 제 1 절 해상운송의 기초

### 1. 해상운송의 의의

#### 1) 의의

해상운송[1]은 선박을 수단으로 하여 해상의 외항항로 또는 연안항로를 따라 사람과 화물(재화)을 장소적·공간적 이전을 목적으로 하는 해상운송서비스이다. 즉, 선박이라는 고정적 생산설비를 이용하여 선박의 장소적 이동에 따라 해운서비스를

1) 해상운송은 Shipping, Carriage by Sea, Ocean Shipping, Ocean Transportation, Marine Transportation 등으로 다양하게 표현되고 있다.

생산하고, 이 운송서비스를 수요자에게 제공하여 그 반대급부로써 운임을 획득하는 상행위이다.

해상운송은 육상운송, 항공운송과 비교하여 신속성, 편리성, 안전성, 정확성 등에서 뒤떨어지지만 운임이 저렴하고 대량화물의 장거리 운송에 매우 적합한 운송수단으로 대부분의 수출입화물을 운송하고 있는 가장 대표적인 운송방식이다. 특히, 해상운송사업은 선박만 있으면 세계 모든 국가의 영해와 항구를 거의 자유롭게 입·출항할 수 있기 때문에 국제적 경쟁산업이며 국가 전략산업이라 할 수 있다.

### 2) 추세

오늘날의 해상운송은 조선기술의 발달, 전자 및 정보통신의 발달 등 계속적인 기술혁신에 의하여 선박운송의 안정성이 크게 높아졌다. 또한, 선박의 대형화, 전용선화, 컨테이너선화가 크게 진전되었다. 특히 컨테이너에 의한 화물의 국제복합운송은 해상운송을 신속·저렴하게 하였을 뿐만 아니라 해상과 육상, 나아가서는 항공운송에 이르기까지 전 수송을 신속하고 효율적으로 연결·수송할 수 있게 한 중대한 수송혁신이다.

또한, 해상운송은 전통적 해운동맹의 기능은 약화된 반면, 국제복합운송이 보편화되면서 정기선사들의 운송영역이 Port to Port가 아니라 Point to Point로 서비스가 확대되었다. 이에 관련하여 중소규모 선사들 간의 공동운항(Joint Service)이나 대형 컨테이너선사들간 Alliance(연합·동맹)가 등장하는 등 정기선운송사업들의 경영방법도 변화되었다. 항로가 정해진 공동운항에 비해 Alliance는 특정 항로가 제한돼 있지 않다. 해상운송에 관련된 규칙이나 국제조약에서 하주의 요구가 반영되는 면이 증가되고 있다.

## 2. 해상운송의 특성과 경제적 효용

### 1) 특성

운송이라 함은 육상운송, 해상운송, 항공운송과 이들 운송의 결합에 의한 국제복합운송 등으로 나누어지며, 오늘날은 컨테이너를 이용한 국제복합운송이 보편화되어 있다. 하지만 해상운송은 여전히 국제복합운송의 기초로서 대량운송성, 운송비의 저렴성, 운송로의 자유성, 국제성 등의 특성을 지니고 있어 국제운송을 주도하고 있다.

### (1) 대량운송성

해상운송의 운송수단인 선박의 단위 운송력은 다른 운송수단(비행기, 자동차, 철도)에 비해 매우 크기 때문에 대량의 화물을 운송할 수 있다. 즉, 항공운송의 경우 신속성은 확보되지만 운송량은 제한되고, 육상운송의 철도의 경우 20톤 화차를 아무리 많이 연결하여도 수천 톤에 불과하지만 선박의 경우 수십만 톤의 화물선이 있다(50만 톤의 원유를 1척의 선박으로 운송).

### (2) 운송비의 저렴성

해상운송은 원거리 운송에 따른 화물 단위당 수송비가 다른 운송수단(비행기, 자동차, 철도)과 비교가 되지 않을 정도로 저렴하다. 특히 해상운송은 선박의 대형화로 1회에 대량운송이 가능하므로 규모의 경제원칙에 따라 화물 단위당 수송비가 매우 저렴하기 때문에 국제무역거래에 가장 많이 이용되고 있다.

### (3) 운송로의 자유성

해상운송의 운송루트는 도로나 철도와 같이 지형상의 장애를 적게 받기 때문에 자유롭게 이용할 수 있다.[2] 즉, 해양자유의 원칙(freedom of sea)에 따라 공해에 있어서 자유로운 항해가 보장되며,[3] 항로개발에 따른 사회간접자본비용의 투자가 적게 든다. 이것은 해상운송의 발달에 가장 유리한 조건 중 하나가 되었다.

### (4) 국제성

해상운송은 특별히 입항이 금지되거나 결빙된 항만이 아닌 경우를 제외하고는 각국의 항만에 화물을 적재한 다국적 선박의 입·출항이 자유롭게 이루어지는 등 세계를 무대로 하므로 운송산업 중 가장 국제성이 높은 산업이다. 그리고 이와 같

2) 예를 들어 한·중 무역거래에서 육로(도로, 철도)를 통한 교역은 북한이 위치해 있기 때문에 이루어질 수 없다. 만약 한국 기업이 중국 상해에 소재하고 있는 기업과의 육로를 통한 무역거래시 북한을 거쳐 돌아가야 하는 비경제적인 교역이 이뤄질 수 있다. 물론 중국의 동북지역에 소재하고 있는 기업과의 거래는 해상보다는 육로가 더 경제적일 수는 있다. 하지만 해상운송은 이러한 지형적인 제약에 전혀 간섭받지 않고 자유로운 해상을 통해 무역당사자 간 최단 거리로 무역이 이뤄질 수 있다. 또한, 이러한 해상무역은 도로의 혼잡을 방지할 수 있어 육로를 이용하는 운송을 더욱 원활하게 해 준다는 장점이 있다.

3) 네덜란드의 해법학자 그로티우스가 1609년에 공해자유론을 주창하여, 18세기에 그 원칙이 국제법에 따라 공인된 것과 같이 해양은 대부분 공해로 자유롭게 항해할 수 있다. 현재 국제법에서는 연안 3해리(5.6㎞)를 영해로 규정하고 있지만 많은 국가에서 12해리(22.2㎞)로 수정하고 있다(1해리(nm; nautical mile, 海里) = 1.852㎞).

은 해상운송은 대부분 원거리 운송이고, 이용되는 선박 또한 대형선이 이용된다. 특히, 공해라고 하는 자유로운 시장에서 세계 해운시장은 세계 각국의 상선이 경쟁하는 국제성을 지니고 있다.

위와 같은 해상운송의 효용성과는 달리 다음과 같은 단점이 있다.

첫째, 해상운송은 다른 운송수단에 비해 속력이 느리다. 해상운송은 주로 대양을 횡단하는 원거리 운송이지만 다른 운송수단에 비해 현저히 낮은 속도로 인해 오랜 운송기간이 소요된다. 세계 주요 정기선의 속력은 18~30노트(knot; kn)이며, 부정기선은 12~18노트로 항해한다.[4] 이러한 선박의 속력은 유가와 밀접한 관련이 있으며, 시장수요와 선박 규모 등에 따른 경제성을 고려하여 시간당 속력은 상이하게 조정된다.

둘째, 항만시설의 현대화가 필요하다. 오늘날 선박의 전용선화가 추진되면서 이에 따른 신속한 하역작업을 위한 전용하역장비 설치 등 항만시설의 현대화가 필요해 짐에 따라 이에 대한 투자비의 규모가 크다.

셋째, 기후에 민감하며, 위험도가 높다. 오늘날에는 항만이나 선박에 인공위성이나 정보통신장비를 설치하여 기상 상태 등을 조기에 파악하여 기후에 의한 위험도는 예전에 비해 많이 감소하고 있다. 그럼에도 불구하고 태풍 등 악천후에 의해 여전히 하역작업에 영향을 받고 있으며, 항해 중에도 육상운송(도로, 철도)에 비해 태풍, 해일, 폭우 등의 악천후에 따른 위험에 노출되어 있다.

**참고 | 부산항과 세계 항만간 거리는?**

부산항과 세계 주요 항만과는 거리는 얼마나 되고, 컨테이너선박으로 항해하는 데는 얼마나 걸릴까?

물류 전문가가 아닌 일반인에게 "부산서 화물선타고 LA까지 가는데 얼마나 걸릴까?"라고 물으면 대략 한 달에서 두 달가량 걸릴 것이라고 말한다. 그러나 기상 사정이 양호해 시속 17노트(1노트=시속 1,852㎞)로 정상 항해했을 경우 13일이면 LA 롱비치항에 도착한다.

부산에서 일본 쓰가루해협을 거쳐 미국 LA 롱비치항으로 이어지는 부산~롱비치항간 항해거리는 대략 9,700여㎞로 경부고속도로를 줄잡아 12번 왕복할 수 있는 그야말로 '멀고 먼' 거리다.

이 항로에는 5,000~1만TEU급 '컨'선이 취항하고 있는데 중간급인 7,500TEU급 선박이 이 항로 운항에 소모하는 벙커C는 대략 1,800t에 달한다. 벙커C의 국제 유가가 t당 625달러 안팎인 것을 감안하면 기름값만도 무려 12억여 원이 소요된다는 것이다.

부산과 유럽 대표항만인 네덜란드 로테르담항까지의 거리는 대략 2만㎞로 이 항로를 논스

4) knot(kn; 노트)는 배의 속도를 나타내는 단위로 1knot = 1,852㎞/h이다.

톱 운항할 경우 줄잡아 26일가량이 걸린다.

이 항로에는 7,000~1만 8,000TEU급 초대형선까지 다양한 크기의 컨테이너선이 취항 중인데, 이들 선박은 항해 도중 상하이와 카오슝, 홍콩, 싱가포르, 프랑스 르아브르, 영국 펠릭스토우 등 세계적 항만을 차례로 기항하고 있어 실제 운항에는 35일 안팎이 소요된다. 특히 2만 4,000TEU급은 현존 컨테이너선 중 가장 큰 것으로 길이는 400m, 너비는 61m, 높이는 33.2m, 속도는 22.5kn/h(41.7km), 총톤수는 16만 5천t에 달한다.

한편 유럽항만을 가려면 지중해와 홍해, 인도양을 잇는 162.5㎞의 수에즈운하를 통과해야 하는데 총 이용료는 1만 TEU급을 기준으로 약 6억여 원에 이른다고 이용 선사 관계자들은 말한다.

이밖에 부산~싱가포르항 간의 거리는 4,600㎞로 약 6일이 걸리며, 부산~도쿄항 간은 1,230㎞, 부산~상하이항은 880㎞, 부산~홍콩항은 2,126㎞에 달한다고 한다.

| 구분 | 거리(㎞) | 기간(일) | 구분 | 거리(㎞) | 기간(일) |
|---|---|---|---|---|---|
| 로테르담항 | 20,107 | 26.61 | 롱비치항 | 9,708 | 12.85 |
| 싱가포르항 | 4,606 | 6.10 | 홍콩항 | 2,126 | 2.81 |
| 도쿄항 | 1,230 | 1.63 | 상하이항 | 880 | 1.16 |

주 : 선박속도 17knot 기준

자료 : 부산항만공사(http://www.busanpa.com/kor/), 2013년 자료

## 2) 경제적 효용

### (1) 효율적인 자원배분 효과

무역의 효과는 효율적인 자원배분을 통한 경제촉진의 역할을 들 수 있다. 해상운송은 생산원료의 안정적 공급과 생산물(재화)을 적기에 수송함으로써 무역과 생산활동의 촉진은 물론 국가적 산업에 필요한 물자를 수송하는 역할을 담당하고 있어 수출입 무역활동을 지원하고, 국제분업과 교환을 촉진함으로써 국민경제 발전에 기여하고 있다.

특히, 해상운송은 대량의 화물을 매우 저렴한 운임으로 운송할 수 있기 때문에, 원유, 가스, 철광석 등과 같은 화물의 운송에 매우 효과적이다. 만약, 이러한 화물을 해상운송이 아닌 다른 운송수단으로 운송한다면, 지나친 운임부담으로 인해 경제적 손실이 불가피할 뿐만 아니라, 효율적인 자원의 배분도 어려울 것이다.

### (2) 국민소득 증대효과

해상운송은 현재 대부분의 물동량을 처리하고 있기 때문에 국민경제에 미치는 영향력이 매우 크다. 특히, 해상운송은 운임수입뿐만 아니라, 항만사용료, 보관료,

하역료, 포장비, 선용품공급비 등과 같은 상당한 부대수입을 가져다주기 때문에 국민소득의 증대에 크게 기여하고 있다. 실제로 자유무역항으로 유명한 홍콩과 싱가포르 등과 같은 국가들은 해상운송의 육성을 통해 급성장을 거듭해오고 있다.

#### (3) 국제수지 개선효과

해상운송은 해상운송서비스의 대가로 운임을 취득하는 사업이다. 따라서 국적선이 가득(稼得)하는 운임은 전액을 외화(USD)로 계상하므로 국제수지 개선 수단의 역할을 한다. 즉, 자국 하주가 외국의 선박회사를 이용하는 경우에는 외화가 유출되고, 자국의 선박회사가 외국 하주의 화물을 운송하는 경우에는 외화가 유입되기 때문에 해상운송은 국제수지(Balance of Payment)에 영향을 미치게 된다.

이와 같은 해상운송의 국제수지 개선효과는 크게 소득효과와 절약효과로 구분된다. 소득효과는 자국의 선박회사가 외국의 화물을 운송함으로써 획득하게 되는 외환소득에 의한 개선효과이며, 절약효과는 자국의 하주들이 자국의 선박회사를 이용함으로써, 외국 선박회사를 이용하는 경우 유출되어야 할 외화를 절약함으로써 국제수지를 개선하는 효과를 말한다.

#### (4) 산업연관 효과

해상운송은 조선업(조선·기계·금속·도료공업 등), 해운산업(해운중개업·주선업·통관업, 검수검정업 등), 항만사업(선박관리 및 수리업·하역업·창고/보관업·포장업 등), 금융업(해상보험업·해상금융업) 등과 같은 다양한 산업분야와 유기적으로 연계되어 있기 때문에, 해상운송의 중요성은 해상운송 자체의 기대효과뿐만 아니라, 관련 산업의 고용창출, 소득증대 등과 같은 요인들도 고려하여 설명되어야만 한다.

## 3. 선박

### 1) 선박의 정의와 기능

#### (1) 정의

일반적으로 선박이란 해상에서 인적 및 물적 자원을 싣고 공간적·장소적 이전을 할 수 있는 구조물로서, 부양성(浮揚性), 적재성(積載性), 이동성(移動性)을 가지고 해상운송서비스를 통한 영리를 목적으로 하는 운송수단을 말하며, 특히 국제무역에서 선박이라 함은 화물선(상선; 商船) 중에서도 영리를 목적으로 하고 화물을 운송하는 협의의 개념으로 파악하여야 한다.[5)]

### (2) 기능

선박이 수행하는 기본적인 기능으로는 다음의 6가지이다.

#### 가) 부양기능(浮揚機能; Flotation Capability)

선박은 선체의 무게는 물론 사람과 화물을 싣고 물에 뜰 수 있는 기능을 지니고 있어야 한다.

#### 나) 추진기능(推進機能; Self Propulsion Performance)

선박은 물에 떠서 스스로 힘으로 원하는 방향을 향해 나아갈 수 있는 기능을 지니고 있어야 한다. 화물을 운반하는 바지선(barge, 부선)도 선박의 범주에 포함되지만 추진기가 장치되어 있지 않아 예인선(曳引船)에 의해 끌리는 바지선의 경우는 선박에 포함되지 않는다.

#### 다) 구조기능(構造機能; Vessel Structural Functional)

선박은 외부의 영향을 견디는 기능을 지니고 있어야 한다. 즉, 선체 자체가 화물에 의해 균열 등이 없어야 하며, 파도, 해수, 염분 등에 의한 외부 영향을 견딜 수 있는 충분한 강도와 탄성의 기능을 지니고 있어야 한다.

#### 라) 화물적재와 복원력(Cargo Loading and Statical Stability)

선박은 화물을 적재하고도 기울거나 쓰러지지 말아야 한다. 즉, 배가 한쪽으로 기울지 않도록 적절한 복원성을 확보할 수 있는 기능을 지녀야 한다.

#### 마) 운동성능(運動性能; Ship Motion Characteristics)

선박은 파도가 치는 수면위로의 운항은 물론 좁은 항만이나 해협에서 안전하게 운항할 수 있는 운동성능의 기능을 지니고 있어야 한다.

#### 바) 조종기능(操縱性能; Maneuverability)

선박은 선박을 조종할 수 있는 적당한 크기의 방향타와 조타기를 장착하여 희망

---

5) 우리나라 상법 제740조에서도 '선박이라 함은 상행위 기타 영리를 목적으로 항해에 사용하는 선박을 말한다.'라고 정의하고 있다.

진행 방향을 향할 수 있는 조종기능을 지녀야 한다.

## 2) 선박의 종류

일반적으로 선박의 종류는 추진방식에 의한 분류[6], 선형에 의한 분류[7], 관세법상의 분류[8], 용도에 따른 분류 등으로 나누어진다. 이하 본서에서는 용도에 따른 분류를 살펴보고자 한다.

### (1) 일반화물선(General Cargo Ship)

일반화물선은 운송용기에 적입되지 않은 화물을 개별포장 단위 또는 파렛트 단위 등을 꾸러미 형태로 본선 내 선창에 적입하여 운송하는 전형적인 화물선과 컨테이너만을 전문적으로 적재하여 운송하는 컨테이너선으로 구분된다.

#### 가) 일반화물선

일반화물선은 잡화 등 일반화물(General Cargo)을 운송하는 선박으로 컨테이너선의 등장으로 지금은 재래선(Conventional or Traditional Ship)이라 부르고 있

---

6) 추진방식에 의한 선박의 분류는 다음과 같다.
- 인력선 : 노도선(櫓棹船, rowing ship) : 사람의 힘에 의하여 추진하는 선박
- 풍력선 : 범선(帆船, sailing ship; 돛을 사용하여 추진하는 선박), 기범선(機帆船, sailing ship with auxiliary machinery; 범선에 추진기관 설치, 풍통선(風筒船, rotor ship; 상갑판에 수직으로 세운 원통을 바람에 회전)
- 기계력선 : 기선(汽船, steamer or steam ship; 증기기관을 이용하여 추진하는 선박), 발동기선(發動機船, motor ship; 내연기관을 이용하여 추진하는 선박), 전기추진선(電氣推進船, electric driving ship; 발전기를 이용하여 동력발생), 원자력선(原子力船, nuclear ship; 원자로를 이용하여 동력발생하는 잠수함)
- 기타 : 초전도전기선(超傳導電氣船), 초전도전자기추진선(超電導電磁氣推進船) 등

7) 선형방식에 의한 선박의 분류는 다음과 같다.
- 평갑판선(平甲板船, flush deck vessel, flush decker) : 갑판이 평평한 선형)
- 삼도형선(三島型船, three island ship) : 선수, 선미, 중앙에 선수루(船首樓, fore castle), 선미루(船尾樓, bridge), 선교류(船橋樓, poop)가 있는 선형
- 선수루부평갑판선(船首樓付平甲板船, flush deck vessel with forecastle) : 평갑판선의 상갑판상에 선수루(船首樓) 하나만을 갖는 선형
- 요갑판선(凹甲板船, well deck vessel or well decker) : 선교루 갑판을 전방 또는 후방으로 연장해 선수루 또는 선미루와 중간에 우물과 같은 요부가 생기게 한 선형
- 차랑갑판선(遮浪甲板船, shelter deck vessel or shelter decker) : 차랑갑판에는 상설 개폐장치가 없고 감(減)톤구(tonnage opening)가 있는 선형

8) 관세법상에 의한 선박의 분류는 다음과 같다.
- 외국무역선(foreign trade vessel) : 외국무역을 위하여 자국과 타국간을 왕래하는 선박
- 내항선(domestic vessel) : 외국무역선 이외의 선박

다. 일반화물선의 적재 대상 화물은 상자화물, 포대화물 등 운송용기에 적입되지 않은 화물로서 이들 화물을 개별포장 단위 또는 파렛트 단위 등을 꾸러미 형태로 본선 내 선창에 적입하여 운송하며, 본선의 갑판에 크레인 등 적·양하 하역설비를 보유하고 있다. 현재 일반화물선은 컨테이너화가 어려운 화물(합판, 철재류 등) 및 항로(아프리카 등 컨테이너 하역시설을 갖추지 못한 지역)에서 주로 운행되고 있다.[9)]

나) 컨테이너선(Container Ship)

컨테이너선은 컨테이너만을 전문적으로 적재하여 운송할 수 있도록 특별히 설계하여 건조된 선박의 명칭이다. 하역효율이 높아 신속하게 운송할 수 있으며, 컨테이너 자체의 육상운송이 가능하기 때문에 Point to Point Service가 가능하다.

또한, 컨테이너선은 정기항로에 취항할 일반화물선을 전용선화한 것으로서 컨테이너 선형과 하역장비 장착 여부, 하역방식 등에 의한 분류방법이 있다.

① 선형에 의한 분류

㉠ 풀컨테이너선(Full Container Ship) : 갑판 선창 모두가 컨테이너만을 적재하도록 설계된 선박이다.

㉡ 세미컨테이너선(Semi-container Ship) : 컨테이너와 컨테이너에 넣지 않는 화물(Break Bulk) 두 가지를 적재하는, 즉 선박의 일부만 컨테이너를 적재할 수 있는 전용장비를 설치한 선박이다.

㉢ 컨버터블컨테이너선(Convertible Container Ship) : 컨테이너 적재를 목적으로 하지만 선체나 갑판에 설치된 컨테이너·벌크 겸용 선박이다.

㉣ 바지컨테이너선(Barge Container Ship) : 컨테이너나 일반화물이 적재된 부선(Barge)을 예선에서 그대로 본선에 적재 또는 하역할 수 있도록 부선 하역용 크레인의 장비를 갖춘 선박이다.

② 하역장비 장착 여부에 의한 분류

㉠ 기어 컨테이너선(Geared Container Ship) : 본선 갑판상에 컨테이너 하역용 겐트리크레인(Gantry Crane)을 장착하고 있는 컨테이너선이다.

㉡ 기어리스 컨테이너선(Gearless Container Ship) : 본선상에 컨테이너 하역용 겐트리크레인을 장치하지 않은 컨테이너선으로 하역은 컨테이너터미널 안벽에 설치된 육상의 겐트리크레인에 의해 행해진다.

---

9) 한상현, 『국제운송·해상보험』, 도서출판 두남, 2018.2, p.20.

③ 하역방식에 의한 분류

㉠ LO-LO(Lift on/Lift off)선 : 본선 또는 육상에 설치되어 있는 겐트리크레인으로 컨테이너를 수직으로 하역하는 방식의 컨테이너선이다.

㉡ RO-RO(Roll on/Roll off)선 : 선수나 선미 또는 선측에 램프(Ramp)가 설치되어 있어 컨테이너를 이 램프를 통해 트랙터(Tractor) 또는 지게차(Forklift) 등을 사용해 하역하는 방식의 컨테이너선이다.

㉢ Fo-Fo(Float on/Float off)선 : 하역방식으로 부선에 컨테이너나 일반화물을 적재한 뒤, 본선에 장치된 크레인으로 부선 자체를 적·양하하는 방식의 컨테이너선이다.

### (2) 전용선

전용선은 운송되는 화물의 특성을 고려하여 선박구조, 하역장비, 보관시설 등을 특별히 설계·제작한 전용화물 선박이다. 화물에 따라서 자동차 전용선(Car Carrier), 유류전용선(Oil Carrier), 목재전용선(Long Carrier), 산적화물선(Bulk Carrier), 석탄전용선(Coal Carrier), 냉동전용선(Reefer Carrier) 등이 있다. 전용선은 선주와의 계약에 의해서만 운항하며, 특정 단일 화물만을 운송하기 때문에 복항운송시에는 공선항해(Ballast Voyage)를 하게 되는 단점이 있다.

### (3) 겸용선(Combined or Combination Carrier)

겸용선은 화물수송 수요의 다양화, 수송지역의 다변화에 대응하여 수송생산성을 최대한으로 높이기 위해 한 척의 선박에 복수의 화물을 적재할 수 있는 선박이다. 즉, 겸용선은 전용선의 단점인 공선항해(Ballast Voyage)를 극복하기 위해 설계·제작된 선박으로, 하나의 선박에 복수의 화물, 즉 건화물(Dry Cargo)과 액체화물(Wet Cargo)을 적재할 수 있어 복화(複貨)수송이 가능하며.[10] 종류는 다음과 같다.

① O/O선(ore/oil carrier) : 철광석/원유 운송

② O/B/O선(ore/bulk/oil carrier) : 원유/곡물/석탄/철광석 등을 운송[11]

---

10) 겸용선은 선박운용에 있어서 유연성을 담보하고 있다. 예를 들면 중동의 석유를 유럽으로 운송하고 아프리카로 가서 철광석을 싣고 아시아로 운송하는 등 화물과 항로의 선택폭이 넓다.

11) Combined Carrier를 외관상 구분하는 방법을 살펴보면, 먼저 Bulk Carrier는 화물창에 화물을 넣고 꺼내기 위해 갑판상부에 개구부를 가지고 있고 그 개구부는 열고, 닫을 수 있는 뚜껑(Hatch Cover)으로 덮여져 있다. 한편, Tanker는 액체상태의 화물을 파이프라인을 통해 이송하므로 Hatch Cover가 불필요하며 그 대신 화물창으로 연결되는 Piping과 항구 측

③ C/B선(car/bulk carrier) : 자동차/산적화물 운송

### (4) 특수화물선(Specialized Carrier)

특수화물전용선은 장척화물, 중량화물, 부패성 화물 등 특수화물의 적재에 적합하도록 설계된 선박으로 종류는 다음과 같다.

① 냉동선(Refrigerating Carrier) : 육류·어류·과일 등 냉동화물 운송

② 중량물 운반선(Heavy Cargo Carrier) : 교량, 철강 구조물, 건설 기자재, 플랜트 시설, 선박 블록 등 중량화물을 적재하여 운송하는 선박

③ LASH선(Lighter Aboard Ship) : 부선(浮船, Lighter, Barge)에 화물을 적재한 채로 본선에 적입한 후 운송하는 선박

④ 부유식 원유생산저장 하역설비선(FPSO) : 심해 유전지역에서 물 위에 떠서(Floating, 부유식) 원유를 추출하고, 끌어올려(Production), 배 밑의 거대한 탱크에 저장했다가(Storage), 셔틀탱커와 같은 운반선을 통해 저장한 기름을 건네주는(Offloading) 역할을 하는 선박 형태의 설비로 일종의 정유공장이라 할 수 있으며, 원유시추 플랫폼을 선박 위에 옮겨 놓은 석유시추선 또는 가스시추선 등이 이에 포함된다.

### (5) 탱커선(Tanker, 유조선)

탱커선은 원유, 가스, 화공약품 등 액화 또는 기화된 화물의 운송에 적합하도록 제작된 선박으로 최근에 크게 발달하여 세계 선박의 약 45%를 점유하고 있으며, 다음과 같은 종류가 있다.

① 원유운반선(Crude Oil Tanker) : 석유운반 전용선

② 석유(정유)제품 운반선(Product Carrier) : 원유를 정제한 후 생산되는 나프타, 에틸렌 등을 운송하는 선박

③ 화학제품 운반선(Chemical Tanker) : 윤활류제품, 석유화학제품 및 화성화학제품(각종 알콜, 에칠, 유기산, 무기산) 등을 적재할 수 있도록 특수설계를 한 전용선

④ 액화천연가스 운반선(LNG Carrier) : 액화천연가스(LNG; Liquefied Natural

---

과의 연결을 위해 사용하는 호스를 끌어 올리기 위한 Hose Handling Crane을 장착하고 있다. 하지만 OBO는 Bulk 화물과 Oil 화물을 모두 운송해야 하므로 위에서 언급한 Hatch Cover, Piping, Hose Handling Crane을 모두 설비하고 있고 이들은 갑판 상부에 설치되므로 외관상 선박을 구분하는데 좋은 기준이 되고 있다.

Gas)를 운반하는 선박

⑤ 액화프로판가스 운반선(LPG Carrier) : 액화프로판가스(LPG; Liquid Propane Gas)를 운반하는 선박

## 3) 선박의 구조

### (1) 선박의 주요 명칭

일반적으로 선박은 앞뒤를 구분하여 앞을 선수(船首; Fore)라 하고, 뒤를 선미(船尾; Stern)라 한다. 선박의 왼쪽은 좌현(左舷; Port side)이라 하고, 오른쪽은 우현(右舷; Starboard side)이라 한다.

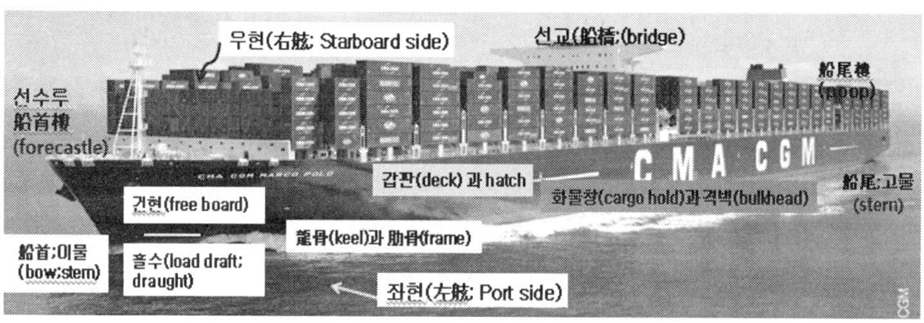


[그림 6-1] 선박의 구조 – 선체(Hull)와 기관(Machinery)

또한, 선박의 바닥을 선저(船底; Bottom), 바닥의 근간을 용골(龍骨; Keel)이라 하고 선박의 꼭대기를 돛대 또는 마스트(Mast)라 한다. 이하 선박의 주요 명칭은 다음과 같다.

① 선수루 갑판(Forecastle Deck) : 선체의 앞쪽에 있는 갑판

② 선교[12)]루 갑판(Bridge Deck) : 기관실을 보호하고 선실을 제공하며 예비 부력을 제공하는 공간

③ 선미루 갑판(Poop Deck) : 선체의 뒤쪽에 있는 갑판

④ 항해 선교 갑판(Navigation Bridge Deck) : 전체 선박을 지휘할 수 있는 공간에 있는 갑판

⑤ 상갑판(Upper Deck) : 최상층에 위치한 각 방향으로 통하는 갑판

---

12) 선교(船橋; Bridge)는 선박의 핸들이 있는 장소로 선장을 비롯한 항해사가 선박을 운항하기 위하여 항해 당직을 서는 곳이다.

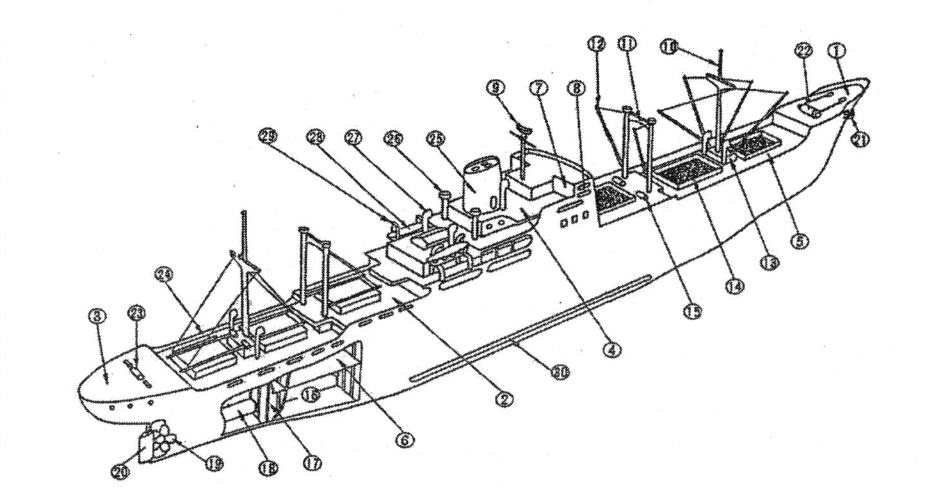

자료 : 국토교통부 자료를 참조

[그림 6-2] 선박의 주요 명칭

⑥ 제2갑판(Second Deck) : 최상층(상갑판) 아래 갑판

⑦ 항해선교(Navigation Bridge) : 선교는 항해 중에 감시, 배의 키를 조종하는 장소로서 전망을 좋게 하기 위하여 선교루(船橋樓)[13]보다 2, 3층 높은 위치에 마련

⑧ 현등(Side Lamp) : 항해 중의 선박이 야간에 자체 진로를 다른 선박에 알리기 위하여 배 좌우에 다는 등으로서, 우현(右舷)은 녹색등, 좌현(左舷)은 적색등

⑨ 레이더 마스트(Radar Mast) : 마스트(Mast)는 선박의 꼭대기 구조물을 말하며, 여기에는 레이더(Radar) 안테나를 비롯한 각종 항해기기와 통신용 장비의 안테나, 주항해등(主航海燈)이 설치되어 있다.

⑩ 홀 마스트(Hall Mast) : 배에 마스트를 세우기 위하여 구멍을 뚫은 지점을 말하며 과거에 범선의 돛을 달기 위한 지점

⑪ 킹 포스트(King Post or Samson Post) : 데릭 붐을 지지하기 위한 구조물

⑫ 데릭 붐(Derrick Boom) : 하역용으로 사용되는 기중기가 설치된 기둥

⑬ 마스트 테이블(Mast Table) : 홀 마스트 하부 구조물

⑭ 해치(Hatch) : 화물창의 덮개

13) 선교루는 배의 기관을 보호할 목적으로 상갑판 위에 설치하는 구조물로서 기관실을 둘러싼 벽 이외에 승무원이나 여객의 거실, 사무실 등이 설치된다.

⑮ 하역 윈치(Cargo Winch) : 원통형의 드럼에 와이어 로프를 감아, 도르래를 이용해서 중량물(重量物)을 높은 곳으로 들어 올리거나 끌어당기는 기계
⑯ 화물창(Hold) : 선박의 화물, 기타를 적재하는 구획으로 선체(船體)에 있어서 갑판 아래쪽, 선저(船底)와 사이에 있는 장소로, 그 전후를 가로 칸막이 벽으로 둘러싸임
⑰ 횡 격벽(Transverse Watertight Bulkhead) : 선체의 횡 방향으로 설치된 격벽
⑱ 샤프트 터널(Shaft Tunnel) : 선박 상판(床板) 밑으로 프로펠러 샤프트가 지나갈 수 있게 마련되어 있는 터널
⑲ 스크류 프로펠러(Screw Propeller) : 선박의 스크루 추진기
⑳ 방향타(Rudder) : 배의 직선항로를 유지하며 진행 방향을 바꾸는 장치
㉑ 앵커(Anchor) : 얕은 바다에서 배를 정박시킬 때 사용하는 계선구(繫船具)
㉒ 양묘기(Windlass) : 배의 닻을 감아 올리고 내리는 데 사용하는 특수한 윈치
㉓ 계선기(Mooring Winch) : 배의 갑판(甲板) 위 또는 독(dock)의 안벽(岸壁) 위에 설비(設備)하여 배를 매어 두는 데 사용(使用)하는 기둥
㉔ 불워크(Bulwark) : 선박의 상갑판 및 선루 갑판의 폭로된 부분의 선측에 갑판 위로 파도가 직접 올라오는 것을 방지하고, 창구 등의 갑판구를 보호하며, 갑판 위의 안전한 통행을 위하여 설치한 것
㉕ 연돌(Funnel) : 선박의 연소설비
㉖ 모자형 통풍통(Bonnet Ventilator) : 바람이 잘 통하도록 하기 위하여 통 모양으로 만든 장치
㉗ 고깔모양 통풍통(Cowl Head Ventilator) : 바람이 잘 통하도록 하기 위하여 통 모양으로 만든 장치
㉘ 구명정(Life Boat) : 본선(本船)에 실어 본선이 조난한 경우에 인명을 구조하기 위하여 쓰는 작은 배
㉙ 데빗(Davit) : 구명정 진수장치
㉚ 빌지 킬(Bilge Keel) : 배의 좌우 동요를 줄이기 위해 설치하는 고정 장치로 위치는 배 바닥과 선체 외부 측벽이 만나는 배의 좌우 횡요방지(Bilge Strake)에 배의 길이 방향으로 길게 수평 판재를 부착

### (2) 선박의 주요 치수

가) 선박의 길이(사용 목적에 따른 구분)

① 전장(L.O.A.; Length over all) : 선수의 최전단에서부터 선미의 최후단까지의 수평거리를 말하며, 부두 접안이나 입거 등의 선박 조종에 필요하다.

② 수선간장(L.B.P or L.P.P.; Length between perpendiculars) : 계획 만재흘수선상의 선수재의 전면과 타주의 후면에 각각 수선을 세워 양 수평거리를 말한다. 즉, 계획만재흘수선 상의 물에 잠긴 선수 전면부터 선미 후단까지의 수평선의 길이를 말한다. 타주가 없는 선박은 타주재 중심선까지의 거리이다.

③ 수선장(L.W.L; length of the water line) : 계획 만재 흘수선상에서 물에 잠긴 선체의 선수재 전면부터 선미 후단까지의 수평거리를 말함. 배의 저항, 추진력 계산에 사용된다.

④ 등록장(Registered length) : 등록길이라고도 한다. 상갑판 보(beam)상의 선수재 전면부터 선미재 후면까지를 잰 수평거리로 돌출물을 제외한 갑판 길이를 말한다. 등록장은 선박원부에 등록되는 길이로 선박국적증서에 기입된다.

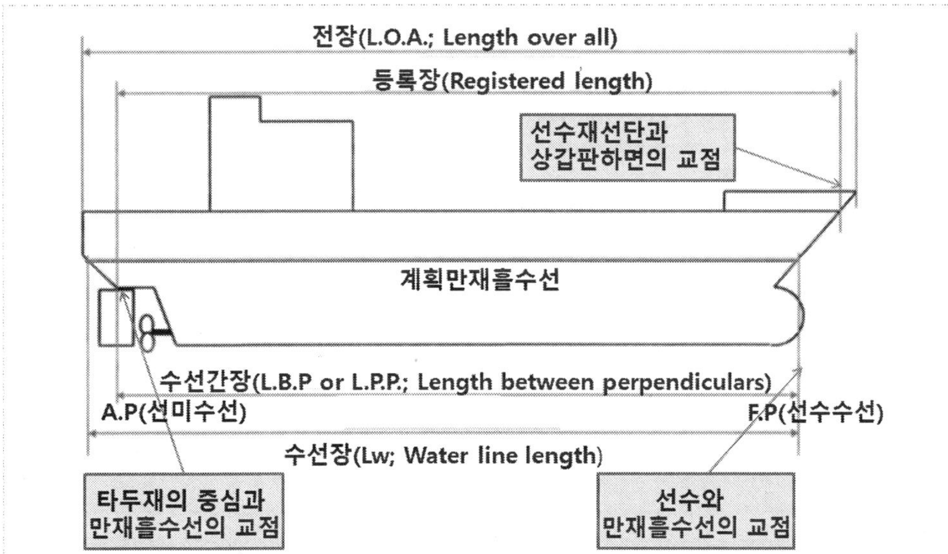


자료 : 구글(Google) 이미지를 활용하여 저자 작성

[그림 6-3] 선박의 길이

나) 선박의 폭과 깊이

① 선박의 폭 : 선박의 규모를 파악하기 위해 측정기준에 따라 전폭과 형폭으로 구분된다.

㉠ 전폭(全幅, Extreme breadth) : 선체의 폭이 가장 넓은 부분의 외판 외면부터 맞은 편 외판의 외면까지의 수평거리를 말하며, 입거 및 선박 조종 등에 사용된다.

㉡ 형폭(型幅, Molded breadth) : 선체의 폭이 가장 넓은 부분의 늑골 외면부터 맞은 편 늑골의 외면까지의 수평거리이며 선박에 대한 법규 등에서 사용된다.

② 선박의 깊이 : 선박의 깊이(船深, Depth)는 선체 중앙에 있어서, 용골 상면(Base Line)부터 건현갑판(또는 상갑판 빔)의 현측 상면까지의 수직 거리이며, 등록 깊이와 형심(型深, Moulded Depth)로 구분되며, 주로 형심이 쓰이고 있다.

㉠ 등록 깊이(Classification Depth) : 중앙횡단면의 현측에서 보았을 때 상갑판 보의 윗면에서 용골 평탄부 윗면까지의 수직거리.

㉡ 형심(型深, Moulded Depth) : 형심은 보통 선박 내부의 깊이를 말한다. 즉, 형심은 수선간장의 중앙 상갑판의 현측에 있어서 빔(Beam)의 상면으로부터 용골(Keel)의 상면. 즉 기선(Base Line)까지의 수직거리를 말하며, 선박법, 강선구조규정, 선박만재흘수선규정 등에서 사용되는 것이 특징이다. 기호는 D로 표시하며, 표시 단위는 m가 사용된다.

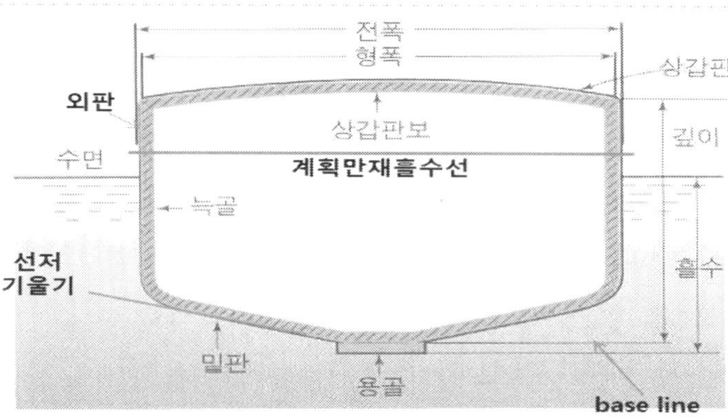


자료 : 구글(Google) 이미지 활용하여 저자 작성

[그림 6-4] 선박의 폭과 깊이

### 다) 건현과 흘수

① 건현(乾舷, Freeboard) : 배가 안전한 항해를 하기 위해서는 어느 정도의 예비부력을 가지고 있어야 한다. 이 예비부력은 물에 잠기지 않는 선체부분의 높이로 결정되는데, 이 부분을 건현(Freeboard)이라고 한다.

건현(Freeboard)은 선체 중앙부 현측에서, 배의 중앙에서 측정한 만재흘수선에서 상갑판 위까지의 수직거리이다. 건현을 지정하는 것은 만재흘수선을 지정하는 것과 같은 의미를 지니며, 법적으로 제한하겠다는 뜻이 된다. 배의 깊이에서 흘수부분을 뺀 길이가 건현으로, 건현이 크면 배의 안전성이 커진다.

② 흘수(吃水, Load Draft) : 흘수는 선박의 선체가 물속에 잠겨있는 부분으로 임의의 수선(水線)으로부터 선박의 기선(Base line)까지의 깊이를 말하며, 강이나 운하 등에 대한 선박의 통행 가능 여부와 항구 등에 출입 가능 여부를 결정하는 요인이다. 이 흘수는 선박의 선수와 선미에 20㎝의 간격을 두고 흘수 눈금과 해당 흘수를 아라비아 숫자로 표시하며, 흘수의 종류는 다음과 같다.

㉠ 전흘수(全吃水, Keel Draft) : 수면에서 선저 최저부까지의 수직거리이다. 일반적으로 흘수라고 할 경우에 전흘수를 말한다.

㉡ 형흘수(型吃水, Moulded Draft) : 수면에서 용골(keel) 상단까지의 수직거리이다. 전흘수와 형흘수의 차이점은 전흘수는 용골과 외벽판의 두께를 포함하는 반면에 형흘수는 포함하지 않는다.

㉢ 선수흘수(船首吃水, Fore Draft) : 선박의 앞부분이 물속에 잠긴 깊이이다.

㉣ 선미흘수(船尾吃水, Aft Draft) : 선박의 뒷부분이 물속에 잠긴 깊이이다.

㉤ 에어흘수(Air Draft) : 수면에서부터 선체의 가장 높은 곳까지의 길이를 말하며, 해상교량을 통과할 때 사용한다.

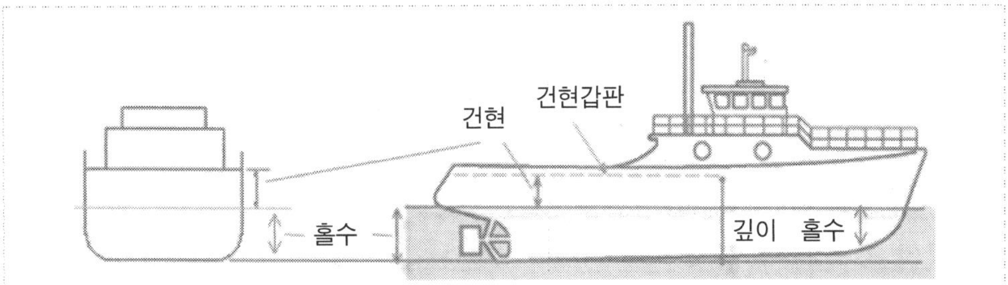


자료 : 구글(Google) 자료 참조

[그림 6-5] 건현과 흘수

③ 최대만재흘수(最大滿載吃水, Load Draft Extreme) : 선측에 표시된 만재흘수선에서 선박의 선체 밑부분까지의 수직길이이며, 안전항해를 저해하지 않는 선에서 허용된 최대흘수이다. 이는 적재화물의 중량을 제한하는 기준으로 활용되며, 엄격한 시험과 검사를 거친 후 결정된다.

④ 만재흘수선표(滿載吃水線標, Load Line Mark) : 해당 선박의 해역과 계절에 따른 최대만재흘수선과 최대만재흘수선을 지정한 선급협회 등을 나타낸 표지로 선체의 오른쪽 중앙부에 표시한다. 건현표(乾舷標, Freeboard Mark)로도 불리는데, 건현은 흘수와 반대되는 개념으로 선박의 선체 중 물속에 잠겨있지 않은 부분을 말한다.

이상과 같은 흘수선은 선박의 항해구역 및 시기에 따라 해수와 담수, 동절기와 하절기, 열대 및 북태평양, 북대서양 등으로 구분하여 선박의 우현측에 표시되어 있으며, 수심이 얕은 운하 및 하천의 배선과 원양선의 적재량을 산정하는 기준이 된다.

<만재흘수선표(기선)>

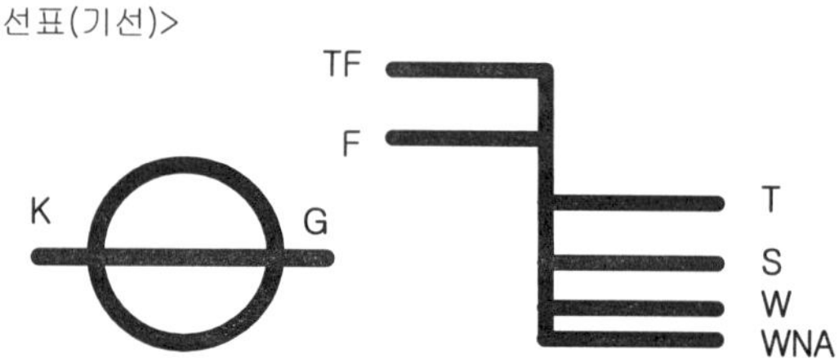


S=Summer load line(하기만재흘수선)
W=Winter load line(동기만재흘수선)
T=Tropical zone load line(열대만재흘수선)
F=Fresh water load line(담수만재흘수선)
WNA=Winter North Atlantic zone load line(동기북대서양만재흘수선)
KG=Korean Government

[그림 6-6] 만재흘수선표

## 4) 선박의 톤수

선박의 톤수(Tonnage)는 선박 자체의 크기 또는 선박에 화물을 적재할 수 있는 능력을 나타내기 위하여 사용하는 지표로 중세 영국의 해상운송 무역에서 세금을 부과하기 위해 포도주통의 개수로 선박의 크기를 재던 것에서 유래하였다. 선박의 톤수는 부피로 나타내는 용적톤수(Measurement Tonnage)와 무게로 나타내는 중량톤수(Weight Tonnage)로 대별된다.

[표 6-1] 선박 톤수의 종류

| 표현의 기준대상 | 표현의 내용 | 1톤의 크기 | 톤수의 종류 |
|---|---|---|---|
| 선박 자체의 크기 | 중량<br>용적 | 2,240lbs(1,016kg)<br>100cft | 배수톤수<br>총톤수, 순톤수 |
| 적재화물의 양 | 중량<br>용적 | 2,240lbs(MT, LT, ST)<br>40cft | 재화중량톤수<br>재화용적톤수 |

### (1) 용적톤수(Measurement Tonnage)

용적톤수는 용적 산출 대상을 어디까지 잡느냐에 따라 총톤수(GT; Gross Tonnage), 순톤수(NT; Net Tonnage), 재화용적톤수(MT; Measurement Tonnage), 표준화물선환산톤수(CGT; Compensated Gross Tonnage)로 구분된다.

#### 가) 총톤수(GT; Gross Tonnage)

총톤수는 용적톤(Capacity Tonnage)으로서 상갑판 하부 및 상부의 모든 폐위장소(Enclosed Space; 밀폐된 장소)의 합계 용적에 일정한 계수를 곱하여 결정된다.[14]

**총톤수(GT) = K1 × V**

* K1 = (0.2+0.02×log10 V)
* V = 선박의 폐위된 장소의 총 합계($m^3$)
(Total Volume of all enclosed spaces of the ship, $m^3$)

총톤수는 선박의 수용능력을 나타내며, 군함 이외에 모든 선박의 크기를 표시하는 기준으로 각국의 해운력 비교(보유선박량)의 자료가 되고 있다. 또한, 각종 통계를 비롯하여 관세, 선박의 등록세 등의 과세 산출과 검사수수료, 입거료(入渠料;

14) 총톤수는 해당 국가별로 별도의 규정에 의해 100ft³(=2.83㎥)을 1톤으로 하여 측정되던 것이 1982년 7월 18일부로 발효된 IMO협약(International Convention on Tonnage Measurement of Ships, 1969)에 의하여 그 측정 방법이 통일되었다. 따라서 총톤수의 계산은 선체의 총 용적에서 갑판 상부에 있는 추진, 항해, 안전, 위생에 관련된 공간을 제외한 부분을 톤수로 환산한 수치가 아니고 선체의 총 용적을 기준으로 식에 의해 산정하며, 이에 따라 기존의 측정기준인 2.83㎥당 1톤, 100ft³(=2.83㎥)를 1톤으로 나타내는 것은 이 수치에 근접한 결과를 얻을 수 있다는 의미로 이 수치가 절대적인 기준은 아니며, 상황에 따라 다르고, 측정 방법도 변화하고 있음에 유의해야 한다.

Dockage)[15], 도선료(導船料; Pilotage)[16], 계선료(繫船料; Quayage)[17] 등 각종 수수료의 산출기준이 된다.

### 나) 순톤수(NT; Net Tonnage)

순톤수는 직접 상행위에 사용되는 용적으로서 화물을 적재하는 공간의 용적 및 여객의 수에 계수를 곱하여 산정하고 있다.

순톤수는 선주나 용선자의 상행위와 관련된 용적이기 때문에 항세, 톤세, 운하(파나마, 수에즈운하)통과료, 등대사용료, 항만시설사용료 등의 모든 세금과 수수료의 산출기준이 된다.

**순톤수 (NT) = K2×Vc×(4d/3D)2 + K3×(N1+N2/10) (단, 순톤수(NT) ≥ GT x 30%)**[18]
* K2 = 0.2 + 0.02 log10Vc
* Vc = 화물을 적재하는 공간의 총용적(㎥)
* d = 선박의 하기만재흘수선(Summer Load Draft)
* D = 선박의 형 깊이(Depth)
* K3 = (1.25×(GT + 10,000)/10,000)
* N1 = 정원 8인 이하 여객실의 여객 정원 수
* N2 = 여객정원 총수에서 에서 N1을 뺀 여객정원 수

### 다) 재화용적톤수(MT; Cargo Capacity Measurement Tonnage)

재화용적톤수는 화물선창 내의 화물을 탑재할 수 있는 총용적을 말하는 것으로 선박 각 화물의 용적과 특수화물창고 등 화물적재능력을 용적으로 표시한 톤수이며, 관습상 재화용적톤수의 1ton은 40cft(약 1,133㎥)를 기준으로 하고 있다.

### 라) 표준화물선 환산톤수(CGT; Compensated Gross Tonnage)

배의 종류와 선형의 부가가치나 작업의 난이도에 따라 조선소간 혹은 국제간의 선박 건조량을 동일 지표로 평가하기 위해 각종 선박의 건조량을 표준화물선에 대한 값으로 환산한 톤수이다.[19] 표준화물선 환산톤수(CGT)는 총톤수(GT)에 일정한

---

15) 입거료는 수리를 목적으로 도크에 들어갈 때의 사용료를 말한다.

16) 도선료는 선박이 특정 항만이나 항로를 통행할 때 안전하게 운항할 수 있도록 도선사에게 도선을 의뢰했을 경우 지불하는 요금을 말한다.

17) 계선료는 선박이 항만관리청이 지정한 계선장을 사용한 대가로 지불하는 요금으로 부두사용료(WHARFAGE)의 하나이다.

18) 순톤수(NT) 측정결과, 그 값이 총톤수(GT)의 30% 미만일 경우에 총톤수(GT)의 30% 값을 순톤수로 하며, 통상 LNG운반선, LPG운반선과 같이 선박의 전체용적에 비해 화물창 용적이 적은 선박이 이에 해당된다.

환산계수를 곱하여 산출되는 톤수이며, 적용되는 환산계수에 따라 톤수가 달라진다. 하지만 CGT를 기준으로 선박의 수주금액과 건조기간을 감안한 통계기준으로 좀 더 합리적인 적용이 가능하다.[20]

**표준화물선 환산톤수(CGT) = GT x 선종, 선형범위별 CGT 계수**

* CGT 계수 : OECD WP6(OECD Working Party-6; OECD 제6조선작업부회)에서 사용되고 있는 CGT계수 참조

* 국내의 경우 OECD CGT 계수를 사용하는 조선소가 있는가 하면 일부 조선소는 자체에서 산정한 CGT 계수를 사용하기도 한다.

### (2) 중량톤수(Weight Tonnage)

#### 가) 배수톤수(DISPT; Displacement Tonnage)

배수톤수는 선박의 중량을 측정하여 톤으로 표시한 것으로 선박이 떠서 평형을 유지할 때 선박이 밀어낸 물의 중량, 즉 선체의 수면하의 부분인 배수용적에 상당하는 물의 중량(즉, 부력)을 톤으로 표시한 것으로 배수량이라고도 한다. 배수량은 화물의 적재상태에 따라 다르므로 어떤 선박의 배수톤수를 말할 때 보통 만재상태에 있어서의 선체의 중량을 말한다.

① 만재배수톤수(FLDT; Full Load Displacement Tonnage, 만재배수량) : 만재배수톤수(FLDT)는 선박이 안전하게 뜰 수 있는 최대중량으로 만선배수량이라고도 하며, 이는 화물이 적재된 상태의 선박 자체의 중량과 화물, 연료, 선원, 선용품 등의 중량이 흘수선을 기준으로 만재흘수선(Summer Load Draft)으로 떠 있는 상태에서의 배수중량을 말한다.

② 경하배수톤수(LDT; Lightship Displacement Tonnage, 경하배수량) : 경하배수톤수(LDT)는 선박 자체의 무게만을 톤수로 나타낸 것으로 공선배수량이라고도 한다. 즉, 화물, 연료, 청수 등을 적재하지 않고 물에 떠 있을 때의 배수량을 중량톤으로 표시한 것으로 일반적으로 만재배수톤수(FLDT)

19) 총톤수(GT) 또는 DWT 개념으로는 특정 선종 및 선형을 건조하는데 소요되는 작업량을 평가하는 것은 부적절하다. 즉, 동일한 GT 또는 DWT의 Tanker, 컨테이너, LNG선 등의 작업량, 선가, 부가가치 등의 측면에서 같은 수준으로 평가하기에는 문제가 있다. 이에 따라 한국조선협회에서는 조선통계실적을 GT에서 CGT로 변경하여 발표를 하고 있다.

20) CGT 계수를 적용함에 있어서 여객선, 어선, 페리, 기타 비화물선은 총톤수(GT)를, 컨테이너선을 포함한 화물선은 재화중량톤수(DWT)를 기준으로 CGT 계수를 사용하고 있다. 이에 따라 10,000DWT 컨테이너는 환산계수가 1.2이므로 12,000CGT가 되며, 10,000GT 여객선은 환산계수가 3.0이므로 30,000CGT가 되어 견적과 통계의 상호비교를 위한 기준이 된다.

의 30~40% 정도 된다. 통상 경하배수톤수는 선박 해체 시 고철이 얼마나 나올 것인가를 추산하는 근거로 사용한다.

③ 기준배수톤수(SDT; Standard Displacement Tonnage) : 기준배수톤수는 Washington 조약에서 정한 군함의 배수톤수로서 군함을 건조한 후 병기, 탄약, 승조원, 식량 등 모든 것을 적재하고 있으나 연료와 급수(RFW; Reserved Feed Water)는 포함하지 않는 상태에서의 배수량을 말하며, 군함의 크기는 보통 이 톤수를 사용하여 표시하고 비교한다.

#### 나) 재화중량톤수(DWT; Dead Weight Tonnage)

재화중량톤수(DWT)란 화물선의 최대 적재능력을 표시하는 기준으로 영업상 가장 중요시되는 톤수로 재화톤수 혹은 적재중량톤수라고도 하며, 만선배수량과 공선배수량의 차이로 나타낸다. 따라서 실제로 적재한 순수한 화물의 무게(순재화중량; net dead weight)[21]와 항해에 필요한 연료, 청수, 식량 등을 포함시킨 무게로 화물을 운송하는 화물선과 유류를 운송하는 유조선 등의 크기를 나타내는데 주로 사용되며, 국제 관습상 LT(Long Ton=1,016㎏)가 사용된다. 계산 방법은 만선배수톤수와 공선배수톤수의 차이로 계산한다.

재화중량톤수(DWT)는 선박의 적재능력을 나타내기에 가장 적절한 톤수이기 때문에 선박의 건조계약에서부터 선박의 매매 및 용선료의 산출기준에 이르기까지 거의 모든 상거래에서 쓰이고 있다.

### (3) 운하톤수(CT; Canal Tonnage)

운하톤수(CT)는 용적을 기준으로 한 톤수로서 운하통행료를 부과하기 위한 산정기준이 되며, 일반적으로 사용하는 톤수를 적용하지 않고 그 운하 특유의 톤수 측정규정에 의해 산출하며[22], 이 톤수를 각각 수에즈운하톤수와 파나마운하톤수라 부르며, 이들 운하통행료는 순톤수를 기준으로 부과하고 있다.

#### 가) 수에즈운하톤수(SCNT; Suez Canal Net Tonnage)

수에즈운하는 지중해와 홍해를 잇는 운하로서 국제톤수협약과는 무관하게 기존의 톤수측정방식($100ft^3$ = 1톤)을 적용하고 있다.

---

21) 근해의 경우에는 재화중량의 90%, 원양항해의 경우는 85~90%의 무게에 해당된다.
22) 주요 해운국 상호간에는 선박의 소속국이 발행한 톤수증서에 기재된 톤수를 인정하는 협정을 맺고 있으나, 수에즈운하와 파나마운하에서는 독자적으로 측정기준을 사용하고 있다.

한편, 수에즈운하를 만재(滿載)한 상태로 통과할 수 있는 최대 크기를 수에즈막스(SUEZ MAX; Suez Canal Maximum)라 하며, 2016년 9월 1일에 확장 개통하여 운항을 시작하였으며, 수면 위 높이 68m, 선체 폭 77.5m, 최대 중량톤수 16만 DWT 정도의 선박으로 배 밑바닥을 수에즈운하의 밑바닥처럼 뾰족하게 건조하는 것이 특징이다.

**수에즈운하톤수 산정방식**

㉠ 총톤수(GT; Gross Tonnage)

▶ GT = (Vt - 제외 장소의 용적) × 0.353

* Vt : 폐위된 장소의 합계 용적

* 제외 장소 : Double Bottom, Companion Way, Engine Casing 등 측정 규정에 정한 장소

㉡ 순톤수(NT; Net Tonnage)

▶ NT : GT - (공제장소의 용적 × 0.353)

* $1m^3$ = 0.353톤

* $100ft^3$ = $2.83m^3$ = 1톤

나) 파나마운하톤수(PCNT; Panama Canal Net Tonnage)

파나마운하는 파나마 지협을 가로질러 태평양과 대서양을 잇는 항로로서 파나마운하톤수는 파나마운하에서 운하통과료 산정을 위한 톤수의 측정방법이다. 기존의 톤수측정방식을 적용하여 오다가 새로운 측정방식인 PC/UMS(Panama Canal/Universal Measurement System) 방식을 제정하여 1994년 10월 1일부터 적용하고 있으며, 다른 톤수 규칙과는 달리 운하통행료를 순톤수를 기준으로 하고 있으며, 총톤수를 규정하고 있지 않다.

**파나마운하톤수 산정방식(PC/UMS)**

순톤수(NT; Net Tonnage) = K4 + K5(V) + CF1(VMC)

* K4 : {0.25 + (0.01 × log V)} × 0.83

* K5 : log(Da - 10) / log(Da - 16) × 17

* Da : V/L × B

* V : 선박의 폐위된 장소의 합계 용적

* L : 배의 길이

* B : 배의 폭

* CF1 : 상갑판에 컨테이너를 운반하도록 설계된 선박의 경우 CF1 = 0.031, 그 외 선박 경우 CF1 = 0

* VMC : Volume of Maximum Capacity of the Container

특히, 파나마운하를 통과할 수 있는 선박의 최대 크기로 파나막스(PANA MAX; Panama Canal Maximum), 포스트파나막스(POST PANA MAX; Post Panama Canal Maximum) 등이 사용되고 있으며, 파나막스형 선박은 6만~7만 톤급의 선박으로 폭 32.3m, 깊이 12m, 길이 295m의 선박이 해당되고 선박의 밑바닥을 운하의 밑바닥처럼 평평하게 건조된 것이 특징이다. 한편, 포스트파나막스는 파나마운하를 통과할 수 없는 초대형 선박을 말한다. 하지만 2016년 6월에 파나마 새 운하가 기존의 운하옆에 새로이 건설·개통함에 따라 폭 49m, 길이 366m의 포스트파나막스급 선박도 운항이 가능하게 되었다.[23)]

### (4) 운임톤(R/T; Revenue Ton or F/T; Freight Ton): 화물톤

선박의 화물적재능력은 중량과 용적의 양면으로 제한되므로 중량화물(Weight Cargo)은 중량기준으로 운임이 부과되고, 경량화물(light cargo)은 용적기준으로 운임이 부과된다. 이 경우 운임산정기준에서 중량화물과 용적화물의 구별이 모호하거나 경합될 때에는 용적과 중량에서 계산된 운임 중 더 많은 쪽에서 선사가 부과하는 것을 말하며 "Freight Ton"이라고도 한다.

즉, 운임톤은 선하증권상에 기재되는 톤수(B/L Ton)로 어떤 화물의 무게가 1,000㎏이고 그 부피가 1㎥에 미달하면 중량화물(weight cargo)로 분류하여 중량을 기준으로 운임을 부과한다(Rates are quoted on weight or measurement, ship's option whichever greater).

**참고 | 조선 및 해운업의 시황을 나타내는 지표**

가. HR(Howe Robinson Container Index, 컨테이너운임) 지수

HR지수란 영국의 해운컨설팅 및 브로커 업체인 Howe Robinson C. I사에서 집계·발표하며 1997년 1월 15일(1997.1.15=1,000)을 기준으로 잡아서 발표하는 컨테이너 용선료 지수이다. 510TEU에서 3,500TEU까지 세계 컨테이너선 용선시장에서 주로 거래되는 12개 선형별 지수 및 종합지수가 발표된다. 컨테이너선이 많은 현대상선이나 한진해운 등이 관련 주요 선사이다.

---

23) 2016년 6월 26일 새로운 파나마운하(제3갑문) 개통식 당일 처음으로 지나간 선박은 지난 6월 11일 그리스 동남부 항구 도시인 피레에프스 항구에서 출발한 중국계 코스코 쉬핑 파나마(Cosco Shipping Panama) 호로, 적재 규모가 9,472TEU에 달했다. 2016년 초 한국에서 건조된 이 선박은 지난 4월 파나마운하청(ACP)의 추첨을 거쳐 개통식 통과 선박으로 선정되자 선박명을 안드로니코스에서 변경했다.

나. BDI(Baltic Dry Index, 건화물운임) 지수

BDI지수는 발틱해운거래소가 종전 건화물시장 운임지수로 사용해 온 BFI(Baltic Freight Index)를 대체한 종합운임지수이다. 1999년 11월 1일부터 발표하여 사용되고 있으며 동 지수는 선형별로 대표항로를 선정하고 각 항로별 톤/마일 비중에 따라 가중치를 적용한 다음 1985년 1월 4일(1986.1.4=1,000)을 기준으로 산정하여 발표하여 BCI(Baltic Capesize Index), BPI(Baltic Panamax Index), BHI(Baltic Handy Index) 등의 별도의 선형별 지수로 구성되어 있다. 벌크선이 많은 STX팬오션, 대한해운 등이 관련 주요 선사이다.

* BPI(Baltic Panamax Index)

1998년부터 발표되어 사용되고 있는 BPI는 BDI를 구성하는 운임지수 중의 하나로 항해용선항로 3개와 정기용선항로 4개(대서양 항로(Trans-Atlantic Round), 유럽-US걸프-극동 항로, 극동-북태평양 항로, 극동-US북태평양-유럽 항로)로 총 7개의 항로로 구성되어 있다. 기존 BFI의 항로와 동일하나 US걸프-일본 및 US북태평양-일본 항로의 선형이 종전 5만 2천 톤 기준에서 5만 4천 톤 기준으로 변경되었다.

다. WS(Worldwide Tanker Nominal Freight Scale) 지수

WS지수는 유조선의 운임단위로 사용된다. 각종 유조선의 운임률을 세계적으로 통일하기 위하여 1969년 World Scale Association에서 지정한 것으로 매년 1회 산정기준이 발표된다. SK해운, 현대상선, 한진해운 등이 관련 주요 선사이다.

라. MRI(Maritime Research Index) 지수

MRI지수는 미국의 Maritime Research Inc.가 세계 해운시장에서 체결되는 용선계약을 토대로 매주 산정하여 발표하는 해상운임지수이다. 발표항목에는 종합운임지수, 곡물운임지수, 정기용선료지수, 주간성약건수(Time Charter Index) 등으로 구성되어 있으며 1972년을 기준(100)으로 산정하여 발표한다.

마. KMI(Korea Maritime Index) 지수

MRI 지수나 BDI 지수들이 북미나 유럽에서 대서양수역을 중심으로 작성되어 있기 때문에 우리나라를 비롯한 극동지역의 시황은 충분히 반영되지 못한다는 단점이 있다. 이러한 이유로 한국해양수산개발원(KMI)이 태평양 및 극동지역을 중심으로 한 시황지표를 개발하였는데, KMI지수가 이것이다. 동 지수는 핸디 선박(1만~4만 DWT 규모의 선박)을 많이 이용하는 아시아 지역의 특성을 감안하여 12개 핸디항로를 포함시켰으며 케이프사이즈, 파나믹스사이즈 및 핸디항로 전체 30개 항로의 운임에 대한 가중치를 적용하여 1995년 1월 첫 주(1995. 1. 7=1,000)을 기준으로 발표하고 있다.

## 4. 선급제도와 편의치적

### 1) 선급제도(Ship's Classification)

선급제도는 선박이 정상적인 항해를 할 수 있는 안전한 상태인지 감항성(堪航性,

Seaworthiness) 또는 내항성(耐航性)을 객관적이고 전문적으로 판단하기 위해 만든 제도이다. 즉, 선박의 감항성이란 선체 및 기관에 이상이 없고 선장 이하 선원에 결원이 없으며 연료, 청수(淸水, clear water) 등 항해 준비를 갖춘 상태를 감항성이 있다고 한다. 이러한 선박의 감항성 유무는 선주, 하주, 보험회사 등 모든 이해 당사자에게 주요 관심사항이다.

선급(船級, Classification)은 해상보험업자나 하주(荷主)의 편의를 위해 선박에 선급을 매기거나 선박의 손상 따위를 사정(査定)하는 것으로 현재는 선박의 최초 설계로부터 건조 완료 시까지 선체구조설비에 대한 도면승인과 건조의 모든 과정 중에 제조검사와 완성검사를 통하여 선박을 등록하고, 또한 운항중인 선박에 대한 정기적 검사로서 해상에서의 선박의 안전을 확보하는 업무를 통칭하고 있다. 이에 따라 선급(Classification)은 선박의 매매, 용선, 선체 및 적하의 보험금 및 보험료 산정의 기준자료로 이용되거나, 선박의 운항능력에 대한 평가 자료로 사용된다.

하지만 명백하지 않은 감항성의 기준으로 인한 분쟁의 소지를 없애기 위해 감항성의 객관적·전문적 판단을 위해 선급제도가 생겼으며,[24] 이를 담당하기 위해 전 세계 45개 선급 중 로이드선급(LR) 등 11개 주요 선급이 상호 협력, 선급제도를 발전시키기 위해 1968년 국제선급연합회(IACS; International Association of Classification Societies)[25]를 설립하여 선체의 상태나 기관 및 기기의 성능 등을 기준삼아 정한 선박의 등급을 매기고 있다. 현재 정회원국은 영국, 미국, 프랑스, 독일, 노르웨이, 이탈리아, 일본, 러시아, 중국, 폴란드, 한국 등이다.[26]

---

24) 위와 같은 선급제도가 최초로 창설된 것은 보험자들에 의해 보험의 인수 여부 및 보험료 결정을 위해 1760년에 'Green Book'이라는 선박등록부를 만들면서 시작되었다. 뒤이어 선주들도 자신들의 이익 보호를 위해 선급제도를 별도로 실시해 오다가 1834년에 두 선급을 통합하여 오늘날의 로이드선급(LR; Lloyd's Register)이 탄생하였으며, 영국 선박의 약 80%와 세계 총 선박의 약 30%가 로이드선급협회의 선급을 갖고 있다(한상현, 『국제운송·해상보험』, 도서출판 두남, 2018.2, p.26).

25) 국제선급연합회(IACS)는 1959년 IACS의 전신인 선급협회회의(CCS; Conference of Classification Societies)의 제3차 회의에서 논의가 시작되어 1968년에 개최된 결성회의에 따라 해상에서의 안전기준 향상에 관한 업무수행, 해양오염 방지를 위한 기술적인 문제연구, 해사 관련 국제기구 등에 대한 기술자문 등의 사업을 수행하기 위해 각국의 선급(船級)이 모여 세계 선급을 대표하는 기관으로 설립된 민간단체이다.

26) 세계 주요 선급으로는 한국선급(KR; Korean Register)을 비롯하여 노르웨이선급(DNV; Det Norske Veritas), 미국선급(ABS; American Bureau of Shipping), 프랑스선급(BV; Bureau Veritas), 영국선급(LR; Lloyd's Register of Shipping), 독일선급(GL; Germainscher Lloyd's), 이탈리아선급(RINA; Registro Italiano Navale), 일본선급(NK; Nippon Kaiji Kyokai), 중국선급(CCS; China Classification Society), 러시아선급(RS; Russian Maritime Register of Shipping), 인도선급(IRS; Indian Register of Shipping) 등이 있다.

우리나라도 독자적인 선급제도의 필요성을 느껴 1960년 6월 한국선급(KR; Korea Register)[27)]을 창설하였고 1988년 6월 중국과 함께 국제선급협회(IACS; International Association of Classification Societies)의 정회원이 되어 선진해운 및 조선국임을 대내외로 인정받고 있다. 또한, 선급을 유지하기 위해 매년 일반검사(survey)를 받고 4년마다 정밀검사(Special Survey)를 받아야 한다.

### 2) 편의치적·제2치적제도 및 자국선주제도

#### (1) 편의치적제도(便宜置籍制度, Flag of Convenience)

편의치적이란 선주가 소유 선박을 선주 국가의 엄격한 규제, 세금이나 요구조건 등과 의무를 피하기 위한 목적으로 선주의 국가가 아닌 조세도피국(Tax Haven)[28)]의 국적을 취득하여 영업행위를 하는 제도이다.[29)] 이러한 편의치적을 선호하는 이유는 다음과 같다.

첫째, 고임금의 자국 선원을 선박에 승선시키지 않아 인건비가 절감되고, 선원의 선택 시 공급의 폭이 확대된다. 대부분의 선진해운국의 선주들이 편의치적을 선호하는 이유이다.

둘째, 조세도피국에서는 등록 시의 등록세와 매년 징수하는 소액의 톤세 이외는 운항에 따른 세금이 면제된다.

셋째, 편의치적선은 기항지의 제약을 받지 않으며 운항에 따른 융통성도 증가된다. 선박의 운항 및 안전기준 등에 대해서도 규제하지 않기 때문에 비용이 절감된다.

넷째, 국제 금융기관이 선박에 대한 유치권을 쉽게 행사할 수 있기 때문에 국제금융시장의 이용이 용이하다.

하지만 최근 들어 편의치적을 방지하기 위한 조치로 해운선진국이나 일부 개발도상국에서는 제2치적(Secondary Registry)제도, 역외치적(Flagging Out)제도, 국제개방치적(International Open Registry)제도 등을 도입하고 있는 추세이며,

---

27) 한국선급(KR)은 1960년 6월 20일에 설립된 사단법인 한국선급협회(KR)가 1987년 7월 1일 현재의 명칭으로 변경되었다.

28) 조세도피국으로는 파나마, 라이베리아, 바하마, 사이프러스, 몰타, 싱가포르, 필리핀, 홍콩, 온두라스, 소말리아, 오만 등이 있다.

29) 선박의 국적(Ship's Nationality)은 선박의 소유자와 승무원의 국적에 따라 결정되며, 주요국의 선박국적기준을 살펴보면, 한국은 소유권의 일부가 한국인에게 속한 경우, 미국은 소유권의 전부가 미국인에게 속하고, 승무원도 일정 수가 자국민인 경우, 영국과 일본은 소유권의 전부가 일본인에게 속하는 경우에 자국선박으로 간주하고 있다.

최근에는 선박들의 운항 및 안전기준, 운행 선박의 안전성에 대한 국제규제가 강화되고 있으므로 편의치적의 비용은 감소될 것으로 예상되고 있다.

### (2) 제2치적(Secondary Registry)제도

1980년대에 해운경쟁이 격화되면서 선진국의 선대가 대량으로 편의치적을 하자, 자국선대의 해외 이적을 방지하기 위해 자국 선주가 소유한 선박을 자국의 특정 자치구나 속령에 치적하는 경우 편의치적선에 준하는 선박 관련 세제상의 혜택 및 선원고용 상의 융통성 특례를 부여하는 제도이다. 제2치적제도를 일종의 자국내 편의치적제도라고 하며, 역외치적제도 또는 국제개방치적제도라고도 한다.[30)]

이러한 제2치적제도의 특징으로는 기존의 등록지와 다른 곳에 등록을 하고 명목상의 본사를 두는 것이며, 자국기를 게양하면서 외국 선원의 고용을 허용하고 각종 세금을 경감해 준다는 것이다. 특히, 선박안전 등에 관한 사항은 자국의 자국적선과 동일하게 적용하여 등록 선박에 대한 관리체제가 잘 정비되어 있다는 점 등을 들 수 있다.

### (3) 자국선주제도

자국선주제도는 자국이 수출하고 수입하는 물품은 자국 선박을 이용하고 자국선이 없을 경우 외국 선박을 이용하도록 하는 것이다. 이론적으로는 해운자유의 원칙을 주장하여 해운시장이 모든 국가에 공평하게 개방된 것 같지만 제2차 세계대전 전까지 세계 해운업의 90% 이상을 점유한 선진국은 해운동맹을 통하여 개도국의 진입을 봉쇄해 왔다. 따라서 전후 해운 및 조선업에 정책적 역점을 둔 개도국들이 이러한 선진국의 정책에 대항하기 위하여 창안한 원리가 자국화자국선주의 또는 자국선우선제도이다.

우리나라에서는 Waiver(국적선불취항증명서)제도[31)]를 1952년 11월 상공부고시를 시작으로 1967년에 국적선 이용제도에 관한 해운진흥법에 의해 법적으로 제도화되었으나, 경제협력개발기구(OECD)에 가입을 계기로 해운자유의 원칙에 따라 1999년에 동 제도를 폐지하였다.

---

30) 우리나라는 2002년에 제주도를 "제주선박등록특구"로 지정하여 편의치적으로 등록한 선박에 준하는 수준의 세금혜택과 자국 선원 승선의무를 완화하여 제공하고 있다.

31) 우리나라에서는 이 제도가 1952년 11월 상공부고시 제68호로 '자국선보호 및 외화유출방지를 위하여 국적선취항지역은 국적선을 이용'하도록 한 이래, 1961년 3월 '국적선불취항증명(웨이버) 없이는 외국선 이용을 금지'한 상공부지시에 의해 본격적으로 시작되었다.

# 제 2 절 해운시장과 해상운송의 형태

## 1. 해운시장

해운업 또는 해운산업(Shipping Industry)은 국제교역에 따른 화물의 해상운송과 이와 관련된 해운 부대사업 등 선박을 수단으로 하는 사업을 총칭하는 개념이다. 한편, 해운산업의 범위를 넓은 의미로 해상보험, P&I(Protection & Indemnity)보험[32], 해사법률서비스, 해운금융(선박금융) 등을 포함하고 있다.

해운사업은 항행 범위에 따라 국내 연안 항만들간의 해상운송인 연안해운(Coastal Shipping)과 전 세계 항만을 대상으로 하는 해상운송인 원양해운(Ocean-going Shipping)으로 구분되며, 해운기업의 선박 운항 주기의 특성에 따라 정기선운송과 부정기선운송으로 구분할 수 있다.

[표 6-2] 해운시장의 구분

| 구 분 | 정기선 시장 | 부정기선 시장 |
|---|---|---|
| 수요특성 | 저운임이진 않지만 규칙성, 신속성, 정확성이 있음 | 상대적으로 저운임이지만 규칙성과 신속성이 떨어짐 |
| 수요발생 | 일정하고 안정적이며 계속적임 | 불규칙하며 불안정함 |
| 운항형태 | 특정 항로를 규칙적으로 반복운항 | 운항항로와 배선시기가 불규칙적임 |
| 운송인 | • 일반운송인(Common Carrier)<br>• 공공운송인(Public Carrier) | • 계약운송인(Contract Carrier)<br>• 사적운송인(Private Carrier) |
| 대상화물 | • 취득가격에서 운임의 비중이 낮고 운임부담력이 큰 화물<br>• 공산품의 완제품이나 반제품과 같은 일반잡화물 운송에 이용 | • 단위당 가격이 낮아 취득가격에서 운임비중이 큰 화물<br>• 광석, 곡류, 목재 등 산적화물(Bulk Cargo)의 대량운송에 이용 |
| 운송계약 | • 개품운송계약방식을 적용<br>• 선하증권(B/L) | • 용선계약방식을 적용<br>• 용선계약서(Charter Party) |
| 운 임 | • 미리 공시된 운임을 적용<br>• 동일 운임(동일 품목/동일 하주)<br>• Berth Term=Liner Term | • 운송인과 용선자의 합의에 의해 결정<br><br>• FIO, FI, FO |
| 선 박 | 정기선(Liner) | 부정기선(Tramp ship, Tramper) |
| 조 직 | 대규모 조직 | 소규모 조직 |
| 여 객 | 제한적으로 약간의 운송 가능 | 여객 운송 불가능 |

32) P&I 보험의 경우는 인명이나 여객에 대한 선주의 배상책임이나 선원의 과실로 인해 발생한 선체나 적하품(수화물)의 손해 등을 보상해 주는 보험으로서, 선주들의 모임인 클럽(club) 형태로 운영되고 있다.

# 2. 정기선운송(Liner)

## 1) 정기선운송의 개요

### (1) 개념과 특징

#### 가) 개념

정기선운송은 정해진 운항스케줄에 의해 정해진 항로를 규칙적으로 반복 운항하면서, 공표된 운임률에 따라 화물의 많고 적음에 관계없이 운송서비스를 제공하는 가장 대표적인 해상운송방식이다.

정기선운송은 적정선복(Ship's Space)을 유지하여 장기적으로 안정적인 운임수준으로 고품질의 운송서비스를 제공할 수 있을 뿐만 아니라, 선박을 정기적으로 배정함으로써 수출화물의 적기운송에 많은 도움을 주고 있다. 또한, 국가 간의 교역증대는 물론 저렴한 운임수준으로 대량의 화물을 운송함으로써, 자원의 효율적 배분에도 크게 기여하고 있다. 특히 대부분의 수출입화물이 해상 컨테이너에 적입되어 운송되고 있는 상황이 전개되면서 정기선운송의 효용과 중요성이 더욱 증대되고 있다.

#### 나) 특성

① 항해의 반복성(Repeated Sailing) : 정기선운송은 정해진 항구와 항구 사이에서 규칙적이고 반복적인 해운서비스를 제공하는 운송방식이다. 따라서 하주들은 화물의 선적과 운송계획을 사전에 설계하고 예측함으로써, 원활한 수출입업무를 추진할 수 있는 것이다.

② 공공서비스의 제공(Common Carrier) : 정기선운송은 불특정 다수의 하주에게 해운서비스를 제공하기 때문에 공공서비스적 성격을 띠고 있다. 특히, 운송화물의 수량이 적다고 해서 대량하주에 비해 차별대우를 하지 않기 때문에, 소량하주들이 고품질의 운송서비스를 이용할 수 있는 기반을 제공하고 있다.

③ 고가 운송서비스(Higher Value Service) : 정기선운송은 그 운임이 특정항로에 취항하고 있는 선사들의 결합체인 해운동맹에 의해 정해지기 때문에, 시장에서 운임이 결정되는 부정기선 운임에 비해 높은 편이다.[33)]

---

33) 왜냐하면 해운동맹은 회원선사들 중에서 가장 영세한 선사를 기준으로 하여 운임을 산정하

④ 개품운송계약의 체결(Individual Consignment of Cargo) : 정기선운송은 화물을 운송하고자 하는 모든 하주들과 표준화된 운송계약서에 따라 개별적으로 운송계약을 체결한다. 이와 같은 특성을 고려하여 정기선운송을 이른바 개품운송계약이라고 불리운다.

⑤ 공표운임의 존재(Freight Tariff) : 정기선운송은 해운동맹에 의해 정해진 운임기준과 요율을 공표하고 있다. 따라서 하주들은 화물의 요율과 그 화물의 운송과 관련된 규정을 명시하여 공표된 운임률표(Tariff)를 참조하여 화물의 운송원가를 산정할 수 있게 된다.

### (2) 정기선운송화물의 종류

#### 가) 일반화물

일반적으로 정기선운송에 적합하고 적량으로 포장되어 있어서 하역작업이 쉽고 다른 화물과 함께 적재할 수 있는 화물로 특별한 취급을 할 필요가 없는 화물을 의미한다.

[표 6-3] 일반화물의 종류

| | |
|---|---|
| 정량화물 (Clean Cargo) | 다른 화물과 적재해도 특별한 주의가 필요 없는 화물을 의미한다. |
| 조잡화물 (Rough Cargo) | 다른 화물을 오손시킬 우려가 있는 화물로 오염, 융해, 흡습, 분말이나 악취를 발산하는 화물을 의미한다. |
| 액체화물 (Liquid Cargo) | 캔, 병, 탱크 등을 이용하여 싣는 액체나 반액체 화물을 의미한다. |
| 단위화물 (Container Cargo) | 단위화가 된 화물을 의미하며, 포장용기나 컨테이너용기에 포장되어 있는 화물을 말한다. |
| 산적화물 (Bulk Cargo) | 곡류, 석유, 광석 등과 같이 단위화 되지 않고 재래방식으로 하역이 이루어지는 화물을 의미한다. |

#### 나) 특수화물

일반화물과는 반대로 특별한 취급상 주의를 요구하는 화물로서 다음과 같다.

① 부패성화물(Perishable Cargo) : 부패가 되거나 변질이 되기 쉬운 화물을 말한다.

② 고가화물(Valuable Cargo) : 값이 비싼 화물을 의미한다.

---

기 때문이다.

③ 냉장·냉동화물(Refrigeration Cargo) : 부패가 되거나 변질이 되는 것을 방지하거나 신선도를 유지하기 위해 냉장·냉동된 상태로 운송해야 하는 화물을 말한다.
④ 동식물(Live Stock or Plant) : 병이 들기 쉽거나 죽을 위험이 있어서 관리가 필요한 화물을 의미한다.
⑤ 중량화물(Heavy Cargo) : 3톤을 초과하는 단위 중량이 큰 화물을 말한다.
⑥ 대용적 및 장척화물(Bulky or Lengthy Cargo) : 용적이 특별히 크거나 길이가 긴 화물을 말하며 할증운임을 이용해서 운송이 가능하다.
⑦ 위험화물 : 위험화물은 발화성·유독성·폭발성·부식성·방사성화물 및 압축액화가스 등 6가지로 분류된다.

#### (3) 정기선의 운임

정기선의 운임이 부정기선의 운임과 가장 큰 차이점은 운임률이 해운동맹에 의해서 협정이 되어 있기 때문에 독점가의 성격이 강하고 해운시황의 변동에 영향을 받지 않아서 비교적 안정적이다. 정기선은 운임요율표(Tariff)를 사용하는데, 운임요율표란 정기선업자가 어떤 항로에 대해서 운임일람표를 결정하고 화물의 다소에 관계없이 정액운임표로 운송을 담당할 때 필요한 표준운임을 말한다. 정기선의 운임은 총적·총량이 원칙이며 적량시 선내하역비를 포함한 요금이 된다. 따라서 Berth Term 또는 Liner Term운임이 되고 있다.

### 2) 정기선운송과 해운동맹

#### (1) 해운동맹의 의의

해운동맹(Shipping Conference, Rings, Cartel)은 특정 항로에 취항하고 있는 2개 이상의 선박회사들이 모여 기업 자체의 독립성을 유지하면서, 상호 과당경쟁을 회피하고 상호간의 이익을 유지하기 위하여 운임, 해상화물, 배선 기타 운송조건에 관하여 협정 또는 계약을 체결한 일종의 해운에 관한 국제 카르텔(Cartel)을 형성하는 것을 말한다. 특히 해운동맹은 거의 모든 정기선항로에 존재하고 있기 때문에, 이른바 정기선동맹(Liner Conference)으로 부르고 있으며, 또한 운임이 중요한 협의사항이 되기 때문에 운임동맹(Freight Conference)이라고도 한다.

[표 6-4] 해운동맹의 특징

| 장 점 | 단 점 |
|---|---|
| • 정기운항의 유지로 무역거래의 편리<br>• 투하자본 안정에 따른 운항서비스의 촉진<br>• 운임안정을 통한 생산 및 판매계획 수립 용이<br>• 배선의 합리화에 의한 비용절감 효과<br>• 모든 하주에 균등운임의 적용<br>• 동맹가입을 통한 영세선사의 구제<br>• 선로안정성 확보로 양질의 운송서비스의 제공 | • 동맹의 독점성에 따른 초과이윤의 획득<br>• 동맹선사 이용시 저렴한 운임률 제공으로 타선사 이용 곤란<br>• 동맹의 일방적 정책에 의한 대량 하주의 불합리한 운임책정<br>• 독점성의 남용<br>• 동맹의 집합독점성에 대한 비합리성<br>• 기항지의 축소로 인한 불편 야기 |

이와 같은 해운동맹은 운임이 부정기선에 비해 높은 편이긴 하지만, 장기적 관점에서 매우 안정적인 운임수준으로 고품질의 운송서비스를 제공하고 있으며, 선박회사들간에 과당경쟁의 가능성을 사전에 배제시킴으로써, 하주에 대한 서비스 증대에 주력할 수 있다는 장점을 지니고 있다. 따라서 하주들은 예측 가능한 고품질의 운송서비스를 안정적으로 공급받을 수 있기 때문에, 화물운송에 따른 위험과 부담에서 벗어날 수 있는 것이다. 그러나 해운동맹은 일종의 가격카르텔로서 해운기업의 공정한 경쟁을 제한하고, 동맹에 가입하지 않은 비동맹선사(Outsider)에 대한 차별대우 등과 같은 폐해로 인해 많은 비판을 받고 있는 것도 사실이다.

### (2) 해운동맹의 형태(가입과 탈퇴의 자율성 여부에 따른 구분)

#### 가) 개방형 해운동맹(Open Conference)

개방형 해운동맹은 해운동맹에의 가입 및 탈퇴가 자유로워 강력한 구속력이나 비동맹선사에 대한 결집된 대응력이 결여된 동맹의 형태이다. 이와 같은 형태는 북미해운동맹의 경우처럼, 독점을 강력히 규제하고 있는 미국에 취항하고 있는 항로에서 주로 나타나고 있다. 가입과 탈퇴가 자유로워 동맹회원의 수가 수시로 증감하게 되어 단결력이 미약하고 항로의 안정을 기하지 못하고 있는 단점이 있다.

#### 나) 폐쇄형 해운동맹(Closed Conference)

폐쇄형 해운동맹은 유럽항로에서 발전한 동맹의 형태로서, 동맹 가입의 조건이 매우 엄격하여 선사의 신뢰성, 선주의 운송능력과 과거 실적 등에 따라 신규선사의 동맹가입 여부를 결정하고, 탈퇴 시에도 여러 가지 제재조치를 동원하여 탈퇴를 억제하는 보다 엄격한 동맹의 형태로서 동맹회원간 단결이 강하고 항로가 안정적이다.

### (3) 해운동맹의 대내적인 협정

#### 가) 운임협정(Rate Agreement)

해운동맹 결성의 주된 이유로 가장 중요한 협정이다. 모든 동맹가입선사는 협정된 운임요율표(Tariff)에 정해진 운임률을 준수해야 하는 의무가 부과되어 운임경쟁을 지양하는 것이 목적이다.

#### 나) 공동계산협정(Pooling Agreement)

공동계산협정은 풀협정(Pooling Agreement)이라고도 한다. 운임액 가운데 소정의 항해경비 및 하역비용 등을 공제한 나머지 순운임수입을 공동기금으로 모아두었다가 일정한 기간이 경과한 후에 동맹선사의 경력, 실적 등에 근거하여 사전에 정한 배분율(Pool Point)에 따라 수익운임을 동맹선사들에 나누어주는 방법이다.

#### 다) 배선협정(Sailing Agreement)

배선협정은 동일 운송구간을 운행하는 동맹선사간에 적정한 배선 수를 설정, 유지함으로써 과당경쟁을 방지하여 동맹 내 질서를 유지하기 위한 것으로서 수량적 카르텔에 해당하며 항해협정이라고도 한다. 이는 단순한 운임협정보다 더욱 강화된 경쟁억제수단으로서 특정 항로상의 배선 선복량을 동맹선사별로 할당하고 발착일시와 항해빈도수의 일정화, 발항지 및 기항지, 적취화물의 종류, 수량에 대한 제한, 배선국 수의 운항스케줄을 정한다.

#### 라) 공동운항(Joint Service)

동맹선사 간의 경쟁배제를 위해서 특정 항로에 한하여 일시적으로 경영을 공동으로 하는 것이다. 이 경우 동맹선사는 각자의 독립성을 유지하면서 특정 항로의 선박 및 시설 등을 특정 동맹선사에게 수탁하는 방법과 그 공동경영의 일부를 분담하는 방법이 있다. 그리고 수익운임은 동맹선사에 미리 정해진 비율에 의거 매결산기마다 배분한다.

**참고 | 중립감시기구(N/B; Neutral Body)**

해운동맹에서 운임협정, 공동계산협정, 배선협정 등 3개 협정을 제대로 준수될 것을 목적으로 하여 동맹회원사간의 건전한 상거래질서 유지를 위해 회원사의 부당행위를 감독하고 관리하여 위반시에는 벌칙금(Penalty)을 부과하기 위해 설치한 기구이다.

### (4) 운임률을 이용한 해운동맹의 대(對) 하주 구속수단

#### 가) 계약운임제(Contract Rate System)

이중운임제(Dual Rate System)라고도 하며, 이는 화물을 동맹에 가입된 선사에 싣겠다는 계약서를 체결한 하주에 대하여는 일반운임률(Base Rate)보다 저율의 운임을 책정하고 비계약하주에게는 고율의 운임을 책정하는 이중운임제도이다.

#### 나) 운임할려제(성실할려제, fidelity rebate system)

일정 기간(대개 6개월) 동안 동맹선을 이용한 하주에게 운임이 선불이든 후불이든 관계없이 그 기간 내에 선박회사가 받은 운임의 일정 비율을 기간 경과 후에 환불하는(대체적으로 9.5%) 제도를 말한다.

#### 다) 운임연환불제(운임연환급제, deferred Freight rebate system)

일정 기간(통상 6개월) 동안 동맹선에만 선적한 하주에 대해서 그 지급한 운임의 일부를 환불하는데, 그 기간에 이어서 일정 기간 동맹선에만 선적할 것을 조건으로 하여 그 계속되는 일정 기간이 경과된 후 환불되는 제도이다.[34] 운임연환불제는 운임할려제에다가 유보기간(Deferred Period)까지 설정되어 하주를 구속하는 가장 강력한 해운동맹의 구속수단이다.

**참고 | 취항항로별 운임동맹, 협의기구 및 제휴협정**

가) 북미 항로
- ① TSA(Transpacific Stabilization Agreement) : 태평양항로 협정
- ② WTSA(Westbound Transpacific Stabilization Agreement)
  : 태평양서항항로 안전화협정
- ③ CTSA(Canada Transpacitic Stabilization Agreement)
  : 캐나다태평양항로 안전화협정
- ④ CWTSA(Canada Westbound Transpacific Stabilization Agreement)
  : 캐나다서태평양항로 안전화협정

나) 오세아니아 항로
- ① ANZESC·ANSCON(Australian and New Zealand/Eastern Shipping Conference)
  : 호주·뉴질랜드/극동해운동맹
- ② TFA(Australia/North & East Asia Trade Facilitation Agreement)
  : 호주/동북아시아 무역실무협정

34) 이러한 기간을 계산기간(account period)이라 하며, 운임의 일정률은 일반적으로 9.5% 정도이다.

③ AADA(Asia-Australia Discussion Agreement) : 아시아-호주 운임협정

④ ANZDA(Asia New Zeal Land Discussion Agreement) : 아시아뉴질랜드 운임협정

다) 동남아 항로

① IADA(Intra Asia Discussion Agreement; 아시아역내항로 운임협정)

② 동남아정기선사협의회 : 1979년 10월 1일 결성/
APL, CK LINE, CNC, COSCO, DONGJIN, ERVERGREEN, GSL, SM LINE, HUENG-A, HUB, HMM, KMTC, NAMSUNG, NYK.OOCL, PANCON, PIL, RCL, SINOKOR, SITC, UASC, WANHAI, YANGMING 등 22개 선사

③ 한/인니운임동맹 : 1981년 9월 1일 결성

④ KNFC(Korea Nearsea Freight Conference; 한국근해수송협의회/한근협) : 1991년 11월 1일 결성, 2018년 12월 현재 경한항운, 고려, 남성, 동영, 동진상선, 범주, 장금상선, 천경, 태영상선, 팬오션, 팬스타라인닷컴, 흥아, SITC, HMM, SM상선, ChoHeung 등 16개 선사

⑤ YLSC(Yellow Sea Liner's Committee) : 황해정기선사협의회, 1994.7.1. 결성
CK LINE, DONGJIN, DONGYOUNG, DOOWOO, HANSUNG, HEUNG-A, HMM, KMTC, NAMSUNG, PANCON, PAN OCEAN, SINOKOR, TAIYOUNG, CENTRANS, CO-HEUNG, COSCO, CQH LINE, CSC LINE, DALIAN JIFA, DDSG, EAS, FFTC, NANJING OCEAN, NBOS LINE, NEW ORIENT. SIFCO, SINOTRANS, SITC, SOFEST, TCLC, TMSC, JUNCHON, WEIDONG 등 33개 선사

라) 중동 항로

① IRA(Informal Rate Agreement)

② IRSA(Informal Rea Sea Agreement)

③ ISAA(Informal South Asia Agreement)

마) 아프리카 항로

① WAFENS(West Africa Far East Freight Conference)

바) 기타 제휴협정

① 2M+SM상선 : APM-MAERSK(덴마크 1위), MSC(Mediterranean Shipping Company/스위스 2위) + SM상선(한국 31위) / 2020년 4월 1일 출범

② Ocean Alliance : COSCO(중국 3위), CMA-CGM(프랑스 4위), EVERGREEN(대만 7위), OOCL(홍콩/COSCO가 인수), APL(CMA-CGM이 인수) / 2017년 4월 출범

③ The Alliance : Hapag-Lloyd(독일 5위), ONE(NYK, MOL, K-LINE 3사 연합/일본 6위), YANGMING(대만 9위), HMM(한국 8위)의 협력체로 2020년 4월 1일 출범.

* 10위 PIL, 11위 짐라인, 12위 완하이라인, 13위 Zhonggu Logistics Corp., 14위 KMTC

** 선사들의 제휴협정은 시황 및 선사 개별 사정 등에 따라 이합집산이 빈번함

※ 한국의 해운동맹 - 한국해운연합(KSP)

우리나라의 14개 국적선사들은 해운시장의 장기침체 및 한진해운 파산에 따른 국내해운업계의 어려움을 타개하고, 나아가 국내 해운산업의 재건을 위해 글로벌 해운시장에서의 공정한 경쟁과 상생 협력을 위해 한국해운연합(KSP; Korea Shipping Partnership)을 결성하여 2017년 8월 8일에 출범하였다. 한국해운연합(KSP)의 출범으로 국적선사들은 선복 교환의 확대, 항로의 합리화, 신규 항로의 공동개설, 해외터미널 공동확보 등을 추진하고 있다.

## 3. 부정기선운송(Tramper)

### 1) 부정기선운송의 개요

#### (1) 개념과 특성

가) 개념

부정기선운송은 정기선운송과는 달리 운항 일자나 항로가 일정하지 않고, 화물의 수요에 따라 하주가 요구하는 시기와 항로에 해운서비스나 선복(Ship's Space)을 제공하여 화물을 운송하는 방식이다. 부정기선운송의 대상화물은 광석, 곡물류, 목재, 비료 등과 같이 비교적 운송량이 많고 운임부담능력이 적은 산적화물(Bulk Cargo)이 주종을 이루고 있다.

따라서 부정기선운송은 비교적 저렴한 운임으로 대량의 화물을 하주가 원하는 시기에 하주가 원하는 장소까지 운송할 수 있기 때문에 정기선이 취항하지 않는 항로나 원재료 및 연료 등을 운송하는 데 매우 적합한 운송방식이라 할 수 있다.

나) 특성

① 항로 선택의 자유성 : 부정기선운송은 정기선운송과 같이 정해진 항로를 운항하는 것이 아니라, 하주의 요구와 필요에 따라 가장 적합한 항로를 선택하여 운항하는 것이기 때문에 선박이 운항할 수 있는 곳이면 어디든지 화물을 운송할 수 있는 특성을 지니고 있다.

② 저부가가치 화물의 대량수송성 : 일반적으로 부정기선운송은 운임이 비교적 저렴하기 때문에 운임부담 능력이 적거나 부가가치가 낮은 화물을 대량으로 운송할 수 있다. 따라서 운임수준이 높은 정기선운송으로 운송하기가

곤란한 화물의 대량운송을 통해 자원의 효율적 배분은 물론이고 기업의 경쟁력 강화에도 도움을 주고 있다.

③ 용선운임의 변동성 : 부정기선운송의 운임은 선박의 용선계약이 체결되는 용선시장에서 운송의 수요와 공급에 의해 결정된다. 일반적으로 운송수요량은 운송을 필요로 하는 화물량에 의해 결정되고, 운송공급량은 운송에 이용될 수 있는 선복량에 의해 결정되기 때문에 부정기선운송의 운임수준은 시장환경의 변동에 따라 계절적·시간적·지역적으로 상이하게 설정된다.

### (2) 사업형태

#### 가) 선주중개업

용선계약을 체결하는 과정에서 선박소유자를 위해 업무를 수행하고 선박소유자로부터 대행수수료를 취득하는 중개업의 형태로서, 이와 같은 선주를 위해 행동하는 업자를 선주중개인이라 부른다.

#### 나) 용선중개업

용선계약을 맺는 과정에서 용선자를 위해 업무를 수행하며, 선박을 용선하여 화물을 운송하고자 하는 하주를 위해 적합한 선박을 수배하여 계약을 체결하고, 하주로부터 대행수수료를 취득하는 사업의 행태이다.

#### 다) 탱커중개업

탱커중개업은 액체 살적화물 및 선박을 전문으로 중개하는 사업형태를 말한다. 따라서 탱커중개업자는 탱커선의 소유자와 액체화물을 운송하고자 하는 하주를 서로 연결하여 용선계약을 체결하여 주고, 중개수수료를 취득하게 된다.

#### 라) 케이블중개업

케이블중개업은 선박회사와 하주 또는 선박중개인, 용선중개인, 탱거운송인 등이 용선계약을 체결하는 과정에서 화물량 및 선박 일정 등 텔렉스 등을 이용하여 통지하여 주고, 통지 수수료를 취득하는 중개업의 형태이다.

### (3) 부정기선 운임

부정기선의 운임은 부정기선으로 운송되는 광석, 곡물, 석탄 등 대량의 산적화물을 대상으로 당시의 해운 시황에 따라 하주와 선주의 당사자 합의계약으로 이루어지기 때문에 자유운임이 원칙이다. 부정기선의 운임의 특징은 운송의 수요와 선복의 공급과 관련하여 크게 변동하며, 부정기선 운임은 운송의 시기와 기간에 따라 분류된다.

[표 6-5] 부정기선 운임 형태

| | |
|---|---|
| Spot 운임 | 계약을 한 직후에 아주 짧은 기간 내에 선적이 개시될 수 있는 상태의 선박에 대하여 지불되는 운임이다. |
| 선물운임 | 투기적 요소가 약간 개입되는 운임으로 계약과 실제 선적시기까지 오랜 기간이 있는 조건의 경우에 사용되는 운임이다. |
| 연속항해운임 | 어떠한 특정 항로를 연속적으로 반복 항해하는 경우에 약정된 연속 항해의 전부에 대하여 적용하는 운임이다. |
| 장기계약운임 | 장기계약운임도 장기간에 걸쳐 반복되는 항해에 의하여 화물을 운송하는 계약(COA)의 경우에 적용되는 운임으로 연속항해운임과 비슷하다. 특정 선박에 의해 연속하여 항해를 되풀이하고 항해 수에 따라 기간이 약정되는 연속항해운임에 비해 장기계약운임은 특정 선박을 그 항로에 투입하여 연속적인 항해를 되풀이할 필요가 없다. |

## 2) 부정기선의 용선계약과 정박기간 표시

### (1) 부정기선의 용선계약 형태

부정기선은 산적화물(Bulk Cargo)을 운송하는 의미로 쓰이며 1인 또는 소수의 용선자(傭船者, Charter)가 선복(船腹, Ship's Space)의 일부 또는 전부를 전세내어 화물을 운송할 목적으로 선박회사와 용선자간에 체결하는 계약이다.

[표 6-6] 부정기선의 용선계약 형태

| 운항형태 | 내 용 |
|---|---|
| 항해용선계약 (Voyage Charter) | 한 항구에서 다른 항구까지 한 번의 항해를 위해 체결되는 운송계약 |
| 선복용선계약 (Lump Sum Charter) | 항해용선계약의 변형으로 정기선 운항시간에 한 선박의 선복 전부를 한 선적으로 간주하여 운임액을 결정하는 용선계약 |
| 일대용선계약 (Daily Charter) | 항해용선계약의 변형으로 하루 단위로 용선하는 용선계약 |
| 정기용선계약 (Time Charter) | 모든 장비를 갖추고 선원이 승선해 있는 선박을 일정기간을 정하여 고용하는 계약 |
| 나용선계약 (Bare Boat Charter) | 선박만을 용선하여 인적 및 물적 요소 전체를 용선자가 부담하고 운항 전부에 걸친 관리를 하는 계약 |

### 가) 항해용선계약(航海傭船, Voyage Charter)

항해용선계약은 한 항구에서 다른 항구까지 한 번의 항해를 위해서 체결되는 용선계약의 형태이다. 따라서 항해용선계약은 항해 일자와는 무관하며, 항차를 기준으로 하여 용선운임이 산정되는 것이 보통이다. 그러나 변형된 계약형태로 한 항해를 기준으로 항해용선계약을 체결하지만, 항해가 이루어지는 항해 일자를 기준으로 하여 운임을 산출하는 일대용선계약(Daily Charter)이나, 화물의 선적량에 관계없이 일정 선복(선박의 전체 또는 일부)을 기준으로 하여 운임을 정하는 선복용선계약(Lump Sum Charter) 등과 같은 형태도 이용되고 있다.

### 나) 정기용선계약(期間傭船, Time Charter)

기간용선계약[35]은 항해용선과는 달리, 일정 기간을 단위로 선박을 용선하는 형태이다. 따라서 용선운임은 항차에 관계없이 용선 기간을 기준으로 하여 산정된다. 그러나 항해용선계약과 기간용선계약을 불문하고 선박회사는 운송행위를 수행하고, 용선자는 선박회사가 제공하는 운송서비스만을 이용한다는 공통점이 있다.

[표 6-7] 항해용선계약, 정기용선계약 및 나용선계약의 구분

| 구 분 | 항해용선계약 | 정기(기간)용선계약 | 나용선계약 |
|---|---|---|---|
| 선장고용 책임 | 선주가 선장 임명 및 지휘·감독 | 선주가 선장 임명 및 지휘·감독 | 임차인이 선장 임명 및 지휘·감독 |
| 책임한계 | 용선자는 선복을 이용하고 선주는 운송행위 | 용선자는 선복을 이용하고 선주는 운송행위 | 임차인이 선박을 일정 기간 사용 및 운송행위 |
| 운임결정 기준 | 선복으로 결정 | 기간에 의하여 결정 | 임차료는 기간을 기초로 결정 |
| 감항담보 | 용선자는 재용선자에 대하여 감항담보책임이 없음 | 용선자는 재용선자에 대하여 감항담보책임이 없음 | 임차인은 하주 또는 용선자에 대하여 감항담보책임이 있음 |
| 선주의 비용부담 | 선원급료, 식대, 윤활유, 유지비 및 수선료, 보험료, 감가상각비, 항비, 하역비, 예선비, 도선료 등 | 선원급료, 식대, 윤활유, 유지비 및 수선료, 보험료, 감가상각비 | 보험료, 감가상각비 |
| 용선자의 비용부담 | 부담비용 없음 | 연료, 항비, 하역비, 예선비, 도선료 | 항해용선비 중 감가상각비 이외의 비용 |

35) "time charter"를 정기용선계약이라고 번역하기도 한다.

### 다) 나용선계약(裸傭船, Bare Boat Charter or Demise Charter)

나용선계약 또는 선박 임대차계약은 선박회사로부터 운송에 이용되는 선박 자체를 용선하여, 항해에 필요한 물적 및 인적요소 일체를 용선자가 직접 부담하고 선박의 운항과 관련된 제반사항을 관리하는 형태이다. 따라서 나용선계약은 선박회사가 제공하는 운송서비스를 용선하는 항해용선이나 기간용선과는 달리 운송수단인 선박자체를 용선하는 형태이다.

## (2) 정박기간(Laydays, Laytime)의 표시

정박기간이란 용선자가 계약화물의 전량을 완전하게 적재 또는 양륙하기 위해서 본선을 선적항 또는 양륙항에서 정박시킬 수 있는 기간을 말한다. 약정된 정박기간 내에 하역을 완료하지 못하면 초과 정박기간에 대하여 하주가 선주에게 체선료(Demurrage)를 지불하여야 하며, 반대로 약정 정박기간보다 하역이 빨리 끝나면 조출료(Despatch Money)로 보상받게 된다. 이때 체선료는 1일 또는 중량톤수 당으로 계산하여 지불하는 것이 보통이고, 조출료는 일반적으로 체선료의 반액이다.

### 가) CQD조건(Customary Quick Dispatch, 관습적 조속하역)

일정 기간을 약정하지 않고 당해 항구의 하역방법 및 하역능력에 따라 가급적 신속하게 하역한다는 조건이다. 물론 불가항력에 의한 하역불능일은 정박기간에서 제외되지만 일요일과 공휴일의 제외 여부는 그 항구의 관습에 따른다.

### 나) Running Laydays(연속정박기간)

하역작업이 시작된 날로부터 끝날 때까지 경과된 일수를 정박기간으로 정하는 방법으로 하역불능일(우천, 파업, 불가항력 등에 의한 하역불능 포함)은 물론 일요일과 공휴일도 모두 정박기간에 산입하는 조건이다.

### 다) Weather Working Days(WWD, 호천하역일)

기후가 양호하고 하역이 가능한 작업일만으로 정박기간을 정하는 방법이므로 가장 많이 사용되고 있는 조건이며, 아래의 세 가지로 분류된다. 한편, 하역불능일은 선장이 결정하거나 상호 협의에 의하여 결정된다.

① SHEX(Sundays and Holidays are Excepted) : 일요일과 공휴일은 작업일이 아니므로 정박기간에서 제외하는 방식

② SHEXUU(Sundays and Holidays are Excepted/Excluded unless used) : 일요일과 공휴일에 작업을 하는 경우에만 정박기간에 산정하는 방식
③ SHEXEIU(Sundays and Holidays are Excepted/Excluded even if used) : 일요일과 공휴일에 작업을 하더라도 정박기간에 산정하지 않는 방식

# 제 3 절 해상운송 운임

## 1. 해상운임의 개요

### 1) 해상운임의 의의

해상운임은 선사가 선박을 이용하여 사람이나 화물을 운송한 대가인데, 운임의 수준은 시장경제의 원칙인 수요와 공급의 원리에 의해 결정되어지는 것이지만 정기항로에는 일종의 Cartel인 해운동맹 및 협의협정이 있어 시장경쟁이 크게 제약받고 있다.

정기선운송에 있어서는 항로별로 해운동맹이 결성되어 있어 공표된 운임률(Tariff Rate)을 책정하고 있으나 맹외선사와의 경쟁으로 인해 실제로 선사가 징수하는 시장운임(Market Rate)은 공표된 운임률(Tariff Rate)보다 훨씬 낮은 경우가 대부분이며 시황에 따라 변동폭도 크다.

### 2) 해상운송운임의 유형

#### (1) 운임지급시기에 따른 유형

정기선운임은 운송서비스에 대한 대가를 언제 지급하느냐에 따라, 운임선불방식(Freight Prepaid)과 운임후불방식(Freight Collect)으로 나누어진다. 일반적으로 인코텀즈 2020 중 CFR, CIF, CPT, CIP, DAP, DPU, DDP 등의 경우에는 운임이 선불로 지급되고[36], EXW, FOB, FCA, FAS 등의 경우에는 운임이 후불로 지급되고 있다.[37]

---

36) 특히 갑판적화물(on-deck cargo), 냉동화물, 벌크화물, 살아있는 동물, 부패하기 쉬운 물건 등은 반드시 선지급을 규정하고 있다.

### (2) 운송의 완성도에 따른 유형

운송의 완성 여부에 관계없이 운임전액을 지불하는 전액운임과 운송 중단시 운송의 완성비율에 따라 운임을 지불하는 비율운임[38]의 형태가 있다.

### (3) 부과방법(산정기준)에 따른 유형

해상운임의 산정기준은 통상 화물의 중량과 용적을 비교하여 선사 입장에서 더 유리한 것을 기준으로 삼는다.

#### 가) 종가운임(Ad Valorem Freight)

귀금속 등 고가품의 운송에 있어 화물의 가격을 기초로 이의 일정률을 운임으로 징수하는 경우를 말한다. 일반적으로 상품가격의 2~5% 정도의 일정 비율을 할증추가하며, 정기선 운임 시에만 통용된다.

#### 나) 최저운임(Minimum Rate)

운임은 일정 단위(CBM 또는 Ton)를 기초로 부과되는데, 화물의 용적이나 중량이 일정 기준 이하일 경우 이미 설정된 최저운임을 부과하게 된다.

#### 다) 중량·용적기준운임(Weight & Measurement Rate)

실제 중량(Ton)과 실제 중량에 비해 용적이 큰 경우, 용적(CBM)을 기준으로 부과하는 중량기준운임과 용적기준운임이 있다

#### 라) 무차별운임(Freight All Kinds Rate)

보통 해상운임은 품목에 따라 달리 책정되는데 비해, 품목 여부를 불문하고 운송거리를 기준으로 일률적으로 운임을 책정하는 방식이다.

---

37) FOB규칙의 경우 수입자가 화물의 도착지에서 운임을 지급하게 되는데 이를 후불운임이라 한다. 이 경우 선사에게 있어 운임 회수에 위험이 따르므로 선사에서는 이를 방지하기 위해 선하증권(B/L) 또는 운송계약서상에 유치권의 규정을 두어 수입상이 운임지불을 거절할 경우 후지급을 정산하기 이전에도 화물을 매각할 수 있다. 또한, 통상적으로 선하증권(B/L)이나 운송계약서상에는 '수입상이 운임지급을 거절할 경우 수출상이 대신 지불한다' 혹은 '수출상은 반드시 선사에 수입상이 운임을 지불하지 않을 시 대신 지불한다는 보장 각서를 제출해야 한다'고 규정하고 있다. 수입상의 운임지급거절로 인해 수출상이 지급하는 경우 이를 Back Freight이라고 한다.

38) 비율운임(pro rate fright)은 용선운임의 한 형태로 계약목적지까지 화물을 운송하지 못하고 중도에서 인도하는 경우 인도한 지점까지의 비율에 의해 받는 운임을 말한다.

마) Box Rate

컨테이너 하나당 운임을 책정하여 부과하는 운임방식이다.

### (4) 선내하역비 부담에 따른 유형

화물의 적재와 양하비용을 누가 부담하느냐는 언제나 선주의 입장에 따라 Berth Term(B/T; Liner Terms), FIO, FI, FO조건으로 분류한다.

가) Berth Term(Liner Term)

해상운송에 있어서 선주와 하주간에 운송계약 체결시 운임에 선적비와 하역비를 포함시킴으로써 별도로 부담자를 정하지 않는 경우로서 개별품목을 정기선운송계약으로 운송할 때 대체로 이 방법을 사용한다. 즉, 선적항에서 Tackle로 화물을 달아 올리고, 양하지에서 똑같이 Tackle로 달아 내리는 일이 끝날 때까지를 선사가 자기의 비용부담과 위험부담으로 행하는 조건이다. 재래형 정기선은 대부분 이러한 방식을 취하여 왔으나, 컨테이너선의 취항으로 선사의 부담은 CY 또는 CFS까지 연장되며, 문전 인수 시에도 비용과 위험부담이 연장된다.

나) FIO(Free In & Out)

운송계약 체결 시 운임에 화물의 선적비와 양하비가 포함되어 있지 않는 조건으로서 화물적재 및 양하와 관련되는 비용을 전부 하주가 부담한다.

이는 주로 선적비 및 하역비 부담이 큰 산적화물을 용선계약에 따라 부정기선에 의하여 운송할 때 채택하는 조건으로 이 경우 무역계약 체결시 인코텀즈 2020의 FAS규칙을 채택하는 경우가 많다.

다) FI(Free In)

해상운송계약에 있어서 선적 시 선내 하역운임은 하주가 부담하고, 양하시 하역운임은 선주가 부담하는 조건을 말한다.

라) FO(Free Out)

해상운송계약에서 선적 시 선내 하역운임은 선주가 부담하고, 양하시 하역운임을 하주가 부담하는 조건을 말한다.

[표 6-8] 선내하역비에 따른 부담(선주 입장)

| 구 분 | Berth Term(B/T) | FIO Term | FI Term | FO Term |
|---|---|---|---|---|
| 선적비 | 선주 | 하주 | 하주 | 선주 |
| 양하비 | 선주 | 하주 | 선주 | 하주 |

### (5) 미국 신해운법상의 운임

#### 가) 독자운임결정권(IA; Independent Action)

미국의 항로에 취항하는 선사들에게 Tarriff에 신고된 운임률이나 기타 조건에는 관계없이 독자적인 운임률을 설정할 수 있도록 허용하는 것이다. 독자운임결정권을 행사하기 위해서는 효력 발생 10일 전까지만 미연방해사위원회(FMC; Federal Maritime Commission)에 신고하면 된다.

#### 나) 우대운송계약(S/C; Service Contact)

하주 또는 하주단체가 동맹선사나 비동맹선사와 화물운송을 위해 체결하는 계약으로 하주는 보통 1년의 계약기간 동안 일정 화물을 제공할 것을 약속하고, 선사는 운송기간, 기항지 등과 같은 일정한 서비스뿐만 아니라 운임요율표상의 운임보다 저렴한 운임을 제공한다.

#### 다) 기간물량운임(TVR; Time Volume Rate)

선박회사나 해운동맹이 일정기간 동안 일정하게 정해진 품목을 선적하는 조건으로 하주에게 할인혜택을 주는 운임이다.

## 3) 해상운임의 표시통화와 지급표시

### (1) 운임의 표시통화

운임률을 표시하는 통화의 종류를 운임의 표시통화(지급통화)라 한다. 우리나라를 중심으로 하는 정기선(Liner)항로에 있어서는 운임을 거의 미국통화(US Dollars)와 영국통화(Sterling Pound)로 표시되어 있다. 원래 운임률은 해운동맹에 의해 결정되기 때문에 그 표시통화는 결국 가맹선박회사의 세력관계에 따라 정해지고 있다.

정기선의 경우 반드시 B/L면에 운임표시통화를 명시하고 있고, 통상 지급운임의 계산은 B/L 작성일 또는 본선 입항일의 환율에 의한다.

#### (2) 운임의 지급표시

운임을 그 지급시기에 따라 분류하면 운송계약의 체결과 동시에 지급되는 선불운임(Freight Prepaid)과 운송이 완료된 후 지급하는 운임후불방식(Freight Collect)의 두 가지가 있다.

인코텀즈 2020의 CIF나 CFR의 경우, 운임은 선불(Freight Prepaid)이고, FOB의 경우 운임은 후불(Freight Collect)이 된다. 선불운임의 경우 운임산출의 기초가 되는 용적 또는 중량은 선적지의 적량이다. 개품운송에 있어서는 선적할 때 지정 검량인에게 검량을 시키는 경우가 많다. 송하인이 제시한 용적, 중량이 B/L에 기재되고 운임산출의 기초가 되는데, 나중에 그 용량 혹은 운임의 잘못이 발견되었을 경우에는 그 차액을 추징한다는 취지를 특약하는 경우도 많다.

하주가 고의로 화물의 내용, 가격 또는 중량에 관하여 허위신고를 한 경우에 선박회사는 그 화물의 멸실, 손상 등에 대해 어떠한 책임도 부담하지 아니할 뿐만 아니라 배액운임(double freight charge)을 부과한다는 조항도 있다.

정기선에 의한 개품운송에 있어서는 선불이 원칙이지만 선박회사의 승인이 있는 경우 후불도 가능하다. 외화표시 선불운임은 B/L 작성일이나 선적지 본선입항일의 환율에 따른다. 후불운임의 경우에도 운임계산의 시기는 선불과 마찬가지로 선적당시에 신고된 용적 또는 중량을 기초로 하여 산출되며, 외화표시 후불인 경우에는 양륙지 본선입항일의 환율에 따른다.

## 2. 국제해상운송의 물류비용

### 1) 할증요금

#### (1) 유류할증료(BAF; Bunker Adjustment Factor, Bunker Surcharge)

선박의 주연료인 벙커유의 가격변동에 따른 손실을 보전하기 위해 부과하는 할증료로서 기본운임에 대하여 일정비율(%) 또는 일정액을 징수하고 있다. 북미항로에서는 연료할증료(Fuel Adjustment Factor, FAF)라고도 한다. 예를 들어 1배럴당 100달러를 기준으로 운임계약을 체결하였으나 유가가 1배럴당 130달러로 인상되었을 경우에 선사는 채산성 유지를 위해 BAF를 도입하게 된다. 통상적으로 선박의 운항비용 중 유류비가 20~30%를 차지하고 있다.

### (2) 통화할증료(CAF; Currency Adjustment Factor, Currency Surcharge)

CAF는 화폐가치 변화에 의한 선사의 손실보전을 위해 부과하는 할증요금이다. 즉, 해상운임의 지급수단으로 많이 이용되는 미국 달러화의 환차손을 보전하기 위해서 부과되는 할증료이다.

### (3) 체선할증료(Port Congestion Surcharge)

해상 할증운임 중의 하나로 특정 항구가 항만시설, 대량유입화물, 정세불안 등의 이유로 정박기간이 장시간 소요될 경우, 이러한 체선상태를 대비하여 당해 항구로 선적되는 화물에 임시로 징수하는 할증료를 말한다. 일반적으로 체선할증료는 사회간접시설이나 정치가 불안정한 개도국 등에 선적할 시에 발생한다.

### (4) 외항할증료(Out Port Surcharge)

정기선사들은 정기선의 기항항구를 'main port / out port'로 구분·표시하고 'Out port'에 대해서는 일정한 할증료를 부과시키는데, 이를 외항할증료라 한다. 이는 'Out port'의 경우에는 대형선박이 입항할 수 없거나 물동량이 적어 소형선박(Feeder)을 이용하여 접속운송을 해야 하는 데에 따른 할증요금이다.

### (5) 선택항 추가운임(Optional Charge)

선적시 양하항을 복수로 선정하여 최초항 도착 전 양하항을 지정할 경우 적부상의 문제 등을 감안하여 추가로 부과되는 운임을 말한다.

### (6) 혼잡항 할증료(Congestion Surcharge)

항구에서 선박 폭주로 대기시간이 장기화될 경우 부과되는 할증료를 말한다.

### (7) 수에즈운하 할증료(Suez Surcharge)

수에즈운하 봉쇄 시 희망봉 회황에 따른 추가 비용 보존을 위해 부과되는 할증료를 말한다.

### (8) 기타

특별운항 할증료(Special Operating Service Surcharge), 전쟁 중인 나라의 항구

에 운송되는 화물에 부과되는 전쟁위험할증료(War Risk Surcharge), 선적시 지정했던 항구를 선적한 후 변경할 때 부과되는 양륙지(항구)변경료(Diversion Charges), 일정 중량을 초과할 때 부과되는 중량할증료(Heavy Lift Surcharge), 일정 용적이나 일정 길이를 초과할 때 부과되는 용적 및 장척할증료(Bulky/ Lengthy Surcharge), 환적으로 발생하는 추가 비용을 보전하기 위해 부과되는 환적할증료(Transshipment Charge), 성수기 물량 증가로 컨테이너 수급불균형 및 항만의 혼잡 심화에 따른 비용 상승에 대한 성수기할증료(Peak Season Surcharge) 등이 있다.

특히, 최근에는 국제유가와 용선료, 하역료, 인건비 등이 크게 오르면서 해운시장의 어려움으로 운임이 낮아 채산성이 매우 나빠짐에 따라 취항선사들은 유가, 용선료 및 일반관리비 보전을 위한 조치로 비용보전할증료(CRC; Cost Recovery Charge, Cost Recovery Surcharge[39])), 긴급유류할증료(EBS; Emergency Bunker Surcharge)[40] 등을 하주에게 추가로 징수하고 있으며, 이 비용들은 통상적으로 도착지에서 부담하는 경우가 대부분이다.

## 2) 부대비용

운송의 발달에 따라 운송 관련 시설이나 인력이 갈수록 복잡·전문화되면서 선사가 해상운임만으로 경영이 어렵게 되자 이의 보전을 위해서 도입하게 된 것이 운송과 관련된 각종 부대비용이라 할 수 있는데, 부대비용(Additional Charge)은 통상 기본운임의 몇 %로 정하거나 컨테이너당 또는 톤당 일정액을 정하여 공시하는 형식을 취하고 있다.

### (1) 화물취급수수료(HC; Handling Charge)[41]

국제물류주선업자(포워더)의 화물취급수수료로 수출입화물에 대해 2020년 7월

---

39) CRC(CRS)는 최근 유가, 용선료 및 일반관리비 등 각종 비용의 급격한 인상 및 수년간 지속된 낮은 해상운임과 컨테이너 수급 불균형으로 서비스 채산성이 악화되어서 일부 선사에서 동남아에서 한국으로 수입해서 들어오는 화물에 대해 부과하는 비용이다.

40) 긴급유류할증료(EBS)는 해상운송에서 예고되지 않은 유가 상승에 부과하는 할증료로서 전쟁이나 분쟁, 산유국의 담합 등으로 유가가 평소 폭보다 폭등하는 현상이 발생될 시 선사에서 운항비를 보존하기 위하여 긴급 부가하는 할증료를 말한다.

41) 수출입화물취급수수료는 먼저 수출화물의 경우 적하목록 제출(EDI 전송), B/L송달(인도), 수출면허 대행, 적하보험가입 대행, 방역대행, 해외 파트너와 제반 사항 협의, B/L 관련 제 업무 수행 등의 비용이며, 수입화물의 경우 화물도착 통보, 적하목록 제출(EDI전송), 해외 파트너와 제 사항 협의 등의 비용이 포함된다.

현재 하주에게 B/L 건당 50달러(해운수출), 80달러(해운수입)를 징수하고 있다.

### (2) 터미널화물처리비(THC; Terminal Handling Charge)

화물이 CY에 입고된 순간부터 본선의 선측까지, 반대로 본선의 선측에서 CY의 게이트를 통과하기까지 화물의 이동에 따르는 비용을 말한다. 예전에는 선사가 해상운임에 포함하여 징수하였으나 1990년에 유럽운임동맹(FEFC)이 분리하여 징수하면서 다른 항로에도 확산되어 이제는 모든 항로에서 THC가 부과되고 있다.

터미널화물처리비는 우리나라를 비롯하여 대만, 홍콩 등 극동지역, ASEAN 국가, 유럽지역에서는 THC라는 명칭으로 부과되고 있으며, 일본지역은 아시아항로에 한정하여 컨테이너처리비용(CHC; Container Handling Charge)이 부과되고 있고, 미국에서는 목적지 인도비용(DDC; Destination Delivery Charge)이 부과되는 등 국가마다 터미널화물처리비의 개념과 원가구성요소가 다르다.[42)]

특히 THC는 해운동맹에 대한 지역하주단체의 협상력에 따라 부과 정도가 다른데, 일본의 경우는 하주단체의 강력한 반발에 의해 미주항로나 유럽항로 취항선사들이 일본항구에서 THC를 징수하지 못하고 있다. 유럽의 하주단체는 THC를 원칙적으로 인정하지 않고 있으며 THC가 기본운임에 포함되어야 한다고 일관되게 주장하고 있는 실정이다. 그러나 하주단체의 협상력이 상대적으로 미약한 여타 아시아 국가들은 선사들이 일방적으로 부과하는 THC를 어쩔 수 없이 납부하고 있으며 선사들은 매년 THC의 대폭적인 인상을 통해 이 지역 하주들의 부담을 가중시키고 있어 THC의 철폐를 위한 지역 하주단체들의 활동도 한층 강화되고 있는 추세에 있다.

### (3) CFS 작업료(CFS Charge)

선사가 컨테이너 한 개의 분량이 못 되는 소량화물을 운송하는 경우 선적지 및 도착지의 CFS에서 화물의 혼적 또는 분류작업을 하게 되는데, 이때 발생하는 비용(하역료, 검수료, 화물정리비, 보관료 등)을 CFS Charge라 하며 선사는 하주로 부터 이를 징수하여 CFS 운영업자에게 전달하게 된다.[43)]

---

42) 우리나라 국제물류주선업계의 LCL화물의 THC요율은 1CBM당 북미와 유럽 4,300원, 한일·동남아·한중 7,000원, 호주 5,500원, 중동 4.5달러, 중미(동안) 4,200원, 중미(서안) 4,000원 등이다(2018년 12월 현재)

43) 우리나라 국제물류주선업계의 CFS Charge는 1CBM당 미주(북미, 중미 동안과 서안 포함) 10,165원, 유럽 5,500원, 한일 6,000원, 동남아 및 한중 6,500원, 호주 5,500원, 중동

### (4) 도착지화물인도비용(DDC; Destination Delivery Charge)

북미수출의 경우 도착항에서의 터미널 작업비용과 목적지까지의 내륙운송비용을 포함하여 해상운임과는 별도로 징수하는 것으로서, 북미 서안과 인근 내륙지역의 경우 40ft 컨테이너당 740달러, 북미 동안과 인근 내륙지역은 40ft 기준 1,070달러를 징수하고 있다.

### (5) 컨테이너세(C/T; Container Tax)

1992년부터 항만 배후도로를 운송하는 컨테이너차량에 대해서 부산시가 20ft 컨테이너당 2만 원씩 징수하고 있는 지방세로서, 부산지역의 항만 배후도로 건설 등 운송시설의 확충을 목적으로 한 일종의 교통유발부담금이라 할 수 있다(2007년 1월 1일 폐지).

### (6) 서류발급비(DOC Fee; Documentation Fee)

해상운송의 부대비용으로 선사에서 수출 시에는 선하증권(B/L), 수입 시에는 화물인도지시서(D/O)의 발급 시 소요되는 행정비용을 보전하기 위해 신설되었다. 2020년 7월 현재 국제물류주선업계에서는 건당 서류발급비(DOC Fee; Document Fee)는 50,000원, 화물인도지시서발급비(D/O Fee; Delivery Order Fee)는 30~50달러를 징수하고 있다.

### (7) 지체료(Detention Charge)

하주가 허용된 시간(Free Time)[44]을 초과하여 대여해 간 컨테이너를 지정된 선박회사의 CY에 반송하지 못할 경우에 송하인이나 수하인이 선박회사에 지불해야 하는 비용을 말한다.

### (8) 체선료(Demurrage)

하주가 보증한 정박기간 내에 적하 또는 양하를 끝내지 못하여 그 완료를 위해서

---

7,500원, 아프리카 6,000원, 남미 9,500원(동안), 10,165원(서안, 파나마, 중미) 등이다(2020년 7월 현재).

44) Free Time(자유장치기간)은 본선에서 양하된 화물을 CFS나 CY에서 보관료 없이 장치할 수 있는 일정한 허용기간을 말한다. 참고로 각 해운동맹들은 각자의 양하지에서 터미널 상황을 고려하여 free time 기간을 책정하고 있다.

약정기간을 초과하여 선박을 정박시킬 때에는 그 초과 정박기간에 대하여 시간 상실에 대한 대가로서 하주가 선주에게 지급하는 요금을 말한다.

### (9) 조출료(Despatch Money)

적하 또는 양하의 어느 경우에 있어서도 약정된 정박기간 만료 전에 하역이 완료되었을 때, 그 단축된 기간에 대해 선주가 하주에게 지급하는 요금을 말한다. 조출료는 일반적으로 체선료의 반액이다.

### (10) 항만하역료

정기선에 컨테이너화물을 운송하는 하주로서는 항만하역료 중 THC만 선사에 지급하면 되지만 부정기선 등에 벌크화물을 운송의뢰한 하주는 일반하역요금을 지불해야 한다. 우선 요금의 적용구간을 선내요금, 부선양적요금, 육상요금의 세 부분으로 나누어 진행하는데 FI, FIO, FO 조건에 따라 달라지지만 보통 선내하역료는 선주가 부담하고 육상하역료는 하주가 부담한다.

### (11) 화물입출항료(W/F; Wharfage, 부두사용료)

우리나라 항만에서 입출항하는 모든 선박을 이용하는 하주는 국토해양부(구 해양수산부)가 고시하고 있는 화물입출항료를 지불해야 한다. 다만, 특정 항만에서는 항구사용의 증대를 위해 하주에게 면제를 해주기도 한다.

### (12) 통관수수료

통관수수료는 수출입통관시 관세사가 하주로 위임을 받아 통관업무를 수행하는 일련의 과정에 대한 업무처리 비용으로 1999년부터 자율화되어 현재에 이르고 있다. 보통 수출에 대해서는 감정가격(FOB)의 0.15%, 수입에 대하여는 감정가격(CIF)의 0.2%로 정해져 있으며, 최소 비용은 수출시 15,000원, 수입시 30,000원이다.

### (13) 미국세관사전신고 수수료(AMS Fee)

미국세관사전신고(AMS; Automatic Manifest System)는 미 관세청의 적하목록 시스템으로 미국 입항 화물을 사전에 전자문서로 미국세관(CBP)에 신고하는 제도로써 미국으로의 수출화물은 미국세관사전수수료(AMS Charge; Adivice Manifest Security Charge or Automatic Manifest System Charge)로 B/L 건당 25달러

(LCL화물), 50~60달러(FCL화물)를 부과하고 있다.

### (14) 기타

기타 해상운송 관련 부대비용으로는 다음과 같다.

- Seal Charge : 컨테이너 봉인에 따른 비용으로 컨테이너당 8천 원 부과
- CCF(Container Cleaning Fee) : 화물의 특성에 따라 적입 전 또는 적입 후에 컨테이너의 청소를 요구하게 되는 경우 부과하는 비용
- ECC(Environment Compliance Charge) : 극동아시아 쪽 저유황유 할증료
- LSF or LSS (Low Sulphur Fuel Surcharge) : 2015년 1월 1일부로 국제적인 환경 규인 배출통제해역(Emission Control Area, ECA) 시행에 따라 모든 해운사들은 북유럽과 북아메리카 지역 운항시 황 함유량이 낮은 연료를 사용 예정으로 이에 따라 해당 지역을 통과하는 수출 수입 화물에 대해 부과하는 비용
- CIC(Container Imbalance Surcharge) : 동남아, 일본 컨테이너 수급료
- UKS(United Kingdom Surcharge) : 영국항만 입항시 발생하는 수수료
- ACC(Alameda Corridor Charge) : LA와 LONG BEACH항을 경유하는 INLAND 화물에 대해 도로 유지 보수를 위해 부과되는 비용
- AMS, APS(Aden Gulf Emergency Surcharge, Aden Piracy Risk Surcharge) : Aden Gulf 지역을 통과하는 유럽-아시아간 운항선사들이 이 지역의 위험 발생 부담에 따른 보험료 인상 및 유류비 증가 등 추가발생비용을 보존하기 위해 부과하는 비용
- CSS(Carrier Security Surcharge) : 선사 또는 항공사의 보안 할증료로 안전 점검, 위험지역 항해에 부과되는 요금
- CTF(Clean Truck Fee) : Long Beach항과 Los Angeles항에서 시행되는 Clean Truck Program에 따라 2012년까지 45% 이상의 공기오염 감소를 목적으로 1988년 이전에 제조된 엔진 부착 차량의 출입을 금지하고, 터미널에 반출입되는 트럭 상황을 추적 관리하면서 징수하는 비용
- IFS(Inland Fuel Surcharge) : 미국에서 내륙운송구간을 운송하는 철도의 유류 인상 비용을 보전하기 위해 부과하는 비용
- STF(Emergency Port Congestion Charge) : FEFC 가입선사들이 유럽에서 항만 컨테이너 적체 상황을 해소하기 위해 수출화물에 대해 부과하는 비용

#### 참고 | 해상운임 및 요금 공표제 시행

해상운임 및 요금 공표제는 운임 및 요금의 공표를 통해 불공정 과당경쟁을 방지하고 공정한 시장경쟁질서를 확립하고 해운산업의 건전한 발전에 기여하기 위해 2020년 7월 1일부로 시행되었다.

대상 선사는 국적선사 15개사, 외국적 선사, 훼리선이며, 대한민국의 소재 항만을 출발지, 도착지 또는 경유지로 하는 모든 항로 또는 서비스에 적용하는 운임 및 요금이다.

공표금액은 항로별 최고금액과 최저금액의 평균금액을 공표하되 최고금액과 최저금액의 편차는 평균금액의 ±10% 이내로 정해야 한다.

원칙적으로 해상운임 등의 적용일 15일 전까지 공표하고 매년 4회(3, 6, 9, 12월) 정기 공표를 하기로 한다. 다만, 장기운송계약을 체결하는 경우는 공표 유예 또는 신고 대체 신청이 가능하고 3개월 이상의 기간을 경우와 신고 운임 및 요금의 공표를 신고로 대체하고자 하는 경우는 적용일 15일 전까지 장기운송계약서 등을 해양수산부장관에게 신고하도록 한다.

한편, 수출 및 수입컨테이너 중 OPEN TOP, FLAT RACK 등의 특수 컨테이너는 공표제 대상에서 제외된다.

출처 : 국토교통부 및 언론 보도자료 저자 정리

## 제 4 절 해상운송 서류

### 1. L/C상의 운송서류 관련 문구45)

신용장에서 운송서류는 해상선하증권(Marine/Ocean Bill of Lading), 비유통성 해상화물운송장(Non-Negotiable Sea Waybill), 용선계약부 선하증권(Charterparty Bill of Lading), 복합운송서류(MTD; Multimodal Transport Document), 항공운송서류(Air Transport Document), 도로/철수/내수로 운송서류(Road Rail or Inland Waterway Transport Document), 특사령증 및 우편수령증(Courier and Post Receipt) 등으로 나눌 수 있다.

이 중 해상선하증권, 복합운송서류, 항공화물운송장 등이 많이 이용되며, 해상선하증권의 경우 신용장에 보통 'Full set of clean on board ocean bill of lading made out to the order of XYZ bank marked freight prepaid notify applicant' 등으로 표시된다. 여기서 'full set'라 함은 선하증권 원본 모두를 의미한다.

선하증권은 보통 분실이나 도난을 대비하여 3통을 1세트로 발행하는 바, 담보권의 확보를 위하여 이를 모두 은행에 제출하도록 요구한다.

'marked freight prepaid'는 운임이 선지급되었음을 B/L에 표시하도록 요구하는 문언이다. 반면 목적지에서 매수인이 운임을 지급하는 경우에는 'Collect'란 단어를 사용한다. 'Notify Applicant'는 물품 도착 시 통지처를 표시하는 문언으로, B/L상에 물품 도착시 통지처를 발행의뢰인으로 할 것을 요구하는 문언이다.

---

45) 이성민, 「무역결제와 신용장」, 조선대학교 출판부, 2008, pp.177~182; 임석민, 전게서, pp.311~399; 김종득, 전게서, pp.141~148.

# 2. 선하증권

## 1) 선하증권의 개요

### (1) 선하증권의 의의

선하증권은 선박회사가 하주로부터 위탁받은 화물을 선적, 또는 선적을 목적으로 수탁한 사실과 화물을 지정된 목적지까지 운송하여 이 증권의 소지자에게 증권과 상환으로 운송화물을 인도할 것을 약속한 수취증권이자 유가증권이다.

### (2) 선하증권의 기능

#### 가) 화물 수령증(Receipt for Goods)

선박회사나 그 대리인이 매도인(송하인)으로부터 계약물품을 인수했다는 화물영수의 증거로서 화물수령증의 기능을 한다.

#### 나) 화물에 대한 권리증권(Document of Title)

선하증권에 기재된 물품을 대표하는 권리증권으로서 증권의 소유자는 증권면에 기재된 물품을 자유로이 처분할 수 있다. 또 소지인의 법적 권리, 배서양도인의 권리를 함축하므로 물품에 대한 권리, 소유권(Title, Ownership, Property)이 B/L의 배서(Endorsement)나 양도에 의해 타인에게 이전(Convey, Transfer)이 가능하다(유통증권(Negotiable Document)의 성격).

#### 다) 운송계약 조건의 증거서류

운송인과 하주사이의 운송조건을 표시한다. 특히 계약서가 작성될 필요가 없는 개품운송계약의 경우 B/L 자체가 운송계약의 증빙역할을 한다.

### (3) 선하증권의 종류

#### 가) 선적 여부에 따른 종류

① 선적선하증권(Shipped(On board) B/L) : 화물이 실제로 선박에 적재되었다는 취지가 'shipped on board vessel' 또는 'Loaded on board vessel'과 같이 증권면에 기재된 선하증권을 말하며, 가장 보편적으로 이용되고 있다.

② 수취선하증권(Received B/L) : 화물이 선적을 위하여 수취되었다는 문언이

'received for shipment'와 같이 증권면에 기재된 선하증권이다. 수취식 선하증권이 발행된 후 선박회사가 선적 완료하고 실제 선적일이 이루어진 날을 기입하고 'loaded(laden) on board'와 같이 적재부기(On board notation)하면 선적식 선하증권과 동일한 효력을 가진다. 즉 은행에서 수리되고 ① 신용장 유효기일 ② 최종선적일 ③ 선적후 서류 제시해야 할 일정기간과 관련되어 심사대상이 되는 '선적일'로 인정된다.

③ 선적부기선하증권(On board endorsement(On board natation) B/L) : 우선 발급을 받은 Shipped B/L에 화물 선적이 이루어진 후 선적일자를 Shipped B/L에 덧붙여 적은 선하증권이다. Shipped B/L과 동일한 것으로 간주한다.

나) 사고 유무에 따른 종류

① 무사고선하증권(Clean B/L) : 무사고(무고장부)선하증권으로 본선에 양호한 상태로 적재되어 B/L의 비고(Remarks)란에 사고 문언이 없는 선하증권을 말한다.

② 사고부선하증권(Foul/Dirty B/L) : 사고부(고장부)선하증권은 선적 당시 화물이나 화물의 포장상태 등에 어떤 결함이 있는 경우 이러한 사실이 B/L의 비고란에 기재되어 있는 선하증권이며, 은행은 별도 명시가 없는 한 이를 수리하지 않으며, 이를 수리하기 위해서는 파손화물보상장(L/I)[46)]을 발급하고 무사고 선하증권을 발급받아야 한다.

다) 기재방식에 따른 분류

① 기명식선하증권(Straight B/L) : 기명식선하증권은 선하증권 상의 수하인(consignee)이 특정인으로 기입되어 있는 것을 말한다. 이 선하증권은 배서양도를 금지하고 있지 않는 한 배서에 의해 양도가 가능하나 대부분 특정수하인에게 인도 목적시 사용한다.

② 지시식선하증권(Order B/L, Negotiable B/L) : 선하증권 자체의 원활한

---

46) 파손화물 보상장(L/I; Letter of Indemnity)는 사고부선하증권이 은행에 의해 수리가 거절되는 것이 보통이기 때문에 이 경우 수출업자는 선사와 교섭하여 선사에 파손화물 보상장을 제공하고 무사고선하증권을 교부받을 수 있다. 선사는 이에 의해 사후 파손화물에 대한 모든 책임에서 면책되며, 보험회사도 해당 파손물에 책임을 지지 않아, 결국 최종 보상은 보상장을 써 준 수출업자의 몫이 된다(L/I를 받은 선사는 이를 보험자에게 통보해 주는 것이 상례이다).

유통을 목적으로 발행되며, 'consignee'란에 특정 수하인이 기재되어 있지 않고 지시인의 지시에 따라 양도할 수 있는 선하증권을 말한다(ex; 'to order of shipper', 'to order of ABC bank').

보통 신용장 거래에서는 수하인란이 'to ther order of ABC Bank(개설은행)'가 되고, 개설은행은 신용장 조건에 따라 개설의뢰인에게 지급, 인수, 매입 받고 이와 상환으로 선적서류에 배서(Endorsement), 양도한다.

③ 소지인식선하증권(Bearer B/L) : 무기명식선하증권이라고 불리며, 선하증권의 수하인란이 'Bearer'이라고 적혀있거나 아무것도 쓰이지 않고 비어있는 선하증권을 의미한다. 증권의 양도시 이면배서를 하지 않는 장점을 가지고 있으나 유통상의 위험성 때문에 거의 사용되지 않는다.

### 라) 유통가능 여부에 따른 분류

① 유통가능선하증권(Negotiable B/L) : 선하증권은 보통 3장의 원본과 다수의 사본이 발급된다. 여기서 3장의 원본만이 실제로 화물을 수취할 수 있고, 은행에 제출할 수 있다. 이 3장의 원본을 유통가능선하증권이라 하며, 증권상에 'Negotiable'라고 표시한다.

② 유통불능선하증권(Non-negotiable B/L) : 'Non-negotiable' 또는 'Copy'라고 표시된 사본은 수출통계용이나 세관 제출용 등 여러 가지 목적으로 이용되며 유통불능선하증권이라고 불린다. 유통불능선하증권은 선하증권으로서의 기능이 없다.

### 마) 운송구간 및 범위에 따른 분류

① 복합운송선하증권(Combined Transport B/L) : 수출국의 화물인수장소로부터 수입국의 인도장소까지 육상, 해상, 항공 중 적어도 두 가지 이상의 다른 운송방법에 의해 복합운송 될 때 발행되는 선하증권을 말한다. 이 증권은 선박회사나 그 대리인이 아닌 Forwarding Agent에 의해 발행되는 경우도 있다.

② 통선하증권(Through B/L) : 운송화물을 목적지까지 운송하는데 선주가 다른 선박을 이용하는 경우나, 육상운송이나 해상운송을 이용하여 운송될 경우 최초의 운송업자가 전 구간에 대하여 일괄 발행하여 모든 책임을 지는 운송증권이다.

③ 용선계약선하증권(Charter party B/L) : 하주가 특정 항로 또는 일정 기간

부정기선을 용선하는 경우 선박회사와 하주 간에 체결된 용선계약(Charter party)에 의거하여 발행된 선하증권을 말한다. 이에 반해 정기선에 의한 개품운송계약에서 발행되는 선하증권을 Liner B/L이라고 한다.

④ 환적선하증권(Transshipment B/L) : 수출을 위한 목적항까지 한번에 가는 직항선박이 없을 경우 여러 항을 환적해서 가야 하는데, 이러한 경우 항로 구간 구간마다 다른 선하증권을 발급하지 않고 처음 발행한 선하증권을 목적항까지 사용가능한 선하증권을 의미한다.

바) 기타 종류

① 기간경과선하증권(Stale B/L) : 운송서류는 신용장에서 정한 서류제시일(즉 유효기일) 내에, 또는 선적 후 서류를 제시해야 할 일정기간 내에 은행에 제출되어야 하는데 이 만기일(Expiry Date)이 경과해서 제출된 선하증권을 말한다. 만일 신용장상에 이 만기일이 명시되어 있지 않으면 운송서류의 발행일자 이후 21일이 경과한 선하증권을 Stale B/L로 간주한다.

② 약식선하증권(Short form B/L) : 절차상의 간소화를 위해 B/L 이면에 기재된 약관을 생략한 선하증권을 말한다. 보통 Short form B/L에는 Long form B/L의 약관에 의한다는 문언(즉 Long form B/L과 동일한 효력을 가진다는 문언)이 기재된다. 이는 Long form B/L과 마찬가지로 은행에서 수리된다.

③ 포워더발급 선하증권(House B/L)과 집단선하증권(Groupage B/L) : House B/L은 각기 다른 하주의 소량화물(LCL Cargo)을 혼재하는 국제물류주선업자가 개별 하주 앞으로 발행하는 것이며, 운송인이 전체의 화물에 대하여 국제물류주선업자 앞으로 발행하는 운송서류가 Groupage B/L이다. 이 선하증권은 포장비 및 운송비를 절감할 수 있어 유럽대륙에서 많이 이용된다.

④ 적색선하증권(Red B/L) : 선하증권면에 보험부보 내용을 표시하는 문언이 적색으로 표시되어 있으며, 항해 중 해상사고로 입은 화물손해를 선박회사가 보상해 주는 선하증권이다.

⑤ 권리포기선하증권(Surrender B/L) : Surrender B/L이란 송하인의 요청에 따라 선사가 B/L에 “Surrendered” 스템프를 날인하여 B/L을 발행해 주는 것이다. B/L을 Surrender 하는 주체는 선사이며, 선사는 Original B/L의 권리증권적 기능을 포기하겠다는 것으로 볼 수 있으며, 이는 Original B/L 없이도 수하인이 확인되면 화물을 인도할 수 있다는 것이다. 즉, 화물인도를

위해 Original B/L의 제시를 요구하지 않겠다는 것으로 볼 수 있다.

B/L Surrender를 하면 선사에서 Surrender 되었다는 정보와 이 물품을 인수할 수하인에 대한 정보를 도착항의 선사 대리점에 전송하게 되고, 이를 근거로 하여 도착항의 선사 대리점은 물품이 도착할 무렵에 수하인에게 연락을 한다. 연락을 받은 수하인은 선사대리점에 가서 자신의 신분을 증명하고 정산 등의 기타 업무를 마친 후 화물인도지시서(D/O; Delivery Order)를 받아 물품을 인수받게 된다. Surrender B/L은 통상 수출상과 수입상간의 상호 신뢰가 있는 경우나 가까운 지역간의 무역에서 사용된다.

⑥ 전자식 B/L : 전자식선하증권(Electronic B/L)이란 선하증권을 발행하는 대신에 그의 내용을 컴퓨터에 보존하고, 선박회사의 송하인 또는 양수인(수하인)이 상호간 EDI 메시지를 전송하여 권리의 증빙으로서 개인키를 사용하여 물품의 지배·처분권 이전과 물품의 인도를 행하는 방법이다.

### 2) 선하증권의 기재사항과 발행 및 배서

#### (1) 선하증권의 기재사항

선하증권은 각 선박회사별 소정의 양식을 인쇄하여 사용하고 있으나, 그 내용은 각국의 법률상 요구되는 법정 기재사항과 계약자유의 원칙에 따라 당사자간의 특약에 의한 사항을 기재하는 임의 기재사항이 있다.

이하 본서에서는 선하증권에 기재되는 사항의 내용을 살펴보고, 실제 작성의 예를 제시하였다.

##### 가) 법정 기재사항

헤이그규칙(Hague Rules)에서는 단순히 물품의 주요기호, 물품의 개수, 중량 또는 수량 및 물품의 외관상태의 세 가지 항목만을 규정하고 기타의 기재사항은 실무에 맡기고 있다. 또한, 함부르크규칙(Hamburg Rules)에서는 15개 항목, 우리나라 상법 제814조에서는 14개 항목 등 각각 차이는 있으나 일반적으로 선하증권의 법적 기재사항은 다음과 같다.

① 선적화물에 대한 내용

㉠ 운송품의 종류(Description of Goods)[47]

47) 화물을 식별하는 데 충분한 명세를 선하증권상에 기재하며, 신용장 거래에 있어서는 신용장

㉡ 중량 및 용적(Weight or Measurement)[48]

㉢ 포장의 종류 및 개수(Package and Number)[49]

㉣ 운송품의 기호(Marks)[50]

㉤ 외관상 운송품의 상태[51]

② 당사자에 대한 내용

㉠ 송하인의 성명 또는 상호(Name or Company of Consignor)[52]

㉡ 수하인의 성명 또는 상호(Name or Company of Consignee)[53]

㉢ 운송인의 성명 또는 상호(Name or Company of Carrier)[54]

③ (수출품) 선적에 관한 내용

㉠ 선장의 성명(Name fo the master of Vessel)

㉡ 선박의 명칭(Name of Vessel) 및 국적(Nationality)[55]

---

상의 물건과 모순되지 않는 일반적인 용어로 기술.

48) 운송물의 중량과 용적은 포장물을 포함한 총중량(gross weight)과 총용적(gross measurement)을 기재하며, 선하증권상의 중량은 운송인의 손해배상 책임과 수출입 실적의 기준.

49) 운송물이 손상·멸실 되거나 과부족 등이 발생할 때에 운송인에게 손해배상을 청구하는데 선하증권에 기재된 운송물의 개수가 산정기준이 된다. 따라서 운송인은 화물의 개수를 필수적으로 선하증권에 기재.

50) 선하증권에 운송물의 종류와 함께 기호(marks)를 기재.

51) 운송인이 선적 또는 수취시 외관상으로 점검하여 이상이 없으면 책임을 지지 않는다.

52) 선하증권에 송하인의 성명 또는 상호를 기재. 신용장의 수익자(beneficiary)와 다른 경우 오해나 분쟁을 방지하기 위하여 신용장이나 매매계약서에 'Third Party Bills of Lading are acceptable' 또는 'Neutral Party Bills of Lading are acceptable' 등을 기재하는 것이 바람직하다.

53) 기명식의 경우는 수하인(consignee)의 성명 또는 상호를 기입, 지시식의 경우는 실무적으로 선하증권의 수하인(consignee)난에 'Order', 'To order', 'To order of shipper' 등으로 기재, 신용장통일규칙에 의거하여 신용장에 명시된 대로 선하증권을 작성해야만 은행에서 수리한다.

54) 선하증권은 원래 운송인, 선장 또는 운송인의 대리인이 서명·발행하는 것이므로 운송인명이 기재. 선하증권에는 반드시 발행자가 서명하여야 한다. 신용장통일규칙에서는 신용장이 운송서류(Transport Documents)를 요구하는 경우 수리조건으로 선하증권상에 운송인 또는 그 대리인의 성명을 기재한 운송서류를 요구하고 있다. 따라서 선하증권상에 운송인 또는 그 대리인의 성명이 기재되어 있지 않는 운송서류는 수리되지 않는다.

55) ① 수취선하증권(Received B/L)인 경우; 선박명란에 선적 예정인 선박명을 기재하고 그 선박명과 함께 'or subsequent vessel'이라고 기재하여 발행하고 수취선하증권을 허용하는 경우, 선박의 명칭을 'intended vessel name'으로 기재해도 수리한다. 수취선하증권도 통상 선적완료의 부기(on board notation)에 의하여 선박명이 추가 기재.

② 선적선하증권(On Board B/L)의 경우; 운송인이 운송물을 실제로 선박에 선적한 후 발행되므로 선하증권에 선박명칭이 기재된다. 선박명칭이 기재되지 않는 선하증권은 선적선하증권이 아니다. 국적은 그 선박이 규제받는 국제법상의 문제를 결정하고 선박이 귀속하는 국

㉢ 운송품의 수취지(Place of Receipt)[56]

㉣ 선적항(Port of Loading) 및 선적의 연월일(Date of Shipment)[57]

㉤ 양륙항(Port of Discharge)[58]

㉥ 운송인에 의한 운송물인도지(Place of Delivery by Carrier)[59]

㉦ 운임과 비용(Freight and Charges)[60]

④ 선하증권 발행에 관한 내용

㉠ 선하증권의 발행통수(Number of B/L issued)[61]

㉡ 선하증권의 작성지 및 작성 연월일(Place and Date of B/L issued)[62]

㉢ 선하증권의 기명날인 (Sign of Issuer)[63] 등

나) 임의 기재사항

B/L 면에 법정 기재사항 이외에 선박회사와 송하인이 특약을 하면 임의적 사항을 기재할 수 있고, 임의 기재사항은 인쇄, Stamp 또는 기입에 의해서 상세히 기재되며, 그 내용은 항로에 따라 다르고 주요 항목은 다음과 같다.

① 본선항해번호(Voyage No.) 및 항해방향(Direction)[64]

---

가를 명시하는 역할을 하므로 기재.

56) 운송품 수취지는 해상운송의 운송수단인 선박에 선적하기 위하여 운송인이 송하인으로부터 화물을 수취한 장소.

57) 현실적으로 화물을 선적한 항구명, 선적 연월일을 기입하여야 한다. 선적선하증권의 선적 연월일은 일반적으로 선하증권 작성일과 동일한 것으로 해석.

58) 양륙항의 기재는 선하증권이 갖고 있는 상환증권성 및 화물인도청구권 때문에 불가결한 법정 기재사항이다. 양륙항과 인도지가 다를 때에는 양쪽을 기재할 필요가 있다. 통선하증권(Through B/L)의 경우에는 환적항(Port of transshipment)이 'port of discharge' 또는 'with transshipment at'란에 기입된다. 양륙지선택화물의 경우는 양륙지선택비용(optional charge)이나 그것이 기항지 이외의 양륙지의 경우는 다시 예정의 기항지 부가비용(one port surcharge) 등의 비용을 지급하여야 한다.

59) 운송인에 의하여 운송물이 인도되는 최종 장소.

60) 운임에는 기본운임(basic ocean freight), 추가할증료(surcharge), 기타 요금(charges) 포함.

61) 현재 실무상 3통의 선하증권을 서명하여 교부. 몇 통이 발행되느냐 하는 것은 운송인이 결정하는 것이 아니고 송하인이 결정하여 청구.

62) 작성지는 선하증권이 서명되어 발행되는 지명이며, 발행일은 ① 선적선하증권인 경우에는 선적일이 발행일, 즉 작성일, ② 수취선하증권인 경우에는 운송물의 수취일, ③ 선하증권에 운송품 수취일이나 선적일이 기재되지 않고 선하증권의 작성일자만 기재된 경우 그 작성일자가 선적일 또는 수취일로 간주.

63) 선하증권에는 운송계약에 관한 필요사항을 기재해야 하고 그 발행자(운송인)는 선하증권에 기명날인해야 한다. 기명날인에는 수기서명도 포함하며, 기명날인이 없는 선하증권은 무효.

② 화물도착통지처(Notify Party)[65]

③ 예약번호(Booking No.)[66]

④ 수출조회(Export Reference) 및 국제물류주선업자(Forwarding Agency)[67]

⑤ 참고용 최종목적지(Final Destination)[68]

⑥ 컨테이너 및 Seal 번호(Container No. & Seal No.)[69]

⑦ Container 화물의 운송형태(CY/CY, CY/CFS, CFS/CY, CFS/CFS)

⑧ 운임지급지 및 환율[70]

⑨ 선하증권의 번호(B/L No.)[71]

⑩ 고장적요(Remarks)[72]

⑪ 송하인 신고사항(Shipper's Declared Clause)[73]

㉠ Under deck cargo(선창내 적재화물)

㉡ Returned cargo(적려 화물)

㉢ Sample with no commercial value(상품가치가 없는 견본)

㉣ Gift with no commercial value(상품가치가 없는 증정품)

㉤ Uncompanied baggage(별송 수하물)

⑫ 면책조항(exemption clause)[74] 등을 포함한 표면약관[75] 및 이면약관[76]

---

64) 실무적으로 법정 기재사항인 선박명 이외에 임의 기재사항으로 선박명에 이어 항로별로 항차 번호를 함께 기재한다. 항차 번호는 선박이 특정 항로를 개시할 때에 첫 번째 항차로 정하고 항해순서에 따라 번호를 부여한다.

65) 운송물의 목적지에 도착하였을 때 화물인도를 촉진할 목적으로 화물도착통지서를 발송하기 위하여 기입.

66) 운송인은 운송계약의 관리를 위하여 예약번호를 부여.

67) 송하인 또는 그 대리인의 참고사항으로 선하증권에 기재

68) 수하인이 place of delivery에서 화물을 운송인으로부터 인도받아 그의 비용과 위험부담으로 운반되는 화물의 최종목적지. 송하인(하주)의 요청에 따라 선하증권에 기재.

69) Container 번호와 그 Container에 부착된 봉인번호(Seal No. affixed to the container)를 선하증권에 기재.

70) 'freight prepaid' 조건이지만 선적지에서 운임이 지급되지 않고, 'freight collect' 조건이지만 화물인도지에서 운임이 지급되지 않는 경우, 선적지나 인도지 이외에 실제로 운임이 지급되는 장소를 선하증권에 기재.

71) 운송물의 취급상 또는 선적서류의 관리상 편리를 위하여 기재.

72) 선적 또는 수취할 때 화물의 외관상의 상태를 정확하게 선하증권에 기재하여야 한다.

73) 송하인이 운송인의 승낙을 얻어 특기하는 사항을 기재한다.

74) 헤이그규칙(Hague Rules)에 규정하고 있는 면책조항의 종류에는 천재지변 (Act of God), 해난(perils of the seas), 전쟁위험, 제3자의 행위에 기인하는 위험, 과실조항(negligence clause), 감항능력(seaworthiness)에 따른 잠재하자조항(latent defect clause), 이로조항(deviation clause), 부지조항(unknown clause), 파손·누손조항(breakage·leakage clause), 고가품조항(valuable clause), 위험품조항(dangerous goods clause), 손해배상조항(claim

의 승낙약관 등

이상과 같은 선하증권의 기재사항 내용의 실제 작성의 예를 살펴보면 다음과 같다. 먼저 법정 기재사항을 살펴보면,

Hague Rules에서는 단순히 물품의 주요기호, 물품의 개수, 중량 또는 수량 및 물품의 외관상태의 세 가지 항목만을 규정하고 기타의 기재사항은 실무에 맡기고 있으나, Hamburg Rules에서는 구체적으로 15개 항목을 규정하도록 하고 있다. 우리나라 상법 제814조에서는 다음의 사항을 기재하도록 규정하고 있다.

① 송하인의 성명 및 상호(name of the shipper)

② 수하인의 성명 및 상호(name of the consignee)

③ 3a. 선박명과 국적(name of the ship & nationality)

④ 선적항(port of shipment)

⑤ 양륙항(port of discharge)

⑥ 최종목적지(place of ultimate destination of the goods)

⑦ 품명(description)

⑧ 화물의 화인 및 기호(marks & numbers)

⑨ 운송물의 중량, 용적 및 포장 갯수

- 9a. number of packages
- 9b. weigh
- 9c. measurement

⑩ 운임(freight)

---

clause), 뉴제이슨조항(New Jason clause), 공동해손조항(general average clause) 등이 있다.

75) 표면약관의 내용에는 수취 또는 선적확인 조항과 상환조항의 승낙, 우선조항, 서명조항 등이 포함되어 있다. 수취선하증권(Received B/L)인 Combined Transport B/L의 경우에는 "Received by Carrier from Shipper"라고 기재하여 운송인의 운송물을 수취할 때부터 운송인이 책임을 진다. 한편, 재래선에 의한 운송의 경우 선적선하증권(shipped B/L)에는 "Shipped by Carrier from Shipper"라고 기재하여 운송물을 선적한 때부터 운송인의 책임이다.

76) B/L 이면약관에는 다음과 같은 내용이 기재되어 있다. ① Definition(정의), ② Clause Paramount(지상약관), ③ Litigation and Claim(소송과 클레임), ④ Responsibility(책임), ⑤ Tariff(가격), ⑥ Sub-contracting(부계약), ⑦ Liberties(면책조항), ⑧ containers(컨테이너), ⑨ Freight(운임), ⑩ Merchant Responsibility(상인의 책임), ⑪ Lien(유치권) ⑫ Dangerous Goods, contraband(위험 물품, 밀수품), ⑬ Delivery(인도), ⑭ Notice of Claim and Time for Suit(클레임 통지와 기한), ⑮ Damages/ Limitation of Damages/ General Average and Special Charges/Deviation(손해/손해배상금의 제한/공동해손과 특별비용/항로이탈).

⑪ B/L의 작성지(place of issue of B/L)
⑫ B/L의 발행매수(number of B/L issued)
⑬ B/L의 작성년월일(Date of issue of B/L)
⑭ 선장의 성명(name of master of vessel) 등이다.

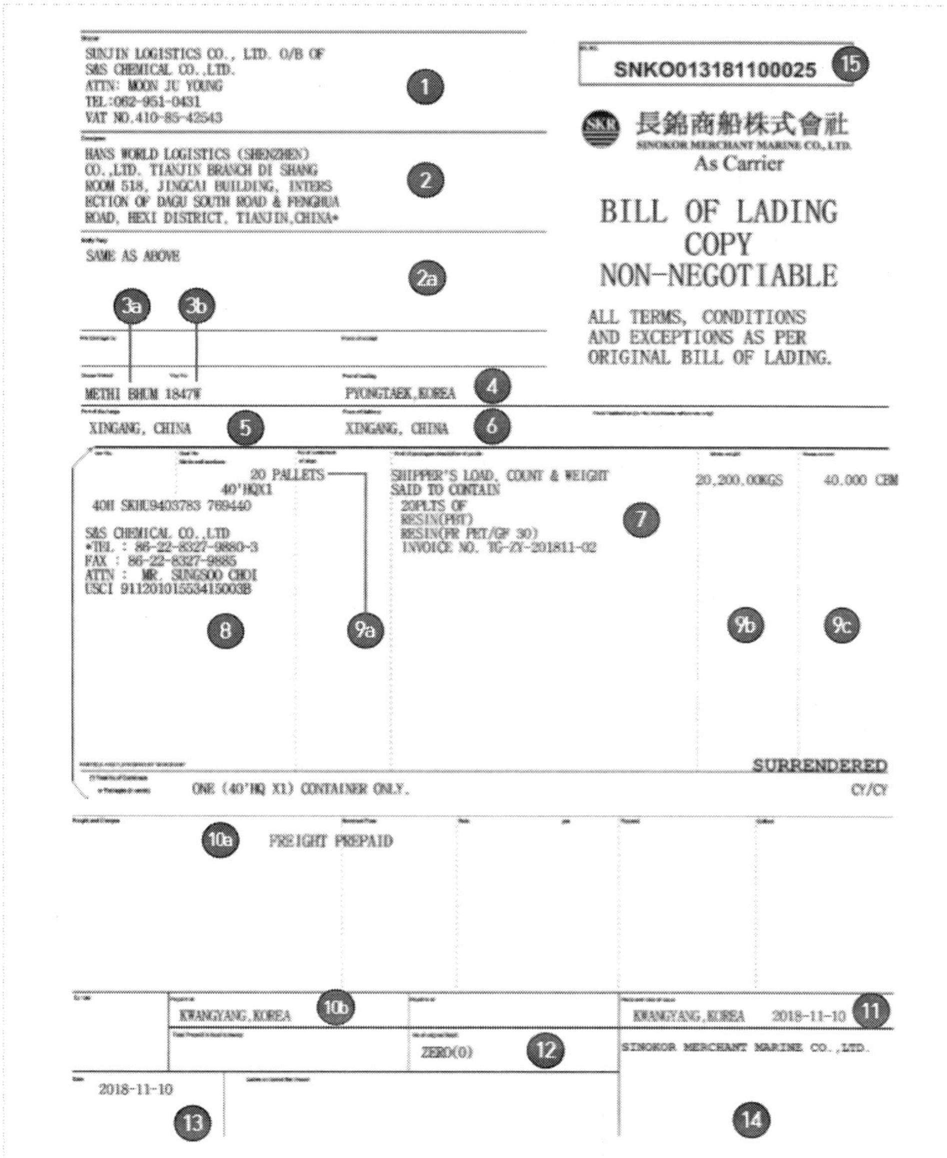

SUNJIN LOGISTICS CO., LTD. O/B OF
S&S CHEMICAL CO.,LTD.
ATTN: MOON JU YOUNG
TEL:062-951-0431
VAT NO.410-85-42543

HANS WORLD LOGISTICS (SHENZHEN)
CO.,LTD. TIANJIN BRANCH DI SHANG
ROOM 518, JINGCAI BUILDING, INTERS
ECTION OF DAGU SOUTH ROAD & FENGHUA
ROAD, HEXI DISTRICT, TIANJIN,CHINA*

SAME AS ABOVE

SNKO013181100025

長錦商船株式會社
SINOKOR MERCHANT MARINE CO., LTD.
As Carrier

BILL OF LADING
COPY
NON-NEGOTIABLE

ALL TERMS, CONDITIONS
AND EXCEPTIONS AS PER
ORIGINAL BILL OF LADING.

METHI BHUM 1847W
PYONGTAEK,KOREA
XINGANG, CHINA
XINGANG, CHINA

20 PALLETS
40'HQX1
40H SKHU9403783 769440

S&S CHEMICAL CO.,LTD
*TEL : 86-22-8327-9880-3
FAX : 86-22-8327-9885
ATTN : MR. SUNGSOO CHOI
USCI 91120101553415003B

SHIPPER'S LOAD, COUNT & WEIGHT
SAID TO CONTAIN
20PLTS OF
RESIN(PBT)
RESIN(PR PET/GF 30)
INVOICE NO. YG-ZY-201811-02

20,200.00KGS
40.000 CBM

SURRENDERED

ONE (40'HQ X1) CONTAINER ONLY.
CY/CY

FREIGHT PREPAID

KWANGYANG,KOREA
KWANGYANG,KOREA 2018-11-10
ZERO(0)
SINOKOR MERCHANT MARINE CO.,LTD.
2018-11-10

[그림 6-7] 선하증권 기재작성의 예

다음으로 임의기재사항을 살펴보면,

B/L 면에 법정 기재사항 이외에 선박회사와 송화인간의 특약을 하면 임의적 사항을 기재할 수 있고, 임의 기재사항은 인쇄, Stamp 또는 기입에 의해서 상세히 기재되며, 그 내용은 항로에 따라 다르고 주요 항목은 다음과 같다.

② 2a. 화물도착통지처(notify party)

③ 3b. 항로번호(voyage no.)

⑩ 10b. 운임지급지 및 환율

⑮ 선하증권번호(B/L number)

- 스템프조항(stamp clause)
- 사고부문언란(remarks)
- 면책조항(exemption clause) 등이다.

### (2) 선하증권의 발행

선하증권은 그 자체로 권리증권이자 유가증권의 특성을 가진다. 따라서 누구를 수하인으로 하느냐에 따라서 소유권의 문제가 발생된다. 수하인(Consignee)이 누구로 표시되느냐에 따라 다음의 발행방식으로 나누어진다.

① 기명식(Straight B/L)

수하인란에 특정인(상호, 주소)을 기입한다. (예: ABC Inc. Seoul)

② 지시식(Order B/L)

- 단순 지시식 : To order로 표시(shipper의 order로 결정됨)
- 기명 지시식 : To order of A로 표시. A의 order에 의하여 수하인이 결정됨(아래의 예문 참조)

> ㉠ to order (to order of shipper) : 송하인 지시식/ 송하인 백지배서
> ㉡ to order of negotiating bank : 매입은행 지시식/ 송하인과 매입은행 배서
> ㉢ to order of collecting bank : 추심은행 지시식/ 송하인과 추심은행 배서
> ㉣ to order of issuing bank : 발행은행 지시식
> ㉤ to order of agent of shipper : 송하인의 대리인 지시식
> ㉥ to order of consignee : 수하인 지시식

- 선택 지시식 : ‘A or Order’로 표시. 수하인이 A가 되거나 shipper의 order로 결정됨.

③ 소지인식

- 단순 소지인식 : 수하인란에 Bearer로 표시, B/L 소지자가 수하인이 됨.
- 선택 소지인식 : A or Bearer로 표시, A나 B/L 소지자가 수하인이 됨.

④ 무기명식

수하인란을 공란(Blank)으로 두는 것으로 소지인식과 동일하게 취급된다.

#### (3) 선하증권의 배서

선하증권은 권리증권이자 유통증권으로 배서에 의해 양도가 가능하다. 선하증권의 배서는 증권에 대한 권리를 타인에게 양도할 때 하게 된다. 배서는 신용장상 선하증권 조항의 발행방식에 따라 선하증권의 이면에 한다.

① 기명식 배서(Full Endorsement, Special Endorsement) : 피배서인(Endorsee)의 성명 또는 상호를 명기하여 배서인(Endorser)이 서명함.

② 지시식 배서(Order Endorsement) : 피배서인으로 'order of A' 또는 'A or order'와 같이 기재하는 방식.

③ 무기명식 배서(Blank Endorsement) : 피배서인은 기재하지 않고 배서인이 단순히 자기자신만 서명하는 방식으로 백지배서라고도 한다.

④ 선택무기명식 배서 : 특정의 '피배서인 또는 본권 지참인(-or bearer)'이라고 기입하고 배서인이 서명하는 방식.

## 3. 해상화물운송장

### 1) 의의

해상화물운송장(SWB; Sea Waybill)이란 해상운송에 있어서 운송계약의 증빙서류이며, 화물의 수취증으로서 기명식으로 발행되어 운송장상의 수하인에게 본인임이 증명만 되면 물품을 인도하는 운송증권으로, 선하증권(B/L)과 달리 운송품 인도청구권을 상징하는 유가증권이 아니기 때문에 양도성이 없다.

이러한 해상화물운송장(SWB)은 화물인도의 신속화, 서류 분실에 따른 위험의 회피 및 사무의 합리화를 목적으로 선하증권(B/L)의 대체로서 고안된 것이지만 세계의 해상운송에 등장한 것은 1970년대의 후반으로 그 역사는 짧다.

## 2) 사용 배경과 특징

### (1) 사용 배경

최근에 운송수단의 발달 특히, 컨테이너선의 고속화로 선박이 목적지에 도착하는 기간이 상당히 빨라진 반면에 선적서류는 구태의연한 은행 경유를 통하여 지연처리되고 있기 때문에 본선이 입항하고도 물품인도의 증거서류인 선하증권이 도착하지 않음으로써 수하인과 선박회사에게 불편한 경우가 상당히 빈번히 발생하고 있다. 이러한 현상을 현재「선하증권의 위기(The B/L crisis)」또는「신속한 선박의 문제 또는 고속선 문제(The fast ships problem)」라고 부르고 있다.[77)]

물론 본선이 도착하였음에도 불구하고 선하증권(B/L)이 도착하지 아니한 경우, 이론적으로는 여러 가지 해결책이 고려될 수 있다. 그러한 문제에 대한 가장 현실적인 해결방안으로서 현재 실무적으로 광범위하게 사용하고 있는 것이 화물의 수입화물선취보증서(L/G; Letter of Guarantee)인도이다. 그러나 수입화물선취보증서(L/G)에 의한 물품의 인도는 은행의 연대보증을 요구하는 경우도 많고 수입화물선취보증서(L/G) 인도 자체가 법적인 명문규정이 없는 상관습에 근거를 둔 제도라는 점과 수입화물선취보증서(L/G) 위조사건이 증가되는 새로운 문제들을 노출시키고 있다.

따라서 최근에는 물품의 인도청구권을 상징하고 또한 물권적 효력이 있는 권리증권인 선하증권(B/L)을 대신하여 1970년대 후반부터 물품의 인도를 신속히 하고 서류의 분실에 따른 제반 위험을 회피하고자 하는 목적으로 비유통성 해상화물운송장(Non-Negotiable Sea Waybill)을 사용하고 있다.

### (2) 특징

최근 해상운송업계에서는 선하증권(B/L)을 대체한 해상화물운송장(SWB; Sea Waybill) 사용이 증가되고 있는 바, 이의 특징은 다음과 같다.

가) 단순한 화물의 수취증이다.

해상화물운송장(SWB)은 물품의 수취증 및 운송계약의 증거라는 점에선 선하증권(B/L)과 동일하지만 권리증권이 아니기 때문에 유통성이 없다는 점이 선하증권과 다르다. 즉, 해상화물운송장(SWB)은 권리증권이 아니고 물품수령증에 불과한

77) 김찬호 외,『국제운송물류론』, 보명BOOKS, 2006, p.242.

것이다. 따라서 수하인이 서류를 제시하지 않더라도 화물을 인수하기 위하여 찾아 온 자가 진정한 수하인임이 확인되면 물품을 인도받을 수 있다.

나) 기명식으로 발행된다.

선하증권(B/L)은 백지배서에 의해 물품에 대한 권리를 타인에게 양도할 수 있는 유통성증권으로 발행된다. 하지만 해상화물운송장(SWB)은 그 표면에 기재된 'Non-Negotiable'을 통하여 알 수 있듯이 배서에 의해 운송계약상의 권리를 타인에게 양도하여 유통시킬 수 없는 기명식으로 된 유통불능성의 성격을 가지고 있다.

### 3) 효용

해상화물운송장(SWB)의 이용은 선하증권(B/L)을 이용하는 것에 비해 수하인이 물품을 신속하게 인도할 수 있는 장점이 있다. 따라서 견본송부와 같이 금융이 개입되지 않은 선적이나 다국적기업의 본·지사간 거래 그리고 송하인과 수하인간의 두터운 신뢰관계가 있는 경우에 효용이 있다. 그러나 운송 중 전매가 이루어지기 쉬운 산적화물의 경우는 사용이 부적절하다.

#### (1) 장점

첫째, 해상화물운송장(SWB)이라는 서류의 제출 없이도 물품의 인도·인수가 가능하다.

둘째, 유통성이 없는 해상화물운송장(SWB)은 도난이나 손실의 염려 없이 쉽게 취급될 수 있으며, 해상화물운송장(SWB)을 분실했을 경우라도 분실에 따른 위험이나 복잡한 절차를 필요로 하지 않는다. 즉, 해상화물운송장(SWB)의 경우에는 권리증권이 아니므로 분실하더라도 아무런 문제가 발생하지 않는다.

셋째, 항해 중의 전매가 예상되지 않는다거나, 또는 상대방을 신용하기 때문에 담보권을 유보할 필요가 없는 경우에도 사용할 수 있다.

#### (2) 단점

첫째, 해상화물운송장(SWB)은 권리증권이 아니므로 항해 중에 증권을 이전함으로써 물품의 전매나 담보가 불가능하다. 선하증권(B/L)은 일반적으로 지시식으로 발행되고 배서에 의해 타인에게 양도될 수 있는 권리증권이므로 이 권리증권을 입수하기 위해서는 매도인이 발행한 환어음을 지급 또는 인수해야 하므로 전매나 담보다 가능하지만, 해상화물운송장(SWB)은 서류의 제출없이도 화물을 인수할 수 있으므로 환어음을 지급 또는 인수하지 않아도 된다. 따라서 선하증권과 같은 담보력이 부여되어 있지 않다.

둘째, 목적지에 물품이 도착하여 수하인이 인도를 청구할 때까지 송하인은 자유로이 수하인을 변경할 수 있으므로 환어음을 매각하기 위해서는 수입지의 은행을 수하인으로 하든지 운송품처분불능조항을 삽입해야 한다는 단점이 있다.

Shipper
SUNJIN LOGISTICS CO., LTD. O/B OF
TAEPUNG GROUP CO.,LTD
203, HAEGANG BUILDING, 17,
BITGARAM-RO, NAJU, JELOLLANAM-DO,
REPUBLIC OF KOREA

B/L No. SNKO013181000100

長錦商船株式會社
SINOKOR MERCHANT MARINE CO., LTD.
As Carrier

Consignee
MOL LOGISTICS (JAPAN) CO., LTD.
SHIN OCHANOMIZU BLDG., 3,
KANDA SURUGADAI 4-CHOME,CHIYODA-KU,
TOKYO 101-8330, JAPAN

BILL OF LADING
COPY
NON-NEGOTIABLE

Notify Party
SAME AS ABOVE

ALL TERMS, CONDITIONS
AND EXCEPTIONS AS PER
ORIGINAL BILL OF LADING.

Pre-Carriage by / Place of receipt

Ocean Vessel / Voy No.: PACIFIC BEIJING 1826E
Port of loading: KWANGYANG, KOREA
Port of discharge: TOKYO, JAPAN
Place of delivery: TOKYO, JAPAN
Final Destination (for the Merchant's reference only)

| Container No. / Seal No. Marks and numbers | No. of containers or pkgs | Kind of packages description of goods | Gross weight | Measurement |
|---|---|---|---|---|
| 40'HQX3<br>40H SKHU8205567 KSA647220<br>40H SKHU9619284 159920<br>40H SKHU9520820 S513668<br>N/M (CON.1)<br>N/M (CON.2)<br>N/M (CON.3) | 5,088 CTNS | SHIPPER'S LOAD, COUNT & WEIGHT<br>SAID TO CONTAIN<br>5,088 CTNS OF<br>MENTAIKO NORI 3P 1,701 CTNS<br>84 SHEETS (1/8X8X3X28)/CTNS<br>MENTAIKO NORI 3P 1,701 CTNS<br>84 SHEETS (1/8X8X3X28)/CTNS<br>MENTAIKO NORI 3P 1,486 CTNS<br>84 SHEETS (1/8X8X3X28)/CTNS<br>MENTAIKO WHOLE SHEET NORI 200 CTNS<br>200 SHEETS (1/8X8X1X40)/CTNS<br>INV NO.TNJ-18-02 | 11,240.32KGS | 211.360 CBM |

PARTICULARS FURNISHED BY MERCHANT

WAYBILL

Total No. of Containers or Packages (in words): THREE (40'HQ X3) CONTAINERS ONLY. CY/CY

Freight and Charges: FREIGHT PREPAID

Prepaid at: KWANGYANG,KOREA
Place and date of issue: KWANGYANG,KOREA 2018-11-09
No. of original B(s)/L: ZERO(0)
SINOKOR MERCHANT MARINE CO.,LTD.
Date: 2018-11-09

주 : SWB의 기재 내용은 실무적으로 [그림 6-7]의 Surrender B/L과 차이가 없다. 다만, 위의 샘플에서 굵은 색으로 표시된 "WAYBILL"이 SWB임을 알려주고 있다.

[그림 6-8] 해상화물운송장(SWB)

# 4. 전자식 선하증권(e-B/L)

## 1) 개념

전자선하증권(e-B/L)은 운송인(선사 포워더)이 선하증권(B/L)을 서면으로 발행하는 대신에 법무부가 지정하는 등록기관에 전자선하증권(e-B/L)을 등록하는 방식으로, 선하증권(B/L)을 전자문서로 유통하는 제도이다.78)

## 2) 흐름

전자선하증권(e-B/L)은 운송사(선사, 국제물류주선업자)로부터 선하증권(B/L)을 전자적으로 수신하여 그 소유권은 전자등록부로 관리하고 문서보관소에 보관함으로써 전자적 방식에 의한 선하증권(B/L)의 양도, 운송물 인도청구/상환 및 전자매입(e-Nego) 등 선하증권(B/L)의 전자적 유통 기반을 제공한다.

[그림 6-9] 전자식선하증권(e-B/L)의 업무 흐름

## 3) 종이선하증권과의 비교

현행 종이선하증권은 위조·변조·분실위험이 있고, 제조·보관·관리 및 유통에 상당한 비용이 소요되며, 무역 거래 절차를 전자적으로 처리하기 위하여, 국제기구

---

78) 전자선하증권(e-B/L)은 개정 상법 및 「상법의 전자선하증권의 규정의 시행에 관한 규정」(2018년 8월 시행)에 의거, 전자선하증권 발행 및 유통의 법적 효력이 인정된다. 한편, 전자선하증권 등록기관(이하 "등록기관")은 전자선하증권의 발행등록·양도·변경·인도청구·서면선하증권으로의 전환 및 관련 전자기록의 보존 등의 업무를 처리하는 중립적인 제3자(Trusted Third Party)로서 법무부 장관이 기술 재정 시설 등을 심사하여 지정하며, 2008년 9월 26일 KTNET을 등록기관으로 지정하였다.

및 각국이 추진하는 새로운 무역환경에 능동적으로 대처하고 이를 적극적으로 수용한 것이다. 특히 선하증권(B/L)의 위조·변조·분실위험을 원천적으로 방지하고 선하증권(B/L)의 제조·보관·관리 및 유통비용 절감을 기할 수 있다.

[표 6-9] 종이선하증권과 전자선하증권 비교

| 구분 | 전자선하증권(e-B/L) | 종이선하증권 |
|---|---|---|
| 발행 | 선사는 송하인의 발행 동의를 득하여 등록기관에 등록 | 인터넷, 팩스를 이용한 선적요청 및 실물 수령 |
| 보관 | 전자문서보관소에 보관 | 소지인이 보관 |
| 소유권 | 전자등록부(Title Registry)에 의한 소유권의 Life Cycle 관리 | 이면 배서를 통한 소유권의 이전 및 소지인이 소유권 행사 |
| 수출환어음 매입처리 | 전자매입 시 첨부함으로써 실물 제출 불필요 | 실물 선하증권을 다른 선적서류와 함께 은행에 제출 |

자료 : e-B/L Korea.

# 제 5 절 해상운송의 수출입절차

## 1. 해상운송의 수출절차

해상운송에 의한 수출화물의 수출절차를 살펴보면, 수출물품을 적기에 생산하여 수입자가 신용장(L/C)상에 선박회사를 지정한 경우를 제외하고는 수출자는 선적스케줄을 조회하여 해당 선사에 선적요청을 하고 운송회사를 통하여 선사와 계약되어 있는 CY로 화물을 운송함과 아울러 세관에 도착 보고를 하고 선적완료 후 출항한다.

### 1) 선적협의

하주는 당해 수출물품운송을 위해 먼저 해운 관련 자료를 통해 자신이 원하는 시기 및 장소(양당사자 간에 합의한 선적일자와 선적항)에서 수출화물을 운송해 줄 수 있는 선박회사를 찾아 그 회사와 운송에 관한 사항을 협의하여, 구체적으로 선적에 관한 일정, 운임조건 등을 포함하여 운송예약을 한다.

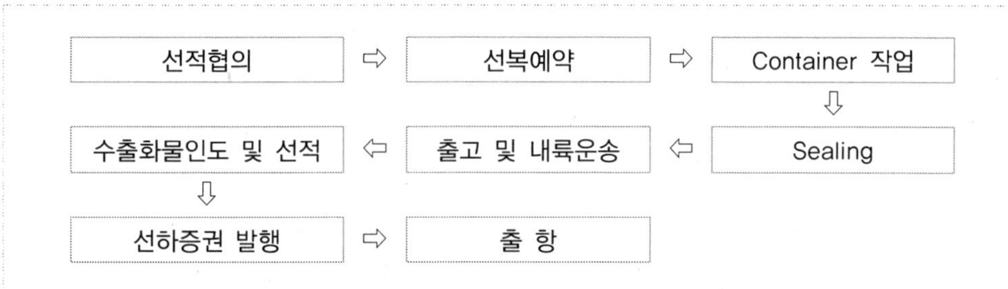


[그림 6-10] 해상운송의 수출절차

## 2) 선복예약(Booking Note, Shipping Confirmation letter)

선적에 관한 기본합의가 끝나면 하주는 송하인(Shipper, 수출업자), 수하인(Consignee, 수입업자), 선적항(Port of loading), 양륙항(Port of discharge), 화물의 명세(Description of Cargo) 등 선하증권(B/L)상에 표기되어야 할 주요 운송 정보를 기재하여 해당 화물의 송장(Invoice) 및 포장명세서(Packing list)와 함께 선박회사에 정식으로 선복요청서(S/R; Shipping request)[79]를 제출한다. 이에 대해 선사는 선복예약을 접수한다.

이는 운송에 관한 일종의 청약행위이며, 선복요청서(S/R)상에 기재된 제반 정보의 정확성에 대해서는 하주 자신이 이를 보증해야 하며, 만일 사실과 다른 부실기재나 허위가 있을 시에는 하주 자신이 그로 인한 손해를 보상하여야 한다.

## 3) Container Door 작업

선박회사는 하주와의 Booking 내용에 의거하여 FCL화물일 경우에는 하주의 작업장으로 공컨테이너를 보내주는데, 이를 공컨테이너 도어반입이라 한다(이를 실무에서는 Spotting 또는 Positioning이라고 함). 이때 컨테이너기사는 기기수도증(E/R)[80]을 휴대하여 하주로부터 컨테이너를 인수하였다는 확인서를 받게 된다.

---

79) 선복요청서(S/R; Shipping Request)는 하주가 선사에 제출하는 물품운송신청서를 말한다. S/R에는 선하증권상에 명시되는 각종 화물과 관련된 명세가 기재되고, 이것을 근거로 선하증권과 적하목록(manifest) 등이 작성되므로 정확하게 작성하여야 하며 2통 이상을 작성하여 한 통은 선사의 확인 서명을 받아 선복요청의 증거서류로 보관하게 된다. 하지만 현실적으로 대부분의 업체(하주고객)는 선복요청서(S/R) 대신에 신의성실에 입각해서 상업송장(C/I)과 포장명세서(P/L)을 보내주면서 선복예약(Booking)을 하고 있는 현실이다.

80) 기기수도증(E/R; Equipment (Interchange) Receipt)은 컨테이너 기기의 수도를 증명하는 서류로서 Container Terminal에 의해서 작성되어 기기의 CY 반출, 반입할 때 하주 측과 인수시 기기의 상태를 검사하여 내부에 적입된 화물의 안전을 도모하고 손해를 사전에 예방

이후 하주는 작업장에서 컨테이너에 화물을 적입(Stowage or Vanning)하는 작업을 하게 되는데, 이를 Door작업이라 한다. 이 경우 운송인은 화물의 상태(수량, 중량 등)를 확인할 수 없기 때문에 운송과정에서 발생한 명백한 상황인 경우를 제외하고는 향후 목적지에서 수하인에 의해서 제기되어지는 화물파손 책임에서 벗어날 목적으로 선하증권(B/L)상에 'Shipper's Load & Count'라는 표시를 하게 된다. 즉, 화물의 종류, 내용, 수량 등은 전적으로 하주의 책임 하에서 봉인처리된 것이므로 운송인은 아무것도 알 수 없으며 책임도 질 수 없다는 취지인 것이다. 이러한 선하증권(B/L)은 신용장(L/C)의 취지로 보아 은행이 수리할 수 없는 것이 원칙이나 컨테이너운송의 상관습을 존중한다는 의미에서 예외로 수리를 허용하고 있는 것이다.

### 4) 봉인작업(Sealing)

컨테이너에 화물적입이 끝나면 선박회사에서 공컨테이너 도어반입(Spotting)시 함께 보내준 선박회사의 봉인(Seal)으로 하주는 봉인작업(Sealing)을 한 후 선박회사에 봉인번호(Seal No.)를 통보하여 선적항까지 운송해 가도록 한다. 적입된 컨테이너(Loaded Container)를 선박회사 측의 육상운송회사(내륙운송업자)에게 인계할 시에도 이상 유무를 상호 확인하고 기기수도증(E/R)을 작성한다.

### 5) 출고 및 내륙운송

화물의 출고준비가 끝나면(컨테이너에 하주 자신이 직접 적입하였을 때는 세관검사를 필하고 봉인이 된 상태) 선박회사가 지정한 부두나 창고까지 운송을 한다.

컨테이너화물의 경우는 하주 자신이 육상운송을 하는 경우보다 이른바 Door to Door 서비스 차원에서 하주의 창고와 부두 구간의 내륙운송도 선박회사가 인수하는 경우가 많다. 이 경우의 운송은 항구에 있는 보세구역(Bonded Area)까지 연결되므로 일반육상운송업자가 취급할 수 있는 것이 아니고 보세화물 운송면허를 취득한 자만이 가능하다.

---

하기 위해서 양자 서명한 다음 교환된다. 만약 컨테이너 운송기기가 하주의 관리하에 있는 동안 손상되었을 시 하주는 이를 배상해야 하며, 책임소재를 판단하는 기초자료로서 기기에 손상이 있으면 그 취지를 적요란에 기입한다.

### 6) 수출화물 인도 및 선적

컨테이너화물인 경우 선박회사 측에 화물을 인도하는 장소는 컨테이너선이 접안할 부두에 위치해 있는 CY이다. 하주가 수배한 트럭과 화물이 야드 내로 들어가는 시점, 즉 정문을 통과하는 순간이 화물에 대한 관리책임이 하주로부터 선박회사로 이전되는 순간이다. 선박회사는 선적지에서 화물을 하주로부터 인수한 시점부터 이를 목적항에서 하주에게 인도하는 순간까지 화물을 안전하게 관리하여야 할 책임이 있다.[81)]

선박회사는 정문 통과 시점에서 컨테이너 외관을 검사하고 봉인(Seal)이 이상 없으면 정상품을 인수했음을 기재한 부두수취증(D/R; Dock Receipt)[82)]을 발행하여 하주에게 교부한다. 이 서류는 하주가 선박회사 측에 화물을 인도하였음을 증명하는 것으로 선적과 관련하여 가장 중요한 서류 중의 하나이다. 한편, 재래선 화물의 경우는 본선수취증(M/R; Mate's Receipt)[83)]이 발급된다.[84)]

### 7) 선하증권의 발행

화물이 선박회사 측에 인도(혹은 본선 적재)되고 나면 선박회사는 화물이 이상 없이 인수(혹은 본선 적재)되었다는 사실과 하주가 요청한 대로 운송하여 지정된 자에게 인수시와 유사한 상태로 인도할 것을 약속하는 내용의 선하증권(B/L)을 하

---

81) 수출상은 화물을 정확히 선적하기 위해서 컨테이너 화물을 육송이나 철도운송에 의해 선적항의 CY나 컨테이너터미널에 반입하는 경우 화물수취마감시간(C/T; Closing Time)을 지키도록 유의해야 한다. 현재 선박회사들은 CY반입 마감시간을 선박 출항 하루 전이나 선박 입항 후 10시간 이내로 규정하고 있기 때문에 시간 내에 화물반입이 이루어지지 않으면 예약한 선박에 선적하지 못하는 경우가 발생할 수 있다.

82) 부두수취증(D/R; Dock Receipt)은 CY에 상주하는 선사의 직원 또는 위임받은 CY운영자가 화물의 수취증으로 발행한다. 하주(대리인)가 화물과 함께 제출하면 선사는 하주의 기재내용과 반입화물 간의 차이점 여부를 점검하고, 과부족이나 손상 등의 이상이 있을 때는 적요란(excetpion)에 기재하고 교부한다.

83) 본선수취증(M/R; Mate's Receipt)은 본선에서 M/R에 기재된 상태로 화물을 수취하였음을 인정하는 영수증이다. 화물의 선적을 완료 후 검수집계표에 근거하여 일등항해사가 선적한 화물과 선적지시서(S/O)를 대조하여 이상이 없으면 '외관상 양호한 상태로 선적되었음(Shipped in apparent good and condition)'이라고 작성하고 송하인에게 교부한다.

84) 그러나 실무에서는 이러한 서류들이 발행되고는 있으나 하주들에게는 실제 별로 이용되고 있지 않다. 이론상으로는 이러한 수취증을 선박회사에 제시하여 그와 상환으로 선하증권(B/L)을 발급받도록 되어 있으나 선박회사에서는 이러한 서류들에 의존하지 않고 자체 시스템을 통하여 수취 및 그 상태를 확인할 수 있을 뿐만 아니라 하주들도 후일 클레임을 제기할 때에도 무고장부선하증권(Clean B/L)과 목적항에서 인수시 화물에 이상이 있었음을 입증하는 서류만 있으면 족하므로 실무에서는 단지 선박회사의 내부서류 정도로 사용되고 있다.

주에게 발급한다.

선하증권(B/L)은 통상 3통이 발행되는데, 그 효력은 동일하다. 선하증권(B/L)은 법적으로 화물 그 자체를 나타내는 이른바 유가증권이며 물품 대금을 수취하는 데 있어서 반드시 있어야 할 중요한 선적서류 중의 하나이다.

## 2. 해상운송의 수입절차

수출과 마찬가지로 수입 시에도 하주 입장에서는 수입화물이 어떠한 경로를 통하여 도착하며 해당 선사를 통하여 통관하기까지 어떠한 일련의 과정을 거치는지를 살펴볼 필요가 있다.

하주는 신용장(L/C)를 개설한 후 선적서류가 도착하면 은행에 수입물품 대금을 결제한 후 선적서류를 인도받는다. 그 후 수입자는 수출자가 선적통지와 함께 제시한 선적서류 사본으로 수입통관절차를 거치며, 은행으로부터 인도받은 선적서류 원본을 선사에 제시한 후 수입물품을 인수한다.

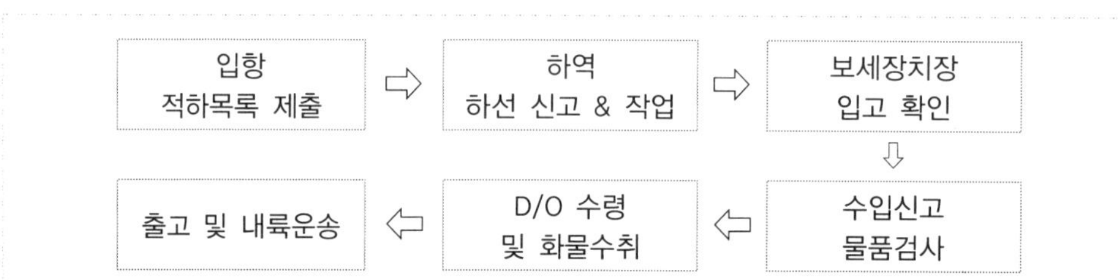


[그림 6-11] 해상운송의 수입화물 통관절차

### 1) 입항 및 적하목록 제출

수입물품을 적재한 선박이 우리나라 항구에 입항하게 되면 운항선사는 입항하기 24시간 전(해상수입화물의 근거리)에 적재한 화물의 내용과 수량을 기재한 명세서(적하목록, Manifest)[85]를 세관장에게 제출하여야 한다.

---

85) 적하목록(M/F; Manifest)은 선박 또는 항공기에 적재된 화물의 총괄 목록으로 선적화물에 대한 명세서이다. 양륙지에서는 하역상 필요하며 세관에 제출하는 중요서류이다. 적하운임 명세목록 및 선하증권의 사본을 기초로 Master B/L일 경우(FCL 화물일 경우)는 선사나 항공사가 작성하고, House B/L일 경우(LCL 화물일 경우)에는 화물운송주선업자(Forwarder)가 작성한다.

### 2) 하역 : 하선신고와 하선작업

본선에서 화물을 양륙하여 하선장소에 반입하는 것을 하선이라 한다. 운항선사가 화물을 하선하고자 하는 때에는 Master B/L 단위의 적하목록을 기준으로 하선장소를 기재한 하선신고서를 세관장에게 제출하여야 한다.

해상수입화물의 배정과 적하목록을 전산처리하기 위하여 하선신고시 적하목록에 반입예정 보세구역을 표시하도록 하고 있고, 하선결과 수입물품이 적하목록과 상이한 때에는 하선결과이상보고서를 세관장에게 전자문서로 보고하여야 한다. 특히 적하목록 허위제출로 인한 밀수를 방지하기 위하여 검수업자가 물품검수를 한 경우에는 검수업자가 하선결과보고서를 세관에 제출하도록 의무화하고 있다.

이하 하선 장소로는 다음과 같다.

첫째, 컨테이너화물은 컨테이너를 취급할 수 있는 시설이 있는 컨테이너보세창고(CY 및 CFS)에 하선한다. 다만, 산적화물(散物)을 함께 취급하는 부두의 경우에는 세관장이 지정한 보세구역에 하선한다. 이 경우 컨테이너 보세창고에는 부두 밖 컨테이너 보세창고를 포함한다.

둘째, 특수저장시설에만 장치가 가능한 물품은 해당 시설을 갖춘 보세구역에서 하선한다.

셋째, 기타 물품은 부두 내 보세구역에 하선하여야 한다. 다만, 부두 내에 보세구역이 없는 경우에는 세관 관할구역 내 보세구역[86](보세구역 외 장치장 포함) 중 세관장이 지정하는 장소에 하선하여야 한다.

### 3) 보세장치장[87] 입고 확인

하주는 당해 물품을 수입통관하기 위해서 물품이 도착한 후 지정된 보세구역에 물품이 장치되었다는 것을 확인받아야 한다. 또는 다른 보세구역으로 보세운송할 수 있다.

---

86) 보세구역은 효율적인 화물관리와 통관 및 관세행정의 필요성에 의하여 세관장이 지정하거나 특허한 장소를 말한다. 자세한 내용은 본서 제10장(물류거점) 제3절(기타 국제운송거점시설) 제3항(보세구역) 내용을 참조하기 바람.

87) 보세장치장이란 가장 일반적인 보세구역으로서 통관하고자 하는 물품을 비교적 장기간(최장 1년) 동안 보관 및 장치하기 위해서 세관장으로부터 특허 받은 구역을 말한다.

### 4) 수입신고 및 물품검사

수입신고란 외국으로부터 반입한 물품을 수입하겠다는 의사표시로서 원칙적으로는 물품의 보세장치장 입고 확인 후 세관에 수입신고를 해야 한다. 그러나 예외적으로 신속한 통관을 위해 수입물품이 우리나라에 도착하기 전에 신고를 할 수도 있으며, 부두직통관화물은 사전수입신고가 가능하다.

수입신고 후 세관에서는 수입신고한 물품과 수입승인서상의 물품이 동일한지 여부를 심사한 후 수입자에게 '수입신고필증'을 교부한다.

### 5) D/O 수령 및 화물수취

수입하주는 개설은행으로부터 입수한 선하증권 원본(Original B/L)을 선사에 제출(이때 미지급된 운임납부)하면 선사는 하주에게 화물인도지시서(D/O; Delivery Order)[88]를 제공한다. 만일 선하증권 원본이 도착하기 이전이라면 하주는 은행으로부터 수입화물선취보증서(L/G; Letter of Guarantee)[89]를 발급받아 선사 혹은 국제물류주선업자에게 제출해야 화물인도지시서(D/O) 발급이 가능하다. 수입하주는 이 화물인도지시서(D/O)를 보세창고 혹은 CY에 제출하면 자사의 화물을 수취할 수 있다.

88) 화물인도지시서(D/O; Delivery Order)는 선사가 수하인으로부터 선하증권(B/L)이나 수입화물선취보증서(L/G)을 받고 본선 또는 터미널(CY 또는CFS)에 화물인도를 지시하는 서류이다.

89) 수입화물선취보증서(L/G; Letter of Guarantee)는 수입화물이 수입지에 이미 도착하였음에도 불구하고 운송서류가 도착하지 않아 수입업자가 화물의 인수가 불가능할 때 동 화물의 인수가 가능하도록 운송서류 원본을 제시하지 않고서도 화물을 인수하는 것과 관련한 모든 책임을 은행이 진다는 내용의 보증서이다. L/G의 발급은 운송서류의 원본을 인도하는 것과 동일한 효과를 가져오며, 신용장조건과 일치하지 않는 서류가 내도하여도 화물이 수입업자에게 인도된 후이므로 수입업자는 매입은행에 대하여 수입어음의 인수 또는 지급을 거절할 수 없다.

# 제 7 장

# 항공운송

**◆◇ 학습개요 및 목표 ◇◆**

항공운송물류의 전반적인 내용을 다루고 있는 이 단원에서는 항공운송물류의 동향, 항공운송사업의 형태와 항공화물 취급방법, 운임형태 및 운송절차, 항공운송서류인 항공화물운송장(SWB)의 전반적인 내용, 항공운송인의 책임 내용, 국제소화물일관운송(국제택배), 국제항공 관련 기구 등에 대한 자세한 내용을 제시한다.

1. 항공운송의 개념 및 항공운송물류의 동향에 대한 전반적인 내용을 제시한다.
2. 항공운송사업, 운임 등 항공운송업무의 내용을 제시한다.
3. 국제소화물일관운송(국제택배) 및 국제항공 관련 기구 등을 제시한다.

## 제 1 절 항공운송의 개념

### 1. 항공운송의 의의와 특성

#### 1) 항공운송의 의의

항공화물(Air Cargo)이란 항공기에 의하여 수송되는 화물로서 일반적으로 승객의 수화물(Baggage)과 우편물(Mail)을 제외한 항공화물운송장(Air Waybill)에 의해 수송되는 화물을 말한다.

또한, 항공운송은 항공기에 승객, 우편 및 화물을 탑재하여 국내외 공항에서 다른 공항까지 운송하는 방식이다. 과거에는 화물운송 대부분이 육상 또는 해상에 의한 운송이었으며 일부 특수한 종류의 화물만이 항공운송의 대상이었으나 오늘날에는 항공기의 대형화에 따른 운임의 인하, 화물전용기의 정기적인 운항, 항공화물 전용터미널의 확충, 다품종 소량생산에 따른 고부가가치 화물 및 긴급운송 물품의 증대 등과 같은 현상에 따른 항공운송 수요의 증가 그리고 항공화물의 컨테이너화와 지상조업의 자동화 및 기업들의 적정재고정책 등으로 항공운송에 의한 정시배달을 선호함에 따라 국제무역에 있어서 중요한 운송수단으로 각광받고 있다.1)

## 2) 항공운송의 특성

### (1) 야행성

항공화물은 여객수송과는 달리 그날의 발송분을 모아 익일 새벽까지 수송하는 것이 관례화되어 있기 때문에 화물의 대부분이 야간에 집중되는 특성을 지니고 있다. 따라서 긴급을 요하는 품목이나 계절상품, 장기운송시 가치가 하락하는 물품의 운송에 가장 적합한 운송방식이다.

### (2) 편도성

고가의 기계를 임대차 또는 수리의 목적으로 발송한 경우 혹은 반제품으로 출하한 것이 완제품이 되어 반송될 경우에 이루어지는 왕복운송을 제외하고는 항공화물운송은 거의 대부분이 편도운송이다.

### (3) 고정화주

항공화물의 고객은 화물을 반복하여 계속적으로 출하하는 고정 하주가 대부분이다. 따라서 항공화물운송은 여객운송되는 다른 과정을 거쳐서 발달하여 왔으며, Door to Door Service의 제공이나 복잡한 운임체계의 설정 등으로 이루어지고 있다.

### (4) 지상조업의 필요

여객과는 달리 화물은 의지가 없는 물체이며 스스로 움직일 수도 없다. 따라서 항공화물은 공항에서의 지상조업이 필요하며, 항공화물의 적하를 위해서 숙련된

---

1) 우리나라의 항공화물운송은 1970년대부터 본격적으로 시작되어 1980년대 이후 연평균 13~15% 이상의 높은 성장을 지속해 왔다. 초창기 항공운송제품으로는 섬유류, 잡화류, 생동물, 가발 등이었으나 점차 기계류와 전자제품의 비중이 증가하면서 최근에는 항공화물의 50% 이상을 전자제품이 차지하고 있다.

작업이 요구된다.

#### (5) 비계절성

특정의 화물, 예를 들면 식품, 화훼류, 농산물, 특정의 의류 등은 계절에 따라 변동이 심하지만, 일반화물은 대부분이 여객에 비해 계절적인 변화가 없다.

#### (6) 서비스의 완벽성

서비스의 완벽성이란 하주는 집하(Pick-up), 인도(Delivery), 화물추적(Tracing)의 용이성, 특수 취급을 요하는 위험 물품과 귀중품 등의 안전성, 기타 보험이나 클레임 업무의 편리성 등을 요구하고 있는데 이에 대한 서비스가 타운송보다 월등히 우수하다는 것이다.

## 2. 항공운송화물의 대상품목 및 장·단점

### 1) 항공운송화물의 대상품목

현재 항공화물로서 운송되고 있는 품목은 일반적으로 다음과 같이 분류할 수 있다.

[표 7-1] 항공운송화물 대상품목

| 품목 | | 설명 |
|---|---|---|
| 급송을 요구하는 품목 | 긴급수요품목 | 선박, 항공기, 기계부품 등 수리를 위해 요구되는 것, 혈청 등 긴급의료품, 상품견본, 계절유행상품, 투기상품, 재난 구호품 등 |
| | 신선도를 요하는 품목 | 꽃, 과일(예 : 딸기), 육류와 같이 생명력이 짧거나 신선도를 유지해야 하는 품목 |
| | 판매시기가 한정된 품목 | 신문, 잡지, 정기간행물, 뉴스필름 등 |
| | 주요 문서 및 서류 | 국가 기관간 또는 기업간 교환서류, 선적서류, 국제편지 등 |
| | 항공여객의 탁송품 | 여객의 동반화물 및 별송품, 이삿짐, 애완동물 등 |
| 고가의 귀중품 또는 제품 | | 귀금속, 미술품, 모피 등 귀금속류와 전자제품, 반도체, 광학제품, 의약품, 첨단기술제품 등 운임부담력이 큰 제품 |
| 안전성과 정확성이 요구되는 물품 | | 손실 및 도난의 위험이 큰 보석, 골동품, 미술품 등 안전성과 확실성이 요구되며 운송에 신중을 기울여야 되는 품목 |

| 품목 | 설명 |
|---|---|
| 마케팅수요 및 물류전략을 위한 품목 | 현지 판매업자에 의한 과잉재고로부터 오는 가격하락의 방지 또는 경쟁상품보다 신속하게 공급하여 고객에 대한 서비스체제를 강화하고, 자사제품의 시장경쟁력을 높일 목적으로 항공운송을 이용한다. 또한, 최근에는 물류전략의 실천에 의한 상품 Stock Point의 집중화나 재고투자의 절감에 의한 물류관리체제 합리화의 요청에 부응하기 위한 경우의 품목 |
| 전자상거래 대상 품목 | 현재 기업 대 고객(business to customer : B2C)의 국제간 전자상거래에 있어서 수요가 발생하는 품목들은 대부분이 UPS, DHL, FedEx 등 국제항공택배업체를 통해 항공운송 되고 있다. |

## 2) 항공화물운송의 장·단점

### (1) 항공운송의 장점

일반적으로, 항공운송은 높은 운임수준으로 인해 경제성이 떨어지는 것으로 알려져 있다. 그러나 화물의 특성과 시장 상황에 따라서는 상당한 비용절감 효과를 기대할 수 있다. 따라서 항공운송의 경제성은 단순히 운임 수준만이 아닌, 종합적인 관점에서 비용 및 편익 분석에 기초하여 평가하는 것이 합리적이라 할 수 있다.

#### 가) 재고수준의 저하

항공기는 고속성을 이용하여 화물을 원거리에 있는 광범위한 지역에 신속하게 운송할 수 있기 때문에 재고량을 감소시킬 수 있을 뿐만 아니라 보관비 및 창고비의 삭감을 기대할 수 있으며, 또한 수익을 빨리 얻을 수 있어 투하자본의 조기회전이 가능하다.

#### 나) 경쟁력의 유지와 시장의 확대

상품 디자인의 변화 등 시장변화에 대해서도 항공운송의 신속성을 이용함으로써 판매기회를 놓치지 않고 고객을 확보할 수 있다. 또한 해산물, 야채, 과일, 특수의 약품 등도 지리적인 제약으로부터 벗어나 광범위하게 유통될 수 있다는 점에서 시장 확대를 가져올 수 있다.

#### 다) 포장비의 절감

항공화물은 운송 중의 안전도가 극히 높기 때문에 항공운송에 적합한 최소한의 포장만으로 운송이 가능하다. 따라서 재료비, 인건비 등 포장에 소요되는 비용이나 시간을 대폭적으로 절감할 수 있다.

#### 라) 손상, 분실, 도난 등의 사고의 감소

운송시간이 단축되기 때문에 다른 운송시간에 비하여 그만큼 위험을 줄일 수 있다. 또한, 항공운송 중에 진동이나 충격이 작으며 온도, 습도, 기타 양호한 조건하에서 운송이 이루어지고 비행 중에 항공기의 화물실과 외부의 접촉이 없기 때문에 수송화물의 손상, 분실, 도난 등의 위험이 거의 없으며, 이에 따라 보험료도 저렴하다. 이러한 항공운송의 장점, 즉 경제성을 정리하면 [표 7-2]와 같다.

[표 7-2] 항공운송의 경제성

| 물류상의 경제성 | 비용상의 경제성 | 서비스상의 경제성 |
|---|---|---|
| · 긴급화물운송<br>· 소량화물운송<br>· 화물파손의 감소<br>· 포장의 편리성<br>· 통관의 편리성 | · 포장비의 경감<br>· 보험료의 절감<br>· 투하자본의 절감 | · 고객서비스의 향상<br>· 긴급수요에 대응<br>· 시장확대 |

### (2) 항공운송의 단점

항공운송의 단점을 정리하면 다음과 같다.

첫째, 대량수송의 한계성이다. 항공화물은 수송수단의 제약 때문에 해상운송과 같은 대량화물의 수송에는 한계가 있다.

둘째, 저가상품 수송에 부적합하다. 일반적으로 항공운임은 해상운임에 비해 상당히 고가이기 때문에 운임부담력이 없는 저가상품의 수송은 어렵다.

셋째, 중량 및 규격에 제한이 있다. 중량 및 규격 제한이 있어 중량물 또는 장척물의 수송이 어렵다.

넷째, 지역의 제한성이다. 항공운송은 공항시설이 없거나 항공화물편이 없는 곳에는 수송이 불가능하다.

다섯째, 고에너지소비 운송수단이다. 항공기는 화석에너지를 대량으로 소비하기 때문에 화석에너지의 고갈을 촉진시키는 계기가 된다.

여섯째, 소음공해를 유발한다. 항공기는 고속비행으로 소음공해를 일으키고 있기 때문에 이로 인한 항공기 운항규제가 더욱 더 심해질 가능성이 높다.

# 제 2 절 항공운송사업의 형태와 항공화물 취급

## 1. 항공운송사업의 형태

항공운송사업은 타인의 수요에 응하여 항공기를 이용하여 유상으로 여객 또는 화물을 운송하는 산업으로(항공법 제2조 31) 항공운송사업(국내항공운송사업과 국제항공운송사업, 소형항공운송사업)과 항공운송부대사업(항공운송대리점, 항공운송주선업, 상업서류송달업, 항공기 취급업)으로 구분된다. 이하 본서에서는 항공운송부대사업 중 항공운송대리점, 항공운송주선업, 상업서류송달업을 중심으로 살펴보고자 한다.

### 1) 항공운송대리점(Air Cargo Agent)

항공화물운송대리점은 항공화물 송하인과의 계약 주체인 항공사를 대신해서 항공운송장(Air Waybill)을 발행하고 수출 및 수입화물에 대해 육상운송과 수출입면허, 창고 반출입 업무를 대행하면서 항공화물의 흐름을 원활히 하는 자를 말한다.

즉, 항공운송대리점은 항공회사 또는 총판대리점을 대신하여 항공회사의 운송약관, 규칙, 운임율표와 일정에 따라 항공운송 서비스의 판매, 항공운송장의 발행 등과 같은 운송서비스를 판매하는 항공운송 사업을 말하며, 이에 국제항공운송협회(IATA; International Air Transportation Association)에 가입한 IATA 대리점과 가입하지 않은 Non-IATA 대리점 형태가 있다.

항공운송대리점의 주요 기능은 수출 항공화물의 유치, 운송을 위한 준비작업(항공화물운송장의 작성, 포장작업 등), 수출입화물에 대한 통관수속의 대행, 항공화물보험의 부보 업무, Tracing(항공화물의 위치 추적), 항공운송 이전과 직후에 이루어지는 내륙운송의 주선·이행(Pick-up & Delivery) 등과 같은 부대서비스를 제공하는 것이다.

### 2) 항공운송주선업(Consolidation or Air Freight Forwarding)

항공운송주선업은 타인의 운송수요에 응하기 위하여 유상으로 자기의 명의로서 항공회사의 항공기를 이용하여 화물 혼재 및 운송업무를 이행하는 영업 형태로서, 항공회사와의 운송계약에 따라 발행되는 항공화물운송장(First, Master AWB)을 근거로 하여, 자체 보유한 별도의 운송약관에 따라 다수의 하주들에게 독립된 항공화물운송장(Secondary, House AWB)을 발행하면서 항공기 없는 항공사의 역할을 수행하고 있다.

또한 항공운송주선업자(Consolidator, 혼재업자라고도 칭함)는 하주들의 여러 화물을 집하하여 혼재(Consolidation)하는 기능을 갖는다. 항공사의 운임은 한 건으로 운송되는 화물의 중량이 커짐에 따라 kg(or lb)당 적용 요율(Rate)은 더 낮은 것을 적용받을 수 있도록 되어 있으므로 이것을 근거로 하여 영업을 하게 된다. 특히, 혼재운송을 전문으로 하는 항공운송주선업자(Consolidator)는 직접 수출 하주를 상대로 영업을 하지 않고 다른 대리점의 화물만을 취급하기도 한다.

[표 7-3] 항공운송대리점과 항공운송주선업의 특징

| 구 분 | 항공운송대리점 | 항공운송주선업 |
|---|---|---|
| 활동영역 | 수출입 컨테이너 만재 화물 | LCL 및 소화물의 혼재 |
| 운 임 | 항공사 운임률표 사용 | 자체 운임률을 보유 |
| 운송책임 | 항공사 책임 | 주선업자 책임 |
| 운송약과 | 항공사 운송약관 사용 | 자체 운송약관 사용 |
| 운임수입 | IATA의 5% 취급수수료 | • ITAT 5% 수수료<br>• 중량 경감에 따른 차액 |
| 수하인 | 매 건당 화물 수취 | 개별 하주가 화물 수취 |
| 운송서류 | 항공사의 Master AWB | House AWB |

목적지에서 혼재화물을 분류해야 하는 경우, 항공운송주선업자의 현지법인 또는 현지 국제물류주선업자에게 이것을 위탁하는데, 혼재화물 처리를 위탁받은 대리점을 보통 혼재화물 인수대리점(Break Bulk Agent)이라 한다. 혼재화물 인수대리점은 목적지에 도착된 혼재화물을 수하인별로 분류하여 각 수하인에게 인도하는 업무를 담당한다. 즉, 혼재화물이 목적지에 도착하면 항공회사로부터 항공운송장을 받아 House Air Waybill별로 화물을 분류하여 수하인에게 항공화물의 도착을 통지하고 통관절차를 대행(주선)해 주며, 운임후불의 경우 수하인으로부터 운임을 징수하고 출발지의 항공운송주선업자에게 송금하는 업무를 수행한다.

### 3) 상업서류송달업(International Courier)

상업서류송달대리점 또는 국제택배업이라고도 불리는 상업서류송달업(Courier)은 외국의 상업서류송달업체(DHL, FedEx, Express Corporation, United Parcel Service)와 계약을 체결하여 상업서류 및 경량화물을 자체 운임 및 운송약관에 따라 항공기를 이용하여 Door to Door 서비스를 행하는 것을 말하며, 이것을 국제특송(International Courier)이라고 한다.

Courier의 원래의 뜻은 급사인데, 현실적인 Courier Service는 상업서류 이외에 견본 등의 물품을 Door to Door로 운송한다. 최근에는 FAX가 보급되어 정보의 전달이 즉각적으로 되지만 계약서, 선적서류와 같은 작성자의 서명(sign)을 필요로 하는 서류는 현물운송이 불가피하다.

Courier Service는 서류(계약서, 기술관계서류, 각종 data, 사양서, 목록, 은행관계서류, 증권류 등), 도면, 설계도, 자기 Tape, Computer Tape, 팜플렛, 사진, 보도용 원고 등으로 급송을 요하는 것을 대상으로 한다. 한편, Small Package(SP) Service는 소량, 소형, 경량의 일반화물을 대상으로 급송하는 사업이다. 대상품목으로는 상품견본, 시험견본, 제작용견본, 선물, Catalogue, 인쇄물, 부속물품, 대체품(기계의 대체부품), 소량의 장식품 등이다.

## 2. 항공화물의 취급

### 1) 화물실의 구조

항공기는 화물탑재만 가능한 화물 전용기(FRTR; Freighter, All Cargo), MD (Main Deck)는 승객, LD(Lower Deck)에는 여객화물과 Cargo 탑재가 가능한 여객운송 목적의 항공기(PAX; Passenger Aircraft), 화물탑재와 여객탑승이 가능한 화객 전용기(COMBI; Combi-Aircraft) 등으로 구분된다.

#### (1) Deck

항공기의 바닥이 2개 이상 존재하는 경우 내부공간을 구분하기 위해서 사용된다. Deck에 의해서 항공기 내부공간은 Main Deck, Lower Deck으로 구분된다. 한편, 여객운송 항공기와 여객+화물 항공기의 Main Deck은 승객이 탑승하며 이 장소를 Cabin이라고 한다.

#### (2) Hold

Hold는 여러 개의 Compartment로 구성되며, 승객과 화물을 수송할 수 있는 항공기의 내부공간으로 천정, 바닥 및 격벽으로 구성되어 있다.

### (3) Compartment(객실, 화물칸)

Compartment는 Hold 내에 Station별로 지정된 공간을 의미한다.

### (4) Bay와 Section

Compartment 중 ULD를 탑재할 수 있는 공간은 Bay라 하며, ULD를 탑재할 수 없는 공간을 Section이라고 한다.

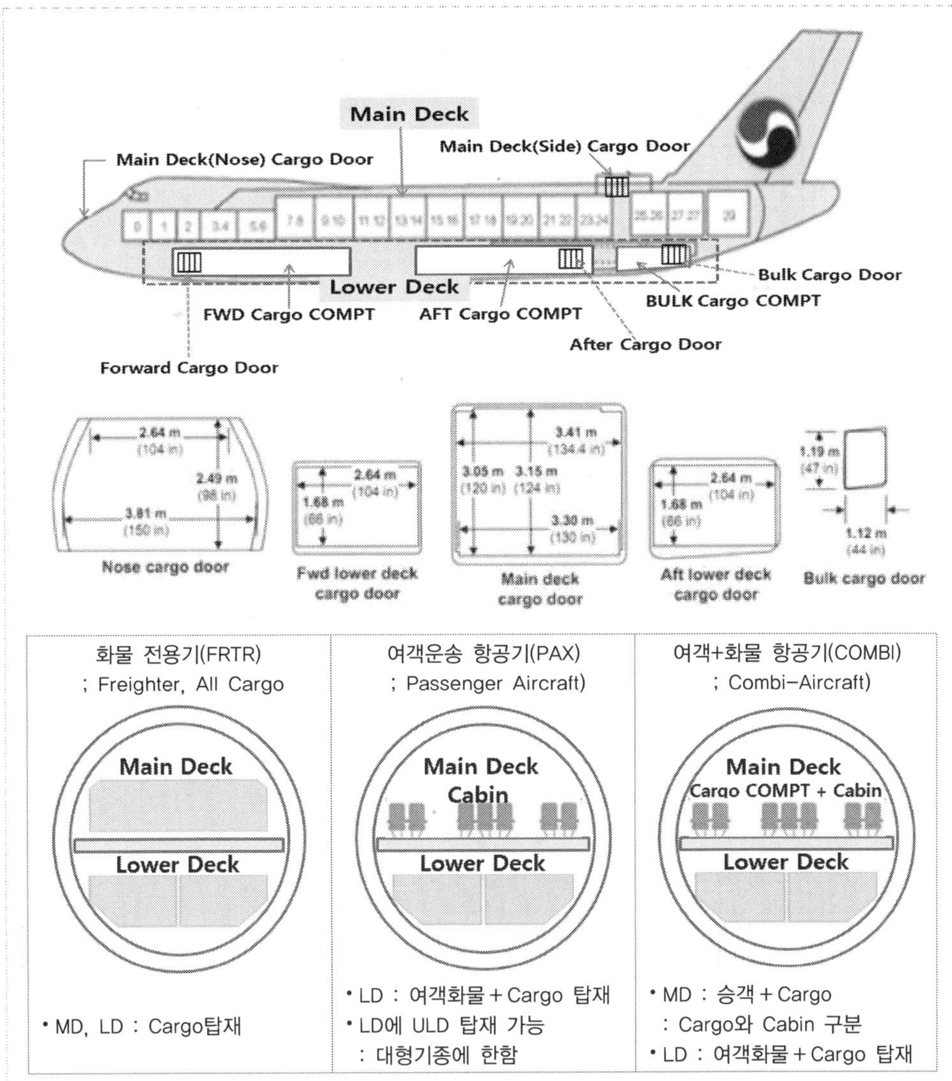

자료 : 한국무역협회(kita.net)

[그림 7-1] B747-400F 항공기의 격실 구조와 명칭

## 2) 항공화물의 탑재용기

단위탑재용기(ULD; Unit Load Device)란 항공운송에만 사용되도록 항공기의 화물칸에 맞도록 제작된 항공화물용 컨테이너(Container), 파렛트(Pallet), 이글루(Igloo)를 일컬으며 이를 Aircraft ULD이라 부른다.[2)] 특히, ULD를 사용한 항공화물운송은 화물의 보호, 신속한 작업 및 취급, 특수화물의 수송, 조업시간 단축에 따른 항공기 가동률을 높이는 등 여러 가지 이점이 있다.

[표 7-4] ULD 사용 시 장단점

| 장 점 | 단 점 |
|---|---|
| • 화물의 보호(날씨, 도난 및 파손)<br>• 신속한 화물작업 및 취급<br>• 조업인원 및 시간 등 조업경비 절감<br>• 조업시간 단축에 따른 가동률 제고 | • 고가의 투자비용<br>• 사용 후의 회수문제<br>• 항공기에 미치는 자체 중량으로 인해 화물의 탑재량 감소<br>• 다양한 모델(표준화 결여, 호환성 낮음) |

### (1) Certified Aircraft Containers

항공기 탑재용 컨테이너는 표준화된 규격으로 다양한 크기와 형태가 있으며, 냉동·냉장컨테이너 등 다양한 목적에 따라 화물, 수하물을 탑재할 수 있도록 제작되어 있다. 또한, 항공기 탑재용 컨테이너는 별도의 보조 장비 없이 항공기 내의 화물실에 탑재 및 고정이 가능하도록 제작되었으며, 재질은 적재된 화물의 하중을 충분히 견딜 수 있는 강도를 가지고 있으면서도 항공기의 기체에는 손상을 주지 않는 것을 사용한다.

---

2) 그밖에 Aircraft ULD에는 의류 및 보냉용 화물을 위한 특수 ULD와 생동물의 수송을 위한 Horse Stall, Cattle Pen 등이 있다. 한편 단지 화물의 종류에 맞추어 화물칸의 탑재상태와는 상관없이 만든 非항공용 Box는 Non-Aircraft ULD라고 부른다.

[표 7-5] 항공기 탑재용 Container 종류

| ULD Type (IATA Code) | Max Capacity (Tare Weight) | Dimension (W×L×H, Inch) | Utility | Loading Possible Aircraft Type |
|---|---|---|---|---|
| LD3 Garment Container(AKE)<br> | 1,588kg<br>(114kg) | 60.4×61.5×64 | General Cargo<br>Garment | B747<br>B747F<br>B777<br>B777F<br>A380<br>A330<br>A300<br><br>Lower Deck Only |
| LD3 Refrigerated Container(RKN)<br> | 1,588kg<br>(260kg) | 60.4×61.5×64 | Perishable Cargo<br>Freeze Cargo | |
| LD3 Refrigerated Container(RKN)<br> | 1,588kg<br>(257kg) | 60.4×61.5×64 | Perishable Cargo<br>Freeze Cargo-Equipped with Automated Temperature System | |
| LD6 Container(ALF)<br> | 3,175kg<br>(210kg) | 60.4×125×64 | General Cargo | |
| LD9 Container(AAP)<br> | 6,033kg<br>(277kg) | 88×125×64 | General Cargo | B747<br>B747F<br>B777<br>B777F<br>A380<br>A330<br>A300 |
| LD9 Refrigerated Container(RAP)<br> | 6,033kg<br>(519kg) | 88×125×64 | Perishable Cargo<br>Freeze Cargo | |

| ULD Type (IATA Code) | Max Capacity (Tare Weight) | Dimension (W×L×H, Inch) | Utility | Loading Possible Aircraft Type |
|---|---|---|---|---|
| GM1 Container(AMA)<br> | 6,804kg<br>(410kg) | 96×125×96 | General Cargo<br>Garment | B747F<br>B777F<br><br>Main Deck Only |
| Horse Stall(HMA)<br> | 6,804kg<br>(945kg) | 96×125×94.5 | Horses | B747F<br>B777F<br><br>Main Deck Only |
| MD11F Horse Stall(HMA)<br> | 6,804kg<br>(875kg) | 96×125×94.5 | Horses | B747F<br>B777F<br><br>Main Deck Only |
| 온도조절이 가능한 항공기용 컨테이너 | | | | |
| RKN<br> | 1,588kg<br>(755kg) | 61.5×60.4×64 | Perishable Cargo | 온도조절가능한<br>LD3<br><br>-20℃~+15℃ |
| MYX<br> | 400kg<br>(200kg) | 55×39×30 | Perishable Cargo | 온도조절가능한<br>소형상자<br><br>-20℃~+15℃ |

### (2) Pallet류

항공기 탑재용 항공기 Pallet는 화물칸에 탑재하는 단위탑재용기(ULD)의 한 종류로 대형 화물이나 형태가 불규칙해 컨테이너 탑재가 어려울 때 사용하는 ULD다. Pallet는 알루미늄 합금으로 제작된 평판으로 Pallet 위에 화물을 특정 항공기의 내부모양과 일치하도록 적재 작업한 후 Net이나 Igloo로 Tie-Down 할 수 있도록 고안한 장비이다.

[표 7-6] 항공기 탑재용 Pallet 종류

<table>
<tr><th>ULD Type<br>(IATA Code)</th><th>Max Capacity<br>(Tare Weight)</th><th>Dimension<br>(W×L, Inch)</th><th>Utility</th><th>Aircraft Type</th></tr>
<tr><td>88Inch Pallet(PAP, PAG)<br>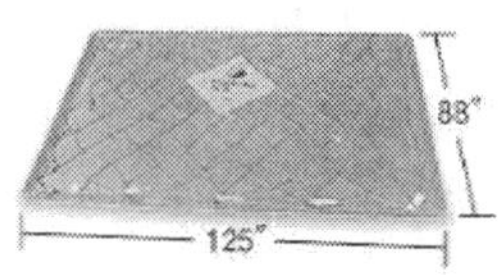</td><td>6,033kg<br>(122kg)</td><td>88×125</td><td>General<br>Cargo</td><td rowspan="2">B747<br>B747F<br>B747-Combi<br>B777<br>B777F<br>A380<br>A300</td></tr>
<tr><td>96Inch Pallet(PMC)<br>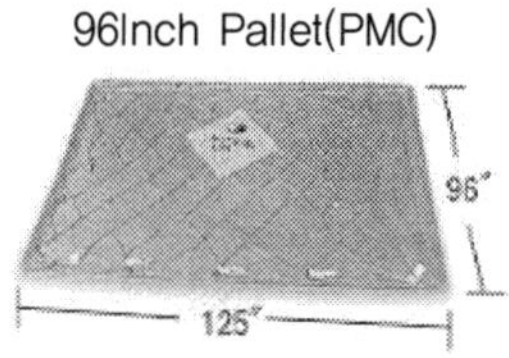</td><td>6,804kg<br>(130kg)</td><td>96×125</td><td>General<br>Cargo</td></tr>
<tr><td>Half Pallet(PLB, PLA)<br>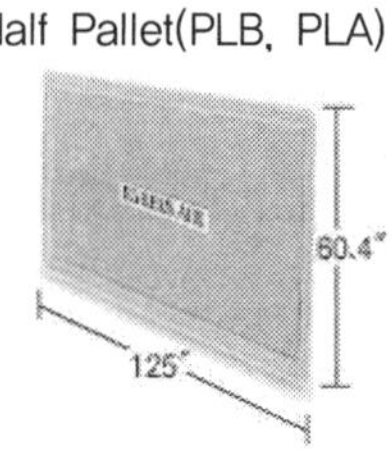</td><td>PLB<br>3,175kg<br>(90kg)<br><br>PLA<br>3,175kg<br>(91kg)</td><td>60.4×125</td><td>General<br>Cargo</td><td>B747<br>B747F<br>B747-Combi<br>B777<br>B777F<br>A380<br>A300<br><br>Lower Deck Only</td></tr>
<tr><td>16FT Pallet(PZA, PRA)<br>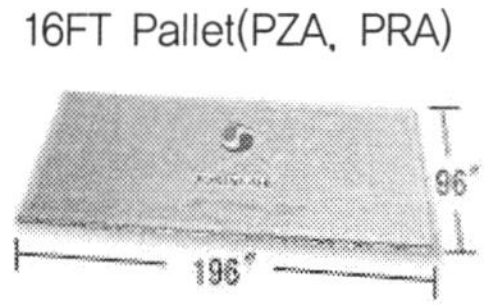</td><td>PZA<br>11,340kg<br>(387kg)<br><br>PRA<br>11,340kg<br>(415kg)</td><td>96×196</td><td>General,<br>Long<br>& Heavy<br>Cargo</td><td rowspan="2">B747F<br>B747-Combi<br>B777F<br><br>Main Deck Only</td></tr>
<tr><td>20FT Pallet(PEG, PGF)<br>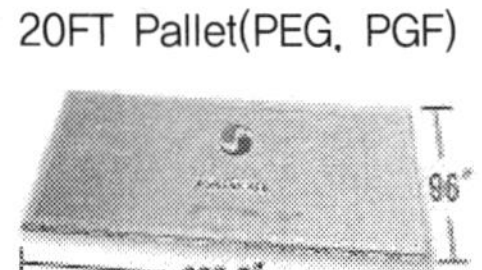</td><td>13,608kg<br>(555kg)</td><td>96×238.5</td><td>General,<br>Long<br>& Heavy<br>Cargo</td></tr>
</table>

#### (3) Igloo

Igloo는 유리섬유(Fiber-Glass) 또는 알루미늄 등의 소재로 항공기의 내부 동체의 모양에 따라 윗면의 모서리 부분이 둥근 형태로 만들어진 항공화물을 넣는 특수한 덮개로 비구조적 이글루(Non-Structural Igloo)는 Open-Front 형태로 밑바닥이 없이 만들어졌다. Igloo는 Pallet와 함께 사용되어 공간을 최대한 활용하도록 고안이 되어 있으며, 구조적 이글루(Structural Igloo)는 비구조적 이글루(Non-Structural Igloo)를 Pallet에 고정시켜 놓은 것으로서 적재된 화물을 Net(그물 또는 망)없이 고정시킬 수 있도록 제작되었다.

#### (4) 기타

이외에도 자동차 수송용 ULD인 Car Transporter, 말 수송용 Horse Stall, 의류를 행거에 걸어서 적재하는 컨테이너인 GOH(Garment On Hanger) 등의 특수 ULD가 있다.

### 3) 항공화물의 탑재방식

항공화물의 탑재방식에는 산적화물 적재방식(Bulk Loading), 파렛트 적재방식(Pallet Loading) 및 컨테이너 적재방식(Container Loading)으로 구분할 수 있다.

#### (1) 산적화물 적재방식(Bulk Loading)

산적화물 적재방식(Bulk Loading)은 가장 원시적인 방법으로 화물전용기를 제외한 대부분 객실의 밑바닥이 화물실로 되어 있어 화물을 적재할 때 개별 화물을 인력으로 직접 적재하는 방법이다. 한정된 공간에 탑재효율을 올리기 쉬운 일면도 있어 제트기의 하부 화물실은 대부분 이러한 방법으로 개선되어 사용되고 있다.

#### (2) 파렛트 적재방식(Pallet Loading)

파렛트 적재방식(Pallet Loading)은 파렛트 위에 화물을 올려놓고 그물 등으로 고정시킨 뒤 항공기에 적재하는 방식이다. 파렛트를 이용하여 적재할 시 항공기 화물실 윤곽을 고려해야 하며 이를 해결하기 위해 항공기의 내부구조에 맞는 이글루(Igloo)라는 금속, 유리섬유 재질의 덮개를 파렛트 위에 올려 적재하는 방식이다.

항공기에 탑재할 때에는 Lift Loader와 항공기의 화물실 바닥에 설치되어 있는 굴림대(Roller Bed) 위를 굴려 항공기 내의 정위치에 고정시키며, 현재 항공화물 취급의 기본이 되고 있다. 화물전용기에 사용되는 파렛트의 사이즈는 88″×108″과 88″×125″의 표준사이즈가 있다.

[그림 7-2] 항공화물의 탑재방식

### (3) 컨테이너 적재방식(Container Loading)

컨테이너 적재방식(Container Loading)은 정시성과 신속성을 위해 고안된 항공용 컨테이너를 이용한 ULD이다. 항공기에 탑재용 화물전용기 이외의 여객용 항공기에는 객실 밑에 있는 하부 화물실에 수하물, 우편물 등을 탑재하므로 산적화물 적재방식(Bulk Loading)과 같다. 한편, 일부의 항공회사들이 하부 화물실에 맞는 컨테이너를 개발했는데, 이를 Belly Container라고 부른다.

컨테이너 적재방식은 항공기 화물실의 입구에 있는 control box를 조작하여 자동으로 컨테이너를 적재하며, 항공기에 사용되는 컨테이너는 해상운송에 사용되는 컨테이너보다 중량이 가볍고 외부의 충격을 적게 받기 때문에 강도면에서도 약하게 제작된다.

## 4) 특수화물 취급방법

특수화물이란 화물을 접수, 보관, 탑재시에 특별한 절차에 의해서 취급되는 화물을 의미한다.

### (1) 중량·대형화물(Heavy/Out-Sized Cargo, HEA)

중량화물이란 1개의 포장 단위당 무게가 150㎏을 초과하는 화물을 의미한다. 중량화물을 접수시에는 화물을 탑재시킨 항공기 화물실의 특성을 확인하여야 하며, 150

kg 이상 되는 화물이 1개 이상인 경우에는 항공운송장의 'Handling Information' 란에 'HEA'와 각각의 무게를 기재하여야 한다. 수하인에게 인도가 지연되는 경우에는 화물기로 수송한다. 대형화물(Out-Sized Cargo, BIG)이란 ULD Size를 초과하는 화물을 의미한다.

### (2) 귀중화물(VAL; Valuable Cargo)

운송세관신고가격이 kg당 미화 1,000달러를 초과하는 화물이다. 보석, 화폐, 유가증권 등이 그 예이다. AWB 건당 신고가격이 50만 달러를 초과하거나 항공기당 운송신고가격 총액이 800만 달러를 초과하는 경우에는 항공운송장의 'Handling Information'란에 'VAL'이라고 기재하여야 하며 사전승인을 받아야 한다.

### (3) 위험품(DGR; Dangerous Goods)

화물 자체의 성질로 인해 사람, 항공기 또는 다른 화물에 손상을 줄 수 있는 수송제한 특수화물로 일반화물과는 별도의 특별한 취급이 필요하다.

### (4) 생동물(AVI; Live Animals)

생동물은 건강상태가 양호해야 하며 IATA 생동물규정(IATA Live Animals Regulations)에 따라서 포장되어 있어야 한다. 또한 수송 전 구간에 걸쳐서 예약이 확인되어야만 수송이 가능하다. 생동물을 운송하기 위해서는 수송 전에 생동물의 검역증명서, IATA 생동물규정에 의한 포장, 통과지점(Transit Station)에서의 특별조치, 수하인의 즉시 인수준비 등의 사항을 준비하여야 한다. 생동물은 항공운송장의 'Nature and Quantity of Goods'란에 생동물이라고 영문으로 기재해야만 한다.

### (5) 부패성화물(PER; Perishables)

부패되거나 변질될 우려가 있거나 운송 도중에 화물의 가치가 손상될 가능성이 있는 화물을 의미한다. 우유, 버터 등의 냉장식품과 화훼, 백신 등의 화물이 대표적인 예인데 이러한 화물은 냉동·보냉컨테이너로 운송하고 작업해야 한다. 부패성 화물은 정해진 기간에 화물이 운송될 수 있도록 예약하여야 하며, 화물 각각의 포장에 'Perishable'이라는 Label을 붙여야 한다. 항공운송장의 'Handling Information' 란에는 'Perishable'이라고 기재해야 한다.

# 제 3 절 항공운송의 운임

항공사 및 포워더의 항공화물운송요금은 일반적으로 요율(rate) 및 부대요금(charge), 기타 수수료에 의해 결정한다. 요율(Rate)이란 항공운송 기업이 화물운송의 대가로서 징수하는 운임을 중량 단위당(kg) 또는 용기 단위당 금액으로 나타내며, 대개 노선별로 요율표(Tariff)에 정해져 있다. 부대요금(Charge)은 운송에 관련한 부수적인 업무 및 설비의 사용에 대한 대가를 의미하는데, 수출항공화물취급수수료(Handling Charge), 수입화물 AWB Fee, Pick up Service charge (Trucking Charge), 위험품 취급수수료, 결제수수료 등이 이에 해당된다.

## 1. 항공운송 운임의 산정방식

### 1) 운임 및 요율의 결정기준

특정국의 Outbound 항공화물을 목적지까지 운송하는 데 소요되는 요금은 노선별로 구분하여 국제항공운송협회(IATA)의 인가를 받아 공식 발효된다. 항공화물운임은 보통 국적항공사가 중심이 되어 결정되어지며, 우리나라의 경우 국제항공운송협회(IATA)의 인가 후 국토교통부의 추인을 받아서 발효된다.

[그림 7-3] 국제 항공화물 운임의 결정과정

국제항공운송협회(IATA)의 운임조정회의는 운항원가분석에 관여하는 동시에 화물운임, 요율설정, 통화규정 또는 국제항공화물 판매 및 처리에 종사하는 운송인 수수료기준 등 관계 규칙의 설정, 변경을 협의하여 결정하고 있다.

국제항공운송협회(IATA)의 가장 중요한 기능 중의 하나가 다수국의 항공회사 사이에서 운임을 조정하고 협정을 체결하며 국제항공운송협회(IATA) 가맹 항공사를 구속하는 것이다. 또한, 항공운임요율은 항공운송기업이 독자적으로 결정할 수 있는 것이 아니라 대개 정부의 개입하에 일정한 방식과 절차를 거쳐 유효한 요율이 결정된다. 한편, 국제적으로 항공화물 결제통화는 대부분 미국 달러화이지만 한국은 1996년 원화로 전환한 후 지금까지 원화로 결제하고 있다.

## 2) 운임결정의 일반원칙과 특징

### (1) 운임결정의 일반원칙

항공화물의 운임결정의 일반원칙은 다음과 같다.

① 요율, 요금 및 그와 관련된 규정의 적용은 운송장 발행 당일에 유효한 것을 적용

② 항공화물의 요율은 공항에서 공항까지의 운송만을 위하여 설정된 것이며 부수적으로 발생된 비용은 별도로 계산

③ 항공화물의 요율은 출발지 국가의 현지통화로 설정되며 출발지부터 목적지까지 한 방향으로 적용

④ 별도의 규정이 없는 한 요율과 요금은 가장 낮은 것으로 적용

⑤ 운임은 출발지에서의 Chargeable Weight(운임계산중량)에 ㎏/1b당 적용요율을 곱해서 산출

⑥ 화물의 실제 운송경로는 운임산출시 근거로 한 경로와 반드시 일치할 필요는 없음

⑦ 국제항공운송협회(IATA)의 운임조정회의에서 결의한 각 구간별 요율은 해당 정부의 승인을 얻은 후에야 유효한 것으로 이용

### (2) 운임결정의 특징

① 국제항공운송협회(IATA) 운송조정회의 산하의 운송지역별 회의에서 해당 지역별로 운임수준을 설정하고 국제항공운송협의의 운임조정회의에서 만

장일치로 운임협정을 채택한 경우에만 그 운임수준이 결정되며 국제항공운송협회에 의해 결정된 경우에만 그 운임수준이 결정된다. 그리고 국제항공운송협회에 의해 결정된 운임은 각 국가의 정부로부터 승인을 받아야지만 그 효력이 인정된다.

② 국제항공운송협회 운임조정회의에 불참한 국제항공운송협회(IATA) 가입 항공사는 국제항공운송협회에서 결정한 운임협정을 준수할 의무는 없다.

③ 국제항공운송협회 가입 항공사들은 국제항공운송협회를 통하지 않고 출발지 및 도착지 국가 간에 서로 쌍무협정을 맺어서 항공운송에 대한 혁신적인 운임을 설정할 수도 있으므로 국제항공운송협회의 운임에 대한 통제력이 점차 약화되고 있는 추세이다.

## 2. 항공운송 운임요율의 종류

### 1) 일반품목요율(GCR; General Cargo Rate)

일반품목요율은 품목분류 및 특정품목할인요율(SCR)의 적용을 받지 않는 모든 화물에 적용되는 가장 기본적인 운임요율로서, 최저운임, 기본요율, 중량단계별 할인요율 등이 있다. 구체적으로 최저운임은 화물운임 중 가장 낮은 운임으로 중량 및 용적운임이 최저운임보다 낮은 경우에 일률적으로 적용되는 운임을 말하며, 기본요율은 모든 화물의 기준이 되는 것으로, 일반적으로 45㎏ 미만의 화물에 적용되는 운임요율이다. 중량단계별 할인요율은 중량이 높아짐에 따라, ㎏당 요율을 낮게 적용하는 운임요율을 의미한다.

#### (1) 종류

① 최저운임(Minimum Charge : 'M') : 한 건의 화물운송에 적용할 수 있는 가장 적은 운임을 말한다. 즉, 화물의 중량운임이나 부피운임이 최저운임보다 낮을 경우 최저운임이 적용되며 요율표에 'M'으로 표시되어 있다.

② 기본요율(Normal Rate : 'N') : 45㎏ 미만의 화물에 적용되는 요율로서 모든 화물요율의 기준이 된다. 요율표상에 'N'으로 표시되어 있다.

③ 중량단계별 할인요율(Quantity Rate : 'Q' ; 정량요율) : 화물요율은 중량이 높아짐에 따라 ㎏당 요율은 더 낮게 설정되어 있다. 즉, 일반품목화물이 45㎏ 이상인 경우 기본요율보다 대략 25% 낮게 요율이 설정되어 있다. 이

외에도 여러 지역(구간)에서는 100kg, 200kg, 300kg, 500kg 이상의 중량 단계에 대해 점점 더 낮은 요율이 설정되어 있다.

### (2) 운임산출 중량의 결정방식

화물운임표(Tariff)에는 kg 또는 lb당 요율이 설정되어 있다. 어떤 한 건의 화물에 대한 적용 요율을 찾기 위해서는 운임산출중량을 먼저 결정해야 하는데, 운임산출중량의 결정방법에는 다음의 3가지가 있다.

#### 가) 실제 중량에 의한 방법(by actual weight)

실제 화물의 중량을 기준으로 운임을 산출하는 방법으로, kg이나 파운드(pound) 모두 소수점 첫째 자리까지 측정하며, 실측한 중량이 소수점이 있는 경우 0.5kg으로, 0.5kg에서 1kg으로 환산하여 적용하고, 파운드의 경우에는 소수점 이하의 값을 무조건 절상한 값에 운임률을 곱하여 운임을 산정한다.

#### 나) 용적 중량에 의한 방법(by volume weight)

용적 중량은 화물의 중량에 비해 용적이 큰 화물의 경우에 그 용적을 중량으로 변환하여 적용하는 방식이다. 먼저 용적을 구하고자 하는 화물의 각 단위 치수를 반올림하여 정수로 만든 후 가로, 세로, 높이를 곱하는 방식으로 산출하고, 직육면체나 정육면체가 아닌 화물의 경우에는 <최대가로×최대세로×최대높이>로 계산한다. 이때 부피를 운임부과 중량으로 환산하는 기준은 1kg = 6,000㎤이며, 1lb = 166in³로 한다.[3)]

#### 다) 낮은 운임을 적용하는 방법(lower charge in higher weight category)

화물의 실제 중량을 적용하는 것보다 운송회사에서 정해 놓은 기준 중량을 적용하는 것이 운임이 더 낮은 경우에는, 실제 중량이 아닌 기본 중량을 운임의 산정기준으로 적용하는 방법이다. 이는 항공화물의 중량이 대부분 경량이기 때문에, 항공회사에서 운임구조를 기본중량 이하의 화물에는 높은 요율을 적용하고, 기본중량을 초과하는 화물은 낮은 운임요율을 적용하고 있기 때문이다.

예를 들어 기본중량(45kg)을 초과하는 경우의 적용운임이 10$/kg이고, 초과하지

---

3) 예를 들어 화물의 용적이 1CBM인 경우 총용적은 100cm×100cm×100cm = 1,000,000㎤이며, 이 용적을 중량으로 환산하면, 1,000,000㎤÷6,000㎤ = 166.666kg이고 반올림하면 167kg이 된다. 즉 1CBM의 용적을 지닌 화물의 운임 적용 중량은 167kg이 되는 것이다.

않은 경우에 15$/㎏을 적용하는 경우, 실제 화물의 중량이 35㎏이라면, 화물운임은 35㎏×15$ = 525$가 되지만, 기본중량을 적용하면 45㎏×10$ = 450$가 된다. 이 경우 화물의 실제 중량(35㎏)이 아닌, 기본중량(45㎏)을 기준으로 운임을 산정하는 것이다.

### 2) 특정품목할인요율(SCR; Specific Commodity Rate)

특정품목할인요율은 특정 구간에서 반복적으로 운송하는 특정 품목에 대하여 일반품목에 적용되는 요율보다 낮은 운임을 적용하는 것으로 항공운송의 이용을 촉진, 확대하기 위한 것이다.

이 요율은 항공화물의 판매상 중요한 비중을 차지하고 있으며 육상 및 해상운송과의 경쟁성을 충분히 감안하여 결정된다. 결국 SCR은 시장에 근거한 차별화된 요율이며 품목마다 다르게 설정되어 있어 다른 품목의 영향을 별로 받지 않는다. 특히, 이 SCR은 그 요율과 관련하여 설정된 최저중량이 제한을 받도록 되어 있으며, 이는 다량의 상품수송에 적용코자 하는 목적에 의한 것이다.[4)]

### 3) 품목분류요율(CGR; Commodity Classification Rate)

품목분류요율은 몇 가지 특정 품목에 적용되는 할인 및 할증요율로서 특정 구간 또는 지역 내에서만 적용되는 경우도 있다. 이 요율은 대개 GCR(일반화물요율)의 백분율에 의한 할증 또는 할인으로 표시된다. 따라서 Class Rates는 일반화물요율보다 높게 설정되는 경우와 이보다 낮게 설정되는 경우로 두 가지 방식이 있다.

Class Rates가 적용되는 품목은 6가지 종류가 있으며 그 중 화물로 수송되는 수하물(非同伴手荷物) 및 신문, 잡지, 정기간행물, 서적, 카탈로그 등은 기본요율(Normal Rates)에서 할인된 요율이 적용되고 귀중 화물 및 생동물, 시체(human remains)와 자동차는 일반화물 요율에 할증된 요율을 적용한다.

### 4) 종가운임(Valuation Charge)

통상 화물의 운송에 있어서 사고 발생 시 항공사의 최대배상한도액(Maximum Liability)은 $20/㎏이다. 이 때문에 송하인이 최대배상한도액을 초과하는 금액을 항공사로부터 배상받고자 할 때 항공화물운송장(AWB)상에 그 화물의 가격을 신고

4) 예를 들면 서울발 동경행 수산물에 적용되는 SCR 0300은 최저중량이 100kg로 설정되어 있어, 100kg 이상의 상기 품목에 한해서만 SCR 0300이 적용될 수 있도록 되어 있다.

하고 종가요금을 지불하면 상기 kg당 USD20을 초과하는 실손해액을 배상받을 수 있다. 결국 종가운임은 손해배상과 직접적인 관련을 가진 요금이라 할 수 있다.

송하인은 운송장상에 그 화물의 가격을 신고하여야 하는데 신고가격을 kg당 USD20 미만인 경우에는 N.V.D.(no value declared)로 표시되며 kg당 U$20을 초과할 경우에는 금액을 표기한다.

종가요금 = [운송신고가격 - (총중량 × USD20/kg 또는 USD9.07/lb)] × 0.5%

### 5) 단위탑재용기요금(BUC; Bulk Unitization Charge)

항공사가 송하인 또는 대리점에게 컨테이너 또는 파렛트 단위로 판매시 적용되는 요금으로 IATA에서 규정한 단위탑재용기(ULD; Unit Load Device) 유형별로 상이한 운임이 적용된다.[5] BUC요금이 적용되는 ULD의 적재작업(build-up)은 송하인 또는 대리점의 책임하에 이루어지며 항공사는 송·수하인에게 만48시간 이내에 해당 ULD를 무료로 제공할 수 있고, 이 시한이 지나면 연체료를 징수한다. 다만 BUC 적용시 위험품 규정집에 나타난 제한품목, 생동물, 귀중화물, 시체 등은 ULD 내에 실리지 못한다.

### 6) 부대 비용

국제물류주선업체의 주요 부대요율 현황을 2020년 7월 현재 기준으로 살펴보면 다음과 같다.

#### (1) 항공화물취급수수료(THC; Terminal Handling Charge)

항공화물이 수출통관 또는 수입통관 되기 위해 항공사가 직영하는 보세장치장에 반입되었을 때 창고가 하주들에게 부담시키는 화물 조작료이다. 1999년 1월 이후 보세창고 보관료 및 작업료가 자유화되면서 신설되었다.

---

5) 8종류의 ULD 타입별로 한계중량(Pivot Weight)을 설정해 놓고 그에 따른 요금을 책정하여 이를 사용하는 대리점이 화물을 채우든지 못 채우든지 상관없이 그만큼의 금액을 지불하게 하는 것으로서 일종의 항공사의 공급스페이스를 대리점이 사전에 매입하는 것과 같은 것인데, 동 요금은 용기의 형태별로 설정된 최저요금(Pivot Charge)과 최저중량(Pivot Weight)을 초과하는 경우 그 초과된 중량(kg)에 부과되는 최저중량 초과요율(Over Pivot Rate)을 곱한 금액으로 산출한다.

[표 7-7] 항공화물 화물취급수수료(THC)

| | 금액 | 비고 |
|---|---|---|
| 수출 화물 | · KRW40/kg<br>(MIN : KRW15,000) | ■ 근거규정 : IATA 규정 제 4.7<br>■ 내역<br>· 적하목록 전송, AMS, 발송통지<br>· Document 등 제 서류 취급(원산지증명 등)<br>· 각종 용역 및 서비스 제공(기적 전후)<br>※ 국제물류주선업자마다 수수료 상이 |
| 수입 화물 | · KRW3,000 + KRW65/kg | ■ 근거규정 : IATA 규정 제 4.7<br>■ 내역<br>· 적하목록, AWB 분류, 창고 배정<br>· 도착통지, D/O 등<br>· 수입자에게 화물인도까지 제 용역 제공 |

### (2) 항공화물운송장 작성 수수료(AWB Preparation Fee)

우리나라를 출발지로 하는 수출화물에 대해서 항공사나 대리점이 하주를 대신하여서 운송장을 작성하는 경우 국제항공운송협회(IATA) 규정 제4.4에 근거하여 징수하는 수수료로 AWB당 15,000원이다.

### (3) 항공기 기적(탑재)을 위한 작업 수수료(RFC Charge)

RFC(Ready For Carriage) Charge는 항공수출의 THC와 같은 개념으로서 수출항공화물을 항공기에 기적(탑재)하기 위한 작업(포장, 포장용기, 라벨링 및 위험품신고 및 생동물신고 및 서약서 등의 서류작업), 상하차, 화물분류, Stuffing, Airport Charge, RFC된 화물을 화물터미널까지 운송 등의 작업에 대한 요금이다. RFC Charge는 kg당 40원이며, 최소한 비용은 AWB 당 15,000원이다.

### (4) Pick-up Service Charge

항공화물대리점이나 국제물류주선업자(항공운송주선업자 포함)가 수출항공화물의 인수를 위해 하주가 지정한 장소에서 화물을 픽업하는 과정에서 발생하는 제반 차량운송비용이며, 본 비용은 화물자동차운송사업자의 운임을 적용한다.

### (5) 위험품취급수수료(Dangerous Goods Handling Fee)

위험품으로 명시된 품목에 대하여 부과되는 Handling Charge이다. 항공사의 Special Handling이 제공됨으로 Class Rate가 적용되어야만 하지만 GCR을 적용하는 대신에 별도의 취급 수수료를 받고 있다. 본 수수료는 국제항공운송협회(IATA) 규정 제4.2에 근거하고 있으며, 화물의 포장상태, 관련 서류, 관계국 규정 등의 검사에 대한 비용을 의미한다. 요금수준은 Package 또는 Overpack 당 20,000원(≒USD17)이며, 최고요금은 없어졌으나 최저요금은 운송장 당 130,000원(≒USD109)이다.

### (6) 입체지불(立替支拂) 수수료(Disbursement Fee)

입체지불금이란 송하인의 요구에 따라 항공사, 송하인 또는 그 대리인이 선불한 비용을 수하인으로부터 징수하는 금액을 말한다. 항공사는 이러한 서비스에 대한 대가로서 국제항공운송협회(IATA) 규정 제4.2에 근거하여 입체지불금에 일정한 요율을 곱하여 산출된 금액을 입체지불수수료로 징수하고 있다(입체지불금×10%, 최저요금 25,800원). 이는 운임과 종가요금 이외에 기타 요금에 대해서 착지불로 운송되는 것을 억제하기 위함이다.

### (7) 착지불수수료(Charges Collect Fee)

운송장상에 운임과 종가요금을 수하인이 납부하도록 기재된 화물을 착지불화물이라 하는데, 이러한 화물에 대하여 운임과 종가요금을 합한 금액에 일정률에 해당하는 금액을 착지불수수료로 징수하고 있다.

항공사가 착지불수수료를 징수하는 목적은 국제항공운송협회(IATA) 규정 7.2에 근거하고 있으며, 내용은 운송료를 송하인으로부터 화물인수시 징수하지 않고 목적지에서 수하인에게 징수하는 것에 대한 위험을 방지하고 운송료를 타국통화로 징수하여 자국으로 송금하는 데 대한 환차손 보전 및 송금업무에 대한 대가, 그리고 착지불운송의 억제에 있다. 2020년 7월 현재 우리나라 국제물류주선업체(항공운송주선업체 포함)의 착지불수수료의 수준은 [운임(Weight Charge)+종가요금×5%]이며, 최저 수수료는 운송장 당 USD10.00(KRW12,900)이다.

### (8) 보안할증료(Security Surcharge)

보안할증료는 미국으로 발송되는 수출화물에 해당되는 것으로 항공화물 보안 검색(X-ray) 등에 대한 비용을 말한다. 현재 항공사들은 ㎏당 130원(MIN : KRW6,500)을 징수하고 있다.

### (9) 유류할증료(Fuel Surcharge)

유류할증료는 해상화물운송과 마찬가지로 항공유가 인상에 따른 제반 사항에 대응하기 위해 수출화물에 대해 항공사들이 전월 1월부터 전월 말까지의 싱가포르 항공유 평균가를 기준으로 차등 적용하여 징수하고 있다(2020년 7월 현재는 0원).

### (10) EDI사용료(D/O 전송료)

수입화물의 효율적인 반출을 위해 도입된 D/O 전산화 이후 항공운송대리점이 하주들을 대리하여 보세장치장에 D/O를 전송할 경우 발생하는 EDI사용료(D/O 전송료)로 항공운송대리점이 하주들에게 건당 3,000원씩 징수키로 한 요금이다.

### (11) L/G발급수수료

항공화물운송장(AWB)상의 Consignee가 은행(Bank)일 경우 수입하주가 수입대금을 은행에 결제하기 전에 반출하고자 할 경우 은행이 동 화물에 대한 수입대금 결제를 보증하는 서류인 L/G를 발행할 때 징구하는 수수료이다. 일반적으로 건당 4,000원에서 5,000원 정도인 것으로 알려지고 있다.

### (12) 통관수수료

통관수수료는 관세사비용으로 통관사 영업정책에 따라 상이하지만 일반적으로 CIF가격의 2%, 최소 비용은 수출 15,000원, 수입 30,000원이다.

# 제 4 절 항공화물 운송업무

## 1. 항공화물의 집하

### 1) 직접집하

실제운송인인 항공사가 직접 하주를 상대로 운송을 유치하는 방법이다. 이 경우 항복(航腹, air space)을 판매했다고 하며 군수물자와 우편물 등이 이런 직접 집하

방식을 통해 운송하고 있다.

### 2) 간접집하

실제운송인인 항공사가 직접 하주를 상대로 운송을 유치하지 않고, 대리점, 항공화물운송주선업자, 총판매대리점 또는 타사 등이 하주를 상대하여 운송을 유치하는 방식이다.

#### 가) 대리점 집하

① 대리점 집하는 항공사나 총판매대리점과 계약관계에 있는 항공화물운송대리점이 항공사의 대리점 자격으로 하주를 상대로 운송을 유치하는 형태이다.

② 하주에게는 항공사의 운임률이 적용되며, 항공사의 항공화물운송장(master AWB)을 발행한다.

③ 항공화물운송대리점이 항공운송화물을 집하한다면, 그 대가로 항공사나 총판매대리점에서는 전체 운임의 5%에 해당하는 집하수수료(commission)를 준다.

#### 나) 혼재업자 집하

① 운송인의 자격이 혼재업자(항공화물운송주선업자, air consolidator)에게 주어진다. 혼재업자는 하주들로부터 소량의 항공화물에 대한 운송을 유치한다. 소량의 항공화물은 파렛트 또는 컨테이너와 같은 ULD를 이용하여 혼적·대량화한 뒤 혼재업자가 하주의 자격으로 항공사에 운송을 유치하는 형태이다.

② 실제 하주들은 소량의 항공화물에 대해서 혼재업자 명의로 된 혼재업자용 화물운송장(house AWB)을 발행한다. 운임률은 혼재업자의 자체운임률표가 적용된다.

③ 혼재업자는 항공사로부터 전체 운임의 5%에 해당하는 집하수수료(commission)를 받게 된다. 혼재업자는 집하수수료 이외에 화물의 대형화에 따른 실제 하주로부터 소량의 항공화물을 수령할 때 받는 수령운임과 항공사에 지불하는 운임의 차액을 가진다.

### 다) 총판매대리점 집하

① 총판매대리점(general sales agent)[6]이 항공사를 대리하여 하주로부터 운송화물을 유치하는 형태이다.

② 총판매대리점은 통상 항공사로부터 전체 운임의 5%에 해당하는 집하수수료를 받게 되며, 2.5%의 부가수수료를 추가로 받게 된다.

### 라) 타사 집하(Inter-Line Sales)

① 타사의 항공사에서 타사의 항공기가 운항하지 않는 노선이나 목적지행 하주의 운송화물을 유치하고, 실제로 운항을 하는 항공사에 운송을 재의뢰하는 형태이다.

② 운송을 유치하게 된 타사의 항공사에서는 운송을 수행하는 항공사로부터 IATA에서 결의된 일정률의 집하수수료를 획득한다.

③ 다만, 이 경우 운송을 유치하는 항공사와 실제로 운송을 하는 항공사가 모두 IATA에 가입된 항공사이어야만 한다.

**참고 | 상용하주(Known Consignor)제도**

상용하주제도는 2005년 1월 도입된 제도로서 항공사가 하주 또는 항공화물대리점을 상용하주로 지정하고, 정기적으로 항공편을 이용하여 화물을 보내는 하주(상용하주)가 검사, 검색한 항공화물에 대해서는 공항의 보안검색을 생략함으로써 항공화물의 통관을 원활하게 하여 물류흐름을 촉진한다는 취지에서 도입된 제도이다.

'상용하주'라 함은 항공안전본부장이 인정하는 자로서 공항 이외의 지역에서 항공화물을 최초로 포장하여 보관 및 운송 등을 하는 자 또는 하주로부터 운송의뢰 받은 항공화물에 대하여 보안통제를 실시하는 자를 말한다.

상용하주제가 실시됨에 따라 항공화물의 보안통제책임은 공항 이외의 지역에서 화물기에 탑재하기 위해 운송되는 항공화물에 대한 보안통제의 책임은 항공화물을 항공운송사업자에게 접수하기 전까지는 상용하주에게 있으며 접수 이후에는 항공운송사업자에게 있다.

상용하주로 인정받을 수 있는 대상자는 물류정책기본법에 의해 등록된 국제물류주선업자, 화물을 직접 생산하거나, 최초 포장을 하는 하주로서 상용하주로 인정받고자 하는 자는 지정신청일 이전 6월 이내의 기간 중 총 24회 이상 항공운송사업자에게 항공화물을 운송의뢰한 실적이 있어야 한다.

---

6) 총판매대리점(general sales agent)은 항공사가 불취항(off-line)지역에서도 판매장의 확장을 통해 수입을 증대하기 위한 목적으로 임명한다. 총판매대리점은 국가나 인구 1만 명 이상의 지역에 해당 항공사의 운송서비스 홍보, 운항스케줄이나 운임요율표를 지역 내 대리점에 배포, 집하활동 등을 대행하는 사업자를 말한다.

상용하주로 인정받고자 하는 자는 하주의 물건을 장치할 수 있는 창고, 이를 검색할 수 있는 엑스레이 또는 폭발물 탐지기를 설치해야 한다. 또한 항공화물보안프로그램, 국제물류주선업 등록증(대리점에 한함), 사업자 등록증, 등기부 등본, 화물운송 거래실적(신청일 기준 6월 이내), 항공화물의 보안통제를 담당하는 자의 명단 및 신원조회 의뢰서, 보안통제 취급직원의 교육이수 증명서 등을 첨부하여 항공안전본부장에게 인정신청서를 제출하여야 한다.

항공운송사업자는 항공안전본부장으로부터 인정을 받은 상용하주와 보안검색의 책임 및 절차 등에 관하여 상호협약을 체결한 때에는 상용하주의 운송화물에 대하여 공항에서의 보안검색을 아니할 수 있다. 상용하주제의 시행에 따라 향후 보안검색, 무게 측정 등에 대한 주체가 바뀌어 항공화물 프로세스가 일부 수정될 것으로 전망된다.

한편, 우리나라에서 최초로 상용하주(Known Consignor)의 자격을 취득한 업체는 항공수출화물을 취급하고 있는 삼성전자로지텍㈜이다.

자료 : 김종득, 『국제물류론』, 박문각, 2010, p.216.

## 2. 수출운송절차

### 1) 개요

항공운송업무는 해상운송의 경우와 마찬가지로, 화물의 수량에 따라 FCL화물과 LCL화물로 나누어 볼 수 있으며, 대부분이 국제물류주선업자를 통해 화물이 운송되고 있다.

항공운송을 통해 화물을 수출하고자 하는 하주는 세관에 수출신고서를 접수하여 수출허가서를 취득한 후 국제물류주선업자, 항공운송대리점 또는 항공회사와 항공운송계약을 체결한다. 운송계약을 체결한 하주는 항공회사에 운송장 및 화물을 인계하고, 화물을 인계받은 항공회사는 항공기의 특성에 적합한 항공용 단위적재용기에 화물을 적입한 후 항공기에 탑재하여 운송업무를 수행한다.

### 2) 수출운송 절차

#### (1) 항공운송 계약

송하인은 항공운송을 구두 또는 서면으로 의뢰할 수 있으나 대부분의 경우 화물은 서면으로 의뢰되어 대리점으로 전달된다. 먼저 송하인은 지정된 양식에 출발지, 도착지, 전체 포장개수, 중량, 각 포장상자의 부피, 상품명 등을 기재하여 운송대리점 또는 운송주선업자에게 제출하고 항공편을 예약한다. 항공편 예약시에는 상업송장, 포장명세서, 수출승인서 등의 관계 서류를 첨부해야 한다.

한편 운송하고자 하는 화물이 작은 로트(lot)의 화물인 경우에는 소단위취급[7]이나 혼재취급서비스[8]를 이용할 수 있으며, 혼재취급의 경우는 항공운송주선업체에 의해 항공회사 화물수령장소, 하주의 문전 간의 집화배달업무가 수행된다.

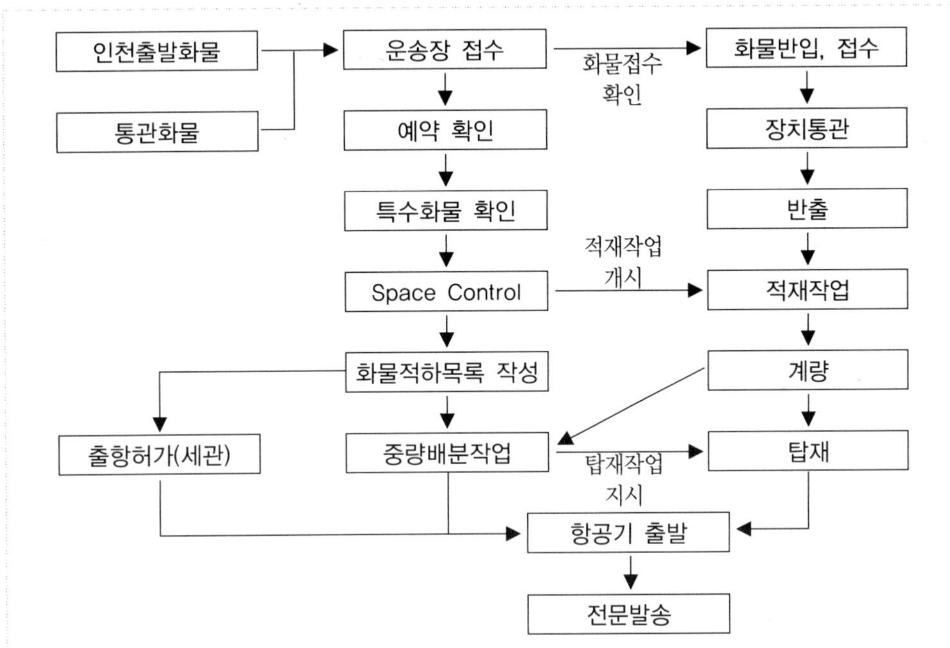


[그림 7-4] 항공화물의 수출 운송절차

## (2) 운송화물의 장치장 반입

당해 수출상품은 트럭에 의한 육로운송으로 개항된 공항 화물터미널에 도착하게 되고 화물터미널의 Land Side에 있는 Truck Dock을 통해 장치장으로 반입된다.

## (3) 화물의 척량 검사

인천국제공항의 경우 장치장 반입 시 ㈜한국항공 조업원에 의해 화물의 척량검

7) 소단위취급은 항공사가 직접 다루거나 항공회사 대리점이 다루는 것으로서 수송의 범위는 일반적으로 공항에서 공항까지이며, 이 사이의 사고책임은 항공사가 부담한다.

8) 혼재취급은 항공운송주선업자(국내 항공화물 혼재사업자)에 의해 집화 및 배달의 업무가 이루어지고, 수송범위는 혼재사업자의 집배구역 내에서는 문전에서 문전까지가 된다. 그리고 사고에 대한 책임은 혼재사업자의 운송약관에 의해 혼재사업자가 부담한다.

사를 실시한 후 수출화물 반입계를 발급받는다.

### (4) 장치장 지정 및 승인

보세구역인 보세창고에 수출화물을 반입하기 위해서는 세관보세과에 수출화물 반입계를 제출하고 장치지정 및 승인을 받아야 한다.

### (5) 수출신고

보세구역 내에 수출화물 반입 후, 자가통관의 허가를 받지 않은 수출업자는 반드시 통관업자(관세사)를 통해서 수출신고를 해야 하며, 이때 필요한 서류는 상업송장, 포장명세서, 검사증 등이다.

### (6) 수출심사 및 화물검사

세관 심사과에서는 제출된 수출신고서를 1차 심사한 후 이상이 없을 경우 감정과로 서류를 이송한다. 이때 심사하는 사항은 정상결제 여부, 수출금지품목 여부, 신고서 기재사항의 정확성, 화물의 기호, 품종, 수량, 계약조건, 목적지 심사 등이다.

한편 화물검사와 관련하여서는 감정과에서는 서류와 화물을 대조하면서 수량, 규격, 품질 등을 검사하며 심사과에서는 지정한 검사수량에 대해 전부 또는 일부를 개봉하여 검사한다. 그러나 다음의 품목에 대해서는 수출검사가 생략된다.

① 농산물검사법, 수산물검사법 등의 법령 규정에 의한 검사를 받고 검사기관의 합격증이 있는 물품

② 검사의 실익이 없다고 인정되어 세관 비검사품목으로 관세청장이 지정한 물품(농수산물 및 광물 등)

③ 기타 세관장이 지정한 물품

### (7) 수출허가

화물검사 결과 이상이 없는 경우 서류는 심사과로 회송되어 2차 심사 후 수출신고필증을 발급해 준다. 일단 이 신고필증이 발급되면 해당 화물은 관세법상 외국화물이 되며 수출업자는 이 신고필증으로 수출대금을 은행에서 찾을 수 있다.

### (8) 운송장 및 화물의 인계

통관절차가 완료된 화물의 운송장은 항공화물운송대리점에서 Cargo Delivery

Receipt와 함께 해당 항공사에 접수시킨다. 운송장에는 Invoice, Packing List, GSP(Generalized System of Preference), C/O, 검사증 등 목적지에서의 통관에 필요한 서류가 첨부된다. 항공사는 Cargo Delivery Receipt에 접수 확인을 기재한 후 ㈜한국항공의 검수원에게 전달하여 화물을 인수하도록 한다. 화물인수시 화물의 포장상태, 파손 여부, Marking과 Label의 정확성, 개수 및 수량의 일치 여부를 확인한다. 운송장의 중량과 실제 화물의 중량이 상이한 경우에는 운송장의 중량을 정정해야 한다.

#### (9) 적재작업

항공사는 해당 항공편의 항공기 특성을 고려하여 사용 ULD 및 적재작업방법 등의 작업지시를 ㈜한국항공(Korea Air Terminal Co.)의 담당 검수원에게 하달하고 검수원은 작업지시에 의거 적재작업을 실시한다.

#### (10) 탑재작업

적재작업이 완료된 화물은 중량 배분을 위해 계량한 후 ㈜한국공항의 담당자에게 인계되어 항공기 Side로 이동된다. 항공사는 항공기의 안전운항 및 화물의 안전수송을 고려한 탑재작업 지시를 ㈜한국공항 담당자에게 하달하고 작업 결과를 통보받는다.

#### (11) 항공기 출발

화물기의 경우 적하목록이 완성되면 신고서(General Declaration)[9] 및 기용품 목록과 함께 세관 승기실에 제출하여 출항 허가를 득한 후 탑재된 화물의 운송장 및 출항 허가, 적하목록, Load Sheet를 운항 승무원에게 인계함으로써 항공기는 목적지를 향해 출발한다.

## 3. 수입운송절차

### 1) 개요

항공운송을 통해 수입된 화물의 운송절차는 먼저, 목적지에 화물을 탑재한 항공

---

9) General Declaration은 일반적으로 항공기 출항 허가를 받기 위해 관계기관에 제출하는 서류를 말하며, 여기에는 항공편의 일반적 사항, 승무원의 명단, 비행상의 특기사항 등을 기재한다.

기가 도착하면, 항공회사는 항공화물운송장 등을 인수하여 세관에 제출하고 입항허가를 취득한 후, 세관원의 감독하에 운송장상의 목적지별로 화물을 분류하여 창고에 반입한다. 화물반입을 완료한 항공회사는 수하인 및 대리인에게 운송장을 인도하여, 반출허가를 취득하고 화물을 인수하도록 한다.

### 2) 수입운송 절차

#### (1) 전문접수

출발지로부터 항공기 출발 후 해당편 탑재화물 관련 전문을 접수하면 화물을 완벽한 상태로 신속히 인도하기 위해 항공기 도착 이전에 조업사에 통보하여 필요한 장비 및 시설을 확보하도록 한다. 또한 부패성 화물, 외교행낭, 긴급화물, 유해, 생동물 등의 특수 화물에 대해서는 수하인에게 사전에 도착시간 및 운송장 번호, 개수, 중량 등을 통보하여 수하인이 신속히 인도할 수 있도록 조치를 취하게 한다.

#### (2) 항공기 도착

항공기가 도착하면 항공사 직원이 기내에 탑승, 운항승무원 또는 객실승무원으로부터 운송장 및 출발지 출항허가, 적하목록 등을 인계받은 다음, 세관 승기실에 General Declaration, 적하목록, 기용품 목록을 제출하여 입항허가를 얻는다. 또한 항공화물은 각 항공사별로 지정된 장치장에 우선 입고된다.

#### (3) 서류분류 및 검토

서류가 도착하면 운송장과 적하목록을 대조하여 수입금지화물, 안보위해물품 여부를 확인하고 보냉 또는 냉동을 요하는 품목은 적절한 조치를 취하도록 조업원에게 작업지시를 한다. 검토 완료된 운송장과 적하목록은 통과화물의 경우에는 최종목적지로의 수송을 위해 세관에 이적허가를 신청하고 우리나라 도착화물의 경우에는 화물이 입고되어 있는 해당 장치장 분류실에서 창고배정을 한다.

#### (4) 창고배정

창고배정은 하주의 창고배정 지정신청에 의거 당초 세관에서 담당하고 있었으나, 1998년 5월부터 민간에게 이양되었다. 그 결과, 하주가 특정 수입화물에 대해 창고를 임시로 지정하는 긴급분류인 경우에는 현재와 같이 항공사에서 담당하고, 해당

하주 명의로 수입되는 모든 수입화물에 대해 특정한 창고를 지정할 수 있는 상시분류는 3개월에 한 번씩 세관에서 변경하던 것을 이제는 1개월에 한 번씩 운송업체들의 대표로 구성된 민간운영협의회의 협의를 거쳐 변경하고 있다.

### (5) 實화물 분류작업

창고배정이 완료되면 배정관리 D/B에 의거 해당 장치장은 실화물을 배정된 창고에 입고시킨다. 즉, 김포세관 관할 창고에서 통관되는 화물은 해당 창고로 입고시키고, 서울세관 관할 창고에서 통관될 화물은 현도장으로 장치한 후 보세운송업자들에게 화물은 인도한다.

### (6) 도착통지

창고배정작업이 완료되면 운송장은 수하인에게 메일이나 팩스로 도착통지를 한다. 혼재화물일 경우는 항공사로부터 AWB를 인도받은 복합운송주선업체가 도착통지를 한다.

### (7) 운송장 인도

해당 화물 수하인이 운송장을 인계할 때 본인인 경우에는 주민등록증(대리인인 경우에는 주민등록증 외에 위임장 제출)을 확인한다. 그러나 실무에서는 원본운송장 대신 D/O 전송으로 대체하여 처리한다. 단, 첨부된 원본서류가 있을 경우 직접 수령해야 한다. 그리고 착지불 화물인 경우에는 운송요금 이외에 운송요금의 2%에 해당하는 Charge Collect Fee를 지불해야 한다.

### (8) 보세운송

외국물품이 통관되지 않은 상태에서 개항화물터미널 이외의 지역으로 수송될 경우 보세운송 허가를 받아야 한다.

① 간이보세운송 : 부산, 제주 등의 개항장(開港場) 또는 육상으로 관세지급이 보류된 상태로 외국물품을 항공수송하는 경우

② 특별보세운송 : 세관장이 허가한 개항장 이외의 특별히 지정한 지역으로 외국물품을 수송하는 경우

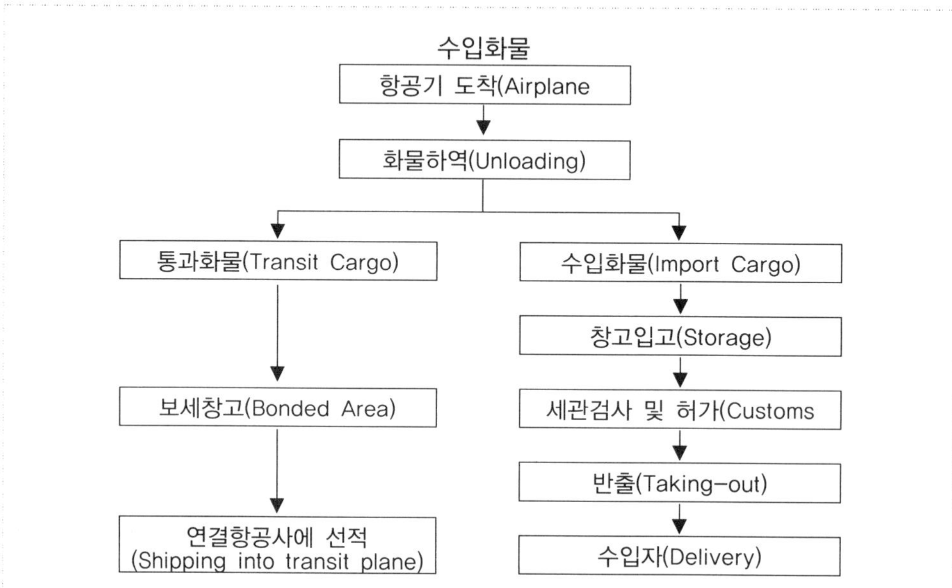


[그림 7-5] 항공화물의 수입운송절차

# 제 5 절 항공화물운송장과 항공운송인의 책임

## 1. 항공화물운송장

### 1) 개념과 표준화

#### (1) 항공화물운송장의 개념

항공화물운송장은 항공회사가 화물을 항공으로 운송하는 경우에 발행하는 화물수취증으로서 해상운송에서의 선하증권(B/L)에 해당되며 항공운송장 또는 항공화물수취증이라고도 부른다.

Air Waybill과 유사한 것으로 Air Bill이 있는데, 후자는 혼재업자가 발행하는 것이다. Air Waybill과 Air Bill을 구분하기 위하여 전자를 Master Air Waybill이라고 부르며, Air Bill을 House Waybill이라고 부른다. 이들 운송장은 송하인과 운송인 사이에 운송계약이 체결되었다는 증거서류이며 동시에 송하인에게서 화물을 수령하였다는 증빙서류가 된다.

운송계약은 항공화물운송장을 발행한 시점, 즉 하주 또는 그 대리인이 AWB에 서명하거나 항공사 또는 해당 항공사가 인정한 항공화물취급대리점이 AWB에 서명한 순간부터 유효하며 AWB상에 명시된 수하인(Consignee)에게 화물이 인도되는 순간 소멸된다. 현재 AWB는 IATA(International Air Transport Association, 국제항공운송협회)의 표준양식과 발행방식에 따라 동일한 운송장 사용이 의무화되어 있다. 항공화물운송장은 화물과 함께 보내져 화물의 출발지, 경유지, 목적지를 통하여 각 지점에서 적절한 화물취급 및 운임정산 등의 작업이 원활하게 수행되는데 필요한 모든 사항이 기재되어 있다.

#### (2) 항공화물운송장의 표준화

국제항공운송에 있어서 발행되는 항공화물운송장은 IATA(국제항공운송협회)에 의해 양식과 발행방식이 규정되어 있다. 이 통일안은 전 IATA 회원 항공사가 의무적으로 사용하도록 규정하고 있으며 비회원사도 회원사들과 연계운송을 위하여 대부분 IATA 양식을 사용하고 있다.

항공화물운송장이 국제적으로 유통성이 보장되는 이유는 IATA가 결의한 모든 규정을 대부분 정부가 인정하여 공인하고 있기 때문이다. 법률적인 뒷받침으로서는 항공운송에 관한 국제조약인 와르소조약(Warsaw Convention)이 있다. 이 조약은 1929년 폴란드의 와르소(Warsaw)에서 서명된 것으로 '국제항공운송의 규칙통일에 관한 조약'으로 불려진다. 이 조약에 의해 항공화물운송장의 법률적 성격, 운송인의 책임 범위, 배상 한도, 송하인, 수하인, 항공회사의 권리와 의무 등이 규정된다. 아울러 항공화물운송장에는 와르소조약과 헤이그의정서(Hague Protocol)에 따라 항공사가 행해야 할 사항을 항공화물운송장 원본 뒷면에 명백히 규정하고 그 규정에 따라 위탁받은 화물의 운송에 대한 책임을 지도록 되어 있다.

### 2) 항공화물운송장의 기능

#### (1) 기능

항공운송에 있어서 화물의 유통을 보장하는 가장 기본적인 운송서류인 항공화물운송장은 항공운송인의 청구에 따라 송하인이 작성, 제출하는 것이 원칙이지만 항공사나 항공사의 권한을 위임받은 대리점(또는 항공운송주선업자)에 의하여 발행되는 것이 통례이다. 항공운송장의 기능을 정리하면 다음과 같다.

첫째, 운송계약서이다. AWB는 송하인과 항공운송인 간의 항공운송계약의 성립을 입증하는 운송계약서이다. 그러나 운송장은 12통(원본 3통+부본 9통)으로 구성되어 있어 있지만 그 전통(全通) 모두 운송계약서는 아니며 송하인용 및 원본이 이에 해당된다.[10] 신용장방식의 거래에서 AWB 전통(Full Set)을 요구하더라도 수출자는 신용장 매입의뢰(Negotiation)시 1통의 AWB(Shipper용)만 제시하면 된다.

둘째, 화물수취증이다. 항공화물운송장은 항공운송인이 송하인으로부터 화물을 수취한 것을 증명하는 화물수령증의 성격을 가지고 있다.

셋째, 요금계산서이다. 화물과 함께 목적지에 보내져 수하인이 운임 및 요금을 계산하는 근거 자료로서 사용된다.

넷째, 보험계약증서이다. 송하인이 AWB에 보험금액 및 보험가액을 기재한 하주보험(SII; Shipper's Interest Insurance)을 부보한 경우에는 AWB의 원본 No.3이 보험계약의 증거가 된다.

다섯째, 세관신고서이다. AWB는 통관 시 수출입신고서 및 통관자료로 사용된다.

여섯째, 화물운송의 지시서이다. AWB에 송하인이 화물의 운송, 취급, 인도에 관한 지시를 기재할 수 있다.

### (2) 선하증권과 항공화물운송장의 비교

항공화물운송장은 해상운송에 있어서 선하증권과 같은 기능을 지니고 있지만, 그 법적 성질은 크게 다르다. 즉, AWB는 B/L과 달리 유가증권이 아니며, 또한 수취식이고 원칙적으로 기명식이며 비유통성이다.

이상의 B/L과 AWB를 비교하면 다음과 같다.

#### 가) 법적 성질

B/L은 물권적 권리를 표시하는 유가증권, 권리증권이자 배서에 의해 양도가능한 유통증권인 반면 AWB는 단순한 화물수취증에 불과하다. 물론 항공화물운송장이나 선하증권은 다같이 운송인과 송하인의 운송계약 성립 및 운송인이 화물을 수령했음을 증명하는 역할에 있어서 동일하다.

그러나 항공화물운송장은 선하증권과 달리 양도성이나 유통성을 갖고 있지 않다. 항공화물운송장에는 분명히 'Non Negotiable'이라고 표시되어 있으므로 유통이 안

10) IATA Air waybill 원본은 Original 1(for Carrier), Original 2(for Consignee), Original 3(for Shipper)이다.

되는 '비유통증권'으로서만 발행된다. 즉, 운송장의 수하인용 원본은 목적지에서 화물과 함께 수하인에게 교부되는 것으로서 유통을 목적으로 하는 것이 아니며, 운송계약의 권리행사에 필요한 것이 아니므로 이는 유가증권이 아니다.

나) 발행방법

선하증권은 지시식으로 되어 있어 정당한 배서(Endorsement)에 의해 누구에게나 양도되는 권리증권(Document of Title)인 데 반하여 항공화물운송장은 기명식으로 되어 있기 때문에 항공화물운송장에 기재되어 있는 수하인이 아니면 당해 화물을 인수할 수 없다.

다) 발행시기의 차이

선하증권의 발행은 선적식인 데 반해 항공화물운송장의 발행은 수취식이다. 즉, 선하증권은 선적을 증명하는 증권이므로 선적이 완료된 후에 발행되는 것이 일반적이다. 그러나 항공운송의 경우는 발착편이 많고 화물을 운송·위탁해서 비행기에 적재할 때까지 많은 시일을 요하지 않으므로 항공사 창고에 화물이 도착하면 바로 운송장을 발행해 주고 있다.

라) 도착지 화물인도

항공화물운송장은 수하인이 도착지에서 항공사에 화물의 인도를 청구할 때 송하인에게 교부된 원본을 상환하지 않는다. 항공사는 수하인용 원본에 기재된 수하인에게 도착지에서 화물과 함께 수하인용 원본을 인도하면 되고, 수하인이 송하인에게 교부된 원본을 소지하고 있는가 여부는 문제가 되지 않는다. 따라서 항공화물운송장은 상환증권이 아니지만 B/L은 B/L을 제출하지 않으면 선사는 화물을 인도하지 않으므로 상환증권이다.

마) 작성자

법률적으로 항공운송장은 송하인이 작성해서 항공사에 교부하는 형식을 취하고 있는 데 반해, 선하증권은 반대로 선박회사가 작성해서 송하인에게 교부되고 있다.

[표 7-8] B/L과 AWB의 비교

| 구 분 | 항공화물운송장 | 선하증권 |
|---|---|---|
| 법적 성격 | • 유가증권이 아님<br>• 단순한 화물수취증<br>• 채권적 효력만 있음 | • 유가증권<br><br>• 채권적 효력+물권적 효력 |
| 유통성 | 비유통성(Non-Negotiable) | 유통성(Negotiable) |
| 발행방법 | 기명식 | 지시식(무기명식) |
| 발행시기 | 화물수취시 발행(수취식) | 적재시 발행(선적식) |
| 작성자 | 송하인이 작성 | 운송회사가 작성 |

### 3) 항공화물운송장의 구성

와르소조약에 의거하면 항공화물운송장은 송하인이 원본 3통을 작성하여 화물과 함께 교부하여야 한다고 규정하고 있고, 또한 제1의 원본에는 '운송인용'이라고 기재하고 송하인이 서명한다.

제2의 원본에는 '수하인용'이라고 기재하고 송하인 및 운송인이 서명하고 이 원본을 화물과 함께 송부한다. 제3의 원본에는 운송인이 서명하고 이 원본은 운송인이 화물을 인수한 후에 송하인에게 교부하도록 규정되어 있다. 그러나 실제로는 송하인이 작성하여 교부하는 경우는 드물고 항공화물대리점이 항공사로부터 항공화물운송장의 용지를 받아 거기에 필요사항을 기입하고 화물의 인도를 받은 후 항공회사의 대리인으로서 송하인용 원본에 서명하거나 항공회사가 거기에 서명하여 송하인에게 교부한다.

항공화물운송장은 원칙적으로 원본(original) 3통 및 부본(copy) 6통 이상으로 구성되어 있고 각 원본 및 부본에는 그 용도가 정해져 있으며 식별을 쉽도록 색용지를 사용하고 있다. 대한항공의 항공화물운송장은 원본 3장과 사본 9장, 합계 12장으로 구성되어 있다. 따라서 항공화물운송장의 매수는 항공사의 필요에 따라 정해진다. IATA가 정한 표준양식에 의한 국제항공화물운송장의 구성은 다음의 [표 7-9]와 같다.

[표 7-9] 항공화물운송장의 구성

<table>
<tr><th>번 호</th><th>색구분</th><th>용 도</th><th>기 능</th></tr>
<tr><td>원본 1</td><td>녹색</td><td>For Issuing Carrier<br>(발행 항공회사용)</td><td>운송인(발행항공회사)용으로 운임이나 요금 등의 회계처리를 위하여 사용되고 송하인과 운송인과의 운송계약체결의 증거이다.</td></tr>
<tr><td>원본 2</td><td>적색</td><td>For Consignee<br>(수하인용)</td><td>수하인용으로 출발지에서 목적지에 보내 당해 화물운송장에 기재된 수하인에게 화물과 함께 인도된다.</td></tr>
<tr><td>원본 3</td><td>청색</td><td>For Shipper<br>(송하인용)</td><td>송하인용으로 출발지에서 항공회사(운송인)가 송하인으로부터 화물을 수취하였다는 것을 증명하는 수취증이고 또한 송하인과 운송인과의 운송계약체결의 증거서류이다.</td></tr>
<tr><td>부본 4</td><td>황색</td><td>Delivery Receipt<br>(인도항공회사 화물인도용)</td><td>운송인(인도항공회사비치용)이 도착지에서 수하인과 화물을 상환할 때 수하인이 이 부분에 서명하고 인도항공회사에 돌려주는 것으로서 화물인도증명서 및 운송계약이행의 증거서류가 된다.</td></tr>
<tr><td>부본 5</td><td rowspan="6">백색</td><td>For Carrier<br>(도착지 공항용)</td><td>화물과 함께 도착지 공항에 보내져 세관통관용 기타업무에 사용된다.</td></tr>
<tr><td>부본 6</td><td rowspan="3">For Carrier<br>(운송참가 공항용)</td><td rowspan="3">운송에 참가한 항공회사가 운임청산에 사용한다.</td></tr>
<tr><td>부본 7</td></tr>
<tr><td>부본 8</td></tr>
<tr><td>부본 9</td><td>For(발행대리점용)</td><td>발행대리점의 보관용으로 사용한다.</td></tr>
<tr><td>부본 10~12</td><td>Extra Copy(예비용)</td><td>필요에 따라 사용한다.</td></tr>
</table>

## 4) 항공화물운송장 기재요령

### (1) 일반원칙

항공화물운송장에 기재되는 숫자는 아라비아 숫자, 문자는 영어, 불어, 스페인어를 사용하는 것이 원칙이다. 상기 이외의 숫자나 문자를 사용하는 경우 영어를 병기하는 것이 바람직하다.

작성된 항공화물운송장의 내용을 수정하거나 추가할 때는 원본과 사본 전체에 대해서 수정 또는 추가해야 한다. 화물이 수송되는 도중이나 목적지에서 이와 같은 수정이나 추가 사항이 발생하였을 경우에는 잔여분에 대한 수정이나 추가내용이 반영되어야 한다.

### (2) 작성요령

항공화물운송장의 기재사항에 대한 작성요령은 [그림 7-8]을 중심으로 정리하면 다음과 같다.

① 항공화물운송장 번호(Airwaybill Number) : 항공화물운송장 상단 좌측(①a), 우측(①b)과 우측 하단(①c) 등 3곳에 표기한다. ①a에는 출발지 공항의 3-Letter Code를 항공사 코드 다음에 삽입(예 : ICN)

**[항공화물운송장 번호]** : 항공화물운송장 번호는 상단 좌우와 하단 우측에 명기되어 있으며 IATA Carrier 3 Digit Code와 7단위의 일련번호 및 7진법에 의한 Check Digit로 구성된다.

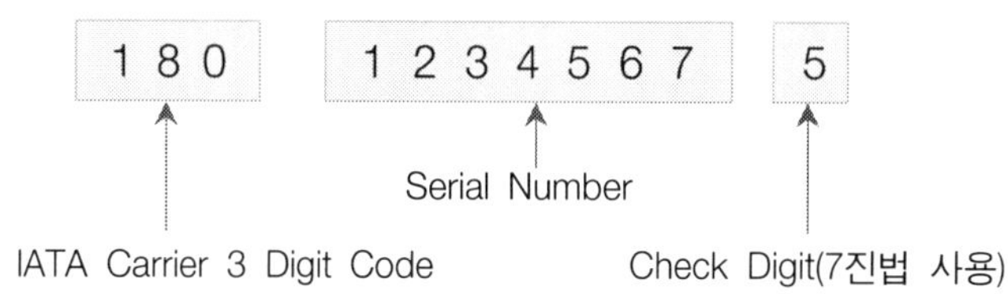


② 송하인의 성명과 주소(Shipper's Name and Address) : 송하인의 성명, 주소, 도시, 국명이 기입되며 전화번호도 함께 기입해 두는 것이 좋다.

③ 송하인의 발행 번호(Shipper's Account Number) : AWB 발행 항공사의 임의로 사용된다.

④ 수하인의 성명과 주소(Consignee's Name and Address) : 수하인의 성명, 주소 도시, 국명, 전화번호 등을 기입한다.

**[주의사항]**

- 어떠한 이유로 실수하인을 대신하여 은행이나 화물대리점이 수하인이 될 경우 실수하인은 Handling Information란에 기재되어야 한다. 이때 화물 인도 항공사는 은행이나 대리점을 유일한 수하인으로 간주하며 본란에 명시된 수하인으로부터의 지시가 없이는 타인에게 인도하지 않는다.(신용장방식거래에서 Consignee를 신용장개설 은행으로 기재하도록 한 경우 나중에 개설은행은 AWB Original 2(for Consignee)에 이서하고 화물인도승낙서를 발급하여 신용장 개설의뢰인(수입상)에게 화물의 수취를 위임하게 됨). 만약, 송하인이 특정의 개인이나 회사에게도 도착 사실을 통보해 줄 것을 요청하면 그 주소를 Handling Information란에 기입하여야 한다('also notify'라는 말로 표현).
- AWB는 비양도성이기 때문에 'to order' 또는 'to order of the Shipper'라고 표현해서는 안 된다.
- 수하인이 화물인수의 편의를 위해 인도 항공사나 호텔 또는 유사한 임시거처를 주소지로 할 경우 수하인 또는 그 관련인 주소를 Handling Information란에 '인도불가시의 연락처(In case of inability to deliver to consignee contract :)'라는 표시와 함께 기입해야 한다.

⑤ 수하인의 번호(Consignee's Account Number) : 고객 분류를 위한 부호를 기입하며, 인도 항공사의 임의로 사용한다.

⑥ 발행 운송대리점의 성명과 도시(Issuing Carrier's Agent Name and City) : AWB 발행 화물대리점의 이름 및 도시 명을 기입한다.

⑦ 대리점의 IATA Code(Agent's IATA Code) : 대리점의 IATA Code를 기재한다.

⑧ 발행번호(Account Number) : AWB 발행 항공사의 임의로 사용한다.

⑨ 출발지 공항과 운송구간(Airport of Departure(Address of First Carrier) and Requested Routing) : 출발지 공항과 운송구간을 기재한다. 3-Letter City Code의 사용도 가능하다.

⑩ 운송료 지불정보(Accounting Information) : 특별히 회계처리에 관한 내용을 기록한다. 예를 들어 운송료 지불방법(현금, 수표, MCO)이나 GBL번호, 기타 필요한 내용을 기록한다.

⑪ 경로와 도착지(Routing and Destination) : 예약에 의한 첫 구간의 도착지와 수송 항공사명을 기입한다. 이때 도착지 공항은 3-Code로 항공사명은 2-Code로 적는다. 최종목적지까지 2개 이상의 항공사가 수송에 개입할 경우 각 경유지와 해당 구간을 수송하는 항공사명을 2-Code로 기입한다. 한 도시에 2개 이상의 공항이 있을 경우는 도착지 공항의 3-Letter Code를 기입한다(예: 대한항공 KE/ 아이사아항공 OZ).

⑫ 통화(Currency) : AWB 발행국 화폐단위 Code를 기입하며 AWB에 나타난 모든 금액은 본란에 표시되는 화폐단위와 일치하는 것이어야 한다(단, 'Collect Charges in Destination Currency'란에 표시되는 금액은 제외). 한편, 자국 화폐단위 대신 GBP(영국파운드) 또는 USD를 현지통화로 간주하는 나라에서는 본란에 GBP 또는 USD를 표시해야 한다.

⑬ 수수료 코드(Charge Code) : 항공사의 임의로 사용된다.

⑭ 화물운임지급방식(Weight/Valuation, Charge-Prepaid/Collect) : 화물운임의 지불방식에 따라 선불(PPD) 또는 착지불(COLL)란에 '×'자로 표시한다. 화물운임과 종기요금은 둘 다 모두 선불 또는 착지불이어야 하며 화물운임은 선불, 종가요금은 착지불 등의 형태는 불가능하다.

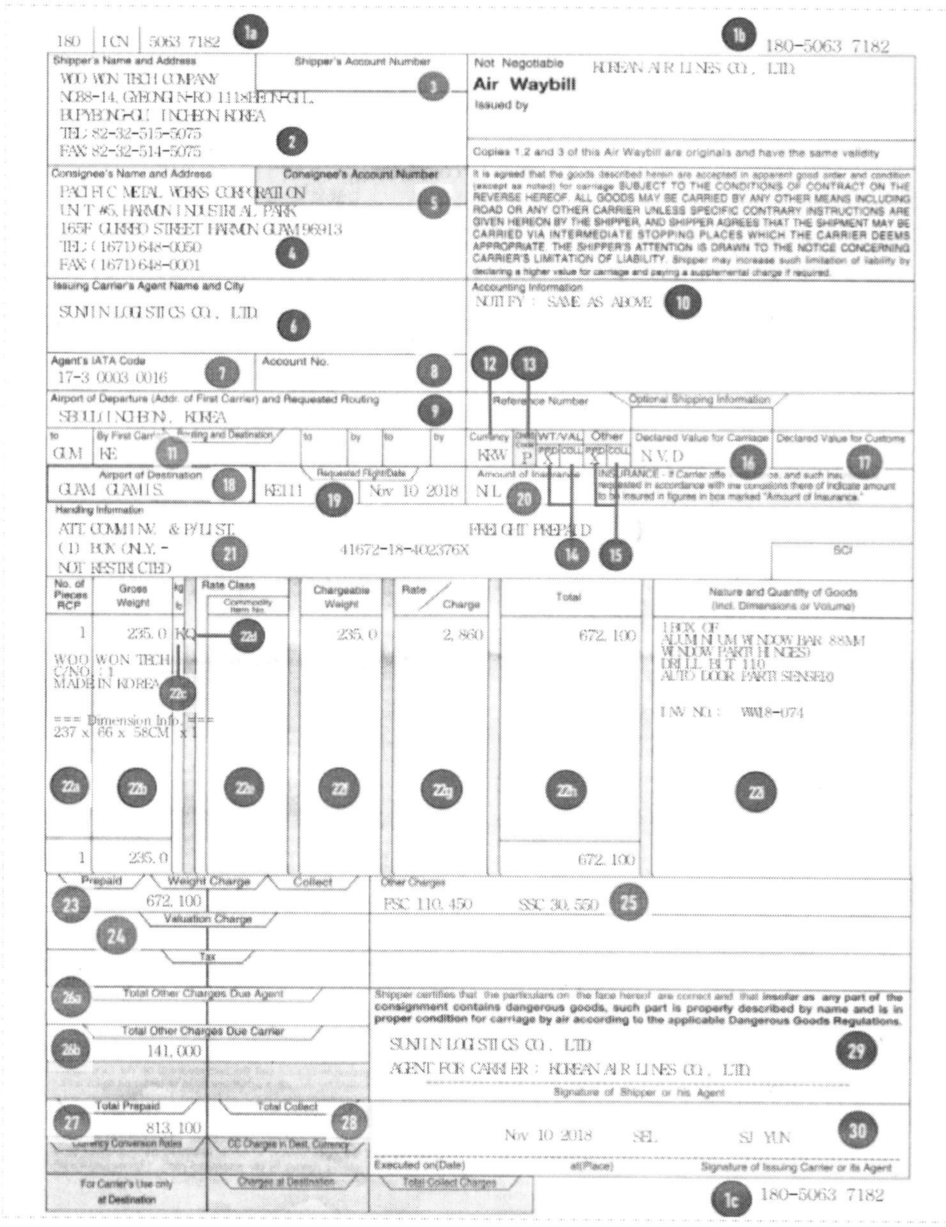


[그림 7-6] 항공화물운송장 작성 내용

⑮ 기타 화물요금 지불방법(Other Charges at Origin Prepaid/Collect) : 화물운임과 종가요금을 제외한 출발지에서 발생된 기타 요금을 지불방식에 따라 선불 또는 착지불란에 'x'자로 표시한다. 출발지에서 발생한 모든 기타요금은 전부 선불이거나 착지불이어야 한다.

⑯ 운송신고가격(Declared Value for Carriage) : 송하인의 운송신고가격을 본란에 기재한다. 화물의 분실이나 파손인 경우 동 금액은 손해배상의 기준이 되며 종가요금 산정도 동 금액을 기준으로 계산된다. 가격신고 방법은 일정한 금액을 신고하는 것과 무가격 신고(No Value Declared, NVD로 표시함)의 2가지 방법 중 하주가 임의로 선택할 수 있다.

⑰ 세관신고가격(Declared Value for Customs) : 세관통관 목적을 위해 송하인의 세관신고 가격을 기록한다. N.C.V(No Commercial Value)도 가능하다.

⑱ 목적항(Airport of Destination) : 최종 목적지인 공항이나 도시 명을 Full Name으로 기록한다.

⑲ Flight/Date : 하주가 요청한 예약 편을 기입하는 것이 아니고 항공사 임의로 사용된다. 그러나 본란에 기입된 Flight가 확정된 것임을 의미하지는 않는다.

⑳ 보험금액(Amount of Insurance) : 하주가 보험에 부보 하고자 하는 보험금액을 기록한다. 보험에 부보하는 금액은 대체로 운송 신고가격과 일치하며 보험에 부보하지 않을 때는 공백으로 남겨둔다.

㉑ 화물처리정보(Handling Information) : AWB의 다른 란에 표시할 수 없는 사항들을 나타내기 위해 사용된다.[11] 충분한 여백이 없을 때는 별도 용지의 사용이 가능하다.

㉒ 화물요금 세부사항(Consignment Details and Rating) : 화물요금과 관련 세부사항을 기록한다. 본란에 기록되는 세부사항은 다음과 같다.

ⓐ Number of Pieces : 화물의 개수를 기입, 총 개수는 아래의 합계란에 표시한다.

- RCP(Rate Combination Point) : 요율결합지점을 표시해 줄 필요가 있을 경우, 해당 도시 3-Letter Code를 기입한다

ⓑ Actual Gross Weight : 화물의 실제 무게를 기입하며 합계 중량은 아랫부분에 표시한다. BUC(Bulk Unitization Charge)란 특정한 단위탑재용기(컨테이너·파렛트)에 그대로 운송될 수 있게끔 적재된 상태하에서 출발지 공항에서 항공회사에 인도되어 그대로의 상태로 도착지 공항의

11) 본란에 기입되는 사항은, ⅰ) 화물의 포장방법 및 포장표면에 나타낸 식별부호, 번호, ⅱ) 수하인 외에 화물도착 통보를 할 필요가 있는 사람의 주소, 성명, ⅲ) AWB과 함께 동반되는 서류명, ⅳ) Non-Delivery로 인한 화물의 경우 최초의 AWB 번호를 기입, ⅴ) 기타 화물운송과 관련된 제반 지시 또는 참고사항 등이다.

항공회사에 인수되도록 한 화물의 단위로서 특정 지점 간에 설정된 운임을 말하며, 이를 적용했을 경우에는 사용된 항공화물용 컨테이너(ULD, Unit Load Device)의 자중을 화물무게 아래에 적어둔다.

ⓒ kg/lb : 무게 단위를 기입한다(Kilogram : K, Pound : L로 표시).

ⓓ Rate Class : 화물요율에 따라 해당된 Code를 사용된다.[12)]

ⓔ Commodity Item Number : 상품번호를 기재한다.[13)]

ⓕ Chargeable Weight : 화물의 실제 중량과 부피 중량 중 높은 쪽의 중량을 기입한다.[14)] 이때 소수점이 있을 경우 이를 처리하여야 한다.

ⓖ Rate/Charge : kg당 또는 lb당 적용요율을 기입한다.[15)]

ⓗ Total : 운임적용중량(㉒-vii) × 요율(㉒-viii) 금액을 기입한다. 서로 다른 요율이 적용되는 품목이 둘 이상인 경우에는 총합계 금액을 아랫부분의 빈칸에 기입한다.

ⓘ Nature and Quantity of Goods(Include Dimensions or Volume) : 화물의 품목을 기입한다. 필요시에는 상품의 원산국을 기입하기도 한다. 또한, 부피중량이 적용되는 화물포장의 치수를 <최대가로 × 최대세로 × 최대높이>의 순으로 표시한다.[16)]

㉓ 해당 화물의 중량운임표시(Weight Charge(Prepaid/Collect)) : 운임 지불 방법에 따라 선불 또는 착지불란에 해당 화물의 운임을 기입한다.

㉔ 해당 화물이 종가운임표시(Valuation Charge(Prepaid/Collect)) : 하주의 신고가격에 따라 부과되는 종가금액을 지불방법에 따라 선불 또는 착지불란에 기입한다. 화물운임과 종가요금은 양자 모두가 선불이거나 또는 착지

---

12) Rate Class Code는 다음과 같다. ·M(Minimum Charge), N(Normal under 45kg(100lb) rate), Q(Quantity over 45kg(100lb) rate), C(Specific Commodity Rate), R(Class Rate(less than normal rate)), S(Class Rate(more than normal rate)), U(Pivot weight and applicable pivot weight charge), E(Weight in excess of pivot weight and applicable rate), X(Unit Load Device(as an additional line entry with one of the above), P(Small Package Service), Y(Unit Load Device Discount).

13) Commodity Item Number를 기재할 때 SCR이 적용될 경우 품목번호 기재, CCR이 적용될 경우 해당 Percentage 표시, BUC를 적용했을 경우 ULD의 Rating Type을 표시한다.

14) 최저운임(Minimum Charges)이 적용될 경우는 기재할 필요가 없다. 한편, BUC를 적용했을 경우에는 해당 ULD의 운임적용 최저중량을 기입한다.

15) 최저운임 적용시는 최저운임 기입, BUC 적용시 해당 ULD의 최저적용운임(Pivot Charge) 기입, 하주소유 ULD에 대한 ULD 할인금액 기입, Over Pivot Rate 기입 등.

16) BUC 적용시 사용된 ULD의 IATA Code를 기입한다. 한편, 본란의 여백이 부족할 경우 'Extension List'를 사용할 수 있다.

불이어야 한다. 즉, 운임선불, 종가요금은 착지불 또는 그 반대의 경우 등은 인정되지 않는다.

㉕ 기타 비용(Other Charge) : 화물운임 및 종가요금을 제외한 기타비용의 명세 및 금액을 기입한다. 명세를 표시하기 위해서는 아래의 Code가 사용된다.[17)]

| · AC : Animal Container<br>· AS : Assembly Service Fee<br>· AW : Air Waybill Fee<br>· CH : Clearance and Handling<br>· DB : Disbursement Fee | · PU : Pick UP<br>· SO : Storage<br>· SU : Surface Charge<br>· TR : Transit | · TX : Taxes<br>· IN : Insurance Premium<br>· MO : Miscellaneous<br>· UH : ULD Handling |
|---|---|---|

㉖ Total Other Charge : 출발지에서 발생하여 ㉕란에 표시된 제비용은 모두가 선불 또는 착지불이어야 하며, 자세한 기재요령은 다음과 같다.

ⓐ Total Other Charges Due Agent(Prepaid/Collect) : AWB 발행 수수료가 대리점 몫일 경우 이 내용이 기입되어야 한다. 기타 출발지에서 징수되는(선불) '대리점 몫'의 제비용은 기입할 필요가 없으며, ㉕란에 표시되는 '대리점 몫'의 비용 중 착지불 금액만 표시한다.

ⓑ Total Other Charges Due Carrier(Prepaid/Collect) : 운임이나 종가요금을 제외하고 ㉕란에 표시되는 비용 중 '항공사 몫'에 해당하는 비용을 선불 또는 착지불란에 기재한다.

㉗ 선불(Total Prepaid) : 운임, 종가요금, 기타 제비용(항공사 몫, 대리점 몫 포함) 중 선불란에 표시된 금액의 합계를 기입한다.

㉘ 착지불(후불, Total Collect) : 운임, 종가요금, 기타 제비용 중 착지불란에 표시된 금액의 합계를 기입한다.

㉙ 송하인의 증명(Shipper's Certification Box) : 송하인 또는 그 대리인의 서명(인쇄, 서명 또는 Stamp)이 표시된다.

㉚ 운송인의 실행(Carrier's Execution Box) : AWB 발행 일자 및 장소, 항공사 또는 그 대리인의 서명이 표시된다. 월(月)의 표시는 영어로 Full Spelling 또는 약자를 사용할 수 있으나 숫자로 표시하면 안 된다.

다음은 국제물류주선업자인 Sunjin Logisitic Co., Ltd.가 LCL 화물 하주들에게 발행한 Houe Air Waybill이다.

---

17) 위 Code는 금액 앞에 표시해야 하며 상기 제비용들의 귀속여부를 확실히 하기 위해 항공사 몫일 경우 C, 대리점 몫일 경우 A로 표시한다. 이때 'A' 또는 'C'의 표시는 비용 Code와 금액 사이에 기재한다(예 : -PU 'C' : 35.00).

MAWB NO : 180 - 50517305

AIR WAY BILL No. SUN - 1119374

Shipper's Name and Address | Shipper's Account Number

MOODEUNG CO., LTD.
102,PYEONGDONGSANDAN 60EON-RO,
GWANGSAN-GU, GWANGJU-CITY,62453 KOREA

Not negotiable
Air Waybill
(Air Consignment note)
Issued by

Sunjin Logistics Co.,Ltd.
C. P. O. BOX 6758 SEOUL. KOREA
Phone : (02)2225-9560(Rep.)
Fax : (02)478-8650 (Rep.)

Consignee's Name and Address | Consignee's Account Number

XIAMEN FDK CORPORATION
NO 16 MALONG ROAD HOUJU GARDEN HUOJU HI-TECH
DISTRICT XIAMEN CITY,FUJIAN PROVINCE,CHINA,361006
TEL:86-592-6030577, 86-592-5621070/71 EXT 370
FAX:86-592-5653221
☎ Telephone

Copies 1, 2 and 3 of this Air Waybill are originals and have the same validity

It is agreed that the goods described herein are accepted in apparent good order and condition (except as noted) for carriage SUBJECT TO THE CONDITIONS OF CONTRACT ON THE REVERSE HEREOF. THE SHIPPER'S ATTENTION IS DRAWN TO THE NOTICE CONCERNING CARRIER'S LIMITATION OF LIABILITY. Shipper may increase such limitation of liability by declaring a higher value for carriage and paying a supplemental charge if required.

Issuing Carrier's Agent Name and City
SUNJIN LOGISTICS CO., LTD.

Accounting Information
** HANDLING AGENT
EXTRANS GUANGZHOU LIMITED
ROOM 1717, VERTICAL CITY BD, #238
CHANGGANG ZHONG RD. HAIZHU DISTRICT,
GUANGZHOU, CHINA ZIP:510280 FA: 862081694770
TE: 86208169-4771 ATTN:HELENA HONG

Agent's IATA Code: 17-3 0003 0042 | Account No

Airport of Departure(Addr. of First Carrier) and Requested Routing: INCHEON AIRPORT KOREA

| to | By First Carrier (Routing and Destination) | to | by | to | by | Currency | CHGS Code | WT/VAL PPD | WT/VAL COLL | Other PPD | Other COLL | Declared Value for Carriage | Declared Value for Customs |
|---|---|---|---|---|---|---|---|---|---|---|---|---|---|
| XMN | KE | | | | | USD | P | X | | X | | N.V.D | |

| Airport of Destination | Flight/Date (For Carrier Use Only) | Flight/Date | Amount of Insurance |
|---|---|---|---|
| XIAMEN,CHINA | KE887 | 26.Oct.2018 | NIL |

INSURANCE — If Carrier offers insurance, and such insurance is requested in accordance with conditions on reverse hereof, indicate amount to be insured in figures in box marked 'amount of insurance'

Handling Information
ATT.COMM.INV. & P/LIST.    FREIGHT PREPAID

(For USA only) These commodities licensed by U.S. for ultimate destination ........ Diversion contry to U.S. law is prohibited

| No. of Pieces RCP | Gross Weight | kg lb | Rate Class / Commodity Item No. | Chargeable Weight | Rate / Charge | Total | Nature and Quantity of Goods (incl. Dimensions or Volume) |
|---|---|---|---|---|---|---|---|
| 37 | 553.0 | KG | | 553.0 | | AS AGREED | 37 CTNS OF PVC HEAT SHRINKABLE TUBE FOR BATTERIES<br>INV NO.:MDP-181024-FDKX<br><SHIPPING MARKS><br>XIAMEN FDK<br>C/T NO. 1~8<br>C/T NO. 101~128<br>C/T NO. 501~501<br>MADE IN KOREA |
| 37 | 553.0 | | | | | | |

<HANDLING AGENT>
EXTRANS GUANGZHOU LIMITED
ROOM 1717, VERTICAL CITY BD, #238
CHANGGANG ZHONG RD. HAIZHU DISTRICT,
GUANGZHOU, CHINA FA: 862081694770
TE: 86208169-4771

=== Dimension Info. ===
50 x 49 x 28CM x 36
46 x 45 x 20CM x 1

Prepaid | Weight Charge | Collect — AS AGREED

Other Charges

Valuation Charge

Tax

Total Other Charges Due Agent

Total Other Charges Due Carrier

Shipper certifies that the particulars on the face hereof are correct and that insofar as any part of the consignment contains dangerous goods such part is properly described by name and is in proper condition for carriage by air according to the applicable Dangerous Goods Regulations.

Signature of Shipper or His Agent

Total Prepaid | Total Collect

Currency Conversion Rates | cc Charges in Dest. Currency

Sunjin Logistics Co.,Ltd. AGENT FOR CARRIER, KOREAN AIR LINES CO., LTD.
26.Oct.2018 SEL SJ YUN
Executed on (Date) at (Place) Signature of Issuing Carrier or Its Agent

For Carriers Use Only at Destination | Charges at Destination | Total Collect Charges

No. SUN - 1119374

ORIGINAL 3 (FOR SHIPPER)

[그림 7-7] Houe Air Waybill의 실례

## 2. 항공운송인의 책임

### 1) 항공운송인의 책임에 관한 국제조약

#### (1) 와르소조약(바르샤바 조약, Warsaw Convention)

① 1929년 10월 폴란드의 와르소에서 체결

② 국제항공운송인의 책임과 의무를 규정한 최초의 국제조약

③ 정식명칭은 '국제항공운송에 관한 통일조약(The Convention for the Unification of Certain Rules relating to International of Air)'이다.

#### (2) 헤이그의정서(Hague Protocol)

① 1955년에 와르소조약(Warsaw Convention)의 개정

② 생산성 증대로 인간의 가치 상승에 대한 보상기준 상향 조정

ⓐ 운송인측의 직원이나 대리인 등에 의한 행위도 운송인의 행위로 간주되게 되었다. 이는 운송인에 대한 개념이 확대, 해석되었다는 것을 의미한다.

ⓑ 화물에 대한 클레임 청구 기한도 연장되었다.

③ 정식명칭은 'The Warsaw Connvention as amended as the Hague Rules 1955(1955년 헤이그에서 개정된 와르소조약)'이다.

#### (3) 몬트리올 협정(Montreal Agreement)

① 1966년 5월 미국을 중심으로 채택된 협정

② 미국을 경유 또는 출입, 도착하는 항공사에게 적용되는 협정으로 여객에 대한 책임한도를 상향 조정하였다. 여객운송에 관한 규정만을 두고 있으며, 화물운송은 와르소조약이 그대로 적용된다.

③ 헤이그의정서와 비교하여 책임한도액의 차이는 위탁 수하물, 화물의 책임한도액의 경우에는 차이가 없으나, 여객의 경우에는 차이가 있다.

④ 와르소조약과 헤이그의정서의 경우 항공운송인의 책임에 대해서는 과실책임주의를 원칙으로 하고 있지만, 몬트리올협정(Montreal Agreement)의 경우 절대주의(Absolute Liability)를 원칙으로 한다.

#### (4) 과다라하라(Guadalajara) 조약

① 1961년 9월 멕시코의 과다라하라에서 개최된 외교회의에서 과다라하라 조

약을 체택하였고 1964년 5월 1일부터 발표하고 있다. 정식명칭은 "계약당사자가 아닌 운송인이 해당 국제항공운송에 관한 규칙 통일을 위한 와르소조약을 보충하는 조약"이다.

② 과다라하라 조약은 ICAO가 항공기의 임대차, Charter, 상호 Charter의 증가에 따라 새로운 조약의 필요성을 느껴서 채택하게 되었다.

#### (5) 과테말라(Guatemala) 의정서

① 1965년 7월에 개최된 ICAO 총회에서 책임한도의 개정 필요성이 제기되었고, 이에 1971년 과테말라 외교회의에서 과테말라 의정서를 통과시켰다.

② 과테말라 의정서는 1971년 현행 와르소조약의 승객의 사상에 대한 운송인의 절대책임, 책임한도액의 절대성·정기적인 자동수정, 화해촉진조항의 신설, 국내적인 보조조치의 허용 등의 개정을 목적으로 채택되었다.

#### (6) Montreal 제1·제2·제3·제4 추가의정서

1972년 9월에 개최된 몬트리올 회의에서 와르소조약, 헤이그 및 과테말라 의정서에 표시되었던 통화 단위인 포앙카레프랑(Poincars Franc)에서 IMF의 SDR (Special Drawing Rights) 기준의 USD로 변경하는 제안을 채택하였다.

### 2) 항공운송인의 책임한도(Liability)

#### (1) 여객의 사망 및 상해

① Warsaw Convention : USD10,000/인 한도

② Hague Protocol : USD20,000/인 한도

③ Montreal Agreement : USD75,000/인 한도(소송비 포함)

#### (2) 수하물

㎏당 USD20.00 한도, 단 휴대 수하물의 경우는 1인당 USD400.00 한도

#### (3) 화물

① 항공사의 책임 한도는 ㎏당 USD20.00 한도이며, 어떤 경우에도 목적지의 상품가격을 초과하지 않을 범위

② 송하인이 항공사의 USD20/㎏의 책임한도 요구를 위해서는 운송가격을 신고하고 종가요금을 지불해야 한다.

### 3) 항공운송화물 사고의 유형

화물사고란 운송인의 책임구간 중에 화물이 파손되거나 손상되어서 상품의 가치가 일부나 전체가 상실되는 경우, 지연운송으로 인해서 인도 지연, 화물 분실로 인한 인도불능 상태가 되어 수하인 또는 송하인에게 손해를 끼치는 경우를 의미한다.

#### (1) 화물손상(Damage)

화물의 운송 중 상품의 가치가 저하되는 상태의 변화를 의미한다.

① Mortality : 수송 중 동물이 폐사되었거나 식물이 고사된 상태를 말한다.

② Spoiling : 내용물이 부패되었거나, 변질되어 상품의 가치를 잃게 되는 경우를 말한다.

#### (2) 지연(Delay)

① SSPD(Shortshipped) : 적하목록에는 기재되어 있지만, 화물이 항공기에 탑재되지 않은 경우를 말한다.

② OFLD(Offload) : 출발지나 경유지에서 선복 부족으로 인하여 화물을 의도적(planned offload)이거나 실수로(offload by Error) 하역한 경우를 말한다.

③ OVCD(Overcarried) : 하역지점을 지나 운송된 화물을 말한다.

④ STLD(Shortlanded) : 적하목록에는 기재되어 있지만, 화물이 아직 도착되지 않은 경우를 말한다.

⑤ Cross Labeled : 실수로 인해 라벨이 바뀌거나, 운송장의 번호, 목적지 등을 잘못 기재한 경우를 말한다.

#### (3) 분실(Missing)

화물이 탑재, 하역, 보관, 인수, 타 항공사로의 인계시에 분실되는 경우를 의미한다.

### 4) 배상청구(Claims)

보상청구는 화물사고의 유형에 설정된 특정 기간 내에 서면으로 항공사에 제출하여야 한다.

### (1) 사고유형별 배상청구시한

#### 가) 파손·일부분실

| 위탁수하물 | 수취일 후 7일 이내 |
|---|---|
| 화 물 | 수취일 후 14일 이내 |

#### 나) 지연 도착

도착 통지를 받아 물품이 인수권을 가진 사람의 처분하에 있는 날로부터 21일(3주) 이내

#### 다) 전부 분실

항공화물운송장 발행일로부터 120일(4개월) 이내

### (2) 제소 한도

운송화물의 사고에 관한 소송을 제기할 수 있는 기한은 항공기 도착일 또는 항공기의 운송 중지일로부터 2년 이내

### (3) 배상제소에 필요한 서류

① 항공화물운송장 원본 및 운송인 발행 항공화물운송장
② 상업송장 및 포장명세서, 검정명세서
③ 파손, 지연(지연으로 인한 손해비용 명세), 손실 계산서와 클레임이 청구된 총계
④ 기타 필요 서류

## 5) 인도불능 화물의 처리방법

인도불능 화물이란 수하인이 화물의 수취를 거절하거나, 화물의 도착 이후 14일 이내에 수하인에게 인도할 수 없는 경우를 의미한다.

### (1) 인도불능 화물의 주요 원인

화물의 지불방법 상이로 인하여 접수가 거절되거나, 요율을 잘못 적용한 경우에 인도불능 화물이 발생한다. 이외 주소의 오기 및 불명, 수하인이 도산되거나 휴·폐업되는 경우에도 발생한다.

### (2) 인도불능 화물의 처리 절차

인도불능 화물이 발생하였을 때 우선 일차 출발지에서 정확한 주소를 재확인 후 재송부하게 된다. 이때 7일 간격으로 3차에 걸친 도착 통지를 알린다. 3차에 걸친 도착 통지에도 응답이 없을 경우에는 화물을 인도불능 화물로 취급하고 'Notice of Non- Delivery'를 작성하여 출발지점의 운송장을 발행한 항공사나 취급 대리점에 화물을 송부한다.

## 제 6 절 국제항공소화물일관운송업

## 1. 국제항공소화물일관운송의 개념

### 1) 개요

국제항공소화물일관운송시스템은 소량 및 경량화물, 상업서류, 견본품 등을 항공운송을 주축으로 신속·정확하게 문전 운송하는 일종의 국제복합운송체제로서 국제택배업, Courier 시스템 등으로 불리고 있는 일관운송체제이다. 이러한 국제항공소화물일관운송은 항공기를 이용하기 때문에 24시간 내 배달이 가능하고, 포장의 간소화는 물론 고객의 요구를 신속하게 충족시킬 수 있는 장점을 가지고 있어 그 수요가 급증하고 있는 상황이다.

현재 국제항공소화물일관운송서비스는 대부분 무역업체의 항공소화물일관운송이 주류를 형성하고 있으며 일반 소비자의 이용은 해외여행객에 의한 별송품 서비스 정도에 머물고 있으나 향후 국제간의 소형이삿짐을 비롯하여 각종 선물의 운송이나 현재 국제우편소화물 등이 국제항공소화물일관운송서비스 품목으로 전환될 것으로 보인다. 대표적인 국제항공소화물일관운송업체(Courier, 국제특송업체)로서는 UPS, DHL, FedEX 등이 있으며, 이외에도 자생적 소화물일관운송을 하는 운송형태가 있는데 이를 유사특송(Hand carry[18]; Courier on Board)이라 하며,

---

18) 핸드캐리(Hand Carry)는 사람이 직접 짐보따리를 주로 국제간에 이동(운송)시키는 경우를 일컷는 말로 다양하게 핸드캐리를 활용한다.

내용은 다음과 같다.

DHL FedEx

UPS

[그림 7-8] 국제항공소화물일관운송업체(국제특송업체)

첫 번째 형태인 Hand Carry는 고객으로부터 위탁받은 긴급 소량화물을 필요시 간이통관을 한 후 항공티켓팅을 하면서 수하물(baggage) 형태로 항공기에 탑재시켜서 운송을 한다. 도착지 공항에서는 수하물 수취소(baggage claim)을 통해서 반출하고 도착지 공항의 파트너가 수하인에게 배달하거나 수하인이 직접 공항에서 수령하는 절차로 진행된다. 운송인이 직접 항공기에 탑승하기 때문에 운임이 비싸게 책정되어 초긴급화물에 이용된다.

다른 형태인 Courier on Board는 운송인이 항공기에 탑승을 하지 않지만 항공화물과 동일한 절차를 밟아 운송을 한다. 다만 도착지 공항에서 통관은 메이저 국제항공소화물일관운송업체(Courier)와 같이 간이통관으로 진행되고 신속하게 반출되어 수하인에게 배달을 하게 된다. 오늘날에는 Ferry를 통한 유사특송도 활발하게 이용되고 있는 실정이다.[19)]

19) 한·중 Ferry나 한·일 Ferry를 통한 해상 Hand carry도 있으며 한·중 Ferry의 Hand carry 업자를 따이공(代公)이라고 부르며, 기업형으로 발전하여 대량 물량도 취급하고 있다. 따이공(代公)은 원래 중국어로 '물건을 대리 전달하는 사람'이란 뜻이며, 오늘날에는 한국과 중국을 오가며 면세품, 농산물 등을 소규모로 밀거래하는 보따리 상인을 일컫는 말이다. 이들은 중국과 한국의 면세점이나 시장에서 양주, 담배, 전자제품, 농산물 등을 면세 또는 저가로 구입한 후 중간상을 통해 상대 국가의 시장이나 유흥가 등에 비싸게 내다 팔아 차익을 남긴다.

### 2) 특징

① 취급화물이 국내택배업과 마찬가지로 30kg 이하의 소화물에 한정
② 고가 귀중품이 아닌 대중가격의 상품이 대부분임
③ 일정 기간 내에 신속한 인도를 목적으로 하는 수송의뢰업
④ 운송업자는 수취에서 인도에 이르기까지 전 운송과정을 책임
⑤ 운임구조는 문전운송 운임(항공료와 시내 밴 트럭운임 포함)이 제시

[표 7-10] 국제택배(국제특송)과 항공화물운송의 비교

| 구 분 | 국제택배 | 항공화물운송 |
|---|---|---|
| 운송시간 | 국제특송은 전 세계 문전서비스로 2~3일 이내 배달(배송) | 항공화물운송은 공항 이외의 운송시간까지 고려(실제적으로 국제특송의 2배 정도 운송시간 소요) |
| 운송방법 | 국제특송은 Door to Door Service (Desk to Desk Service) | 항공화물운송은 Port to Port Service |
| 물류비용 | 국제특송의 운임은 물류 전 과정의 포괄요금 | 항공화물운송운임은 공항과 공항 간의 운임만 계상(즉, 기타 부대물류비용 제외) |

**참고 | 해외 전시회에 가져갈 전시 샘플을 운송하는 Hand carry**

일반적으로 해외전시 샘플을 미리 보내지만 샘플을 보내고 난 뒤 신제품을 가져가야 하거나 신제품이 완성되지 못해 목업 등을 가지고 나갈 때 핸드캐리를 한다고 한다.

가구는 부피가 크기 때문에 핸드캐리를 하는 경우는 많이 보지 못하였으나, 의자 등 작은 제품의 경우 출장자가 핸드캐리로 가져오는 경우를 본 적은 있다.

출장자가 항공기 수화물을 통하여 가져오는 방법으로 일반적으로 출장자가 탑승시에 약 20kg(항공사 및 탑승 조건, 멤버쉽 등에 따라 무게가 달라질 수 있음)의 수화물을 같이 운송할 수 있기에 보통 출장자의 개인 물건을 제외한 나머지 공간에 샘플을 가지고 탄다.

전시용 샘플을 수출용이 아니기에 따로 세관 신고를 하지 않고 출국이 가능하지만 현지 도착 후 공항 세관에서 샘플에 대한 검사를 받을 수 있다. 그럴 경우를 대비해서 커머셜 인보이스 및 전시 제품이라는 증명서를 따로 가지고 타는 것이 좋다.

이는 나라마다 그리고 상황에 따라 검사를 받을 수도 있고 안 받을 수 있지만 대부분의 국가에서는 전시용 샘플은 그냥 보내주고 있다. 하지만 일부 나라에서는 전시가 끝나고 본 제품을 출국 시 반드시 한국으로 가져가야 하는 확약서를 받는 경우도 있고, 너무 많은 수량일 경우 관세를 물리는 경우도 있다.

또한, 샘플의 포장 크기가 큰 경우 일반적인 수화물로 보내기 힘들기 때문에 대형화물로 취급하여 보내지게 된다. 그런 경우 현지에서 제품을 찾을 때 늦게 나오거나 일부 공항에서는 일반 수화물을 찾는 곳이 아닌 대형 수화물을 찾는 곳이 다른 곳에 있을 수도 있다.

## 2. 국제항공소화물일관운송의 형태

### 1) 형태

#### (1) 자사혼재방식

국제항공소화물운송방식을 이용하여 화물을 운송하고자 하는 하주가 직접 화물을 혼재하여 이를 운송하는 형태로서, 하주가 필요한 시점에 언제든지 이용할 수 있기 때문에 매우 편리하지만, 화물 혼재에 따른 시간과 비용부담이 불가피하다는 단점이 있다. 이 형태는 주로 콜 대상화물로서 서류 등의 운송에 사용되고 있다.

#### (2) 타사혼재방식

하주가 항공회사 또는 항공소화물 운송업체에 운송하고자 하는 화물을 인도하면 소화물업체가 인도받은 화물을 책임지고 운송하는 방식이다. 이와 같은 방식을 이용하는 경우에 하주는 화물의 혼재에 따른 제반 비용을 절감할 수 있으며, 안전하고 신속한 문전운송서비스를 이용할 수 있기 때문에 매우 경제적인 운송방식으로 별송품의 경우 대부분은 이 방법이 이용되고 있다.

#### (3) 온 보드(on-board)운송 형태

국제항공소화물일관운송화물을 탁송수하물로 분류하여 항공회사에서 탁송하는 방법으로 주로 쿠리어 대상 서류운송에 많이 이용되고 있다.

### 2) 종류

국제소화물일관운송의 종류는 일반적으로 항공기를 이용하며 다음과 같은 방법으로 많이 이용되고 있다.

#### (1) 쿠리어(courier) 서비스

선적서류, 업무서류, 카탈로그 등 항공기를 이용한 문전배송을 말한다.

#### (2) 별송품 서비스

상품의 견본, 선물, 각종 기계류 부품 등의 소형·경량제품의 운송을 담당한다.

# 제 7 절 항공운송 관련 국제기구

## 1. 국제항공운송협회(International Air Transport Association, IATA)

### 1) 개요

IATA는 각국 정부의 협력기관인 ICAO에 대응하여 국제민간항공에 종사하는 각국의 정기항공회사에 의해 1945년 쿠바의 하바나에서 국제간의 운임이나 운항, 정비, 정산업무 등의 상업적·기술적인 활동을 목적으로 설립된 민간차원의 국제기구로서 캐나다의 Montreal, 스위스의 Geneva에 본부를 둔 순수 민간단체이다. 가맹회원이 되기 위해서는 국제민간항공기구 가맹국의 정기항공사업에 종사하는 민간항공회사이어야 하며, 국제선을 가지고 있는 민간항공회사는 정회원(Active Member)이 되고, 국내선만을 가지고 있는 민간항공회사는 준회원(Associate Member)이 된다.

### 2) 설립목적

IATA는 제2차 세계대전 이후 항공운송의 비약적인 발전에 따라 다음과 같은 목적을 두고 설립하였다.

① 국가 간 이해관계 조정 및 항공운송에 예상되는 각종 규정 및 절차의 표준화
② 전 세계인의 편의를 위해 안전하고 정기적이며 경제적인 항공운송업의 발달과 항공교역의 육성 및 관련 운송장의 문제점 해결
③ 국제민간항공운송에 직간접적으로 관계되는 항공운송기업 간의 협력수단 제공
④ ICAO 및 기타 국제기구와의 협력도모 등

### 3) 주요 업무

① 항공운송약관, 항공권과 항공화물운송장의 규격, 운임지불조건 등의 통일
② 항공운임률, 항공사 간 연대운송에 관한 협정, 총판매대리점 및 항공운송대리점 간의 계약 등에 관한 각종 표준방식의 제정
③ 항공운송에 관련된 통신약호의 국제적 통일
④ 항공운송여객 및 항공운송화물에 대한 출입국절차의 간소화 추진 등

### 4) IATA와 ICAO의 비교

① 참여주체로서 ICAO는 각국 정부 대표가 참석하는 유엔 산하의 국제기구인 반면에 IATA는 각국 항공사들의 대표들이 참석한 ICAO의 협력기구이다.

② 주요 업무의 취급에 있어서 ICAO는 정부 레벨에서 공항 및 항공기의 안전성 확보와 감시업무를 맡고, IATA는 운임과 항공사 상호간의 문제를 취급한다는 것이다.

③ IATA 항공운송회의에서 결정되는 운임 및 서비스의 조건, 운송절차, 대리점에 관한 규정 등은 전 세계 IATA 항공사의 대리점에 대하여 구속력을 가지고 있으며 각국 정부도 이를 인정하고 있다. 그리고 IATA에 가입되어 있지 않은 항공사들도 이 모든 규정 및 절차를 따르고 있어 현재 국제항공요금 결정기구로서 공인되고 있다.

## 2. 국제민간항공기구(International Civil Aviation Organization, ICAO)

### 1) 개요

ICAO는 제2차 세계대전 이후 1944년 시카고에서 국제민간항공의 발전과 관리기구 설립을 협의하기 위해 국제민간항공회의를 개최하였으며 이때 성립된 시카고조약(Chicago Convention)에 의거하여 국제항공의 안정성 확보와 항공질서 감시를 위한 관리기구로서 설립되었고, 이후 국제연합(UN)이 발족함에 따라 ICAO는 1947년 4월 UN 산하의 항공전문기관으로 편입되었다. ICAO는 각국 정부가 회원으로 참여하는 국제협력기구로 캐나다의 Montreal에 본부를 두고 있다.

### 2) 설립목적

ICAO의 설립목적은 시카고 협약 제44조에 의거하여 국제민간항공기구는 국제민간항공의 안정성·정시성·쾌적성을 확보하기 위해 필요한 국제수준을 정하고, 기술적인 권고를 목적으로 설립되었는데, 그 목적은 다음과 같으며 이는 정부 간 협력증진을 기초로 하고 있다.

① 전 세계 국제민간항공의 안전과 발전 도모

② 평화적 목적으로 항공기 설계 및 제작기술, 운항기술의 발전 도모, 국제민간항공을 위한 항공로, 공항 및 항공보안시설의 발전 촉진

③ 세계인의 요구에 부응한 안전적·정확적·능률적·경제적 항공운송의 촉진, 불합리한 경쟁으로 인한 경제적 낭비 방지를 위한 국제민간항공운송상의 질서유지 등이다.

### 3) 주요 업무

시카고 조약의 기본원칙인 기회균등을 기반으로 설정한 ICAO는 목적을 달성하기 위해 다음과 같은 주요 업무를 수행하고 있으며, 이를 통해 항공운송의 촉진과 비행의 안전증대 등의 항공운송에 발전을 조장하고 있다.

① 항공운송의 안전성·정시성·효율성을 제고하기 위한 각종 국제표준 및 권고안의 채택
② 국제항공법회의에서 초안한 국제항공법의 의결
③ 공항시설 등의 항공운항시설 및 공항운영 등에 대한 기술적·재정적 지원
④ 민간항공운송에 관련된 체약국 간의 과당경쟁방지와 분쟁해결 및 체약국에 대한 공정한 기회부여
⑤ 항공운송에 관한 간행물의 발행

## 3. 국제항공연맹(Federation Aeronautique Internationale, FAI)

### 1) 개 요

FAI는 1905년 10월 12일에 국제민간항공분야(일반항공, 우주항공, 항공학습, 항공스포츠, 낙하산 등)에 대한 활동 강화 및 발전을 도모하기 위해 프랑스의 Aero-Club을 중심으로 설립되었다. FAI는 1개국당 1개 민간항공단체에 한하여 가맹시키기로 하고 있다.

### 2) 주요 업무

① FAI는 IATA(국제항공운송협회), ICAO(국제민간항공기구)와 유기적인 관계를 갖고 민간항공단체가 바라고 있는 항공정책의 방향과 문제점, 새로운 사업 등을 건의한다.
② FAI의 주요 사업으로는 일반항공·항공우주·항공스포츠에 관한 사항, 항공학습과 항공기록에 관한 사항, 낙하산 및 모형기에 관한 사항 등이 있다.

## 4. 국제복합운송인(주선인)협회(International Federation of Freight Forwarders Associations, FIATA)

### 1) 개요

국가별 운송주선인협회와 개별 운송주선인들이 전 세계 복합운송업계·국가의 결속과 국제복합운송업과 국제교역의 촉진 등을 목적으로 1926년 비엔나에서 결성한 국제민간기구로서 오늘날 국제물류주선업자들을 대표하는 기관으로 인식되고 있는 비영리단체이다. 현재는 스위스 쥬리히에 본부를 두고 있고, 매년 본부회의와 세계총회를 개최한다. FIATA는 정회원(Oridinary members)과 준회원(Associate members)로 이루어져 있으며, 국가별 운송주선인협회에 한해서는 정회원의 자격이 부여되고 있다.

FIATA의 회원은 화물대리점만을 회원으로 국한하지 않고, 통관업·선박·항공기소개업·혼재업·창고업·육상운송업 등의 국제운송 관련 업체를 포함하고 있다. 화물대리점업과 국제물류주선업자, 통관업, 창공업, 해상운송업, 육상운송업 등의 국가별 단체 및 개별 사업체들로 구성되어 있으나 국가별 운송주선인협회에 한해서는 정회원의 자격이 부여되고 있다.

### 2) 주요 업무

① 국제물류주선업자가 발행하는 국제복합운송증권의 통일
② 국제물류주선업자가 준수해야 할 윤리규범의 제정
③ 국제물류주선업자 상호간의 정보교환 등 결속 도모
④ 화물운송에 관한 각종 국제회의에 참여 및 국제물류주선업자의 권익대변
⑤ 화물운송에 관련된 법률, 증거, 보험, 통관, 무역절차 등의 간소화 도모

# 제 8 장

# 컨테이너운송

**◆◇ 학습개요 및 목표 ◇◆**

컨테이너운송에 대한 전반적인 내용을 다루고 있는 이 단원에서는 컨테이너운송의 장·단점, 컨테이너화물의 운송형태와 국제협약 등을 비롯하여 컨테이너화물의 수출입운송절차에 관한 내용을 자세히 제시하였다.

1. 컨테이너운송에 대한 전반적인 내용을 제시한다.
2. 컨테이너의 수출입운송절차를 제시한다.

## 제 1 절 컨테이너운송의 개요

### 1. 컨테이너운송의 의의

#### 1) 컨테이너운송의 개념

컨테이너는 1920년 미국에서 철도운송을 위한 육상운송 용구로 개발되어 발전을 거듭해 오다가 1956년 미국의 Sea-Land사에 의해 해상용 컨테이너가 개발되어 국제적인 운송 활동에 이용되기 시작하였다.

컨테이너는 화물 운송에 있어서 경제성·신속성·안전성의 이점을 갖고 물적 유통부문의 운송·보관·하역 등 전 과정을 가장 합리적으로 일관운송할 수 있는 규격화된 혁신적인 운송용기로서 프레이트 컨테이너(Freight Container) 혹은 카고 컨테이너(Cargo Container)라고 불린다.

이러한 컨테이너시스템의 효율성을 극대화하기 위해서 국제표준기구(ISO)에서는 다음과 같이 컨테이너의 구비조건을 규정하고 있는바, 이는 컨테이너의 활용도 및 효율성 향상을 위한 최소한의 구비조건이라 할 수 있다.

① 내구성을 지니고 반복사용에 적합한 충분한 강도를 유지하고 있을 것
② 운송 도중 내용물의 이적 없이 하나 또는 그 이상의 운송 형태에 의해 화물운송이 용이하도록 설계되어야 할 것
③ 환적 작업이 신속하게 이루어질 수 있는 장치를 구비하여야 할 것
④ 화물 적입 및 적출이 용이하도록 설계된 것이어야 할 것
⑤ 컨테이너의 내부용적이 1㎥(35.3ft) 이상이 되어야 할 것

### 2) 컨테이너화

화물수송의 컨테이너화는 다양한 화물을 대상으로 컨테이너라는 국제적으로 규격화된 수송용기를 모체로 육·해·공 일관수송을 할 수 있다는 데 그 의의를 찾겠다. 즉, 하주의 공장에서 제품을 적입하여 봉인한 컨테이너를 운송 도중에 적입된 화물을 꺼내 보거나 환적하지 않고, 처음에 적입된 상태 그대로 하주가 원하는 장소까지 안전하고 빠르게 도착시키는 것이 컨테이너의 국제복합운송이다.

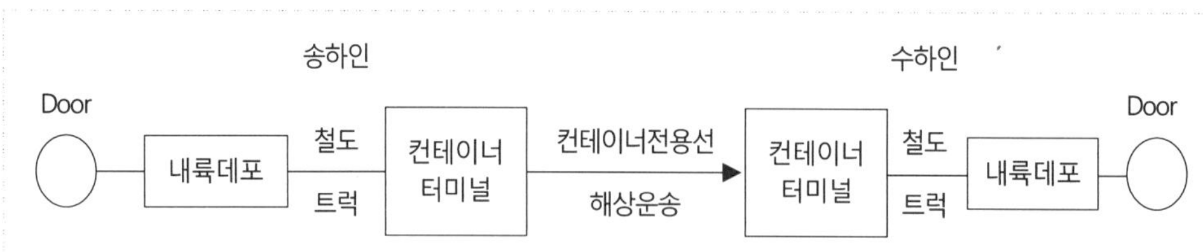


자료 : 윤상송, 「국제컨테이너수송실무」, 한국해사문제연구소, 1978, p.22.

[그림 8-1] 컨테이너화물의 일반적인 유통경로

즉, 컨테이너화는 하역과 포장과정에서 기계화, 자동화를 가능하게 하고 육·해·공 일관운송을 통한 정형화된 화물을 대량으로 적재·운송할 수 있도록 함으로써 규모의 경제 실현을 가능하게 한다.

따라서 오늘날 컨테이너를 모체로 한 국제복합운송은 그 시스템의 합리성과 경제성으로 짧은 시일에 국제운송에 혁명적 변혁을 가져왔으며, 국제무역거래의 관행에서도 컨테이너에 의한 반입인도조건(Delivery Term) 등 무역조건의 정비와 더불어 보다 많은 발전이 기대된다.

이상과 같이 컨테이너화의 목적은 물류비 절감에 있다. 즉, 송하인의 문전에서 수하인의 문전까지 컨테이너에 적입된 내용물을 운송 수단의 전환에도 불구하고 재적입이나 적출 없이 운송함으로써, 이에 따른 경제적 이익을 얻을 수 있으며 컨테이너에 의한 이상적인 국제복합운송을 달성할 수 있다.

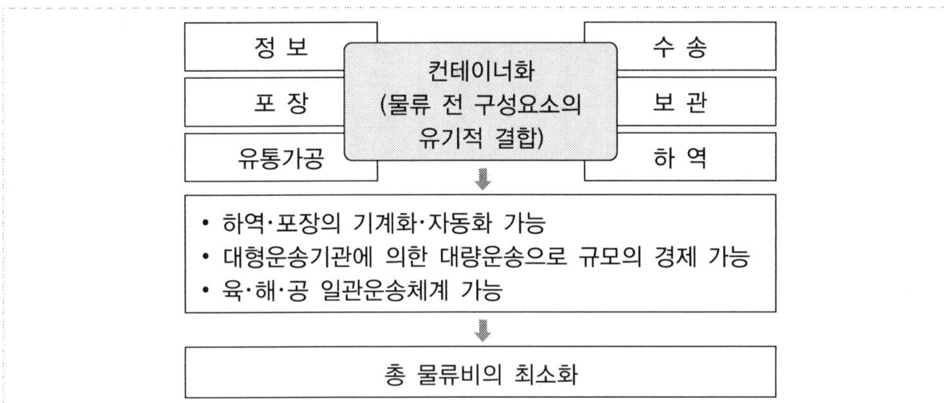


자료 : 로지스틱스 21, 「국제물류론」, 한국물류정보, 2007, p.308.

[그림 8-2] 컨테이너화의 목적

## 2. 컨테이너운송의 장단점

### 1) 장점

컨테이너 등장은 유통에서의 3개 혁신, 즉 경제성, 신속성, 안전성을 충족시킴으로써 하주, 도로운송업자, 철도회사 등 여러 부문의 이용자에게 상당한 이점을 제공하고 있다. 선사측에서는 하역시간의 단축, 선박가동률의 향상, 보험료 절감 등의 효과를 제공하고 있다. 이하에서는 하주의 입장에서 본 컨테이너의 장점을 살펴보면 다음과 같다.

#### (1) 경제성

첫째, 포장비의 절감이다. 컨테이너 자체가 화물의 외포장 역할을 수행하기 때문에 화물의 포장비가 절감된다.

둘째, 운송비의 절감이다. 컨테이너운송은 운송인들에게 화물 취급상의 편리함, 신속한 운송 등 다양한 장점을 제공해 주기 때문에 하주들에게 운송비의 절감효과

를 가져다준다.[1)]

셋째, 하역비의 절감이다. 컨테이너의 최대 이점 중 하나는 하역단계의 간소화에 따른 노동력의 절약과 화물의 기계하역으로 인한 하역비의 대폭적인 절약이다.

넷째, 보관비의 절감이다. 컨테이너 자체가 보관창고의 역할을 담당하기 때문에 화물의 보관을 위한 별도의 창고 시설비용이 절감된다.[2)]

다섯째, 자금의 신속 회전이다. 화물이동의 신속화에 따른 자금의 원활한 회전을 기대할 수 있다.

여섯째, 보험료·인건비·사무비의 절감이다. 컨테이너는 화물 운송의 안전도를 높여 운송화물의 안전성을 상승시킬 수 있으며, 사무절차의 간소화·기계화에 따른 사무비, 인건비 등 모든 비용을 절감시킬 수 있다.

### (2) 신속성

첫째, 운송기간의 단축이다. 컨테이너화물은 철도운송과 부대 육상운송과의 연결이 원만하고 환적할 때의 지연시간 없이 해륙일관수송이 가능하므로 화물의 생산지에서부터 소비지까지의 수송기간을 크게 단축시킬 수 있다.

둘째, 하역시간의 단축이다. 컨테이너화물의 취급은 기계화되어 있어 화물운송과정에서 가장 많이 걸리는 하역시간을 획기적으로 단축할 수 있다. 이러한 사실은 이미 국제컨테이너 운송체제에서 충분히 입증된 바 있다.[3)]

셋째, 운송서류의 간소화이다. 컨테이너화물의 취급시 종래 복잡한 작업 단계에서 일어나는 서류상의 복잡성을 간소화시킬 수 있어 신속한 업무처리가 가능해진다.

### (3) 안전성

컨테이너는 그 자체의 견고성으로 하역작업상의 안전은 물론 임시보관창고로서의 기능을 지녀 화물의 운송과정에서의 화물 보호 및 안전성을 확보할 수 있어 그 결과 운송업체 및 하주에 대한 클레임 제기의 요인을 감소시키는 부수적 효과도 유

---

1) 특히, 재래화물의 경우 그 이동 경로가 복잡해서 생산공장 또는 창고로부터 포장, 모듈화, 이송 등의 단계를 거쳐 일반화물차에 의해 운송되지만, 컨테이너에 의한 경우에는 생산공장 및 창고로부터 수하주 문전까지 일관운송이 가능하기 때문에 화물의 육상운송비가 현저히 절감될 수 있다.

2) 실제로 컨테이너박스는 화물의 일시적인 임시보관기능을 갖고 있어 그만큼 창고료가 절약될 수 있다.

3) 하역노무자 1팀(17명인 경우)의 시간당 하역능률(수작업의 경우)과 크레인을 중심으로 한 기계하역의 경우 크레인 1대가 노무팀의 작업능률보다 12배 이상 상승시켜 준다.

발할 수 있다.

첫째, 하역작업상의 안전이다. 컨테이너 자체의 견고성으로 하역과정에서 발생할 수 있는 화물의 파손, 오손, 분실 등에 대해 화물의 안전성을 확보할 수 있다.

둘째, 기후상의 안전이다. 컨테이너 자체의 견고성은 물론 임시보관창고로서의 기능을 갖고 있어 화물운송 중의 풍랑, 비, 온도변화로부터 화물을 보호할 수 있다.

셋째, 수송상의 안전이다. 컨테이너화물의 가장 큰 장점은 수송과정에서의 안전성이다. 철도운송구간은 물론 부대 운송이라 할 수 있는 내륙연결운송에 있어서도 안전성이 확보되고 있다.

### 2) 단점

#### (1) 선사 측의 문제점

첫째, 컨테이너운송에 필요한 관련 기기 및 시설에 대한 투자액이 거액이다. 즉, 컨테이너 전용시설 즉, CY, CFS, 하역장비 등의 확보에 막대한 비용이 소요된다.

둘째, 컨테이너 용기의 신속한 회수 및 손상방지 등 재고관리에 많은 애로가 발생한다.

셋째, 정박기간이 재래선의 평균 1주일에서 컨테이너선은 1일로 단축되기 때문에 하루 동안에 사무처리, 컨테이너와 트레일러의 배치, 선적 등 선사의 사무처리를 심하게 압박한다.

#### (2) 컨테이너운송의 문제점

첫째, 컨테이너운송이 항만시설 및 수송수단이 미비한 일부 국가에서는 부적합하다. 또한, 대량수송의 효율상 기항항 수가 제한되기 때문에 재래항으로 소량의 컨테이너를 적출하는 데는 불편하다.

둘째, 모든 화물을 컨테이너에 적입할 수는 없다.

셋째, 컨테이너선의 만선 시 갑판적 화물이 약 30%에 달하는데, 보험회사들은 이때 갑판적 화물에 대해 대부분 할증보험료를 부과하기 때문에 하주는 안정성이나 비용부담에서 큰 손해를 보게 된다.

# 3. 컨테이너 및 컨테이너선의 분류

## 1) 컨테이너 분류

컨테이너는 소유 형태와 크기(규격)·재질·용도 등에 따른 다양한 종류로 분류된다.

### (1) 소유형태에 따른 분류

컨테이너는 화물을 운송하고자 하는 하주가 보유하고 있는 경우도 있지만 일반적으로 선박회사, 국제물류주선업자, 컨테이너 전문운영업자(임대업자) 등이 보유하고 있는 컨테이너를 이용하여 화물을 운송하는 경우가 대부분을 차지하고 있다.

#### 가) 하주소유 컨테이너(SOC; Shipper's Own Container)

하주소유 컨테이너는 하주가 보유하고 있는 컨테이너로 대부분 대형 하주가 소유하면서 물량을 운영하고 있다. 특히, 원유수송을 위한 탱크컨테이너와 같은 특수 컨테이너의 경우 선사가 소유하고 있는 경우가 많지 않기 때문에 하주가 직접 제작·소유해서 사용하고 있는 경우가 대부분이다.

다만, 실무적으로 일반 개별 하주가 일반컨테이너(대부분 중고)를 구입해서 보내는 경우가 있는데, 이는 목적지에서 수입자가 그 컨테이너의 화물은 물론이고 공컨테이너를 창고용이나 사무실용으로 개조해 쓰고자 보내는 컨테이너를 협의의 SOC라고 하여 업무를 처리하기도 한다. 물론 이 경우에도 국제법규에 문제가 없어야 선적이 가능하며, 경우에 따라서 선사들이 선적을 거부하기도 한다.

#### 나) 선사소유 컨테이너(COC; Carrier's Own Container)

선사소유 컨테이너는 선사(라인)에서 소유하고 있는 컨테이너로 통상적으로 COC라고 지칭하고 있다. 최근 선사들은 비용 절감 및 재고관리상의 문제점을 해결하기 위해 컨테이너 전문운영업자(임대업자) 소유의 컨테이너를 많이 사용하고 있다.[4)]

---

4) 선사가 컨테이너 전문운영업자(임대업자), 즉 리스회사 소유의 컨테이너를 사용할 경우 그 이점은 ⓐ 자금고정화의 방지, ⓑ 감가상각 불필요, ⓒ 노후화된 장비의 위험 방지, ⓓ 지역성 및 계절성의 변동에 적절히 대처, ⓔ 재배치 비용 절감, ⓕ 비사용 기간 중 보관료 절감, ⓖ 유지관리비 절감 등을 들 수 있다.

### 다) 컨테이너 전문운영업자(임대업자)소유 컨테이너

오늘날 송하인이 컨테이너를 이용하여 화물을 운송하고자 할 경우에는 빈 컨테이너를 선박회사나 운송주선업자에게 신청하거나 컨테이너 전문운영업자(임대업자), 즉 리스회사로부터 리스(lease)하여 화물을 운송하고 있다. 이하 컨테이너의 리스형태를 구체적으로 살펴보면 다음과 같다.

① **트립리스**(Trip Lease, **단기리스**)

트립리스는 컨테이너를 운송구간별로 단기리스(short-term lease)하는 방식으로서, 이에는 편도리스(one way lease)와 왕복리스(two way lease)가 있다. 편도리스는 도착지에서 리스회사에 빈컨테이너를 반납하는 형태[5]이며, 왕복리스는 왕복구간을 모두 리스하는 방식이다.

② **마스터리스**(Master Lease)

마스터리스는 일정 기간(통상 3년에서 5년) 동안 컨테이너의 개수에 관계없이 컨테이너를 자유롭게 이용할 수 있는 마스터 계약을 체결하여 컨테이너를 리스하는 형태이다. 리스 기간 중 선사는 리스컨테이너를 자기 소유와 동일한 조건으로 사용할 수 있다.

③ **롱텀리스**(Long-term Lease, **장기리스**)

롱텀리스는 특정 컨테이너를 일정 기간(통상 3년에서 5년) 동안 장기간 임차하는 방식으로 원칙적으로 마스터리스 방식과 동일하게 운용되지만, 이용할 수 있는 컨테이너의 수량이 한정적이라는 점에서 차이가 있다.

## (2) 컨테이너의 종류에 따른 분류

### 가) 크기(규격)에 따른 분류

컨테이너 크기(규격)은 기본적으로 피트(feet)단위로써 길이를 측정하여 길이(Length, Meter) × 폭(Width, Meter) × 높이(Height, Meter)로 컨테이너 크기(규격)이 구분되며, 크기(규격) 사이즈의 측정 단위는 다음과 같다.

---

5) 편도리스의 경우에는 반납된 컨테이너를 임대업자가 국내로 재반입해야 하기 때문에 왕복리스에 비해 임차료가 상대적으로 비싼 편이다.

[표 8-1] 컨테이너 크기(규격) 사이즈의 측정 단위

| 구분 | 내용 |
|---|---|
| 내장 치수(㎜) | 컨테이너 Door를 합한 전체 컨테이너 규격 |
| DOOR OPENING(㎜) | 컨테이너의 Door를 연상태에서의 순수 컨테이너 규격 |
| CBM | Cubic Mater = 1M(L) × 1M(W) × 1M(H) |
| 순중량 Net weight(kg) | 총중량 - 컨테이너 중량 |
| 컨테이너 중량(kg) | 총중량 - 순수화물 중량 |
| 총중량 Gross Weight(kg) | 순중량 + 컨테이너 중량 |

현재 해상운송에서 사용되고 있는 컨테이너는 20feet(20'×8'×8'6"), 40feet(40'×8'×8'6"), 40feet High Cubic(40'×8'×9'6") 등이 주로 사용되고 있는데 국제적으로 유통되고 있는 컨테이너는 국제표준기구의 ISO표준 규격을 사용하도록 권고되고 있다. 이 중에서 20feet 컨테이너를 TEU(Twenty-foot Equivalent Unit)라 하여 물동량의 산출을 위한 표준적인 단위로 삼고 있으며, 이 단위는 선박의 최대 적재능력의 표시와 운임지급의 기준이 된다.

[표 8-2] 컨테이너 크기(규격) 종류

| Container 유형 | | 내장치수 (㎜) | DOOR OPENING (㎜) | 적재가능 CBM | 순중량 Net weight (kg) | Container 중량 (kg) | 총중량 Gross Weight (kg) |
|---|---|---|---|---|---|---|---|
| 20 Feet DRY(일반) | 길이(L) | 5,896 ~5,905 | 5,896 ~5,905 | 32.8 ~33.2 | 18,015 ~21,710 | 2,210 ~2,340 | 24,000 |
| | 폭(W) | 2,348 ~2,352 | 2,276 ~2,343 | | | | |
| | 높이(H) | 2,372 ~2,393 | 2,272 ~2,283 | | | | |
| 20 Feet OPEN TOP | 길이(L) | 5,898 | 5,898 | 32.6 | 21,500 | 2,390 ~2,450 | 24,000 |
| | 폭(W) | 2,340 | 2,338 | | | | |
| | 높이(H) | 2,381 | 2,244 | | | | |
| 20 Feet FLAT RACK | 길이(L) | 5,542 ~5,958 | 5,542 ~5,958 | 25.0 ~27.6 | 27,610 ~27,760 | 2,650 ~2,870 | 24,000 |
| | 폭(W) | 2,018 ~2,148 | 2,018 ~2,148 | | | | |
| | 높이(H) | 2,077 ~2,176 | 2,077 ~2,176 | | | | |
| 20 Feet REEFER (냉장) | 길이(L) | 5,455 | 5,455 | 28.3 | 21,040 | 2,960 | 24,000 |
| | 폭(W) | 2,290 | 2,290 | | | | |
| | 높이(H) | 2,262 | 2,227 | | | | |

| Container 유형 | | 내장치수 (㎜) | DOOR OPENING (㎜) | 적재가능 CBM | 순중량 Net weight (kg) | Container 중량 (kg) | 총중량 Gross Weight (kg) |
|---|---|---|---|---|---|---|---|
| 40 Feet DRY(일반) | 길이(L) | 12,023 ~12,057 | 12,023 ~12,057 | 66.2 ~67.8 | 26,260 ~29,580 | 3,900 ~4,220 | 30,480 |
| | 폭(W) | 2,234 ~2,352 | 2,314 ~2,343 | | | | |
| | 높이(H) | 2,359 ~2,395 | 2,272 ~2,282 | | | | |
| 40 Feet OPEN TOP | 길이(L) | 12,032 ~12,036 | 12,032 ~12,036 | 66.4 66.6 | 26,230 ~26,430 | 4,120 ~4,160 | 30,480 |
| | 폭(W) | 2,346 ~2,352 | 2,322 ~2,338 | | | | |
| | 높이(H) | 2,321 ~2,381 | 2,244 ~2,284 | | | | |
| 40 Feet FLAT RACK | 길이(L) | 11,676 ~12,092 | 11,676 ~12,082 | 67.3 | 39,020 ~39,550 | 5,450 ~5,980 | 45,000 |
| | 폭(W) | 2,108 ~2,240 | 2,290 | | | | |
| | 높이(H) | 1,962 ~2,034 | 2,250 | | | | |
| 40 Feet REEFER (냉장) | 길이(L) | 11,554 | 11,554 | 58.52 | 6,280 | 4,200 | 30,480 |
| | 폭(W) | 2,286 | 2,286 | | | | |
| | 높이(H) | 2,216 | 2,182 | | | | |
| 40 Feet HQ REEFER (냉장) | 길이(L) | 11,585 | 11,585 | 59.2 | 27,960 | 4,520 | 32,480 |
| | 폭(W) | 2,290 | 2,290 | | | | |
| | 높이(H) | 2,527 | 2,491 | | | | |
| 40 Feet HQ DRY (HIGH CUBE) | 길이(L) | 12,033 ~12,036 | 12,033 ~12,036 | 76.0 76.2 | 26,230 ~26,430 | 4,050 ~4,250 | 30,480 |
| | 폭(W) | 2,348 ~2,352 | 2,337 ~2,343 | | | | |
| | 높이(H) | 2,695 | 2,583 | | | | |
| 45 Feet HQ DRY (HIGH CUBE) | 길이(L) | 13,555 | 13,555 | 85.6 | 25,600 | 4,880 | 30,480 |
| | 폭(W) | 2,348 | 2,337 | | | | |
| | 높이(H) | 2,690 | 2,577 | | | | |

### 나) 재질에 따른 분류

컨테이너의 재질에 따른 종류로는 철재, 알루미늄제, 강화프라스틱제가 있다. 일반 DRY 컨테이너의 경우 철재컨테이너가 주종을 이루고 있으며, 일부 냉동컨테이너에 스테인레스와 알루미늄이 혼용되어 쓰이고 있으나 현재 제작되고 있는 냉동 컨테이너의 경우 철재와 스테인레스를 조합하여 제작되고 있다.[6]

① 철재컨테이너(Steel Container)

철재컨테이너는 Frame과 Panel에 일반 구조용 압연 강재를 사용하여 전체를 전기용접에 의해 조립되며, 제조원가가 저렴하여 대부분의 컨테이너가 이에 속하지만 무겁고 녹이 스는 단점이 있다.

② 알루미늄 컨테이너(Aluminium Container)

가볍고 외관이 아름다우며 내구성이 좋은 장점이 있으나 제조원가가 비싼 것이 흠이다. 주로 냉장/냉동용 컨테이너인 Reefer 컨테이너의 재료로써 쓰인다.

③ 강화프라스틱 컨테이너(Fiber Glass Reinforced Plastic Container)

강화 플라스틱(FRP)을 합판 표면에 접착제로 붙인 컨테이너이다. Frame은 강재이며 합판의 양면에 FRP를 코팅 및 박판을 입힌 Panel로 만들어져 있다.[7] 하지만 현재 점유율이 미미하며 거의 사용하지 않는 추세이다.

[표 8-3] 재질에 따른 컨테이너 비교

| 구 분 | 장 점 | 단 점 | |
|---|---|---|---|
| Steel Container | · 견 고<br>· 수리 용이<br>· 가격 저렴 | · 부식에 약함<br>· 너무 무거움 |  |
| Aluminium Container | · 부식에 강함<br>· 외양이 좋음<br>· 가벼움 | · 외부 충격에 약함<br>· 너무 비쌈 |  |
| FRP Container | · 내부가 넓음<br>· 부식에 강함 | · 너무 무거움<br>· 너무 비쌈 |  |

6) 한편, 컨테이너를 제작할 때 내부 바닥재는 알루미늄을 쓰는 Reefer 컨테이너를 제외하고는 28㎜의 고강도 합판을 사용한다.

7) Frame은 모두 용접하며 Panel은 특수 Rivet이나 볼트(Bolt)로 조립한다.

### 다) 용도에 따른 분류

#### ① 건화물 컨테이너(Dry Container)

건화물 컨테이너는 가장 일반적인 수출입용 컨테이너로서 냉동, 액체, 통풍 등 특별한 주의를 필요로 하지 않는 일반 잡화물(General Cargo)을 주로 운송할 수 있도록 제작된 컨테이너이다.

[건화물 컨테이너(Dry Container)]

20ft Dry Container

40ft Dry Container

자료 : 장금상선(www.sinokor.co.kr)

#### ② 냉동 컨테이너(Refrigerated Container)

화물이 특별히 냉장을 요하는 경우에 이용되는 컨테이너로서 컨테이너 내부에 냉장장치가 되어있으며, 주로 과일, 야채, 생선, 육류 따위와 같이 보냉이나 보열이 필요한 물품의 운반에 이용되는 컨테이너이다. 냉동컨테이너는 특수 우레탄, 알루미늄, 스테인리스로 제작되며, 규격은 Dry Container와 같지만 온도조절 장치가 붙어 있어 -28℃에서 +26℃까지의 임의 조절이 가능하다.

[냉동 컨테이너(Refrigerated Container)]

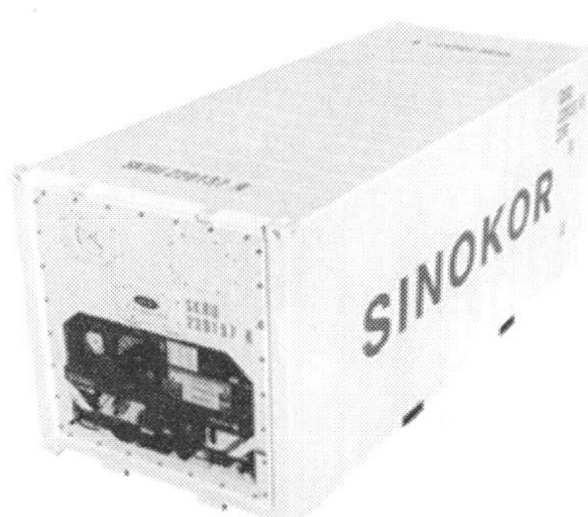


자료 : 장금상선(www.sinokor.co.kr)

③ 천정개방형 컨테이너(Open-Top Container)

파이프와 같이 길이가 긴 화물(長尺貨物), 중량품 기계류 등을 수송하기 위한 컨테이너로 지붕이 없는 형태여서 화물을 컨테이너의 윗부분으로 넣거나 하역할 수 있다. 다만 천정개방형 컨테이너는 천장이 방수 효과가 높은 캔버스 재질의 덮개로 되어 있어 탈부착이 용이하다는 장점이 있다.

[천정개방형 컨테이너(Open-Top Container)]

Open Top Container

40ft Open Top에 화물을 적입하고 sheet로 덮어 작업을 마무리한 상태

자료 : 장금상선(www.sinokor.co.kr)

④ 솔리드벌크 컨테이너(Solid Bulk Container)

소맥분이나 가축사료 등과 같은 화물을 운송하기 위해 제작된 컨테이너로 대개 직경 50㎝ 정도의 맨홀이 세 개 있으며, 컨테이너의 내부는 청소가 용이하고 외부 기온에도 견디도록 강하게 만들어져 있다.

[솔리드벌크 컨테이너(Solid Bulk Container)]

20ft Open Top Solid Bulk Container

자료 : 天津华派集装箱制造有限公司(http://www.sino-peak.com)

⑤ 플랫 랙 컨테이너(Flat Rack Container)

이 컨테이너는 Dry Container의 지붕과 벽을 제거하고, 컨테이너 바닥(평평한 면) 양쪽에 견고한 기둥이 있으며 비교적 중량화물과 넓이, 높이, 길이 등 횟수가 초과되는 화물(기계류나 목재, 승용차 등)수송에 사용되며 화물 양하 후 빈 컨테이너는 이동시 양쪽 기둥을 접을 수 있도록 설계되어 있다.

[플랫 랙 컨테이너(Flat Rack Container)]

40ft Flat Rack에 선적화물을 적입해놓은 모습

자료 : 장금상선(www.sinokor.co.kr)

⑥ 동물수송용 컨테이너(Live Stock Container 또는 Ventilated Container)

소나 말과 같은 살아있는 동물의 수송에 편리하도록 설계되어 있는 컨테이너이다.

[동물 수송용 컨테이너(Ventilated Container)]

가축 운반용 Pen Container

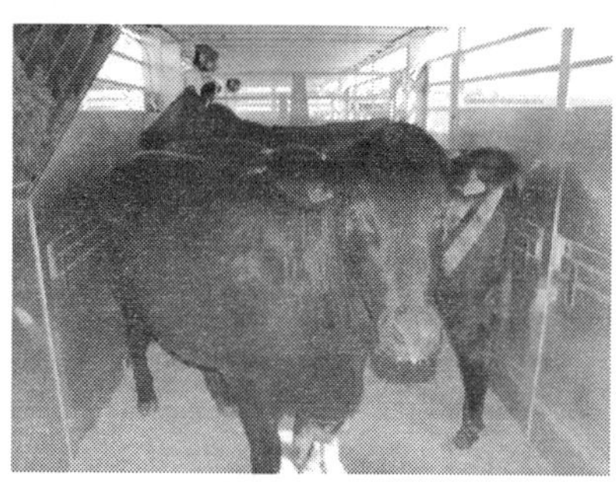

가축용 컨테이너 내부 구조

자료 : Google 검색(2018.11.10.)

⑦ 탱크 컨테이너(Tank Container)

액체화물의 해상수송용 용기. 일반 건화물용 컨테이너와 같은 방식으로 하역작업을 하기 위해 일반 컨테이너와 같은 사양의 용기내에 원주형의 용기를 설치한 컨테이너로 술, 유류, 화학제품 등의 액체상태의 화물을 수송하기 위해 특별히 고안해 만든 컨테이너이다. Tank Container는 화학품 등의 위험 및 비 위험 액체화물 운송에 사용되며 가열을 위한 장비가 부착된 종류도 있다. 용량은 20,000~25,000ℓ 정도이다.

[탱크 컨테이너(Tank Container)]

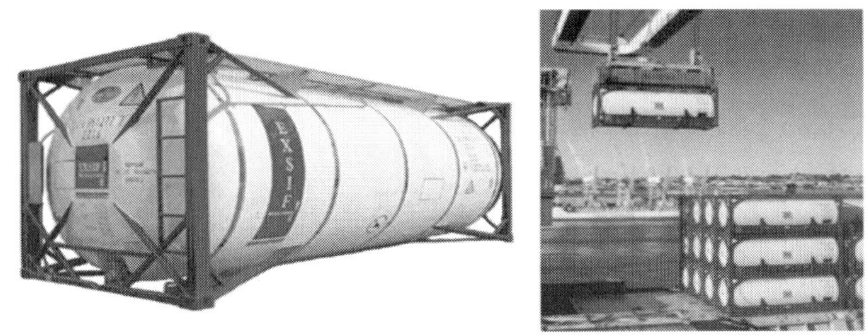

자료 : http://www.lab-t.co.kr/entry/Tank-Container

⑧ 액상화물운송 컨테이너(Flexitank Container)

Flexitank는 일반 컨테이너를 사용하되 컨테이너 내부에 플레시백(Flexibag)을 넣어서 액상화물을 주입하는 1회용 액상화물 운송용구로 이는 비위험물 액상화물일 경우 비싼 탱크컨테이너를 대체할 용도로 개발되었다.[8)]

[액상화물운송 컨테이너(Flexitank Container)]

Flexitank Container

Flexitank에 주입하는 모습

자료 : MSC선사

또한, Flexitank는 겹층 구조로 PE 필름 및 PP Woven으로 구성되어 유연하며 보관과 활용이 용이하고, ISO Tank나 Drum, IBC[9)]보다 Packing 비용이 저렴하

8) Flexitank에는 18,000~26,000L 적입이 가능하며, 우리나라 도로교통법상 20톤 적입이 가능하다.

며, 적재와 하역이 매우 용이하여 인건비가 절감된다.

### (3) 컨테이너 표식

컨테이너 소유자(업체)들은 컨테이너 소유주에 대한 고유한 정보를 국제컨테이너사무국(BIC; Bureau International des Containers)[10]에 등록하고 "BIC Codes" 또는 "ISO Alpha-codes"라고 부르는 국제적인 식별 부호를 컨테이너 외부에 표기하고 있다. 현재 ISO에서는 컨테이너 외부에 인식(Identification Code), 국가·크기·형태(Country/Size/Type Code), 컨테이너규격(Specification Code) 등의 정보 표식을 규정하고 있다.

#### 가) 인식코드(Identification Code)

인식코드는 컨테이너 소유주에 대한 고유한 정보를 표기하는 것으로 [그림 8-3]의 ①과 ②항이다. 이 코드는 11개의 문자와 숫자로 구성된다.

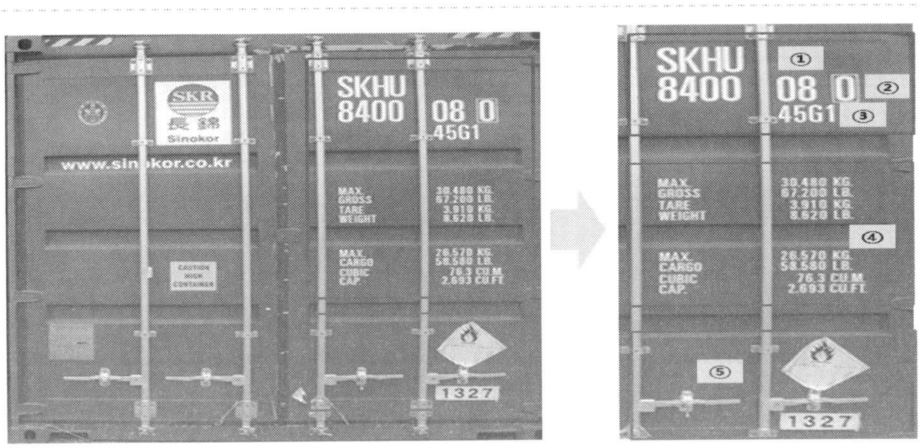


자료 : 장금상선(www.sinokor.co.kr)

[그림 8-3] 컨테이너 표식

9) 참고로 IBC(Intermediate Bulk Container) 역시 Flexitank와 같은 이유로 개발되었으며, IBC에는 주스류(원액) 및 식용 기름, 낙농 제품, 가공식품, 화장품 등 위생이 중요한 물품의 수송에 적합하며, 빈 용기를 접으면 기존 크기의 1/3로 줄어들어 회수 시 운송비용을 절감할 수 있다.

10) 국제컨테이너사무국(BIC; Bureau International des Containers)은 글로벌시장에서 활용되는 컨테이너의 안전과 보안, 표준과 환경문제, 효율성 등에 대한 국제적인 활동을 벌이는 단체로, 국제표준화기구(ISO; International Organization for Standardization)에 해당 권한을 위임받았다. 이에 따라 현재 컨테이너에 부여되는 코드와 명칭, 소유주 정보 등의 표준화를 관장하는 국제기구의 역할을 담당하고 있다.

먼저 알파벳문자 4자리는 컨테이너 소유주 공유 정보로 Container 소유자(운영자) Code 3자리와 4번째 알파벳 문자는 장비구분 코드로 컨테이너를 의미하는 'U' 1개 문자를 합쳐 총 4자리로 표시된다.[11)]

둘째, 6개의 아라비아 숫자로 표시되는 것은 컨테이너 소유자가 컨테이너를 관리하게 붙인 컨테이너 일련번호(Serial number)를 의미한다.

셋째, 마지막 7번째 숫자는 컨테이너 식별번호로서 Check Digit라고 한다. 이는 컨테이너 관련 데이터의 정확한 기록과 전달을 위한 검증을 위한 의미로 제공된다.

따라서 컨테이너 번호는 크게 영문 3자리(소유자 Code), 영문 1자리(장비 구분 Code), 아라비아 숫자 6자리(컨테이너 일련번호)와 이 3가지를 임의의 공식과 같은 형식으로 조합했을 때 나타나는 가장 마지막의 Check Digit(숫자 1자리)로 구성되어 있다.

* 소유자의 인식코드로서 영문 4자리 + 숫자 6자리 + 체크디지트 1자리로 구성

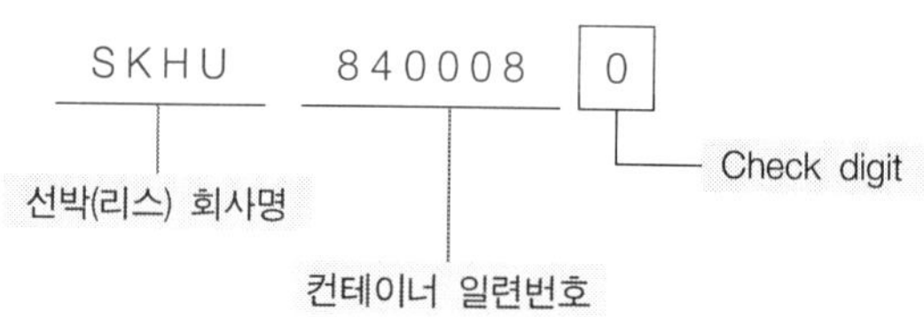


### 나) 국가·크기·형태코드(Country/Size/Type Code)

컨테이너를 제작한 국가 코드 표시 및 컨테이너의 크기(Size)와 형태(Type, 유형)를 표시한다. 최근에 제작되는 컨테이너에는 제작 국가 표시가 생략된 경우가 많다. 이하에서는 컨테이너 크기와 형태의 표식만을 다루기로 하며, [그림 8-3]의 ③이 이에 해당된다.

* 컨테이너 크기·형태(유형) 코드

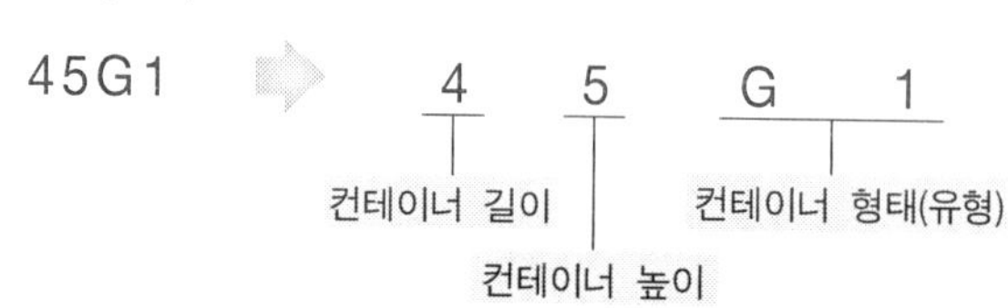


11) 컨테이너 소유자(업체)의 알파벳 4자리를 살펴보면 시노커(SINOKOR)는 SKHU, HMM은 HDMU, 머스크(MAERSK)는 MAEU 등으로 표기한다.

첫째, 첫 번째 숫자는 컨테이너의 크기(길이, Length)를 의미한다.

■ 2(20Feet), 4(40Feet), L(45Feet), M(48Feet)

둘째, 두 번째 숫자는 컨테이너 높이(Height)를 의미한다.

■ 2(Standard), 5(HQ; High Cubic)

셋째, 세 번째 영문과 네 번째의 아라비아 숫자로 표기된 것은 컨테이너 형태(Type)을 의미한다. ISO의 주요 5가지 유형의 컨테이너 암호(기술코드)와 크기 유형의 암호(기술코드)의 약어를 정리하면 다음과 같다.

■ G : General Purpose Container or Dry Container
■ R : Reefer or Refrigerated Container
■ U : Open Top Container
■ P : Flat Rack or Platform Container
■ T : Tank Container

이상과 같은 컨테이너의 크기(Size)와 형태(Type, 유형)코드를 조합한 컨테이너에 부착되는 Code는 ISO Group에서 파생된 Size Type로 다음과 같다.

[표 8-4] 컨테이너 Size Type Code 표

| Container Size Type Codes according to ISO 6346 | | | | | |
|---|---|---|---|---|---|
| Size (L × H) | Type | ISO Type Group | ISO Size Type | ISO Type Group di* | ISO Size Type di* |
| | | 1 | 2 | 1a | 2a |
| 20'×8' | General Purpose | 20GP | 20G0 | | |
| ★ 20'×8'6" | General Purpose | 22GP<br>22GP | 22G0<br>22G1 | | |
| 20'×8'6" | General Purpose(Fantainer) | 22VH<br>22VH | 22V2<br>22V3* | | 22V2 |
| 20'×8'6" | Ventilated | 22VH | 22V0 | | |
| 20'×8'6" | Bulk | 22BU | 22B0 | | |
| ★ 20'×8'6" | Open Top | 22UT | 22U1 | | |
| 20'×8'6" | Hardtop | 22UP* | 22U6* | 22UT | 22U1 |
| 20'×1'1$\frac{1}{4}$" | Platform | 29PL | 29P0 | | |
| 20'×8' | Flat(fixed ends) | 20PF | 21P1 | | |
| 20'×8'6" | Flat(fixed ends) | 22PF | 22P1 | | |
| 20'×8'6" | Flat(collapsible) | 22PC | 22P3 | | |
| 20'×8'6" | Flat(coll, flush, folding) | 22PC | 22P8* | | 22P3 |

| Container Size Type Codes according to ISO 6346 | | | | | |
|---|---|---|---|---|---|
| Size (L × H) | Type | ISO Type Group | ISO Size Type | ISO Type Group di* | ISO Size Type di* |
| | | 1 | 2 | 1a | 2a |
| ★ 20'×8'6" | Refrigerated | 22RT | 22R1 | | |
| 20'×8'6" | Refrigerated(no foodstuffs) | 22RC* | 22R9* | 22RT | 22R1 |
| 20'×8' | Insulated | 20HR | 20H0 | | |
| 20'×8'6" | Tank(non-dangerous liquids) | 22TN | 22T0 | | |
| ★ 40'×8'6" | General Purpose | 42GP<br>42GP | 42G0<br>42G1 | | |
| ★ 40'×8'6" | High Cube GP | 45GP<br>45GP | 45G0<br>45G1 | | |
| 40'×8'6" | Open Top | 42UT | 42U1 | | |
| 40'×8'6" | Hardtop | 42UP* | 42U6* | 42UT | 42U1 |
| 40'×9'6" | High Cube Hardtop | 45UP* | 45U6* | 45UT | 45U1 |
| 40'×2' | Platform | 49PL | 49P0 | | |
| 40'×8'6" | Flat(fixed ends) | 42PF | 42P1 | | |
| 40'×8'6" | Flat(collapsible) | 42PC | 42P3 | | |
| 40'×8'6" | Flat(coll, flush, folding) | 42PC | 42P8* | | 42P3 |
| 40'×9'6" | Flat(collapsible) | 45PC | 45P3 | | |
| 40'×9'6" | Flat(coll, flush, folding) | 45PC | 45P8* | | 45P3 |
| 40'×8'6" | Refrigerated | 42RT | 42R1 | | |
| 40'×8'6" | Refrigerated(diesel genset) | 45RS | 42R3 | | |
| 40'×8'6" | Refrigerated(no foodstuffs) | 42RC* | 42R9* | 42RS | 42R3 |
| ★ 40'×9'6" | Refrigerated | 45RT | 45R1 | | |
| 40'×9'6" | Refrigerated(no foodstuffs) | 45RC* | 45R9* | 45RT | 45R1 |
| 40'×8'6" | Insulated | 42HR | 42H0 | | |
| ★ 45'×9'6" | High Cube Cont. | L5GP | L5G1 | | |

주) * : Some Types/Groups in columns "1" and "2" are marked as non-ISO.
★: means ISO spares codes have been used. if official ISO codes are required for data interchange(di) pts use entries in columns "1a" and "2a"

### 다) 컨테이너 규격(specification code) 정보

컨테이너 자체의 무게, 화물의 적재능력 및 컨테이너에 화물을 적재한 상태의 컨테이너의 최대 무게 등을 표시하고 있다. 컨테이너 규격에 대한 정보는 [그림 8-3]의 ④가 이에 해당되며, 각 항목의 내용은 다음과 같다.

첫째, MAX. GROSS은 Maximum Gross Weight 혹은 M.G.W.로 표시된다. 이는 컨테이너 자체 무게와 컨테이너에 적입 가능한 화물의 총 무게의 합계를 표시한다.

둘째, TARE WEIGHT는 컨테이너 자체 무게를 표시한다.

셋째, MAX.CARGO/PAYLOAD/NET은 컨테이너에 적재할 수 있는 화물의 최대 허용 무게를 ㎏과 lb로 병기하여 표시한다. [그림 8-3]의 ④의 표식을 살펴보면 해당 컨테이너의 경우 26,570㎏ 혹은 58,580lb 이상을 적재하면 안된다.

넷째, CUBIC CAP.은 Cubic Capacity로 컨테이너에 적입 가능한 최대 부피를 말하며, CBM(Cubic Meter)와 Cubic Feet로 병기하여 표시한다.

#### 라) 표찰 표식

화물운송기구(CTU's ; Cargo Transport Units)[12]에는 그 단위물 내부에 들어있는 내용물이 위험물이며 또한 위험이 존재한다는 경고를 주기 위하여 그 외면에 대형표찰(명찰)과 표시 및 표식을 부착하여야 하며, [그림 8-3]의 ⑤가 이에 해당된다.

따라서 위험물 또는 위험물의 잔류물이 수납된 화물운송기구에는 대형표찰(placard)을 다음과 같이 명확하게 부착하여야 한다.

① 화물운송기구, 세미트레일러 또는 이동식 탱크 양 측면에 1개씩 및 전 후단에 1개씩(4면)

② 철도용 화물차 : 적어도 양 측면에 1개씩(2면)

③ 다중구획탱크 : 관련 구획실마다 양 측면에 1개씩(2면)

④ 기타의 화물운송기구 : 적어도 단위물의 양 측면에 1개씩(2면).

대형표찰은 부위험성이 있는 물질에도 부착하여야 한다. 그러나 부위험성이 정위험성 대형표찰에 의하여 이미 나타난 경우에는 부착할 필요가 없다.

#### 마) 기타표식

기타 컨테이너 표식으로는 다음과 같다.

① CSC Plate : CSC협약[13]에 따라 표준사양으로 건조됨을 인증

---

12) 화물운송기구란 화물컨테이너, 이동식 탱크, 도로용 화물차, 도로용 탱크차, 철도용 화물차, 철도용 탱크차를 말한다.

13) CSC협약(International Convention For Safe Containers; 컨테이너안전협약)은 UN이 국제해사기구(IMO; International Maritime Organization)와 협동으로 1972년에 채택한 "안전한 컨테이너를 위한 국제협약"이다. 이 협약의 목적은 컨테이너의 취급, 적취 및 수송에 있어서 컨테이너의 구조상의 안전요건을 국제적으로 공통화하는 것을 목적으로 하고 있다.

② Customs Approval Plate : 세관인증표시로 TIR[14] or CCC[15] 인증

③ Owner's Plate : 컨테이너 소유자의 임의관리표식

### (4) 컨테이너 총중량 검증 의무제도

가) 개요

① 개념

컨테이너 총중량 검증(VGM; Verified Gross Mass) 의무제도는 국제해사기구(IMO; International Maritime Organization)의 해상인명안전조약(SOLAS; International Convention for the Safety of the Life at the Sea 1974 as Amended, 해상에서의 인명의 안전성을 위한 국제협약)의 개정안에서 선사가 컨테이너를 본선에 적재(On-board)하기 전에 하주로부터 화물 고정 제품과 화물을 실은 컨테이너의 중량을 포함하는 화물의 총중량을 검증하여 선사와 터미널에 의무적으로 제공하는 제도로 2016년 7월 1일부터 시행하고 있다.

동 제도는 세계선사협의회(WSC; World Shipping Council)와 국제해운회의소(ICS; International Chamber of Shipping)가 잘못 검증된 컨테이너 중량으로 발생하는 선박복원성 미확보 등의 문제를 국제해사기구(IMO)에 제기하면서 선사, 터미널, 하주 등의 관련 업체들의 선박안전을 위한 제도의 필요성을 공감하는데서 비롯하였다. 이에 동 제도는 선박안전을 확보하기 위하여 선박에 컨테이너를 선적하기 전 하주가 해당 컨테이너 중량을 검증하여 선사와 터미널에 알리고, 선사는 이를 선박 적재계획에 활용하도록 하고 있다.

② 검증된 컨테이너 총중량(VGM; Verified Gross Mass of Container)

VGM은 적재된 화물의 무게(Cargo Weight)와 화물의 컨테이너 적재를 위해 사용되는 포장재와 고박장치, 그리고 컨테이너 자체 중량(Tare Weight)을 모두 합산한 검증된 컨테이너 총중량을 의미한다.

---

14) TIR협약(Trailer Interchange Receipt Convention; 국제도로운송협약)은 국제도로운송 증권의 담보 하에 행하는 화물의 국제운송에 대한 통관협약이다. 이 협약은 컨테이너 내부에 화물을 적입하고 봉인한 상태로 화물자동차에 의해 운송되는 화물에 대해서는 경유지 세관에서 수출세, 수입세 납부 또는 공탁을 면제해주거나 세관 검사를 생략해 주는 등의 내용을 담고 있다.

15) CCC협약(Customs Convention on Container; 컨테이너통관협약)은 국제복합운송을 쉽게 하기 위하여 유엔 유럽경제위원회가 1956년에 채택한 컨테이너 및 컨테이너화물의 통관에 대한 조약을 말한다.

또한, VGM은 고박장치와 기타 포장재의 무게, 컨테이너 자체 중량이 포함되었다는 점에서 B/L상 표기되는 Cargo Weight와는 차이가 있다.

③ VGM(Verified Gross Mass of Container)의 적용대상

VGM(Verified Gross Mass of Container)의 대상은 수출을 위한 화물이 적재된 개별 컨테이너에 적용되고 있다. 단, 공 컨테이너 및 환적 컨테이너, 그리고 단국제항해(Short International Voyage)[16]에 종사하는 RORO선박에 화물용 컨테이너를 섀시(chassis) 또는 트레일러(trailer) 등과 같은 차량에 연결하여 선적하는 경우에는 적용이 제외된다.

IMO 지침에 따라 VGM이 없는 컨테이너는 선적이 금지되며, 미선적 시 상황에 따라 하주에게 추가비용인 체선료(DEM; Demurrage Charge), 지체료(DET; Detention Charge), 경과보관료(STO; Over Storage)[17], Yard Re-handling fee 등이 발생될 수 있다.

나) VGM(Verified Gross Mass) 측정방법

컨테이너 총중량의 측정은 계량에 관한 법률에 따라 등록된 계량증명업소 또는 검·교정된 계측장비로 총중량을 측정하거나, 하주가 컨테이너 내에 수납된 모든 개별 화물, 화물 고정장비 등과 컨테이너 자체의 중량값을 합산하는 방법 등 두 가지 방법으로 검증할 수 있다.

① 방법 1 : 승인된 계측소에서 화물이 적재된 컨테이너의 총중량 계측

동 방법 1은 모든 화물에 사용될 수 있으며, 특히 화물 낱개의 무게측정이 불가능한 금속파편(Metal Scrap), Flexi Tank, 용기에 담기지 않은 곡물 등 고체산적 형태의 화물 및 허용오차 범위내에서 "방법2"를 통해 총중량을 검증하기 곤란한 경우에는 '방법 1'에 따라 VGM을 측정하여야 한다.

② 방법 2 : 하주에 의한 총중량 계측

방법 2는 하주가 컨테이너 내에 수납된 모든 개별 화물, 화물 고정장비 등과 컨

16) 단국제항해는 선박이 여객·선원 및 임시 승선자의 안전을 도모할 수 있는 장소 또는 항으로부터 200마일 이내에 있고 항해를 개시한 국가의 최후의 기항지로부터 최종의 도착항까지의 거리가 600마일을 넘지 아니하는 국제항해를 말한다.

17) 경과보관료(Over Storage)는 컨테이너를 부두운영업자가 제시한 Free Time을 초과하여 CY에 장치하는 경우 부두운영업자가 선사에게 부과하는 지체요금으로 하주와 직접적인 관련은 없으나 선사가 하주에 부과하는 체선료(Demurrage Charge)의 근거가 된다.

테이너 자체의 중량값을 합산하는 것을 말하며, 이를 위해 하주는 신뢰성있는 정보를 전송할 수 있도록 컨테이너 총중량을 합산하여 관리하는 품질경영시스템 등을 운영하여야 한다.

하주에 의한 총중량 계측은 「화물무게 + 화물의 고정/보호장비 무게 + 컨테이너 자체중량」의 총합산으로 이루어진다. 여기에서 오차범위는 ±5% 이내이어야 하며, 상기 방법 간의 VGM 값이 다를 경우, '방법 1'의 중량값이 우선한다.

**참고 | 컨테이너 자체중량 확인 방법**

컨테이너의 자체중량은 컨테이너 문(Door) 외부에 표기되어 있으므로 이를 참조하면 된다. 당사는 원활한 업무지원 및 고객편의를 위해 당사 홈페이지에서 컨테이너 자체 중량 정보를 제공하고 있다. 단 SOC컨테이너(하주소유)는 정보 제공 불가.

20Feet Dry Container

자료 : 장금상선(http://www.sinokor.co.kr/)

다) VGM(Verified Gross Mass) 제출

① VGM 제출 책임자

B/L상 Shipper는 선사에게 VGM을 제출해야 하며, Co-loading 화물은 선사의 B/L상 Shipper로 표기된 포워더에게 VGM을 제공할 책임이 있다.

② VGM 제출방법

VGM 제출방법은 장금상선㈜(http://www.sinokor.co.kr/)에서 제공한 안내자료를 중심으로 기술한다.

첫째, S/R 제출을 장금상선 이서비스(e-Service) 사이트에서 진행한 하주는 컨테이너 번호 입력화면에서 VGM을 입력하면 된다.

둘째, S/R 제출을 전자문서(IFTMIN)로 진행한 하주는 기존 IFTMIN에 VGM을 추가해서 송신하거나 VERMAS 문서를 송신하면 된다. 단 기존 문서로 대처가 불가능할 경우, 총중량 관련 전용전자문서인 VERMAS를 통해 진행하시거나 폐사의 이서비스 사이트 또는 "SIMPLE VGM"을 작성 후 송부하면 된다.

셋째, S/R 제출을 팩스 또는 이메일로 진행하였던 하주는 다음의 [표 8-5] SIMPLE VGM을 참조하여 S/R 송부 시 "SIMPLE VGM"도 함께 송부하면 된다. (M.B/L 단위) SIMPLE VGM 문서는 당사 이서비스 자료실에서 다운로드 가능하며, 기재항목은 모두 필수항목이다.

[표 8-5] SIMPLE VGM

| SIMPLE VGM | | | | | |
|---|---|---|---|---|---|
| 컨테이너 번호 | 검증된 총중량 | 중량단위 | 총중량 검증방법 | 제출책임자(하주) | B/K No. |
| 대문자 + 숫자 | 숫자만 기재 | kgs | 계측방법 구분<br>1. 계측소<br>2. 합산계산<br>예) 2 | B/L상 Shipper의<br>책임자 서명(영문대문자) | |

③ VGM 제출기한(Cut-off)

VGM 제출기한(Cut-off)은 원칙적으로 다음과 같다.

첫째, 컨테이너의 터미널 반입 시점과 선적예정 선박의 입항 24시간 전 중 더 빠른 시점으로 선사에 제공해야 한다.

둘째, 근거리 항해[18]시에는 선적예정 선박의 접안 전에 제공해야 한다.

선사는 하주로부터 총중량 정보를 받지 못하였거나 해당 정보가 오차범위를 초과한 경우 컨테이너 적재를 거부할 수 있으며, VGM 제출기한은 각 국가별, 터미

18) 우리나라 선박의 근거리항해는 중국, 대만, 홍콩, 일본, 러시아(극동지역) 간의 항해를 말함.

널, 노선 및 선박별로 상이할 수 있으니 선적시 확인이 필요하며, 당사에서는 B/K Confirmation Sheet에 VGM 제공 시점을 별도 기재하여 제공하고 있다.

라) VGM(Verified Gross Mass) 서식

총중량정보 제공을 위한 검증서 서식은 기존 선적서류로 대체 가능하며, 이 경우 검증된 총중량, 검증방법, 서명은 필수로 포함되어야 한다.

VGM declaration sheet

We hereby declare VGM information as below.

| No. | Requirement | Declaration | |
|---|---|---|---|
| 1 | B/L No. | | |
| | | Container. No | VGM WGT |
| 2 | Container No. & Verified WGT (VGM) | | |
| 3 | Unit of Measurement | KGS | |
| 4 | Weighing Method | | |

1) VGM data should be included shipping Material, shipped goods and container tare weight.
** You can check container tare weight on door of container or our website.
2) Weighing Method : 1 - Weighing by certified equipment 2 - Addition of the whole cargo including packing and the tare weight of the container

Person duly authorized by shipper, Requestor

KIMSUNGLYUL
Signature
(Eng. capital letter of name only acceptable)

[그림 8-4] VGM declaration sheet

### 참고 | 화물자동차 안전운임제 시행

국토교통부는 화물자동차 운수사업법 시행령을 일부 개정하여 2020년 1월 1일부로 화물차의 저운임으로 인한 과로·과적·과속의 위험에 내몰리는 화물운송 종사자의 근로여건을 개선하고자 컨테이너와 시멘트를 운송하는 화물차주가 지급받는 최소한의 운임을 공표하는 제도를 3년 일몰제로 도입하였다.

적용대상은 하주가 운수업체 또는 화물차주에게 지급하는 안전운송운임과 운수업체가 화물차주에게 지급하는 안전위탁운임으로 컨테이너는 1㎞당 평균 2,033원 및 2,277원, 시멘트는 1㎞당 평균 899원 및 957원으로 결정되었다.

만약 안전운임보다 낮은 운임이 지급될 경우 500만 원의 과태료가 부과되며, 안전운송원가 산정을 위한 자료 제출 또는 의견 진술 요구를 거부, 거짓으로 자료제출 또는 의견을 진술한 경우는 250만 원의 과태료가 부과된다. 또한, 운임지급과 관련하여 부정한 금품을 주고받을 시 2년 이하의 징역 또는 2천만 원 이하의 벌금이 부과된다.

출처 : 국토교통부 및 언론 보도자료 저자 정리

## 2) 컨테이너선의 분류

컨테이너선은 컨테이너를 선박에 적재하여 수송함으로써 하역의 능률을 향상하고, 비용을 절감하며, 선박의 정박시간을 단축해 가동률을 향상할 목적으로 개발되었으며, 컨테이너선은 선형과 하역방식, 하역장비 장착 여부에 따라 분류된다.

### (1) 선형에 따른 분류

#### 가) 컨테이너 전용선(Full Container Ship)

컨테이너 전용선은 갑판과 선창이 오직 컨테이너만을 적재하여 운항하기 위해 설계, 건조된 컨테이너 전용선박이다.

[컨테이너 전용선(Full Container Ship)]

자료 : 장금상선(www.sinokor.co.kr)

#### 나) 세미 컨테이너선(Semi Container Ship)

세미컨테이너선은 컨테이너 화물과 일반 화물을 동시에 수송할 수 있도록 적재 공간 일부를 컨테이너 전용으로 만든 선박이다. 즉, 재래형 정기선의 선창 중앙 또는 갑판에 컨테이너를 적재할 수 있도록 컨테이너 적재장치를 설치하거나 갑판을 개조하여 컨테이너를 적재할 수 있도록 개조한 선박이다.

[세미컨테이너선(Semi Container Ship)]

자료 : Google 검색(2018.11.10.)

세미컨테이너선은 적재공간에 컨테이너 화물과 일반 화물을 같이 적재하기 때문에 상대적으로 컨테이너 전용선보다는 컨테이너를 적재할 수 있는 공간의 크기가 작으며, 컨테이너 전용선과 달리 보통 선상 크레인을 갖추고 있다는 것이 특징이다.

다) 혼재 컨테이너선(Mixed type Container Ship, Conventional Ship)

재래형 정기선의 선창에 일반화물과 컨테이너를 혼재하여 운송하는 선박이며, 일반화물선이라고도 한다. 오늘날에는 취급 가능한 화물의 종류를 늘리는 방향으로 진화되어 다양한 Dry Cargo를 운송할 수 있는 형태로 발전하고 있다.

혼재 컨테이너선은 화물창을 상하로 분리한 Double Decker 형태가 많으며, 화물창의 형태는 Box Shaped, Hatch는 Open Hatch를 적용하는 것이 일반적이다.

[혼재컨테이너선(Mixed type Container Ship, Conventional Ship)]

자료 : Google 검색(2018.11.10.)

### (2) 하역방식에 따른 분류

가) Ro-Ro(Roll on/Roll off)선

Ro-Ro(Roll on/Roll off)선은 컨테이너화의 진전에도 불구하고 화물의 특성상 컨테이너 내 운송이 불가능한 화물, 즉 자동차나 트레일러, 트랙터 등의 바퀴 달린(wheeled) 화물 등 원동력 장치의 화물에 대한 해상운송수요의 증가에 대응하기 위해 1960년대 후반에 도입되었다. Ro-Ro선은 효율적인 화물의 적·양하 작업을 위해 갑판 및 선창의 구조가 육·해상의 램프(RAMP)로 연결되어 있어서 컨테이너의 적, 양하가 트레일러(trailer)나 포크리프트(forklift)에 의하여 수직 방향이 아닌 수평 방향으로 이루어질 수 있는 컨테이너 전용 선박을 말하며, 선내는 여러 개의 갑판(multi-deck)으로 이루어져 있다.

[RO-RO 컨테이너]

바퀴가 달린 육상중량물 운송장비를 활용하여 배에 프로젝트 화물을 싣는 RO-RO방식의 ㈜동방의 '자항선(Self Propellering Barge)'

자료 : Google검색(2018.11.10.), 해양한국(http://monthlymaritimekorea.com/news)

나) Lo-Lo(Lift on/Lift off)선

Lo-Lo(Lift on/Lift off)선은 본선에는 하역 장비가 설치되어 있지 않고 항만에 설치된 겐트리크레인(Gantry crane) 등의 하역장비를 이용하여 컨테이너의 적, 양하 작업이 수직 방향으로 이루어질 수 있는 컨테이너 전용선박으로 선창 내에 컨테이너만을 적재하기 위해 받침대(cell guides)를 부착하는 것이 특징이다.

[LO-LO 컨테이너]

리프트크레인(Lift Crane)이 장착된 LO-LO방식의 리크머스(RICKMERS) 중량물 선박

자료 : Google 검색(2018.11.10.), 해양한국(http://monthlymaritimekorea.com/news)

다) Fo-Fo(Float on/Float off)선

Fo-Fo(Float on/Float off)선은 부선(Barge)에 컨테이너나 일반화물을 적재하여

본선에 장착된 크레인으로 바지 자체를 적재 또는 양하하는 하역방식으로 대표적으로는 LASH선이다.

LASH선(Lighter Aboard Ship)은 지역의 항만 특성에 맞게 특수 건조된 선박으로 화물이 적재된 부선을 본선 자체에 설치된 대형 선내 크레인으로 적, 양하하는 선박을 말한다. 즉, 부선 자체에 컨테이너 화물을 적재하여 본선에 설치된 크레인으로 부선을 수면 위로 하역함으로써 항만시설이 없는 항구에서도 하역작업이 가능하게 해주는 선박이다.

[FO-FO 컨테이너]

해상에서 프로젝트 화물을 싣고 운송하는 FO-FO 방식의 선박인 도트와이즈(DOCKWISE)의 블루마린(Blue Marlin)호

자료 : 해양한국(http://monthlymaritimekorea.com/news)

## 참고 | 철도 및 도로운송의 컨테이너 하역방식 분류

### 1. 철도운송의 경우

① TOFC(Trailer On Flat Car)방식

컨테이너가 적재된 트레일러를 화차(flat car) 위에 적재하여 운송하는 방식이다. 이 방식에서는 철로 끝에 위치한 비탈길을 통해 트랙터가 직접 트레일러를 견인하여 상하차를 할수 있다. 따라서 별도의 컨테이너 하역장비가 필요하지 않다는 장점이 있다.

한편 트레일러는 세미 트레일러(semi-trailer)와 풀 트레일러(full trailer)로 구분되는데, 전자는 뒷 부분에만 바퀴가 있어서 앞 부분은 랜딩기어(landing gear)로 지지되는 것을 말하고, 후자는 랜딩기어 대신에 바퀴가 있는 것을 말한다. 따라서 세미 트레일러의 경우 컨테이너 하중은 트레일러와 견인차와 분담하지만, 후자는 트레일러만이 컨테이너 하중을 부담한다.

② COFC(Container On Flat Car)방식

트레일러가 분리된 컨테이너만을 화차 위에 얹어 운송하는 방식으로 컨테이너의 이단적재(double stack)가 가능하다는 점이 장점이다.

### 2. 도로운송의 경우

① Semi-Trailer 방식

화대가 붙어 있지 않은 견인차(Semi Tractor)에 세미트레일러를 연결한 형태로서 미국에서 발전한 형태이다. 이것은 운송의 효율성이 높고, 대량화물과 중량화물의 운송에 적합하여 우리나라 도로운송의 대부분은 이 방식에 의해 이루어진다. 한편 1대의 견인차에 2개의 트레일러, 예를 들어 세미트레일러와 풀트레일러를 동시에 연결하여 견인하는 방식을 "Double Bottom Trailer 방식"이라 한다.

② Full Trailer 방식

화대가 붙어 있는 견인차(Full Tractor)에 풀트레일러를 연결한 형태로서 유럽에서 발전한 형태이다. 이 방식은 목적지가 다른 화물을 견인차와 트레일러에 각각 분할적재하고 도중에 분리할 수 있다는 장점이 있다.

## (3) 하역장비 장착 여부에 따른 분류

### 가) Geared Container Ship

선박 자체에 하역을 위한 겐트리크레인이 설치되어 있어 자체적으로 하역이 가능한 컨테이너선을 말한다.

### 나) Gearless Container Ship

본선에 하역을 위한 겐트리크레인이 설치되어 있지 않아 자체적인 하역이 불가능한 컨테이너선을 말한다.

[하역장비 장착 여부에 따른 컨테이너 분류]

Geared Container Ship

Gearless Container Ship

자료 : 해양한국(http://monthlymaritimekorea.com/news)

## 제 2 절 컨테이너화물의 운송형태와 국제협약

### 1. 컨테이너화물의 운송형태

#### 1) 컨테이너화물의 종류

컨테이너 수송이 아무리 신속성, 안정성 및 경제성이 있다 하더라도 모든 화물을 전부 컨테이너화(Containerization)할 수 없다. 따라서 화물의 크기, 중량, 용적, 성질 등에 따라 컨테이너화의 적합도에 대한 최적상품, 적합상품, 한계상품, 부적합상품 화물로 구분한다.

##### (1) 최적상품(Prime Containerizable Cargoes)

컨테이너를 이용하여 가장 효율적으로 운송할 수 있는 상품은 대체로 고가이며 해상운임도 비교적 높은 건화물로서 공산품 중에서 주류, 의약품, 직물, 가전제품, 시계, 카메라 등 부피가 별로 크지 않은 상품이 해당된다. 이들 화물은 운임보다는 편리성·안전성·신속성 등이 중요하기 때문에 컨테이너를 이용하여 운송한다.

##### (2) 적합상품(Suitable Containerizable Cargoes)

최적상품보다 가격이나 해상운임률이 저가인 상품들로서 전선, 함석판, 철사, 포대 커피, 포대 소맥 등의 상품이 해당된다.

##### (3) 한계상품(Marginal Containerizable Cargoes)

컨테이너에 적재하여 운송하는 데에는 문제가 없으나 운임부담력이 적합상품보다 저가, 저운임의 화물로서 도난이나 손상의 기능이 없는 각종 주괴(ingot), 펄프, 면화 및 원목 등이 해당된다. 그럼에도 불구하고 한계상품은 부피, 중량, 포장면에서 컨테이너화하기에는 문제점이 많은 화물이다.

##### (4) 부적합상품(Unsuitable Containerizable Cargoes)

컨테이너운송을 위한 운임부담력이 너무 낮아 운송의 경제성이 없거나 물리적으로 컨테이너에 적재하는 것이 불가능한 산적화물(Bulk Cargo) 및 자동차, 대형 터빈, 교량, 철탑 등과 같은 중량화물과 원유, 액화가스 등과 같이 운송시 전문적인 시설이 필요한 화물 등이 해당된다.

## 2) 컨테이너화물의 유통경로와 운송형태

### (1) 컨테이너화물의 유통경로

컨테이너화물을 컨테이너 전용선에 선적 운송될 경우에는(L/C상에 컨테이너운송이 명시되어 있는 경우 또는 그렇지 않더라도 해당 항로를 취항하는 선박이 컨테이너 전용선밖에 없을 시) 하주와 선박회사 중 누가 적입 작업을 하느냐에 따라 책임의 성격이 달라진다.

또한, 화물량의 규모에 따라 단위 컨테이너를 자신의 화물만을 적입시키는 전용으로 사용할 것인지 아니면 수량이 소규모이기 때문에 동일 목적지로 가는 타인의 화물과 혼용할 것인지는 전적으로 하주의 선택사항이며 이 부분에 대해서도 선적 협의단계에서 결정된다.

이하 일반적인 컨테이너화물의 유통경로를 FCL[19] 화물과 LCL[20] 화물, ICD[21]를 이용한 유통경로의 유형은 다음의 [그림 8-5]와 같다.

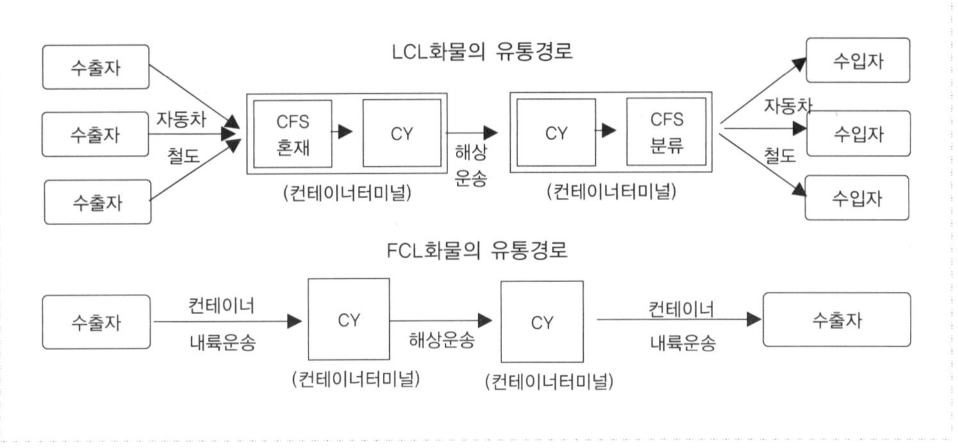


---

19) FCL(Full Container Load)은 송하인의 화물량이 컨테이너 1대분에 해당되는 경우를 말하며, FCL화물인 경우에는 CY(Container Yard; 컨테이너야적장)로 이동한다.

20) LCL(Less than Container Load)은 송하인의 화물량이 컨테이너 1대분에 미치지 못하는 경우를 말한다. 이 경우 운송인은 LCL화물의 컨테이너 적입 및 적출 장소인 CFS(Container Freight Station; 컨테이너장치장)에서 다른 송하인의 소량화물과 혼재하여 FCL로 만들어 운송한다.

21) ICD(Inland Container Depot, 내륙컨테이너기지)는 컨테이너화물의 효율적 운송을 위하여 내륙지점에 위치한 컨테이너의 보관, 수리, 집결지를 말하며, 자세한 내용은 본서 제10장 국제물류거점시설 내용을 참고하기 바람.

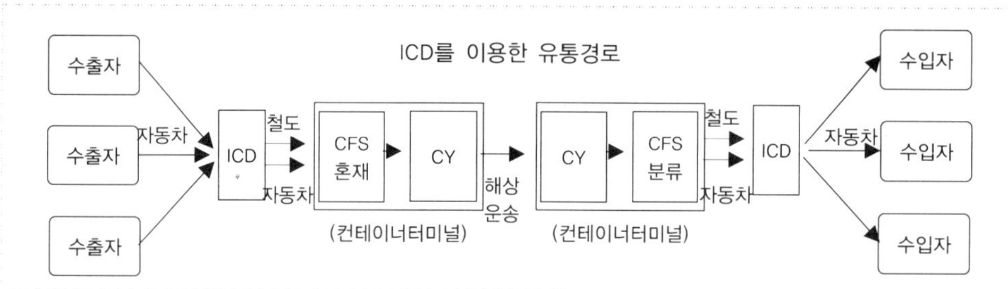


자료 : 옥선종 외, 『국제운송물류론』, 도서출판 두남, 2001, p.558.

[그림 8-5] 컨테이너화물의 유통경로 유형

### (2) 컨테이너화물의 운송형태

컨테이너화물의 운송형태는 운송하고자 하는 화물의 송하인과 수하인의 구성에 따라 여러 가지 방식으로 나누어진다.

#### 가) CY/CY(FCL/FCL) 운송(Door to Door, FCL/FCL 운송)

이 방식은 컨테이너의 장점을 최대한 이용한 운송방법이다. 수출업자의 공장 또는 창고에서부터 수입업자의 창고까지 컨테이너에 의한 일관수송형태로 수송되며, 운송 도중 컨테이너의 개폐없이 수송된다. 이것은 운송의 3대 원칙인 신속성, 안전성, 경제성을 최대한으로 충족시켜 컨테이너의 목적을 완전하게 달성시키는 운송형태로서 수입업자의 창고까지 상품을 수송하고자 하는 경우에 이용된다.

#### 나) CY/CFS(FCL/LCL) 운송(Door to Pier, FCL/LCL 운송)

이 방식은 선적항의 CY에서 목적항의 CFS까지 컨테이너에 의해서 운송되는 방법으로서, 선적지에서 수출업자가 FCL화물로 선적하고 목적지의 CFS에서 컨테이너를 개봉하여 화물의 분류하여 여러 수입업자에게 인도된다. 이 방법은 한 수출업자가 수입국의 여러 수입업자에게 일시에 화물을 운송하고자 할 때 많이 이용된다. 이를 'Shipper's Consolidation'이라고도 하며, 이론상 가능하지만 현실적으로는 별로 이용되지 않는다.

#### 다) CFS/CY(LCL/FCL) 운송(Pier to Door, LCL/FCL 운송)

이 방식은 운송인이 지정한 선적항의 CFS로부터 목적지의 CY까지 컨테이너에 의해 운송되는 형태로서 운송인이 여러 송하인(수출업자)들로부터 화물을 CFS에서 집하하여 목적지의 수입업자 창고 또는 공장까지 운송하는 것을 말한다. 이를

'Buyer's Consolidation'이라고도 한다.

이 운송 형태는 CFS/CFS에서 발전한 운송 방법으로서, 대규모 수입업자가 여러 송하인들로 부터 각 LCL화물들을 인수하여 일시에 자기지정창고까지 운송하고자 하는 경우에 이용하며 현재 우리나라에서 많이 이용하고 있다.

라) CFS/CFS(LCL/LCL) 운송(Pier to Pier, LCL/LCL 운송)

이 방식은 선적항의 CFS에서 목적항의 CFS까지 컨테이너에 의해서 운송되는 가장 기본적인 운송방법이다.

여러 하주의 LCL화물을 CFS에서 혼재하여 선적하고 목적지의 CFS에서 컨테이너를 개봉하여 화물을 분류하여 여러 수입업자에게 인도된다. 이러한 혼재업무를 'Forwarder's Consolidation'이라 한다. 이 운송방식은 Pier to Pier(부두에서 부두까지) 또는 LCL/LCL운송이라고도 부르며 운송인이 여러 하주로부터 컨테이너에 운송하여 목적항의 CFS에서 여러 수하인에게 화물을 인도하는 방법이다. 따라서 이 방식은 송하인과 수하인이 여러 사람으로 구성되며, 운송인은 선적항과 목적항 간의 해당 해상운임만을 징수하고 이에 따른 운송책임도 선적항 CFS에서 목적항 CFS까지이다.

[표 8-6] 컨테이너화물의 운송형태

| 운송구분 | 운송방법 | 출고지 ➡ 선적항 ➡(해상운송) 도착항 ➡ 수하인창고 |
|---|---|---|
| CY/CY (FCL/FCL) | 송하주의 공장이나 창고에서 수하인에게 전달될 때까지 동일한 컨테이너에 적재된 상태로 일관운송하는 방법 | 출고지 ➡ 선적항 ➡ 도착항 ➡ 수하인창고<br>CY / CY<br>Shipper's Pack (출고지 ~ 수하인창고) |
| CY/CFS (FCL/LCL) | 송하주의 공장이나 창고에서 FCL 상태로 떠나 도착지에서는 여러 명의 수하주에게 전달하기 위해 도착항의 CFS에서 분배 | 출고지 ➡ 선적항 ➡ 도착항 ➡ 수하인창고<br>CY / CFS<br>Shipper's Pack (출고지 ~ 도착항) |
| CFS/CY (LCL/FCL) | 출발지의 CFS에서 혼재된 화물이 도착항에서는 단일의 수하주에게 전달되는 방법으로 구매자의 집하에 이용 | 출고지 ➡ 선적항 ➡ 도착항 ➡ 수하인창고<br>CFS / CY<br>Carrier's (선적항 ~ 도착항) |
| CFS/CFS (LCL/LCL) | 다수의 송하주로부터 모은 LCL 화물을 CFS에서 혼재하여 다수의 수하주에게 인도하는 방법으로 주로 운송인의 집하에 이용 | 출고지 ➡ 선적항 ➡ 도착항 ➡ 수하인창고<br>CFS / CFS<br>Carrier's (선적항 ~ 도착항) |

### (3) 컨테이너화물의 하역형태

#### 가) Chassis System(샤시 방식)

Chassis System이란 컨테이너선에서 Chassis로 육상의 크레인 또는 선상의 크레인을 이용하여 컨테이너를 적재시키는 방식으로 별도의 보조 하역기구가 필요 없는 하역의 형태이다.

Chassis System은 하역작업이 매우 신속하고 효과적이라는 장점이 있다. 반면에 컨테이너를 1단만 장치할 수 있기 때문에 넓은 야드 면적과 많은 수의 Chassis와 트레일러가 필요하다는 단점이 있다.

따라서 Chassis System은 땅값이 저렴한 지역에서 선박회사가 트레일러를 제공하거나, 터미널에서 트레일러를 임차하여 전용으로 운영하는 경우에만 이용이 가능하다.

#### 나) Transtainer System(트랜스테이너 방식)

Transtainer System이란 야드의 샤시에 탑재한 컨테이너를 마샬링야드로 이동시킨 후 트랜스퍼크레인을 이용하여 장치하는 방식의 하역 형태로 좁은 면적의 야드를 가지고 있는 터미널에 사용하기 가장 적합하다.

Transtainer System은 일정한 한 방향으로만 이동을 하기 때문에 전산화, 완전자동화가 가능하며 트랙터와 문형 크레인 결합할 수 있어서 Straddle carrier System과 비교하여 안전도가 높고 운행비가 훨씬 적게 소모된다. 하지만, 작업량이 급증하게 되면 Transtainer System은 탄력적으로 반응하지 못하므로 대기시간이 늘어나게 되는 단점이 있다.

#### 다) Straddle carrier System(스트래들캐리어 방식)

Straddle carrier System은 컨테이너를 크레인을 사용하여 에이프런에 직접 하역하고 스트래들캐리어를 이용하여 운반하는 방식의 하역형태이다.

Straddle carrier System은 Chassis System과 비교하여 컨테이너를 2~3단 적재할 수 있다는 장점을 가지고 있기 때문에 토지 이용의 효율성이 상대적으로 높다. Transtainer System과 비교하면 터미널 내의 작업량이 급증하더라도 탄력적으로 대응이 가능하기 때문에, 운반이나 적재에 융통성이 높다. 하지만, Straddle carrier System은 정밀한 작업이 요구되는 하역방식으로 아스팔트의 손상률·하역장비의 파손율이 높으며, 파손된 장비의 보수비용과 시간이 많이 소요된다.

#### 라) Mixed System(혼합방식)

Mixed System이란 Transtainer System과 Straddle carrier System의 하역방식을 결합시킨 하역형태로 작업의 효율성을 높이기 위해서 사용되는 방식이다. 컨테이너를 수출시에는 Transtainer System을 이용하여 야드에서 선측까지 운반하며, 수입 시에는 Straddle carrier System을 이용하여 운반한다.

## 2. 컨테이너화물운송과 국제협약

일관컨테이너 운송시스템은 수출국에서 화물을 컨테이너에 적재하여 수입국까지 운송하는 방식이다. 따라서 컨테이너 자체는 물론 컨테이너 탑재차량 및 화차 등이 자연스럽게 국경을 초월하여 이동하게 된다. 이에 컨테이너와 운반차량 등을 국경이나 통관지에서 어떻게 취급할 것인가에 관한 국제적인 논의가 지속적으로 있어왔다. 이와 같은 논의의 결과로 나타난 컨테이너운송과 관련된 국제협약의 내용을 정리하면 다음과 같다.

### 1) CCC 협약

CCC 협약(Customs Convention on Container, 컨테이너 통관협약)은 컨테이너가 국경을 통과할 때 발생하는 관세 및 통관문제의 해결을 위해 1956년에 제정된 국제협약이다.

본 협약의 주요 내용은 일시 반입된 컨테이너에 대해 재반출을 조건으로 관세를 면제한다는 내용과 국내 보세운송에 있어서 체약국 세관의 봉인(seal)을 존중한다는 내용으로 되어있다. 따라서 본 협약은 컨테이너에 관한 관세를 면제하고 수출국이 체약국인 경우 봉인(seal)을 인정해줌으로써 컨테이너를 이용한 국제운송이 급속히 증가할 수 있는 토대를 마련한 협약으로 평가받고 있다.

### 2) TIR 협약

컨테이너 통관협약이 컨테이너 자체의 관세 및 통관에 관한 사항에만 제한되어 있는 것에 비해, TIR 협약(Customs Convention on the International cover to transport of goods under cover to Trailer Interchange Receipt, 국제도로증권)의 담보하에 행하는 화물의 국제운송에 관한 통관협약)은 컨테이너뿐만 아니라 이를 적재하고 도로를 주행하는 차량의 원활한 통관을 위해 체결된 협약이라 할 수 있다.

본 협약은 컨테이너 자체는 물론이고 적재 차량에 대한 통과지(경유지)에서의 관세 납부 및 공탁 면제 등을 규정하고 있을 뿐만 아니라 경유지 세관에서도 세관검사를 면제해줌으로써 다수의 국가를 거쳐 컨테이너를 운송하는 데 상당한 편의를 제공하고 있는 협약이다.

#### 3) ITI 협약

ITI 협약(Customs Convention on the International Transit of Goods, 국제통과화물에 관한 통관협약)은 TIR 협약의 적용 범위를 모든 운송기기의 이동과 육·해·공의 운송수단까지로 확대할 목적으로 1971년 제정된 협약이다. 특히, 본 협약은 화물을 자동차를 이용한 공로운송은 물론 모든 운송수단에 의한 컨테이너 운송의 확대 및 활성화를 촉진하는 전기를 마련한 것으로 평가받고 있다.

#### 4) CSC 협약

CSC 협약(International convention for safe container, 컨테이너안전협약)은 UN이 IMO(국제해사기구)와 협동으로 1972년에 채택한 '안전한 컨테이너를 위한 국제협약'이다. 이 협약의 목적은 컨테이너의 취급, 적취 및 수송에 있어서 컨테이너의 구조상의 안전요건을 국제적으로 공통화하는 것을 목적으로 하고 있다.

## 제 3 절 컨테이너화물의 수출입운송절차

### 1. 수출화물 운송절차

컨테이너 화물의 일반적인 운송 흐름을 본다면, FCL화물의 경우와 LCL화물의 경우가 서로 다르다. 이하에서는 FCL화물과 LCL화물로 구분하여 컨테이너화물의 수출운송절차를 살펴보고자 한다.

### 1) FCL화물 운송절차

FCL화물은 내장화물의 하주가 단일화된 것으로 수출업자가 수출품을 생산한 후 선적을 위해서는 항만까지 국내운송절차를 거치게 되는데, 이에 대한 경로는 공로(육상), 철도, 연안운송 등에 의한다.

보통 FCL화물은 하주의 공장에서 수출통관 후 보세운송형태로 공로운송되는 경우가 대부분이며 때로는 의왕 ICD를 통한 철도운송 또는 연안해송도 이용된다. 수출 FCL화물의 흐름은 크게 수출화물의 컨테이너 적입단계와 운송단계로 나누어 볼 수 있으며, 이를 정리하면 다음과 같다.

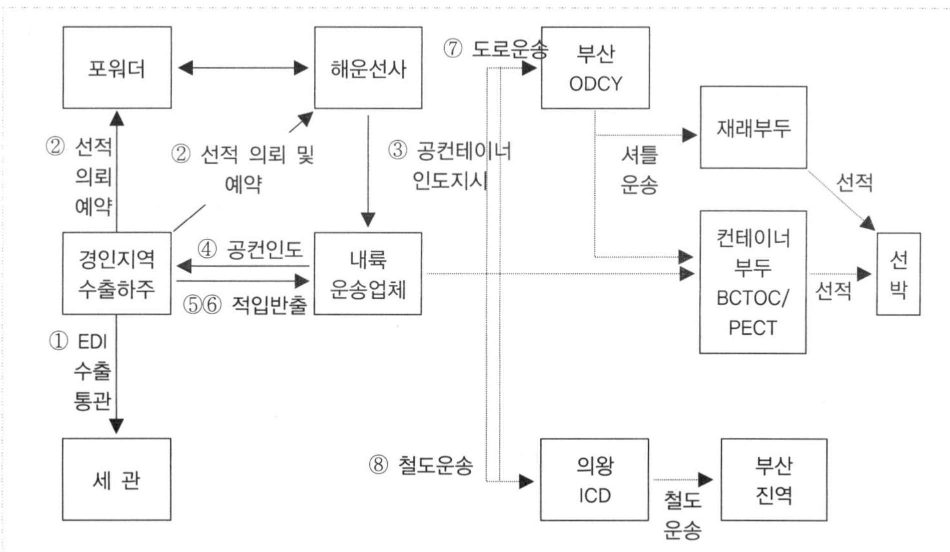


자료 : 경윤범, 『E-Logistics시대 국제운송론』, 형설출판사, 2005, p.222.

[그림 8-6] 수출 FCL 화물의 운송절차

#### (1) 수출통관

수출물품에 대한 수출신고를 필하고 신고필증을 교부받아야 한다. 수출신고는 하주, 관세사, 관세사가 포함된 통관법인 또는 관세사법인의 명의로 할 수 있으며, 원칙적으로 수출신고는 EDI로 작성하여 통관시스템에 전송하여야 한다.

#### (2) 선적의뢰·예약(Booking)

수출하주는 수출신고를 전후해서 신용장상의 선적기일(Shipping Date)에 맞추어 배선표(Sailing Schedule)를 참조하여 적절한 선박을 정하고, 선박회사와 구두로 선적업무 협의와 선적예약을 하고, 송하인(Shipper), 수하인(Consignee), 선적항(Port of loading), 양하항(Port of discharge), 화물의 명세(Particular 또는 Description of Cargo) 등 선하증권에 표기되어야 할 주요 운송정보를 기재한 선적의뢰서(S/R; Shipping Request)를 상업송장, 포장명세서, 신용장, 수출신고필증 등의 사본과 함께 선사나 국제물류주선업자에게 제출하고 선적의뢰를 한 후 선사와 선적예약을 한다.

### (3) 공컨테이너(Empty Container) 인도지시 및 컨테이너 작업요청

선적의뢰를 받은 선사나 국제물류주선업자는 내륙운송업체에게 공컨테이너의 인도를 지시하며, 이때 컨테이너기사는 컨테이너 작업요청서를 받고 컨테이너 번호와 SEAL NO.가 적힌 봉투에 SEAL을 넣어서 가져온다.

컨테이너 작업요청서

공컨테이너 운송

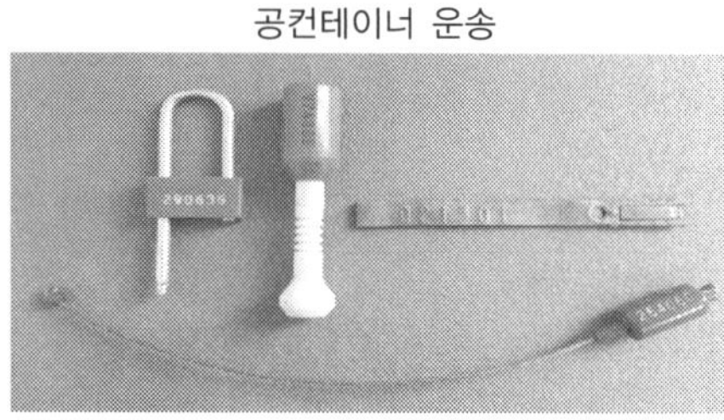
SEAL

[그림 8-7] 컨테이너 작업요청서와 SEAL

### (4) 공컨테이너의 Door Delivery(Spotting Order)

하주로부터 선사 그리고 내륙운송업체로 이어지는 선적예약은 내륙운송업체가 해당 CY나 컨테이너 데포(Depot)에서 부터 하주가 요구하는 수량과 종류의 컨테이너를 하주가 지정하는 장소까지 수송하여 주는데, 이를 공컨테이너의 'Door Delivery' 또는 'Spotting Order'라고 한다. 공컨테이너는 선사가 자체적으로 보유하고 있거나 임대회사로부터 단기 또는 장기계약으로 임대(lease)한 것이 사용되는

데, 보통 대전 이북지역인 경우 의왕 ICD, 대전 이남지역인 경우 부산의 ODCY (Off Dock Container Yard; 부두밖 장치장)[22]에 장치되어 있는 컨테이너를 이용한다.

한편, ICD나 ODCY에서 공컨테이너를 반출할 때 CY Operator는 기기인수도증 (EIR; Equipment Interchange Receipt, E/R이라고도 칭함)[23]을 작성해 트럭기사를 통해 하주에게 전달하며, 또한, 공컨테이너를 자신의 Door에서 인수한 하주 역시 공컨테이너의 이상 유무를 확인한 후 이상이 없을 경우에는 기사가 전달한 EIR상에 공컨테이너의 인수를 증명하는 서명을 한다.

### (5) Door 작업(화물의 컨테이너 적입) 및 반출

하주는 수출화물을 컨테이너에 자신의 검수와 책임하에 적입(Shipper's Pack)하며, 하주는 필요한 경우 컨테이너 내부에 화물이 적재되어 있는 상태를 그림으로 표시한 컨테이너 적입도(CLP; Container Load Plan)[24]를 작성하여 트랙터 기사를 통해 CY Operator에게 전달하기도 하지만, 대개의 경우에는 CY Operator나 이와 계약관계에 있는 검수회사에서 하주가 선적예약 시 제출한 제반서류를 참고로 작성하는 것이 보통이다.

수출화물을 모두 적입한 하주는 트럭기사가 공컨테이너 반입 시 EIR과 함께 전달한 선사봉인(Carrier's Seal)을 직접 컨테이너에 부착한다. 봉인(Sealing)작업을 마친 컨테이너는 의왕 ICD를 통해 철도 혹은 공로운송을 이용하여 부산지역의 ODCY로 운송되며, 컨테이너 전용부두에 반입하여 CY Operator에게 인계된다. CY Operator는 부두수취증을 하주에게 교부한다. 이후 하주는 부두수령증과 상환으로 수취선하증권(Received B/L)인 컨테이너 선하증권을 발급받는다.[25] 따라서

22) CY에는 On-Dock CY와 Off-Dock CY(ODCY)로 구분된다. On-Dock CY는 선박이 접안하는 부두에 인접하고 있는 CY를 말하고, Off-Dock CY는 부두에서 멀리 떨어진 민영CY를 말한다. 따라서 Off-Dock CY에 반입된 컨테이너는 본선 입항에 맞추어 On-Dock CY까지 단거리 이송이 필요하게 되는데, 이것을 셔틀운송(shuttle drayage)이라고 한다.

23) EIR은 컨테이너를 인수받았음을 증명하는 서류로 E/R(Equipment Receipt)이라고도 한다.

24) 컨테이너에 적입된 화물의 명세서를 말한다. 화물이 하주, 검수인 또는 CFS operator에 의해 컨테이너에 적입되며, 이들에 의해 CLP가 작성되면 CY operator에 전해진다. 이는 유일하게 매 컨테이너마다 화물의 명세를 밝힌 중요한 서류이다.

25) 이러한 선하증권은 CPT 또는 CIP규칙에서는 유효한 선적서류가 되지만 해상운송을 전제로 한 CIF규칙에서는 매도인이 선적을 증명하는 선적선하증권(Shipped B/L)을 매수인에게 제공해야 하므로 유효한 서류가 되지 못한다. 또한, 신용장에서 해상선하증권을 요구한 경우에는 반드시 화물의 본선적재 또는 선적을 입증한 선적선하증권만이 수리된다. 따라서 수취선하증권의 경우에는 화물이 선박에 선적되었음을 표시하는 본선적재부기(On Board Notation)가

FCL화물의 하주와 선박회사 간의 책임의 분기점은 CY가 된다.

① 컨테이너 작업 전

② 컨테이너 작업 중(Vanning, Stuffing)

③ 컨테이너 작업 완료

④ 컨테이너 봉인(Sealing)

[그림 8-8] 컨테이너 작업과 봉인(Sealing)

### (6) 선적

하주의 Door에서 컨테이너의 적입작업(Vanning)이 완료되면 하주는 이 사실을 선사나 CY에 통보하며, 해당 CY Operator는 트랙터기사에게 해당 컨테이너화물의 Pick-up을 지시하며, 하주에게는 컨테이너전용부두의 마감시간(Closing Time; Cut-off Time)[26)]을 확인시켜 선적에 차질이 발생하지 않도록 조치한다. 이후 On-Deck CY Operator는 본선이 입항하면 화물집하장(Marshalling Yard)으로 컨테이너를 이송하여 사전에 수립한 적치계획 또는 적부계획(Stowage Plan)에 따라 선적한다.

---

명시되어야 한다.

26) FLC화물을 하주가 직접 CY에 반입할 경우 반입마감시간(Closing Time)은 통상 출항 12시간 이전까지이다.

### 2) LCL화물 운송절차

LCL화물은 컨테이너 1대에 채울만한 물량을 확보하고 있지 못하기 때문에 FCL과 같이 컨테이너 문전운송과정이 필요 없이 일반화물 상태로 트럭에 실려 운송인(대부분 Freight Forwarder)이 지정한 부산지역의 CFS로 운송된다.

하주의 수출화물이 LCL화물인 경우 일반적으로 하주가 직접 일반차량을 수배하여 국제물류주선업자가 지정한 CY/CFS까지 운송하고 있으나 운임상의 혜택과 동일 지역행 화물의 혼재(Consolidation)를 용이하게 하기 위해 Freight Forwarder를 이용하는 것이 유리하다.

LCL 화물의 경우는 다음 3가지 경로에 따라 운송되어 선적되어 진다.

#### (1) 하주가 직접 내륙운송하는 경우

하주의 수출화물이 LCL 화물인 경우 하주는 자신의 공장이나 창고에서 자신의 비용과 책임으로 하주가 직접 차량을 수배하여 미통관상태의 수출화물을 컨테이너 전용부두 CFS나 부산의 ODCY(Off Dock Container Yard; 부두밖 장치장)의 CFS에 반입하여 CFS Operator에게 인도한다. CFS Operator는 화물의 수량과 상태가 기재된 부두수취증(D/R; Dock Receipt)[27]을 하주에게 교부하고 여러 하주의 화물을 한 개의 컨테이너에 혼재(Carrier's Pack)하여 이 혼재컨테이너를 CY Operator에게 인도하며, Marshalling Yard[28]에 반입되어 선적된다. 따라서 LCL 화물의 경우 하주와 선박회사 간의 책임의 분기점은 CFS가 된다.

#### (2) 국제물류주선업자(Freight Forwarder)를 이용하는 경우

운임상의 혜택이나 동일지역 화물의 혼재를 용이하게 하기 위해 혼재업자인 국제물류주선업자를 이용하는 경우 국제물류주선업자는 여러 하주의 창고에서 LCL 화물을 인수·집하하게 된다. 이 경우 하주창고문에서 통관·혼재되어 Marshalling Yard에 반입되거나 또는 컨테이너에 적입하지 않은 그대로 컨테이너 전용부두의 CFS나 부산의 ODCY CFS까지 운송되어 선적된다.

---

27) 부두수취증(D/R; Dock Receipt)은 거래선의 본선수취증(Mate's Receipt : M/R)에 해당하는 서류로서 컨테이너 운항선사가 화물의 수령증으로 발행하는 서류를 말한다. 수령한 화물에 과부족, 손상 등이 있는 경우에는 D/R의 적요란에 그 취지가 기입된다.

28) Marshalling Yard(화물집하장)은 컨테이너선에 선적해야 할 선적예정인 컨테이너를 미리 입안된 선내 적부계획(Stowage Planning)에 의거하여 쌓아 올려놓거나 컨테이너선에서 하역하는 컨테이너를 임시적으로 내려놓는 장소로서 보통 Apron과 접해 있다.

### (3) ICD를 이용하는 경우

소량화물의 하주나 국제물류주선업자에 의해 LCL화물이 의왕 ICD나 양산 ICD에 집하되는 경우는 여기에서 통관될 뿐만 아니라 기타 LCL화물과 혼재되어 FCL화됨으로써 Marshalling Yard에 반입되어 선적된다.

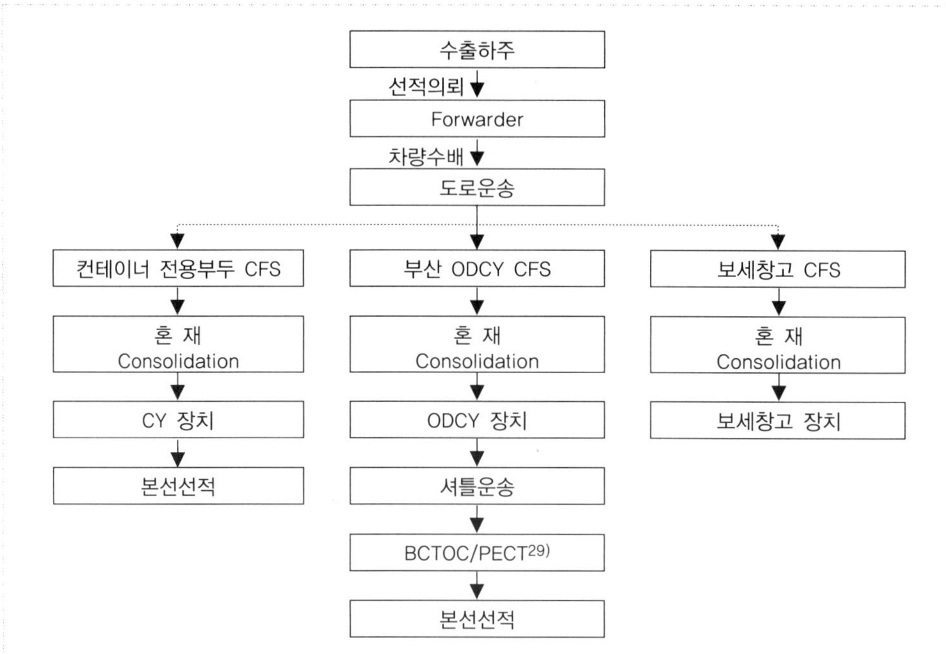


자료 : 경윤범, 『E-Logistics시대 국제운송론』, 형설출판사, 2005, p.226.

[그림 8-9] 수출 LCL 화물의 운송절차

## 2. 수입화물 운송절차

### 1) FCL 화물

### (1) 화물입항의 통지

선사는 사전입수된 적하목록에 의하여 해당 화물을 선적한 본선이 부산항(양륙항)에 도착하기 전에 도착 예정일자, 컨테이너번호 등 수입화물정보를 선하증권상

---

29) BCTCO((Busan Container Terminal Operation Corporation)는 부산 컨테이너 부두운영공사이며, PECT(Pusan East Container Terminal Co., Ltd.)는 신선대 컨테이너터미널을 말한다.

화물도착통지처(Nortify Party)란에 기재된 통지인(매수인)에게 도착통지서(Arrival Notice)를 발송하고, 적하목록을 작성하여 수입지 세관에 전송한다.

### (2) 선석수배

본선이 입항하게 되면 컨테이너전용부에서 하역이 순조롭게 이루어지도록 해운선사가 선석을 수배한다.

### (3) 부두하역

선사는 선박이 양륙항에 도착하면, 화물을 양륙하고 매수인이 지정한 보세구역(CY 또는 CFS)에 장치한다. 매수인은 관할 세관에 수입신고를 하고, 수입관세를 납부하여 수입신고필증을 교부받는다.

한편, 선사는 수입화물을 컨테이너에 적입한 상태로 철도에 의해 보세운송한 후 의왕 ICD 내에서 통관하거나 보세운송될 화물의 경우에는 하선신고서의 하선장소 기재란에 구분 코드와 함께 컨테이너 기지명을 의왕 ICD로 기재하여 세관 화물담당자에게 제출하고 해당 화물을 부두 내에 하선하면 하역회사는 부두에서 의왕 ICD로 직송되도록 별도 장치하고 재래부두에 하선된 경우에는 하선 즉시 철도보세운송이 가능한 장소로 운송한다.

### (4) 간이보세운송

철도로 수송할 의왕 ICD 도착 수입컨테이너 화물의 간이보세운송은 간이보세운송업자가 보세운송신고서에 적하목록 사본 1부를 첨부하여 세관에 신고한 후 운송하는데, 간이보세운송하는 수송용 화차는 다른 컨테이너 수송용 화차보다 우선하여 배정할 수 있다.

### (5) 반입통보

수입화물이 의왕 ICD에 도착하면 보세운송업자는 보세운송신고필증과 적하목록 사본을 제출한다.

### (6) 통관수속

의왕 ICD는 화물이 도착하면 즉시 하차하여 검사대상 화물은 세관검사장 또는 검사대기장소에, 검사생략대상 화물은 ICD 내 컨테이너 보관장소에 운송·장치한다. 수입화물의 수입신고는 의왕 ICD에 화물이 도착하기 전·후에 할 수 있다. 검사생략대상 물품일 경우에는 입항 후 ICD 도착 전에 수입신고된 것은 ICD 도착일에 신고수리되며, ICD 내에 장치 후에 수입신고된 것은 당일에 수입신고를 원칙으로 하고 있다.

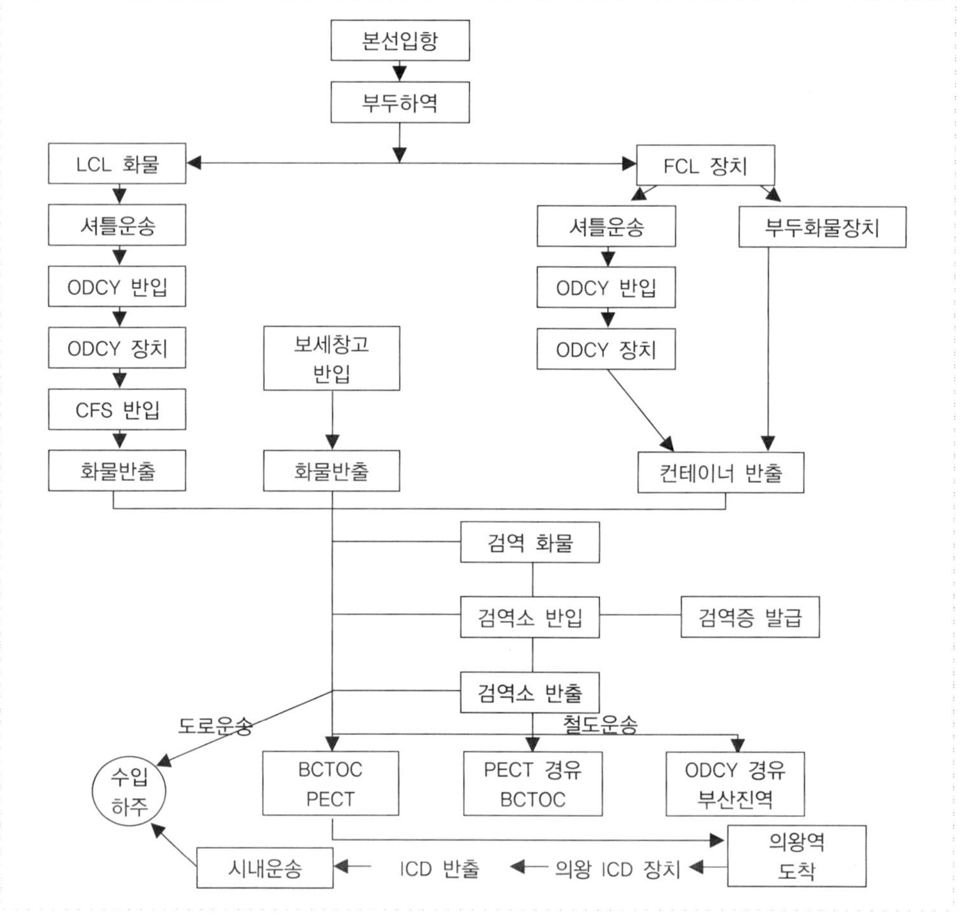


자료 : 경윤범, 『E-Logistics시대 국제운송론』, 형설출판사, 2005, p.231.

[그림 8-10] 수입 컨테이너화물의 운송절차

### (7) 화물의 반출

수입신고가 수리된 화물 및 보세운송신고가 수리(승인)된 화물을 의왕 ICD에서 반출할 때에는 의왕 ICD에 수입신고필증(승인서)을 제시하여 반출증을 발급받아 기지 출입구에 근무하는 ICD 직원에게 반출증을 제시한 후 화물을 반출한다.

### (8) 화물의 인수

하주는 도착통지서(Arrival Notice)에 근거하여 통관수속을 하고 화물인수시는 Original B/L을 선사에 인도하고, 선사가 발행한 화물인도지시서(D/O; Delivery Order)를 CY Operator, 의왕 ICD 또는 특허보세 장치장 설영주에게 인도한 후 화물을 인수한다. 그리고 화물인수시 CY Operator와 매수인간에 화물의 외관상태를 점검하여 손해가 인정되면 그 상태를 인도기록증(D/R; Delivery Record)[30]에 기재하고 양자가 서명하여 교환한다.

FCL화물의 경우에는 화물이 컨테이너에 내장된 채로 인도되므로 컨테이너의 대출을 증명하는 기기인수도증(EIR)이 작성되며, 화물을 수령한 매수인은 공컨테이너를 선박회사가 지정한 CY 또는 ICD에 반환해야 한다. 이때 선사가 지정한 무료대여기간(Free Time)을 경과하여 반환하는 경우에는 지체료(Detention Charge)가 부과된다.

**참고 | 화물인수증, 양륙보고서, 해난보고서**

**1. 화물인수증(B/N ; Cargo Boat Note)**

화물인수증은 재래선의 경우 본선에서 화물을 수취하였음을 증명하는 서류로서 화물을 선적할 때와 마찬가지로 선박회사와 화주 쌍방이 검수인을 선임하여 화물의 수량 및 상태에 관한 검수표에 의거하여 작성되며, 일등항해사가 서명한다. 따라서 화물인수증은 선적시점에서 발행되는 본선수취증(M/R) 및 선하증권과 함께 운송인의 책임을 결정하는 서류가 된다. 화물인수증의 비고란에 아무런 기재가 없는 경우 화물이 아무런 문제없이 양륙되었다는 것으로 간주된다.

**2. 양륙보고서(Outturn Report)**

양륙보고서는 선박으로부터 양하된 화물의 수량과 상태에 관하여 하역회사가 작성한 보고서를 말한다. 만약 양륙보고서에 일등항해사의 서명이 있다면, 화물인수증과 동일한 효력이 인정된다.

**3. 해난보고서(Sea Protest ; Note of Protest)**

선장은 선박이 항해 중에 침몰, 좌초, 충돌하거나, 악천후(heavy weather)를 만나서 화

---

30) 인도기록증(D/R; Delivery Record)은 양하된 컨테이너화물을 인도할 때 터미널 오퍼레이터(Terminal Operator)와 수하인의 쌍방이 서명한 인도를 증명한 서류이다. 재래선의 경우 본선에서 화물을 수취하였음을 증명하는 서류인 화물인수증(B/N; Cargo Boat Note)에 해당되며, 수출컨테이너화물을 선박회사가 인수할 때의 수취증으로 발행하는 부두수취증(D/R; Dock Receipt)에 대비되는 서류이다.

물에 손해가 발생한 경우, 운송인의 책임을 면하기 위해 해당 사고사실이 기재된 서류이다. 해난보고서는 선박의 입항 후 항만당국에 제출해야 하며, 화물손해의 원인규명에 필요한 서류이다.

### 2) LCL화물

LCL화물은 일반적으로 수출국 CFS에서 다수의 하주들의 LCL화물과 혼재되어 FCL화물로 집화된다. 양하지의 터미널 또는 ODCY 화물의 인수도조건은 CFS to CFS조건으로 B/L의 인도장소가 도착항의 CFS로 명시되어 있어 거의 모든 LCL 화물은 양하지의 CFS에서 인출 및 통관되고 있다.

#### (1) 컨테이너 전용부두 통관인 경우

터미널 양하 ⇨ 구내이송 ⇨ CFS 입고 ⇨ 반입신고 ⇨ 수입통관 및 수입면장 발급 ⇨ 하주별 또는 B/L별 컨테이너 내장물품 인출 ⇨ 필요시 검수·검량·감정 ⇨ 하주의 화물 반출

#### (2) ODCY(Off-Dock CY) CFS 통관인 경우

터미널 양하 ⇨ 터미널게이트 반출 ⇨ 셔틀운송 ⇨ ODCY 반입 Gate Log 작성 ⇨ CFS 반입 ⇨ 수입통관 및 수입면장 발급 ⇨ 하주별 또는 B/L별 컨테이너 내장물품 인출 ⇨ 필요 시 검수·검량·감정 ⇨ 하주의 화물 반출

# 제9장

# 국제복합운송

◆◇ 학습개요 및 목표 ◇◆

국제복합운송에 대한 전반적인 내용을 다루고 있는 이 단원에서는 국제복합운송의 요건 및 효과, 국제복합운송의 주요 서류인 국제복합운송증권, 국제복합운송인의 유형 및 책임 체계 및 국제복합운송에 관한 국제규칙 등을 비롯하여 국제복합운송의 주요 경로를 자세히 제시하였다.

1. 국제복합운송에 대한 전반적인 내용을 제시한다.
2. 국제복합운송인의 책임 체계 및 국제복합운송증권의 내용을 제시한다.
3. 국제복합운송의 주요 경로를 정리한다.

## 제 1 절 국제복합운송의 개요

### 1. 국제복합운송의 정의

국제복합운송은 계약화물을 국제복합운송인의 단일책임하에서 한 국가의 출발지점에서 다른 국가의 인도지점까지 서로 다른 두 가지 이상의 운송수단에 의해 운송되는 것을 말한다.

국제복합운송이란 용어는 1929년 바르샤바 조약(Warsaw Convention)에서 통운송(Through Transport)의 개념에서 출발하여 1949년 ICC의 국제복합운송증권

조약의 예비초안에서 통운송과 구별되는 개념으로 사용하기 시작하였다. 이후 1980년 UN국제복합운송협약 제1조 제1항에 '국제복합운송은 국제복합운송계약에 기초하여 최소한 두 개의 상이한 운송수단을 이용하여 국제복합운송인이 화물을 인수한 특정 국가의 한 장소에서 다른 국가로의 인도를 위해 지정된 장소로 화물을 운송하는 것'으로 규정하면서 국제복합운송(International Multimodal Transport)의 개념이 정립되었다.

이러한 국제복합운송에 대해 국제상업회의소(ICC)의 복합운송증권에 관한 통일규칙에서는 '특정 국가에서 화물을 인수한 장소로부터 다른 나라의 화물 인도 장소까지 최소한 두 가지 이상의 상이한 운송수단을 이용한 화물운송'이라고 정의하고 있으며, 우리나라 해운 관련업의 등록 및 사후관리요령 제2조에서도 '어느 한 국가에서 인도가 예정된 다른 국가의 인도지점까지 국제복합운송계약에 의거하여 적어도 두 가지 이상의 운송수단에 의해 운송되는 물건 운송이다'라고 정의하고 있다.

이상과 같이 국제복합운송에 관한 여러 가지 정의를 정리하면 국제복합운송이란 '특정의 화물을 운송인 전체 운송구간에 대하여 책임을 지고 육(도로·철도)·해(선작)·공(항공기) 가운데 두 가지 이상의 형태를 순차적으로 연결하여 결합하여 송하인의 문전에서 수하인의 문전까지 화물을 운송하는 방식'이라 할 수 있으며, 이와 같은 운송의 일관성을 강조하여 국제복합일관운송이라 부른다. 이러한 일관운송의 전체적인 책임을 지는 주체가 바로 국제복합운송인이며, 국제복합운송인이 발행하는 국제복합운송계약의 증거서류를 국제복합운송증권이라고 한다.

## 2. 국제복합운송의 요건 및 효과

### 1) 요건

#### (1) 일관운송책임(Single Carrier's Liability)

국제복합운송이 되기 위한 제1조건은 하주와 국제복합운송계약을 체결한 국제복합운송업자(국제물류주선업자[1]) 포함)가 어떤 구간에서 어떤 운송수단을 이용하여 운송서비스를 제공하는가에 상관없이 전 운송구간에 걸쳐 모든 책임을 지는 것이

1) 국제복합운송을 수행하는 자(업체)의 명칭은 국제복합운송주선인, 운송주선업자, 포워더 등 다양하게 불리우고 있다. 이에 본서에서는 실제 운송수단을 가지고 국제복합운송 업무를 수행하는 자(업체)는 국제복합운송인, 운송수단을 보유하지 않고 국제복합운송 업무를 수행하는 자(업체)는 국제물류주선업자(Freight Forwarder)로 칭해 명칭의 통일성을 기하였다.

다. 따라서 국제복합운송인은 자기의 명의와 계산으로 송하인을 상대로 국제복합운송계약을 체결한 계약당사자일 뿐만 아니라 전체 운송을 계획하고 여러 운송구간을 적절히 연결하고 통괄하여 운송이 원활하게 이루어지도록 조정하고 감독할 지위에 있으므로 전 구간에 걸쳐 하주에 대해 일관운송책임을 져야 한다.

### (2) 단일운임 적용(Through Rate)

국제복합운송이 되기 위한 제2조건으로 국제복합운송인은 국제복합운송서비스에 따른 운임을 각 운송구간별로 각각 설정하는 것이 아니라, 전 운송구간에 걸친 단일화된 운임을 설정하여야 한다.

이러한 전운송구간을 담보하는 일관운임의 산출은 각 구간운임을 단순히 합산한 것이 아니라 규모의 경제(Scale merit)가 반영되어 산출되므로 하주에게 좀더 합리적인 요율이 제시된다 하겠다.

### (3) 운송방식(수단)의 다양성(different modes of transport)

국제복합운송이 되기 위한 제3조건으로 화물의 운송업무를 완료하는데, 서로 다른 운송수단이 2개 이상 결합되어 운송행위가 이행되어야 한다. 따라서 단일운송계약을 이행하기 위한 화물의 집하(Pick-up) 및 인도(Delivery)를 위한 이종의 운송수단이 이용된다면 이는 국제복합운송으로 간주되지 않는다.

여기에서는 운송인 수가 문제되는 것이 아니라 육상·해상·항공과 같은 운송방식(수단)이 계약화물을 운송하기 위해 연계되는 결합된 운송방식(수단)이 중요하다. 특히 오늘날에는 화물을 정해진 규격의 컨테이너에 적입하여 컨테이너 단위로 하역 및 운송을 하여 물품을 신속·안전하게 서로 다른 운송방식(수단)을 결합한 국제복합운송서비스를 제공하고 있다.

### (4) 국제복합운송증권의 발행(MTD; Multimodal Transport Document)

국제복합운송에서는 최초의 내륙운송인에게 화물을 인도하는 시점에서 운송인에게 모든 위험이 이전되어지는데, 이때 국제복합운송계약의 증거서류로서 국제복합운송증권(MTD; Multimodal Transport Document)을 발행하게 된다.

이러한 국제복합운송증권은 국제복합운송인이 하주에 대하여 전 운송구간에 대한 유가증권으로서의 국제복합운송증권이 발행되어야 한다.

### 2) 효과

국제복합운송은 컨테이너라는 혁신적인 운송용구 및 하역기술 등을 도입한 합리적인 협동일관운송체제로서 적합한 운송경로 및 문전에서 문전까지의 일관운송서비스 및 신속한 화물정보를 전달하여 총비용의 절감 효과를 제공하고 있다.

#### (1) 경제성의 효과

국제복합운송은 컨테이너에 의한 화물의 단위화를 통해 육·해·공을 일관운송함으로써 물류비의 절감과 정보처리의 용이 등 다음과 같은 경제성의 효과를 발휘할 수 있다.

##### 가) 운항코스트의 절감

컨테이너선에 의한 수송은 재래선보다 선적, 양하에 따르는 기계화의 영향으로 운항시간 및 정박시간이 많이 단축됨으로써 연료비, 항세, 선원비, 보험료 등 제반 경비가 다른 선박보다 현저히 낮다. 물론 국제복합운송에 있어서 각 운송구간마다 운송비용이 절감되어야 하는 것은 아니다. 어느 한 운송구간에서 운송비용이 증가하더라도 항만이나 기타 지역에서 환적에 따른 취급비용 절감, 기항시간 단축 등으로 총 운송구간에서의 운송비용을 절감할 수 있다.

##### 나) 하역비의 절감

해상운송의 컨테이너화에 의한 중요한 경제적 측면의 효과는 하역방식의 기계화에 의하여 재래선에 의한 하역 시간과 비용에 비해 대폭적인 절감효과를 가져왔다.

재래의 수송방식의 근본적인 난점은 화물의 단위화가 이루어지지 못하여 하역은 기계화, 자동화가 되지 못하였다. 이에 반하여 컨테이너화로 화물의 단위화가 이루어지면 하역은 기계화, 자동화가 가능하여 하역과정이 단순화하므로 대량의 신속한 하역이 가능하고, 하역과정에서 노동력과 시간이 절약되고, 하역비도 절감된다.

##### 다) 투하자본율의 상승효과

재래선에 의한 운송방식은 노동집약적인 개품 하역을 하므로 하역시간이 길고, 우천시에는 하역이 중단되어 선박의 정박시간이 길어져 운항율이 떨어지기 때문에 이로 인해 자본율이 낮아진다. 그러나 컨테이너전용선 즉, LO-LO선과 RO-RO선의 경우는 하역시간이 짧고 악천후에 관계없이 작업할 수 있으므로 톤당 하역에 대한 자본비용이 낮다. 그러나 RO-RO선은 고가이고 선박의 적재능력의 감소로 그 효과가 감소된다. 즉, RO-RO선은 재래선보다도 2배에서 ½배 정도 비싸고 동급의 컨테이너선보다도 비싸다. 또한, 적재할 때 많은 공간을 이용하지 못하게 되어 적재능력의 감소를 가져온다.

#### 라) 포장비의 절감

컨테이너 자체는 화물의 단위화를 위하여 하나의 독립된 용기로서 화물이 컨테이너에 적입되면 컨테이너 자체가 화물의 외부포장 역할을 해주기 때문에 포장이나 보호 장치에 필요한 경비가 절감된다.

#### 마) 추가 비용의 절감

재래선에 의한 경우 화물의 검사 및 본선적재에 필요한 사전절차인 보세창고에의 반입에 따른 추가경비 문제가 필연적으로 발생하게 된다. 그러나 컨테이너수송에서는 그 자체가 별개의 독립된 창고의 역할을 하기 때문에 그러한 추가 비용의 절감효과를 꾀할 수 있다.

#### 바) 해상보험료의 절감

컨테이너에 의한 화물의 운송은 화물의 보호와 선적 및 양하의 기계화로 운송기간의 단축과 아울러 컨테이너 자체의 견고성으로 화물의 분실, 손상, 멸실 등의 위험이 적어지기 때문에 해상보험료가 절감된다.

### (2) 안전성의 효과

국제복합운송은 컨테이너에 의해 운송되므로 하역과정, 운송과정 및 보관과정에서 높은 안정성의 효과를 발휘한다. 즉, 컨테이너는 그 자체가 매우 견고하게 고안되어 있을 뿐만 아니라 밀폐되어 있고 화물이 손상당할 수 있을 경우에 대비하여 제작되어 있으며 하나의 임시적인 작은 창고의 구실을 한다. 이것이 하역과정, 운송과정, 그리고 보관과정에서 발생할 수 있는 파손, 오손, 도난 등을 방지하여 사고율을 경감시키기 때문에 화물을 안전하게 운송하여 손실을 막을 수 있다. 그 결과 선박회사 및 하주에 대한 클레임 제기의 요인을 감소시킬 뿐만 아니라 선박회사로서는 컨테이너의 갑판선적이 가능하게 되었다.

또한, 단일운송인에 의해서 운송이 인수되므로 화물추적시스템(Cargo Trace System)이 구축되어 화물이 어느 구간을 운송 중인지를 컴퓨터를 통해서 추적할 수 있기 때문에 운송과정상 화물의 안전성을 확보할 수 있다.

#### (3) 신속성의 효과

컨테이너운송은 전용선의 발달에 따른 고속운항이 가능하기 때문에 일반 재래선보다 약 30~40% 정도의 운항 시간을 단축시킬 수 있다. 또한, 하역과정의 기계화·자동화로 하역 시간이 단축되고 선적 절차의 단축 등 여러 이익이 따른다.

또한, 국제복합운송에서는 단일의 운송계약을 체결하고 단일의 운송증권을 작성함에 따라 2번 이상의 운송계약을 체결하고 운송증권을 작성해야 하는 사무적 절차가 줄어져 시간 절약이 가능하게 되어 신속성을 확보할 수 있게 되었다.

특히, 운송인측의 입장에서 컨테이너운송에 의해 선박가동률의 증대와 선적, 하역의 기계화로 운항 시간과 항만 정박시간의 단축으로 규모의 경제 실현으로 화물 단위당 비용이 절감되고 기계화, 자동화에 의한 인건비 절감을 통해 이익이 상승된다.

## 3. 국제복합운송의 형태

### 1) 운송주체에 따른 유형

#### (1) 계약운송인형 국제복합운송

계약운송인형은 운송수단을 직접 소유하지 않고서도 실제운송인처럼 운송계약의 주체로서의 기능과 역할을 수행하는 자에 의해 복합운송계약을 체결하여 화물을 운송하는 형태로서, 계약운송인(Contracting Carrier)이 하주와 국제복합운송계약을 체결할 때는 운송인으로서의 역할을 수행하는 것이며, 국제복합운송계약을 맺는 계약운송인이 다시 운송을 이행하기 위해 실제운송인과 운송계약을 체결할 때는 하주로서의 역할을 하게 된다. 이와 같은 역할을 수행하는 계약운송인으로는 무선박운송인(NVOCC; Non-Vessel Operating Common Carrier),[2] 국제물류주선업자(International Freight Forwarder), 해상운송주선업자(Common Freight Forwarder), 항공운송주선업자(Air Freight Forwarder), 통관업자 등이 있다.

---

2) 선박을 직접 운항하지 않으면서 운송주체가 되어 자기의 Tariff를 갖고, 자기의 명의로 운송증권을 발행하여 운송서비스를 제공하는 자이다. 즉, NVOCC는 선박공중운송인(vessel operating common carrier)에게 운송을 의뢰하므로 NVOCC에게는 하주의 지위이면서, 동시에 하주에게는 운송인의 지위를 갖는다. NVOCC는 1984년 미국 신해운법에서 공중운송인(common carrier)으로서의 지위를 인정받았다.

### (2) 실제운송인형 국제복합운송

실제운송인형은 실제 운송 수단을 소유하고 있는 실제운송인(Actual Carrier)이 국제복합운송계약을 체결하고 운송 활동을 수행하는 형태로, 이에는 해상운송인형, 항공운송인형, 철도운송인형, 도로운송인형 국제복합운송 등이 있다. 따라서 실제운송인형 국제복합운송은 실제로 한 가지 이상의 운송 수단을 소유하고 있는 운송업자가 하주와 국제복합운송계약을 체결하고, 전 운송구간에 걸쳐 모든 책임을 부담하고, 직접 운송 활동을 수행하는 형태이다.

## 2) 운송계약에 따른 유형

### (1) 하청운송

1인의 운송인이 육상·해상·항공의 전 운송구간에 걸친 국제복합운송을 인수하여, 전부 또는 일부를 다른 운송업자에게 하청하는 형태의 국제복합운송을 말한다. 여기서 국제복합운송계약을 체결한 운송인은 원청운송업자가 되며, 하청을 받아 운송을 수행하는 운송인은 하청운송인이 된다.

이때 하청운송인들은 원청운송인의 이행보조자에 불과하므로 각 하청운송인은 자신이 인수한 운송구간에 대해서만 원청운송인과의 계약관계가 성립되고 하주와의 계약관계는 발생하지 않는다.

### (2) 공동운송(동일운송)

공동운송은 다수의 운송인이 처음부터 국제복합운송을 인수하는 것으로, 일종의 운송 컨소시엄 형태의 국제복합운송으로서 동일운송이라고도 한다. 이러한 컨소시엄은 국제복합운송계약이 종결되면 해체된다.

이 경우 각 운송인은 현실적으로 각 구간에 운송을 담당하고 있지만, 이것은 운송인 상호간 내부적 결정에 불과하며 실정법상 상행위에 의한 연대채무관계가 성립하기 때문에 운송인은 당연히 연대적인 책임을 부담해야 한다. 이로 인해 각 부분의 운송에 대해 성실히 임해야 하는 당위성이 생기고 서비스의 품질도 상향되게 된다. 따라서 선하증권도 운송인이 함께 서명한 공동 일관선하증권이 발행된다.

### (3) 순차운송(연계운송)

순차운송은 연계운송이라고도 하는데, 이는 통운송장과 함께 다수의 운송인이 계약을 인수할 경우의 운송으로서 2명 이하 운송인이 순차적으로 최초의 운송인과 송하인 사이의 국제복합운송계약에 개입하고 어느 운송단계에서든 전체 운송을 인수했음을 인정하는 운송형태이다. 송하인에게는 최초의 운송인과의 운송위탁계약만으로 다른 운송 서비스도 함께 이용할 수 있는 형식이 된다. 각 운송인은 상호간의 운송상 연락 관계를 유지하기 때문에 중계지에서의 운송품의 인도는 직접적으로 수행된다.

### 3) 운송 수단의 결합방식에 따른 유형

#### (1) 피기백 시스템(Piggy-back System)

화물자동차와 철도가 결합한 방식으로, 컨테이너를 적재한 상태의 트레일러를 화차 위에 실어 운송하는 것인 철도운송의 하역방식 등 TOFC(Trailer On Flat Car)방식[3)]을 협의의 피기백방식이라 하기도 한다.

#### (2) 피쉬백 시스템(Fishy-back System)

화물자동차와 선박이 결합된 방식으로 컨테이너 화물을 선박에 적재하여 수송하는 방법이다. 이 방식은 수송비 절감, 수송시간의 절약, 수송능률의 증대 효과를 가져올 수 있다.

#### (3) 버디백 시스템(Birdy back System)

화물자동차와 항공기가 결합한 방식으로 컨테이너화물을 항공기에 적재하여 수송하는 방법이다. 항공운송이 포함된 국제복합운송의 경우 공로운송은 내륙과 공항 간의 집배송 및 항구와 공항 간의 운송 등 보조적 운송수단으로 주로 이용되고 있는 것이 현실이다.

이 시스템과 관련하여 2006년 12월부터 시범 실시를 거친 후 2007년 7월부터 도입한 한·중 간 트럭복합일관수송시스템(RFS; Road Feeder Service)을 들 수 있다. 물론 이 시스템은 기존의 해상항공복합운송시스템(Sea & Air 시스템)보다

---

3) 이 방식은 Ro-Ro방식으로 컨테이너를 적재한 트레일러 자체를 철도화차에 상차하거나 화차로부터 하차하는 방식이다. 이와 대응되는 방식으로 COFC(Container on Flat Car)가 있다. 이 방식은 컨테이너 자체만을 철도화차에 상차하거나 철도화차로부터 하차하는 방식을 의미한다. COFC방식은 컨테이너만을 적재하기 때문에 TOFC방식에 비해 하역작업도 용이하고, 화차중량이 가볍기 때문에 일반적으로 보편화된 철도하역방식이다.

화물의 안정성 확보와 통관절차의 간소화에 따른 신속성을 더 발휘할 수 있는 획기적인 시스템으로 한·중 간 복합화물 운송체계에 큰 변화가 올 것으로 기대되고 있다.

**참고 | 한·중 간 트럭복합일관수송체계(RFS)**

RFS(Road Feeder Service)는 중국에서 수출되는 화물을 실은 차량이 카페리에 승선, 인천항에 도착한 뒤 중간하역 없이 곧바로 인천공항으로 옮겨져 항공기로 수출되는 복합일관 운송시스템으로 2006년 12월 시범운영을 거쳐 2007년 7월부터 도입하였다.

이 시스템은 중국 화물 트럭이 국내 도로를 운행하도록 허용하는 것으로 운전은 국내 기사가 해야 한다는 전제 조건이 붙는다. 하지만 기존 해상항공복합화물이 컨테이너로 운송되면서 화물을 옮길 때마다 선박에서 하역기계로 내리고 트럭이 싣고 내리는 번거로움이 없어지고, 보세운송 통관절차도 간소화되어 한·중 간 복합화물 운송체계에 큰 변화가 올 것으로 기대되고 있다. 이 시스템이 정착되기 위해서는 중국 차량의 국내 통관과 운행 허용, 화물환적절차의 간소화 등 관세청을 비롯한 관련 부처의 협조와 지원이 필요하다.

RFS 개념도

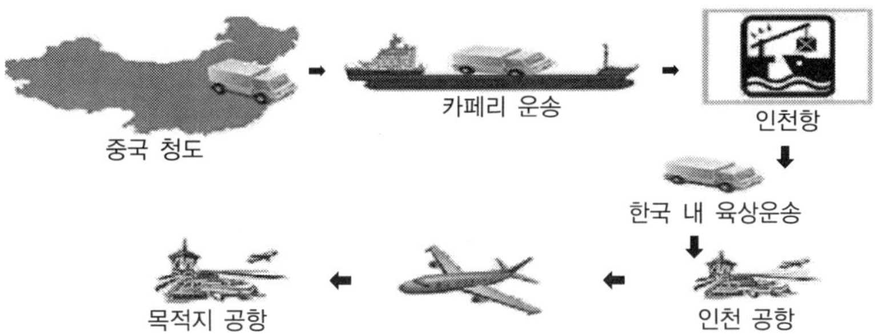


### (4) 해운 & 항공 시스템(Sea & Air service System)

Sea & Air 국제복합운송방식은 해상운송이 가지는 저렴성과 항공운송이 갖는 신속성이라는 양자의 최대 장점을 효과적으로 결합한 운송방식으로, 이점은 운임과 운송 일수가 해상운송과 항공운송에서의 중간적 입장으로 항공운송보다는 싸게, 해상운송보다는 빠르게 운송되는 경제적 국제복합운송이라는 데 있다. 특히, 오늘날에는 Sea & Air service만을 통해서만 운송되는 독자적인 화물이 늘어나고 있는 등 Sea & Air 국제복합운송이 합리적인 물류관리의 개념으로 더욱더 발전하고 있다.

### (5) 철도 & 해운 시스템(Rail-Water service System)

철도운송과 해상운송 간의 연계수송방식으로 연계방법에 따라 화물을 적재한 화차를 선박으로 운송하는 형태와 화물선과 화물열차 간에 컨테이너를 내적한 상태의 운송화물만 환적하는 형태로 세분될 수 있다.

대표적으로 2007년 3월 26일 서비스를 개시한 한·일간 국제복합일관운송서비스(한·일간 철도 & 해운 복합운송, Rail-Sea-Rail Service)를 들 수 있다.

**참고 | 한·일 국제복합일관운송서비스**

한·일 국제복합일관운송서비스는 한국철도공사와 일본화물철도주식회사(JR화물)가 제휴하여 2007년 3월 26일부터 실시하고 있는 한국과 일본 간 철도와 해운을 연계한 컨테이너 운송서비스이다.

이 서비스는 국내는 고속화물열차를 이용(의왕 ICD ↔ 부산진역 CY)하고 해상운송은 고속훼리를 이용(부산항 ↔ 하카다항)하며 일본 내륙에서는 다시 철도를 이용하는 시스템으로 서울에서 도쿄까지 3일 이내 Door to Door service가 가능하다. 특히 같은 구간 항공운임보다 절반 이상 저렴해 가격경쟁력까지 갖췄다.

또한, 일반적인 컨테이너(20피트, 40피트)보다 작은 12피트 컨테이너(JR화물㈜ 소유의 JR 컨테이너)를 사용하여 최근 수도권에서 급증하는 전자·전기제품과 어패럴 제품(기성복) 등과 같은 소량 다빈도, 고부가가치 상품 화물의 정기운송에 이용될 전망이다.

한·일 철도 해운 복합운송 개념도

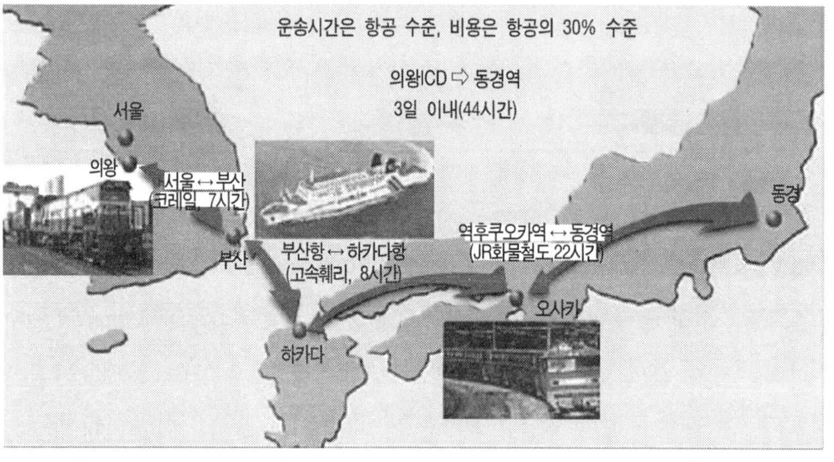


KORAIL 한국철도공사 KORAIL 코레일로지스 JR 日本貨物鉄道株式會社 日本通運

## (6) 랜드브리지 시스템(Land Bridge System)

랜드브리지 시스템(Land Bridge System)은 해상운송, 대륙철도운송, 해상운송을 순차적으로 연계하여 화물을 운송하는 대표적인 국제복합운송형태이다. 이와 같은 랜드브리지 방식은 해상운송(Air Water)만을 이용하여 화물을 운송하는 경우에 비해, 운송시간과 운송비용을 획기적으로 절감할 수 있으며, 신속한 운송으로 인해 투하자본의 회전율을 향상시킬 수 있다는 장점을 가지고 있다.

또한, 이 방식은 해상운송이 갖는 대량수송성과 철도운송이 갖는 안정성 및 정확성을 동시에 활용할 수 있기 때문에, 대량화물의 적기운송에 매우 적합한 운송방식으로 자리 잡고 있다. 특히 시베리아횡단철도와 우리나라 경의선 철도의 연결에 따라, 동북아시아와 유럽대륙이 대륙철도망으로 연결됨으로써 랜드브리지 방식의 중요성과 실효성이 크게 증대되고 있는 상황이다.

## 4. 국제복합운송증권(Combined or multimodal transport document)

### 1) 의의와 특징

#### (1) 의의

어떠한 운송에서도 운송물을 대표하는 증권이나 증거가 필요하다. 예를 들어 육상운송의 화물상환증(Carriage Note)[4], 해상운송의 선하증권(B/L), 항공운송의 항공화물운송장(AWB) 등이 이에 속한다. 이에 대해 국제복합운송증권이란 화물의 출발지로부터 목적지까지 육상(철도·자동차), 해상(선박), 항공(항공기) 등 적어도 두 가지 이상의 다른 운송방법에 의해 일관운송(Through Transport)되는 경우에 발행되며, 국제복합운송인이 전 구간의 운송을 책임지고 발행하는 운송증권을 말한다.[5]

현재 실무에서 사용되는 선하증권 형식의 국제복합운송증권은 국제복합운송업협회(FIATA)가 제정한 FIATA B/L이 보편적으로 사용되고 있다.

---

4) 화물상환증은 육상운송에서 운송인이 운송물의 수령을 증명하고 증권소지인에게 운송물을 반환할 것을 약정하는 증권을 말하며, 주로 화환(貨換)어음에 이용된다. 또한, 화물상환증은 운송인이 송하인의 청구에 의하여 발행하는 요식증권(要式證券)으로 기재사항이 법정된 법률상의 당연한 지시증권이며, 기명식(記名式)의 것이라도 배서에 의하여 양도할 수 있다(상법 126조 이하). 또 문언증권(文言證券)으로서 운송인과 화물상환증 소지인 사이에서는 화물상환증에 기재된 바에 따르며, 요인증권(要人證券)으로서 유효한 운송계약의 존재를 전제(前提)로 한다고 해석된다.

5) 국제복합운송증권은 CTD(Combined Transport Document), MTD(Multimodal Transport B/L), CT B/L(Combined Transport Bill of Lading), IT B/L(Intermodal Transport Bill of Lading) 등과 같이 기존의 선하증권에 국제복합운송을 의미하는 명칭을 붙인 형태의 증권을 말한다.

### (2) 특징

국제복합운송증권은 국제복합운송인이 물품의 수령과 계약조건의 이행을 증명하기 위한 것으로서 다음과 같은 특징을 지니고 있다.

첫째, 국제복합운송증권은 도로·철도·내수로·해상 또는 항공운송이 결합된 국제복합운송이 서로 다른 운송인에 의하여 이루어지더라도 국제복합운송증권은 화물을 인수지로부터 목적지까지 전운송구간을 담보하는 서류이다.

둘째, 국제복합운송증권은 본선 적재 전에 국제복합운송인이 수탁 또는 수취한 상태에서 발행되는 서류로 국제복합운송인은 그 발행인인 복합운송인이 증권에 기재된 종류, 수량, 상태대로 국제복합운송인 자기의 지배하에 수령했음을 확인하는 공식적 수령증이다.

셋째, 국제복합운송증권은 하주에게 통운송(through transport)의 전체적인 책임을 지고, 어느 구간에서 발생하였든 화물의 멸실이나 손상에 대해 책임을 지는 국제복합운송인이 발행한다. 이러한 국제복합운송증권은 실질적인 운송인(Actual Carrier)에 의해서만 발행되는 선하증권과는 달리 운송인뿐만 아니라 국제물류주선업자에 의해서도 발행된다. 그러나 통선하증권(Through Bill of Lading)의 발행자는 통상 해상운송인이다.

넷째, 유통성 국제복합운송증권의 경우에는 수하인의 배서 또는 교부에 의하여 화물을 처분할 수 있는 운송화물에 대한 권리가 포함한 권리증권이다.

### (3) 선하증권과 국제복합운송증권의 차이점

첫째, 선하증권은 해상운송에만 국한되지만, 국제복합운송증권은 운송구간에 상관없이 육·해·공 어느 곳에서도 사용이 가능하다. 즉, 도로, 철도, 해상 또는 항공으로 서로 다른 운송인에 의해서 국제복합운송이 이루어진다 할지라도 국제복합운송증권은 처음부터 끝까지 보장된다.

둘째, 선하증권은 해상운송 전 반드시 운송물품의 외관의 상태가 양호해야만 하고, 그 사실을 인정하는 무사고선하증권이 사용된다. 반면에, 국제복합운송증권은 송하인이 운송 물품을 컨테이너에 직접 적재하기 때문에 운송인은 컨테이너 내부의 물품을 확인할 수가 없다. 이에 따라 국제복합운송증권에는 'Shipper's load and count'나 'said by shipper's to contain'과 같이 조항이 반드시 첨부된 증권이 발행된다.

[표 9-1] 선하증권·통선하증권·국제복합운송증권의 비교

| 구 분 | 선하증권 | 통선하증권 | 국제복합운송증권 |
|---|---|---|---|
| 운송수단의 조합 | - | 동종 및 이종수단 | 이종수단 간의 결합 |
| 운송계약형태 | 해상운송 | 형태불문 | 복합운송계약 |
| 운송인의 책임 | 선적항 - 양하항 | 각 운송구간 분할책임 | · 전 운송구간 단일책임<br>· 출발지 - 도착지 |
| 운송인의 관계 | 하주와 운송인관계 | 하주와 운송인관계 | 원청과 하청운송인 |
| 발행시기 | 적재시 발행(선적식) | 최초의 운송인에게 인수시 | 양자조합 |
| 발행자 | 선박회사<br>(실제운송인) | 최초의 운송인 | 운송인 및 주선업자<br>(1차 운송인) |
| 발행형식 | B/L | B/L | B/L 이외의 형식도 가능 |

## 2) 국제복합운송증권의 법적 성질

국제복합운송증권은 국제복합운송계약의 근거가 되고 물품 수령의 증거인 동시에 유동성을 가진 권리증권으로 선하증권과 같이 국제상거래에 있어서 하주에게 무역결제의 대상, 화환의 담보 기능 등을 제공하고 있다.

[표 9-2] 복합운송증권의 법적 성질

| | |
|---|---|
| 물권적 증권<br>(物權的 證券) | 국제복합운송증권은 화물에 관한 모든 권리를 뜻하므로 국제복합운송증권의 인도는 화물의 인도와 완전히 동일한 성격을 지닌다. |
| 채권적 증권<br>(債券的 證券) | 국제복합운송증권의 소지인은 운송서류를 인도함으로써 국제복합운송증권상 기재되어 있는 화물을 인도하는 것이 된다. 따라서 국제복합운송서류에 제시되어 있는 화물의 인도는 거부할 수 없기 때문에 화물의 인도청구권과 같은 채권적 성질을 지닌다. |
| 요인증권<br>(要因證券) | 국제복합운송서류는 실제 화물의 운송에 관한 계약이 일정한 요인을 충족시켜야만 계약의 효력이 발생되는 성질을 갖는다. 즉 송하인이 화물을 선적하기 위하여 운송인에게 인도하면 이를 화물의 실제 선적으로 간주하는 것과 같이 일정한 요건이 충족되면 처음의 운송계약이 유효하게 된다. |
| 요식증권<br>(要式證券) | 국제복합운송서류는 법률에 의해 일정한 화물 및 운송에 대한 기재사항이 요구되는 증권이다. 증권상에 기재되는 항목은 예를 들면 화물의 수량, 화물명, 화물의 인도지, 운송경로 그 밖의 사항 등이다. |
| 문언증권<br>(文言證券) | 실제적으로 국제복합운송증권상에 기재되어 있는 운송계약 이외의 요구에 대해서는 운송인은 거부할 수 있다. 이와 같이 국제복합운송서류는 기재되어 있지 않은 사항에 대하여 책임을 부담하지 않는 성격을 지닌 증권이다. |
| 지시증권<br>(指示證券) | 상법에 규정되어 있는 것과 같이 특별한 배서양도에 대한 금지규정이 없는 한 원칙적으로 배서에 의해 증권상 권리를 양도할 수 있는 성격을 지닌다. |

### 3) 국제복합운송증권의 기재사항

국제복합운송증권의 기재사항은 신용장통일규칙(UCP 600) 제19조 a에 의거하여 다음 사항이 기재되어야 하며, 실제 기재사항에 대한 검토는 국제물류주선업자인 Sunjin Logistics Co., Ltd.가 발행한 [그림 9-1]의 국제복합운송증권을 중심으로 살펴보고자 한다.

① 송하인(Consignor/Shipper) : B/L의 양식에 따라 Shipper나 Exporter라고 된 B/L양식도 있으며, 공란에는 송하인(수출자)의 명칭과 주소를 기재한다.

② 수하인(Consignee; Complete name and address/non-negotiable unless consigned to order) : T/T 송금방식이나 D/P, D/A와 같은 비신용장방식에서는 일반적으로 수입상의 상호와 주소를 기재한다. 신용장방식에서는 신용장의 지시에 따라 'To order', 'To order of shipper', 'To order of Opening(Issuing) bank'가 된다.

③ 화물의 도착 통지처(Notify Party) : 수하인(Consignee)과 다른 물품의 이해관계자가 통지처로 지정됐을 때는 그 업체의 연락처 등을 기재하며 일반적으로 송금방식 등 비신용장방식에서는 수하인(Consignee)과 같이 때문에 'Same as Consignee'라고 표기된다. 신용장방식에서는 신용장의 지시에 따라야 하며 일반적으로 'Notify Accountee'라고 되어 있거나 'Notify Accountee and XXX'라고 Notify가 복수인 경우도 있다.

④ 전 단계인 운송수단(Pre-Carriage by) : 본선에 선적하기 위해 모선까지의 피더선(Feeder Vessel)을 이용할 경우에는 Feeder 선명, 내륙운송인 경우에는 트럭명 등을 기재한다.

⑤ 화물 수취장소(Place of Receipt) : 송하인으로부터 운송인이 화물을 수취하는 장소이다. 일반적으로 'Busan C.Y.', 'Busan C.F.S.' 등으로 표기되나 'Busan, Korea'와 같이 표기되기도 한다.

⑥ 선박명(Vessel/Voyage No.) : 화물을 운송하는 선박 명을 기재한다. Voyage No.는 항차번호로 1항차는 출발항에서 목적항을 거쳐 출발항으로 회항하는 것을 말하며 East, West, South와 North 등의 약자인 E, W, S, N을 함께 병기함으로써 출발항을 기준으로 수출인지 수입인지 구별할 수 있도록 표시하기도 한다.(예 : MAX KLDO 1823W)

⑦ 선적항(Port of Loading) : 화물을 선적하는 항구를 말하며 'Busan, Korea'나 'Kobe, Japan'처럼 항구명과 국가명을 표기한다.

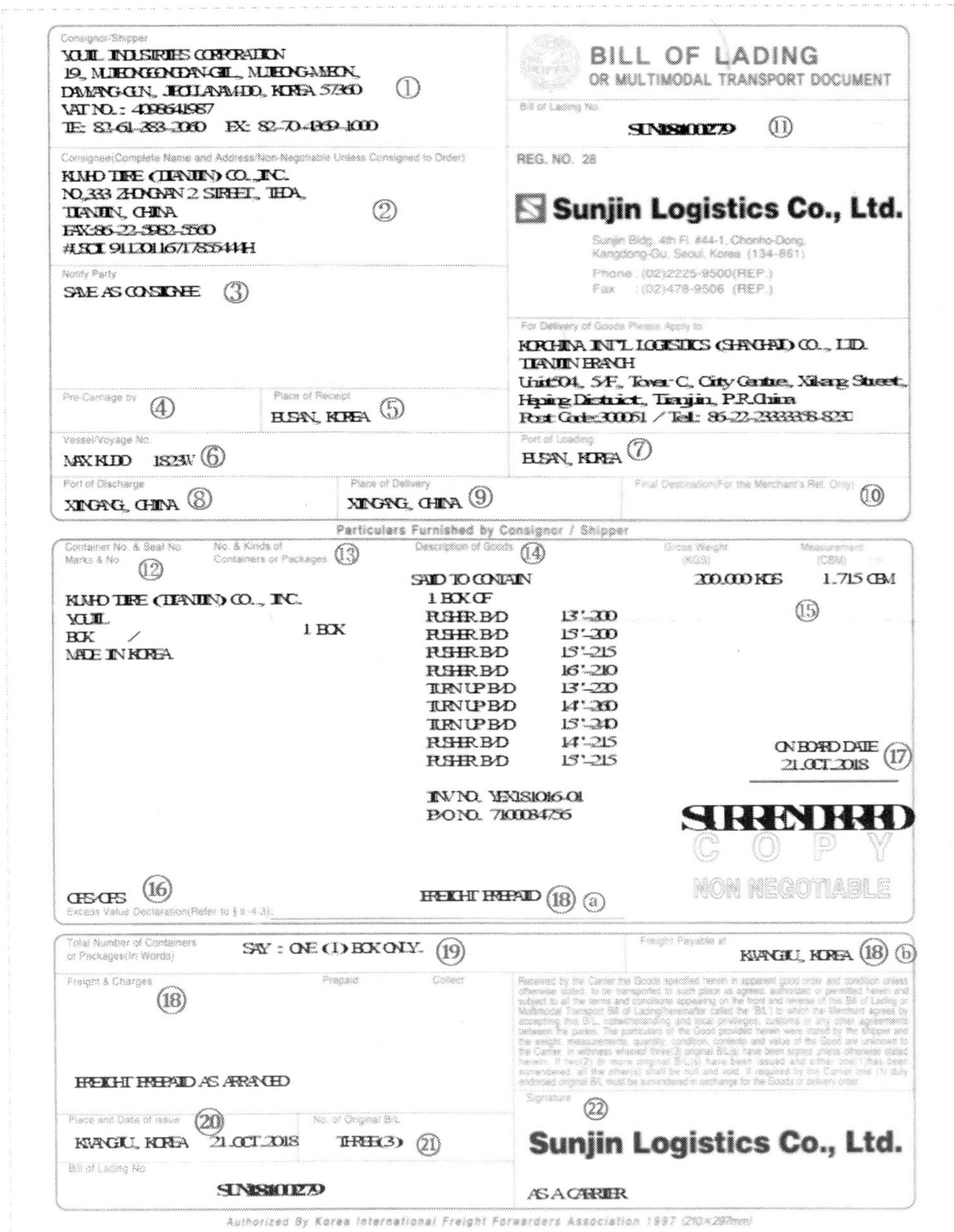

Consignor/Shipper
YOUIL INDUSTRIES CORPORATION
19, MUJEONGGONGDAN-GIL, MUJEONG-MYEON,
DAMYANG-GUN, JEOLLANAM-DO, KOREA 57360 ①
VAT NO. : 4098641987
TEL: 82-61-383-2060 FAX: 82-70-4369-4000

BILL OF LADING
OR MULTIMODAL TRANSPORT DOCUMENT

Bill of Lading No.
SUNB1810027 ⑪

Consignee(Complete Name and Address/Non-Negotiable Unless Consigned to Order)
KUMHO TIRE (TIANJIN) CO., INC.
NO.333 ZHONGNAN 2 STREET, TEDA,
TIANJIN, CHINA ②
FAX:86-22-5982-5560
#USCI 91120116717855444H

REG. NO. 28

Sunjin Logistics Co., Ltd.
Sunjin Bldg. 4th Fl. #44-1, Chonho-Dong, Kangdong-Gu, Seoul, Korea (134-861)
Phone : (02)2225-9500(REP.)
Fax : (02)478-9506 (REP.)

Notify Party
SAME AS CONSIGNEE ③

For Delivery of Goods Please Apply to:
KORCHINA INT'L LOGISTICS (SHANGHAI) CO., LTD.
TIANJIN BRANCH
Unit504, 5/F., Tower C, City Centre, Xikang Street,
Heping District, Tianjin, P.R.China
Post Code:300051 / Tel: 86-22-23333358-8230

Pre-Carriage by ④ | Place of Receipt BUSAN, KOREA ⑤

Vessel/Voyage No. MAX KUDO 1823W ⑥ | Port of Loading BUSAN, KOREA ⑦

Port of Discharge XINGANG, CHINA ⑧ | Place of Delivery XINGANG, CHINA ⑨ | Final Destination(For the Merchant's Ref. Only) ⑩

Particulars Furnished by Consignor / Shipper

| Container No. & Seal No. Marks & No ⑫ | No. & Kinds of Containers or Packages ⑬ | Description of Goods ⑭ | Gross Weight (KGS) | Measurement (CBM) |
|---|---|---|---|---|
| KUMHO TIRE (TIANJIN) CO., INC.<br>YOUIL<br>BOX /<br>MADE IN KOREA | 1 BOX | SAID TO CONTAIN<br>1 BOX OF<br>PUSHER B/D 13"-200<br>PUSHER B/D 15"-300<br>PUSHER B/D 15"-215<br>PUSHER B/D 16"-210<br>TURN UP B/D 13"-220<br>TURN UP B/D 14"-260<br>TURN UP B/D 15"-240<br>PUSHER B/D 14"-215<br>PUSHER B/D 15"-215<br><br>INV NO. YEX181016-01<br>P/O NO. 7100084756 | 200.000 KGS ⑮ | 1.715 CBM |

ON BOARD DATE 21.OCT.2018 ⑰

SURRENDERED
COPY
NON NEGOTIABLE

CFS-CFS ⑯ FREIGHT PREPAID ⑱ ⓐ

Excess Value Declaration(Refer to § II-4.3):

Total Number of Containers or Packages(In Words) SAY : ONE (1) BOX ONLY. ⑲ | Freight Payable at KWANGJU, KOREA ⑱ ⓑ

Freight & Charges ⑱ | Prepaid | Collect

FREIGHT PREPAID AS ARRANGED

Received by the Carrier the Goods specified herein in apparent good order and condition unless otherwise stated, to be transported to such place as agreed, authorized or permitted herein and subject to all the terms and conditions appearing on the front and reverse of this Bill of Lading or Multimodal Transport Bill of Lading(hereinafter called the 'B/L') to which the Merchant agrees by accepting this B/L, notwithstanding and local privileges, customs or any other agreements between the parties. The particulars of the Good provided herein were stated by the Shipper and the weight, measurements, quantity, condition, contents and value of the Good are unknown to the Carrier. In witness whereof three(3) original B/L(s) have been signed unless otherwise stated herein. If two(2) or more original B/L(s) have been issued and either one(1) has been surrendered, all the other(s) shall be null and void. If required by the Carrier one (1) duly endorsed original B/L must be surrendered in exchange for the Goods or delivery order.

Place and Date of Issue ⑳ KWANGJU, KOREA 21.OCT.2018 | No. of Original B/L THREE(3) ㉑

Signature ㉒ Sunjin Logistics Co., Ltd.

Bill of Lading No. SUNB1810027

AS A CARRIER

Authorized By Korea International Freight Forwarders Association 1997 (210×297mm)

[그림 9-1] 복합운송증권

⑧ 양륙항(Port of Discharge) : 화물의 양륙항과 국명을 기재한다.(예 : XINGANG, CHINA)

⑨ 인도장소(Place of Delivery) : 화물을 운송인이 책임지고 수하인에게 인도하여 주는 장소를 기재한다.

⑩ 화물의 최종 목적지(Final Destination; For the Merchant's Ref. only) : 화물의 최종 목적지를 표시한다. 선하증권에 운임이 계상되어 있지 않은 경우는 단지 참고사항에 불과하여 기재되지 않은 경우도 많으나 최종목적지를 기재함으로써 다음의 운송수단과 경로를 예측하여 준비할 수 있다.

⑪ 선하증권 번호(B/L No.) : 선사나 B/L 발행기관이 임의로 정한 번호를 기재한다. 일반적으로 선적항과 양육항의 로마자 알파벳의 머리글자를 이용하고 그 다음에 아라비아 숫자로 일련번호를 쓰는 경우가 많다. 하지만 반드시 그런 것은 아니고 발행인의 고유한 방법으로 표기한다(예 : SUN18100279).

⑫ 컨테이너와 봉인 번호(Container & Seal No.) & 화인과 번호(Marks & Numbers) : 화물이 적재된 컨테이너 번호와 컨테이너를 봉인한 씰(Seal) 번호를 표기한다. 아래면에는 포장 겉면에 표시된 화물의 화인(Shipping mark)과 수량을 표기한다.

⑬ 컨테이너 또는 포장의 숫자와 종류(Number and Kind of Containers or Package) : 포장의 숫자와 종류 또는 컨테이너의 종류와 수량을 표기한다.

⑭ 화물의 명세(Description of Goods) : 송장이나 포장명세서에 기재된 상품의 내용을 열거하여 기재한다. 단순히 송장이나 포장명세서의 번호를 표기하기도 한다. 또한, 바이어 측의 요구에 의해 HS Code나 B/L No.가 기재되는 경우도 있다. 국제복합운송의 경우 부지약관(Unknown Clause)으로 'Said to Contain' 또는 'Shipper's 'Load and Count'가 기재되기도 한다.

⑮ 화물의 총중량(Gross Weight)과 용적(Measurement) : 'Gross Weight'란에는 화물의 총중량이 기록되며, 'Measurement'란에는 화물의 용적을 CBM으로 표시한다. 송하인이 선박회사에 직접 선적요청을 하고 선박회사가 지정하는 곳에서 화물을 인도하는 경우나 LCL화물의 경우 지정된 CFS에서 등록된 검정회사의 검측을 받을 때, 송장, 포장명세서와 일치하지 않으면 문제가 될 수도 있다. 화물에 이상이 있으면 파손화물보상장(L/I)을 제출하고 무고장부 선하증권(Clean B/L)을 받을 수 있다. 하지만 FCL화물의 경우 Container를 Door에서 적재작업 할 경우는 부지조항을 B/L상에 표시하는 것으로 이 모든 것을 갈음하고 있다.

⑯ CFS/CFS : 선적항 CFS에서 양륙항 CFS까지 운송한다는 의미로서 LCL화물의 경우는 CFS/CFS(CFS to CFS), FCL화물의 경우는 CY/CY(CY to CY)가 된다.

⑰ 본선적재부기일(Laden On Board) : 화물이 실제 선적된 날짜가 기재되며 선적일(On Board Date)과 발행일(Date of Issue)은 보통 같다. 발행일이 선적일보다 늦을 수는 있지만 발행일이 선적일보다 빠른 경우는 B/L을 선발행한 것이므로 은행의 매입거절을 당할 수 있다. On Board 하단에는 선적일자가 기재되고 서명권자(발행인)의 서명(Signature)이 있다(예 : 21. Oct.2018).

⑱ 운임지급 내용

ⓐ 운임지급방법(Freight & Charge) : 매수인이 운임을 지불하는 FOB인 경우에는 'Freight Collect'라고 기재하고 매도인이 운임을 지불하는 CFR이나 CIF의 경우에는 'Freight Prepaid' 또는 'Prepaid Arranged'라고 기재한다.

ⓑ 운임지급장소(Freight Payable at) : FOB의 경우 공란에 'Destination'이라고 표기하면 되고 CFR이나 CIF의 경우는 선적항과 국명을 기재한다(예 ; KWANGJU, KOREA).

⑲ Total Number of Containers or Package(In Word) : B/L양식에 따라 이런 난이 있으면 컨테이너의 개수나 포장물의 개수를 아라비아 숫자가 아닌 말로 풀어서 기재하고 아라비아 숫자는 ( ) 안에 병기(倂記)한다(예 : ONE(1)BOX ONLY.).

⑳ B/L 발급 장소와 날짜(Place and Date of Issue) : B/L 발급 장소와 날짜를 기입한다(예 : Kwangju, Korea. 21.Oct.2018).

㉑ 선하증권 발행 통수(No. of Original B/L) : 일반적으로 B/L원본은 3통이 발행되므로 문자로 Three라고 표기하고 괄호 안에 아라비아 숫자로 3이라고 기재한다(예: THREE(3)), 한편, 권리포기선하증권(Surrender B/L)인 경우에는 'NIL'이라고 표기한다.

㉒ 발행자 서명(Signature) : 발행자의 등록된 서명을 한다. 이때 B/L을 Carrier로서 발행하는 것인지 Agent자격으로 발행하는 것인지 명확히 표기되었는지를 확인할 필요가 있다. 그리고 서명을 한 후 B/L을 수정할 필요가 있을 경우 재발급을 하든가 'Correction' 도장을 날인한 후 수정한 곳에 서명을 하여야 한다.

## 제 2 절 국제복합운송인과 책임체계

### 1. 국제복합운송인의 개념

#### 1) 국제복합운송인의 정의

국제복합운송인은 이종 및 동종 운송수단을 조합하여 2국 이상을 운송하는 운송인으로서 이에 대한 정의는 각 협약마다 조금씩 다르다. 즉, TCM조약안에서는 CTO, UN조약 및 UNCTAD/ICC규칙에서는 MTO, 미국에서는 ITO라고 부른다.

[표 9-3] 국제복합운송인의 정의

| | |
|---|---|
| TCM조약안 | 복합운송증권을 발행하며, 화물의 수령부터 인도까지 전 구간에 걸쳐 자기 이름으로 운송을 이행하고, 그 운송에 대해 조약에 규정된 책임을 부담하며, 복합운송증권에 기명된 또는 정당하게 배서된 증권의 소지인에게 화물의 인도를 확실히 하기 위해 필요한 모든 조치를 다하는 자(TCM조약안 제22조 제1항)<br>■ CTO; Combined Transport Operator |
| UN복합<br>운송조약 | 스스로 또는 대리인을 통해 운송계약을 체결하고 송하인이나 운송인의 대리인이 아닌 주체로서 계약의 이행에 책임을 지는 자(UN복합운송조약 제1조 2항, 제4조 1항)<br>■ MTO; Multimodal Transport Operation |
| UNCTAD/<br>ICC통일규칙 | 복합운송인은 '복합운송계약을 체결하고 또한 운송인으로서 그 계약수행의 채무를 부담하는 자를 의미한다'고 규정하면서, 복합운송인과 일치하지 않는 실제운송인을 복합운송인과 구별하기 위하여 운송인을 '복합운송인과 동일하거나 동일하지 않거나와 상관없이 실제로 운송의 일부 또는 전부를 이행하거나 그 이행을 인수하는 자'로 규정(UNCTAD/ICC 복합운송증권 규칙 제2조 2항, 3항)<br>■ MTO; Multimodal Transport Operation |
| 일반적 정의 | 자기의 명의와 계산으로 하주를 상대로 복합운송계약을 체결한 계약당사자로서, 운송 전반을 계획하며 운송기간 중 여러 운송구간을 적절히 연결하고 통괄하여 운송이 원활하게 이루어지도록 조정하고 감독할 지위에 있는 자 |

이상과 같이 국제복합운송인은 자기의 명의와 계산으로 하주를 상대로 전 운송구간에 대해 복합운송계약을 체결하는 당사자이며, 복합운송 전반을 계획하며 운송기간 중 여러 운송구간을 적절히 연결하고 총괄하여 운송이 원활하게 이루어지도록 조정하고 운송의 주체로서 책임과 의무를 부담하는 자로서 복합운송서류를 발행하는 자라고 정의할 수 있다.

국제복합운송인은 해상항로, 공로, 육로 등 운송경로(Link)에서 주로 활동하는 선박회사, 항공회사, 철도회사, 트럭회사 등의 실제운송인은 물론이고, 운송연결점인 항만, 터미널, 물류기지 등의 접점부분(Node)에서 주로 활동하는 해운중개업, 항공운송대리점, 국제물류주선업자 등 누구든지 하주와 수출입화물에 대한 운송의 주체로서 국제운송계약을 체결하여 단일책임을 지고 복합운송증권을 발행할 수 있으면 국제복합운송인이 된다.[6)]

### 2) 국제복합운송인의 유형

#### (1) 실제운송인형 국제복합운송인(Actual Carrier)

UNCTAD/ICC복합운송증권규칙 제2조 3항은 실제운송인과 관련하여 '운송인은 복합운송인과 동일인 여부에 상관없이 실제로 운송의 전부 또는 일부를 이행하거나 또는 그 이행을 인수하는 자를 의미한다'라고 규정하고 있다. 즉, 실제운송인형 국제복합운송인은 해상운송인(선박), 공로운송인(트럭), 철도운송인(철도), 항공운송인(항공기) 등과 같이 실제로 운송수단을 보유한 자가 하주와 국제복합운송계약을 체결하고, 다른 운송업자와의 연계를 통하여 화물을 운송하는 운송업자를 말한다.

현실적으로 국제복합운송의 주요 운송경로에서 가장 큰 비중을 차지하고 있는 해상운송부문의 선사는 컨테이너선의 등장과 화물의 단위화에 따라 스스로 복합운송인이 되어 종래의 항구에서 항구까지(port to port)의 해상운송서비스에만 머무르지 않고 Point to Point(또는 Door to Door)까지 국제운송을 일괄하여 인수하는 복합운송의 주체로서 국제물류서비스를 제공하는 역할을 수행하고 있는 종합물류업자로 변모하게 되었다.

#### (2) 계약운송인형 국제복합운송인(Contracting Carrier)

계약운송인형 국제복합운송인은 실제운송인과는 달리 운송수단을 보유하지 않으면서도 실제운송인처럼 운송 주체자로서의 기능과 책임, 즉 운송인에게는 하주입장에서 하주에게는 운송인의 입장에서 책임과 의무를 수행하는 자를 말한다.

대표적인 계약운송인형 국제복합운송인으로는 해상운송주선인(Ocean Freight

---

6) 물류 시스템을 구성하는 3대 요소는 일반적으로 자동차, 철도, 선박, 항공기 등에 해당하는 운송수단(Mode), 동종 또는 이종의 운송수단이 연결되는 지점 또는 간선과 지선이 교차하는 지점인 운송연결점(Node), 운송수단이 이용하는 운송경로(Link)라고 할 수 있다. 물류시스템이 효율적으로 되기 위해서는 운송수단, 운송연결점, 운송경로가 각각 자신의 목적에 맞게 적절히 설계되어야 하며 3가지 요소가 체계적으로 결합하여 통합화되어야 한다.

Forwarder)과 항공운송주선인(Air cargo Freight Forwarder), 통관업자, 컨테이너임대업자 등이 있다. 하지만 이들 업체들은 국제복합일관운송으로 통합되는 추세에 따라 수출입 하주의 대리인 또는 국제운송 부수 행위의 수행자 역할을 하던 고유의 운송서비스 범위를 확대하여 국제복합운송증권을 발행하여 일관운송책임을 지는 운송주체자의 기능을 수행하는 국제물류주선업자(International Freight Forwarder)로 변모하게 되었다. 우리나라의 경우 1992년 화물유통촉진법(현 물류정책기본법)의 제정으로 1996년 7월 1일부터 운송주선업은 복합운송주선업이라는 업종으로 일원화되었다.[7)]

#### (3) 무선박운송인형 국제복합운송인(NVOCC)

무선박운송업자(NVOCC; Non-Vessel Operating Common Carrier)는 1984년 미국 신해운법에서 기존의 운송주선인형 국제복합운송인을 법적으로 확립한 해상운송인을 말한다. 즉, 무선박운송업자(NVOCC)는 해상운송에 있어서 직접 선박을 소유하지는 않으면서 해상운송인에 대해서는 하주의 입장, 하주에 대해서는 운송인의 입장에서 운송을 수행하는 자를 말한다.

### 3) 국제물류주선업자와 국제복합운송인

#### (1) 국제물류주선업자와 국제복합운송인과의 관계

국제복합운송은 단일계약의 주체에 의해 조직되어 일관된 시스템으로 운영되는 것이 특징이다. 국제복합운송인이 될 수 있는 자는 선박회사, 트럭회사, 철도회사, 창고업자, 국제물류주선업자 등 유통기능을 담당하는 자 가운데 단일책임을 지고 국제복합운송서류를 발행하는 자가 될 수 있다.

특히, 국제물류주선업자가 복합운송인의 기능으로 수행하는 데 있어 결정적인 역할을 한 것은 1983년 개정 신용장통일규칙 제25조 d항으로 국제물류주선업자가 발행한 국제복합운송서류의 은행매입을 가능하게 함으로써 증권의 융통성 부여와 미국의 신해운법 제3조의 규정에 의한 국제복합운송주체자로서 법적 형태라 할 수 있는 무선박운송업자의 법적 지위를 명확히 한 것이라 할 수 있다.

위와 같이 국제복합운송이란 궁극적으로 물류의 근대화 내지 합리화에서 비롯되

---

7) Freight Forwarder, 복합운송주선업자 모두 운송주체자로서 국제복합운송서비스를 제공하는 자로 동일인이다. 하지만 실무업계에서는 국제물류주선업자로 부르고 있기 때문에 본서에서는 이들 모두를 국제물류주선업자로 통칭하여 사용한다.

었으며 국제물류주선업자는 이와 관련 해상·육상·항공의 각 운송모드를 유기적이고 과학적으로 결합하여 하주의 요구를 최대한 충족시켜 줄 수 있는 능력을 보유한 운송전문가라는 점을 감안해 볼 때 컨테이너 이후의 국제물류의 발전 추이로 보아 실질적으로 국제물류주선업자가 곧 복합운송인이고, 국제복합운송인이 바로 국제물류주선업자라 할 수 있다.

따라서 오늘날 국제물류주선업자는 해상화물 및 항공화물의 운송주선은 물론 통관업무 등 국제복합운송에 대한 서비스를 일괄적으로 제공하는 자격을 갖추고 있는 상태로 국제복합운송에 있어서 매우 중요한 역할을 수행하고 있다.

### (2) 국제물류주선업자(Freight Forwarder)의 기능

#### 가) 전문적 조언자

국제물류주선업자는 수출업자에게 해상·항공·철도·도로운송의 소요비용, 소요시간, 신뢰성, 경제성을 고려하여 가장 적절한 운송경로를 선택하게 해주고, 그 운송수단, 운송로에 바탕을 두고 화물의 포장 및 목적국의 각종 운송규칙을 알려주며 운송서류를 용이하게 작성하도록 도와준다.

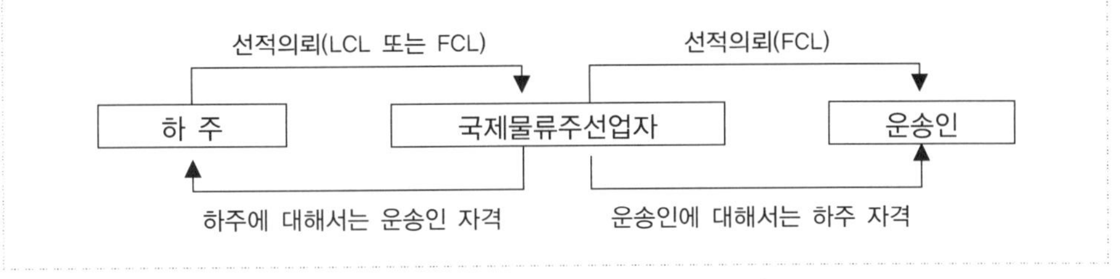


자료 : 옥선종 외, 「국제운송물류론」, 도서출판 두남, 2001, p.374.

[그림 9-2] 국제물류주선업자와 하주 및 운송인과의 관계

#### 나) 운송계약의 체결 및 선복의 예약

국제물류주선업자는 통상 특정 하주의 대리인으로서 자기 명의로 운송계약을 체결한다. 운송계약을 체결할 때 특정 선박의 선복을 예약해야 하며, 이때 선박회사는 국제물류주선업자로부터 구두 예약을 접수하여 화물의 명세, 필요한 컨테이너의 수, 운송조건 등을 기재한 선복예약서를 사용하게 되며, 수출업자는 선복예약서의 조건대로 선적할 수 있는 것이다.

다) 선적서류의 작성

국제물류주선업자와 관계되는 서류 및 취급 사무는 선하증권, 항공화물운송장 또는 유사한 서류 통관서류, 보험증권, 원산지증명서, 선적지시서 등인데 이들 서류는 국제물류주선업자가 직접 작성하거나 하주가 작성하는 경우 조언을 한다. 특히 우리나라의 국제물류주선업자는 해상 또는 항공 혼재화물 적하목록을 작성하여 EDI로 세관에 제출한다.

라) 통관수속

국제물류주선업자는 주요 항만이나 공항에 사무소를 두고 세관원 및 관세사들과 긴밀한 접촉을 유지하면서 하주를 대신하여 관세사를 통하여 통관수속을 한다. 특히 수입통관절차는 매우 복잡하기 때문에 전문지식뿐 아니라 풍부한 경험이 있어야 한다. 다만, 우리나라의 통관업무는 하주 자신, 관세사, 관세사를 포함한 통관법인이 수행할 수 있음을 유의하여야 한다.

마) 운임 및 기타 비용의 선대

국제물류주선업자와 하주 간의 통상적 거래관계가 확립되어 있는 경우 고객을 대신하여 모든 비용을 선대하여 지급한다. 수출입업자는 통상적으로 선사, 항공사, 기타 운송인 및 하역업자, 컨테이너, 보관시설 기타의 설비 등을 이용하는데 이것들이 국제물류주선업자를 통해 이루어지게 되면 이 비용에 대한 수출입업자의 지급이 국제물류주선업자에게 일괄적으로 이루어지기 때문에 간소화된다.

바) 포장 및 창고보관

국제물류주선업자는 운송수단 또는 목적지에 적합한 포장을 할 수 있는 독자적인 포장회사를 가지고 있는 경우도 있으며, 화물의 포장방법에 관해서 운송수단이나 목적지에 가장 적절하고 효과적인 것을 하주에게 조언한다. 또한, 국제물류주선업자는 주체자로서의 운송인이나 LCL화물의 집하·분배·혼재서비스를 수행하는 당연한 결과로서 자기의 환적창고를 소유하여 일시적 또는 단기적인 보관서비스도 제공한다.

사) 보험의 수배

국제물류주선업자는 화물보험에 관계되는 가장 유리한 보험형태, 금액, 조건 등과 관련하여 하주를 대신하여 보험수배를 한다. 즉, 현재 대부분의 국제물류주선업자는 보험회사와의 협약으로 온라인 프로그램을 공유하여 국제물류주선업자가 보험부보 내용을 입력하고 보험회사는 승인한 후 국제물류주선업자 사무실에서 바로 출력하여 하주에게 선하증권과 함께 배부하고 있으며, 운송화물의 사고 발생시 하주를 효율적으로 보좌한다.

아) Co-Loading 업무

국제물류주선업자는 송하인으로부터 의뢰받은 LCL화물이 FCL화물로 단위화하기에 부족한 경우 또는 1개 FCL 소요량을 초과하는 경우 동일 목적지의 LCL화물을 확보하고 있는 다른 국제물류주선업자에게 공동혼재(Joint Consolidation)를 의뢰하여 FCL로 만들어 운송하고, 업무로 선사 또는 항공사에 대하여 선복수배 및 가격경쟁력을 높이는 지렛대로 이용하고 있다.

그 밖에 국제물류주선업자는 해외의 거래망을 가지고 있기 때문에 국내에 외국의 바이어를 소개해 줄 수 있으며, 마찬가지로 국내의 시장정보를 수집하여 수출업자를 지원할 수 있다. 또한, 국제복합운송의 이점인 Door to Door의 전 운송구간을 하주를 대신하여 운송화물의 안전과 흐름을 감시·관리하는 기능을 수행할 수 있는 기능을 지니고 있다.

## 2. 국제복합운송인의 책임체계

### 1) 국제복합운송인의 책임원칙

국제복합운송인의 책임원칙은 하주에 대한 손해배상책임의 내용을 결정하는 기준으로 과실책임, 무과실책임, 절대책임의 세 가지가 있다.

#### (1) 과실책임원칙(Liability for Negligence)

과실책임원칙은 국제복합운송인이 선량한 관리자로서의 적절한 주의의무를 전제로 성립되는 책임원칙으로 국제복합운송인이 주의의무를 다하지 못해 발생한 손해에 대해서는 책임을 져야 한다. 다만 이 원칙은 국제복합운송인의 과실을 하주가 입증하는 것을 원칙으로 하고 있음을 명심해야 한다.

이 원칙과 관련하여 ICC복합운송증권통일규칙(1975년), UN국제복합운송조약(1980년), UNCTAD/ ICC복합운송증권규칙(1992년) 모두 국제복합운송인이 자신의 무과실을 입증하지 못하는 한 손해배상책임을 면할 수 없는 이른바 과실추정주의를 취하고 있다. 따라서 국제복합운송인은 운송중인 화물의 멸실이나 훼손 등이 자기 또는 그 이행보조자의 과실에 의한 것이 아니라는 것을 증명하지 못하거나, 손해의 원인이 된 사고 및 그 결과를 회피하기 위하여 합리적으로 요구되는 모든 조치를 취하였다는 것을 증명하지 못하면 운송물에 관한 손해에 대하여 책임을 져야 한다. 그러나 경험에 의해서 손해발생의 개연성이 높은 것에 대해서는 국제복합운송인의 거증책임을 완화시키기 위해 면책사유로 정하여 두고 있는 것이 일반적이다.

### (2) 무과실책임원칙(Liability without Negligence)

무과실책임원칙은 운송인의 과실 유무를 불문하고 배상책임을 지는 원칙으로 이에 해당하는 국제규칙은 국제도로물품운송조약(CMR)[8]과 국제철도물품운송조약(CIM)[9] 등이 있다. 다만, 이 원칙은 결과책임 또는 절대 책임과는 달리 불가항력, 포장의 불비, 화물 고유의 성질, 통상의 소모 또는 누손 등으로 발생한 손해에 대해서는 면책을 인정하고 있다.

### (3) 절대책임원칙(Liability Objective, Absolute Liability)

절대책임원칙은 국제복합운송인의 과실유무를 불문하고 운송기간 중에 발행한 모든 손해의 결과에 대해서 절대적으로 책임을 지는, 즉 면책의 항변이 일체 용인되지 않는 원칙으로 엄격책임원칙 또는 결과책임원칙이라고도 한다. 국제도로물품운송조약(CMR)은 차량의 결함에 의한 화물의 손해에 대해 이를 적용하고 있으며, 항공운송에 관한 국제조약인 1995년 몬트리올협약(Montreal Convention, 2003년 11월 발효) 및 1971년 과테말라의정서(Guatemala Protocol, 미발효)는 승객의

---

8) 1956년 5월에 Geneva에서 채택된 국제도로물품운송조약(CMR; Convention Relative au Contract de Transport International de Marchandise Par Route)은 주로 유럽제국이 서명하고 1967년에 발효되었다. 동 조약은 육상물품운송에 있어서 운송인의 책임을 중심으로 한 중요한 국제조약으로 국제복합운송의 이종책임체계(Network Liability System)을 채택하고 있다.

9) 1961년 2월에 채택된 국제철도물품운송조약(CIM; International Convention Concerning the Carriage of Goods by Rail, 1961년)은 1980년 5월 스위스 베른에서 채택된 조약(COTIF; The Convention concerning International Carriage by Rail)에 부속된 규칙으로 흡수되어 Uniform Rules concerning the Contract for International Carriage of Goods by Rail이 되었다. COTIF는 1985년 4월에 발효되었고 CMR과 더불어 국제복합운송에 있어서 이종책임체계(Network Liability System)를 채택하고 있다.

사망 및 신체상해의 경우 승객의 고의가 없는 한 운송사(항공사)는 무과실책임을 적용하여 절대적인 책임을 지도록 하였다.

### 2) 국제복합운송인의 책임체계

국제복합운송은 원칙적으로 2개 이상의 운송수단을 결합한 복합일관운송체제이므로 하주와 국제복합운송계약을 체결한 국제복합운송인은 실제 운송 활동의 수행 여부에 관계없이 전 운송구간에서 발생되는 모든 손해에 대하여 책임을 지게 된다.

다만, 그 책임에 원칙과 손해배상 한도액을 전 운송구간에 단일하게 적용할 것인가, 아니면 각 운송방식을 구속하는 조약 및 법규에서 규정하고 있는 내용을 개별적으로 적용할 것인가에 대하여는 논란의 여지가 있을 수 있다. 따라서 국제복합운송계약을 체결할 당시에 국제복합운송인의 책임원칙과 체계를 명확히 명시함으로써 이러한 문제를 해결할 수 있다. 이하 국제복합운송인의 책임체계를 살펴보면 다음과 같다.

#### (1) 단일책임체계(Uniform Liability System)

단일책임체계는 운송물의 멸실, 훼손, 지연 손해가 국제복합운송의 어느 구간에서 발생하였느냐를 묻지 않고 국제복합운송인이 전 운송구간에 걸쳐 단일의 책임체계를 적용하는 원칙으로 절대(엄격)책임주의에 근거하고 있다. 이는 비록 국제복합운송이 많은 구간운송으로 구성되지만 하주의 입장에서 볼 때는 하나의 운송이고, 만일 국제복합운송인이 운송구간마다 서로 다른 내용의 책임을 부담한다고 하면 사고가 어디에서 발생하였느냐에 의해 그 배상액이 달라지는 불합리한 점이 생기기 때문에 하나의 기준에 의하여 책임지도록 하고 있다.

#### (2) 이종책임체계(Network Liability System)

이종책임체계(Network Liability System)는 국제복합운송인이 전 운송구간에 걸쳐 책임을 지지만, 책임의 원칙 및 손해배상 한도는 그 손해가 발생한 운송수단을 규제하고 있는 조약 및 법규에 따르는 원칙으로 손해발생구간이 확인된 경우와 그렇지 않은 경우를 나누어서 각각 다른 책임체계를 적용하는 방법이다.

##### 가) 손해발생구간이 밝혀지지 않은 경우

손해발생구간이 불명인 손해(concealed damage)에 대해서는 그 손해가 해상구간에서 발생한 것으로 추정하여 헤이그규칙을 적용하던가 또는 별도로 정하여진 기본책임(basic liability)을 적용한다.

#### 나) 손해발생구간이 확인된 경우

손해발생구간에 적용될 국내법이나 국제조약을 적용한다.[10] 만일 손해가 항공구간에서 발생했으면 바르샤바조약을, 해상구간에서 발생했으면 헤이그규칙을 각각 적용하게 된다.

본 체계는 전통적인 국제상거래의 관행내지 질서에 급격한 변동을 가져오는 것이기 때문에, 국제복합운송을 촉진하는 효과를 갖는 동시에 하주가 부보하는 적하보험과 국제복합운송인이 부보하는 책임보험이 공존하게 되어 보험비용을 최적화하는 효과 등의 장점이 있어 주로 선진해운국이 지지하는 제도이다.

즉, 1965년의 UNIDROIT 초안으로부터 TCM조약안 및 ICC통일규칙에 이르기까지 지배적인 국제복합운송책임제도로 채택되었으며, 이의 영향을 받아 근래의 실무에서 사용되는 국제복합운송증권은 거의 본 시스템을 취하고 있다.

### (3) 절충식책임체계(Flexible Liability System)

절충식책임체계는 변형단일책임체계(Modified Uniform Liability System)라고도 하며, 이종책임체계와 단일책임체계의 절충방식으로 UN국제복합운송조약이 채택하고 있는 책임체계이다. UN국제복합운송조약은 손해발생구간의 확인 여부에 관계없이 동일한 책임규정을 적용한다는 점에서 보면 단일책임체계를 채택한 것으로 보이나, 손해발생구간이 확인되고, 그 구간에 적용될 법에 규정된 책임한도액이 UN국제복합운송조약의 책임한도액보다 높은 경우에는 그것의 적용을 인정하여 이종책임체계를 가미하고 있으며, 1978년 함부르크규칙 및 1992년 UNCTAD/ICC복합운송증권규칙 등에서도 채택하고 있다.

### (4) 타이업책임체계(Tie-up Liability System)

타이업책임체계는 국제복합운송인의 책임원칙과 하청운송인의 사적 계약상의 책임원칙을 전적으로 동일하게 하는 방식이다. 다시 말해서, 책임은 일관하게 국제복합운송인이 지지만, 그 책임원칙은 하청운송인이 국제복합운송인에 대하여 적용하

---

10) 예를 들어, 해상운송구간에서 손해가 발생한 경우에는 헤이그-비스비규칙이나 함부르그규칙에서 규정하고 있는 한도를 적용하고, 공로운송구간에서는 CRM조약, 철도운송구간에서는 CIM조약에서 규정하고 있는 운송인의 책임원칙과 손해배상 한도를 따르는 것이다.

는 것과 동일한 책임원칙을 적용하는 방식이다.[11] 다만, 각 운송구간에 적용되는 법규가 없으면 그 구간의 운송인이 사용하는 계약약관에 따라 책임을 진다는 점에 거 이종책임체계와는 다소 다르다.

[표 9-4] 국제복합운송인 책임체계

| 구분 | 내용 |
|---|---|
| 단일책임체계<br>Uniform Liability System | ㉠ 전 구간을 통해 단일의 책임원칙을 부담<br>㉡ 가장 철저한 책임체계<br>■ 하주에게 유리, 복합운송인에게 불리 |
| 이종책임체계<br>Network Liability System | ㉠ 복합운송인이 전 운송구간의 책임을 지지만, 책임내용은 발생구간에 적용되는 책임체계에 의해서 결정<br>㉡ 손해발생구간이 확인된 경우<br>ⓐ 해상구간 : 헤이그 규칙<br>ⓑ 항공구간 : 바르샤바 조약(Warsaw Convention)<br>ⓒ 도로운송구간 : 국제도로물품운송조약(CMR)<br>ⓓ 철도운송구간 : 국제철도물품운송조약(CIM) |
| 절충식 책임체계<br>Flexible Liability System | ㉠ UN 국제복합운송조직이 채택하고 있는 책임체계<br>㉡ 변형단일책임체계(Modified Uniform Liability System)라고 함<br>■ UN조약은 손해발생구간의 확인 여부에 관계없이 동일한 책임규정을 적용한다는 점에서 보면 Uniform System을 채택한 것으로 보이나, 손해발생구간이 확인되고, 그 구간에 적용될 법에 규정된 책임한도액이 UN조약의 책임한도액보다 높은 경우에는 그것의 적용을 인정하여 Network System을 가미하고 있다. |
| Tie-up Liability System | 복합운송인의 책임원칙과 하청운송인의 사적 계약상의 책임원칙을 전적으로 동일하게 하는 방식이다. 즉, 책임은 일관하게 복합운송인이 지지만, 그 책임원칙은 하청운송인이 복합운송인이 적용하는 것과 동일한 책임원칙을 적용하는 방식이다. |

## 제 3 절 국제복합운송의 주요 경로

### 1. 랜드브리지시스템을 이용한 경로

국제복합운송의 형태로는 일반적으로 해륙복합운송과 해공복합운송이 있으며, 해륙복합운송에는 대륙을 횡단하는 철도를 가교(bridge)로 하여 Sea-Land-Sea 방

11) 예를 들어 충돌의 경우 항해과실면책에 의해 하청운송인인 해상운송인이 복합운송인에 대하여 책임을 지지 않는 것과 마찬가지로, 국제복합운송인도 하주에 대하여 책임을 지지 않는 것이다.

식을 통한 랜드브리지서비스(Land Bridge Service)[12]방식이 이용되고 있다. Land Bridge Service는 운송경비의 절감과 운송시간의 단축을 위한 것으로 대륙횡단의 육상운송을 이용하여 바다와 바다를 연결하는 운송서비스이다.

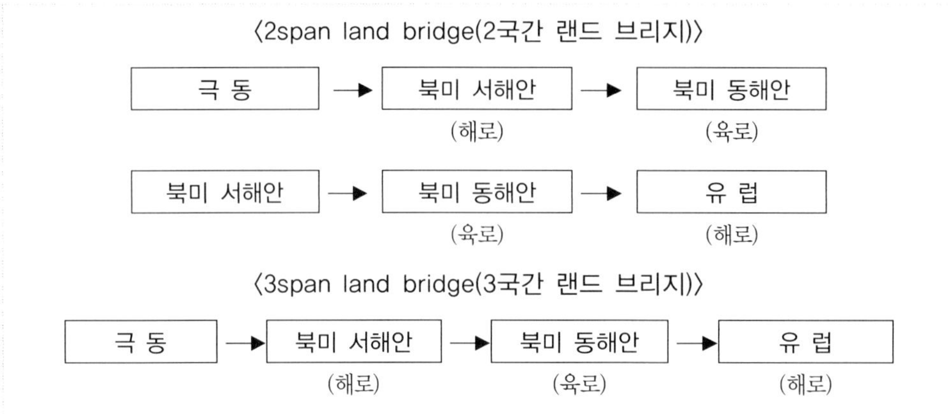


[그림 9-3] Land Bridge System의 형태

### 1) 시베리아대륙 횡단철도(TSR; Trans Siberian Railway, SLB; Siberia Land Bridge)

시베리아철도를 이용한 대륙횡단수송은 1926년 개발되어 TSR(Trans Siberia Railroad)로 시작되었으며, 제2차대전으로 중단되었다가 1967년에 전소련 대외운송공단과 일본의 YSL선사 사이에 협정이 체결되어 유럽행 일관수송을 개시한 이래, 1972년 일본 선원의 장기파업을 계기로 급속도로 발전하였다.

TSR은 극동지역의 한국, 일본, 동남아, 호주 등을 기점으로 하여 1차 해상운송한 후 시베리아를 횡단하는 내륙운송의 접점에서 철도에 연결되어 유럽대륙과 스칸디나반도 및 중동을 연결하는 대표적인 국제복합운송시스템이다. TSR의 구상은 이 경로가 극동에서 구주까지 가장 짧은 운송경로로 다른 어떤 경로보다 시간이나 경비를 절감할 수 있다는 점에서 착안된 것이다.

TSR은 일본으로부터 대륙운송의 접점인 소련의 나호트가(Nakhodka)나 보스토치니(Vostochny)까지 컨테이너선으로 해상운송하고, 그 곳에서 시베리아철도에 의해 육상운송한 후 유럽 또는 중동의 국경까지 화물을 운송한다.

12) 랜드브리지 시스템(해륙복합운송)은 종전에 항로를 중심으로 한 해상운송경로에다 일부 대륙횡단경로를 추가함으로써 거리, 시간, 비용을 절약하는 시스템으로 대륙횡단철도를 이용하여 해양과 해양을 연결하며 해상·육상의 경로에 의한 복합운송을 말한다.

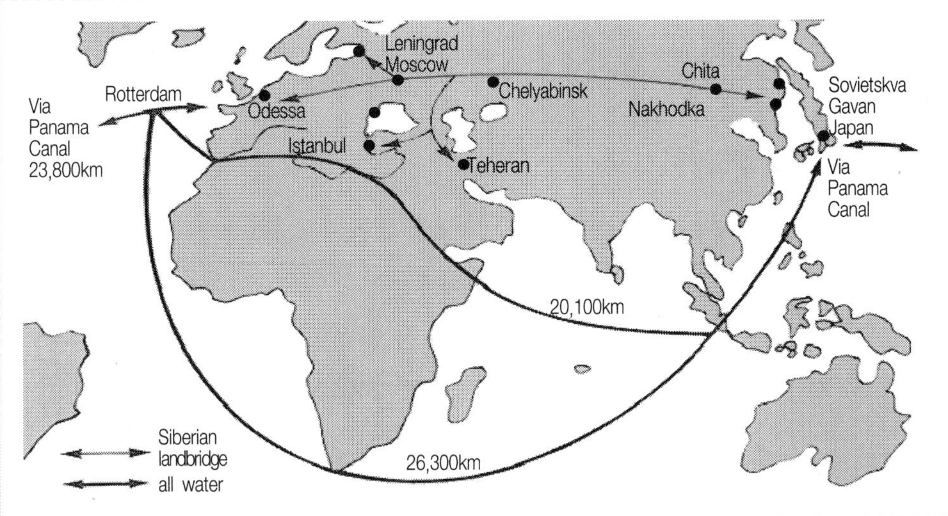


[그림 9-4] 시베리아대륙 횡단철도(TSR; Trans Siberian Railway)

## 2) 북미대륙 경로

동아시아지역과 북미대륙 간, 동아시아지역과 유럽지역 간의 화물이 전통적인 해상운송에서 벗어나 미대륙을 이용한 국제복합운송경로를 활용함으로써 국제운송의 효율화를 도모하고 있다.

### (1) 아메리카 랜드브리지(ALB; American Land Bridge, 동아시아 – 미대륙 – 유럽)

ALB는 1860년대에 미대륙을 횡단하던 Rail Bridge의 개념에서 출발하였으며, 본래의 명칭은 Land Bridge였으나, SLB 등을 통한 극동·유럽 간 수송과 구별하기 위해서 American Land Bridge라고 부르게 되었다.

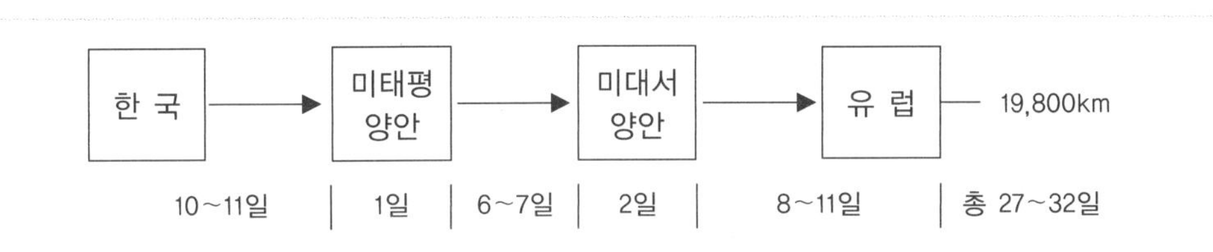


[그림 9-5] 아메리카랜드브리지의 경로

ALB는 1972년 Sea train사가 개발한 경로로서 한국 및 극동지역으로부터 선적된 화물을 미국 태평양 연안의 오클랜드, 로스앤젤레스까지 해상으로 운송한 후 미국 동부연안인 대서양 연안이나 멕시코만의 항구까지 미국대륙의 횡단철도로 중계하여 이곳에서 다시 제2의 선박에 환적하여 유럽의 앤드워프, 함부르크, 로테르담, 브레멘 등 각 항구까지 해상운송하는 시스템으로 주로 미국계 선박회사에 의해 운영되는 국제복합운송경로이다.

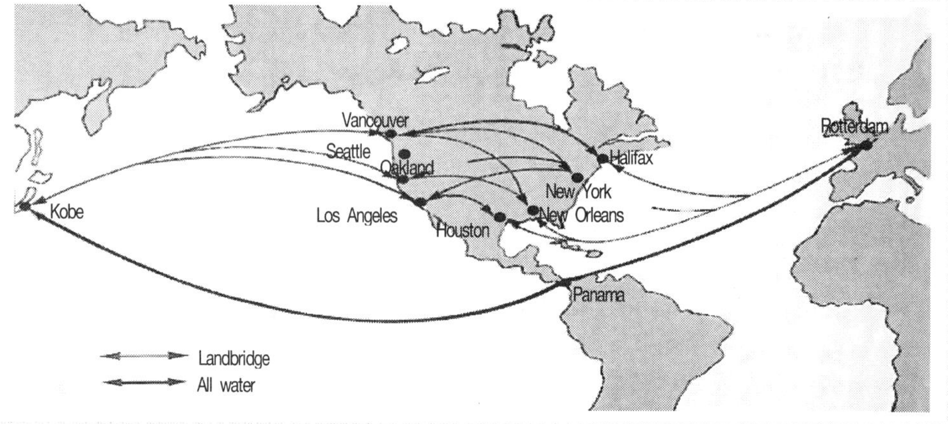


[그림 9-6] 아메리카랜드브리지(American Land Bridge, ALB)

2) **미니 랜드브리지**(MLB; Mini Land Bridge, 동아시아 – 미대륙 – 미 東岸)

MLB는 극동과 미국 대서양연안이나 Gulf연안, 혹은 유럽과 미국 태평양연안의 항로에 있어서 태평양연안과 대서양연안 간에 대륙철도를 이용하는 것으로 1972년 Seatrain 선사가 일본–북미대서양 간의 운송을 시작한 것이 그 효시이다.

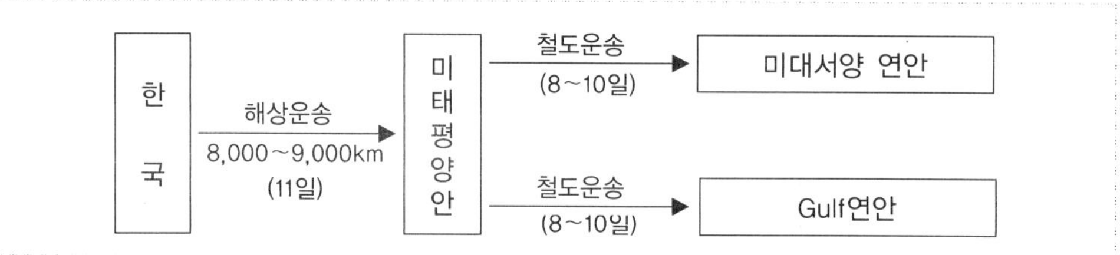


[그림 9-7] 미니 랜드 브리지의 경로(MLB)

랜드브리지와 미니 랜드브리지와의 차이점은 랜드브리지가 해상·육상·해상운송과정인 데 비해 미니 랜드브리지는 해상·육상운송과정만을 포함한다는 것이다.

MLB의 장점은 우선 하주에게 다양한 범위의 운송서비스를 제공할 수 있으며, 운송수단 및 선박 스케줄의 선택에 여유를 가질 수 있다는 점이며, 선사를 비롯한 운송인에게는 동일한 하주를 계속 확보하면서도 항만 선택에 여유가 있으며 소수의 항만에 화물을 집중하도록 하여 선박의 활용도를 높일 수 있을 뿐 아니라 효율적인 내륙운송이 가능하다는 점이다.

### (3) Micro Bridge(IPI; Interior Point Intermodal, 동아시아 – 북미西岸 – 미내륙지역)

MLB가 전 구간해상운송의 대체운송서비스로서 미국 동해안 또는 걸프만 지역의 항만에 한정되어 있는 Port to Port 운송인 데 반해 Micro Bridge는 미국의 주요 내륙지점의 철도터미널 또는 선사의 CY/CFS에서 화물의 인도가 행해지는 복합운송서비스로서 통상 IPI로 불려지고 있다.

IPI는 록키산맥 동부의 내륙지점까지 수송하는 것으로 시카고 또는 주요 수송거점까지 철도운송하고, 하주 문전까지 도로운송하는 국제복합운송시스템으로 선사의 책임하에 통운임과 통선하증권을 발행하여 주요 수송거점으로부터 2~3일 내에 문전수송서비스가 이루어진다.

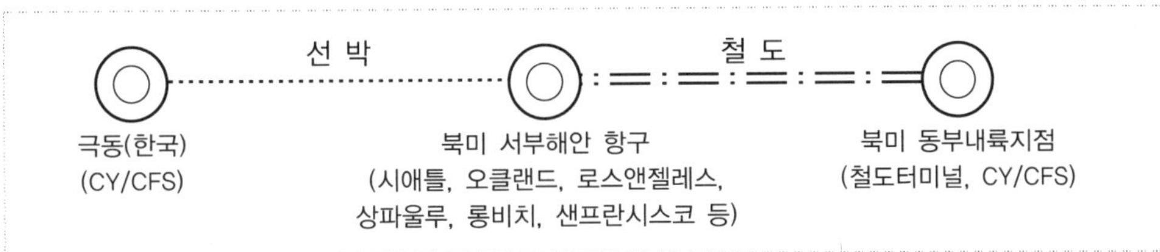


[그림 9-8] IPI 운송경로

### (4) Reversed IPI(RIPI)

1980년에 IPI 운송경로에 대응하여 북미동안까지 All Water Service를 실시하는 선사인 US LIne와 Maersk 등이 시작한 국제복합운송경로이다. IPI와는 미국의 내륙지역이 복합운송의 출발지나 도착지인 점은 같으나 IPI와 극동에서 파나마 운하를 경유해서 미국의 대서양안항 또는 걸프만항까지 해상운송한 후에 내륙지역까지 철도나 트럭으로 운송한다는 방식이 다르다. 한편 운송기간으로 따지면 RIPI가 IPI에 비해서 기간이 더 걸려 불리하지만, 운송비용면에서는 저렴한 부분이 있기 때문에 유리한 경우가 있다.

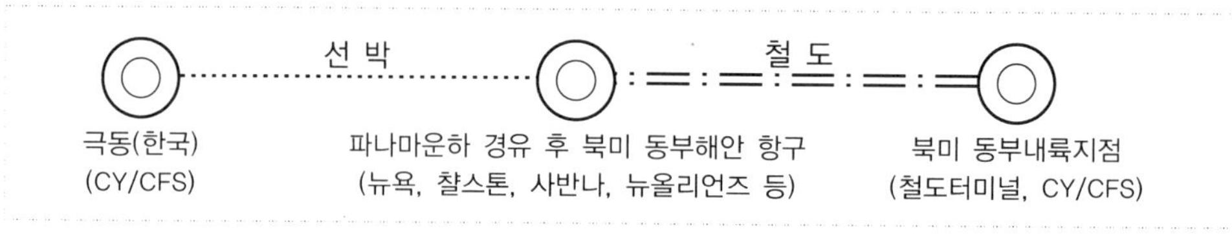


[그림 9-9] RIPI 운송경로

#### (5) 캐나다 랜드브리지(CLB; Canada Land Bridge, 동아시아 – 캐나다 – 유럽)

CLB는 1979년 일본의 삼릉창고(三菱倉庫)에 의해서 개발된 운송경로로 ALB와 같은 형태로 한국이나 극동지역에서 캐나다 서해안의 밴쿠버 또는 시애틀까지 해상으로 운송하고 그곳에서 캐나다의 철도를 이용하여 몬트리올 또는 캐나다 동부해안까지 운송한다. 그리고 캐나다 동부해안의 항구에서 제2의 선박에 환적하여 유럽의 함부르크, 로테르담 등 각 항구까지 해상운송하는 시스템이다.

CLB의 특징은 운송일수의 안정에 있지만, 운임 면에서 어느 정도 가격경쟁력을 갖는 운임률을 결정할지가 금후의 과제로 대두되고 있는 운송경로이다.

### 3) 아시아지역 경로

#### (1) 중국대륙 횡단철도(TCR; Trans China Railway)

TCR은 한국을 비롯한 일본, 대만, 홍콩 등 극동지역을 기점으로 하여 1차로 선박을 이용, 강소성 연운항까지 해상으로 운송한 후 중국대륙을 동서로 관통하는 철도운송에 의해 중국대륙을 횡단해서 구소련 국경지역에서 환적한 후 시베리안 횡단철도(TSR)에 연결하여 유럽까지 운송하는 대륙 간 횡단철도서비스이다.

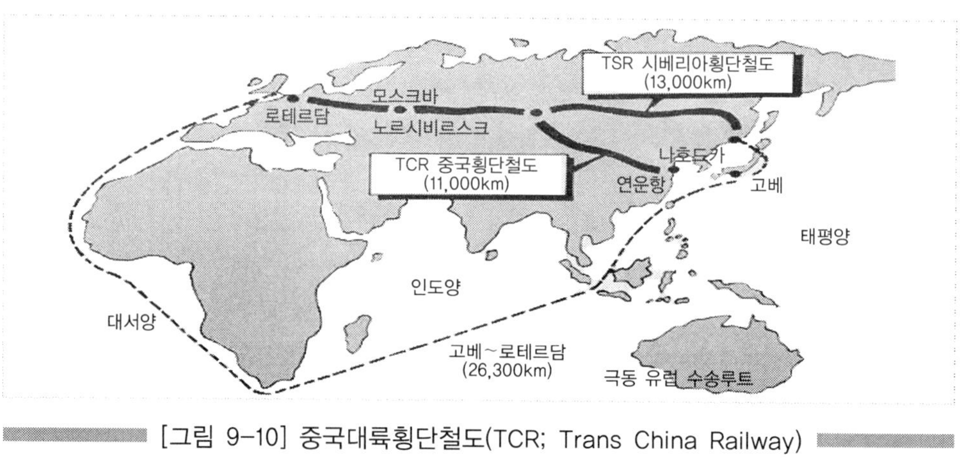


[그림 9-10] 중국대륙횡단철도(TCR; Trans China Railway)

TCR은 운송거리상 극동과 유럽을 연결하는 최단코스로서 중국 연운항에서 시작하여 구소련 접경지역인 아라산쿠의 경우 소련을 통과하여 로테르담까지 연결하는 철도로서 요코하마와 로테르담 간 운송거리가 TSR보다 2,000㎞ 이상 거리가 단축되며 수송기간도 단축된다.

TCR의 경제적 이점은 다음과 같다.[13]

① TCR은 위도상 소련의 시베리아 혹한지대보다 낮은 위도로 연결된 운송경로이므로 동절기에 액체화물이나 저온에 약한 화물운송에서 TSR보다 화물손상의 위험이 적다.
② 운송거리 면에서 TCR은 TSR보다 약 2,000㎞ 정도 단축된다.
③ 운송비 면에서 TCR은 TSR보다 약 20% 이상 절감할 수 있다.[14]
④ 운송시간 면에서 약 4~5일 정도 단축할 수 있다.
⑤ TCR을 통한 화물운송은 당사국인 중국, 소련, 일본, 한국 등과 사전협의와 협조가 이루어지는 동시에 정책적인 의견조정이 지속적으로 보이기 때문에 대북방정책의 촉매 역할을 할 수 있을 것이다.
⑥ 각종 건설공사의 참여 및 차관 공여로 인한 경제적 이익을 획득할 수 있다.

### (2) 아시아 횡단철도(TAR; Trans Asian Railway)

아시아 횡단철도는 1992년 아시아지원유엔기구(ESCAP; Economic and Social Commission for Asia and the Pacific)에 의하여 추진 중인 한반도 – 중국 – 러시아를 경유하여 네덜란드 로테르담까지 연결되는 새로운 철도망이다.

아시아 횡단철도를 이용할 경우의 장점은 부산에서 로테르담까지 거리는 약 10,370㎞로서 컨테이너운송이 약 24일 정도 걸리며, 전 구간해상운송 시 거리인 20,000㎞보다 9,630㎞가 짧아 운송기일이 약 4~5일 정도 빠르고 운임도 20% 이상 저렴해진다. 따라서 아시아 횡단철도가 완성될 경우, 우리나라는 동남아 주요항과의 지리적 열세에서 벗어나 항만의 경쟁력을 강화시켜 줄 것이다.

---

13) 옥선종, "중국대륙횡단철도(TCR)을 이용한 컨테이너 서비스에 대한 연구", 「무역학회지」 제16권, 한국무역학회, 1991, pp.175~176.

14) 국내운송에서 약 170달러, 철도육상운송에서 약 130달러 정도가 절감될 것으로 예상된다.

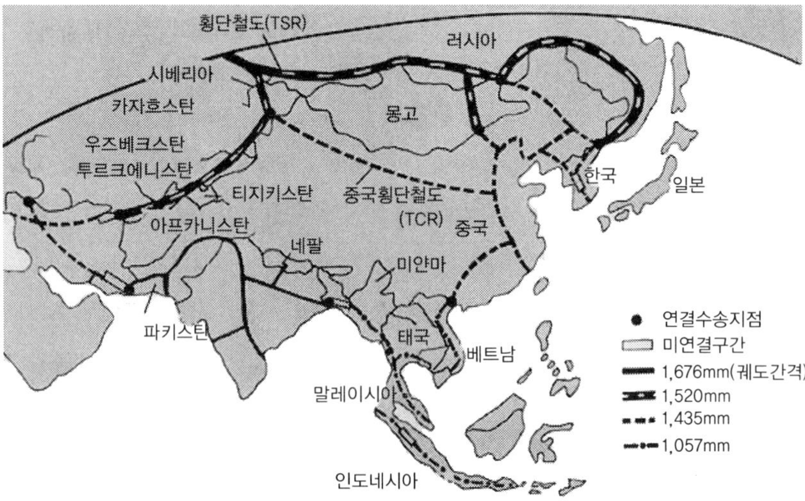


[그림 9-11] 아시아 횡단철도(Trans Asian Railway : TAR)

### (3) 아시아 횡단고속도로(Asian Highway)

1992년 UN ESCAP의 제48차 회의에서는 TAR 외에도 아시아 횡단고속도로를 포함한 아시아 육상교통 인프라 개발계획(ALTID; Asian Land Transport Infrastructure Development Project)을 추진하기로 합의하였다.

아시아 횡단고속도로는 당초 동남아시아(태국, 월남, 인도네시아, 필리핀 등)와 서아시아(아프카니스탄, 이란 등)를 연결하는 65,000㎞의 도로망 구축에 있었으나 동서냉전 구조 속에서 중국, 월맹 등 사회주의 국가의 불참으로 필리핀 – 인도네시아 – 태국 – 인도 – 파키스탄 – 이란 등을 연결하는 남부노선을 대상으로 추진하여 왔다.

그러나 최근 동서냉전 구조가 와해되면서 1988년부터 1991년까지 중국, 몽고, 베트남, 미얀마 등이 적극 UN ESCAP에 가입함에 따라 한반도를 기점으로 <중국–몽고–중앙아시아–유럽>을 최단거리로 연결하는 북부노선이 추가되게 되었다.

아시아 횡단고속도로가 가동될 경우 아시아 각국 간 새로운 교류형태가 생성되기 시작하여 아시아 전역은 하나의 경제권이 되면서 국제복합운송의 발전에 크게 기여할 것으로 기대된다.

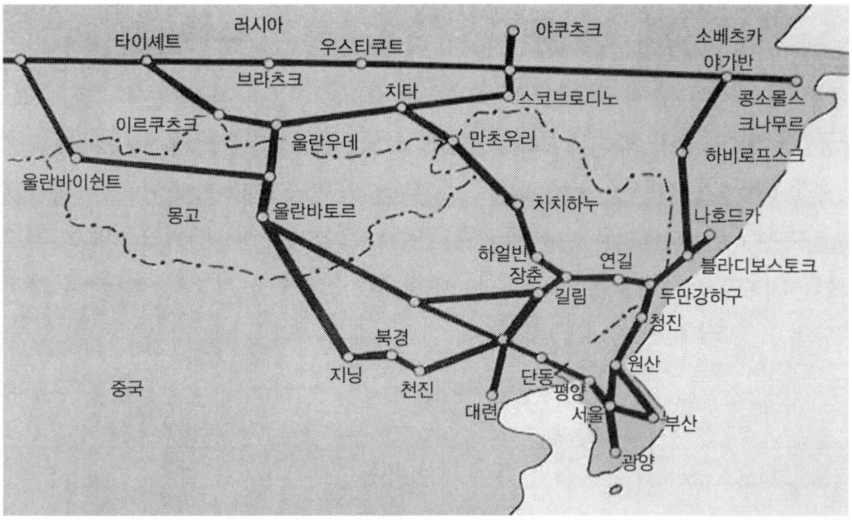


[그림 9-12] 아시아 횡단고속도로(Asian Highway)

## 2. Sea & Air 국제복합운송의 경로

Sea & Air 국제복합운송은 극동에서 미국 서안을 거쳐 유럽으로 향하는 장거리 운송경로를 중심으로 발전해 왔다. 1968년에는 블라디보스톡에서 모스크바경유 유럽행이 추가적으로 개발되었고, 1980년대에는 홍콩, 싱가포르, 두바이 등을 경유하는 운송경로가 개시되었다. 오늘날에는 태평양연안에서 미서부연안의 공항을 경유하여 유럽을 향하는 경우 항공사정이 원활치 못해 북미서안의 항만에서 양하된 화물이 미내륙부의 여러 도시까지 이단적재열차로 운송된 후 유럽으로 항공운송되는 경우도 등장하고 있다. Sea & Air 국제복합운송의 주요 경로를 살펴보면 다음과 같다.

### 1) 유럽향(向) 운송경로

일반적인 것으로는 북미경유, 러시아경유, 동남아시아경유 등의 운송경로가 있다. 소요일수는 8~18일 정도이며 가장 빠른 운송경로는 홍콩경유로 되어 있으나 항공운송구간이 가장 긴 까닭에 운임은 가장 비싼 것으로 나타나고 있다.

#### (1) 북미경유 경로

북미경유 Sea & Air 국제복합운송은 가장 역사가 오래되었고 운송량도 가장 많다. 이 운송서비스는 극동의 항만에서 컨테이너선으로 북미서안의 시애틀, 밴쿠버, 로스엔젤레스까지 해상운송하고, 이들 기점을 거점으로 해서 유럽 각지까지 항공운송하는 방식이다. 소요일수는 통상 13~18일 정도이다. 최근 화물량의 증가에 따라 항공운송의 스페이스가 확보가 곤란하게 되어 운송일수가 불안정하게 되자, 대형 국제물류주선업자들은 북미서안으로 부터의 항공운송 스페이스를 정기적으로 Broker 또는 Charter하는 등의 방식으로 확보하고 있는 상황이다. 이 외에도 선사들의 이단적재열차서비스를 이용해서 시카고까지 운반한 후 시카고에서 항공운송하는 방법도 행해지고 있다.

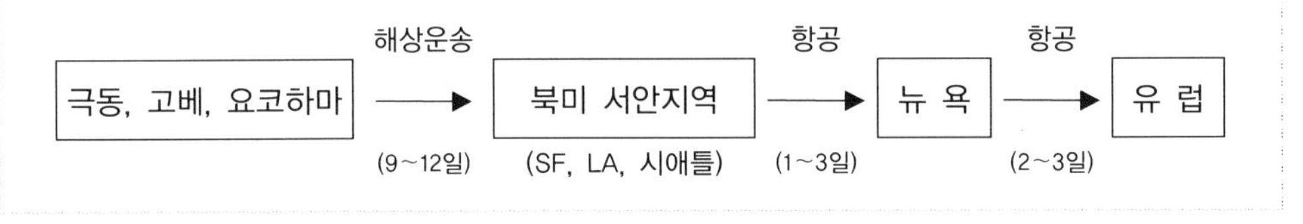


[그림 9-13] 북미경유 경로

### (2) 러시아경유 경로

이 운송경로는 러시아의 Aeroflot사가 주재하는 Sea & Air 국제복합운송으로 1968년에 개시되었다. 일본에서 보스토니치(Vostochny)항까지 컨테이너선으로 해상운송, 양하된 컨테이너는 트럭으로 블라디보스톡공항으로 육송된 후 그곳으로부터 러시아 Aeroflot사의 IL-78화물기에 의해 모스크바를 경유하여 유럽 각 도시에 운송된다.

이 운송경로에서는 ISO규격의 20ft 해상운송용 컨테이너를 이용해서 해상에서 항공까지의 일관운송이 행해지고 있는 것이 특색으로 되어 있다. 즉, 컨테이너가 보스토니치항에서 지체되지 않고 그대로 블라디보스톡공항에서 IL-78 화물기에 3개를 탑재하여 도착지 공항까지 일관운송하는 것이다. 소요일수는 10~18일 정도(통상적으로 12~14일)이다.

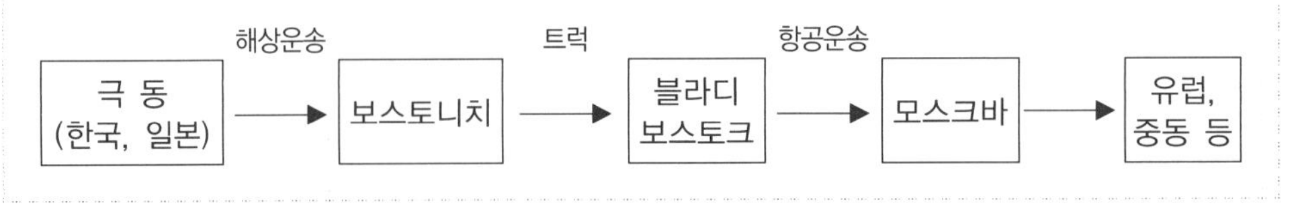


[그림 9-14] 러시아경유 경로

### (3) 동남아시아경유 경로

이 운송경로는 극동에서 홍콩, 방콕, 싱가포르까지 해상운송하고 그곳으로부터 공수하는 방식이다. 홍콩경유는 운임은 비싸나 운송일수는 8~12일로 가장 신속한 운송경로라고 하겠다. 최근 동남아시아발의 유럽향(向) 항공화물이 증가함에 따라 항공기 스페이스의 확보가 불안정하여 Sea-Air 운송화물의 실적은 그다지 증가하지 않고 있는 상황이다.

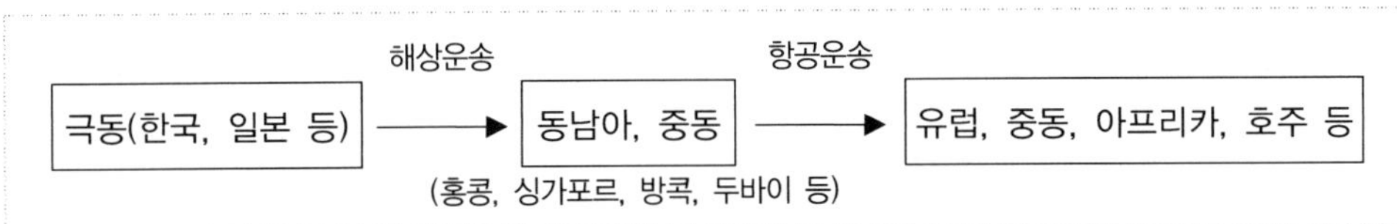


[그림 9-15] 동남아시아경유 경로

## 2) 미주지역향(向) 운송경로

### (1) 미국내향 경로

극동에서 컨테이너선으로 시애틀 또는 로스엔젤레스까지 해상운송하고 그곳을 중계지로 해서 미국 내륙과 동안(東岸)에 공수하는 경로이다. 주로 Flying Tigers나 Northwest항공 등이 수행하고 있다.

### (2) 중남미향 경로

운송경로는 극동에서 컨테이너선으로 미국 서안의 로스앤젤레스까지 해상운송하고 그곳에서 중남미에 공수하는 경로와 서안(西岸)에서 마이애미로 전송한 후 그곳을 중계지로 해서 중남미에 공수하는 2가지의 경로가 있다.

운송일수는 약 18~20일로 해상운송에 비해 상당히 단축되는 데다 중남미의 항만이나 내륙중계의 서비스에 불안이 있는 것 등으로 인해 이 경로를 통한 Sea-Air 운송수요는 점차 높아지고 있다.

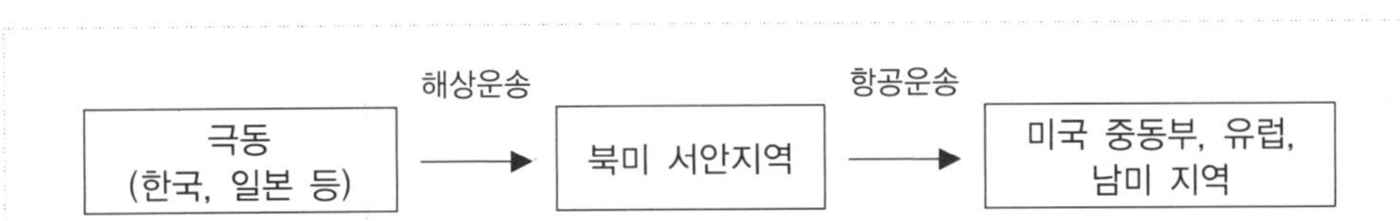


[그림 9-16] 중남미향 경로

### 3) 기타 지역향(向) 경로

기타 지역향으로는 ① 홍콩, 방콕, 두바이 등을 중계지로 하여 중근동(中近東), 아프리카에 공수하는 경로, ② 마르세이유까지 해상운송해서 아프리카에 공수하는 운송경로, ③ 방콕에서 해상운송한 후 인도로 공수하는 운송경로, ④ 홍콩을 중계지로 해서 호주에 공수하는 운송경로 등이 있다. 장래에도 국제물류주선업자 등에 의해 여러 가지 운송경로가 개발될 전망이다.

## 3. 북극항로의 활용[15)]

### 1) 개념

동북아시아에서 유럽까지의 최단 거리로서 북극해 항로는 그 지정학적 중요성과 함께 기존의 수에즈운하 통과 항로를 대체할 수 있는 경제성이 국제적으로 널리 인식되고 있다. 북극해 항로란 러시아의 북쪽 북극해 연안을 따라 서쪽의 무르만스크에서 동쪽의 베링해협까지 연결하는 길이 약 2,900마일인 해상수송로를 말한다.

캐나다 북쪽의 북서항로(Northwest Passage)와 구별하여 북동항로(Northeast Passage)라 불렀으나 요즘은 'Northern Sea Route'라고 부르고 있다. 카라해(Kara Sea), 랍테프해(Laptev Sea), 동시베리아해(East Siberian Sea) 그리고 츄코트해(Chukchi Sea)가 북극해 항로에 포함된다. 북극해 항로는 북극해 연안의 작은 도시들과 산업, 군사시설을 이어주는 단순한 보급로 수준을 넘어서 태평양과 대서양 연안의 대도시들과 그 경제권을 연결하는 산업의 동맥이다.

북극해 항로는 유라시아 대륙 해안선을 따라가며 얼음이 비교적 약한 해역을 골라 많은 섬들 사이의 좁은 해협을 통과하기 때문에 매년 빙상상태에 따라 여러 개의 항로가 존재한다. 수심은 비교적 얕아서 통상적인 최저수심은 20m 내외이지만 몇몇 지역은 수심이 15m도 되지 않는다. 북극해에서 특별히 관심이 가는 것은 유라시아 대륙의 북쪽 해안에 넓게 발달한 수심 200m 이내의 대륙붕인데 북극해 전체 해역의 상당한 부분을 차지하고 있으며 다른 해역에 비해 대륙붕이 차지하는 비율이 훨씬 크다.

이곳 대륙붕 지역은 석유나 천연가스가 대량으로 매장되어 있는 곳으로 현재 러

---

15) 최경식, "북극해 항로의 자연환경과 선박운항", 한국해양과학기술협의회 공동학술대회, 2010, pp.67~73.

시아, 미국, 캐나다의 극지 자원개발도 대부분 이곳 대륙붕 지역에서 이루어지고 있다. 현재 북극해 연안을 따라 북극해 항로는 연중 상당한 기간 얼음으로 덮여 있다. 카라해 서쪽 부분인 바렌츠해는 멕시코만류의 영향과 겨울에도 정기적으로 이루어지는 쇄빙작업을 통해 선박의 통행이 연중 가능하지만, 카라해 동쪽 부분은 빙상상태가 열악하여 쇄빙능력을 갖추지 않은 일반 상선의 단독운항이 어렵다.

### 2) 역사

북극해 항로는 1991년 처음으로 외국 선박에 개방되었다. 러시아는 냉전 시절 군사안보 차원에서 서방세계에 이 항로의 개방을 전면 금지해 왔다. 그러나 냉전 이후 개혁개방정책을 추진하면서 북극해 항로가 국제수송로로서 개발이 가능하게 되었다(Murmansk Initiatives).

북극해 항로 전 구간에 대한 상업적인 정기선 운항을 위하여 러시아 정부는 강력한 쇄빙선단을 새로이 구성하여 정기적인 쇄빙작업을 수행할 의지를 밝혔고 특히 시베리아에서 생산되는 석유나 천연가스 및 광물자원의 운송수요가 북극해 항로의 전면 개통을 필요로 하기 때문에 항로 전 구간의 겨울철 운항도 가능하리라 본다. 그러나 정기선 운영을 위해서는 적정한 항로 및 항구사용료 부과, 투자 보장을 위한 법적 장치 구비, 효율적인 행정체계 구축과 함께 항만시설, 통신시설, 기상, 해빙정보 제공 등 기반시설의 확충이 함께 이루어져야 한다.

### 3) 북극해 항로의 경제성과 과제

#### (1) 경제성

북극해 항로의 경제성에 대해서는 다음 사항을 검토할 필요가 있다.

첫째로 북극해 항로를 통한 수송 거리 및 수송 소요시간의 단축이다. 아시아와 유럽, 아시아와 북미를 연결하는 최단코스로서 북극권을 통과하는 항공로가 등장했듯이 북극해를 통과하는 항로도 세 대륙을 이어주는 최단코스의 역할을 할 수 있다. 예를 들어 일본의 요코하마에서 독일의 함부르크까지의 거리는 기존 수에즈운하를 경유하는 항로를 선택할 때 11,073마일인데 북극해 항로를 이용할 경우는 6,920마일로서 수송거리가 42% 단축된다.

수송거리뿐만 아니라 수송시간에 대한 이득도 분명하다. 1995년 여름 일본의 요코하마로부터 노르웨이의 북부 도시인 키르케네스까지 화물선 Kandalaksha호를 이용해 북극해 항로를 통과하는 실험 항해가 있었는데 3일간의 과학실험 기간을 포함하여 전체 소요일수는 28일이었다. 동종의 화물선들이 요코하마에서 유럽대륙까지 수에즈운하를 경유하는 경우 보통 30~33일 정도 소요되는것에 비하여 여름철에 북극해 항로를 이용한다면 10~15일 정도의 시간 단축이 가능하다.

[표 9-5] 항로별 아시아-유럽 운송로 비교

| 항구명 | ~ 네덜란드 로테르담 운송로 길이(해리) | | | |
|---|---|---|---|---|
| | 희망봉(남아공) | 수에즈 운하 | 북극해항로 | 북극해항로 운송로 단축 %(수에즈 운하 대비) |
| 일본, 요코하마 | 14,448 | 11,133 | 7,010 | 37 |
| 대한민국, 부산 | 14,084 | 10,744 | 7,667 | 29 |
| 중국, 상하이 | 13,796 | 10,557 | 8,046 | 24 |
| 홍콩 | 13,014 | 9,701 | 8,594 | 11 |
| 베트남, 호치민 | 12,258 | 8,887 | 9,428 | -6 |

자료: Buixade Farre, Norwegian University; 김덕훈, 러시아 북극해항로 운송현황과 전망, KOTRA 해외시장뉴스, 2018(https://news.kotra.or.kr/)

둘째로 북극해 항로를 통과하는 물동량의 변화를 검토할 필요가 있다. 2차 세계대전 이전부터 북극해 연안도시에 물자공급을 위해 북극해 항로가 이용되었는데 그 물동량은 꾸준히 증가하여 1987년에 그 최고인 658만 톤에 이르렀지만 냉전체제의 종결과 함께 닥친 러시아의 경제 혼란은 북극해 항로의 운영에도 큰 영향을 주어 1996년에는 1987년의 1/4인 164만 톤으로 매년 20% 이상 화물수송량이 급격히 감소하였다.

하지만 1997년 이후부터 자본주의 체제에 적응과정을 거치면서 경제사정이 점차 호전됨에 따라 물동량도 빠르게 증가하여 2016년 북극해 항로 운송량은 730만 톤으로 증가하였다. Ria에 따르면, 북극해항로 운송량은 2022년까지 4,000만 톤, 2030년까지 5,100만 톤으로 증가할 것으로 예상하고 있다[16]. 러시아 연방 경제발전부는 2020년 예상 운송량을 6,370만 톤으로 전망하고 있으며, 이는 북극의 해빙속도에 달려있다고 한다.[17]

북극해 항로를 통해 유럽과 러시아의 각 지방으로 이동되는 화물은 주로 철광석,

16) 최근엔 2025년 8,000만 톤, 2030년 1억 톤으로 예측되고 있다(중앙일보, '미·중 충돌 대비해 북극항로 개척해야', 2020.11.5, 22면).

17) 김덕훈, 러시아 북극해항로 운송현황과 전망, KOTRA 해외시장뉴스, 2018. (https://news.kotra.or.kr/)

석탄, 니켈, 구리 등의 지하자원과 목재 및 화학제품인데 러시아 국내에서의 이동과 외국으로 수출되는 국제 이송물량이 함께 증가하고 있으며 바렌츠해와 서시베리아로부터의 석유 및 천연가스 수송 수요도 증가하고 있다. 서시베리아의 페초라(Pechora)지역은 석유 채굴이 진행되고 있으며 시베리아 동부에서는 내륙 야쿠츠크(Yakutsk)지역에서 대규모 천연가스 매장이 확인되었고 극동지방의 사할린섬 근해에서는 일본과 미국의 자본에 의해 석유와 천연가스 개발이 진행되고 있다.

유럽은 소비되는 천연가스의 상당 부분을 러시아의 서시베리아 지역으로부터 파이프라인을 이용해 도입하고 있다. 향후 유럽의 소비량은 더욱 증대될 전망이지만 새로운 파이프라인의 건설에는 막대한 자본이 소요됨과 동시에 환경문제에 취약하다는 점이 큰 걸림돌이 되고 있다. 따라서 쇄빙유조선과 쇄빙LNG선을 이용한 북극해 항로 수송이 대안으로 제시되고 있다.

자료 : article.joinsmsn.com

[그림 9-17] 부산-로테르담 항해 비교

### (2) 과제

북극해 항로는 빙해역이므로 저온과 얼음에 대한 특수한 기술과 장비가 필요하다. 우리나라는 세계 최고 수준의 상선 건조능력을 바탕으로 이제 처음으로 고부가가치 선종인 쇄빙선박 건조도 가능하게 되었다. 그리고 쇄빙선박의 건조 경험으로 극지자원 개발과 극지용 해양구조물 건조도 진입이 조만간 가능할 것으로 기대한다.

북극해 항로에 대한 향후 과제로는 보다 정확한 경제성 평가를 통해 국내 해운사의 새로운 항로개척에 따른 리스크 수준을 낮출 필요가 있으며 항로 주변의 빙상자료 분석을 통해 안전한 항해를 확보할 수 있는 준비가 필요하다. 또한 빙해역 선급규정, 선체에 작용하는 빙하중 추정, 고강도, 고효율의 쇄빙선박 설계, 선체구조강도 해석 및 안전성 평가기술 등이 요구된다.

이러한 극지 환경자료 확보와 쇄빙상선의 설계기술 확보는 제2남극기지 건설과 쇄빙연구선을 이용한 과학기술활동을 촉진시킬 수 있으며 극한지에서의 건설기술 및 저온설계기술을 향상시켜 향후 극지 자원개발에 필요한 현장기술로 발전시킬 수 있을 것이다.

### 참고 | 러시아 북극해항로 전망

- 러시아 '전략 2025'를 통한 북극지역 전체와 북극해항로 발전 계획의 실행으로 관련 환경 조건은 더욱 향상될 것이며, 2020년까지 총운송량이 3배 가량 증가할 것이라는 전망이 존재
- 한국은 러시아의 북극해항로 개발 국제협력에 있어 가장 중요한 상대국임.
  - 미국과 EU의 서방제재로, 서방국가들과의 관련 산업 투자 경쟁력은 약해졌으며 쇄빙선 수주량도 급격히 감소, 한국이 현재 압도적 1위 쇄빙선 수출국이며, ATPU Arkhangelsk 대표 C.B Kokin에 따르면 러시아 연방과 한국의 기업들은 여러 방면에서 오랜 협력의 역사를 지니고 있으며 북극개척 프로젝트의 실현도 그 예외는 아니라고 함.
- 2017년 7월 쇄빙선 Xue Long의 북극해항로 운행을 시작한 중국이 가장 큰 경쟁국
- 북극해항로에 위치한 항구와 그 도시들의 산업 인프라 및 기술 발전에 대한 투자 진출이 유망함.
- '전략 2025'는 북극지역 발전 프로젝트에 대한 민간 투자 허용으로 국제협력이 가능한 상황이며, 츄코트카 항구를 비롯한 대부분의 북극해 연안 항구의 인프라는 매우 낙후된 상황이며, 유사시 긴급상황 구조지원 시스템의 부재도 문제점으로 남아있음.
- 항구와 도로와 같은 낙후된 해상운송시장 인프라, 기술발전 투자뿐 아니라, 북극지역 소도시들의 기반산업인 야금업·광산업 발전에 대한 투자로 북해항로에 대한 한국의 영향력 증대가 가능함.

자료: 김덕훈, 러시아 북극해항로 운송현황과 전망, KOTRA 해외시장뉴스, 2018(https://news.kotra.or.kr)

# 제 10 장

# 국제물류거점시설

◆◇ 학습개요 및 목표 ◇◆

국제물류의 주요 거점시설들에 대한 내용을 다루고 있는 이 단원에서는 항만과 공항을 비롯하여 내륙컨테이너기지와 보세구역 등을 자세히 제시하고 있다.

1. 국제물류의 주요 거점시설인 항만과 공항에 대한 내용을 제시한다.
2. 기타 물류거점시설 등을 제시한다.

## 제 1 절 항만

### 1. 항만의 개요

#### 1) 항만의 정의와 분류

##### (1) 항만의 정의

항만(Port or Harbor)은 천연적으로 또는 인공을 가하여 선박을 안전하게 출입·정박 및 계류시키고, 해운과 내륙교통의 연결에 관한 각종의 물류활동이 행하여지는 장소로서 물류·생산·생활·정보 및 국제교역 기능과 배후지의 경제발전을 위한 기지로서의 역할을 수행하는 종합공간을 의미하고 있다.

우리나라의 항만법 제2조에도 '항만이란 선박의 출입과 사람이 선박에 타고 내리거나 화물을 선박에 싣고 내릴 수 있는 시설이 구비된 항'으로 정의하고 있다. 즉,

선박의 출입, 사람의 승·하선, 화물의 하역·보관 및 처리, 해양친수 활동(海洋親水活動) 등을 위한 시설과 화물의 조립·가공·포장·제조 등 부가가치 창출을 위한 시설이 갖추고 산업활동이 이루어지는 장소를 의미한다.

오늘날은 국가 경제가 세계화되고 국경 없는 무역이 이루어짐에 따라 국제물류도 점점 중요해지고 있으며, 특히 국제간의 상품이동이 이루어지는 항만은 해상과 육상운송의 인터페이스(interface)로서 무역과 국제물류의 한 핵심을 이루고 있다. 이에 따라 항만은 선박이 입출항하고 화물의 하역·보관 및 처리를 하기 위하여 선박의 안전정박을 위한 충분한 수심과 넓은 접안시설, 하역장비 및 창고, 화물장치장과 육상교통과의 연계, 입출항에 필요한 세관 및 검역시설과 기타 간접시설을 갖추고 있어야 한다.

### (2) 항만의 분류

항만은 그 분류 방법에 따라 생성요인, 지형상, 행정상, 사용 목적상에 따라 다양하게 분류되고 있다.

#### 가) 생성 요인상의 분류

① 천연항(天然港, Natural Port) : 천연항은 지형적 조건이 천연적으로 갖추어진 항으로 자연적인 갑(Cape), 섬, 암초에 둘러싸여 선박이 안전하게 입출항 및 정박할 수 있도록 자연적으로 보호된 수역으로 이루어진 항을 말하며, 양항(良港)이라고도 한다(목포항).

② 인공항(人工港, Artificial Port) : 인공항은 인력에 의하여 부두 및 방파제를 건설하고 이를 위해 준설을 하는 등 인공적인 방법으로 지형적인 조건을 갖춘 항을 말한다(부산신항; 매립항, 동해묵호항; 돌출항).

#### 나) 지형상의 분류

① 연안항(沿岸港, Coastal Port) : 해안에 위치하고 있어 흘수(吃水, draft)가 깊은 대형선이 출입하기 용이한 항으로 우리나라 대부분의 항만이 해당된다.

② 하항(河港, River Port)·하구항(河口港, Estuary Port) : 하항·하구항은 강의 하구 또는 중류에 있는 항으로, 특히 하항은 큰 강이 있는 대륙에 많다. 내륙 깊숙이 있으므로 대형선의 출입은 어려우나, 대형선이 출현하기 이전에는 해상교통을 최대한으로 이용하기 위한 것이었다, 독일의 함부르크항, 네덜란드의 로테르담항, 영국의 런던항 등이 해당된다.

③ 호항(湖港, Lake Port) : 호수에 있는 항으로 북아메리타 대륙의 오대호 연안에 있는 미국의 시카고항과 밀워키항이 해당된다.

④ 운하항(運河港, Canal Port) : 인공적으로 운하를 건설함에 따라 새롭게 조성된 항만 또는 기존 항만을 운하와 연결하여 확장한 항만을 말하며, 영국의 맨체스터항이 해당된다.

### 다) 행정상의 분류

① 개항(開港, Open Port (to foreign trade)) : 관세법에 따라서 외국무역 화물의 취급이 인정된 항을 말한다.

② 불개항(不開港, Non-open Port) : 외국과 통상무역이 허락되지 항으로 주로 내국선박이 출입하고, 외항선박은 긴급한 상황에 일시적으로 입항하는 경우를 제외하고는 원칙적으로 외항선박의 입항이 금지된 항을 말한다.

③ 자유항(自由港, Free Port) : 자유항은 개항(開港, Open Port) 중에 외국에서 수입하는 제품과 원자재에 대한 관세법이 적용되지 않는 항만으로 전체를 자유항으로 지정한 싱가포르와 홍콩은 자유항시에 해당되며, 항구의 전부 또는 일부를 관세구역 외로 하여 화물의 수출입·보관·가공을 자유롭게 한 자유항구나 이를 더욱 축소하여 화물의 적하(積荷)와 창고보관만 허용하는 자유지구(自由地區) 형태를 취하고 있다.

### 라) 사용목적상의 분류

① 상업항(商業港, Commercial Port) : 상업항은 상선에 의한 수출입화물과 연안화물 및 여객을 주로 취급하는 항으로 화물선 및 컨테이너선 등이 주로 입항하며, 보통 항만이라 하면 상업항을 말한다(부산항, 인천항, 광양항 등).

② 공업항(工業港, Industrial Port) : 공업항은 임해 공업지역과 인접해 있으며, 공장의 생산원료·연료 등을 취급하는 유조선, 원료 수송선 등이 입항하며, 임해공업지역에서 생산된 제품의 수출입을 위한 화물선 및 컨테이너선도 입항한다. 공업항에는 울산항, 광양항, 포항항 등이 해당된다.

③ 어항(漁港, Fishery Port) : 어항은 어업의 근거지로서 어선의 정박, 어획물의 양륙, 어선에 필요한 선용품·식료품 등을 보급하는 항이다.

④ 피난항(避難港, Refuge Port) : 피난항은 항해하는 선박이 폭풍우를 피하기 위해 가박(假泊)하는 데 이용되는 항이다.

⑤ 검역항(檢疫港, Quarantine Port) : 검역항은 전염병 방지를 목적으로 지

정한 항을 말한다.

그밖에 군사적 목적으로 군(軍)에서 사용·관리하는 항으로 해군함정의 기지로 사용하는 군항(軍港, Naval Harbor), 수상 비행기가 발착하는 곳으로 상업항의 일부를 구분해서 사용되는 항공항(航空港) 등이 있다.

바) 우리나라 항만법에 따른 분류

우리나라 항만법 제2조와 제3조에는 항만을 지정항만과 지방항만으로 구분하고 있으며, 지정항만은 국민경제와 공공의 이해에 밀접한 관계가 있는 항만을 말하며, 지정기준에 따라 무역항과 연안항으로 구분할 수 있다.

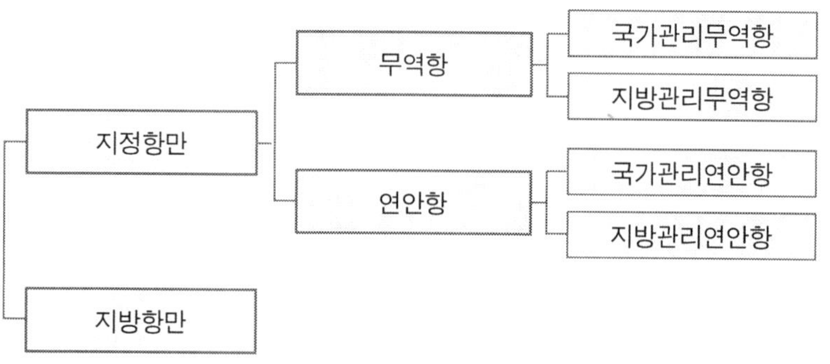


[그림 10-1] 항만법상 항만의 분류

무역항은 국민경제와 공공의 이해(利害)에 밀접한 관계가 있고 주로 원양구역을 항해하는 선박(외항선)이 입항·출항하는 항만으로서 대통령령으로 그 명칭·위치 및 구역이 지정된 항만을 말하며, 이를 체계적이고 효율적으로 관리·운영하기 위하여 수출입 화물량, 개발계획 및 지역균형발전 등을 고려하여 국가관리무역항[1]과 지방관리무역항[2]으로 세분할 수 있다.

연안항은 주로 연해구역, 즉 국내항 간을 운항하는 선박이 입항·출항하는 항만으로서 대통령령으로 그 명칭, 위치 및 구역이 지정된 항만을 말하며, 해양수산부장관은 연안항을 체계적이고 효율적으로 관리·운영하기 위하여 지역의 여건 및 특성,

1) 국가관리무역항은 국내외 육·해상 운송망의 거점으로서 광역권의 배후화물을 처리하거나 주요 기간산업 지원 등으로 국가의 이해에 중대한 관계를 가지는 항만을 말한다.
2) 지방관리무역항은 지역별 육·해상운송망의 거점으로서 지역산업에 필요한 화물처리를 주목적으로 하는 항만을 말한다.

항만기능 등을 고려하여 대통령령으로 국가관리연안항3)과 지방관리연안항4)으로 세분하고 있다. 한편, 지방항만은 지정항만 이외의 항만으로서 서울특별시장, 광역시장 또는 도지사가 그 명칭과 위치 및 구역을 지정하여 공고한 항만을 말한다.

자료 : 해양수산부 항만개발과

[그림 10-2] 전국항만 위치도

3) 국가관리연안항은 국가안보 또는 영해관리에 중요하거나 기상악화 등 유사시 선박의 대피를 주목적으로 하는 항만을 말한다.

4) 지방관리연안항은 지역산업에 필요한 화물의 처리, 여객의 수송 등 편익 도모, 관광 활성화 지원을 주목적으로 하는 항만을 말한다.

### 2) 항만의 발전과 기능

항만은 해륙교통의 중계지로서 선박에 의한 해상수송을 안전·용이하게 하고, 육상수송과의 연락을 원활히 하는 터미널(terminal) 기능이 기초적인 것으로 되어 있다. 한편, 최근에는 국제인 공급사슬관리체계상 핵심인 역할과 기능을 수행하고 있는 항만도 시대적 환경변화에 부응하기 위하여 그 기능을 발전시켜왔다.

따라서 본서에서는 항만의 발전단계별로 변화되고 있는 기능과 오늘날 제4세대 항만으로서의 요구되어지고 있는 기능으로 구분하여 살펴보고자 한다.

#### (1) 항만의 발전단계별 기능의 변화

최근 학계, 언론, 정부 등에서는 항만의 발전과정에 따라 제1세대, 제2세대, 제3세대, 제4세대 항만 등으로 불리고 있는 바, 항만의 발전단계별 기능을 정리하면 다음과 같다.

##### 가) 제1세대 항만(1960년 이전)

1960년 이전의 항만 형태로 단순한 하역과 보관을 통한 해상운송과 육상운송을 연결시켜주는 장소로서 단순한 접점지점(Interface Location)에 불과하였다. 항만에 대한 투자는 대부분 항만구역 내의 하부구조, 즉 접안시설의 건설에 집중하고 운송기술의 변화에는 별로 관심이 없던 전통적이고 보수적인 재래항만이다.

##### 나) 제2세대 항만(1960~1980년 이전)

1960년 이후 1980년까지의 기간에 발달한 항만으로서 1세대 항만의 단순하역에서 항만기능 및 활동영역이 다소 확장되어, 공업·상업 및 운송센터의 기능을 담당하였다. 즉, 항만구역 내에서 재포장과 분배가 이루어지고, 배후지역의 생산시설과 연계되는 서비스가 이루어지게 된 항만으로 공업단지가 항만구역 내에 입지함에 따라 산업항만(Industrial Ports)로 불리었다.

##### 다) 제3세대 항만(1980년대)

1980년대 들어 세계교역이 확대되고 컨테이너선박의 발전과 복합운송의 발달로 제3세대 항만이 등장하였으며, 이는 다국적 생산 및 분배체계, 즉 국제분업화를 지원하기 위한 생산 및 물류의 연결점(node)으로 인식하게 되었고, 종래의 서비스 기능에 고객의 욕구를 충족하기 위하여 종합물류 및 분배기능을 추가하여 서비스하고 있는 항만으로 발전하였다.

이러한 제3세대 항만이 등장하게 된 배경은 ① 컨테이너화의 급진전과 복합운송의 등장, ② 투자와 생산의 세계화에 따른 다국적 생산 및 분배체제의 확산, ③ 컨테이너선의 대형화, ④ 항만 간 경쟁의 심화 등에 따른 것이다. 이처럼 제3세대 항만은 선박 및 화물을 확보하고 지키기 위해 노력하는 마케팅 지향적인 항만으로서, 항만의 마케팅 활동은 교역 및 운송의 촉진에 초점을 두면서 새로운 수익원의 창출을 위해 항만과 배후단지를 연계하여 다양한 부가가치사업을 파생시키고 있다.

#### 라) 제4세대 항만(1990년대 말 이후)

1990년대 말부터 항만은 단순한 해륙 운송거점으로서의 역할에서 더 나아가 종합물류거점기지, 지역 및 국가 경제활동의 중심지, 산업기지, 열린 생활 및 문화공간으로서의 기능 등에 대한 요구가 증대되고 있는 것이다.

제4세대 항만의 세계 주요 항만들은 상업주의적 물류중심항만(Hub Port)으로서 위치를 차지하기 위하여 환적화물유치를 통한 부가가치 창출에 적극적이며, 공공성이 희박한 상업적 항만이다. 제3세대 항만에 이어 다양한 고객의 욕구에 만족할 수 있도록 항만이 종합물류기지로 정착하고 있으며, 특히 정보화, 전화 화 및 자동화를 통하여 경쟁력을 향상시키고 세계 주요 항만과 연계하여 국제물류 거점확보를 위한 마케팅전략을 수립하고 있는 현재의 중심항만(Hub Port)이다.

이상과 같이 항만의 발전단계를 세대별로 구분하여 취급화물, 개발전략, 활동 범위, 항만특성, 생산성의 성격 및 마케팅 활동 상황 등을 요약하면 다음의 [표 10-1]과 같다.

[표 10-1] 항만의 발전단계

| 구분 | 제1세대 | 제2세대 | 제3세대 | 제4세대 |
|---|---|---|---|---|
| 출현시기 | 1960년 이전 | 1960년 이후 | 1980년 이후 | 1990년대 말 이후 |
| 주요 화물 | 재래화물 | 재래화물 및 벌크화물 | 벌크 및 유니트화된 화물, 컨테이너화물 | 벌크 + 컨테이너화물 |
| 항만개발의 자세 및 개발전략 | 보수적<br>해륙교통의 연결지점 | 팽창주의<br>운송 및 공업센터 | 기업성원칙<br>국제교역의 거점<br>운송수단의 연결체인 | 상업주의<br>/자유경쟁주의 |
| 활동범위 | ① 화물의 적양하, 보관, 항해보조<br>: 부두 및 물양장 중심 | ①+② 화물의 형태 변화(유통가공), 선박 관련 산업<br>: 항만구역의 확장 | ①+②+③ 화물정보, 화물배분, 물류활동<br>: 터미널 및 배분센터의 형성 | 제3세대 항만활동 + 국제물류 거점<br>: 부가가치 창출 |

| 구분 | 제1세대 | 제2세대 | 제3세대 | 제4세대 |
|---|---|---|---|---|
| 조직의 형성 및 특성 | ■ 항만에서의 각자 독자적인 활동<br>■ 항만과 그 이용자의 관계는 비공식적인 관계 유지 | ■ 항만과 그 이용자의 관계 밀접화<br>■ 항만 안에서의 활동 상호 간에 느슨한 연계관계 형성<br>■ 항만과 자치단체 간에 협력관계 부족 | ■ 항만공동체 형성<br>■ 교역 및 운송체인의 항만에의 집중<br>■ 항만과 자치단체 간의 관계 밀접<br>■ 항만조직의 확대 | ■ 국가간 항만간 경쟁<br>■ 지방자치단체의 항만조직개편 참여<br>■ 전문가 운영 관리 확대<br>■ 외국자본 확대<br>■ Hub Port 구축 |
| 생산성의 합격 | ■ 화물유통조작<br>■ 단순 서비스의 개별적인 제공<br>■ 낮은 부가가치 | ■ 화물 유통조작<br>■ 화물의 가공<br>■ 복합적인 서비스<br>■ 부가가치의 형성 | ■ 화물 및 정보의 흐름과 배분활동<br>■ 다양한 서비스의 결합과 제공<br>■ 고부가가치 | ■ 정보관리와 밀접한 연계<br>■ 항만생산성 및 효율성 |
| 핵심요소 | 노동/자본 | 자본 | 기술 및 노하우 | 기능과 정보 |
| 항만 마케팅 | ■ 거의 이루어지지 않음 | ■ 고객에 대한 서비스 강화<br>■ 소극적인 마케팅 | ■ 고객에 대한 욕구를 분석하고 만족도를 높이기 위한 서비스 제공<br>■ 적극적인 마케팅 | ■ 화주와 선사의 연결점 충족<br>■ 국내외 경쟁 강화<br>■ T/S화물 유치경쟁 |

자료 : 한국국제해운대리점협회(http://www.isaak.or.kr/)

### (2) 항만의 기능

최근의 항만 역할은 교통부문의 터미널기능을 제공하는 것뿐 아니라 경제사회의 지속적인 발전과 항만도시 형성에 기여하는 등 관련하는 범위가 확대되고 있다. 특히, 오늘날 항만은 단순한 해륙 운송거점으로서의 역할에서 더 나아가 종합물류거점기지, 지역·국가 경제활동의 중심지, 산업기지, 열린 생활 및 문화공간으로서의 기능의 요구가 증대되고 있는바, 이하에서는 항만 본래의 기능과 오늘날 제4세대 항만에서 요구되어지고 있는 항만기능을 살펴보고자 하며, 내용은 다음과 같다.

#### 가) 항만의 본래적 기능

항만의 본래적 기능은 터미널 기능, 경제적 기능, 도시 관련 기능으로 구분된다.5)

##### ① 터미널기능

항만터미널은 여객 및 화물의 수송을 위한 육상운송과 해상운송을 연결하는 접

5) 김종득 외, 『국제물류론』, 박문각, 2013, pp.328~329.

점기능을 수행한다. 예컨대, 화물을 수출하는 경우 항만터미널은 육상운송의 종결점이며 해상운송의 시발점으로서의 역할을 수행하는 것이다. 즉, 해륙교통의 접속점으로서 국내 교통망의 주요한 일부분을 형성하고 있을 뿐만 아니라 해외 여러 나라의 교통망과 연결되어 있다. 여기에 해운과 육운을 연계하는 터미널기능이 기초적인 것으로 되어 있다. 그리고 터미널기능에 있어서는 상거래와 유기적인 관련이 있는 유통기능이 주체적인 것으로 되어 있다.

항만의 터미널기능은 해상과 육상의 교통과 밀접한 관련이 있다. 해상교통의 면에서는 선박의 효율적인 운항을 가능하게 하는 것이 중요하다. 즉, 선박의 회전율을 제고하고, 터미널 비용을 최소화하며, 선박의 운항 회전율 향상에 기여하도록 시설, 설비 및 집하, 하역, 수속 등의 태세를 정비하고 그 배후지와 연계수송을 효율적이고 원활하게 하여 해륙 일체화에 의한 종합적 수송을 가능하게 하는 것이 중요하다. 따라서 항만은 전 교통체계에 있어서 주요한 터미널로서 해륙교통에 관계하는 사람 및 화물의 유통합리화를 도모하는 역할을 한다.

② 경제적 기능

항만터미널은 자원의 효율적 배분을 위한 국제적인 연결교차점으로서의 역할을 수행한다. 이는 해상운송이 대량화물을 가장 저렴한 비용으로 운송할 수 있는 특성을 지니고 있기 때문이며, 실제로 대부분의 원재료 및 연료 화물 등이 해상운송을 통해 국제적으로 이동되고 있다. 이러한 면에서 항만은 물자유통을 원활히 함으로써 생산력을 증대시키고 동시에 시장형성을 강화하고 소비를 충실하게 하는 효과를 가져온다.

즉, 항만은 터미널기능을 기반으로 하여 물자유통의 합리화를 추진함으로써 시장 확대와 생산력 증강에 의한 경제성장에 기여하는 것으로서 경제적 기능을 지니고 있다. 특히, 원료의 수입과 제품 수출을 해외에 의존하고 있는 우리나라에 있어서는 국민경제 발전상 생산의 합리화와 유통의 합리화가 크게 요청되고 있다. 따라서 유통비용의 감축에 의하여 국제시장 경쟁을 타개하여 시장을 확대하고 생산 유지 및 증대를 도모하는 것이 중요하며, 이 때문에 항만의 기능은 중요한 것이다.

③ 도시 관련 기능

항만터미널은 무역, 상거래, 공업, 정보, 금융 등의 산업기반을 강화하는 역할을 하고 있고 직간접으로 관련된 경제활동 분야의 집적과 인구 집중을 가져오고 있다. 이러한 것은 항만을 중심으로 한 도시화를 증진하는 요인으로 도시형성 증진의 기

능을 지니고 있으며, 이는 항만도시의 규모를 증대시키는 경향이 있다.[6)]

### 나) 오늘날의 항만 기능[7)]

항만은 2000년대에 들어서면서 제조기업의 공급사슬관리체계 상의 중요한 구성요소로서 경쟁우위 및 부가가치를 창출할 수 있는 체제로 변화할 것을 강요받게 되었는바, 항만에 대한 새로운 수요가 발생하면서 항만의 공간구조와 항만기능은 더욱 고도화·다양화를 요구하고 있다.

즉, 오늘날의 항만은 단순한 해륙운송거점으로서의 역할에서 더 나아가 종합물류거점기지, 지역 및 국가 경제활동의 중심지, 산업기지, 열린 생활 및 문화공간으로서의 기능 등에 대한 요구가 증대되고 있는 것이다.

#### ① 종합물류기능

물류개념의 등장으로 생산·무역·운송이 하나의 시스템으로 통합되면서 항만은 배후지의 경제·상업·교역을 촉진하는 역할을 담당하게 되었다. 또한, 항만은 항만 내의 물류기능을 개선·확충하는 한편 배후에 충분한 공간을 확보하여 항만을 중심으로 하는 대규모 종합물류센터(Intergrated Logistics Center)를 조성·운영하고 있다. 이러한 물류센터를 갖춘 항만은 배후지에 연계수송망과 각종 부대시설 및 편의시설 등을 갖춘 자유지역 또는 경제특구 등을 설치·운영하기도 한다.[8)]

#### ② 산업공간 기능

항만은 임해공단 지원 원자재 수급을 지원하는 산업기지로서 항만배후에 각종 항만 관련 산업과 공단 등을 유치하는데 중요한 역할을 하고 있다. 따라서 배후단지를 포함한 광역의 항만 공간에는 항만 관련 산업은 물론 대규모 중공업단지 또는 경공업제품의 가공·조립단지 등 지역산업이 입지하여 연계·발전함으로써 부가가치 창출, 고용촉진 등 지역경제의 발전에 중요한 역할을 수행할 것을 요구하고 있다. 특히, 항만은 국가산업과 지역산업을 지원하고 발전시키는 산업공간으로서 중

---

6) 삼면이 바다인 우리나라는 부산, 인천, 울산, 마산 등 대부분 도시들이 항만과 관련이 있고, 항만도시로서의 성격을 지니고 있다.

7) 길광수, 『우리나라 항만물류기업의 경쟁력 제고방안 연구』, 한국해양수산개발원, 2008.10, pp.16~18.

8) 이를 위해 항만 내외에 화물의 집화·분류·가공·보관·포장·배송 등의 부가가치 물류 업무를 중점적으로 수행하는 다양한 기능의 물류센터, 창고, 트럭·철도터미널, 상업업무시설 등을 확충하고 있다. 요컨대 항만은 부가가치 물류활동과 관련된 종합기능을 수행하는 종합물류거점으로 변하고 있는 것이다.

요한 기능을 수행하게 되었다.

③ 국제교류 및 고도의 정보처리 기능

종래 항만은 물적 교류의 거점으로만 인식되어 왔으나, 오늘날에는 국제적인 인교류의 거점기능을 수행할 수 있도록 관련 시설의 확충을 요구받고 있다. 즉, 국제업무시설로서 국제시장, 국제회의장 등의 시설은 물론 금융, 상업시설 등의 편의시설의 입지를 요구받고 있다. 이에 따라 항만은 물적 교류의 항만에서 정보 교류의 항만으로 변모하면서 인적·물적 교류를 위한 정보통신거점(Teleport) 기능이 요구되고 있다.

④ 생활·문화공간 기능

항만도시들은 도시화의 진전과 항만 공간의 확대 등으로 심화되는 교통혼잡, 환경 악화 현상을 완화하기 위해 항만기능과 도시기능을 조화시키기 위한 방안을 모색하고 있다. 즉, 도시기능과 분리 또는 격리된 특수지역으로서의 항만이 아니라 도시기능과 조화를 이루면서 지역경제활동과 밀접한 관계를 갖고 생활에 활력을 부여하는 살아있는 생활·문화 공간으로서의 기능을 모색하고 있다.[9]

## 2. 항만시설

### 1) 항만시설의 개념과 구분

#### (1) 항만시설의 개념

항만시설이란 선박의 출입, 사람의 승선·하선, 화물의 하역·보관 및 처리, 해양친수활동 등을 위한 시설과 화물의 조립·가공·포장·제조 등 부가가치창출을 위한 시설로서 항만구역에 있는 시설과 항만구역 밖에 있는 시설 중 해양수산부장관이 지정·고시한 시설을 말한다(항만법 제2조).

---

9) 이를 위해 우선 항만 배후에 충분한 공간을 확보하고 물류기능을 도시기능에서 분리하여 항만 배후단지에서 사람·상품·정보가 동시에 교류될 수 있도록 하고 있다. 그리고 쾌적한 생활·문화 공간을 조성하기 위해 해상공원, 박물관, 견학시설 외에 항만을 바라볼 수 있는 전망시설, 식당가, 체육공원, 산책로, 수족관, 낚시터, 여객부두 및 유람선기지 등을 확보하고, 수변(水邊, Waterfront Line)을 아름답게 정비하여 시민들의 휴식공간, 문화공간을 별도로 조성하고 있다. 이에 따라 항만 공간은 생활 수준의 질적 향상 욕구를 충족시킬 수 있도록 친수공간으로서의 역할에 대한 기대가 증가하고 있다.

### (2) 항만시설의 구분

항만시설은 항만법 제2조 5항에 그 기능에 따라 기본시설, 기능시설, 지원시설, 항만친수시설, 항만배후단지 등 5가지로 구분되고 있다

#### 가) 기본시설

항로 등의 수역시설[10], 선박의 입출항을 위한 적정한 수심[11]과 파도를 막는 방파제 등의 외곽시설[12], 도로 등의 임항교통시설[13], 안벽 등의 계류시설[14]을 말한다.

#### 나) 기능시설

항만의 기능시설은 항로표지 등의 항행 보조시설[15], 고정식 하역장비 등의 하역시설[16], 대합실 등의 여객이용시설[17], 화물의 유통 및 판매를 위한 시설[18], 그리고 급유시설 등의 선박보급시설[19] 등을 말한다.

---

10) 수역시설(水域施設, harbour facilities)은 항만의 기본적인 시설로서 선박이 항행 또는 정박하는 항만 구역내의 수역을 총칭하고 있다. 즉, 수역시설은 항만구역 및 임항 구역 내에서 선박의 안전한 항행과 정박, 그리고 원활한 조선과 하역을 목적으로 하는 항로, 정박지, 선회장, 선류장 등의 시설을 말하는데 입항 선박의 수량 및 선형에 따라서 규모가 정해진다.

11) 적정한 수심이란 선박이 저속항행하는 데에는 프로펠러 회전등으로 해저에 침하 가능한 천수영향(Shallow Effect) 등으로 당해 선박 흘수의 10% 이상 여유가 있어야 선박의 이동이 가능하다. 예를 들어 입항 흘수가 13.5m인 경우에 항내 수심이 약 14.8m 이상이 되어야 적정한 수심이라고 볼 수 있다.

12) 외곽시설은 항내의 정온과 수심을 유지하고 보호하기 위하여 외해로부터 내습하는 파랑(波浪)의 방지, 파랑 또는 조위(潮位)에 의한 표사 이동의 방지, 해안선의 토사유실 방지 및 하천 또는 외해로부터 토사유실 방지 등을 목적으로 축조하는 항만구조물로서 방파제(防波堤), 방사제(防砂堤), 호안(護岸), 도류제(導流堤) 등이 있다.

13) 임항교통시설은 항만과 항만의 배후지역을 연결하는 도로, 교량, 철도 등의 교통시설을 말한다.

14) 계류시설은 선박이 접안해서 화물의 적·양하와 승객의 승·하선을 하는 접안설비로서 안벽, 잔교, 부잔교, 물양장(거룻배 부두), 돌핀(dolphin), 계류부표 등 시설의 총칭으로 이에 대한 내용은 주요 항만시설에서 별도로 다루기로 한다.

15) 항행보조시설은 선박의 항만 내 입출항을 위한 항로표지, 신호, 조명, 항무통신시설 등이 있다.

16) 하역시설로는 고정식·이동식 하역장비와 화물이송 설비, 배관시설 등으로 구성되며, 이 중 하역장비는 주요 항만시설에서 별도로 다루기로 한다.

17) 대합실, 여객승강용 시설, 소화물 취급소 등 항만 내에서 여객이 이용하기 위한 기본적인 시설들을 포함하고 있다.

18) 화물의 유통과 판매활동을 위한 기본적인 시설로서 야적장(철근, 모래 등 눈이나 비에 젖어도 상관없는 화물을 일시적 또는 장기적으로 적재해 놓은 장소), 컨테이너 장치장(CY; 컨테이너의 보관, 인도, 인수 장소), 컨테이너 조작장(CFS; 컨테이너 작업장), 사일로(Silo; 곡물, 시멘트 등 분말 형태의 화물을 저장할 수 있는 시설) 등을 말한다.

19) 항만에 입·출항하는 선박에게 기름을 넣는 급유, 물을 공급해주는 급수시설과 필요한 얼음

### 다) 지원시설

보관창고 등의 배후유통시설[20], 선박기자재 보관·판매·전시 등을 위한 시설[21], 화물의 조립·가공·포장·제조 등을 위한 시설[22], 항만 관련 업무용 시설[23] 등을 말한다. 이 밖에도 항만의 지원시설에는 휴게소, 숙박소, 진료소 등의 복지 및 지원시설, 항만 관련 산업의 기술개발을 위한 연구시설 등 항만기능의 지원을 위한 다양한 시설들이 있다.

### 라) 항만친수시설

항만친수시설(港灣親水施設, harbor waterfront facility)은 항만구역 내에 국민의 건강, 휴양 및 정서 생활의 향상에 기여하기 위하여 설치된 유람선 등을 수용할 수 있는 해양레저용 시설, 해양박물관 등의 해양 문화·교육시설, 해양전망대 등의 해양공원시설, 인공해변·인공습지 등 준설토(浚渫土)를 재활용하여 조성한 인공시설을 말한다.

### 마) 항만배후단지

항만배후단지는 운송수단에 의해 항만과 연결되고 항만을 통해 화물의 도착 또는 선적하기 위해 개발된 육성구역으로 지역 내 여러 활동 장소를 항만과 연계시키는 기능을 하는 지역(Functional Region)으로 주로 지원시설과 항만친수시설이 모여 있는 지역을 말하며 항만배후부지라고도 한다.[24]

---

등의 생산·공급시설 등을 말한다.

20) 배후유통시설이란 항만과 배후지역의 도시, 배후단지 간의 원활한 화물 운송을 지원하는 시설이다. 배후유통시설에 포함되는 시설로는 두 가지 이상의 운송수단 간의 연계운송을 할 수 있는 시설과 규모를 갖춘 화물터미널인 복합화물터미널, 유통사업자 또는 제조업자의 사용에 제공하기 위한 집배송시설 및 관련 업무시설 또는 판매시설을 갖춘 집배송장, 재화의 보관을 위한 보관창고, 이동 수단 등을 정비할 수 있는 정비고 등이 있다.

21) 보관·판매·전시·시설은 항만을 이용하는 선박에 대한 각종 기자재와 선용품 등의 확보와 판매를 위한 시설을 말하며, 영세 선용품 업체의 집적화를 통해 선용품의 보관, 판매, 전시 등을 수행하는 선용품유통센터를 포함하고 있다.

22) 항만 내 화물의 물류시설을 지원하기 위한 시설로서 조립지원시설(부품 간의 조립을 통한 반제품 생산, 반제품 간 조립을 통한 완제품 생산을 위한 시설), 가공지원시설(제품을 가공하기 위한 지원시설), 포장지원시설(운송 및 보관을 용이하게 하기 위한 낱개 제품의 포장을 지원하는 시설) 등을 포함하고 있다.

23) 공공서비스, 시설관리 등 항만 내 공공서비스의 지원을 위한 시설과 항만의 종합적인 시설물 관리를 위한 업무용 시설을 말한다.

24) 우리나라에서의 항만배후단지는 항만구역 내에 포함되어 있고 항만법으로 지정되어 있어야 한다. 항만법(제2조)상 정의는 다음과 같다. '항만배후단지'란 항만구역에 지원시설 및 항만친수시설을 집단적으로 설치하고 이들 시설의 기능 제고를 위하여 일반업무 시설·판매시설·

항만배후단지는 전통적인 항만에서 이루어지는 하역 서비스 이외에 다양한 물류 활동들이 이루어지는 바, 이는 제조 활동의 일부가 될 수 있는 부가가치활동과 관계없는 물류활동이 공존할 수 있다. 대표적으로는 CFS, 보관, 집배송 등 물류활동과 가공, 조립, 제조 등 부가가치 활동 등도 가능하며, 정리하면 다음과 같다.

[표 10-2] 항만배후단지의 기본적인 기능

| 기능 | 내용 |
|---|---|
| CFS | Container Freight Station, 컨테이너작업장<br>· 수출시 : LCL Cargo → FCL Cargo(혼재적입)<br>· 수입시 : FCL Cargo → LCL Cargo(분류작업) |
| 보관·저장 | 수출입 화물 등을 터미널 내의 작업이나 내륙운송 전에 보관 |
| 집하 및 배송 | Consolidation(집하)<br>소량 화물을 혼재하고 배후지로 배송하는 작업 |
| 부가가치서비스 | 조립·가공·라벨링 등 화물의 부가가치 활동 |

이상의 항만시설의 분류와 내용을 정리하면 다음과 같다.

[표 10-3] 항만시설의 내용

| 구분 | | 내용 |
|---|---|---|
| 기본 시설 | 수역시설 | 항로·정박지·선유장(船留場)·선회장(旋回場) 등 |
| | 외곽시설 | 방파제·방사제(防砂堤)·파제제(波除堤)·방조제·도류제(導流堤)·갑문·호안 등 |
| | 임항교통시설 | 도로·교량·철도·궤도·운하 등 |
| | 계류시설 | 안벽(岸壁)·물양장(物揚場)·잔교(棧橋)·부잔교(浮棧橋)·돌핀·선착장·램프(ramp) 등 |
| 기능 시설 | 항행보조시설 | 선박의 입항·출항을 위한 항로표지·신호·조명·항무통신(港務通信)에 관련된 시설 등 |
| | 하역시설 | 고정식 또는 이동식 하역장비, 화물 이송시설, 배관시설 등 |
| | 여객이용시설 | 대합실, 여객승강용 시설, 소하물 취급소 등 |
| | 화물 유통 & 판매시설 | 창고, 야적장, 컨테이너 장치장 및 컨테이너 조작장, 사일로, 저유시설(貯油施設), 가스저장시설, 화물터미널 등 |
| | 선박보급시설 | 선박을 위한 연료공급시설과 급수시설, 얼음 생산 및 공급 시설 등 |
| | 항만의 관제(管制)·정보통신·홍보·보안에 관련된 시설 | |
| | 항만시설용 부지 | |
| | 어항시설 | |
| | 어항편익시설 | |
| | 공해방지시설 | 방음벽·방진망(防塵網)·수림대(樹林帶) 등 |

주거시설 등 대통령령으로 정하는 시설을 설치함으로써 항만의 부가가치와 항만 관련 산업의 활성화를 도모하며, 항만을 이용하는 사람의 편익을 꾀하기 위하여 제42조에 따라 지정·개발하는 일단(一團)의 토지라고 정의하고 있다.

<table>
<tr><th colspan="2">구분</th><th>내용</th></tr>
<tr><td rowspan="8">지원<br>시설</td><td>배후유통시설</td><td>보관창고, 집배송장, 복합화물터미널, 정비고 등</td></tr>
<tr><td colspan="2">선박기자재, 선용품(船用品) 등을 보관·판매·전시 등을 하기 위한 시설</td></tr>
<tr><td colspan="2">화물의 조립·가공·포장·제조 등을 위한 시설</td></tr>
<tr><td colspan="2">공공서비스의 제공, 시설관리 등을 위한 항만 관련 업무용시설</td></tr>
<tr><td colspan="2">항만시설 사용자 및 이용자의 후생복지시설과 편의제공시설</td></tr>
<tr><td colspan="2">항만 관련 산업의 기술개발이나 벤처산업 지원 등을 위한 연구시설</td></tr>
<tr><td colspan="2">신·재생에너지 관련 시설, 자원순환시설 및 기후변화 대응 방재시설 등 저탄소 항만의 건설을 위한 시설</td></tr>
<tr><td colspan="2">그 밖에 항만기능을 지원하기 위한 시설로서 해양수산부령으로 정하는 것</td></tr>
<tr><td rowspan="4">항만<br>친수<br>시설</td><td>해양레저용 시설</td><td>낚시터, 유람선, 낚시어선, 모터보트, 요트, 윈드서핑용 선박 등을 수용할 수 있는 시설</td></tr>
<tr><td>해양 문화·교육 시설</td><td>해양박물관, 어촌민속관, 해양유적지, 공연장, 학습장, 갯벌체험장 등</td></tr>
<tr><td>해양공원시설</td><td>해양전망대, 산책로, 해안 녹지, 조경시설 등</td></tr>
<tr><td>인공시설</td><td>인공해변·인공습지 등 준설토를 재활용하여 조성한 인공시설</td></tr>
<tr><td>항만<br>배후<br>단지</td><td colspan="2">지원시설과 항만친수시설이 모여 있는 항만배후단지</td></tr>
</table>

자료 : 항만법 제2조 5항

## 2) 주요 항만시설

이하에서는 수출입화물의 흐름, 즉 국제물류수행에 있어서 항만의 기능을 충족시키기 위해 필요한 수역시설, 외곽시설, 계류시설[25], 임항교통시설 등의 기본시설과 수출입화물의 적·양하를 위한 하역시설, 화물의 분류, 보관 및 운송을 위한 상옥, 창고, 야적장, 컨테이너터미널[26] 등의 종합적인 부두기능을 포함하고 있는 시설로서 이를 총칭하여 부두라고도 하며, 이하 본서에서는 부두의 개념 및 부두의 좁은 의미로서의 안벽, 잔교, 부잔교, 창고, 상옥, 방파제, 임항철도, 해분 등의 항만기본시설을 기술하고자 한다.

### (1) 부두(埠頭, Wharf 또는 Terminal)

부두는 선박이 접안하여 화물의 하역과 여객의 승하선을 위하여 설치된 장소로

25) 좁은 의미에서 항만시설은 계류시설을 말한다.

26) 본서에서는 컨테이너 장치장(CY) 및 컨테이너 조작장(CFS), 에이프런(Apron), 마샬링야드(Marshalling Yard) 등 컨테이너터미널 시설에 대해서는 별도로 다루고 있으며, 이에 대한 자세한 내용은 제1절(항만) 3항 컨테이너터미널의 내용을 참조하기 바람.

서 안벽, 잔교, 부잔교 등 여러 가지 구조물 등을 포함하여 화물처리시설, 보관시설, 선박보급시설, 항만후생복지시설, 대합실 등의 여객시설, 임항 교통시설 등의 육상 부분들도 포함한 광범위한 임항지대를 총칭하고 있다. 그러나 좁은 뜻으로는 안벽, 잔교, 부잔교 등 접안시설 혹은 이에 인접하는 에이프런(Apron) 정도까지 소지구(小地區)의 의미로도 쓰인다. 따라서 부두는 항구의 환경, 구조, 설비 여하에 따라 Quay, Pier, Dock, Wharf, Terminal 등으로 부르고 있으며, 잔교(Pier)와 부잔교를 살펴보면 다음과 같다.

가) 잔교(棧橋, Pier)

잔교는 선박을 접안, 계류하여 화물의 하역과 여객의 승·하선을 용이하게 만든 목재·철재 또는 콘크리트로 만든 교량형 구조물을 말한다.

나) 부잔교(浮棧橋, Floating Landing Stage)

해저 지질과 수심이 부적당한 장소에 잔교를 대신하여 구축한 변형적 잔교이며, 그 주요 부분은 부선(pontoon)으로 형성되어 있다.

### (2) 안벽(岸壁, Quay)

안벽은 선박을 안전하게 접안하여 화물의 하역 및 승객을 승하선시킬 수 있는 구조물로서 해안선에 평행하게 축조된 석조 또는 콘크리트제로서 선박의 접안을 위하여 해저로부터 수직으로 만들어진 벽을 말하며, 화물의 하역이 직접 이루어지는 구조물로서 다음과 같은 부속물이 있다.

가) 방충재(Fender)

선박의 접안 시 접촉에 의한 충격을 완화시켜 서로의 손상을 방지하기 위해 안벽의 외측에 목재 또는 고무재를 부착시켜 두는 완충물이다. 배의 뱃전에 장치한 완충물을 방현재(防舷材)라 하고, 완충물을 선창(船艙)·안벽(岸壁)·부표(浮標) 등에 장치했을 때는 방호재(防護材)라고 한다.

나) 계선주(繫船柱, Bitt, Bollard)[27]

계선은 선박에서 화물이나 승객을 싣고 내리기 위하여 또는 그 밖의 목적으로 배

---

27) Bitt는 한 개만 독립되어 설치된 계선주를 말하며, Bollard는 두 개의 Bitt가 함께 설치된 계선주를 말한다.

를 로프나 사슬로 일정한 설비에 고정시키는 것으로 안벽에 견고하게 설치된 석재 또는 강철재의 짧은 기둥을 계선주라고 한다.

#### 다) 캡스턴(Capstan)

선거(船渠, Dock)갑문(閘門)[28] 또는 안벽, 그리고 선박의 선수부분에 설치되어 선박의 입출항시 선박의 계선삭을 감아 올려 선박의 방향을 조절하는 장치이다.

### (3) 방파제(防波堤, Break water or Seawall)

방파제는 바다의 파랑(波浪)을 막아 항내를 보호하기 위하여 항만의 외곽(해안에서 바다쪽으로)에 쌓은 둑이다. 천연의 양항(良港)을 제외한 대부분의 항만에 설치된 중요한 시설로서 돌이나 콘크리트 구조물을 해저로부터 수면 위까지 설치하여 외해의 파랑이 항내로 들어오는 것을 막도록 설치된다. 또한, 기상 또는 해상의 변화에 대처하여 선박의 입출항이나 하역작업을 수행할 수 있도록 설치해야 한다.

### (4) 해분(basin)

조수간만의 차가 심한 항만에서 항구의 한쪽에 갑문(Lock Gate)을 설치하여 바닷물 저장과 수심의 평균을 유지하게 함으로써 선박의 정박과 작업을 용이하게 하는 수역을 말한다.

### (5) 기타

#### 가) 창고(倉庫, Warehouse)

항만의 기능시설에 속하는 것으로 화물을 보관하는 장소의 총칭으로 취급화물에 따라 다음과 같이 시설과 용도가 다르다.

① 사일로 창고(Silo Warehouse) : 사일로 창고는 곡물 전용부두에 설치되어 곡물과 같은 산적화물(撒貨物, Bulk Cargo)을 장치할 목적으로 만들어진 특수창고를 말한다.

---

28) 선거(船渠, Wet Dock)는 육지에서 멀리 떨어진 바다의 높이와 관계없이 일정한 수위를 유지할 수 있도록 갑문을 설치해 항상 선박이 정박할 수 있도록 외해로부터 격리한 수역을 말한다. 한편, 갑거(閘渠, Lock Culvert)는 조석 간만의 차가 심한 항만에서 선거 내 수심을 일정하게 유지하고 선박이 입출항할 수 있도록 수위를 조절하는 갑문과 갑실, 구동장치 등 필요 시설을 총칭하고 있으며, 우리나라 최초의 갑문항은 인천항이다.

② 상옥(上屋, Transit Shed) : 상옥은 일반 화물선 부두에 설치되어, 안벽, 잔교, 양륙장 등에서의 운송작업과 보관작업 사이에 중간작업을 하는 장소로서 중간창고라고 불리 운다. 상옥은 단층 또는 여러 층으로 건조되어 있다. 이곳에서 화물의 적하 및 양하, 입출고 과정인 화물의 분리, 정리, 포장작업 등이 이루어진다.

나) 임항철도(臨港鐵道, Dock Railway Siding)

선박과 철도를 연결시키기 위하여 철도간선으로부터 항만 내로 갈라져 이어진 철도로 임항철도 또는 임항선이라고 한다. 또한 항내에 흩어져 있는 임항철도를 서로 연결한 환상철로선(環狀鉄道線)을 벨트라인(belt line)이라고 한다.

이 임항철도는 부두내의 헛간, 에이프런, 창고, 야적장으로부터 화물을 철도 수송하기 위해 부두 지대로 들어가는 인입선으로 일반적으로 부두내의 철도는 헛간의 배후에 만든다.

그밖에 항만의 주요 시설로는 화물장치장(Cargo Stacking Area)으로 마샤링 야드(MY; Marshalling Yard), 컨테이너 장치장(CY; Container Yard), 컨테이너화물조작장(CFS; Container Freight Station), 위험물 컨테이너 장치장(Dangerous Goods Container Yard) 등이 있으며, 이는 다음의 3항의 컨테이너터미널의 주요시설에서 다루기도 한다.

## 3. 항만 컨테이너터미널

### 1) 컨테이너터미널의 개요

#### (1) 개념

컨테이너터미널(Container Terminal)은 컨테이너선에의 화물의 적재와 하역을 원활하고 신속하게 하도록 하는 유통작업의 장소 및 설비의 전체를 말하며, 컨테이너의 장치, 빈 컨테이너의 집적, 컨테이너 및 관련 기기의 정비 및 수리 등의 업무를 수행하는 곳을 총칭하고 있다. 즉, 컨테이너운송에 있어서 해상 및 육상운송의 접점인 부두에 위치하고 본선하역, 화물보관, 육상운송기관에의 컨테이너 및 컨테이너화물의 인수·인도를 행하는 장소를 말하며, CY 및 CFS가 컨테이너 터미널에 속한다.

### (2) 기능

컨테이너터미널은 컨테이너선에 화물을 적재, 양륙, 적부(stowage)하고 화물과 컨테이너의 인수·인도가 일어나는 장소이다. 이곳은 수출입화물을 신속하고 효율적으로 처리할 수 있도록 본선하역, 구내이송, 장치 및 보관, 인수도 작업, 게이트 작업, 정보 및 관리시스템들이 유기적으로 운용되는 종합시스템 체제를 갖추고 있다.

컨테이너터미널의 기능은 크게 하역·이송기능, 보관기능, 혼재기능, 지원기능 등으로 구분되며, 내용은 다음과 같다.[29)]

① 하역·이송기능(Cargo Handling and Transfering Function) : 터미널에 연결되는 복수운송수단 간에 컨테이너를 신속·정확·안전하게 하역 및 이송하는 기능

② 보관기능(Storage Function) : 한정된 하역시간에 대량으로 하역하는 해상운송과 비교적 긴 시간에 소량 단위로 컨테이너를 반출입하는 도로운송과의 하역이송을 원활히 하기 위해 컨테이너를 일시 보관하는 기능

③ 혼재기능(Consolidating Function) : 다수의 LCL(Less than Container Load)화물을 하나의 컨테이너에 적입하거나, 하나의 컨테이너를 다수의 LCL화물로 분리(Stripping)하는 기능

④ 지원기능(Back-up Function) : 하역이송·보관·혼재 등의 기능을 달성하기 위하여 각 기능을 공동으로 지원하는 기능

### (3) 조건

컨테이너터미널은 화물의 단위화(Unit)를 통하여 그 처리 방법을 표준화·신속화하여 하역기기의 기술혁신과 함께 재래 정기선시대에 비하여 대량 화물을 선적·양하시간을 획기적으로 단축시켜 정박시간을 감소하고 선박의 회전율을 높였다.

그리고 터미널 내에서 하역의 단일화에 의하여 컨테이너의 연속적인 움직임에 대한 종합적인 계획을 사전에 입안할 수 있게 되었고, 다른 운송수단의 생산성 향상에 크게 기여하였다.

컨테이너운송이 활성화되기 위해서는 컨테이너 전용선의 활용, 하역의 성력화(省力化, Elimination of Labor), 그리고 내륙운송수단과의 연계과정 등이 컨테이너 운송에 적합하여야 한다. 특히 항만기능의 중추는 컨테이너터미널이며, 이것은 컨

29) 박동수 외, 『국제물류론』, 범한, 2007, p.211.

테이너운송을 구성하는 시스템 속에서 하나의 센터로서의 역할과 더불어 복합적이며 물류의 합리화·집약화를 도모하는 기능을 담당하여야 한다.

이를 위해 컨테이너터미널은 기본적으로 다음과 같은 조건을 갖추어야 한다.30)

① 컨테이너선의 안전한 항행, 이·접안, 계류가 가능하고 하역용 겐트리크레인을 장치하고 있어야 한다.

② 컨테이너선에 적재, 양륙되는 컨테이너를 육상운송수단에 신속·정확하게 수도하는 능력이 있고 컨테이너의 상태를 검사할 수 있는 시설과 조직을 갖추고 있어야 한다.

③ 컨테이너터미널을 통과하는 대량의 컨테이너를 신속·정확하게 처리할 수 있는 시설과 조직을 갖추고 있어야 한다.

④ 컨테이너터미널을 통과하는 대량의 컨테이너를 신속·정확하게 처리할 수 있는 능력이 갖춰진 시스템하에서 운영되어야 한다.

⑤ 내륙운송접점의 역할을 수행하기 위해서는 배후지의 도로망이나 충분한 운송능력이 있는 철도에 직접적으로 접속되어야 한다.

⑥ 대량 컨테이너를 동시에 수용하기 위해 항만배후부지에 넓은 CY나 CFS를 확보하고 있어야 한다.

### 2) 컨테이너터미널의 주요 시설

컨테이너터미널은 수출입화물을 신속하고 효율적으로 운반하기 위해 적합한 시설과 장비를 갖추어야 한다. 컨테이너터미널의 주요 시설은 다음과 같다.31)

#### (1) 컨테이너선석(Container Berth, 안벽)

선석은 컨테이너선이 안전하게 부상하고 와서 접안하여 화물의 하역작업이 이루어질 수 있도록 구축된 구조물로서 선박이 접안하여 육상 높이와 같이 해저에서 수직으로 구축된 일종의 벽과 그 부속물을 총칭한다. 선석 내에는 선박의 동요를 막기 위한 계선주(bitt)가 설치되어 있다.

선석은 컨테이너선이 만적시에도 충분히 안전하게 부상할 수 있는 수심의 유지가 필요하며 적정한 암벽의 길이도 확보되어 있어야 한다.

---

30) 차중곤, 『신 국제물류의 이해』, 대진, 2007, pp.194~195.

31) 컨테이너터미널 관련 사진은 여수광양항만공사(www.ygpa.or.kr/kr)의 자료를 주로 사용하였으며, 장금상선(www.sinokor.co.kr)에서 제공한 것을 사용하였음을 밝혀둔다.

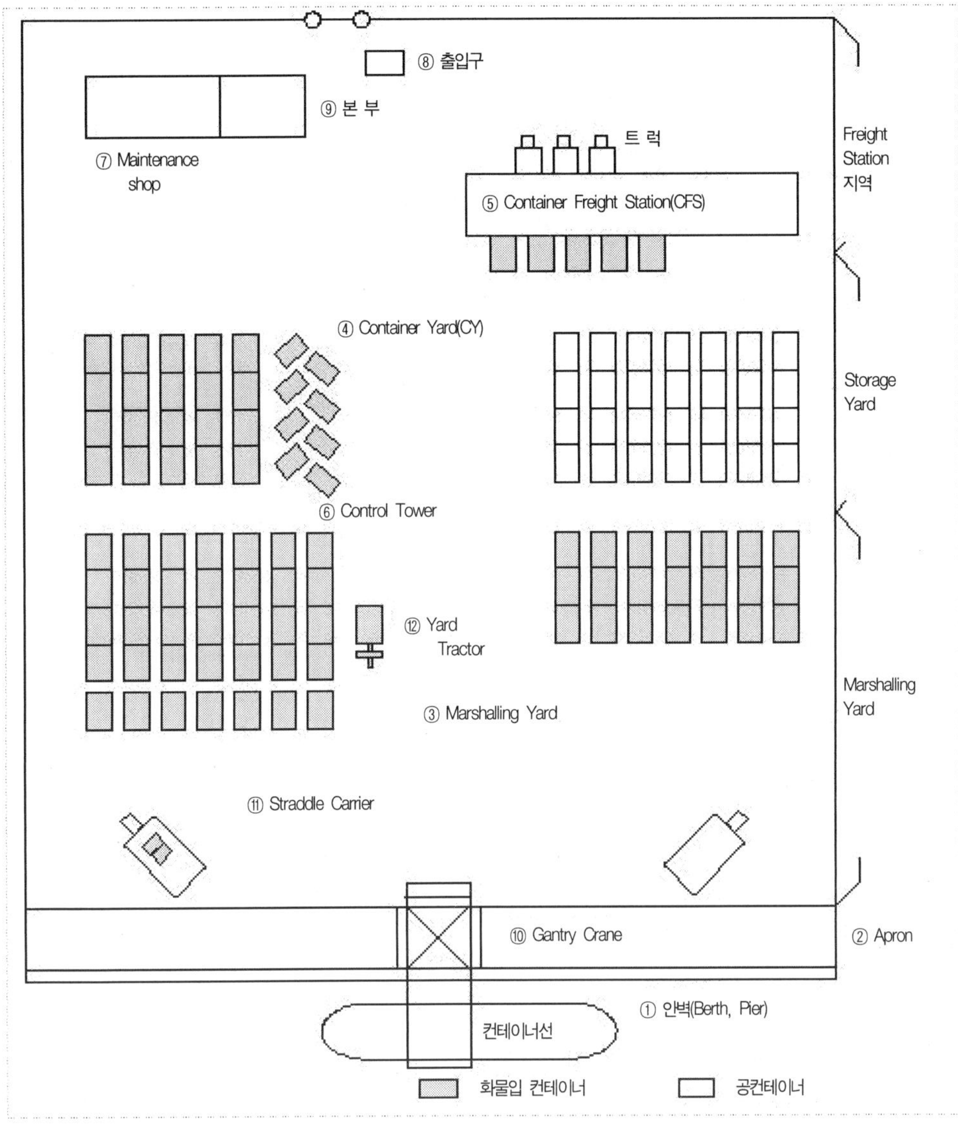


[그림 10-3] 컨테이너 터미널의 모형

### (2) 에이프런(Apron; Wharf Surface, Quay Surface, 하역작업공간)

에이프런(Apron)은 부두 여러 부분 중에서 선박, 즉 바다와 가장 가까이 접해 있고 안벽(quay line)을 따라 야드 부분에 일정한 폭(30~50m 정도)으로 나란히 뻗어 있는 하역작업을 위한 공간을 말한다. 이 에이프런(Apron)은 안벽에 접한 야드의 일부분으로 컨테이너의 적재와 양륙 작업을 위하여 임시로 하치하거나, 크레인이 안벽 전장에서 통과·주행할 수 있도록 레일을 설치한 곳으로 이곳에는 안벽당 2개의 컨테이너 전용 갠트리트레인(Gantry Crane)이 있다.

안벽전경

Apron

자료 : 여수광양항만공사(www.ygpa.or.kr)

### (3) 마샬링야드(Marshalling Yard)

Marshalling Yard는 컨테이너선에 직접 적재와 하역을 하는 컨테이너를 정렬해 두는 넓은 장소로 조화장이라 하며, Apron과 인접하여 배치되어 있다. 즉, 컨테이너의 입항 전에 선적해야 하는 컨테이너를 하역순서에 따라 정렬시키고 동시에 컨테이너선으로부터 양륙되는 컨테이너에 필요한 장소를 준비하는 곳이다.

Marshalling Yard는 CY의 상당 부분을 차지할 뿐만 아니라 컨테이너터미널 운영에 있어 중심이 되는 중요한 부분이며, 컨테이너의 크기에 맞춰 바둑판처럼 백색 또는 황색의 구획선이 존재하는데 이 구획선의 한 칸을 슬롯(Slot)이라고 한다.

### (4) 컨테이너 장치장(CY; Container Yard)

컨테이너 장치장(CY; Container Yard)은 컨테이너의 인수나 인도 및 보관을 하는 야적장으로 넓게는 Marshalling Yard, Apron, CFS 등을 포함한 컨테이너터미널의 의미로도 쓰이지만 엄밀히 말하면 CY는 컨테이너터미널의 일부이다.

컨테이너 한 개에 만재되는 FCL화물의 인도와 인수는 이곳에서 이루어지고 해상운송인으로서의 책임은 여기에서 시종(始終)된다. 실무적으로는 컨테이너터미널을 CY라고 부르는 경우가 많으나 CY는 컨테이너터미널의 일부이다.

일반적으로 부두 안에 있는 On-dock CY를 CY라고 부르고, 부두 밖에 있는 CY를 부두밖 장치장(ODCY; Off-dock CY)이라고 부른다.

Marshalling Yard

CY(Container Yard)

자료 : 장금상선(www.sinokor.co.kr), 여수광양항만공사(www.ygpa.or.kr)

### (5) 컨테이너작업장(CFS; Container Freight Station)

컨테이너작업장(CFS)은 컨테이너 1개를 채울 수 없는 소량화물(LCL화물)의 인수, 인도, 보관 또는 LCL화물을 컨테이너 안에 적입(Stuffing, Vanning)하거나 끄집어내는(Unstuffing, Devanning) 장치작업을 하는 장소를 CFS라고 한다.

CFS(Container Freight Station)

자료 : 여수광양항만공사(www.ygpa.or.kr)

일반적으로 컨테이너 운송에서 가장 바람직한 것은 화물의 출하지에서 최종목적지까지 소위 문전에서 문전까지(Door to Door) 직접 운송되는 것이지만 소량의 LCL화물의 경우에는 이 CFS에 우선적으로 집하하여 목적지나 수하인별로 분류한 다음 컨테이너에 적입하거나 또는 LCL화물을 컨테이너에서 끄집어내어 수하인에게 인도하게 된다.

### (6) 컨트롤타워(Control Tower)

컨트롤타워(Control Tower)는 Control Center라고도 부르고 CY 전체를 내려다볼 수 있는 위치에 설치되어 CY 전체의 작업을 총괄하는 지령실로서, 본선 하역작업은 물론 CY 내의 작업계획, 컨테이너 배치계획 등을 지시·감독을 하는 곳이다.

### (7) CY 게이트(CY Gate)

CY 게이트(CY Gate)는 컨테이너 및 컨테이너화물의 인수·인도를 하는 장소로 해상운송 대리인 및 하주 또는 육상운송인과의 운송 확인 또는 관리책임이 변경되는 중요한 기능을 가진다. 즉, Gate 통과시의 컨테이너 이상 유무 등의 현상확인, 통관봉인(seal)의 유무, 컨테이너 중량의 측정, 컨테이너 화물의 인수에 필요한 서류의 확인 등이 행하여지고 해·육 일관운송책임체계의 접점으로서 가장 중요한 기능을 지니고 있다.

Gate

Maintenance Shop

운영건물

자료 : 여수광양항만공사(www.ygpa.or.kr)

### (8) 정비소(Maintenance Shop)

정비소(Maintenance Shop)는 CY에 있는 여러 종류의 하역기기나 운송 관련 기기의 점검·수리·정비를 하는 곳이다.

### (9) 행정사무실(Administration Office, 본부)

행정사무실(Administration Office)은 Head Office라고도 하며 CY 운영요원이 Yard 경영을 위한 행정사무를 수행하는 곳이다.

## 3) 컨테이너 터미널의 하역기기[32]

### (1) 겐트리크레인(Gantry Crane, Wharf Crane)

겐트리크레인(Gantry Crane)은 컨테이너 터미널에서 컨테이너선에 컨테이너를 선적하거나 양륙하기 위한 전용크레인으로 Apron에 부설된 철도 위를 이동하여 컨테이너를 선적 및 양하하는 데 사용하는 대형 기중기이다. 또한, 겐트리크레인

32) 본서에서 사용하고 있는 사진(그림)은 장금상선(www.sinokor.co.kr)에서 제공한 것을 주로 사용하였으며, 여수광양항만공사(www.ygpa.or.kr/kr) 및 구글(Google)에서 검색하여 사용하였음을 밝혀둔다.

(Gantry Crane)은 스프레더(Spreader), 버켓(Bucket), 마그네트(Magnet), 훅(hook) 등의 하역 보조 장비를 장착하여 컨테이너를 효율적으로 하역할 수 있도록 하는 기본이 되는 중요한 장비로서 전 세계적으로 널리 이용을 하지만 형태나 기능이 나라마다 다르다.

Gantry Crane

### (2) 트랜스퍼크레인(Transfer Crane, Transtainer)

트랜스퍼크레인(Transfer Crane)는 트랜스테이너(Transtainer)라고도 하며, 갠트리 크레인을 이용하여 야드(Yard)에 운반되어진 컨테이너를 컨테이너 장치장(CY)에 적재 또는 반출할 때 사용되는 기기이다. 이 기기는 일정한 간격을 가진 교각형 기둥으로 상부 크레인을 지지하고, 기둥의 상하로 컨테이너를 감아올려 적재 및 인수를 수행하며, 하부에는 이동할 수 있는 바퀴를 갖고 있다. 즉, 이 기기는 컨테이너를 몇 줄이고 줄지어 다단적하기 위한 크레인으로 전후방으로 레일상 또는 타이어륜으로 이동하는 교형식 크레인이며, 보통 전동식이고 시간당 컨테이너를 30개 정도 처리한다.

TRANSFER CRANE 40ton

### (3) 스트래들캐리어(Straddle Carrier)

스트래들캐리어(Straddle Carrier)는 터미널 내에서 컨테이너를 양각 사이에 놓고 상하로 들어올려 컨테이너를 Marshaling Yard로부터 Apron 또는 CY지역으로 직접 운반 및 적재하는 데 사용되는 장비로서 기동성이 좋은 대형 하역기기이다. 하지만 길이 방향으로 3단 1열 정도의 적은 컨테이너 적재로 야드의 활용도가 매우 낮다. 우리나라에서는 자성대부두에서 최근까지 사용하였으나, 대부분의 부두에서 트랜스퍼크레인(Transfer Crane)을 사용하기 때문에 현재는 거의 사용하지 않고 있다. 그러나 대만, 유럽 등에서는 스트래들캐리어를 이용하고 있다.

Straddle Carrier

### (4) 섀시(Chassis) & 트랙터(Tractor)

섀시(Chassis)는 컨테이너를 탑재하는 차대를 말하고 트랙터에 연결되어 이동한다. 즉, 육상을 운행하는 밴 트레일러(Van Trailer)에서 컨테이너를 탑재하는 부분을 말한다.

Container Chassis

Yard Tractor

Yard Chassis

주 : 1. 해드, 섀시, 컨테이너로 구성(섀시는 40'와 20' 전용이 있고, 20'x2개를 싣고다니는 섀시로 구분된다)
2. 섀시의 높이: 1.35~1.45m 컨테이너 외측 사이즈 6.1m/12.2m(L)x2.4m(W)x2.6(H)/standard, 2.9(H)/HQ
3. 도로교통법: 16.7M(L) x 2.5M(W) x 4.0M(H) / 총중량 40톤, 축하중 10톤 → 허용범위 길이의 10% 초과까지 허용, 폭은 후사경으로 확인가능한 범위 3.5M, 무게 10% 초과까지 가능

자료 : 여수광양항만공사(www.ygpa.or.kr)

트랙터(Tractor)는 컨테이너 야적장에서 Chassis를 끄는 컨테이너 운반트럭으로 일반 컨테이너 트럭과 같다. 다른 점은 작업의 간소화를 위해 섀시의 랜딩기어를 주행 시 유압으로 약간 올려 이동한다.

### (5) 포크리프트(Fork Lifter) & 탑핸들러(Top Handler)

Fork Lifter는 컨테이너 터미널에서 컨테이너화물을 트럭에 적재하거나 또는 트럭에서 양하할 때 사용하는 기기이다. 즉, 하중을 상하로 이동하기 위한 마스트(MAST)를 갖추고 이동장소 간의 화물운송이 가능한 산업차량이다.

한편, Top Handler는 컨테이너 모서리쇠를 잡는 스프레더(Spreader) 또는 체결고리가 달린 팔과 마스트를 갖추고 야드 내의 Empty Container는 물론 화물을 적입한 컨테이너를 적치 또는 하역하는 장비이다.

Fork Lifter(20ft 컨테이너 작업 현장 선진창고 도크 이용)

Full container handler(Top handler) 20~35ton 적재능력 보유

40'FR CNTR에 적입하는 모습

Top handler(Yard Folk Lift)

### (6) 리치스태커(Reach Stacker)

이 기기는 크레인 끝에 스프레더(Spreader)가 장착되어 컨테이너 운반용으로 주로 사용되며, 컨테이너의 적재 및 위치이동, 교체 등에 사용되는 산업운반용 차량이다. 긴 붐(Boom)을 이용하여 컨테이너를 야드에 적치 또는 하역작업을 하는 데 주로 사용하고 Full Container를 취급할 수 있는 장비이다.

Reach Stacker

신축형 붐을 이용하여 5단 적재 가능

# 제 2 절 공항(항공화물터미널)

## 1. 공항의 개요

### 1) 공항의 의의와 기능

#### (1) 공항의 의의

공항은 항공기 운항의 중심지로서 항공기에 의한 여행 또는 수송의 출발점, 중간지점 또는 최종도착지점의 기능 그리고 여객운송과 화물을 집하·배송하는 항공운송서비스가 이뤄지는 현장으로서 세관·입국·검역업무 등 매우 다양한 기능을 수행할 뿐만 아니라 공항 자체가 가지고 있는 경제적인 기능과 국가 간의 교류를 위한 주요 통로로서의 구실을 하고 있다.

#### (2) 공항의 기능

공항의 기능은 항공기, 여객, 화물 등 크게 세 가지 기능으로 나눠진다.

##### 가) 항공기 운항기지 기능

항공기 운항기지로서의 기능은 항공기의 이륙과 착륙을 위한 장소와 시설을 제공하기 위해 활주로, 유도로, 계류장 및 착륙대 등의 기본시설과 항공교통관제시설, 항행보조 무선시설, 항공등화시설 등의 항행 안전 지원시설 및 격납고, 정비시설, 기내식 시설, 동력시설, 급유시설 등 항공기 정비와 지상조업 등을 통하여 항공기의 운항지원을 하는 기능을 말한다.

##### 나) 여객운송기지 기능

여객운송기지 기능으로서 여객이 항공여행을 하는 출발지·중간기착지 또는 도착지로서 여객이 항공기 탑승이나 탑승대기를 위한 시설과 휴게기능 또는 음식제공시설을 갖추어 여객의 항공여행서비스를 제공하는 기능을 말한다.

##### 다) 화물운송기지 기능

화물운송기지 기능으로서 항공운송을 위한 출발지·중간기착지 또는 도착지로서 철도나 육상교통을 이용하여 공항에 도착한 항공화물을 항공기에 탑재하거나, 항공기로 운송한 화물을 분류하거나, 화물의 보관 및 화물통관시설을 갖춰 항공화물의 수송·보관·통관서비스를 제공하는 기능을 말한다.

### 2) 공항의 물류거점화

#### (1) 공항의 물류거점화

세계 각국은 공항의 물류거점화를 위하여 경쟁적으로 대규모로 신공항을 개발 및 기존 공항의 확장을 추진하고 있다. 특히, 동북아시아 역내외 교역의 활성화와 항공운송부문의 자유화에 따라 동북아 항공운송은 지난 20여 년간 괄목한 만한 성장을 거두었고, 향후에도 동북아 항공시장의 증가율이 세계 평균 수준을 훨씬 넘어설 것으로 보인다. 21세기 항공부문은 단순히 운송 위주의 운영목표에서 탈피하여 지역 내의 국제협력과 동시에 공항 상호간의 경쟁이 강화될 것이고 대내적으로 공항 인근의 지역사회와 유기적인 협력을 통해 독자적인 공항도시로 발전해 나가는 새로운 모습을 보일 것으로 전망된다.

이와 같은 흐름은 단순히 공항 자체만으로는 충분한 경쟁력을 갖출 수 없으며 한 지역의 허브공항이라는 유기체적인 특성을 필요로 하게 되었다. 동북아지역은 현재 중국의 상하이 푸동공항(Pudong International Airport), 대만의 치앙 카이 쉑(Chiang Kai-Shek)공항, 홍콩의 첵랍콕(Chek Lap Kok)공항, 싱가포르의 창이공항(Changi Airport), 일본의 간사이공항(Kansai International Airport) 등을 비롯한 우리나라의 인천국제공항(Incheon International Airport) 등 대규모 공항이 건설되어 있으며, 각 공항들은 앞으로도 계속적인 확충계획 수립과 서비스 개선을 통해 동북아 허브공항의 위치를 확보하기 위한 치열한 경쟁에 뛰어들고 있다.

한편, 최근 공항사업은 혁신적인 새로운 마케팅 중심적 접근방식으로 시장에 다가가고 있는바 아래와 같다.[33)]

##### 가) 단일운송(Mono-Modal)에서 복합운송의 중심으로의 발전

증가하고 있는 국제고객 운송수요에 발맞춰 그들의 핵심사업이나 고유한 제품에 집중하지 않고 다양한 수송형태의 통합을 꾀함으로써 이익을 창출하려고 시도하고 있다.

##### 나) 상업공항(Commercial Air Port)으로의 발전

공항은 이제 단지 교통인프라의 하나로 간주되기보다는 이를 넘어서 부동산 개발, 상가 개발 및 운영, 물류창고 운영, 기타 공항 관련 서비스를 포함하는 여러 사

33) 박명섭, 『국제물류의 이해와 사례』, 법문사, 2005, pp.191~192.

업들의 복합체로 인식되고 있다.

따라서 세계의 공항들은 기존의 전통적인 공항의 기능 외에 오늘날 다양한 수요를 충족하고, 새로운 가치산업의 창출로 공항의 수익성을 향상시키기 위해 공항을 하나의 기업으로 보는 접근방식(airport as a firm)을 공항경영에 변화를 시도하고 있는 등 물류거점화의 노력을 가속화하고 있다.

#### (2) 공항의 국제물류 거점화 성립조건

공항이 국제물류의 거점화로 발전하기 위한 성립조건을 살펴보면 다음과 같다.[34)]

첫째, 지리적 유리성이다. 항공회사는 운항비용의 대폭적인 증가를 초래하는 지리적으로 불리한 공항을 허브로 선택하지 않는다. 즉, 다른 경쟁조건이 불리해도 주요 네트워크의 중심부에 위치한다고 하는 지리적 유리성에 의해 어느 정도 허브로서의 기능을 하는 것이 가능하다.

둘째, 직행편과의 경쟁이다. HSS(Hub & Spoke System)는 단위당 비용 저하와 증편을 통해 경쟁력을 높이는 것이 목적이지만 환승에 의한 시간비용과 비효용을 발생시킨다.

셋째, 공항의 마케팅 정책이다. 항공시장의 자유화가 진행되고, 허브경쟁이 격화되고 있는 가운데 공항의 마케팅 정책이 중요해지고 있다.

넷째, 핵심항공사의 존재이다. 허브로서의 성공요건인 노선 수와 편 수가 같아도 해당 공항의 허브화를 진행하는 핵심항공사가 존재하는 것이 잡다한 항공회사의 집합보다도 허브로의 발전 가능성에 더욱 중요하다.

다섯째, 국내와 국제의 일체화이다. 허브공항의 기능은 국제와 국내를 구별하지 않고 포괄적인 개념으로 논의되어야 한다.

여섯째, 육상 스포크(spoke)에 대한 배려이다. HSS의 전개는 항공 노선만을 고려하여 논의되지만 연계 수요로서는 육상과 해상 교통기관의 존재도 중요하다.

## 2. 항공화물터미널의 개요

### 1) 항공화물터미널의 개념

항공화물터미널(Air Cargo Terminal)은 항공운송을 위한 운송거점으로서 '화물의 집하, 하역, 분류, 포장, 보관, 통관 등에 필요한 기능을 갖춘 시설물'이라 정의하

34) 박명섭, 상게서, pp.189~190.

고 있다. 이는 수출화물이 항공기 운송이 가능한 형태인 ULD(Unit Load Device)로 적재(build-up) 작업되는 장소를 의미하며, 수입화물의 경우 해체(break-down) 작업으로 해당 화물을 분리하는 장소를 의미한다. 따라서 항공화물터미널은 운송업, 창고업, 하역업, 포장업, 물류 정보업 등이 종합되는 장소로서, 물류 흐름이 원활히 진행되도록 하는 기능이 있다.

최근 들어 물류 특성이 다품종 소량화되고 고가의 운임을 부담할 수 있는 고부가가치 화물의 증대, 계절 및 긴급수요 품목 등이 확대됨에 따라 항공운송의 거점인 공항터미널의 중요성이 더욱 증대되고 있는 상황이어서 공항시설이 현대화·대형화되고 있다.

특히 항공회사의 물류전략이 모든 국가의 주요 공항을 기항하던 종래의 서비스 전략에서 탈피하여 특정 지역의 거점공항(Hub Port)에만 기항하고, 그 주변 지역은 소형 항공기를 이용하여 연계운송서비스를 제공하는 전략인 이른바 'Hub & Spoke Strategy'[35]로 전환되면서 이러한 현상은 더욱 심화되고 있다.

우리나라의 인천국제공항은 일본, 중국, 북한 및 러시아 등을 포함한 동북아시아 지역의 중심 항만(Hub Port)[36]으로서의 역할을 요구받고 있다. 따라서 인천국제공항은 기존 공항으로서의 역할은 물론 Sea-port, Leisure-port, Tele-port, Business-port 등과 같은 Multi-port로서의 복합업무단지를 지향하고 있다.[37]

### 2) 항공화물터미널의 분류와 역할

항공화물터미널은 날로 증가하는 항공화물 수요에 대해 대처하고 수출입화물 및 통과화물의 원활한 관리와 통관 및 보관 등의 기능을 수행하고 있다.

#### (1) 항공화물터미널의 분류

항공화물터미널은 운영 주체 및 입지 형태별로 나누어 살펴볼 수 있다.

---

35) 본래 Hub는 자전거 바퀴의 중심축을, Spoke는 바퀴살을 의미하지만 현재에는 어떠한 업무나 행정의 중심을 Hub라 부르고 있다.

36) 대표적인 허브 포트로는 유럽의 중심 공항인 네덜란드의 암스테르담 스키폴(schiphol)공항과 남아시아의 중심 공항인 싱가포르의 창이(changi)공항 등을 들 수 있다.

37) 특히 인천국제공항은 홍콩 및 싱가포르 공항 등이 제공하지 못하는 미국 동부지역은 물론 유럽지역까지 직항로를 운영함으로써 서비스상의 우위를 확보하고 있으며 중국, 일본을 포함한 아시아지역과 미국 및 유럽을 연결하는 3국 간 환적화물의 처리에 적합한 입지상의 우위를 확보함으로써 동북아시아지역의 중심 공항으로 주목받고 있다.

### 가) 운영 주체별 분류

항공화물터미널의 운영방식은 운영 주체가 누구냐에 따라 크게 4가지로 분류할 수 있는데 항공사가 운영하는 방식, 지상 조업사가 운영하는 방식, 공항공사가 직접 운영하는 방식, 그리고 컨소시엄을 구성한 운영방식으로 구분할 수 있다.

① 항공사 직접 운영방식 : 항공사 직접 운영방식은 항공사가 직접 소유, 운영하는 형태로 자사 화물과 협력 항공사에 항공화물 조업서비스를 제공하는데, 자사 화물터미널 소유, 운영으로 인한 조업의 신속성과 효율성의 향상, 조업패턴의 탄력성 등으로 강한 통제력을 갖고 화물운송의 상품별 적절한 대응력이 강한 반면에 운영비용 등이 높아지는 단점을 가지고 있어 화물터미널 운영을 전문용역업체에 위임하기도 한다.

② 지상 조업사 운영방식 : 지상 조업사 운영방식은 지상 조업사가 직접 화물터미널을 소유, 또는 임대하여 화물터미널을 보유하지 못한 항공사에게 전문적인 지상 조업사가 계약에 의한 화물조업서비스를 제공하는 방식이다. 전문 조업사 위탁에 의한 비용 및 운영의 효율화 측면에서 장점을 갖는 반면, 각 항공사별로 특화된 서비스가 아닌 일률적인 서비스 제공으로 서비스의 질적인 면에서 단점을 갖는다.

③ 공항공사 직접 운영방식 : 공항공사 직접 운영방식은 운영 주체가 공항공사이므로 조직의 경직성과 지상조업의 전문성 결여 등으로 인한 화물조업서비스의 질적인 문제와 항공사 및 이용 고객의 욕구에 대하여 적절한 대응을 하지 못한다는 단점을 갖게 된다.

④ 컨소시엄(consortium) 운영방식 : 컨소시엄 운영방식은 지상 조업사의 운영방식과 유사하나 서비스에 대한 각 관련 주체간의 의견 조율 등의 의사결정 과정에서 문제점이 발생할 가능성이 존재한다.

### 나) 입지 형태별 분류

입지 형태별 분류는 항공화물터미널과 공항의 거리에 의하여 분류할 수 있는데, 공항 집중형, 도시 집중형, 중간형으로 구분할 수 있다.

① 공항 집중형 항공화물 터미널 : 공항 집중형 항공화물터미널은 일반적인 항공화물터미널의 형태로 한국을 포함한 대부분의 나라에서 채택하는 방식으로 공항 또는 공항근접지역에 항공화물터미널이 입지하는 형태이다. 이는 공항과 하주의 거리가 30㎞ 이내일 경우에 운송의 편리성과 근접성이 좋아

국제항공운송과 관련된 각 유관기관, 하주업체의 이용편익이 크기 때문에 나타나는 입지 형태이다.

② 도심 집중형 항공화물 터미널 : 도시 집중형 항공화물터미널은 공항과 항공화물 발생지 간의 거리가 50㎞ 이상일 때 개별 화주의 운송, 보관, 통관기능상 문제점을 보완하고자 한 항공화물터미널의 입지 형태이나 엄격한 의미에서 항공화물터미널이라기보다 도심항공화물 보세창고의 기능에 중점을 둔 것이다.

③ 중간형 항공화물 터미널 : 중간형 항공화물터미널은 도심과의 거리가 70㎞ 이상 떨어져 지리적인 문제와 토지 사용상의 문제로 인하여 발생하는 공항 입지적 문제를 해결하기 위한 입지 형태다. 공항과 도심(화물 발생지)의 중간에 위치하여 공항 내에 위치한 항공화물 터미널의 모든 기능을 그대로 수행한다.

### (2) 항공화물터미널의 역할

#### 가) 항공화물의 집하

공항터미널은 항공운송을 이용하고자 하는 화물의 입하, 혼재 및 분류작업을 수행하는 항공운송의 시발점이자 종착점의 역할을 수행하고 있다.

#### 나) 무역활동의 지원

공항터미널은 무역계약의 체결과 이행을 위한 견본품이나 상업서류 등을 취급하는 거점이며, 화물의 신속한 운송을 통해 새로운 시장을 개척하거나 시장기회(Market Opportunity)를 제공함으로써 무역활동을 지원하는 역할을 담당하고 있다.

#### 다) 운송수단의 접점

공항터미널은 항공운송의 거점으로서의 역할뿐만 아니라, 육상운송 및 해상운송과의 연결지점으로서의 기능을 수행함으로써, 급격히 증가하고 있는 일관운송 내지 복합운송시스템을 구축하는 운송거점으로 이용되고 있다. 특히 여타 운송수단과의 연계는 운임이 상대적으로 높은 항공운송의 단점을 극복할 수 있는 전략적 대안이 될 수 있기 때문에 이에 대한 적극적인 투자가 필요한 것이다.

### 3) 항공화물 터미널의 구조와 장비

#### (1) 항공화물 터미널의 구조

항공화물 터미널은 크게 관리 및 서비스 공간, 유통시설 공간, 화물작업 공간 등으로 분류할 수 있다.

##### 가) 관리 및 서비스 공간

터미널 입주업체와 이용자에게 서비스를 제공하는 세관, 출입국 관리소, 검역소, 전산실, 통제실 등 관리실을 비롯하여 항공사, 대리점, 혼재업체, 관세사, 은행, 보험회사 등 입주업체 사무실, 일반상점 및 기념품 판매점, 오락실, 약국, 이발소, 다방, 음식점 등 휴식공간과 터미널 내 입주자 및 이용자들을 위한 주차시설 등으로 구성되어 있다.

##### 나) 유통시설 공간

화물의 입출고를 위한 유통 관련 공간은 항공화물터미널 시설 중에서 가장 넓은 공간을 요구하는데 화물의 적하 및 하역 작업장, 화물주차장, 냉동·냉장실 보세장치장 등으로 구성되어 있다. 또한, 이 공간은 화물자동차의 입·출구 등 공항과 화물의 집배송 장소 간 연계가 유리하도록 형성되어 있다.

##### 다) 화물작업 공간

수출입화물의 탑재 및 해체, 분류, 포장 등의 작업을 위한 공간이다.

대한항공 화물터미널

아시아나항공 화물터미널

#### (2) 항공화물 터미널의 탑재·운반·하역장비

항공화물터미널 내 수출입화물 운송을 위한 주요 탑재·운반·하역 장비는 다음과 같다.

가) Transporter

하역작업이 완료된 단위적재용기(ULD)를 터미널에서 항공기까지의 수평 이동에 사용하는 장비로서 파렛트(Pallet)를 올려놓은 차량에 엔진을 장착하여 자주식으로 운행되는 차량을 말한다.

Transporter

나) Tug Car

Dolly(이동식 받침대)를 연결하여 이동하는 차량으로 Tractor라고도 한다.

Tug Car

Dolly를 연결하여 이동하는 Tug Car

다) Dolly(이동식 받침대)

Transporter와 동일한 역할을 하나 자체 구동력은 없고 Tug Car와 연결되어 사용된다. 파렛트(Pallet)를 올려놓고 운반하기 위한 차대로서 사방에 파렛트(Pallet)가 미끄러지지 않도록 스토퍼(stopper)를 부착하고 있다.

Dolly

Tug Car에 연결된 Dolly

라) Self-Propelled Conveyor

수하물 및 소형화물을 소형기의 Belly 또는 대형기의 Compartment에 낱개 단위로 탑재·하역시 사용하는 장비(Bulk Cargo Loader)이다.

Self-Propelled Conveyor

항공기에 탑재하는 모습

마) Cargo Loader

ULD를 대형기 화물실 밑바닥 높이까지 올려 탑재·하역시 사용하는 장비이다.

Cargo Loader(35,000㎏ capacity)

Cargo Loader를 이용 탑재하는 모습

### 4) 인천국제공항 화물터미널

인천국제공항 화물터미널은 인천국제공항을 통해 국내외로 반·출입 또는 통과되는 모든 화물의 원활한 운송·보관·처리를 위해 항공기와 지상수송체계 간 연결하는 시설로서, 날로 증가하는 항공화물 수요에 대해 대처하고 수출입화물 및 통과화물의 원활한 관리와 통관 및 보관 등의 기능을 수행하고 있다.

화물터미널 단지는 3개의 터미널로 구성되어 있으며, 각 항공사별로 독립된 터미널을 확보함으로써 특화된 서비스 제공이 가능하다.

화물터미널은 수입화물지역, 통과화물지역, 수출화물지역으로 나누어져 하역·작업·보관 등의 화물처리가 합리적으로 이루어지므로 효율성이 극대화되었다.

터미널 단지에는 국제물류주선업체들이 전용 항공화물창고(약 3,500평)를 보유하고 있어 신속한 화물처리 지원 및 화물의 적재 보관이 가능하다. 또한 화물터미널은 24시간 운영이 가능한 체제를 갖추고 있으며, 화물 수요에 대응하여 시설을 단계적으로 확장해 나갈 수 있는 확장성 확보 및 신속한 화물처리를 위해 컴퓨터를 곳곳에 설치하고 화물의 개별정보와 이동정보, 보관정보 등을 실시간 처리할 수 있는 정보전달시스템을 구축하였다. 한편 화물터미널 인근에 복합형 관세자유지역을 조성(1단계 약 30만 평)하여 이 지역을 국제적인 물류중심기지로 육성하고 있다.

## 제 3 절 기타 국제운송거점시설

### 1. 내륙물류기지

우리나라 내륙물류기지는 정부의 공공 물류거점시설 정책으로 정부와 민간이 저비용·고효율 물류체계 구축을 위하여 전국 5대 권역별 거점에 조성한 대표적인 물류시설로 복합물류터미널(IFT; International Freight Terminal)과 내륙컨테이너기지(ICD; Inland Container Depot)로 구성된다.

내륙물류기지는 국내의 권역별 화물을 대량으로 모아 한꺼번에 지역 간 운송을 도모함으로써 물류비용을 절감하기 위한 것을 목적으로 두 가지 수단(도로, 철도) 간 연계운송이 가능한 규모와 시설을 갖추고 있는 것을 특징으로 하고 있으며, 다음과 같은 장점을 지니고 있다.

첫째, 비용절감이다. 이는 물류시설의 광역거점화, 내수와 수출입화물의 연계 등을 통한 물류비 절감과 ICD 내 철도운송 서비스를 이용할 경우 철도운임 할인 혜택을 통해 비용을 절감할 수 있다.

둘째, One-Stop Service이다. 내륙물류기지 한 곳에서 화물의 운송, 하역, 보관, 포장, 통관, 정보서비스 등을 종합적이고 체계적으로 제공하고 있다.

셋째, 맞춤형 서비스 제공이다. 내륙물류기지는 고객의 물류 특성에 맞는 시설을 갖추고 문서고, 수장고, 냉동·냉장창고와 같은 특수형 창고부문 등에서도 고객에 대한 맞춤형 서비스를 제공하고 있다.

넷째, 대형·중량화물의 취급이 용이하다. 내륙물류기지는 철도를 이용한 중량, 대형화물의 운반이 용이하며, 대규모 CY 및 창고시설을 제공하고 있어서 대형·중량화물의 취급이 용이하다.

다섯째, 보안서비스 제공이다. 내륙물류기지는 시설 및 화물의 안전을 위해 CCTV 모니터링시스템 구축을 통한 경비체계를 확보하고 있어 높은 수준의 보안 서비스를 제공하고 있다.

이상과 같은 내륙물류기지를 복합화물터미널과 내륙컨테이너기지에 대한 시설 및 운영 현황은 다음과 같다.

### 1) 복합물류터미널

현재 국내의 복합물류터미널은 경기도 군포(수도권), 경상남도 양산(부산권), 전라남도 장성(호남권), 세종시(중부권), 경상북도 칠곡(영남권) 등 전국 5개 지역에서 운영중에 있다.

또한, 복합물류터미널의 운영은 정부의 「물류시설개발 및 운영에 관한 법률」에 의거하여 복합물류터미널사업자(이하 IFT사업자)로 선정된 CJ한국복합물류(KIFT)와 ㈜영남복합물류공사(YIFT)에 의해 운영되고 있으며, KIFT는 군포, 양산, 장성, 세종시 등 4개 복합물류터미널, YIFT는 영남복합물류터미널을 운영하고 있다.

한편, IFT사업은 소유권 귀속 방식에 따라 BOT(Build Operate Transfer)와 BOO(Build Own Operation)로 구분된다. BOT는 IFT 건설비용(일부)을 민간 사업자가 지불하고 정부로부터 장기간 운영권(30년)을 확보하는 것으로, 계약기간이 종료되면 시설물의 소유권이 국가에 귀속되는 방식이다. 반면에 BOO는 IFT사업자가 투자한 부지와 시설물을 직접 소유하는 방식으로 민간 사업자는 해당 시설을 직영하여 수익을 내거나, 또는 임대 사용료를 징수함으로써 투자비를 회수한다.[38]

#### (1) 군포복합물류터미널

군포복합물류터미널은 경기도 군포시에 위치하고 있으며, 사업방식은 BOT방식으로 IFT사업자는 CJ한국복합물류(KIFT)이다. 1997년에 운영을 개시하였으며 2012년에 확장한 군포복합물류터미널은 일반화물 1,146만 톤/년(기존 581만 톤/년+확장 565만 톤/년)의 처리능력을 보유하고 있으며, 수도권 최적 배송거점으로써 편리한 입지와 최첨단 설비를 갖추고 있다.

---

38) 정부는 기간시설(진입도로, 인입철도 및 상수도 등)을 건설하여 IFT 사업자에게 제공하고 BOO방식의 경우 부지매입비 전액과 민간 투자비 일부를 재정으로 부지매입비를 제외한 총 민간투자비의 15~40%를 융자해주며, 융자조건은 5년 거치 15년 분할 상환조건이다.

특히, 군포복합물류터미널은 수도권뿐만 아니라 충청권에 이르는 광대역 배송네트워크 구축[39] 및 인천공항, 항만, 평택항과 연계한 수출입 물류센터의 운영이 가능하여 다기능 물류거점으로써 역할을 수행하고 있다.

[표 10-4] 군포복합물류터미널 시설 개요

<table>
<tr><th rowspan="2">구분</th><th colspan="3">물류시설</th><th rowspan="2">임대면적<br>(㎡)</th><th colspan="2">연계 교통</th></tr>
<tr><th>유형</th><th>형태</th><th>동수</th><th>진출입IC</th><th>역</th></tr>
<tr><td rowspan="6">IFT</td><td>화물취급장</td><td>단층</td><td>11</td><td>45,954</td><td rowspan="6">동군포</td><td rowspan="6">오봉역</td></tr>
<tr><td rowspan="2">배송센터</td><td>복층 5층</td><td>12</td><td>465,642</td></tr>
<tr><td>복층 2, 3층</td><td>3</td><td>50,443</td></tr>
<tr><td>복합창고</td><td>복층 3, 4층</td><td>2</td><td>53,329</td></tr>
<tr><td>철도화물취급장</td><td>단층</td><td>1</td><td>2,463</td></tr>
<tr><td>CY</td><td colspan="2"></td><td>27,404</td></tr>
<tr><td>총면적</td><td colspan="3"></td><td>645,235</td><td></td><td></td></tr>
<tr><td>선로제원</td><td colspan="6">3개 선로</td></tr>
</table>

### (2) 양산복합물류터미널

양산복합물류터미널은 경상남도 양산시에 위치하고 있으며, 사업방식은 BOT방식으로 IFT사업자는 CJ한국복합물류(KIFT)이다. 1999년에 운영을 개시한 양산복합물류터미널은 일반화물 371만 톤/년의 처리능력을 보유하고 있으며, 부산권 수출입화물의 처리를 담당하는 배후물류단지 역할을 수행하고 있다.

[표 10-5] 양산복합물류터미널 시설 개요

<table>
<tr><th rowspan="2">구분</th><th colspan="3">물류시설</th><th rowspan="2">임대면적<br>(㎡)</th><th colspan="2">연계 교통</th></tr>
<tr><th>유형</th><th>형태</th><th>동수</th><th>진출입IC</th><th>역</th></tr>
<tr><td rowspan="4">IFT</td><td>화물취급장</td><td>단층</td><td>7</td><td>26,149</td><td rowspan="4">물금IC</td><td rowspan="4">물금역</td></tr>
<tr><td rowspan="2">배송센터</td><td>복층 5층</td><td>4</td><td>133,845</td></tr>
<tr><td>단층</td><td>2</td><td>17,253</td></tr>
<tr><td>CY</td><td colspan="2"></td><td>20,602</td></tr>
<tr><td>총면적</td><td colspan="3"></td><td>197,849</td><td></td><td></td></tr>
<tr><td>선로제원</td><td colspan="6">2개 선로</td></tr>
</table>

39) 군포복합물류터미널은 영동고속도로, 경부고속도로, 서해안고속도로 및 서울외곽순환도로, 과천의왕간 고속화도로 진입이 용이하다.

또한, 양산복합물류터미널은 4개 고속도로[40] 및 부산신항, 김해공항과 연계뿐만 아니라 영남지역의 내륙 수배송 네트워크가 가능한 다목적 물류거점이다. 특히, 국내물동량의 주축을 이루는 경부선의 한 축을 담당함으로써 광역운송체계 구축에 용이하다.

### (3) 장성복합물류터미널

장성복합물류터미널은 전라남도 장성군에 위치하고 있으며, 사업방식은 BOO방식으로 IFT사업자는 CJ한국복합물류(KIFT)이다. 2005년에 운영을 개시한 장성복합물류터미널은 일반화물은 470만 톤/년, 컨테이너 34만 TEU/년 등의 처리능력을 보유하고 있어 호남지역 수출입 전초기지의 역할을 수행하고 있다.

또한, 대단위 ICD가 조성되어 있어 수출입화물의 신속한 처리가 가능하며, 터미널 내 배송센터, 화물취급장과 연계를 통한 내륙 접근성이 뛰어나다.

특히, 군산항, 목포항, 광양항과 뛰어난 연계성을 지니고 있으며, 호남고속도로, 고창담양고속도로, 서해안 고속도로 및 광주 제2순환도로 진입이 용이한 교통 여건을 지니고 있다.

[표 10-6] 장성복합물류터미널 시설 개요

<table>
<tr><th rowspan="2">구분</th><th colspan="3">물류시설</th><th rowspan="2">임대면적<br>(㎡)</th><th colspan="2">연계 교통</th></tr>
<tr><th>유형</th><th>형태</th><th>동수</th><th>진출입IC</th><th>역</th></tr>
<tr><td rowspan="3">IFT</td><td>화물취급장</td><td>단층</td><td>4</td><td>17,736</td><td rowspan="5">장성IC<br>장성물류IC</td><td rowspan="5">안평역</td></tr>
<tr><td rowspan="2">배송센터</td><td>복층 5층</td><td>5</td><td>149,588</td></tr>
<tr><td>단층</td><td>5</td><td>48,346</td></tr>
<tr><td rowspan="2">ICD</td><td>CFS</td><td>단층</td><td>2</td><td>9,000</td></tr>
<tr><td>CY</td><td colspan="2"></td><td>89,387</td></tr>
<tr><td>총면적</td><td colspan="3"></td><td>314,057</td><td></td><td></td></tr>
<tr><td>선로제원</td><td colspan="6">5개 선로</td></tr>
</table>

### (4) 중부복합물류터미널

중부복합물류터미널은 세종시에 위치하고 있으며, 사업방식은 BOO방식으로 IFT사업자는 CJ한국복합물류(KIFT)이다. 2010년에 운영을 개시한 중부복합물류

40) 양산복합물류터미널과 연계된 4개 고속도로는 경부고속도로, 중앙고속도로, 남해고속도로, 신대구부산고속도로 등이다.

터미널은 일반화물 236만 톤/년, 컨테이너 35만 TEU/년의 처리능력을 보유하고 있으며, 교통연계 여건도 5개 고속도로[41] 진입이 용이하여 주요 도시의 연결성이 뛰어나 전국을 대상으로 단일화하는 배송센터 및 Hub & Spoke 체계 구축이 용이하다.

[표 10-7] 중부복합물류터미널 시설 개요

| 구분 | 물류시설 | | | 임대면적 (㎡) | 연계 교통 | |
|---|---|---|---|---|---|---|
| | 유형 | 형태 | 동수 | | 진출입IC | 역 |
| IFT | 화물취급장 | 단층 | 4 | 17,779 | 남청주IC | 부강역 |
| | 배송센터 | 복층 3층 | 2 | 57,547 | | |
| | | 단층 | 2 | 16,529 | | |
| ICD | CFS | 단층 | 1 | 3,124 | | |
| | CY | | | 63,781 | | |
| 총면적 | | | | 158,760 | | |
| 선로제원 | 5개 선로 | | | | | |

또한, ICD를 통해 수출입 컨테이너의 적하, 분류, 통관 등 신속한 처리가 가능할 뿐만 아니라 전국 주요 항만과의 연결성이 뛰어나 수출입화물의 중계기지로써 기능을 수행하고 있다.

### (5) 영남복합물류터미널

영남복합물류터미널은 경상북도 칠곡군에 위치하고 있으며, 사업방식은 BOO방식으로 IFT사업자는 ㈜영남복합물류공사(YIFT)이다. 2010년에 운영을 개시한 영남복합물류터미널은 일반화물 357만 톤/년, 컨테이너 33만 TEU/년의 처리능력을 보유하고 있다.

한편, 영남복합물류터미널은 7개 고속도로[42] 및 4개 국도와 연계되어 교통이 편리할 뿐만 아니라 첨단물류정보를 갖추고 고객들과의 실시간 정부를 통해 하주 맞춤형 물류서비스를 제공하며, 수출입화물의 통관시스템과 ICD 통합관리시스템의 구축으로 화물이 대량 수송과 신속한 처리 및 One-Stop Service, 저비용, 고효율의 물류 서비스 제공이 가능한 종합 물류기지이다.

41) 중부복합물류터미널과 연계된 5개 고속도로는 경부고속도로, 중부고속도로, 청원상주고속도로, 천안논산고속도로, 호남고속도로 등이다.

42) 영남복합물류터미널과 연계된 7개 고속도로는 경부고속도로, 중부고속도로, 중앙고속도로, 광주대구고속도로(구.88고속도로), 구마고속도로, 대구부산고속도로, 남해고속도로 등이다.

[표 10-8] 영남복합물류터미널 시설 개요

| 구분 | 물류시설 | | | 임대면적 (㎡) | 연계 교통 | |
|---|---|---|---|---|---|---|
| | 유형 | 형태 | 동수 | | 진출입IC | 역 |
| IFT | 화물취급장 | 폭 30m | 5 | 31,297 | 왜관IC 칠곡물류IC | 신동역 |
| | | 폭 40m | 2 | | | |
| | 배송센터 | 일반창고 5층 | 2 | 81,407 | | |
| | | 하이렉창고 4층 | 1 | 32,807 | | |
| ICD | CFS | 2층 | 1 | 4,225 | | |
| | CY | | | 150,000 | | |
| 총면적 | | | | 299,736 | | |
| 선로제원 | - | | | | | |

## 2) 내륙컨테이너기지

### (1) 내륙컨테이너기지의 개요

내륙컨테이너기지(ICD; Inland Container Depot)는 항만 또는 공항이 아닌 내륙통관기지로서 본래 내륙통관기지(Inland Clearance Depot)를 뜻하는 것이었으나 화물유통에 있어 컨테이너화의 급속한 확산과 복합운송의 발달과 더불어 내륙컨테이너기지로서 성장·발전하였으며, 컨테이너의 장치보관기능, 집하·분류, 통관수속 등과 같은 전통적인 항만기능을 수행하고 있는 내륙물류기지이다. 즉, ICD는 고정설비를 갖추고 여러 내륙운송수단에 의해 미통관된 상태에서 이송된 여러 종류의 화물(컨테이너 포함)의 일시적 저장과 취급에 대한 서비스를 제공하고, 세관통제하에 수출 및 연계운송을 위하여 일시적 장치, 창고보관, 재수출(re-export), 일시상륙(temporary admission) 등을 담당하는 단체들이 있는 장소를 말한다.

이상과 같이 내륙컨테이너기지(ICD)는 해상의 운송수단인 선박과 내륙의 교통수단인 철도를 연계하여 운송하는 '복합연계운송'이 효율적으로 이루어질 수 있는 전략적인 장소에 위치하고 있어 내륙과 해상의 각 지점들과의 연결을 가능하게 하여 수출입화물 운송에 있어서 새로운 방식의 교통네트워크를 만들어 내고, 효율적인 복합운송을 가능하게 하는 내륙물류기지로 항만 지역에 위치한 많은 관련 서비스시설을 포함하고 있기 때문에 '내륙항만'이라고 불리기도 하며, 이상과 같은 내륙컨테이너기지의 위치 결정요인을 살펴보면 다음과 같다.

첫째, 화물을 용이하게 집하하고 분배할 수 있도록 상업지역이나 공업지역과 가까운 곳이어야 한다.

둘째, 고속도로와 철도와 인접한 교통의 요충지이어야 한다.

셋째, 미래의 물동량 증가에 따른 시설 확대를 고려하여 충분한 부지를 확보할 수 있는 지역이어야 한다.

넷째, 통관업무 및 기타 업무가 원활하게 이루어질 수 있도록 세관이나 기타 관련 기관과 가까운 지역이어야 한다.

### (2) 내륙컨테이너기지의 기능

내륙컨테이너기지는 항만에서 반드시 이루어져야 할 본선작업과 마샬링기능을 제외한 장치보관기능, 집하·분류는 물론 통관업무 등과 같은 전통적인 항만기능이 수행되고 있다.

#### 가) 내륙항만으로서의 기능

IDD는 컨테이너 전용부두에서 분리 가능한 시설, 즉, 컨테이너장치장(CY; Container Yard), 컨테이너작업장(CFS; Container Freight Station)시설 등을 통해 컨테이너의 장치보관기능, 집하·분류 기능을 주로 수행한다. ICD가 이와 같은 내륙항만으로서의 기능을 갖게 된 주요 원인은 우리나라의 항만 공간 그중에서도 특히 장치공간(Storage Space)의 부족 현상에서 비롯되었다.

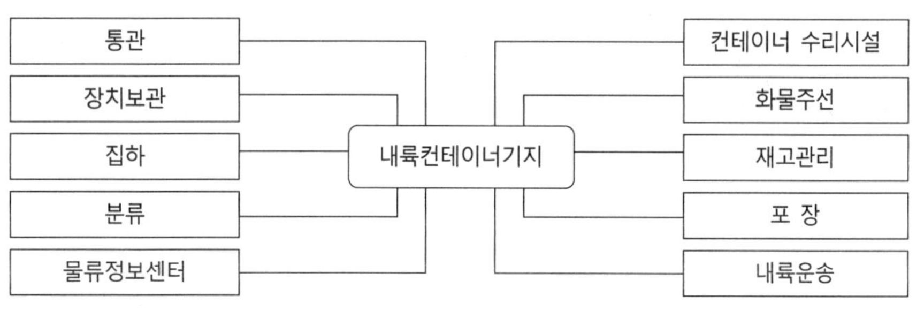


자료 : Yehuda Hayuth, 「Inland Container Terminal–Function and Rationle」, Maritime Policy and Management, 1980, p.284.

[그림 10-4] ICD의 기능

#### 나) 컨테이너의 집하 및 분류센터로서의 기능

ICD의 중요한 기능 중의 하나로써 각기 다른 발생지와 목적지를 가진 소량화물(LCL화물)을 컨테이너단위로 집약(Grouping)하여 만재화물(FCL화물)이 가지는 운송상의 경제를 누리게 하는 역할을 한다. 이러한 기능은 전체 컨테이너 수송시스템에서 발생하는 수송비용을 절감하는 효과를 가져오기 때문에 수출입화물의 하주에게 경제적 이익을 누리게 해 주는 기능을 지니고 있다.

#### 다) 내륙통관기지로서의 기능

항만에서의 통관절차를 내륙으로 이동함으로써 항만의 효율적 운영과 컨테이너화물의 신속한 유통을 가능케 하고 있다.

#### 라) 지역 마케팅센터로서의 기능

복합운송 및 컨테이너화물의 발달은 항만배후부지의 확대를 가져왔으며 이는 곧 지역 마케팅센터의 설립을 가능하게 하였다. 그 결과 구간운송비용이 절감되고 해당 지역에 대한 신속한 물류소통이 가능하게 되었다.

#### 마) 내륙운송 및 수송정보 제공기능

전산처리에 의한 신속한 교통정보시스템체계를 갖춤으로써 전체 물적유통의 비용 및 시간이 최소화될 수 있는 수단을 선정하거나 권고해 주는 역할을 수행한다.

#### 바) 보관·재고관리기능

ICD내의 창고는 생산자에게 화물운송계획과 관련된 원료 및 생산물의 보관기능을 제공한다. 또한, ICD를 이용하는 해당 지역의 제조업자와 유통업자들로부터 정보를 제공받고, 이로써 ICD가 이들을 대신하여 지역 전체의 재고관리를 할 수 있게 되면, 기업들 단독으로 행하는 경우보다 비용과 노력면에서 규모의 경제효과를 누릴 수 있게 될 것이다. 이하 ICD의 기능을 효율적으로 활용할 경우의 장점을 요약하면 다음과 같다.

첫째, 시설면에서 항만지역과 비교하여 창고·보관시설용 토지취득이 용이하고 시설비가 절감되어 창고보관료가 저렴하다.

둘째, 하역면에서 노동력의 안정적 확보와 하역작업의 기계화를 통한 노동생산성의 향상을 가져온다.

셋째, 운송면에서 화물의 대단위에 의한 운송효율의 향상과 항만지역의 교통혼잡을 줄일 수 있다.

넷째, 포장면에서 통관검사 후 재포장이 필요한 경우 내륙컨테이너기지 자체 보유 포장시설을 이용하여 비용을 절감할 수 있다.

다섯째, 통관면에서 항만의 통관 혼잡을 피하고 신속하게 통관할 수 있기 때문에 통관에 들어가는 비용을 절감할 수 있다.

### (3) 내륙컨테이너기지의 현황

국내에는 현재 경기도 의왕시에 있는 의왕ICD와 경남 양산시에 위치한 양산ICD가 운영되고 있다.

#### 가) 의왕ICD

##### ① 개요

의왕ICD는 경기도 의왕시에 위치하고 있어 국내 5대권역 ICD중 수도권 수출입 물류에 중요한 역할을 담당하고 있는 복합물류기지로써 수도권역(용산, 영등포, 수원 등)의 화물 물동량의 증가에 따른 교통혼잡과 장치장의 부족으로 1984년 7월 기존의 남부철도화물기지를 기반으로 하여 개발되어 1993년 7월 의왕ICD 제1터미널 운영을 개시하였으며, 이후 1996년 10월에 컨테이너 137만TEU/년과 철도수송 75만TEU/년 처리능력을 갖춘 의왕ICD 조성공사를 완공하여 1997년 10월 1일부터 전면운영을 개시하여 오늘날에 이르렀다.

##### ② 시설현황

의왕ICD는 제1터미널과 제2터미널로 구성되어 있으며, 양산ICD의 시설관리 및 운영은 2009년 6월부터 ㈜의왕ICD(구, ㈜경인ICD)에서 하고 있다.

[표 10-9] 의왕 ICD 주요 시설 현황

| 구분 | 계 | 제1터미널 | 제2터미널 |
|---|---|---|---|
| 부지 총면적 | 752,680㎡ | 491,668㎡ | 261,012㎡ |
| CY | 387,932㎡ | 254,622㎡ | 133,210㎡ |
| CFS | 10,712㎡(3동) | 4,629㎡(2동) | 6,083㎡(1동) |
| 운영건물 | 14,385㎡(8동) | 6,797㎡(5동) | 7,561㎡(3동) |
| 차량정비고 | 1,795㎡(1동) | 1,795㎡(1동) | - |
| 컨테이너정비고 | 1,226㎡(1동) | 1,226㎡(1동) | - |
| 냉동전원시설 | 72개 | - | 72개 |
| 철도선로 | 6,262m(11개선) | 3,720m(8개선) | 2,542m(3개선) |
| 주유소 | 6,254㎡<br>(저장용량 48만L) | 6,254㎡<br>(저장용량 48만L) | - |

주 : 의왕ICD에 입주해 있는 세관·검역기관의 현황을 살펴보면 통관세관으로는 안양세관, 검역기관으로는 경인지방식품의약품안전청 의왕수입식품검사소와 농림축산검역본부 중부지역본구 의왕사무소 등이 있다.
자료 : 의왕ICD(http://www.uicd.co.kr/)

③ 기능

의왕ICD는 수도권 수출입컨테이너의 물류기지로써 철도수송, 내륙운송, 내륙통관, 내륙항만 기능 등을 최첨단 물류인프라를 기반으로 하주 및 운송사들에게 One Stop Service 체계를 구축하여 다양한 물류사업영역의 중심거점으로서의 기능을 수행하고 있다.

㉠ 철도하역기능 : 의왕 ICD는 철도로 발송하는 컨테이너를 업체의 야드에서 이송차량에 적재하여 철도하역장까지 이송한 후 열차에 적재하는 발송업무는 물론 철도로 도착한 컨테이너를 열차로부터 하역하여 입주업체의 야드까지 이송하여 주는 도착업무 등을 수행하는 철도하역기능을 제공하고 있다.

㉡ 내륙항만기능 : 의왕 ICD는 CY와 CFS를 통해 의왕 ICD 내 전용CY를 확보하지 못한 운송업체의 일반, 냉동컨테이너를 보관, 관리, 하역 업무를 수행하고 있으며, 또한 CFS에서 보세화물의 보관, 분리, 보수 및 배송작업 등을 실시하고 있다. 특히, 수출입화물에 대하여 세관, 식품검사소, 관세사 등 통관 관련 기관이 상주하고 있어 one-stop 통관서비스를 제공하고 있어 내륙항만으로써의 기능을 수행하고 있다.

㉢ 기타 기능 : 의왕 ICD는 냉동냉장화물을 보관 및 검사할 수 있는 시설을 구비하고 있어 수도권 냉동냉장화물 운송의 운송료 및 보관료 절감을 기여하는 기능을 제공하고 있을 뿐 아니라 ICD 통관화물에 대한 관세청 전산과의 EDI처리를 위한 사용료를 하주에게 전가시키지 않고 모두 부담하고 있는 특징을 지니고 있다. 한편, 의왕 ICD는 컨테이너 수리 및 세척이 이루어지는 컨테이너 정비고와 컨테이너 하역·운송·장비 및 운송차량(트랙터, 트레일러 등), 상용차량 수리 및 정비가 이루어지는 차량 정비고 등을 두어 하주 및 운송사들에게 편의를 제공하고 있다.

나) 양산ICD

① 개요

양산ICD는 국내 5대권역 ICD중 중 부산·경남을 비롯한 영남권 일대의 물류를 담당하고 있는 복합물류기지로서 컨테이너 화물의 유통구조를 개선하여 컨테이너 물류비용을 절감하고 부산시 도시환경 개선 및 교통난 완화로 부산시내 부두밖장치장(ODCY; Off-Dock CY)를 이전·통합하기 위해 부산항 북항 및 신항의 인접 배후지역인 양산에 조성된 사회기반시설이다.

양산ICD는 1991년 5월에 ICD 조성계획을 확정하고 조성공사를 시작하여 1999년에 완공하고 2000년 4월에 개장하였다.

② 시설현황

양산ICD는 화물취급장, 컨테이너장치장(CY), 컨테이너작업장(CFS), 세관검사장 등의 시설을 갖추고 있으며, 양산ICD의 시설관리 및 운영은 ㈜양산아이시디(Yangsan Inland Container Depot Co., Ltd)에서 하고 있다.

[표 10-10] 양산ICD 주요 시설 현황

| 물류시설 | 내용 | 물류시설 | 내용 |
|---|---|---|---|
| CY | 10단지<br>492,700㎡ | CFS | 17동<br>56,500㎡ |
| GATE | 10동<br>369㎡ | CY 운영사무실 및 부속동 | 47동<br>72,737㎡ |
| 컨테이너세척장 및 부속동 | 10동<br>870㎡ | 세관검사장 | 1동<br>207㎡ |
| 정비고 및 부속동 | 11동<br>4,777㎡ | 공용시설 | 12동<br>3,877㎡ |
| 구내도로(폭 20M) | 2,385M 52,578㎡ | 기타(녹지 등) | 1식<br>34,570㎡ |

자료 : 양산ICD(http://www.ysicd.co.kr/)

③ 기능

양산ICD는 최첨단 물류인프라를 기반으로 한 내륙항만으로써 화물의 통관, 보관, 주선, 내륙운송 등을 통한 수출입 컨테이너 처리 및 3자물류 등 다양한 물류사업영역의 중심거점으로서의 기능을 수행하고 있다.

㉠ 내륙항만기능 : 항만과 동일하게 CY 및 CFS의 기능을 수행하며 10개 단지의 컨테이너야드를 참여업체 지분별로 배정받아 직접 운영하고 있다. 양산ICD의 최대장치능력은 CY 24,960TEU, CFS 74,380R/T이며, 년간 처리능력은 CY 1,069천 TEU, CFS는 4,463천 R/T이다.

㉡ 내륙운송기능 : 양산ICD는 부산 및 영남권의 교통의 요충지에 위치하고 있어 수출입화물을 컨테이너 배후수송 도로망을 이용하여 내륙과 항만의 연결기지로서 중추적인 운송기능을 수행하고 있다.

㉢ 내륙통관기능 : 양산ICD에서는 수출입화물에 대하여 one-stop 통관서비스를 제공하고 있어 하주들의 편의성을 도모하고 있다. 특히, 영남권 하주는 가까운 양산에서 화물통관이 가능하고 수출화물 적재용 공컨테이너를 최단거리에서 제공하므로 시간과 운송비용을 절감할 수 있는 장점이 있다.

㉣ 철도수송기능 : 양산ICD에는 양산화물역이 위치하여 친환경적으로 수출입 컨테이너 및 중량, 대형 화물을 부산권과 수도권으로 철도수송함으로써 시간과 물류비용을 절감할 수 있다.

㉤ 제3자 물류기능 등 : 양산ICD에는 지역산업단지와 연계된 물류센터 및 택배 등 입주해 있어 제3자물류 기능을 지니고 있으며, 특히 자동차(중고) 수출 거점으로 기능을 수행하고 있다.

다) 사설(Private) ICD

통상적으로 알고 있는 ICD는 앞서 살펴본 양산과 의왕에 설치·운영되고 있는 공영(Public) ICD를 의미하고 있지만, 현실은 국내물류업계에 종사하고 있는 개별 운송사 스스로 작은 규모의 ICD를 설치하여 운영하고 있어 실질적으로 ICD는 공영(Public)과 사설(Private)로 구분된다.

Private ICD는 개별 운송사가 자신들의 편리에 따라 정한 장소에 Private ICD를 설치한 시설로서 공컨테이너의 보관·하역·분류 그리고 운송시 복화운송(複貨運送, Backhaul Transport)[43]의 효율성을 높이기 위해 운영하고 있다. 이하 공영(Public) ICD와 사설(Private) ICD의 차이점을 기술하면 다음과 같다.

첫째, 세관의 통관기능을 수행하고 있는 Public ICD와는 달리 Private ICD는 통관기능이 없다.

둘째, 수출입화물의 내륙운송 운임에 있어서 Public ICD는 편도운임을 책정하고 있다.[44] 하지만 Private ICD는 화물 출고지와 도착항구간의 왕복운임을 적용

---

43) 복화(複貨)라 함은 수입화물의 컨테이너 운송시 A하주의 작업을 마친 후 공컨테이너를 CY에 반입하지 않은 채 A하주의 작업지에서 B하주의 작업건을 상차하는 것을 말한다. 복화운송은 컨테이너운송시 수입자에게 수입화물을 내리고 바로 그 컨테이너를 이용해서 수출화물을 적입해서 항구에 반입하는 형태와 항구에서 20피트 컨테이너 2개를 싣는 섀시에 하나는 수출화물 dooring에 사용할 공 컨테이너를, 하나는 수입화물이 적입된 컨테이너를 싣고 왕복운송하는 형태가 있다. 이렇듯 복화(複貨)는 운송사가 운송효율화 및 수익성 증대를 위해 상시 추구해야 하는 지향점이라 할 수 있다.

44) 즉, 공영(Public) ICD인 의왕 ICD에서 픽업한 공 컨테이너와 부산항 A 터미널에서 픽업한 공 컨테이너를 동일하게 경기도 어느 하주의 공장에서 DOORING하고 적입한 후 각각 부산항으로 운송할 경우 의왕 ICD에서 픽업한 컨테이너의 운임이 더 저렴하다는 것이다.

하고 있다.[45)]

## 2. 보세구역

### 1) 보세구역의 개념

보세구역은 효율적인 화물관리와 통관 및 관세행정의 필요성에 의하여 세관장이 지정하거나 특허한 장소를 말하며, 이에는 지정보세구역, 특허보세구역 및 종합보세구역 등이 있다. 이와 같은 보세구역[46)]은 수출입화물의 일시 장치, 통관을 위한 검사, 판매 및 전시업무를 통해 운송물류 활동과 밀접한 관계를 맺고 있다.

특히 보세구역에서의 화물 반출입 및 운송업무의 효율적 수행을 위해 보세화물을 운송할 수 있는 운송업자를 지정하고 있는데, 이들을 보세운송업자라 부른다. 이와 같은 보세운송을 수행할 수 있는 업자로는 간이보세운송업자와 일반보세운송업자가 있는데, 간이보세운송업자는 운송을 위해 보세구역에서 화물을 반출할 때에도 화물검사 및 담보제공을 시행하지 않아도 되는 업자를 말하며, 일반보세운송업자는 화물반출에 따른 검사 및 관세에 상응하는 담보 제공이 필요한 운송업자이다. 한편, 간이보세운송업자는 다시 일반간이보세운송업자, 종합간이보세운송업자 및 특정물품 간이보세운송업자 등으로 나눠지는데 모든 보세운송업자는 화물자동차운수사업법, 한국철도공사법, 항공법, 해운법 등에 의해 운송면허를 획득한 자가 세관장의 허가를 얻어 등록한 후 보세운송업무를 수행하게 된다.

### 2) 보세구역의 형태와 운영

#### (1) 보세구역의 요건

보세구역은 다음과 같은 여러 가지 요건을 갖추어야 한다.

첫째, 보세구역은 제한된 장소라야 한다. 그 장소는 일정한 넓이가 있어야 하므

---

45) 즉, 광주광역시의 사설(Private) ICD에서 픽업한 공 컨테이너와 광양항에서 픽업한 공 컨테이너를 동일하게 광주광역시의 어느 하주의 공장에서 DOORING하고 적입한 후 각각 광양항으로 운송할 경우 사설 ICD 운영사는 광주광역시의 사설(Private) ICD에서 픽업한 공 컨테이너의 운임원가가 더 낮을 수 밖에 없으나, 하주에게 부과되는 운임은 광양항에서 픽업한 공 컨테이너와 같은 운임으로 청구가 되는 것이다.

46) 보세구역은 지정보세구역·특허보세구역 및 종합보세구역으로 구분하고, 지정보세구역은 지정장치장 및 세관검사장으로, 특허보세구역은 보세창고·보세공장·보세전시장·보세건설장 및 보세판매장으로 구분된다(관세법 제154조).

로 구획된 토지 또는 이에 정착하고 있는 건설물이어야 한다.

둘째, 원칙적으로 보세구역은 세관 가까이 위치해야 되는데, 이는 세관행정의 편의와 능률면으로 보아 세관 인근에 집중하는 것이 합리적이기 때문이다. 그 예로 영업용 보세구역은 세관청사에서 자동차 주행거리 기준으로 약 10㎞ 이내이어야 한다.

셋째, 보세구역은 세관장이 보세구역으로 지정하거나 특허를 하여야 한다. 외국물품을 아무런 제한 없이 누구나 어떤 장소에서든지 자유롭게 장치하게 되면 통관의 적정과 관세채권의 확보가 어려우므로 세관장이 보세구역으로 지정하거나 특허를 하여 그 구역을 감시·단속할 수 있어야 한다.

### (2) 보세구역의 형태

#### 가) 지정보세구역

지정보세구역[47]은 국가 또는 지방자치단체 등의 공공시설이나 장소 등과 같은 일정 구역을 세관장이 보세구역으로 지정하여 보세구역으로 운영하는 것을 말하며, 여기에는 지정장치장과 세관검사장 등이 있다.

##### ① 지정장치장

지정장치장은 통관을 하고자 하는 물품을 일시장치하기 위한 장소로서 세관장이 지정하는 구역이다. 지정장치장은 세관 구내창고나 항만 부두의 야적장 및 창고 등으로 물품의 검사에 있어서도 파출검사 수수료가 면제되며, 부대비용도 저렴할 뿐 아니라 세관 인근에 위치하고 있어 통관에 신속을 기할 수 있는 이점이 있다. 지정장치장의 물품장치기간은 물품을 반입한 날로부터 6월이며, 지정장치장에 반입된 물품에 대한 보관책임은 하주에게 있으나, 하주 개개인이 각 소유화물의 보관책임을 부담하는 것은 무리이므로 하주에 갈음하여 보관책임을 질 전문화물관리인에게 화물보관의 책임을 일임하도록 하고 있으며, 이때 세관장은 화물관리인[48]을 지정할 수 있다.

47) 지정보세구역은 국가·지방자치단체·공항시설 또는 항만시설을 관리하는 법인이 소유 또는 관리하는 토지 및 건물, 기타의 시설 중에서 세관장이 지정할 수 있다(관세법 제166조 제1항).

48) 화물관리인이 될 수 있는 자는 직접물품관리를 하는 정부기관이나 보세화물관리와 관련이 있는 비영리 사단법인, 당해 시설의 소유자 또는 관리자가 요청한 자가 될 수 있으며 화물관리인으로 지정된 자는 화물관리에 필요한 비용을 하주로부터 징수할 수 있으며, 그 요율에 대하여는 세관장의 승인을 얻어야 한다.

② 세관검사장

세관검사장은 통관을 하고자 하는 물품을 검사하기 위한 장소로서 세관장이 지정하는 지역으로 하고 있으며, 다른 보세구역은 물품의 장치와 검사를 동시에 할 수 있는 데 반하여 세관검사장은 통관하고자 하는 물품의 검사만을 목적으로 설정이 된 장소이다. 일반적으로 세관검사장은 세관 구내이거나 세관 인근에 장치하고 있어 물품검사에 따른 시간 및 교통비 등의 부대 경비를 절감할 수 있으며, 통관절차의 신속한 진행으로 하주에게 많은 이점이 있다. 세관검사장에서 검사할 물품은 수입하고자 하는 물품을 말하며, 이들 물품은 직접 수입하거나 타보세창고에서 채취해 오는 견품 등이다.

③ 지정보세구역의 취소와 처분

수출입화물의 감소 등의 사유로 지정보세구역을 더 이상 존속시킬 필요가 없다고 인정되는 때에는 당해 관리인에게 의견을 진술할 기회를 준 후 그 지정을 취소할 수 있다.

한편, 지정보세구역으로 지정을 받은 토지, 건물, 시설의 소유자 또는 관리자는 당해 토지 등의 양도, 교환, 처분 또는 건물신축 등의 행위를 하고자 할 때에는 미리 세관장과 협의를 하여야 한다.

나) 특허보세구역

특허보세구역[49]은 일반 개인이 신청을 하면 세관장이 특허해 주는 보세구역을 말하며, 대표적인 특허보세구역으로는 보세장치장, 보세창고, 보세공장, 보세건설장, 보세판매장, 보세전시장 등을 설치하여 운영하고 있다.

① 보세장치장

보세장치장이란 가장 일반적인 보세구역으로서 통관하고자 하는 물품을 비교적 장기간(최장 1년) 동안 보관 및 장치하기 위해서 세관장으로부터 특허받은 구역을 말한다.

② 보세창고

보세창고는 통관의 목적보다는 물품의 장치를 목적으로 하고 있으며, 장치기간

49) 특허보세구역은 세관장의 특허를 받아 기획재정부장관이 정하는 소정의 수수료를 납부하고 설치·운영한다(관세법 제174조).

도 2년으로 장기간이며, 반입되는 물품도 정부비축용 물품 등 통관에 장기간이 소요되는 물품을 주로 보관하고 있다.

③ 보세공장

보세공장은 가공무역의 진흥이나 관세행정 목적을 위하여 설치된 장소로서, 보세 상태에서 제조·가공 등의 작업으로 생성된 제품 등을 국내에 반입함이 없이 외국으로 수출하거나 국내에서 사용할 목적으로 국내로 수입할 수 있도록 특허된 구역이다.

④ 보세건설장

보세건설장은 산업시설의 건설에 사용될 외국물품인 기계류, 설비품 또는 공사용 장비를 장치하거나 사용하여, 보세상태에서 건설공사를 완료할 수 있도록 특허받은 구역을 말한다.

⑤ 보세전시장

보세전시장은 국내에서 개최되는 박람회, 전람회 등을 위하여 반입되는 외국물품을 보세상태에서 장치·전시하거나 전시장 내에서 소비·사용·판매할 수 있는 장소이다.

⑥ 보세판매장

보세판매장은 외국물품을 우리나라에서 출국하는 여행자에게 판매하거나, 우리나라에 거주하는 외교관 등과 같은 면세권자에게 판매할 목적으로 설치된 구역을 말하며, 국제공항의 출국장 면세점이나 외교관 전용매점 등이 대표적인 예이다.

다) 종합보세구역

① 종합보세구역의 개념

종합보세구역[50]은 동일 장소에서 기존 특허보세구역의 모든 기능(장치, 보관, 제조, 가공, 전시, 판매 등)을 복합적으로 수행하는 장소이다. 이러한 종합보세구역은 지정보세구역이나 특허보세구역과는 달리 관세청장이 특정 지역을 지정하기 때문에, 일반 개인이나 법인이 종합보세구역제도를 이용하기 위해서는 종합보세구역에

---

50) 관세청장은 직권 또는 관계중앙행정기관의 장이나 지방자치단체의 장 등의 요청에 의하여 무역진흥에의 기여 정도 및 외국물품의 반입·반출 물량 등을 고려하여 일정한 지역을 종합보세구역으로 지정할 수 있다(관세법 제197조).

입주하여 세관장에게 종합사업장 설영 신고를 하여야 한다.

② 종합보세구역지정(종합보세구역의 지정 및 운영에 관한 고시 제4조)

종합보세구역은 외국인투자지역, 산업단지, 외국인기업전용산업단지, 집배송센터 및 공동집배송단지, 유통단지 기타 종합보세구역으로 지정됨으로써 외국인투자촉진, 수출증대 및 물류촉진 등의 효과가 있을 것으로 예상되는 지역을 지정대상으로 한다.

종합보세구역은 관세청장이 직권으로 지정하거나, 중앙행정기관의 장, 지방자치단체의 장 또는 그로부터 위임·위탁을 받은 자의 지정 요청에 의하여 지정한다. 따라서 지정요청을 할 때에는 종합보세구역으로 지정받고자 하는 지역의 소재지, 면적, 도면, 구역 내 시설물 현황 또는 시설계획 및 사업계획을 기재한 지정요청서를 관세청장에게 제출하여야 한다.

③ 종합보세구역 설치·운영 신고[51)]

종합보세구역에서 종합보세기능(특허보세구역의 모든 기능을 복합적으로 수행할 수 있는 기능)을 수행하려면 법인등기부등본, 부동산등기부등본, 종합보세사업장의 위치도 및 건물의 평면도, 사업계획서를 첨부한 종합보세사업장 설치·운영신고서를 세관장에게 제출하여야 한다.

또한, 설치·운영신고는 결격사유(관세법 제175조)에만 해당되지 아니하면 되며, 자본금, 면적 등의 요건을 필요로 하지 않는다. 그러나 설치·운영신고 후 3월 이내에 반입·반출물품관리를 위한 전산설비, 보세화물의 분실·도난방지시설, 전기·소방·위험물관리 등에 관한 법령에서 정한 시설을 갖추어 이를 유지하여야 한다.

④ 종합보세구역 물품반입정지 및 기능수행 중지[52)]

관세청장은 종합보세구역에 반입·반출되는 물량의 감소, 종합보세구역의 지정요청자가 지정취소를 요청한 경우 및 종합보세구역의 지정요건이 소멸한 경우에는 종합보세구역의 지정을 취소할 수 있다.

한편, 세관장은 장치물품에 대한 관세를 납부할 자력이 없다고 인정되는 경우 본인 또는 그 사용인이 동법 또는 동법에 의한 명령을 위반한 경우 및 유지하여야 할 설비가 일시적으로 기준에 미달하는 경우에는 물품반입정지를 할 수 있다.

아울러 세관장은 운영인이 관세법 제175조 각 호의 어느 하나에 해당하게 된 경

51) 종합보세구역의 지정 및 운영에 관한 고시 제7조.
52) 종합보세구역의 지정 및 운영에 관한 고시 제39조.

우, 즉 1년 동안 계속하여 외국물품의 반입·반출 실적이 없는 경우나, 운영인이 설비유지 의무에 위반한 경우에는 특허보세구역의 특허 취소에 해당하는 기능수행 중지를 할 수 있다.

⑤ 종합보세구역의 특징 및 장점

종합보세구역은 지정 및 설치·운영 신고절차, 수행하는 기능에서 큰 차이가 있다. 지정보세구역이나 특허보세구역이 종류별로 각각 하나의 기능만을 수행하는 데 비해 종합보세구역은 동일 장소에서 특허보세구역의 모든 기능을 복합적으로 수행할 수 있고, 종류별로 지정 또는 설치·운영에 대한 특허를 별도로 받아야 하는 지정 및 특허보세구역에 비하여 종합보세구역은 한 번의 설치·운영신고만 하면 된다.

종합보세구역은 장치기간 및 설치·운영기간의 제한이 없고, 기능 간 물품 이동에 대한 세관신고가 생략되며, 지정 및 특허보세구역에서 승인 또는 허가를 받아야 하는 보수작업 및 역외작업이 신고로 가능하다는 점이 다른 보세구역과의 또 다른 차이점이다.

종합보세구역은 외국인투자유치, 수출증대 및 물류촉진에 기여할 목적으로 지정되는 보세구역이므로 종합보세구역 지정이나 종합보세사업장 설치·운영 신고에 있어 특허보세구역의 특허신청수수료나 특허수수료를 징수하지 아니한다.

### (3) 보세구역의 운영

보세화물의 유통을 원활히 하고 하주가 신속히 통관을 해 가도록 보세구역에는 장치기간을 설정하여 운영하고 있으며, 관세채권의 확보 또는 보세구역 내 질서유지 등을 위해 지정보세구역은 화물관리인을 지정하여 운영하고, 특허보세구역은 설영인이 보관 및 장치화물에 대한 책임을 부담하는 형태로 운영하고 있다. 특히 화물관리인과 설영인이 보세구역에 물품을 반출입하거나 보세작업을 하고자 할 때에는 세관장의 허가를 받는 등 소정의 세관절차를 거치도록 하고 있다.

한편 특허보세구역 중에서 설영인에게 화물관리에 관한 모든 권한을 위임하여 자율적으로 운영할 수 있도록 하는 이른바 자율관리 보세구역제도를 운영하고 있는데, 이는 특허보세구역의 설영인에게 많은 권한과 책임을 부여함으로써 관세행정의 효율화를 증대시키기 위한 방안이라 할 수 있다.

# 참고문헌

## 1. 국내문헌

### 【단행본】

경윤범, 『e-Logistics시대의 국제운송론』, 형설출판사, 2005.
구교훈·조석연, 『국제물류론』, 신지원, 2016.
길광수, 『우리나라 항만물류기업의 경쟁력 제고방안 연구』, 한국해양수산개발원, 2008.
김웅진 외, 『국제운송물류론』, 도서출판 두남, 1999.
김웅진·추창엽, 『물적유통론』, 형설출판사, 1996.
김웅진·박종삼·박영태, 『국제운송물류론』, 도서출판 두남, 2001.
김정희·이시환, 『국제운송론』, 대왕사, 2005.
김종득, 『운송물류』, 동성출판사, 2004.
김종득, 『국제물류론』, 대진, 2008.
김종득, 『국제물류론』, 박문각·한국통합물류협회, 2009~2013.
노부호, 『물류관리의 종합적 이해』, 형설출판사, 1998.
로지스틱스 21, 『국제물류론』, 한국물류정보서비스, 2007.
박귀환 외, 『최신물류관리론』, 도서출판 두남, 2003.
박동수 외, 『국제물류론』, 범한, 2007.
박명섭, 『국제물류의 이해와 사례』, 법문사, 2005.
박명섭·김은주, 『국제운송의 이해』, 이앤비플러스, 2010.
방희석·이규훈, 『물류관리론』, 동성사, 2002.
백종실·김영민·우정욱, 『국제운송론』(개정판), 도서출판 두남, 2015
서정두, 『INCOTERMS 2010 인코텀즈 해설』, 청목출판사, 2011.
송계의, 『물류경영론』, 문영사, 1999.
송선욱, 『국제운송론』, 도서출판 두남, 2014.
여성구·최경주, 『수출입 시뮬레이션』, 도서출판 두남, 2016.
염견영치, 제등실, 편인범, 『현대물류시스템론』, 대광서림, 1999.
오세창·조현정, 『인코텀즈 2010의 해설』, 도서출판 두남, 2011.
오원석, 『국제운송론』, 박영사, 2004.
옥선종·추창엽, 『물류론』, (주)영풍문고, 1997.
윤상송, 『국제컨테이너수송실무』, 한국해사문제연구소, 1978.
이문재, 『물류관리와 물류정보』, 동서, 1996.

이성민, 『무역결제와 신용장』, 조선대학교 출판부, 2008.
이성민·김장호, 『국제운송물류론』, 삼영사, 2013.
이효진, 『21세기 물류이해와 공동화전략』, 도서출판 두남, 2004.
임석민, 『국제운송론』, 삼영사, 2017.
전순환, 『국제운송물류론』, 한올, 2015.
전일수, 『국제복합운송시스템』, 21세기한국연구재단, 1997.
진형인·정홍주, 『국제물류의 이해』, 박영사, 2003.
최윤, "복합운송인의 통관서비스", 「복합운송」, 한국국제복합운송협회, 1989.
차중곤, 『신 국제물류의 이해』, 대진, 2007.
한국하주협회, 『수출입화물과 물류관리』, 한국무역협회, 1990.
한국해양수산개발원, 『21세기 글로벌 해운물류』, 도서출판 두남, 2001.
한상현, 『국제운송·해상보험』. 도서출판 두남, 2018.
현병연 외 3인, 『물류관리』, 율곡출판사, 2004.
홍석진, 『국제물류론』, 박문각, 2008.
황남일·이홍무, 『무역보험의 이론과 실제』, 무역경영사, 1996.

## 【연구논문 및 보고서】

김덕훈, "러시아 북극해항로 운송현황과 전망", KOTRA 해외시장뉴스, 2018.1.
김석중, "속초해양산업단지 종합보세구역 발전방안", 「연구보고 17-31」, 강원연구원, 2017.12.
김장호, "해상화물운송장의 전자화 방안에 관한 연구", 「인문사회21」 제8권 6호, 아시아문화학술원, 2017.12.
김종득, "광주·전남 수출기업의 물류정보시스템 활용방안에 관한 연구", 「지역발전연구」 제2집 제2호, 조선대학교 지역발전연구원, 2001.12.
김종득, "국내사이버물류정보서비스 구축 현황과 기업의 효율적 활용방안", 「통상정보연구」 제5권 제1호, 한국통상정보학회, 2003.6.
김종득, "동북아물류 허브화에 따른 광주·전남지역 물류전문인력 양성에 관한 연구", 「무역연구」 제7권 제1호, 국제무역연구원, 2011.6.
김종득, "동북아물류허브화를 위한 종합물류업의 발전적 과제", 「통상정보연구」 제8권 제3호, 한국통상정보학회, 2006.9.
김종득, "신물류정보시스템으로서의 활용을 위한 RFID의 산업화방안", 「통상정보연구」 제6권 제2호, 한국통상정보학회, 2004.8.
김종득, "중국내 물류보안 동향과 AEO제도 운영에 관한 고찰", 「국제상학」 제26권 제4호, 한국국제상학회, 2011.12.
김종득, 『인터넷기반 물류정보시스템 활용에 관한 연구』, 조선대학교 대학원 박사학위논문, 2001.2.
김종득·김장호, "미국내 물류보안 동향과 C-TPAT운용에 관한 고찰", 「해운물류연구」 제55호, 한국해운물류학회, 2007.12.
김종득·김장호, "전자무역플랫폼하의 수입물류업무 효율화를 위한 e-D/O 활성화방안", 「해운물류연구」 제45호, 한국해운물류학회, 2005.6.
김종득·김장호·김재성, "물류보안강화와 RFID에 관한 소고", 「통상정보연구」 제9권 제4호, 한국통상정보학회, 2007.12.
김종수·안중식, "유통정보시스템의 도입에 대한 연구 - CALS를 중심으로", 「물류학회지」 제7호, 한국물류학회, 1997.12.
김천식, 「국제복합운송에 관한 연구」, 전남대학교 대학원 박사학위논문, 1988.12.
옥선종, "중국대륙횡단철도(TCR)을 이용한 컨테이너 서비스에 대한 연구", 「무역학회지」 제16권, 한국무역학회, 1991.
이규훈, "물류정보시스템의 활용 과제와 대응방안", 「통상정보연구」 제1권 제1호, 한국통상정보학회, 1999.7.
이재복, "2009년 협회적하약관(ICC) 도입과 ICC(1982)와의 비교분석", 「보험학회지」 제83집, 한국보험학회, 2009.8.
전해영, "4차 산업혁명 시대 물류산업의 미래", 「VIP 리포트」 17-34(통권 707호, 2017.10.18.
차중곤, EURASIA 대륙횡단철도를 이용한 국제복합운송에 관한 연구, 명지대학교 대학원 박사학위논문, 1990.
최경식, "북극해 항로의 자연환경과 선박운항", 한국해양과학기술협의회 공동학술대회, 2010.

## 2. 외국문헌

### 【영어】

James R, Stock and Douglas M. Lambert, Strategic Logistics Management, Irwin, Inc., 1987.
Yoshino, Michael and U. Srinivasa Rangan, "Strategic Alliances", Harvard Business School Press: Boston, 1990.
Maslow, A. H., A theory of human motivation. *Psychological Review*, 50(4), 1943.
James H., Porter, "Multimodal Transport, Containerization, and Risk of Loss", *Virginia Journal of International Law*, vol. 25:1, 1984.
U.N. Convention on International Multimodal Transport of Goods.(1980) Art.(1)
John Gattorna, *Handbook of Physical Distribution Management, 3rd. ed.*, Hants,

England, Gower Publishing Company, 1983.

R. Callou & D. Schwartz, "Changing Patterns of Economic Activity, Trade and Freight Transport, Combined Transport; Technical, Economic and Commercial Aspects", 8th International Smposium on Theory and Practice in Transport Economics, *ECMT*, Sep. 1979.

Ridley, Jesper, *The Law of the Carriage of Goods by Land, Sea and Air*, 5th ed.(edited by Geoffrey Whitehead), London, Shaw & Sons, 1978.

Salsi v Jetspeed Air Services [1977] 2 Lloyd's Rep. 57

### 【일어】

唐澤豊,『物流概論』, 有斐閣, 1995.

唐澤豊·今野哲平,『物流情報ツステイムの設計』, 白桃書房, 1992.

東京銀行システム部, 東銀リサーチインターナショナル編,『貿易と信用状』(東京, 實業之日本社), 1996.

西尾雅年, "CALSの現状と課題",「名古屋商科大學論集」第40卷 第2號, 名古屋商科大學, 1996.

市來淸也,『物流經營論』, ぎようせい, 1983.

阿保榮司,『物流の基礎』, 東京, 稅務經理協會, 1983.

李洪茂,「日本における國際貨物運送システムの再編について」『商經論集』 第69號(東京, 早稻田大學), 1995.

日本海上コンテナ協會編,『最新 コンテナリゼーション總覽』(東京, 成山堂), 1978.

中尾逆朗, 三浦節 共著,『海上 コンテナ輸送實務指針』(東京, 海文堂), 1979.

横山保 編,『物流システムと意思決定』, 中央經濟社, 1981.

## 3. Internet Site

CJ 한국복합물류 ; http://www.kift.co.kr

ITWorld ; http://www.itworld.co.kr

KOTRA ; https://news.kotra.or.kr

LAB-T ; http://www.lab-t.co.kr

관세청 ; http://www.customs.go.kr

대한무역투자진흥공사 ; http://www.kotra.or.kr

대한항공화물 ; https://cargo.koreanair.com

리브레 위키 ; https://librewiki.net

부산항만공사 ; http://www.busanpa.com

서울특별시 ; https://gnss.seoul.go.kr
셀클럽 ; http : //www.iin.co.kr
아시아나항공화물 ; http://www.asianacargo.com
양산ICD ; http://www.ysicd.co.kr
여수광양항만공사 ; http://www.ygpa.or.kr
영남복합물류공사 ; http://www.yift.co.kr
우주전파센터 ; http://spaceweather.rra.go.kr
의왕 ICD ; http://www.uicd.co.kr
장금상선 ; http://www.sinokor.co.kr
정보통신기술용어해설 ; http://www.ktword.co.kr
정보통신용어사전 ; http://terms.tta.or.kr
코리아쉬핑가제트 ; http://www.lsg.co.kr
한국관세물류협회 ; http://www.kcla.kr
한국국제해운대리점협회 ; http://www.isaak.or.kr
한국무역협회 ; http://www.kita.net/tradeform
한국무역협회 국제물류지원단 ; http://kilc.kita.net
한국선급 ; http://www.krs.co.kr
한국통합물류협회 ; http://www.koila.or.kr
해시넷 ; http://wiki.hash.kr
해양수산부 ; http://www.mof.go.kr
해양한국 ; http://monthlymaritimekorea.com

## 공저자 약력

### ▣ 김종득(金鍾得, KIM, JONGDEUK)

**[학력 및 약력]**

· 조선대학교 경상대학 무역학과 졸업
· 조선대학교 대학원 무역학과(경영학석사, 경영학박사)
· 조선대, 순천대, 목포대, 광주대 강사
· 광주·전남테크노파크 무역실무 강사
· 조선대학교 지식경영연구원 전임연구원
· 조선대학교 경상대학 무역학과 초빙객원교수
· (재)21세기 경제연구소 연구자문위원
· 한국통합물류협회 물류표준설비인증 전문심사위원
· 한국통합물류협회 물류전문인력양성교육 전문교수
· 조선대학교 대학원 FTA비즈니스학과 강사
· 중국 흑룡강성 하얼빈사범대학 동어학원 교수
· 중국 길림성 길림사범대학 동아시아연구소 연구위원
현) 중국 길림성 길림사범대학 박달학원 교수

**[주요 저서]**

· 국제지역경제(공저), 조선대학교 출판부, 1998. 8.
· 국제무역분쟁과 상사중재(공저), 도서출판 두남, 2003. 8.
· 운송물류, 동성출판사, 2004. 8.
· 중국비즈니스문화론(공저), 대진, 2008. 3.
· 국제물류론, 대진, 2008. 3.
· 무역클레임과 상사중재실무(공저), 대진, 2008. 8.
· 물류관리사 국제물류론(편저), 박문각, 2009~2013. 2.
· 최신중국무역환경론(공저), 도서출판 두남, 2015. 8. 외 다수

### ▣ 김장호(金將鎬, KIM, JANGHO)

**[학력 및 약력]**

· 조선대학교 경상대학 무역학과 졸업
· 조선대학교 대학원 무역학과(경영학석사, 경영학박사)
· 전북대학교 대학원, 순천대학교 강사
· 조선대학교 사회교육원 전자상거래관리사 강사
· 조선대학교 지식경영연구원 전임연구원
· 조선대학교 경상대학 무역학과 초빙객원교수
· (재)21세기경제연구소 연구자문위원
· 광주대학교 경영대학 물류유통경영학과 겸임교수
· 조선대학교 대학원 FTA비즈니스학과 초빙교수
현) 광주대학교 경영대학 국제물류무역학과 조교수

**[주요 저서]**

· 국제무역분쟁과 상사중재(공저), 도서출판 두남, 2003. 8.
· 광주지역 B2C 온라인 쇼핑몰 현황과 활성화 방안 연구(공저), 신광, 2005. 2.
· 무역클레임과 상사중재실무(공저), 대진, 2008. 8.
· 국제운송물류론(공저), 삼영사, 2013. 2.
· 최신중국무역환경론(공저), 도서출판 두남, 2015. 8.
· FTA 통상의 이해(공저), 조선대학교 출판부, 2017. 8.
· FTA 이론과 실제(공저), 조선대학교 출판부, 2017. 8.
· 무역계약의 이론과 실제(공저), 조선대학교 출판부, 2017. 8.

■ 이필성(李弼成, LEE, PILSEOUNG)

[학력 및 약력]
· 조선대학교 인문사회과학대학 철학과 졸업
· 한국방송통신대학교 무역학과 졸업(경영학사)
· 조선대학교 경영대학원 국제통상학과(경영학석사)
· 조선대학교 대학원 무역학과 박사과정 수료
· 광주대학교 경영대학 국제물류무역학과 강사
· 조선대, 광주여대 TI사업단 무역운송 강사
· 한국통합물류협회 광주순회교육 무역운송 강사
· 신한익스프레스 광주사무소 해운담당
현) 선진로지스틱스(주) 상무/중서부지역본부장
광주대학교 경영대학 국제물류무역학과 강사

[주요 연구]
· 국제복합운송인의 책임에 관한 연구, 2003. 2.

**국제물류론** – 개정판

초　판 1쇄 발행 —— 2018년 12월 27일
개정판 1쇄 발행 —— 2021년 1월 25일
개정판 2쇄 발행 —— 2022년 8월 20일
지은이 —— 김 종 득 · 김 장 호 · 이 필 성
펴낸이 —— 전 두 표
펴낸곳 —— 도서출판 두남
서울시 강동구 성내로 6길 34-16 두남빌딩
신 고 : 제25100-1988-9호
TEL : 02) 478-2065~7, 2311
FAX : 02) 478-2068
E-mail : dnbooks@dunam.co.kr
http://www.dunam.co.kr

**정가 32,000원**

ISBN 978-89-6414-898-3 93320